东方外交史研究

陈奉林 著

图书在版编目（CIP）数据

东方外交史研究 / 陈奉林著. — 北京：商务印书馆，2024
ISBN 978-7-100-18256-0

Ⅰ.①东… Ⅱ.①陈… Ⅲ.①外交史—东方国家 Ⅳ.①D819

中国版本图书馆 CIP 数据核字（2020）第 050114 号

权利保留，侵权必究。

东方外交史研究

陈奉林 著

商务印书馆出版
（北京王府井大街36号 邮政编码100710）
商务印书馆发行
三河市尚艺印装有限公司印刷
ISBN 978－7－100－18256－0

2024年7月第1版	开本 880×1260 1/32
2024年7月第1次印刷	印张 20 1/2

定价：128.00元

目　录

序一　不懈探索的拓荒之作 …… i
序二　东方外交史研究的可喜成果 …… viii
序三　开辟东方外交史研究的新领域 …… xii
序四　构建东方外交史学术话语体系的艰辛努力 …… xvi

第一章　总论

第一节　东方外交史研究的学术价值与现实意义 …… 2
　　一、东方外交史的经验与教训需要总结 …… 2
　　二、东方外交在世界历史上的地位 …… 5
　　三、东方外交史研究的现实意义 …… 7
第二节　东方外交史研究在中国的兴起与发展 …… 8
　　一、国内外东方外交史研究的既有成就 …… 9
　　二、东方外交史研究的兴起与发展 …… 10
　　三、东方外交史研究中存在的问题与不足 …… 15
　　四、东方外交史研究的重点与努力方向 …… 16

第三节　开展东方外交史研究的初步探索……17
　　一、东方外交史研究的时空范围……17
　　二、东方外交史研究应遵循的几个原则……26
　　三、对东方外交史编纂体系的基本构想……35
　　四、中国学者对东方外交史研究的思考……42

第二章　古代东方外交圈的形成与发展

第一节　中华帝国的崛起及其对东亚世界的影响……46
　　一、秦汉帝国的崛起……47
　　二、隋唐帝国的对外交往……50
　　三、明清帝国与周边国家的外交活动……57
　　四、中华帝国的国际地位与世界影响……63
第二节　东方外交与古代西太平洋贸易网的兴衰……64
　　一、西太平洋贸易网的初步形成……65
　　二、科技进步与西太平洋贸易网的发展扩大……73
　　三、西太平洋贸易网与西方贸易网的早期接触……83
　　四、对古代西太平洋贸易网兴衰的一些思考……93
第三节　古代西太平洋贸易网与东方历史研究……97
　　一、加强东方历史的横向发展研究和宏观研究……97
　　二、东方历史研究中存在的主要问题……107
　　三、从东西方文明交流交汇的角度看东方社会的
　　　　发展进程……115
　　四、东方历史发展的总趋势……125

第四节　东亚区域意识的源流、发展及其现代意义……127
　　一、东亚区域意识的源流……128
　　二、东亚区域意识的发展……137
　　三、东亚区域意识的现代意义……144

第三章　东西方世界的汇合与西方对东方世界的冲击

第一节　马六甲沦陷对东方外交的影响……149
　　一、历史上的马六甲王国……150
　　二、葡萄牙人东来及其对马六甲的占领……152
　　三、从东方外交史的角度看马六甲的沦陷……154
第二节　西方冲击下东方外交体制的自我调整……156
　　一、西方力量冲击下的东方世界……157
　　二、西方主导的外交行为向世界扩散……159
　　三、西方外交体制与理论传入的意义……167
第三节　从大文化的角度看东西方文化在东南亚的冲突与融合……169
　　一、问题的提出……169
　　二、东西方文化在东南亚的同与异……171
　　三、东西方文化在东南亚汇合后的冲突与融合……174
　　四、东西方文化在东南亚发展的整体思考……178

第四章　东方外交走向近代的曲折历程

第一节　欧美国家的冲击与东亚国家的反应……180
　　一、东西方两个半球接触后西方对东方国家的冲击……181
　　二、东方国家对西方挑战的反应……184
　　三、东方国家进入近代西方主导下的国际社会……187

第二节　东亚历史上围绕朝鲜半岛问题的大国较量……189
　　一、中国与日本围绕朝鲜半岛的矛盾与战争……189
　　二、近代以来东西方大国在朝鲜半岛的较量与角逐……195
　　三、对朝鲜半岛问题的基本看法……208

第三节　近代中日民族危机意识的比较与思索……211
　　一、日本民族的危机意识……211
　　二、中日民族危机意识的简要比较……217
　　三、来自中日民族危机意识的启示……223

第五章　进入近代后的东西方国家关系

第一节　西方对东方认识的形成与发展……225
　　一、西方对东方的最初认识……226
　　二、近代时期西方对东方的认识……232
　　三、俄国东方意识形成与发展的来龙去脉……235

第二节　欧洲列强在东方的争夺与战争……242
　　一、中东西亚地区与东西方交流……242
　　二、"东方问题"的由来与发展……246

三、冷战时期美苏两国对东方国家的争夺与控制……248

　　四、东方知识分子视野中的两次世界大战……251

第三节　日本卷入争夺与"大东亚共荣圈"的建立……254

　　一、近代以前日本对东南亚的关注……255

　　二、进入近代后日本对东南亚兴趣的再度高涨……256

　　三、太平洋战争爆发后日本对东南亚政策的具体
　　　　实施……263

第四节　从外交史的角度看东西方殖民主义的异同……267

　　一、外交与政治、经济与文化的联系……268

　　二、造成东西方殖民主义异同的基本原因……277

　　三、政治、文化与外交相互作用的影响……281

第六章　东方国家被卷入东西方冷战体系

第一节　冷战时期日本与东南亚国家关系的确立
　　　　与发展……283

　　一、日本与东南亚在冷战中的地位与作用……284

　　二、冷战时期日本与东南亚国家关系的全面发展……289

　　三、对冷战时期日本与东南亚国家关系的几点看法……297

第二节　战后初期对日占领问题的来龙去脉……304

　　一、盟国关于派遣对日占领军的折冲……304

　　二、中国驻日占领军的组成……308

　　三、中国不参加对日占领的国内外原因……311

第三节　蒋介石与战后日本天皇制……314

　　一、日本天皇与侵略战争……314

二、抗战期间蒋介石对天皇制的态度……318

三、美蒋合作与天皇制的保留……325

第四节 战后初期的美日关系与台湾问题……329

一、日本外交政策中的美国因素……329

二、吉田茂外交方针与日美安保体制……332

三、日本选择台湾当局作为媾和对象……336

第五节 中日两国与东南亚关系的发展……341

一、20世纪50—60年代中日两国与东南亚国家的关系……342

二、20世纪70—80年代与东南亚关系的修正和发展……344

三、20世纪90年代以来中日两国与东南亚关系新发展……349

第七章 东方国家进入整体崛起的新时期

第一节 日本崛起及其对大国关系的利用……354

一、日本在近代的崛起……355

二、利用东西方冷战对峙形势实现战后第二次崛起……360

三、对日本崛起的几点思考……364

第二节 印度的崛起及其对大国目标的追求……366

一、印度崛起的思想文化基础……367

二、印度经济与科技市场化和国际化的成就……372

三、印度崛起中的大国外交……376

四、深入探讨印度崛起中的现代性因素……380

第三节 对东亚经济圈的历史考察……383
　　一、交流的区域限制与东亚经济圈的初步形成……383
　　二、交流区域的扩大与东亚经济圈的发展……390
　　三、西方世界的兴起与东亚经济圈的衰落……401
　　四、东亚经济圈的复兴及其在当代的发展……409

第四节 从东亚区域意识到东方国家的整体崛起……412
　　一、东亚区域意识在时间和空间上的形成与发展……413
　　二、东方社会内部诸种进步条件的孕育……419
　　三、战后以来东方国家整体崛起的历史行程……430
　　四、从历史的长远角度观察东方社会的变迁……434

第五节 和谐世界理念对东亚合作的启示……437
　　一、问题的提出……438
　　二、东亚传统文化中的和谐世界思想……442
　　三、来自和谐世界思想的几点启示……447

第八章　在历史的发展与延续中创造新的东方外交史

第一节 东方外交史视野下的海上丝绸之路……450
　　一、从丝绸贸易扩大到海上交通贸易网络……451
　　二、东方各国对海上丝绸之路的积极参与……457
　　三、文明交流交汇下的东方社会变迁……465
　　四、从历史遗产中寻找东方国家崛起的根源……471

第二节 建设21世纪海上丝绸之路的初步构想……473
　　一、海上丝绸之路上的东西方经济与文化交流交汇……474

二、从哪些方面着手构建21世纪海上丝绸之路？……477

三、在历史的延续中创造新的东方历史……484

四、深入总结丝绸之路的历史经验……488

第三节 从海上和陆上丝绸之路两栖建设中寻求中国的发展……491

一、丝绸之路在东方历史上的独特贡献……491

二、探索推进中国可持续发展的丝绸之路战略……496

三、建设21世纪海陆丝绸之路的重大现实意义……502

四、充分估计海陆丝绸之路上的多种风险……506

第四节 对近百年来日本丝绸之路研究的总结与思考……507

一、日本丝绸之路研究的几个重要时期……508

二、日本丝绸之路研究的主要成就……515

三、对日本丝绸之路研究经验的基本总结……526

四、东方历史向未来发展延伸……534

第九章 东方国家崛起长期趋势下东亚史的新构建

第一节 日本的东亚史研究及其对我国东亚史学科建设的启示……538

一、日本东亚史研究的历史分期……539

二、日本东亚史研究的主要成就……545

三、日本东亚史研究对我国东亚史学科建设的启示……559

四、对东亚史学科构建的几点想法……567

第二节 对东方国家崛起趋势下东亚史学科建设的总体
　　　 构想……570
　　一、东方历史中具有丰富的东亚史构建材料……570
　　二、东方国家崛起趋势下东亚史研究需要有突破性的
　　　　进展……578
　　三、我国东亚史编纂需要解决的几个重大问题……586
　　四、东方社会变革中的东亚史新构建……594
第三节 东亚经济协作与西太平洋经济圈的构建……596
　　一、从经济学的角度看历史上的西太平洋经济圈……597
　　二、东亚经济协作的启动与发展……600
　　三、东亚经济协作对西太平洋经济圈的构建……602
　　四、西太平洋地区的发展前景……606

后　记……608

序一

不懈探索的拓荒之作

陈奉林教授的《东方外交史研究》终于出版，实在令人高兴。初识陈奉林，是在1989年春他来北京大学历史系硕士研究生复试的考场上。1985年，陈奉林毕业于辽宁大学历史系，外语为日语。印象里，这位脸色黝黑、体格健壮的青年学子，憨厚沉毅，求知欲强烈，专业基础还不错。攻读硕士期间，师从著名东南亚史专家梁志明教授。这期间，与他匆匆见过几面，看得出他来到"一塔湖图"的北大，可谓是如鱼得水，专业与日语均大有长进。后来，还参加梁教授主编的《殖民主义史·东南亚卷》相关章节的撰写工作。1997年，历史系新设由本人担任导师的东北亚史博士、硕士生研究方向，招收多名学生，包括韩国、日本的留学生，攻读学位。教学相长，学术交流活跃。

1999年9月，陈奉林考入北大历史系东北亚史的博士研究方向，苦读思考，孜孜以求。攻读博士期间，北大东北亚研究所与日本新潟大学环日本海研究会、早稻田大学亚太研究中心、二松学舍大学、韩国社会科学院、庆南大学极东问题研究所、台北"中研院"等学术团体交流频繁，研究生赴外学术交流的机会随之增多。在台湾政治大学陈德昇教授的协助和引荐下，陈奉林前往宝岛拜见先学，搜集撰写学位论文的资料，交流研究心得，对完成博士学位论文《战后日本与台湾关系研究》大有助益。2002年7月，取得北京大学历史学博士学位后，外交学院周启朋教授慧眼识才，陈奉林入职外交学院，从讲授日本史到开设东方外交史课程，一干就是13年。

陈奉林之所以选择东方外交史作为教学科研的新课题，是基于以下考虑，即以大外交的视野探索历史问题，解放思想，实事求是地对东方历史上发生的重大外交活动予以新的概括和总结，依靠本土资源与史观构建外交史研究新体系，努力开辟一个崭新的学术研究领域。2006年，在他的联络奔走之下，外交学院外交学系与《世界历史》编辑部、香港亚太二十一学会联合举办全国首届"东方外交史学术研讨会"。随后，与澳门大学历史系教授魏楚雄等志同道合者合作，连续举办学术研讨会，出版论文集。他本人在国内专业学术刊物上发表论文数十篇，加上多年从事东南亚史、东亚史、日本史的教学实践，打牢研讨东方外交史的基础。2013年4月，应早稻田大学教授林华生之邀，前往该校亚太研究科访学，担任早稻田大学中华经济研究所客座研究员。通过各种交流平台的切磋互动，思考东方外交的基本理论、研究框架，积累东方外交史研究的前期成果。

2015年7月，陈奉林调入北京师范大学历史学院，继续从事东方外交史、日本史与东亚史的教学科研。这期间，曾在国内外学术交流会议上与他多次碰面，及时获知在东方外交史领域取得的新进展。十多年来，他以坚韧不拔、勇开新局的拓荒精神，在东方外交史这块学术新园地里不停耕耘，埋头前行而心无旁骛。经过十多年的努力开拓，最终开智开悟，修炼完成《东方外交史研究》书稿，送交付梓。

最近二十余年间，国内外的西方外交史研究取得若干成果。如陈乐民主编的《西方外交思想史》（中国社会科学出版社，1995）、徐凌云的《近世西洋外交史》（河南人民出版社，2017）、蔡东杰的《西洋外交史》（台北风云论坛有限公司，2006）、杨奉泰的《现代西洋外交史》（台北三民书局，1993）、陈春福的《西方外交思想史》（北京大学出版社，2005）、周鲠生的《近代欧洲外交史》（武汉大学出版社，2007）等。相形之下，东方外交史研究专著却告阙如。

经过多年的努力，国家和出版社的支持，陈奉林教授的新作《东方外交史研究》终于出版。十年磨一剑，成果问世，可喜可贺。归纳起来看，与国内外出版的外交史、亚洲史、国际关系史和文化交流史等领域的研究著作相比较，陈著《东方外交史研究》堪称世界史学科新领域的开山之作，其著述的缘起、基本理论、涵盖内容与研究重点及其特色等问题，在书中均有涉及与展现。归纳起来看，主要包括：

一、《东方外交史研究》的立意，源自对东方国家整体崛起的感悟与判断。作者认为，（1）中国、东盟、印度等一批国家在战后整体崛起，无疑是20世纪世界最有影响的重大事情。因此，开展东方外交史研究是战后东方国家整体崛起向中国学者提出的崭新课题，是当今世界政治经济形势发展的需要。在这种情况下，东方外交史研究应运而生。（2）从现实需要和学术研究来看，以前出版的外交史著作大多是西方人撰写的，往往不能客观全面地反映东方历史全貌，其真实性受到怀疑，许多方面存在遗漏甚至歪曲。我们现在有能力、也有责任为当今社会提供一部信史和良史，尽到中国学者的责任，已经到了对西方近代以来的外交做一个彻底总结，开辟东方外交新时代的时候了。（3）西方传统的经典国际关系理论和外交史理论已经无法解释东方国家整体崛起的历史与现实，更无法为东方国家指出历史发展的路径与方法，它们的经验只能说明过去，并不能代表未来。因为东方各国的发展条件与国际环境不同于西方，无须去复制它们过去的经验，外交史的经验也有别于西方。（4）世界大国关系已经发生根本性的变化。重新审视和思考外交史，是当前东西方关系发生变化以及东方国家主体意识进一步增强的体现，单纯的政治外交史已经无法承载今天外交史的丰富内容。

近年来，有"百年变局"的说法。确实，一百年前的1921年11月举行的华盛顿会议，不过是欧美列强与日本重新划分亚太地区，包括中国支配权的博弈。贫弱的中国只能听任美国实施对华"门户开放"政策，向日本付出5340多万金马克，收回青岛和胶济线。实际上，中国的国家主权被置于列强虚伪的空头承诺之下，岌岌可危。一百年后的中国早已屹立于世界民族之林，成为联合国安全理事会常任理事国，参与国际社会的重大变革；经过改革开放四十多年的艰苦奋斗，中国富起来并强起来，成为世界第二大经济体，GDP为美国的2/3以上，为日本的 3 倍多，拥有强大的武装力量来捍卫国家的领土主权与完整。中国提出"一带一路"国际开发构想和全球治理的中国方案——建立人类命运共同体，受到越来越多国家的欢迎。百年之间，沧桑巨变，令人感慨。《东方外交史研究》虽未使用"百年变局"的说法，但东方国家整体崛起的表述，与之大同小异。

二、经过多年思考，形成东方外交史体系的基本理论框架。自 2006 年举行首届"东方外交史"学术研讨会，至 2020 年已举行 12 届，论文集出版 9 集。其间，学术交流与撰述论文的过程，也是作者不断思考东方外交史研究理论的过程。在《东方外交史研究》中，作者提出若干有启发性的论点。概括起来看，包括：（1）多个地区圈构成东方世界。即东方各国在历史上构成一个相互联系的区域共同体，存在具有多个中心—边缘结构关系的地域圈，由这个地域圈构成东方世界。（2）东方国家是一个共性与个性、统一性与多样性并存的多元复合体，各个国家之间相互联系、影响与制约。通过跨民族、跨区域的经济、文化交流，包括战争与民族迁徙等有机联系，形成一个丰富多彩的统一体。（3）东方各国的发展道路各有特点。每个国家都有自己不同于其他国家的发展逻辑与模式，不存在步调一致的发展道路。进入近代国际社会后，东方各国吸收外来文化与文明，依然保持自身的特质。（4）外交史不仅仅是国家间的政治活动，也涉及经济活动与人员往来，体现大变革时代外交丰富多彩的特征。上述理论的思考点均为作者独立思考的结果，构成陈著《东方外交史研究》的理论研究框架，在广度、深度和高度上推进了我国东方外交史的研究。

三、内容丰富，纵论古今中外，反映作者学术功底扎实，视野宽阔。全书共 9 章，逾 50 万字。第一章为总论，其余各章分成古代、近代、现代或当代等 3 个部分，依次展开论述。古代部分设 1 章，涉及古代东方外交圈的形成与发展、中华帝国的崛起及其对东亚世界的影响，分别论述了秦汉帝国的崛起、隋唐帝国的对外交往、宋元时期的和战外交、明清帝国与周边国家的外交活动，中华帝国的国际地位与世界影响，等等。与此同时，还涉及东方外交与古代西太平洋贸易网络的兴衰、古代西太平洋贸易网与东方历史研究、东亚区域意识的源流、发展及其现代意义等问题。作者大量引述欧美、苏联、日本学者的观点以资佐证，有利于读者形成评判与思考。

近代部分设3章，分别探讨"东西方世界的汇合与西方对东方世界的冲击""东方外交走向近代的曲折历程""进入近代后的东西方国家关系"等问题。其论述特点主要表现为：（1）在分析框架上突出作者对东西方互动关系的新思考。在东南亚和南亚篇中，作者从大外交史的视角出发，既看到西方对东方的冲击，也看到并强调东西方的汇合。在讨论东亚国家、突出西方国家作用的同时，也强调东亚国家的反作用。（2）突出对朝鲜半岛各种要素的互动关系。通过中日在朝鲜半岛的竞争并比较中日民族危机意识，认为朝鲜半岛始终处在陆上国家与海洋国家矛盾与冲突的焦点上，大国插手增加了朝鲜半岛问题的复杂性与长期性。（3）议论充满跳跃性。从大国在朝鲜半岛的争夺导致日俄战争，一下子跳到半个世纪后的朝鲜半岛，谈到大三角的构成、冷战后一度出现的缓和局面与朝核危机造成的变局。此种跨越历史时空局限的联想式论述方式别出心裁，也足资启发。

现代与当代部分由4章构成，重点探讨了"东方国家被卷入东西方冷战体系""东方国家进入整体崛起的新时期""在历史的发展与延续中创造新的东方外交史"等问题。（1）"东方国家进入整体崛起的新时期"一章，是作者多年的构思之作，侧重评述日本、印度的崛起及其大国外交问题。作者从东亚区域意识出发，依次讨论东亚区域意识的形成与发展、东方社会内部诸种进步条件的孕育、战后以来东方国家整体崛起的历史进程、从历史的长远角度观察东方社会的变迁等问题，提出若干值得深入探讨的观点。（2）"在历史的发展与延续中创造新的东方外交史"一章，就"东方外交史视野下的海上丝绸之路""建设21世纪海上丝绸之路的初步构想""从海上和陆上丝绸之路两栖建设中寻求中国的发展""对近百年来日本丝绸之路研究的总结与思考"

等问题,分析海陆丝绸之路的构想与践行,以及海陆丝绸之路在东方外交史中的地位等问题。此外,还对21世纪东方大外交中的经济文化等要素,做出探讨与预测。(3)"东方国家崛起长期趋势下东亚史的新构建"一章,相当于全书的余论。作者集中探讨了日本的东亚史研究和西太平洋贸易网的构建,并由此联想到我国东亚史学科体系的建设问题。这些问题系作者的多年关注与思考所在,把东亚史问题与东方外交史有机地联系起来,自有其重要的学术价值。

众所周知,在东方外交史的舞台上,东亚外交史堪称重头戏。无论是古代中国用协和万邦、薄来厚往、怀柔远人等原则主导的册封体制与东亚世界,还是近代日本用暴力排演"东亚新秩序"乃至"大东亚共荣圈"的血腥惨剧,朝鲜半岛、中南半岛国家的风云变幻,构成东亚国际关系史对比明显的演进历程。从历史资料、学术成果积累来看,东亚史在我国的区域史研究领域首屈一指,其中包括汉译的国外学者东亚国别史与区域史成果,为探讨东亚外交史提供了可资利用的学术资源。客观地说,无论是史料的成系列整理,还是提出史观与史论,日本学者均先行一步。其学术史论不乏借鉴价值,可成为我国东亚史和东方外交史攻玉的他山之石。

四、注重对中国元素的研究,构成《东方外交史研究》撰述的鲜明特色。作者认为,随着东方国家的崛起,给重塑21世纪的全球秩序增加了东方元素,特别是中国元素举足轻重。中国外交史是东方外交史的重要内容,没有中国外交史的外交史不能算作内容完整。因此,有必要从历史经验中汲取智慧,建立中国人的学术话语体系。建立中国人的外交史话语体系,就必须努力构建有中国特色的外交史理论、框架、体系与分析模式,使用本土资源,展现中国人的史观。自春秋至唐代,中国已经形成完整的外交规制与理念,内容丰富而多样,理论完备而深刻为世界其他国家所少见,值得认真研究。进入新世纪,中国正处于一个新的历史发展阶段。环顾全球,所有重大国际问题都需要中国的参与和治理,发挥大国作用。

作者努力构筑中国外交史研究框架、理论和史观，有其重要的学术史背景。从学术积累来看，仅以北京大学为例，1984年出版北大历史系与东语系编著的论文集《中国与亚非国家关系史论丛》（江西人民出版社）、1987年出版周一良先生主编的《中外文化交流史》（河南人民出版社）与2008年何芳川主编的《中外文化交流史》（国际文化出版公司）等陆续推出，对中国与亚非国家以及与欧美、拉美国家的外交与文化交流等问题，展开不间断的学术探索。这些学术著作为《东方外交史研究》的撰述，提供了可资利用的扎实基础。

在研究理论和分析框架的创新方面，中国学者也取得若干新进展。其中，彭树智的"文明交往论"，提供了对东亚、西亚史研究的理论框架；杨军、张乃和的"多元一体论"将东亚分成"七大区域"和关系发展的"七阶段论"，对东亚史提出新的解读；黄枝连的"天朝礼治体系"对东亚传统国际秩序提出了新论证；何芳川的"华夷秩序新论"，将古代东亚国际秩序概括为"大一统"的"一"与"共享太平之福"的"和"等两大要素；张启雄的"中华世界帝国论"或"中华世界秩序体制论"，许海山的"社会和文化论"等分析框架，也对古代东亚国际社会的特点重新加以诠释，等等。上述研究理论与分析框架，对推进《东方外交史研究》的研究不无助益。

陈奉林教授撰写的《东方外交史研究》，填补了我国世界史教学科研中的一项空白，其学术贡献不言自明。由于是首部拓荒之作，难免存在某些不尽如人意之处。尽管如此，陈著《东方外交史研究》的出版，意味着中国学者在东方外交史研究领域中取得了新成果和新进展。期待作者砥砺前行，探讨不止。同时，也希望北京师范大学历史学院能够多创造条件，使得东方外交史的薪火相传成为可能。

是为序。

宋成有

2021年10月28日于北京海淀蓝旗营寓所

序二

东方外交史研究的可喜成果

陈奉林教授自2002年起在外交学院任教，从事东方国家外交史教学与研究工作，创立"东方外交史研究中心"，并以这一平台联合国内外学术界，连续多年召开东方外交史学术研讨会。他现在在北京师范大学历史学院从事日本史、东亚史和东方外交史教研，笔耕不辍，将多年研究东方外交史的成果付之成品问世。看到他这一填补国内空白的《东方外交史研究》将由商务印书馆出版，我既为他对学术孜孜以求的探索精神所感动，也为他在东方外交史研究中的创新性成果所折服。

东方外交史研究在中国兴起绝不是偶然的，它与东方国家如火如荼的现代化浪潮和发展的大趋势密切相关。中国在20世纪30年代曾经兴起对外交史研究的热潮，出版了一些研究成果。在中国改革开放以后，有以外交学院鲁毅教授为代表的合作成果《外交学概论》问世，张之毅教授也关注过东方外交史研究。但是真正确立东方外交研究体系并向前整体推进，则始于21世纪初。在改革开放过程中，中国以空前的规模与速度走向世界，从世界体系的边缘开始进入第二次世界大战以后形成的国际体系。为谋求自身发展与国际和平环境，向世界敞开国门，中国急需了解世界，了解国际体系与规则，积极影响和参与国际体系的变革；世界也同样需要了解中国的历史、现实与未来。

中国在改革开放、经济取得巨大成功后，走什么样的发展道路？是继续走历史上大国崛起强国必霸的道路吗？这一历史规律能否被打破？中国早就向世界宣示，是在谋求和平发展的道路。我们应该让世界了解清楚，更应该从历史文化的角度去阐释一个具有普世价值的中国模式。以陈奉林教授为代表的一大批从事历史研究的老中青学者推出了代表中国目前东方外交史研究水平与动向的几本论文集。论文集的作者们自觉地运用新理论，尝试新方法，发掘新材料，展现了中国学者开创性和奠基性的成果。作为中国学者的初步探索，他们清晰地反映出改革开放后中国外交史研究的基本态势。

《东方外交史研究》是站在世界历史的高度研究东方国家的外交关系的。东方国家外交思想和实践极为丰富，但是长期以来我们却疏于对这些外交思想作系统的总结与理论升华，现在可以说这部著作做了开山铺路的工作。无论从何种意义上说，这部著作都具有填补国内这一研究学术空白的意义。细读之后，我感到陈奉林教授在几个大的方面做了艰辛的探索工作。

第一，建立了自成一体、气魄宏大的研究框架。这部著作对于历史悠久、外交实践活动丰富的东方国家外交史，不仅从政治史与文化史的视角进行了探索，还深入到了国家与民间多层次的外交行为当中去理解与把握。长期以来，各国问世的外交史著作都是以政治军事交往史为主线，其内涵相对狭窄，对经济、科技、文化的交流重视不够，对近代以前东方国家对世界历史发展的影响也多有忽视。《东方外交史研究》与以往不同的是，强调人类的历史是一部相互交往的历史，通过不同文明与发展水平之间的交往，促进共同的进步与共生。关注资本主义诞生以前东方国家对外交往的历史，已经成为本书富有特色的篇章。

第二，东方外交史研究具有鲜明的学术价值与现实意义。作者紧紧抓住了东方国家整体崛起这一现实，因此赋予东方外交史研究以更大的意义。从历史的观点来看，以中国、日本、东盟、印度为代表的东方国家在战后以区域经济合作为主要模式的整体崛起，无疑是20世纪世界最有影响的重大事情。该书的整个框架与理论分析都是围绕着东方国家整体崛起这一大趋势来展开的。这是东方外交史研究在当今国际社会巨大变革形势下的现实意义所在，也是在为东方国家崛起积累强大的精神力量。

第三，使用的材料广泛丰富，同时注意吸收时人与前贤的最新研究成果。《东方外交史研究》最大限度地使用了中日文材料，这些材料足以支撑这部著作的整体框架。从这些纷繁复杂的历史材料中理出头绪，形成对东方外交史经验与教训的总结。中国先秦文献《周礼》中就已经出现各诸侯国之间的"邦交"活动，"邦交"其实就是中国早期的外交活动。印度也是文明古国，自古以来就与西亚、欧洲、非洲与东亚各国有密切的外交关系。自春秋战国至唐代，中国已经形成完整的外交规制与思想，形式丰富且复杂多样，思想完备而深刻，为世界其他国家所少见。东方国家以政治统一和中央集权的强大力量有效地开展了对外交流交往活动，把国家的对外政策发挥到了最强度、提到了最高度，尽管它的活动是区域性的，但提供的影响与经验却是世界性的。世界越来越多的学者承认，不论在过去还是现在东方的经验都是重要的。

中国重视对外交往活动，重视对外交往活动的记载，正史当中一般都设有"外国传"。这些材料构成研究古代中国与世界关系的珍贵材料。除了正史之外，还有一定数量的个人著作与历史档案，虽然不多，但对充实中国的知识宝库十分有益。外交史作为专门史从古老的传统的历史学中独立出来，构成历史学的一个重要系列，以民族、国家和地区间交往交涉为对象进行记录总结，为今天的国家发展提供了许多鲜活而生动的历史材料。

作者看到，东方外交史研究还是世界史中的年轻学科。虽然中国史书很重视外交活动的记载，有丰富的材料，但是把它作为科学的学术研究，提升到关注人类社会命运并命名为"东方外交史"只不过是最近几年的事情。因为研究刚刚起步，从复杂众多的历史问题当中理出个头绪来实为不易。作者以"弱水三千，只取一瓢之饮"的态度，选择了东方外交史这个艰巨课题作为自己多年的主攻方向，为社会贡献了新篇。撰写完整意义的东方外交史是一项艰巨而复杂的系统工程，需要合理的知识结构和多学科的相互配合，只有如此，方能体现新世纪外交史书写的时代特征。以今天的情况看，构筑自成一体的东方外交史的主客观条件已经成熟。

综上所述，陈奉林教授的《东方外交史研究》是一个有机整体，思路缜密开阔，观点敏锐独特，将东方外交史与世界历史、人类发展史整合成一体进行综合研究，开辟出一个崭新的领域。这个研究思路与方法值得学习，对于推进国内外交史的各个分支领域研究无疑大有助益。我在祝贺陈奉林教授的《东方外交史研究》大作问世的同时，也衷心期待有更多的研究成果问世，展现中国当代外交的影响力、塑造力与感召力。

是为序。

杨 闯

2021 年 10 月 10 日于外交学院

序三

开辟东方外交史研究的新领域

陈奉林博士撰写的《东方外交史研究》厚厚书稿摆上了我的书桌。近 50 万言的洋洋巨著，积聚了他近二十年的心血，让我欣佩不已。我和奉林博士相识交谊始于参加他主持的"东方外交史"国际学术会议。2009 年 9 月，我应他之邀，首次出席在澳门大学举行的第二届"东方外交史"国际学术会议。从那定交之后，我们之间的交流就多起来了。由于我长期从事中华民国外交史、中国周边外交史以及中国周边问题研究，我们可以说是外交史研究的同行，又都同属于东方外交史研究大范畴，彼此间的共同话题就更多了，双方也都十分关注对方外交史研究的进展情况。

2012 年 9 月，我再次应邀出席奉林博士在成都四川大学主办的第五届"东方外交史"国际学术会议，我们有了更深入的交流，结为好友。由于工作和时间上的关系，我虽然未能参加奉林主持的每一次会议，但我始终关注着他主持的东方外交史研究和学术活动，阅读他和合作者主编的会议论文集，并且也有机会在其他学术会议上见面交流。我曾有机会投票选举他担任中国朝鲜史研究会常务理事，后来又共同参加中国中外关系史学会在西宁主办的西北丝绸之路学术研讨会，一起游览美丽的青海湖大草原上的古迹，有了更多的接触和深谈。我的研究工作曾得到他的热情支持。我在复旦大学主持的中国与周边国家关系研究中心发起构建"中国周边学"新学科的笔谈活动，他在第一时间发来《建立中国周边学必要性和可行性的初步探索》专稿，热情参与，贡献智慧，为我们的研讨活动添光增彩，使我深受感动，也使我觉得更应该为《东方外交史研究》的问世讲些感言。

《东方外交史研究》的出版告诉我们，陈奉林博士的成功是与他的研究有一个宏伟的、令人羡慕的学术设计和规划分不开的，我称之为学术生涯的"顶层设计"，这对于一个优秀的学者来说是至关重要的。奉林博士对于"东方外交史"的研究和设计早在十几年前就已经开始了，2006年在外交学院举办全国首届"东方外交史"研讨会。这是他多年探索研究的第一次公开展示。此后，他锲而不舍地奋斗了十几年，在他自己开拓的园地里辛勤地耕作，挥洒汗水，从设计"东方外交史"概念、构建研究框架、撰写学术论文，到策划国际学术会议、出版研究文集，再到培养研究生、组建学术团队，《东方外交史研究》是他不懈努力结出的一个丰实成果。奉林博士的这段学术经历给我的启示很大，联系到当前学术界有些人热衷于追求热闹，什么热门就炒作什么，看似热热闹闹，风光一时，几十年下来却难以形成个人的研究特色和品牌，留下对学术界有重大影响的传世之作。奉林博士是值得我们学习和效法的。无论是年轻的还是有把年纪的朋友，是否应该从他的成功中学点什么呢？我希望大家都来做一个好的个人学术生涯的"顶层设计"，学习他"眼中形势胸中策，缓步徐行静不哗"的治学精神。

《东方外交史研究》的启示意义还在于陈奉林博士所开启的学术路径及其学术社会影响。他做学问并非闭门读书，也不是只做书斋里寻章摘句、咬文嚼字的学问，而是开拓了一条开放式的新路径。他的研究始终与中外学术界同行紧密结合，学问研究与学术观点推广紧密结合，学理研究与国家现实外交的重大需求紧密结合，赋予学术研究以新鲜活力与感召力。从2006年至2020年，他联合志同道合者在国内外主持举办了12届有影响的"东方外交史"国际学术研讨会，举办地点遍及中国北京、澳门、丹东、重庆、成都、珠海、大连、长春和俄罗斯克拉斯诺亚尔斯克、蒙古国乌兰巴托，共有十余个国家、近百所大学和研究机构、百余位专家学者参加他和他的合作者组织主持的相关研究活动，出版了9部会议论文集，发表了大量的相关论文。这是东方外交史研究者的大聚会和大交流。研讨主题除了东方外交史的概念、体系、理论、历史、展望诸问题外，还特别关注了当代东方外交的热点问题，并以东方外交史中的中国台湾问题、日本问题、朝鲜半岛问题、印度崛起问题以及东南亚问题等为研讨主题，举办国际性的学术研讨活动。我以为陈奉林博士研究东方外交史的"三结合"路径，对于我们大家也是有很重要的学习和借鉴意义的。

注重东方外交史的学术体系的构建和阐述，是陈奉林博士东方外交史研究的一个重要特点。他努力研究东方外交的精蕴，勤于思考，勇于行动，取得可喜的成就是十分自然的事情，也是功到自然成的事情。《东方外交史研究》全书分列总论，提取东方外交圈的形成与发展、东西方世界的汇合与西方对东方世界的冲击、东方外交走向近代的曲折历程、进入近代后的东西方国家关系、东方国家被卷入东西方冷战体系、东方国家进入整体崛起的新时期、在历史的发展与延续中创造新的东方外交等有重大意义的主题，以纵横交叉的逻辑思维全方位论述了东方外交史的各个时期和各个方面的重大问题，基本上完成了对东方外交史框架和学科体系的构建工作，确立起对问题总的根本性的看法。

东方外交史研究取得的主要成就可以划分为前后判然有别的两个阶段。前期2006—2013年重在理论建设，内容包括明确东方外交史的概念、内涵及理论方法，突破传统外交史的政治史框架，扩大外交史的研究领域，确立东方外交史编纂体系和基本框架，对东方国家的整体研究等几个大的方面；后期是在2013年以后，内容包括专题性研究细化，研究时限涉及古代、近代到现代，内容囊括历史、外交、经济、国家安全、文化、移民和国家关系等多个领域；由思考和尝试创建东方外交史的编纂体例转向实际应用新体例；开始注重东西方国家各自形成外交思想有关的文化渊源、外交理念、行为模式，各国文化传统与各自外交战略之间的关系，以及跨文化、跨时空和跨区域多方面的研究和比较；超出单纯的历史研究范畴，向现代及未来发展延伸，研究内容细化；吸引更多的中国港澳台地区和国外研究者、研究机构参与，促进东方外交研究的国际化；更具有前瞻性和现实意义，符合当前东方国家历史变革与经济崛起的现实需要。他的这些大胆的努力确实有凌越前人之处。

《东方外交史研究》气势宏大，体系严密，史论结合，必将为进一步推进东方外交史研究做出重要的历史性贡献。同时，东方外交史是一门开创性的新兴学科，距离成熟和完善还会有一个历史过程。《东方外交史研究》已经从整体上做了许多可贵的探索，取得了可喜的成就，但有待进一步研究的空间依然很大，需要探索的问题众多且难度不小，需要付出更多的精力与时间。

应该指出的是，对于东方外交史研究来说，很多概念的界定和规范历来存在争议，有待更精确的界定，如书中某些部分关于东方与东亚概念的区别和运用，需要进一步界定；一些问题的研究范围及研究顺序也有待探索，但这并不妨碍《东方外交史研究》的历史价值和做出的重要贡献。我相信陈奉林博士一定会将他学术生涯的"顶层设计"做得更加完善，从而攀登更高的学术高峰。

石源华
2021 年 10 月 20 日于复旦大学

序四

构建东方外交史学术话语体系的艰辛努力

欣闻陈奉林教授的专著《东方外交史研究》即将出版，我既高兴，又惭愧。高兴的是，多年来，我们这一群东方外交史研究的志同道合者，一直在这片土地上辛勤耕耘，从国别外交史研究到区域外交史研究，已经有了一些初步的奠基性的成果，终于开拓出属于我们自己的一片天地。今天，在陈教授的努力下，我们又有了一部比较系统完整，涵盖全面，综合论述东方外交史的专著，代表了我国东方外交史研究方面一个重要的里程碑。此书不仅是陈教授个人多年心血和长期学术积累的结晶，也展现了国内该领域研究的水平与动向；惭愧的是，当年出版东方外交史研究系列丛书，曾是我与陈教授彼此的一个约定。但在此后的许多年里，当我碌碌地忙于行政工作时，他却默默地埋头苦干，不声不响，最后奉献出整部书稿，令我颇为吃惊。不过，我并不感到意外，因为陈教授向来做事踏实，勤奋刻苦，行胜于言。当获知陈教授已顺利完成此书稿时，我反而有一种如释重负的感觉。感谢陈教授独当一面，率先为东方外交史研究迈出了艰难而重要的一步。

《东方外交史研究》问世之际，我不由觉得时间的飞逝。十几年前我在澳门大学同陈教授首次会面时的情景，迄今仍历历在目。那时，陈教授向我明确提出外交学院与澳门大学共同合作，一起来推动国内的东方外交史研究。听到这个提议，我如逢知己，一拍即合。对东方国家的外交历史和外交模式进行研究，一直是我心中的夙愿。但多年前在美国工作时，这样的念头是不敢说出的，更不要提发表什么作品了。因为，西方学术界深受爱德华·W.萨义德《东方学》一书的影响，认为把世界区分为"东方"和"西方"，是"西方中心论"的偏见，带有种族主义的嫌疑。他们不承认东西方之间存在着某些本质的区别，即便有的话，那也是因为现代化的浪潮还没有从西方完全席卷到东方。一旦全球都实现现代化了，各国的传统文化就都会被现代化文明所取代，国与国之间、"东方"与"西方"之间再也不会存在什么根本性的区别了。许多西方学者根本就不承认这个世界上存在着一个可以用文化含义来界定的"东方"，更不用说在外交含义上还有一个与西方相对的"东方"。他们也不认为"外交"一词可以用于描述17世纪《威斯特伐利亚和约》签署之前国与国之间的外事活动。因为，"外交"是指上述和约实施之后，各签约国通过常驻其他签约国的外交机构而展开的对外活动，而东方国家都是在近代晚期才开始效仿西方，对外派驻外交使团与外交官，东方外交史也只能是一部近代西方影响下的外交史。这是西方人的亚洲观与一贯逻辑。

鉴于上述西方学界占据主导地位的观念和理论，我们还应该或还可以对东方外交史，特别是古代东方外交史展开研究吗？东方外交史的提法还行得通吗？至少，目前这在西方国家是难以做到的。这就是我从美国回到中国时心中的缺憾和不甘，也是内心的困惑和疑虑。西方学者的观点和理论就一定是金科玉律吗？为什么在中美两国都长期生活过的我，总会觉得东西方文化之间存在着某种根本区别呢？为什么在观察东西方国家的外交行为时，我总会感觉到两者之间存在某种根本不同的思维方法和行事准则呢？回到中国后，这些问题仍然继续困扰着我。同时，也不清楚在中国我能否遇到知音？始料不及的是，素不相识的陈教授突然向我发出共同研究东方外交史的邀请，这让我喜出望外，便毫不犹豫地踏上了东方外交史研究的这艘航船。十几年来，我与他合作共同推动了国内的东方外交史研究。回诸往事，感到轻松愉快。

实际上，基于西方学术话语权的影响力，以及在东方外交史问题上中国学术界的失语，不要说我们决定致力于东方外交史研究，即使我们提出这样的一个研究主题，其风险也是可想而知的。令人欣慰的是，十多年来我们东方外交史的研究群体始终志趣相投，不畏艰难，百折不挠，在一个个颇有争议的领域里不断探索，一步一个脚印地负重前行，朝着编撰综合的《东方外交史研究》目标前进。终于，功夫不负有心人，陈教授的《东方外交史研究》一书要在商务印书馆出版了。我们可以清晰地看到，在此书中陈教授针对困扰本人多年的问题，从东方的时空范围界定，到外交在古代和近现代的含义与运作模式，以及东方外交史的学科体系、学科定位、理论、主线以及编写原则等，都一一做出了探索与解答，率先在国内的东方外交史园地里树起了一面旗帜。

在我看来，《东方外交史研究》绝不单单是一部区域外交史，更是在当前中国史学界发出的空谷足音，很多层面上向西方学术界既定话语发出的挑战，表现中国人的史绩与史观。确实，西方学术界简单化地把近代人类历史看作是单一化的现代化直线进程，貌似十分逻辑，实则不然。如果我们对各国近现代史进行深入仔细的分析比较就可以发现，世界各国的现代化进程极其错综复杂，曲折漫长，其结果也非千人一面。事实上，各国现代化进程在时间上先后不一，其途径也各不相同，最终结果更是千姿百态，各有千秋。现代化进程没有、也不可能以西方现代化思想文化彻底取代世界各国的传统思想文化，把它们都转换成同一模式，变成铁板一块。在现代化过程完成以后，各国的传统文化和价值观念仍将继续存在，不断深刻地影响着各国人民的方方面面，当然也包括外交领域。

说到这里，一定会有人问：既然如此，那为什么又可以把亚洲各国归纳为"东方"呢？除了相近的地理位置，他们在文化上还有什么共性吗？的确，东方国家之间在文化上也是五彩缤纷、各不相同的，但相对于西方来说，它们却拥有某种非西方性的共性。例如，在生活习俗方面，大部分东亚和东南亚国家都使用筷子和阴历而非刀叉和阳历；再如，在宗教方面，东方国家都以多神教为基础，与西方各国以一神教为基础的宗教和文化传统截然不同。东方传统文化趋于承认和接受世界的多样性和复杂性,并尽量求同存异,允许灰色地带的存在。西方虽然是多种族的社会,但它却是建立在一神教基础之上的,其根本的理念和思想方法趋于非黑即白,二元对立,不允许灰色地带的存在。这两种根本源于不同宗教意识的思维模式,不可能不消融在上层建筑当中,对双方各自的外交方式产生深远的影响。

最重要的是,从历史事实来看,东西方自古以来就存在着,各自在自己的区域生存了数百万年。不少睿智的哲学家和历史学家都在他们的著作里采用了西方和东方的概念,如奥斯瓦尔德·斯宾格勒的《西方的没落》、阿诺德·汤因比的《从东方到西方》、卡尔·A.魏特夫的《东方专制主义》,等等。这些学者在提及东方时,都是与西方相比较而言的。所以,"东方"是相对于"西方"的一个概念,并往往以东方某个核心体即某个强国或某个强盛文明作为代表。在历史的长河中,这样的东方核心体并非是固定的,它总是在不断地移动,并呈现一种从西向东的发展趋势。公元前600年,波斯帝国就伫立在欧亚非三洲交界之处。相对于后来与其交恶的希腊,近东的波斯就是当时的东方了。希波战争就是东西方之间的第一次冲突,雅典代表了西方,波斯代表了东方。后来,东方的强国转移到了中东。中世纪的十字军东征,就是一场以皈依了伊斯兰教的突厥人为代表的东方与信奉基督教的西方之间的冲突。近代以来,东方的核心进一步东移。横跨欧亚的俄罗斯在相当程度上代表了东方。社会主义苏联影响了东方许多国家。之后,东方的核心再次东移到日本。跟苏联一样,日本也是借助西方的思想文化资源而崛起,然后以"大东亚共荣圈"为口号,发动了太平洋战争,制造了有史以来最严重的东西方冲突。如今,改革开放后的中国,似乎又代表了21世纪的东方。现今愈演愈烈的中美贸易战,不也代表了新一轮的东西方冲突吗?

陈教授的《东方外交史研究》,显然也注意到了上述历史事实。所以,他没有试图面面俱到地详述东方所有国家从古至今的外交经历和故事。相反，他采用了详略相间的方式，将东方外交史中研究相对充分、历史地位相对重要的部分进行了较为详细的论述，反之则简而约之。在一部篇幅有限的撰著里，这倒是一种合理的聪明的处理方式。以此观之，希望今后不断有东方外交史研究专家，根据各自的研究领域和强项，推出具有不同重点区域、国别和范围的东方外交史专著。中国史学界的教育传统和专业，大抵以国别史和历史大分期来分类。学者们的研究不仅局限于历史的时空，而且还限于某一个政治、经济、社会或文化的领域。如果从事东方外交史研究，就必须跳出传统研究分工的框框，在纵横面上都要从时空上予以突破，这对一位学涯有限的史学工作者来说，是一项十分严峻的挑战。以陈教授《东方外交史研究》为例，其内容就从古代的中国对外关系史、东亚国际关系史、西太平洋经济贸易史，到近代的东南亚国际关系史、东南亚文化交流史、东亚国际关系史、中东西亚国际关系史，最后到当代的日本对外关系史、印度对外关系史、东亚经济史和东南亚国际关系史。这样为撰写《东方外交史研究》一书而纵横时空、综合各个研究领域，其付出的辛劳和心血，实在非同一般。

总之，21世纪将是亚太国家的世纪，中国和其他亚洲国家如印度、日本和东盟将在世界舞台上扮演更加活跃的角色。然而，世界各国，特别是西方发达国家对他们有多少了解呢？我认为是非常欠缺的。迄今为止，不仅当前的世界秩序和外交准则都是由西方强国发展起来的，而且也很少有西方学者认真系统地研究东方国家处理国际事务的方法，更不用说把东方外交看作是一个严肃合理的学术探索的主题了。更糟糕的是，西方观点始终主导了对中国或亚洲外交的研究，这些观点经常错误地代表或错误地诠释中国和其他东方国家的价值观及其处理国际事务的方法，甚至否认这种方法的存在与独特性。我们研究东方外交史的目的，不仅是要把各东方国家的国际关系史以及发生在亚洲历史上的那些重大而有意义的外交事件梳理出来，而且还要在理论的高度上把亚洲国家的外交思想与理念总结出来，系统阐释、发挥和高扬，构建起东方国家自身的国际话语体系和话语权。当然这不是一件轻而易举的事情，我们任重而道远。

陈教授的《东方外交史研究》，已经为我们做出了一个良好的开端。希望在此基础上，我们所有从事东方外交史研究的学者们，继续坚持，共同努力，在各自领域深入系统研究基础上，再进行综合提升，整合凝练，向推出一本相对完整的大部头东方外交史精品目标推进，从而为解构西方学术界在国际关系史和外交史领域里的话语权、构建东方学术界的话语权做出重要贡献，促进世界学术向一个多元化的高层次跃进。

魏楚雄
2021 年 10 月 12 日于广东珠海

第一章 总论

　　东方外交史是东方历史乃至整个人类文明史的重要组成部分，在长期发展过程中逐渐形成自己的鲜明特色与内涵，具有世界任何其他地区外交史所不可比拟性。对于如此悠久、丰富的外交实践活动仅以政治史或文化史的视角来解释是远远不够的，还必须深入到长时段、跨时空和国家与民族间多层次外交行为当中去理解与把握。东方国家并不缺乏外交思想和实践，但是缺少对这些外交思想做系统的总结与理论升华，发展出一套中国人的外交思想体系与理论模式。长期以来，人们对外交史的理解是相当狭窄的，写出的外交史一般都是政治外交史的面孔，内涵相当单纯与狭窄。我们不赞成把外交史写成政治史的传统做法。可以说，在近代以前东方国家对世界的影响是巨大的，引起世界许多研究者的热情关注，成为历史学家、哲学家、经济学家、社会学家、外交家和军事家研究的对象。他们撰写的大量文献有的直接涉及外交活动，从不同的侧面反映东西方交流交汇的情况，留下的著作至今都是了解那段历史不可或缺的教科书。人类的历史是一部相互交往、交流与交汇的历史，通过不同文明与发展水平之间的交往，促进共同的进步与共生。

　　研究东方外交史，不仅仅是因为东方国家历史悠久，思想深邃，外交形式复杂多样，更为重要的是因为战后东方国家整体崛起，现实不断地向我们提出新问题，历史与现实的联系又异常的密切，备受世界关注。今天包括中国在内的东方国家面临重新走向世界、影响世界、重新塑造21世纪国际关系的重大问题。随着东方各国的经济崛起，国力逐渐增强，外交已经在国际关系中发挥日益重要的作用，产生巨大的影响力与穿透力。经过经济高速增长的带动之后，东方国家又焕发青春，国际上对东方历史、外交、文化与现状的研究有增无减，各种会议与研究成果层出不穷，不约而同地把目光转向了东方，关注东方。我们的一个初步看法是，要完整地了解东方历史与未来发展趋势，仅以欧美学者一家之言是远远不够的，也是不完整的，东方学者必须置身其中，发挥大变革时代中国学者的主体作用。这既是当代学者责无旁贷的责任，更是国家崛起对理论的迫切需要。

第一节　东方外交史研究的学术价值与现实意义

东方外交思想与实践具有积极意义与不朽价值，内容比欧洲丰富得多，也深刻得多。一般说来，外交是伴随着国家关系的演进而逐步发展起来的，反映的是国家间的关系；国家在对外交往中形成的一套理论、方针、原则与形式，不仅是民族智慧的展现，更是反映国家的文化基础、意志、行为能力和社会意识形态。以日本、中国、东盟、印度为代表的东方国家在战后整体崛起，无疑是20世纪世界最有影响的重大事情，其正向能量远比西方国家崛起时大得多，影响深远得多。它向世界提供的不仅仅是商品和服务，更为重要的是在政治、经济、军事、科技、文化以及思想方面发生的深刻变革，将直接影响世界形势的发展与国家关系的纵深展开，形成本地区的巨大发展优势，重新塑造新的大国关系和世界大势的基本走向，为人类提供一种崭新的发展模式，使人类的未来充满光明和希望。这是东方外交史研究在社会巨大变革形势下的现实意义所在，也是为东方国家崛起积累强大的精神力量。

一、东方外交史的经验与教训需要总结

按照人类社会发展的一般规律，世界各地区、国家与民族的发展

都要经过由低级到高级、由简单到复杂的发展过程,在发展过程中形成自己对外交往的一套理论与实践模式。由于政治、经济、文化以及地理条件等多种因素影响,东方的中国、印度、两河流域很早就进入了文明社会,形成自己社会的发展特点与性格。在形成国家后,外交活动也就出现了。外交作为国与国对外和平交往与交涉的行为,担当起维护国家利益的崇高使命。我国先秦文献《周礼》中就已经出现各诸侯国之间的"邦交"活动,"邦交"其实就是外交。春秋时期,黄河下游宋、卫、陈、蔡、郑、齐、鲁诸国争霸,连年干戈,郑国势力强盛,势力向外发展,宋卫两国受到压迫,常常联合起来抵抗郑人。[①]这些都是外交在保护国家利益活动中的具体表现。

中国很早就知道利用外交进行国家间的交往,以春秋时期为例足以说明问题。春秋时期就形成了一套外交理论、原则、方法与行为方式,出现了外交机构与外交使节,形成具有中国古典特色的外交思想与艺术,为后世留下太多的外交实例。这一时期外交活动的主题是以争霸与反争霸、掠夺与反掠夺为中心展开的。进入秦汉时代发展成为地区性大国之后,利用派遣使节处理同周边国家与民族的关系,遣使、朝贡、定约、和亲以及互市贸易等成为联系中原政权与周边国家与民族的重要纽带。与此相联系,中国的正史也把中外交往交流纳入史书的记载。被称为中国第一部正史的《史记》设有《大宛传》,前四史《后汉书》中的《西域传》记录的是中国与西亚及阿拉伯地区国家的政治、经济与文化联系,这足以说明中国对交往的重视。中国外交以其农业文明时期特有的模式存在了数千年,在世界上是独一无二的,本身就是奇迹。中国是传统的农业文明国家,不同于游牧和工业文明国家,其外交思想和行为多少带有某些农业文明的乡土味特征。

据形成于公元前2世纪至公元2世纪的《摩奴法典》可知,印度的外交官堪称智慧、和蔼与仪表堂堂的典范。他们忠于职守且精通各

---

① 童书业:《春秋史》,商务印书馆2010年版,第132页。

种法律知识，沉着老练，机警圆滑，能言善辩，处变不惊，从事着神圣而崇高的职业，使印度自古以来就与西亚、欧洲、非洲、东亚各国保持着密切的外交关系。《摩奴法典》规定："战争与和平系于使节。"① 可见，外交对于国家是何等的重要，外交官的任务又是何等的艰巨。正因为印度的外交官具有了良好的个人素质，故而能在国际事务中纵横捭阖，游刃有余，使国家的利益不受外来侵害。他们根据国家形势需要，有时与敌国使节讲和，有时离间敌人的盟国，充分利用外交游说与谈判艺术，达到维护国家安全的目的，《摩奴法典》规定："国王通过自己的使节，充分获悉外国君主的一切计划企图后，要采取最大的防御措施，使其绝不能为害自己。"② 古今中外，都把防患于未然、"不战而屈人之兵"作为使节努力完成的崇高使命，外交活动成为关系国家安危与生存发展的重要手段。

相比之下，欧洲的外交创制比较早，对后来世界各国影响很大，逐渐为各国所接受。这是制度、体制与观念的进步，也是人类整体制度文明的演进。13 世纪和 14 世纪的意大利各城邦国家间就建立了外交官职业，15 世纪意大利各国开始了常驻使节的派遣，并扩展到了西洋各国。③ 这种外交官制度伴随着欧洲文明的扩张而向全世界扩散，是脱离了中世纪后进入近代文明国家的标志，也是值得东方国家学习的地方。

进入近代国际社会以后，包括中国在内的所有东方国家都面临如何进入西方主导的国际社会、适应世界形势大潮流、与各国打交道的问题。对于东方各国来说，这个过程既是生疏的，也是痛苦的，更是一个付出代价的过程。欧美国家的冲击打破了东方传统的外交行为与格局，在西方的武力冲击下东方国家普遍落伍，接受他们的外交行为、理论与规则。外交受国外政治的影响很大，很少有一国外交不受国外

---

① 迭朗善译，马香雪转译：《摩奴法典》，商务印书馆 2009 年版，第 142 页。
② 迭朗善译，马香雪转译：《摩奴法典》，商务印书馆 2009 年版，第 142 页。
③ 箱田惠子：《外交官的诞生》，名古屋大学出版会 2012 年版，第 10 页。

政治影响的情况。这也就是我们经常看到国外政治与政局的变化导致外交重大变动的情况；同样，外交也受国内政治、经济与舆论影响。因此研究外交就必须对国内外政治与经济有清晰的了解。这些问题都是东方外交史需要认真总结和研究的。在很大程度上可以说，这也是整个东方国家面临的共同课题。这个课题所关注的重点，就是大范围、长时段的东方国家的重大的外交活动，显然单一的学科、琐碎的研究是不能够完成这个艰巨课题的。

二、东方外交在世界历史上的地位

东方国家形成中央集权的历史较西方为早，在对外交往中十分重视外交使节在维护和争取国家利益中的作用，通过外交使节达到相互交往、了解对方、保障国家利益不受侵害的目的。这种例子在中国、印度、埃及和两河流域的古代国家中非常普遍，也留下许多典型而生动的案例。印度的《摩奴法典》对外交官的素质和外交活动做出了种种规定，使他们成为国家利益捍卫者的典范，苏联学者 B. C. 谢尔格耶夫指出："在古代的中国和印度，外交关系诞生于各个地区出现最古老的国家组织的时期。随着印度和中国古代文明的发展，外交代表团的往来日益频繁，出现了以文字记载的条约，统治者之间互致的文告，以及证明使节享有全权之文书和信物、使节完成其所负使命之报告，等等。"[①] 这些外交形式的出现，都是在具体的长期对外交往的实践中形成的。以比较的视角来看，东方外交比欧洲外交早得多，差异性比较明显。A. L. 巴沙姆指出："世界上有四大文明摇篮，文化的种子从这些地区传播到全球各地。按照由东及西的排列，它们是：中国、印度次大陆、'肥沃的新月形地带'和地中海地区（尤其是希腊和意大利）。"[②]

---

① B. П. 波将金等编，史源译：《外交史》第 1 卷，生活·读书·新知三联书店 1979 年版，第 7 页。
② A. L. 巴沙姆主编，闵光沛等译：《印度文化史》，商务印书馆 1997 年版，第 1 页。

日本历史学家、评论家德富苏峰有感于古代中国在东亚历史上的重要性，认为中国与其说是一个国家，倒不如说是一个世界。①

在东亚，自春秋至唐代中国已经形成完整的外交规制与理念，形式丰富与多样，理论完备与深刻为世界其他国家所少见。中国有学者指出："汉唐时期确立和完善的外交制度不仅是世界最古老、最完备的古典外交制度之一，而且在当时指导、影响、制约着整个古代东方世界的外交实践，其影响所及并已逾越亚洲而达于非洲、欧洲。它不仅对于中华文明的发展、中国统一多民族国家的形成发展，而且对于世界文明的发展和促进各国人民之间的经济、政治、文化的交流发挥了积极的历史作用。"②确实，东方各大国有效地开展了对外交流交往活动，其影响是深刻的、久远的，"其制度之完备、周密，其行用之连绵、久远，其影响与效用之至巨至深，都是古代西方和其他文明古国所不能比拟的，处于当时世界的领先地位"。③

对于古代中国、印度、波斯、阿拉伯帝国外交，不仅中国学者有如此之高的评价，国外学者也多有同样的看法。德富苏峰写道："我们感到不可思议的不是中国历史的悠久，而是它的悠久历史能够永远地延续下去。哪个朝代哪个国家能够和中国相比呢？世界上无论哪个国家的历史都是断续的。……无论怎样，今天的中国人不仅拥有悠久的历史，而且他们肩负着这悠久历史一直到今天。"④美国学者罗兹·墨菲在谈到东方历史悠久时这样写道："印度和中国远早于欧洲就有了高度发达的文化和技术，它们在经济、政治、文化和技术上都曾领先世界长达2000多年。在罗马帝国消亡后的几个世纪内，朝鲜、日本和东南亚发展了各自的高度文明，而这时欧洲仍在忍受异族的入侵，随后是漫长的中世纪。……了解亚洲是了解我们生活于其中的世界所不可缺

---

① 德富苏峰著，刘红译：《中国漫游记·七十八日游记》，中华书局2008年版，第284页。
② 黎虎：《汉唐外交制度史》，"前言"，兰州大学出版社1998年版，第11页。
③ 黎虎：《汉唐外交制度史》，"前言"，兰州大学出版社1998年版，第17页。
④ 德富苏峰著，刘红译：《中国漫游记·七十八日游记》，中华书局2008年版，第317—318页。

少的，因为在这个世界上，亚洲已经越来越深地卷入了我们的生活。"①不论在过去还是现在，东方的经验都是重要的，尤其在 21 世纪世界需要更多的东方文化的时候更是如此，出现东方文明的复兴是可能的。

三、东方外交史研究的现实意义

东方外交史不同于传统的外交史，也不同于一般的历史记载与记述。它带着对现实问题的强烈关怀来书写历史，关注当今社会的重大需求与学术前沿，强调历史与现实的结合、历史学的社会功能与意义、东方与西方的互动，关注历史上那些对当今人类社会发展有重大意义的问题，也就是从现实的需要来研究历史，从历史经验中吸取智慧，建立中国人的学术话语体系。我们已经注意到，建立中国人的外交史话语体系，就必须努力构建出我们自己的一套理论、框架、体系与分析模式，使用本土资源，展现东方人的史观。从以往推出的著作来看，外交史始终处于被忽视的地位，即使研究外交也多以现状为主，外交史成果相当少。在这相当少的著作中又偏向国别外交史和双边外交史，根本没有使用东方外交史这一概念。确实可以毫不夸张地说，东方外交史具有弥补国内外交史研究空白的意义。

按照意大利历史学家克罗齐的说法，"一切真历史都是当代史"。不管人们对它怎样理解，但有一点是必须强调的，那就是历史要与现实发生联系，从对现实的关怀中寻找自己的发展道路。这或许是历史研究的真正意义所在。历史研究只有在人类社会运动过程中总结正反两个方面的经验，为现实服务，不做空疏文章，关注现实社会的重大需求才有意义，才有强大的持久的生命力。脱离社会现实的研究是很难有出路的，也是很难做到的，任何一部好的历史著作既是历史经验的总结，又是对现实社会有重大关怀的作品。我们不否认传统外交史

---

① 罗兹·墨菲著，黄磷译：《亚洲史》，世界图书出版公司 2011 年版，第 2 页。

在传播、保存史料上的贡献，不否定纯粹的学术研究所具有的重要学术价值；但是另一方面，如果过多地强调为现实服务而又忽视了历史研究的学术使命，缺少了应有的理论建设，也就无法探索历史的本质与规律，失去了历史研究的价值。东方外交史将与日新月异的社会发展保持同步，最大限度地寻求历史与现实的平衡，力求在取材范围、材料的分析与使用，以及体系的确立方面大胆探索，体现大变革时代东方社会的总体特征和东方国家外交的整体风貌。

第二节 东方外交史研究在中国的兴起与发展

近年来，中国的东方外交史研究已经有了长足发展，形成以中国大陆学者为主体、以东方国家本土资源为基本素材的研究趋势。我们开展的东方外交史研究，是战后东方国家整体崛起向我们提出的崭新课题，是当今世界政治经济形势发展的需要。中国、东盟、印度在以空前的规模与速度走向世界，改变着传统的国际力量对比关系，引起东亚乃至整个世界发展格局的重大变化，世界各国急需了解中国、东盟、印度的未来发展，急需更多地了解它们的历史、文化与外交，以及向未来发展延伸的基本趋势。

西方传统的经典的国际关系理论和外交史理论已经无法解释东方国家整体崛起的历史与现实，更无法为东方国家指出历史发展的路径与方法，它们的经验只能说明过去，并不能代表未来。因为东方各国的发展条件与国际环境是不同于西方的，无须去复制它们过去的经验，外交史的经验也有别于西方。现在已经到了对西方近代以来的外交做一个彻底总结，开辟东方外交新时代的时候了。回顾近年的实践，我们对东方各国与地区既有的历史材料进行了重新编排与思考，既注意到各国交往的纵向发展，也注意到不同国家与地区的横向发展和联系，更多地使用本土材料，形成一个具有明确的研究对象、研究内容与研究方法的东方外交史研究体系。在构建东方外交史研究体系时,我们也适当地吸收了西方外交史研究成果中的有益成分,将其拿来插扞在东方外交史的治史实践当中。现在我们觉得有必要对中国国内近年的东方外交史研究做一总结与评估,好的方面要加以坚持和发展,不足的方面加以改进与提高,错误的方面加以修正。只有如此,才能从根本上推进国内的外交史研究。

一、国内外东方外交史研究的既有成就

中国对外交史的记载很早,历来重视对外交往活动,正史当中设"外国传"予以记载。这些材料构成研究古代中国与世界关系的珍贵资料。除了正史之外,还有一定数量的个人著作与历史档案,对充实中国的知识宝库十分有益。外交史作为专门史从古老而传统的历史学中独立出来,构成历史学的一个新的系列,以部族、民族与国家间交往交涉为研究对象进行记录总结,可以为今天国家的外交活动提供许多鲜活而生动的历史材料。对于外交史,我们主张以国家间的交往为重点,既包括国家行为体间的交往,也包括民间的交往,正如有学者指出的:"外交出现于遥远的古代。氏族社会已经有了外交的萌芽。不过就外交一词的真正含义而言,外交却只能和国家的发展并提。"[①]

作为大国,中国的外交史研究是远远不够的,没有发挥出与大国相称的作用。出现这种情况的原因很多,其中最重要的还是材料方面的原因,同时也需要很强的专业知识、广阔的视野以及相应的外国语阅读与使用能力。治外交史的难度较一般历史为大。中国外交史属于东方外交史范畴,因此中国外交史是东方外交史的重要内容,没有中国外交史的东方史是不完整的,有缺陷的。新中国成立后我国学者克服重重困难,撰写了"中国外交史"系列,其中有些著作至今仍成为

---

① В. П. 波将金等编,史源译:《外交史》第 1 卷,生活·读书·新知三联书店 1979 年版,第 3 页。

大学的教材或参考书，保持着旺盛的学术生命力。把中国外交史作为东方外交史的一部分，弥补了长期以来世界史中没有中国史、外交史中没有中国外交史的重大缺陷。这个缺陷必须早日弥补。在国别外交史研究方面，国内撰写的和引进的仍很有限，专门治外交史的学者屈指可数。

相比之下，倒是美国、日本在东方外交史研究方面推出了大量有影响的著作，虽然无法统计出已经出版著作的具体数量，但是最保守估计也有几十种甚至上百种之多。例如大家熟知的美国学者马士的《中华帝国对外关系史》三卷本[1]，马士、宓亨利合著的《远东国际关系史》[2]等在国内很有影响，称得上是优秀的外交史著；日本学者撰写的有关东方外交史的著作同样富有开拓性，如《日本外交史》系列和《中国东亚外交交流史研究》《欧亚外交史研究》《日美外交史》《日英外交史》《中苏外交史研究》《越南中国关系史》等。他们之所以如此重视，是因为东方国家在历史上曾经发挥了重要作用，今天的重要性在上升，努力恢复的不仅仅是过去应有的地位，更为重要的是正在塑造新的国际关系和国际体系，罗兹·墨菲说得好："如果我们继续忽视它，我们将会虚弱无力；如果我们想在亚洲起着日益重要作用的当代世界上扮演全球角色，而又不愿对亚洲文化和文明有所了解，那我们可能陷入灾难。……所以我们如果不了解它的过去，就不可能了解它的现在或规划未来。这些都是研究亚洲历史的重要实际理由。"[3]他的话在西方有一定代表性，在某种程度上也表明了西方国家的隐忧。

二、东方外交史研究的兴起与发展

东方外交史研究在中国兴起绝不是偶然的，它与东方国家如火如

---

[1] 马士著，张汇文、姚曾廙等译：《中华帝国对外关系史》，上海书店出版社2000年版。
[2] 马士、宓亨利著，姚曾廙等译：《远东国际关系史》，上海书店出版社1998年版。
[3] 罗兹·墨菲著，黄磷译：《亚洲史》，世界图书出版公司2011年版，第10页。

茶的现代化浪潮和崛起的大趋势密切相关。与此同时,世界东方学的构图也发生了很大变化。为了使文化和传统的学问得到进一步发展,中国各大学与研究机构大规模的研究项目和文献整理出版,利用计算机等现代化手段推进数据库建设,也已经取得很大成果。[①] 今天的东方外交史不同于一般外交史的一个显著特征,是在取材、框架、立论与材料的分析与使用上有所突破,关注当前各国对外关系的重大社会需求,不再是简单的就事论事与记载记述。应该指出,传统的外交史一般都是简单的叙事记述,几乎缺少理论分析和深层次考察,更没有理论抽象,在今天看来有许多亟待改进、修正与拓展的地方。东方外交史关注历史与现实的联系,既总结历史上的外交活动经验,又对现实的大国外交有足够的观照,在整体框架中将打破单纯记事的旧框架,代之以重大事件的理论分析与深层次考察的新框架和新体系。

国内真正的东方外交史研究起始于21世纪初。在改革开放过程中,中国以空前的规模与速度走向世界,谋求自身发展,向世界敞开国门,正处在从世界体系的外围走向中心的过程中,遇到的各种问题空前的集中复杂。中国急需了解世界,世界也同样需要了解中国的历史、现实与未来,尤其在改革开放、经济取得巨大成功后走什么样的发展道路,是重复走历史上大国崛起必霸的道路还是走和平发展的道路,应该让世界了解清楚,更应该为人类提供一个有意义、有价值的中国发展模式。西方学者在解释近代大国崛起时有一种"修昔底德陷阱"理论,认为国家强盛必然走向霸权,形成对其他国家控制。历史上虽有这种情况,但这并不是普遍的规律,我们不赞成这个理论。国际上对东方社会、东方学的关注,除了关注那些旧有的传统学科外,还对许多新问题产生日益深厚的兴趣。西方的崛起模式显然不适合中国、印度等国本身的情况,也不可能找到一个完全适合中国的发展

---

① 京都大学人文科学研究所编:《廿一世纪的东方学》,共同印刷工业株式会社2002年版,第9页。

道路。

2002年9月我们首先在外交学院开设"东方外交史"课程。2018年成为国家社会科学基金支持项目。我们的一个基本主张就是以大外交的视野探索历史问题，解放思想，实事求是地对东方历史上的重大外交活动予以新的概括和总结，依靠本土资源构建外交史研究体系，努力开辟一个崭新的学术研究领域。如果没有一个大外交史的分析视野与框架，以及相应的分析模式与方法，可能会重蹈过去研究视野过于狭窄的覆辙，看不到东方国家在生生不已的对外交往中发生的重大社会变迁，更不能为面临全新任务与全新形势的现代社会提供新鲜而有活力的理论支持。

到目前为止，我们已经召开了十二次"东方外交史"学术研讨会，形成对东方外交史的概念、内涵及理论方法的明确认识，在国内外产生了积极影响。2006年10月，外交学院外交学系联合香港亚太二十一学会和《世界历史》编辑部在外交学院召开了全国首届"东方外交史"学术专题研讨会，对"东方外交史研究的理论、方法和时空范围""东方外交史中的政治、经济、文化交流与互动""东方外交的历史与现实"等问题进行了深入研讨，获得了对东方外交史问题的深层次认识，许多问题得到深入的探讨，拓展了研究的视野，开始了国内东方外交史研究的崭新历程，引起国内外学界的注意。在此后的几年时间里我们又先后在澳门大学、辽东学院、西南大学、四川大学、俄罗斯克拉斯诺亚尔斯克、蒙古乌兰巴托、大连大学、长春师范大学、中山大学珠海校区和北京召开国际研讨会。总的来说，中国国内已经形成线索分明、体系完备和条理比较清晰合理的东方外交史研究框架，许多问题逐渐清晰明朗起来。

作为研究成果，我们推出了代表中国目前东方外交史研究水平与动向的几本论文集与论文。国内第一部东方外交史专集《东方外交史之发展》已经于2009年由澳门大学出版社出版发行，填补了国内此项研究的空白。其他几届东方外交史会议论文集均已先后出版。① 在论文方面，也有一定的探索，体现了大变革时代中国学者对外交史构建的总体思考。作者们自觉地运用新理论，尝试新方法，发掘新材料，开拓新领域，展现了中国学者开创性和奠基性的成果。作为中国学者的初步探索，这些论著清晰地反映出改革开放后中国外交史研究的基本态势。

突破传统外交史、政治史的旧框架，将国家间重大的政治、经济、文化、科学与人员往来纳入外交史的研究视野是我们的想法。传统的外交史多是政治外交史的框架，关注的重点是上层政治人物的对外交往、交流活动，基本上是记述和叙事，缺少对事件的理论分析和深层次考察，这可能是它的最大不足。例如苏联学者 В. П. 波将金等主编的多卷本《外交史》即是典型，其他国家的外交史同样存在这样的问题。我们已经尝试突破单纯的政治外交史的框架，关注国家与地区间重大的政治、经济、文化、科技与人员往来，力图在编写体系、框架、内容与主线上有所突破。近年的外交史研究已经有了中国人的史观，研究内容空前地丰富起来。重新审视和思考外交史，是当前东西方关系发生变化以及东方国家主体意识进一步增强的体现，单纯的政治外交史已经无法承载今天外交史的丰富内容。现在世界大国关系已经发生根本性的变化，所有重大国际问题都有中国的参与和作用。中国正处于一个新的历史发展阶段，从理论到实践、从思想观念到外交决策机制都面临全新的课题。在历史上，西方国家对东方国家误解、曲解的

---

① 陈奉林、魏楚雄主编：《东方外交史之发展》，澳门大学出版中心 2009 年版；魏楚雄、陈奉林主编：《东方外交与台湾》，澳门大学出版中心 2011 年版；《东西方文化与外交方略比较理论篇》，澳门大学出版中心 2013 年版；《东方外交史中的日本》，澳门大学出版中心 2013 年版；《东西方文化与外交方略比较实践篇》，澳门大学出版中心 2014 年版；《东方外交与朝鲜半岛问题》，社会科学文献出版社 2015 年版；李涛、魏楚雄、陈奉林主编：《印度崛起与东方外交》，澳门大学出版中心 2016 年版；张晓刚、陈奉林主编：《东方历史上的对外交流与互动》，世界知识出版社 2018 年版；魏志江、张晓刚、陈奉林主编：《东亚区域史与丝绸之路研究》，江苏人民出版社 2019 年版。

地方太多了，也太久了。我们现在有能力、也有责任为当今社会提供一部信史和良史，尽到中国学者的责任。

加强了国际的横向联系，从单一的国别外交史研究走向对整个东方国家的整体研究，一直是我们努力的方向。我国的历史研究长期受苏联历史编写体系与框架的影响，除了以阶级斗争观点作为分析历史问题的基本方法外，再就是对历史纵向发展关注较多，对国家间的横向联系关注较少，这恐怕与苏联所处长期孤岛状态的国际冷战大环境有关，更与苏联过分强调阶级斗争的意识形态特点有关。冷战结束后中国学者不满于这种状况，力图突出各国的相互联系与互动，从整体上把握东方历史的发展进程，既照顾到历史的纵向发展，也突出历史的横向发展，东西联系，古今贯通。只有如此，才能反映当今人类社会的时代特征，撰写一部真正意义上的反映人类历史运动的外交史。

东方外交史的各个分支领域都有某种程度的进展，探讨的问题增多，领域十分广泛。有的学者精于细密的考证，有的长于宏观的分析，使古今结合、中外结合，尝试新方法，推出新成果，在各个分支领域都有明显的进步，理论范式、概念使用以及分析的角度都有一定的创新，出现新的学术增长点快速发展的可喜势头；有的学者扩大自己的研究领域，放开脚步与视野，走出了国别外交史研究的局限，在时间和空间上接长了自己学术产业链，开辟出一块新的园地。我们可以大胆地预言，在传统史学受到商品经济的大潮冲击、其他历史问题未有新的材料发现的情况下，东方外交史可能成为未来新的学术增长点。对于研究者来说，这是令人十分高兴的事情。我们可以乐观地预见，以中国、东盟、印度为代表的东方国家崛起正在重塑21世纪的全球秩序，使现代国际关系中增加了东方元素，特别是中国元素。

确立东方外交史编纂体系的基本框架，要重点解决好外交史撰写的体系问题。在看待历史发展的动力方面，除了考察外部因素的作用外，我们还将重点考察东方社会内部因素变动的作用以及外交活动的影响。在视野上，我们将着眼于国家政治统一后的外交活动，如秦汉帝国建立后的外交活动范围及影响实非以前所能比拟。秦汉以来历代王朝都追求"大一统"。在这一观念下，所有的土地都是王土，所有的居民都是臣民，因此中国建立的外交模式也就是朝贡国制度，形成中国与外国关系的基本模式。这种模式一直持续到19世纪以后逐渐为近代条约制度所取代。

就外交史而言，构成人类历史的主要内容就是各民族、各地区与国家的相互联系与交流，因此只有在对世界历史进程的总体把握上开展研究，才能构成严谨、周密的编写体系。总之，在当前经济全球化和全球经济一体化加速发展的形势下，东方国家正面临着有史以来空前伟大的历史变革，应该以更为广阔的视野看待过去的历史，用全球视野撰写包括全人类在内的统一的外交史。

三、东方外交史研究中存在的问题与不足

正如中国的世界史学科仍属于古老历史学科中年轻的学科一样，东方外交史又是世界史中的年轻学科，虽然我国史书很重视外交活动的记载，有丰富的材料和具体的事例，但是把它作为一个新学科的学术研究，提升到关注人类社会命运并命名为"东方外交史"只是最近十几年的事情。我们面对的是一个不断发展变化的世界，不确定因素增多，大国间的博弈在加剧，今天的发展离不开对历史进程的了解。以往的外交史基本上属于中外交通史或东西交通史的范围。把外交史从中外交通史中独立出来，是外交史研究的深化与行动的具体展开。因为研究刚刚起步，从复杂众多的历史问题当中理出个头绪来实为不易，理论的不足，本土资源整理与挖掘上的困难，体系、理论以及分析模式的建立都可能对研究工作带来一些限制。对于复杂万千的东方历史，我们的态度是"任凭弱水三千，只取一瓢"而已，选择极有难度的东方外交史作为我们攻关的方向。十几年来我们执戈前驱，开榛辟莽，终于在这块荆棘丛生的土地上拓展出一块园地，树起了我们的

一面旗帜。就整个现有成果来说还不多，特别是在创建、引进、吸收甚至改编外交史著作方面还有许多工作要做，许多空白还有待填补，有一段很长的路要走，如同进入了幽深漫长的隧道终于看到了隧道那一头的一丝光亮；另外，原创性的东西还有待进一步的开发，没有出现国内史学界公认的引领中国东方外交史研究的著作和领军人物。作为历史学中最为年轻的一个分支，东方外交史要建立有自己特色的编纂体系、史学理论，能否完成这个课题只能留给时间来检验了。

四、东方外交史研究的重点与努力方向

东方外交史研究应该更多地关心人类社会的发展命运，关注各国的多样性与合作经验。中国传统史学长期关注的是王朝的兴衰更替和社会政治制度的变迁，在今天看来只做到这一点已经不够了，还应该在此基础上开展对国家间重大的政治、经济、科技、文化以及文明交流互动成功经验的总结，根据中国本土的史观与努力对以往外交思想、实践与模式做出新的概括，发挥以古筹今的功效；以往的外交史以政治史居多，关注的是国家领导人之间的交往，重大政治、经济活动往往远离人们的视野，失去了外交史应有的魅力与风采。东方国家的外交实践异常丰富多样，外交思想博大深邃，但是始终没有得到系统的总结与阐发，或者说没有发展出系统的外交理论。外交实践是一回事，系统地创造和总结外交理论则是另一回事。归根到底，还是与东方文化的综合性有关，没有像欧洲那样发展出人文科学、社会科学和自然科学的完整体系。除了宏观研究、微观研究和比较研究外，还要根据时代的要求开展经济外交、文化外交和国别外交，把大国外交作为重点，真正体现大变革时代外交活动的全球性、区域性和丰富性的特征，探索撰写一部接近历史真实的东方外交史已是一项十分紧迫的任务。

第三节 开展东方外交史研究的初步探索

东方外交史不同于国别外交史和双边外交史,具有明确的研究对象、研究方法和丰富的内容。东方国家外交活动范围之广泛,内容之丰富,形式之复杂多样,世界任何其他地区都无法匹敌。这个地区形成了以中华帝国、古印度和阿拉伯帝国为中心的三大农业经济圈和外交圈。许多研究结果表明,在近代以前东方国家远比世界其他地区先进,许多方面留下相当完备的材料和成功的经验。近年来国内外公私机构以东方中国、日本、东南亚、印度等为对象的各种研究纷纷展开,东方学已经成为一个涵盖广泛的学术热点。随着东方国家经济崛起和对外影响力的不断提高,历史研究也应不断地开辟新的领域。探索东方国家外交的发展行程,总结对外政治、经济、科技、文化以及东西方文明交流互动的成功经验,已成为我国社会科学理论工作者的紧迫任务。开展东方外交史研究是当前人类社会发展到一定阶段的需要,孤立的国别外交史研究已经不能满足今天形势发展的需要了。因此无论从何种意义上说,开展东方外交史研究都是一项不得不做的艰巨工作。

一、东方外交史研究的时空范围

东方外交史面临的是一个时间和空间都异常巨大的历史区域。研究任何一门学科首先必须明确内涵,弄清基本概念并建立基本的理论与方法。东方外交史研究也是如此,也应该如此。"东方"这个概念不是什么新东西,在近现代学术研究与国际关系中被广泛使用,但人们对其时空范围的认识却一直是很模糊的,一直没有人把它说清楚。不同时期人们对东方的理解是不同的。一般认为,东方是指地中海以东的亚洲地区(习惯上也包括埃及)。把北非埃及纳入东方研究的视野是东方学（包括历史、语言、文学、宗教、艺术、哲学、考古、社会等）的历史传统。就其空间而言，东方地域面积约为4500万平方公里，人口占世界总人口的60%以上，有佛教、伊斯兰教、基督教和印度教等多种宗教，历史、文化与社会发展程度不一，富有多样性。可以说，这里是人类最早进入文明社会的地区之一，孕育了独自生成、自成一体的古代文明，同时也与世界其他诸文明发生十分密切的联系。在西方人希罗多德和亚里士多德的著作中有最初的对东方的描述。他们是从西方人的战争和政治学观点看待东方的，由于各种条件的限制对东方的认识是很不完整的，也很有限。

西方对东方进一步了解是在东西方交流扩大之后。那时候，西方探险家、传教士、商人纷纷东来，努力探索一个未知而神秘的世界。有学者指出："东方学沿着两条路线发展。其一是实证东方学。……其二是理论东方学，旨在通过对已有的有关东方史料的整理和分析，来对东方地区的社会状况和历史进行研究。这样，探索东方的接力棒，从探险家、旅行家和商人的手中，次第传到学者的手里。但无论怎么说，西方人研究东方的动机与实践，都是与西方殖民者对东方财富的追求和对东方地区的掠夺联系在一起的。"[①] 从古代到近代、从近代到现代，世界对东方的热情始终未减，尤其对东方历史、文化与社会发展产生日益浓厚的兴趣于今为烈。

长期以来，东方作为一个地理的、文化的和政治的概念被研究者广泛使用。近代哲学大师黑格尔在《历史哲学》中认为："亚细亚洲在特性上是地球的东部，是创造的地方。……但是欧罗巴洲，一般来说，是旧世界的中央和终极，绝对是西方，亚细亚洲却绝对是东方。'精神的光明'从亚细亚洲升起，所以'世界历史'也是从亚细亚洲开始。"[②] 在他的著作中，东方国家包括中国、印度、波斯、巴比伦以至埃及、

---

① 吴泽：《东方社会经济形态史论》，上海人民出版社1993年版，第2—3页。
② 黑格尔著，王造时译：《历史哲学》，生活·读书·新知三联书店1956年版，第144页。

迦太基，视野广阔，"埃及是人类精神从东方转入到西方的过渡，然而它并不属于阿非利加洲的'精神'"。①由此可知，把东方作为人类文明的重要区域来研究是在近代资本主义兴起之后才逐渐开展起来的，因此出现了许多东方学家。

18 世纪法国启蒙思想家伏尔泰提出关注东方的思想，他说："作为一个哲学家，要知道世界上发生之事，就必须首先注视东方，东方是一切学术的摇篮，西方的一切都是由此而来的。"②近代法国浪漫主义作家杰拉尔·德·奈瓦尔 1843 年开始了他的东方之旅，先后到达埃及、叙利亚、土耳其等地，回国后把在东方的见闻写成了《东方之旅》，向欧洲传递了异质文化的信息。欧洲与东方有着长期的不解之缘，今天的欧美文明与其说是起源于克里特、希腊和罗马，不如说是起源于近东，希腊文明绝大部分来自近东各大城市。③确实，很难把西亚、中东地区与欧洲的历史文化联系一分为二。近东文明与欧洲中世纪文明、近代文明有很深的渊源关系，留下的著作不在少数。英国历史学家杰克·古迪曾经说过，欧洲的希腊人不仅通过征服行为，而且还通过贸易活动来认识东方世界。④由此可以看到东西方的密切联系。

我国学者鄂裕绵先生对东方外交史研究做出了初步探索。鄂裕绵先生编著的《近代远东外交史》对东方外交史基本框架进行了构建。他看到远东是世界文明的重要区域，人类历史活动的最主要的舞台，世界文明离开了人口众多、面积广阔的远东是没有任何意义的，也是不完整的。正因为如此，他在著作中对东方外交做了创造性的工作。作者提取了中国、日本、印度作为具体的研究对象，勾画出东方外交的大体轮廓。这部著作的最大特色，在于将远东诸国作为一个整体进

---

① 黑格尔著，王造时译：《历史哲学》，生活·读书·新知三联书店 1956 年版，第 144 页。
② 利奇温著，朱杰勤译：《十八世纪中国与欧洲文化的接触》，商务印书馆 1991 年版，第 81 页。
③ 威尔·杜兰：《东方的遗产》，东方出版社 2003 年版，第 3 页。
④ 杰克·古迪著，沈毅译：《西方中的东方》，浙江大学出版社 2012 年版，第 287 页。

行了把握观察,看到了欧美列强围绕远东展开的矛盾与斗争,可视为一部断代区域外交史著作。编著者在《编首》语中说:"本书不过择最显明的——列强之有计划,有组织地向远东扩张——的事迹,作为列强政治侵略开始时期。"他强调:"本书就以中、日、印三国作为亚洲被侵略的主干。……这本书虽题名为远东外交史,其主要部分,仍是列强侵略中国史。"① 这是一部较早的有关研究东方外交史的著作。

该书选择了几个具有重要意义的主题进行了研究,如对中日开国前远东形势的分析,对变化中的中国、日本与印度的总体把握,对日本在远东的崛起与扩张等一系列问题的展开都富有新意,突出了重大历史事件发生的时代特征。尽管它是一部断代史,但对东方外交史进行了构建,主体框架是清晰的。顺便指出,日本学者野村浩一撰写的《最近东亚外交史》② 是一部较早的著作,在区域外交史上做了探索,尽管不是完整意义上的东方外交史,但它对区域外交史的构建是有积极意义和学术价值的,反映的是 20 世纪初日本学者的想法;苏联学者弗·鲍爵姆金主编的《世界外交史》专辟一章对古代东方外交予以专门介绍。这些都是东方外交史的重要成果,对于思考东方外交史的时空范围有着重要的启示作用。

20 世纪 50 年代,我国学者翻译了苏联学者阿甫基耶夫的《古代东方史》。③ 这部著作从史料学、考古学等学科视角系统地研究了古代中国、印度、巴比伦、苏美尔、埃及、叙利亚、伊朗等东方国家的历史与社会发展,是一部全景式地展现东方社会史的历史巨著,可视为一部缜密成熟、气魄宏大的优秀史著。突出东方国家在农业、水利、文化、宗教、社会制度以及对外贸易的成就,展现东方国家对世界文明的重大贡献,是该书的最大特点。尽管该书对外交活动殊少论及,但对东方空间范围进行了构建,对于我们思考东方外交史的空间定位有

---

① 鄂裕绵编著:《近代远东外交史》,世界书局 1934 年版。
② 野村浩一著,王双岐译:《最近东亚外交史》,北新书局 1906 年版。
③ 阿甫基耶夫著,王以铸译:《古代东方史》,上海书店出版社 2007 年版。

一定的参考价值。

日本学者定金右源二撰写的《古代东方史的再建》[①]取材范围是西亚和北非地区，而没有涉及西亚和北非以外的其他地区；现在看来，此书的视野相当狭小。构建东方史，如果没有东亚、东南亚、南亚地区，就不能算是真正的东方史。20世纪50年代我国学者撰写的外交史也有类似的问题，主要是在整体结构与体系上存在缺陷，说到底还是体系问题没有解决好。要编纂一部新的外交史，首先遇到的问题就是地域广袤、国家人口众多和文化背景复杂多样，把这样的区域整合成一部具有内在联系的外交史，其难度是可想而知的。要完成东方外交史这一艰巨课题，东方学者必须置身其中，根据既有的材料重新进行科学的构建。

从上述回顾中我们看到一个十分清楚的现象，即大部分著作是将北非的埃及纳入东方学研究的视野。这符合埃及与西亚历史、文化紧密联系的传统。应当肯定东方学取得的巨大成就，特别是以近代科学方法分门别类地总结和研究历史、文化、文学、宗教、社会、考古、哲学和艺术等既有的成就。今天的东方学作为一门实证学科应该得到更大发展。但是由于种种原因，这一研究总体上发展较为缓慢。20世纪60年代以来，以日本、中国、东南亚诸国、印度等为代表的东方国家发生了有史以来最伟大的历史性变革，日益活跃在世界历史的前台，这一切都为充实东方学提供了具体而鲜活的构建材料。总的来说，西方东方学的发展对我国构建有中国特色的东方学有着重要意义，对本学科发展做出了贡献，特别是对东方空间范围的看法对我们有许多可借鉴之处。近年的东西方社会发展史比较研究表明，近代以前东方存在完整、独立的经济-文化圈与交往圈，圈际联系紧密、频繁，这个区域是世界文明最重要的区域。

在讨论清楚了东方的空间范围之后紧接着就是东方外交史的上限

---

① 定金右源二：《古代东方史的再建》，新树社1955年版。

问题。怎样确立东方外交史的上限问题，是首先必须加以回答的。一般说来，自从有了国家之后就有了国家间的交往与交涉的外交行为。若依此而论，东方国家一般都有数千年的历史，这样一来各国对外交往的历史就相当悠久漫长了。在近代以前的若干世纪，东方各国不仅有文化上的密切联系，也有经济与外交上的密切联系。仅从文化的角度研究东方是远远不够的，还必须深入到东方各国的政治、经济和国家关系当中，深入到国家的政治上层建筑当中去考察。

对于如何确立东方外交史的上限问题，国内已有学者做过初步的探索。虽然各方面的观点差异很大，但对我们是有启发的，给我们提供了一个有价值的参照系。有学者把它确立在早期国家形成阶段，认为："就东方外交而言，它在历史上比西方外交远为悠久。若从西元前15—14世纪古埃及第十八王朝法老的外交信件算起，东方外交至少走过了3500多年的历史。"① 这一阶段大体相当于公元前15世纪；也有学者认为："至少在以黄帝为领袖的部落大联盟时期，中国古代的先民就已经与域外有了交流，并伴随着交流有了域外物品的传入，……域外的概念并不仅仅是黄帝部落大联盟实际控制的区域以外，它甚至涵盖了现今中国的疆域以外，它们之间的关系并不是隶属关系，而是不同的部族、联盟和初步具有了国家实体性质的政治集团或组织之间的关系。"② 苏联学者 В. П. 波将金等编写的《外交史》强调外交执行着以奴隶制为经济基础的国家的对外政策任务。这几种意见都存在一个把外交史上限时间确定得过早的问题。

另一位学者认为："民族国家出现后，才出现了真正意义上的外交，随着16世纪西方殖民运动的展开，东方国家才逐渐向民族国家转

---

① 韦德星：《论东方外交史及其时空定位问题》，载陈奉林、魏楚雄主编：《东方外交史之发展》，澳门大学出版中心2009年版，第37页。
② 张健：《先秦时期的国礼与国家外交——从氏族部落交往到国家交往》，文物出版社2013年版，第16页。

变，因此，东方外交史的起点定在16世纪比较恰当。"① 相比较而言，前者对东方外交史的上限确定似有过早，因为早期国家毕竟不同于封建时代的国家，更不同于近代的国家，那时的外交活动极为有限，外交方式也相对简单和原始，还没有形成明显的区域性国家关系体系，更没有形成国家关系体系的核心力量。人类社会早期的外交活动尚未脱离氏族公社制度的奴隶制政治、经济形态，外交活动常常伴随着掠夺土地、水源与奴隶，显然与我们今天所理解认同的外交是以和平方式处理国家间事务的活动不同；如果以近代民族国家形成作为东方外交史的上限似又为时过晚，这实际上等于忽略或否定了东方国家长期的丰富的外交活动，换句话说，即等于在16世纪之前东方国家没有外交。显然以民族国家形成作为东方外交史的上限时间是不符合东方国家的实际情况的。东西方的外交概念有所不同，西方的圆凿很难入东方之方枘，没有多少可比性。

　　长期以来，中国使用"邦交"而不使用"外交"，即使是外交也从属于中外交通史的范畴，很晚才引进"外交"一词，所以说"外交"一词是从西方引进的洋玩意儿。从"邦交"到"洋务""外务"再到"外交"，是清朝末年的事情。近代民族国家与外交的概念是西方政治学的概念，是欧洲人评判历史和国际关系的标准，是根据欧洲的历史得出的经验，不能不加分析地一概拿来为我所用。我们应该重新思考和审视这个问题，找出一个既符合东方外交实际情况又能体现东方国家历史特点的上限时间来。

　　根据上述两种观点我拟提出不同的看法，主张以东方国家进入封建时代作为东方外交史的上限。因为封建时代较以前时代创造了国家关系新形态，人类社会向具有较多联系的社会转变，国家交往的内容与形式发生深刻的变化，活动范围大大拓展。只有生产力提高，国家

---

① 张旭东：《对东方外交史的定义、研究范围及其他的一些思考》，载陈奉林、魏楚雄主编：《东方外交史之发展》，澳门大学出版中心2009年版，第26页。

形成统一的力量之后对外交流才会进一步扩大。以中国为例,秦汉帝国的建立对中国、特别是对东亚国家影响极大,开辟了与朝鲜半岛、日本列岛、越南与南洋的联系。这种重大国家关系行为在封建社会以前是很难完成的。《汉书·地理志》详细记载了中国商船航行到南洋、印度洋各国的情况,"蛮夷贾船,转送致之"是当时中外交通贸易与使者往还不断的真实写照。正因为如此,才有公元前138年张骞出使西域以及东汉班超出使的外交活动。余英时先生认为,中国开通与西域各国关系,不仅对中国而且对中亚的政治、军事、经济方面都带来了深远的影响。①

在南亚方面,东汉时期中国与印度就已经有了官方交往,印度的使者好几次带着贡品访问过中国朝廷。②此事在中国史书《后汉书》里有记载。进入唐代以后中国外交发展到一个新的阶段,国力影响空前扩大,对外交往远及东南亚、南亚、西亚与欧洲,据说当时中国商船长达二十丈,可运载六七百人。③东亚的中国、南亚的印度称得上是当时外交活动最为活跃的国家。孔雀王朝和贵霜帝国时期,印度与中亚各国、埃及、叙利亚、马其顿等国保持互换外交代表团制度,印度使节出使过欧洲的罗马帝国。④

《厄立特里亚海航行记》记载,公元一世纪印度东西两岸就有许多商业城市,与西亚、北非和地中海地区发生商业联系,印度商人也到达缅甸、马来半岛、苏门答腊和马六甲从事贸易交流。至于后来葡萄牙人来到印度后,东西方的联系就更多了。从世界文明的发生来看,东亚、南亚、西亚和北非地区是人类文明的重要区域,它们的影响是不断向外扩大的。东方外交强调的是一个整体行为,关注域内与域外跨民族、跨国家与跨文明的政治、经济、文化与人员的交流互动,并

---

① 余英时著,邬文玲等译:《汉代贸易与扩张》,上海古籍出版社2005年版,第113页。
② 余英时著,邬文玲等译:《汉代贸易与扩张》,上海古籍出版社2005年版,第128页。
③ 桑原骘藏著,陈裕菁译:《蒲寿庚考》,中华书局1954年版,第94页。
④ B. П. 波将金等编,史源译:《外交史》第1卷,生活·读书·新知三联书店1979年版,第7页。

不局限于单一的官方活动。鉴于这种情况，我们主张以进入封建时代作为东方外交史的上限，以宏观视角对各国间重要的外交活动予以概括和总结，发现历史规律，建立新的外交史研究的基本理论与框架。

长期以来，国内外交史研究习惯于用西方一套学术理论与方法解释和看待东方历史问题。这种研究方法已经越来越受到国内外学者的质疑与批评，已有学者指出："这些模式都把中国历史的起点放在西方，并采用了西方衡量历史重要性的准绳。"[1] 我国史学界近年也展开了破除"欧洲中心论"和建立新的世界史学科的讨论。[2] 对于近代以来的外交史和国际关系史研究采借西方理论与分析方法是可以尝试的，因为近代东方社会受到西方的冲击，在内部因素和外部因素的相互作用下走向了近代社会，与西方发生着密切联系，产生强烈的互动关系，无论是物质生活还是精神生活都是如此。对于解释前近代时期的历史问题采用西方学术理论与分析方法是否妥当，值得研究。因为东西方毕竟是两种不同的历史、文化与社会结构，还有不同的上层建筑等。这是建立外交史研究框架必须思考的问题。

从20世纪80年代以来，国内已有学者提出建立东方学术研究的话语权问题，时至今日这种情况已经有所好转，推出了多部东方学著作，在国内外产生了极大影响，如季羡林教授主编的《东方文化集成》大型丛书就是很好的开端，已经从根本上改变了东方在国际学术上无话语权的被动局面。更为重要的是，在经济崛起的带动下中国学者的自信心与研究能力得到空前提高，缩短了与国际同行的距离。显然，要完整地反映东方关键是东方学者要置身其中，发挥主体作用，根据历史实际与社会需要来撰写历史。总之，只有深入到东方历史当中才能发现其联系的纽带与根本性规律，只有建立自己的理论体系与分析

---

[1] 柯文著，林同奇译：《在中国发现历史——中国中心观在美国的兴起》，中华书局1991年版，第135页。
[2] 参见马克垚：《困境与反思："欧洲中心论"的破除与世界史的创立》，《历史研究》2006年第3期。

模式才能反映东方外交史的真实。

二、东方外交史研究应遵循的几个原则

研究东方外交史必须从东方国家的立场出发，充分使用本土材料，找出各国间的有机联系，而不是将国别外交史拼凑成东方外交史，也就是说必须从内在的联系纽带中把握东方的历史进程，正如柯文所说："这种取向力图摆脱从外国输入的衡量历史重要性的准绳，并从这一角度来理解这段历史中发生的事变。"[①] 从以前出版的一些外交史著作来看，它们大部分是西方人撰写的，许多方面受到个人基础、语言、兴趣以及文化差异的影响，往往不能客观全面地反映东方历史全貌，其真实性受到怀疑，许多方面存在遗漏甚至歪曲。例如苏联学者弗·鲍爵姆金主编的《世界外交史》基本上是以欧洲外交作为撰写重点的，过多地关注欧洲的国际事务，浓淡不均地散发着大国沙文主义的气味，歪曲事实的地方也十分明显。欧洲以外的外交不能说没有涉及，但是它只是作为欧洲主导外交的依附性的点缀，欧洲中心主义的倾向十分明显。

近年东方学者力图打破"欧洲中心论"的传统观念，对"欧洲中心论"发动了猛烈冲击，取得的成效是显著的。这一发展取向昭示学术研究上的重大变化，给学术研究提出了新的课题。在前近代时期，东方存在三个相对独立的文明。东方外交史研究的任务就是探索各个文明体之间以及东方与外部世界的关系。为了构建一个科学严密的东方外交史研究框架，首先必须确立几个编写的具体原则。

第一，地域原则。地域原则的含义是，建构新的外交史体系必须充分考虑东方国家的历史、文化与地域特点，从诸多的事件联系当中

[①] 柯文著，林同奇译：《在中国发现历史——中国中心观在美国的兴起》，中华书局1991年版，第174页。

寻找出研究的出路。例如黑格尔的《历史哲学》就是将东方世界看作是一个独特的文明区域,进而展开对中国、印度、波斯等国的分析。尽管黑格尔的历史观是唯心主义的,但他对地理环境之于社会历史发展影响的分析具有重要意义。我们强调地域原则,是指它构成一个独立的历史地理单元,面积广阔,内部情况复杂多样,在长江、黄河、印度河、恒河、幼发拉底河和底格里斯河流域产生了中国、印度、巴比伦文明古国,有的至今承载着世界古老的文明传统,正如罗兹·墨菲所说:"它拥有全球人口的一半和远远超过一半的世界历史经历,因为那里存在的文明传统是世界上最古老的。"[1]

地域原则的另一层含义,是在漫长的农业文明时代,东方各国是在远离其他文明的基础上发展起来的,独立发展并不等于孤立发展,由于地缘上的独立和悠久的历史文化传统,形成中国文化、印度文化和伊斯兰文化圈和交往圈。东亚、南亚、西亚各国克服了技术的、自然的以及政治的种种限制,在自然提供有限的条件下进行着文明的构建,进行着政治、经济与文化交流。我们看到历史上东方各国对外交流的成就,各个文明体间的相互联系、互动以及内部循环机制。强调地域原则是十分重要的,因为域内各国相互作用与影响是推动历史发展的动力,而不是过分强调外来因素的作用。在历史上,东方各国构成一个相互联系的区域共同体,存在具有多个中心——边缘结构关系的地域圈,由这个地域圈构成东方世界。在这个区域中尽管山岭众多,地形复杂多样,气候条件对各国交往发生重要影响,但各国的交往从未间断,有学者指出:"如何把握具有复合和多重色彩的实态'地域圈'的内在联系,就会成为一个问题。……同样,把握亚洲区域内在关系的时候,也并非仅仅存在国家之间的相互关系,而存在地区之间的关系,这就是在历史上发挥机能作用的实体——地域圈。"[2]

---

[1] 罗兹·墨菲著,黄磷译:《亚洲史》,海南出版社、三环出版社2004年版,第16页。
[2] 石源华、胡礼忠主编:《东亚汉文化圈与中国关系》,中国社会科学出版社2005年版,第28页。

第二，整体原则。整体原则是把东方各国看作是一个有机联系同时又有多样性的地区，形成对该地区的整体把握。有人认为，这个地区同罗马支配下的地中海世界、基督教欧洲及伊斯兰世界相比，统一性较弱。① 但这并不成为阻碍整体性研究的理由。不论在我国还是在国外研究中，一般多习惯于国别外交史或双边外交史撰写，推出的成果不可谓不多，不可谓不深入，但对整个地区的外交通史研究迄今仍无成果问世。在我国历史著作中并不缺乏区域史研究，涉及东方外交的时空范围与各国间的交流互动。例如被称为中国第一部正史的《史记》，所述五帝、夏、殷、周、秦、汉诸王朝的主要舞台在黄河及其支流，可以说是以北方为中心的历史观。② 如果把西域各国算在内，其视野也仅限于西亚地区；古代埃及人所了解的整个世界，其范围是小亚细亚、美索不达米亚南北各国、叙利亚、巴基斯坦和爱琴海地区。③ 这就是当时人的世界观念。

人类的世界观念是伴随着对外交往而逐渐扩大起来的，不会永远停留在一个水平上。进入唐代以后，中国对外交往大规模地走向世界，眼界大开。据马斯欧迪《金草原》载："（黄巢之乱）以前，中国商船已通达阿曼地区、巴林沿岸地区，乃至澳波拉、巴士拉诸港。同时，这些地方的商船也直接通往中国诸港。"④ 根据唐代地理学家贾耽的研究，这条航线从广州出发到巴士拉用时九十天，从巴士拉向西航行到达东非坦桑尼亚的达累斯萨拉姆用时四十八天。⑤ 从航线来说，当时中国人把从广州经马六甲海峡、印度东西海岸到达波斯湾的航线称为东线；把从波斯湾沿着阿拉伯半岛往西到红海和非洲东部地区的航线称为西线。从那时起，中国人的眼界已经很开阔了。

---

① 堀敏一：《律令制与东亚世界》，汲古书院1994年版，第143页。
② 岩波讲座世界历史第3卷《中华的形成与东方世界》，岩波书店1998年版，第6页。
③ 弗·鲍爵姆金主编，王思澄等译：《世界外交史》第1分册，五十年代出版社1949年版，第4页。
④ 转引自穆根来、汶江、黄倬汉译：《中国印度见闻录》，中华书局1983年版，第138页。
⑤ 参见张静芬：《中国古代造船与航海》，台湾商务印书馆1995年版，第89页。

阿拉伯帝国兴起后，对东方贸易颇感兴趣，商人大举东来，足迹遍及印度、中国、南洋各地，有力地衔接了远东、南洋、印度洋以至红海和波斯湾的贸易，推动了西太平洋贸易网的形成。阿拉伯人独占东方海上贸易达数世纪之久，直到葡萄牙人出现为止。南海贸易东起日本、朝鲜、中国，西至印度、阿拉伯和非洲东部。[①] 15世纪，地处东南亚的马六甲王国因东西贸易而出现了繁荣，作为中国南海与印度洋交易圈的连接点，发挥了联结东西贸易的国际中继港作用。[②] 商业贸易活动成为推动东方文明进步的车轮，在大陆、海洋国家之间建立了有力联系。

鉴于这样的情况，我们提出编写东方外交史应把握的整体原则，以防止视野狭窄和整体观念缺乏的局限。与整体原则相联系，强调该地区的主体性同样是重要的，不能过多地把西方史观与分析模式强加在东方历史的研究上。西方的史学理论与分析模式只能借鉴和有创造性地吸收，但不可完全照搬。随着东西方交流的加深加快，学术研究的目光已不再局限于一个国家或一个地区，而是扩大到以全球史观来构建具有当代意义的世界史，把研究的视野扩大到欧洲路灯光影以外的东方世界，因为东方文明是世界文明的重要组成部分，有条件影响和决定世界的未来。正如基辛格所说："中国的历史进程也最曲折复杂，从古老的文明到传统帝国，到共产党革命，再到跃居现代大国的地位。中国走过的路将对人类产生深远的影响。"[③] 从以前出版的几部有关东方外交史的著作来看，基本上都是国别外交史或双边外交史，算不上真正意义上的东方外交史。这是与时代的限制、整体思路的缺乏和研究观念的陈旧分不开的。摒弃原有的思维定式，从现有的材料再出发，以整体思维对材料进行重新审视和解读，构建新的人类交流史

---

① 堀敏一：《律令制与东亚世界》，汲古书院1994年版，第146页。
② 岩波讲座世界历史第13卷《东亚·东南亚传统社会的形成》，岩波书店1998年版，第195页。
③ 基辛格著，胡利平、林华等译：《世界秩序》，中信出版社2015年版，第276页。

无疑是世界史观的进步。

整体史观的意义在于，强调各国历史的纵向与横向发展，从原始、孤立和分散的多中心状态走向国家间相互联系与互动；承认各国发展是有先后的，道路是多样的，是一个丰富多彩的统一体。只有强调区域的整体性与差异性，才能在时间和空间上把握东方历史的进程。世界各国对外交往构成了人类文明史，东方文明史无疑是人类文明史的重要篇章。尽管域内各国情况千差万别，发展程度各异，甚至存在种种纷争与冲突，但每个国家作为国际行为体都围绕着国际交流交往构成一个有着普遍的经常联系的复合多元整体。中国与南洋、印度以及阿拉伯世界的交流以经贸为主，同时伴随着文化的传播与移民的迁徙，还有少数的几场战争，形成区域联动与递级升进的东方世界。

第三，发展原则。东方社会发展问题是一个极为复杂的问题，由于研究的视角不同，故而形成西方对东方社会特别是对中国社会研究的"冲击—反应"观点，有人甚至认为，中国、印度和美洲的土著都没有真正的历史进步，只有经常不变的文化。[1] 这种观点并不符合中国、印度社会的实际情况。每个国家都有自己不同于其他国家的发展逻辑与模式，并不存在步调一致的发展道路。隋唐帝国建立后，中国拥有了对外开放的倾向，在经济、科技、文化和对外关系方面均有多方面的建树，并同亚欧非诸国有着经济、文化联系。隋唐至元，对外贸易已经走向世界，一个世界性海上贸易圈已经形成，有力地衔接了东西两个世界。

近年许多研究表明，近代以前东方国家特别是东亚地区经济规模与质量明显地高于其他地区，拥有自己的比较优势，社会财富有较多的积累，对外产生强大的凝聚力与辐射力。著名的依附理论代表贡德·弗兰克认为，整个世界经济秩序是以中国为中心的，只是到19世

---

[1] 柯文著，林同奇译：《在中国发现历史——中国中心观在美国的兴起》，中华书局1991年版，第46—47页。

纪欧洲人才改写了这一历史。①美国学者彭慕兰也持相同看法。他是从城市发展规模看待东方社会整体发展的,亚洲有许多城市比除18世纪伦敦以外的任何欧洲城市都要大,有一些城市也比伦敦大,日本有22%的人口居住在城市,而西欧只有10%—15%。②这些材料对于重新看待东方世界极有帮助。

　　以发展的观点看待东方历史是必须遵循的一个原则。历来西方对东方历史研究都是过多地强调了欧洲对中国、东南亚和印度等国的影响,在它们的影响下这些国家才逐步走向了近代社会。这种情况在东亚史、东南亚史和南亚史研究中均有不同程度的表现,如人们熟知的美国学者费正清写的《美国与中国》以及费正清与邓嗣禹合著的《中国对西方之反应》就是这样的著作。③他们的"冲击—反应"分析模式对解释新大陆的澳洲、北美这些尚未开发的地区还有一定的意义,但对于解释中国、印度这样具有悠久深厚历史传统的国家来说显然不很妥当。18—19世纪欧美哲学家、经济学家、政治家和社会学家中间广泛流行古典东方诸文明停滞与落后的观点,德国哲学大师黑格尔的《历史哲学》即是一例。英国经济学家亚当·斯密承认古代中国是世界上最富裕的国家之一,但同时也认为中国长期处于停滞的状态;④美国人爱默生更是过之,认为:"当我们居高临下对这个愚昧国家观察思考得越仔细,它就越显得令人作呕。中华帝国所享有的声誉正是木乃伊

---

① 贡德·弗兰克著,刘北成译:《白银资本——重视经济全球化中的东方》,中央编译出版社2001年版,第169页。
② 彭慕兰著,史建云译:《大分流:欧洲、中国及现代世界经济的发展》,江苏人民出版社2006年版,第30—31页。
③ 这一观点是20世纪50年代美国费正清等西方汉学家提出来的,主要内容是:中国古代社会是一个封闭的充满惰性的体系,内部缺乏突破传统的动力,只有在19世纪西方政治、经济力量的作用下才逐渐走向了近代。谭中说过,费正清还说过更为极端的话,新中国所有好的事物都是由西方影响造成,所有坏的事物都是中国落后传统所致。参见陈奉林主持并整理《东方国家对外开放的历史反思——黄枝连、熊志勇、魏楚雄、谭中、谢丰斋教授笔谈》,《历史教学》2009年第10期,第81页。
④ 亚当·斯密著,郭大力、王亚南译:《国民财富的性质和原因的研究》,商务印书馆1972年版,第65页。

的声誉,它把世界上最丑恶的形貌一丝不变地保存了三四千年……"①

西方学者探讨中国、印度的历史,大多数人是以欧美发展理论作为参照系,以进化论的线性发展模式作为分析框架的,而对于东方社会发展内在机制、动力源泉以及联系纽带的探讨几乎没有留下多少有价值的东西。当他们惊呼东方落后时,实际上欧洲的认识水平与发展程度远在东方之下。据 A. P. 牛顿《中世纪的旅行与旅行者们》载,11—12 世纪阿拉伯人的地理知识和实用知识相当发达,思考视野相当广阔,而西方人对东方的无知令人吃惊。②进入近代社会后,西方势力进入中国、日本、东南亚和印度,它们也受到这些国家社会政治力量、文化传统的反冲击。我们看到,当葡萄牙、西班牙、荷兰、英国、法国势力最初来到东方时,无力与东方国家竞争,故不得不进入东亚经济圈与东方国家进行有限的贸易。这一情况直到 19 世纪才发生彻底改变;我们还应看到,在进入近代国际社会被迫与西方"接轨"后东方各国还仍保留和继承了自己历史的延续性,在吸收外来文化与文明后保持了自己的特质,甚至出现征服者被征服的情况。德富苏峰说:"无论出现什么样的新征服者,中国都是中国人的中国,所以,新的征服者一旦踏上中国的土地,就会马上被中国化,也不得不被汉化。……我们不得不惊叹中国文明伟大的同化能力。"他还说:"为什么中国文明的同化力量如此巨大呢?要解释这个问题并不是那么简单。但是要说最重要的原因,那还要归结于中国文明其本身。"③

第四,联系原则。联系原则同整体原则一样,强调的是东方国家是一个共性与个性、统一性与多样性的多元复合区域,构成整体的各个国家之间相互联系、影响与制约。有的国家由于自身的力量强大可

---

① 柯文著,林同奇译:《在中国发现历史——中国中心观在美国的兴起》,中华书局 1991 年版,第 47 页。
② 定金右源二:《古代东方史的再建》,新树社 1955 年版,第 135 页。
③ 德富苏峰著,刘红译:《中国漫游记·七十八日游记》,中华书局 2008 年版,第 320—321 页。

能是主动对外施加影响，伸张国力，有的国家由于自身国力所限可能是对外被动地吸收。我们所说的联系原则，是指跨民族、跨国家和跨区域的经济、文化交流，也包括战争与民族迁徙。实际上，各国间的联系是经常的广泛的，外交方式也复杂多样。这个原则如贯彻不好，就容易把历史编纂成不同国家历史、区域历史的机械拼凑，重新滑向历史著作的一盘散沙。

人类历史是一部相互交流的历史，把人类相互交流活动纳入历史记载是中国史书的重要内容，也是中国史书的传统。汉代史学家司马迁在《史记》中记载，张骞出使西域后在给汉武帝的上书中说道："臣在大夏时，见邛竹杖、蜀布。问曰：'安得此？'大夏国人曰：'吾贾人往市之身毒。身毒在大夏东南可数千里。'……以骞度之，大夏去汉万二千里，居汉西南。今身毒国又居大夏东南数千里，有蜀物，此其去蜀不远矣。"[1] 由此可以窥出中国对外交往交流，东方各国之间相互联系的情况。联系是普遍存在的，事实也是如此。在我国古籍中有许多中外政治、经济、文化、外交活动的记载，有的人直接参与朝廷的外交活动对当地实地考察，留下宝贵的文字材料。古代国家是在克服了交通不便与地域限制的多种条件下从事活动的，如果认为古代国家与地区间彼此较少联系那是不正确的观点。《厄立特里亚海航行记》中提到公元一世纪时罗马商人就已经活跃在中国南海了。[2] 这些记载充分说明，近代以前东西方存在多种联系，超乎人们的想象，更不要说相对较近的东方国家之间了。

第五，综合原则。在以前，人们对外交史的理解仅仅限于国家间的政治活动，即便今天人们也有这样的认识。因此撰写的外交史著作一般都以政治外交为主，把政治以外的外交作为依附性的点缀，把丰富多彩的外交活动写成干干巴巴的政治外交的面孔，仅仅看作是官方

---

[1] 司马迁：《史记》卷 123，中华书局 2008 年版。
[2] 余英时著，邬文玲等译：《汉代贸易与扩张》，上海古籍出版社 2005 年版，第 145—146 页。

之间的活动与往来，写得内容丰富、有血有肉的著作并不多，也就造成了外交史可读性不强的一些缺陷。从过去的情况看，人们把外交视为政治外交的习惯由来已久。远的不说，就是在人们熟悉的现代研究中外关系史名家的著作也是如此，对政治与文化以外的关注并不多。

冷战结束后中国学者不满于这种理论框架，注意从总体上把握外交史，赋予外交史以更为丰富的内容，因此许多重大国际问题被纳入探索的轨道。外交史的内容本来就是丰富多彩的，国际重大政治、经济、科技、文化、人员往来以至战争与和平都应成为外交史的内容。对这些跨国家、跨民族、跨地区的重大活动做系统总结，是当前东方国家历史变革与经济崛起的现实需要的反映。新的历史编纂应该体现人类历史活动的丰富性和多样性特点，探索不同国家、地区、文明的多元交往的体制、政策与重大活动，真正体现文化文明交流的双向互动性质。

对历史编纂综合原则的把握，是建立在对外交活动的多样性与多层次性理解基础之上的。进入近代社会以来，国家行为体增多，外交活动越来越具有多边性和全球性，各地区、各国家、各民族联系越来越频繁密切，国际组织、地区性集团、跨国公司以及人员交流纷纷涌现，都不同程度地推动着外交活动的复杂化、扩大化。现在撰写外交史必须对东方历史上下探索、左右考察，给国家间重大经济、文化、科技、宗教活动与人员往来以特别的重视，形成对外交的科学认识。我国学者在谈到编纂东南亚古代史时写道：

> 古代东南亚国家的文化发展灿烂辉煌，又各具特色，中国、印度和外部世界与东南亚的文化交流频繁而多样。在撰写历史发展进程时增加文化发展和文化交流的内容，将使研究更加丰富多彩。①

---

① 梁志明等：《古代东南亚历史与文化研究》，昆仑出版社 2006 年版，第 6 页。

这个思想对于东方外交史的编纂也同样适用。这些指导思想上的根本变化必然促进中国学术研究走向成熟、自立与繁荣。东方外交史在吸收这些优长之处后，会大大地丰富自己的内容，提高质量，完成自己的书写使命。因此，从这个意义上说，做好顶层设计至关重要。

以上五点原则不是孤立存在的，其间相互联系与促进。新的时代需要探索的勇气与视野，理论僵化的地方正是需要创新的地方。撰写完整意义的东方外交史是一项艰巨而复杂的系统工程，需要多学科诸如历史学、文献学、经济学、政治学、考古学以及人类学等学科的相互配合，需要几代人的艰辛努力。只有如此，方能体现新世纪史学研究的时代特征。中国、印度、阿拉伯帝国、奥斯曼土耳其帝国留下浩如烟海的正史材料、历史档案、碑铭石刻、钟鼎实物、回忆录、当事人日记以及考古发掘材料等，都是应该重点使用的材料，同时也借鉴西方研究中不可忽视的成果，这将极大丰富东方外交史的内容。过去那种过多地依靠外国研究材料或间接地使用东方材料来支撑历史研究的方法在今天显然已经过时。从发展的角度看，构筑自成一体的东方外交史的主客观条件已经成熟，学术的积累以及与国外同行的交流都是对我国学术研究的有力推动。以上数端说明学术研究是一个有机整体，相互联系贯通，不能曲解与割裂。这个问题解决好了，对于推进国内东方外交史研究将无疑大有助益。

三、对东方外交史编纂体系的基本构想

如何确立研究的编纂体系，这曾经是困扰许多历史学家的问题，也是几代历史学家不断探索思考的问题。要编纂体系宏阔、内容丰富的历史著作，首先要确立一个具体的框架，即人们通常所说的体系问题。按照一般的理解，体系是指事物之间相互联系而构成的一个有机整体。若把这个概念应用到历史编纂当中，就是把具有内在联系的历史事件整合成符合逻辑发展的统一体。这的确是一个很艰巨的任务，

并不是轻易就能完成的。不论西方学者的著作还是国内已经出版的外交史著作，大多数是国别史纵深研究有余而整体性、横向性研究不足，对整个世界史缺少一个整体把握，多年来也没有人把这作为一个问题来看待。

建国七十年来，我国的历史研究仍然处于发展当中，对世界各国的研究现状、成就、借鉴以及发展趋势的了解仍然是不够的，现在的任务是对既有的成果加以总结、概括和发展，在此基础上探索编纂有中国气派和时代特征的外交史著作。有学者指出："实际上，缺乏体系的'世界史'一向并不少见，18世纪英国曾编过一部几十卷的《世界史》，但其支离破碎的程度，一如两个世纪以后的《人类史》。19世纪兰克和阿克顿的作品也有同样的倾向，只不过大小程度不同而已。"[①] 这说明确立体系是十分困难的，也是困扰历史学家的大问题。现在撰写外交史首先要避免这个毛病。不解决体系问题就容易陷入把历史写成零碎材料堆积的窠臼，把历史看作是杂乱无章和令人眼花缭乱的发展过程，找不到历史发展的根本动力与总规律，使人陷入五里雾中。就外交史而言，构成人类历史的主要内容就是各民族、各国家和各地区间的相互联系与交流，因此只有在对世界历史进程整体把握上开展研究才不至陷入表面化，才能构成严谨、周密的编写体系。

要整体勾画出有中国特色的外交史，必须提取和发现那些对人类社会历史进程有重大意义的选题，重点关注民族、国家与集团间的相互联系、制约与影响，重视大国外交，同时也给小国外交以足够的关注，传统的就事论事的写作方法和描述式的写作方法已不合时宜。传统的外交史著作基本上是对历史事迹的记载记述，缺乏整体性的理论分析，或沉溺于事件的记述而失之于对事件的质疑，或偏重于对个人的臧否褒贬而疏于对重大外交事件的深层次考察。因此，历史的功能

[①] 钱乘旦：《以现代化为主题构建世界近现代史新的学科体系》，《世界历史》2003年第3期，第5页。

得不到释放和发挥,体现不出历史的社会功能。

　　从 20 世纪 60 年代以来,日本学者西嶋定生、堀敏一、藤间生大、前田直典、井上秀雄等倡导以东亚史观念研究古代中国与其他国家关系,努力打破国别史研究的旧框架,建立区域史研究的新框架,从整体上把握历史进程。我国学者近年在世界史学科建设的讨论中也积极主张用全球史观构建新的世界史学科。这种整体观对构建新的东方外交史很有启发。美国历史学家斯塔夫里阿诺斯的《全球通史》是一部以全球眼光研究世界历史的代表性著作,从而确定了他在西方史学界独树一帜的地位;另一位历史学家伊曼纽尔·沃勒斯坦在《现代世界体系》这部著作中提出了著名的"世界体系论",并展开了对"核心地区""边缘地区""半边缘地区"的分析,建立了自成一体的宏阔的世界史体系。

　　从整体的观念看待人类历史无疑是历史观的进步。阿克顿勋爵说:"综观世界历史,我认识到:世界史截然不同于由所有国家的历史合并而成的历史。它不是一盘散沙,而是一个不断的发展;它不会成为记忆的负担,相反,将照亮人们的灵魂。世界史连续不断地朝诸民族均附属于它的方向发展。"[①] 他们倡导用全球史观看待人类历史发展具有重要意义,也是我们构建新的外交史无法回避并必须加以认真思考的问题。尽管人们对世界史体系有着不同的看法,但是我们还是要说,确立完整、周密的世界史体系是把握历史发展规律的关键,科学撰写人类历史的前提。体系是一个庞大的系统,内部关系复杂,但不管怎样复杂都不能模糊了体系内部的有机联系与发展的主线。

[①] 斯塔夫里阿诺斯著,吴象婴、梁赤民译:《全球通史——1500 年以后的世界》,上海社会科学院出版社 2002 年版,第 2 页。尼古拉·果戈理对此也有同样的认识:"世界史若就其确切意义而言,并不是由所有各自独立、彼此间缺乏普遍联系或共同目的的民族史和国家史汇集而成的,也不是由大量时常以枯燥无味的形式表现出来的事件堆积而成的。……但世界史必须将所有族的历史集合为一体,将它们统一成一个协调匀称的整体,并将它们谱成一首壮丽的诗。"斯塔夫里阿诺斯:《全球通史——1500 年以后的世界》,第 2 页。

我国的外交史编写长期受到苏联模式的影响，苏联体系有很大的局限性。例如前面提到的苏联学者弗·鲍爵姆金主编的《世界外交史》可谓体系宏大，搜罗广泛，囊括了自上古至第二次世界大战的几乎整个人类社会的重大外交活动，以唯物主义史观梳理了世界外交史的演变与不同时期的发展特点，是苏联时期学术研究的重要成果，20世纪50年代被翻译引进我国后对我国外交史编写与教学影响很大，对我国外交史体系的影响功不可没。但令人遗憾的它基本上是欧洲政治、军事外交史的框架，过多地集中在欧洲外交事务上，而对欧洲以外的世界事务涉及较少，因此也就造成了苏联体系的一些局限。在今天看来，它的体系、材料、编纂方法、指导思想以及一些内容已经过时。

对前近代时期东方外交成功的制度与经验应予概括和总结，因为它不仅影响、制约着东方人的外交实践，而且其影响逾越亚洲而达非洲和欧洲。[1]人类的活动范围是伴随着生产力的进步不断发展扩大的，对自然、对社会的认识也越来越深刻，交流交往越来越频繁深入，交流的形式越来越复杂多样，尤其是进入16世纪以后区域关系、双边关系和多边关系即将面临新的调整与适应，整个东方国家被卷入一个新的世界体系的急剧扩张当中。宫崎市定指出："16世纪欧洲人开辟了印度洋航路，乘大载重量船来到中国，使中国经济与外界结合得更为紧密，中国社会自身的独特波动受到外界波动的很大影响。"[2]此后的两三个世纪是东西方两种力量的相汇与碰撞，既融合，也冲突。宫崎市定进一步指出，欧洲人开辟了印度洋和太平洋航路，顺利进入东亚，如果认为中国、日本被欧洲势力所压倒了，那是极大的错误。[3]他是对西方殖民主义势力东来早期而言的，强调这一点非常必要。根据麦迪逊的统计，直到1820年全球GDP的52%来自亚洲，其中中国占29%，

---

[1] 黎虎：《汉唐外交制度史》，"前言"，兰州大学出版社1998年版，第11页。
[2] 宫崎市定：《亚洲史研究》第5卷，同朋舍1978年版，第224页。
[3] 宫崎市定：《亚洲史研究》第5卷，同朋舍1978年版，第230页。

印度占16%。① 东方国家的优势较为明显。

19世纪的西方冲击是东方外交发展的重要阶段，受到的冲击是空前的。面对空前的变局，有两大现象值得注意。一是东方外交被迫与西方世界接轨，传统的国际关系被打破，代之以条约、宣战、媾和、使节等作为处理对外关系的原则，正如宫崎市定所言："马戛尔尼访问中国的18世纪末，英国进行的产业革命正酣。与此同时，其邻国法国政治大革命高潮也达到顶点。这物质与精神两方面革命成就的影响不只是欧洲社会，全世界的社会组织也不得不进行根本性的变革。受到这个世界的冲击，即使受到传统力量支配的中国也不例外，由此进入了中国历史前所未有的动摇时期。"② 二是如何把握历史的机遇。因为西方冲击带来的不仅是旧制度的解体，同时也有向近代新制度的转换，参与国际事务的普遍竞争。东方外交史重点突出的应该是各民族、各国家对外交流的发展过程，在这个过程中把握它们之间的相互联系与作用。综合以往经验以及未来形势发展的需要，外交史新体系的基本框架大体包括以下几个部分：

（一）东方外交史的宏观研究

1. 中国"天朝礼制体系"的起源、建立及其对东亚国际关系的影响
2. 交流区域的限制与东亚外交圈的初步形成
3. 交流区域的扩大与东亚外交圈的发展
4. 东亚外交圈与西亚外交圈的早期接触及相互关系
5. 近代东西方接触后，两种力量的冲突、融合与互动
6. 西方世界的兴起与东方外交圈的衰落
7. 东亚、东南亚、南亚国家与欧洲的海上贸易

---

① 乔万尼·阿里吉等主编，马援译：《东亚的复兴——以500年、150年和50年为视角》，社会科学文献出版社2006年版，第96—97页。
② 《宫崎市定全集》第1卷，岩波书店1993年版，第412页。

8. 西太平洋贸易网的形成、发展与衰落

9. 古代东方传统外交与西方近代外交接触时期的反应与调适

10. 西方的冲击与东方国家向近代外交的转变

11. 西太平洋贸易网与印度洋贸易网的联系、互动与影响

（二）东方外交史的微观研究

1. 东方主要国家外交决策制度、专职机构研究

2. 中国与周边国家的政治、经济与文化交流

3. 东方外交与西方政治、经济、军事、科技、文化的关系

4. 古代印度、埃及外交对西亚地区的影响

5. 日本外交发展的阶段性特征与发展规律

6. 南亚、西亚国家传统外交的近代化进程

7. 东方国家对外开放的历史经验与教训

8. 东方国家外交制度的发展演变与特点

9. 印度与伊斯兰世界的国家关系

10. 近代西方国家外交理论、模式对东方国家的影响

（三）国别外交史的比较研究

1. 中日两国锁国问题的比较研究

2. 中印两国外交思想、决策机制的比较

3. 在西方冲击下，中国、日本、印度、阿拉伯国家反应异同的比较

4. 古代中国、印度、埃及外交起源、演变的比较研究

5. 西方外交体制、惯例对东方各国影响的比较研究

6. 外交人物与思想

以上基本框架已经成为我们努力构建的方向，十几年的研究基本上都是围绕这些问题来展开的。这里需要附加一句，区域外交史是重要的，但不能代替国别外交史研究。我们认为，国别外交史和区域外交史是东方外交史的两个车轮，桴鼓相应，互为支持，缺一不可。如

果突破传统政治外交的狭窄范围,把国家间重大的经济、军事、文化与人员往来引入外交史的视野,必将极大丰富东方外交史的内容。东方外交圈从来就是开放的、发展的,每个时期都有特定的内容,同时具有区域性的鲜明特征。在东亚地区,中、日、韩三国关系密切,来中国学习的留学生、留学僧、王子不绝于途,其中来中国人数最多者当属新罗,有时达到一二百人,许多人在中国生活超过十年。①

东方各国、各民族与各地区间的交流活动自古有之,由于生存的需要,不同部族、民族、地区与国家形成一定的交往与交流,形成一定的交往圈,它既受到来自国家力量的推动,也受到来自民间力量的推动,具备了世界其他地区无与伦比的历史、文化与制度传统,从而使其外交思想、制度长久地保存下来,至今仍具有积极意义和不朽价值,继续为人类提供新的借鉴。具体来说,中国、印度以及阿拉伯帝国在封建时代形成和确立的一套完整、系统的外交制度与经验,尤其是中国汉唐时代确立的完整的外交制度,真正代表了东方外交发展的最高水平,"它与当时以希腊、罗马为代表的西方古代外交制度是在完全不同的历史和地理条件下各自生成、各具特色的,它是古代世界东方外交制度的代表和集大成者"②。

外交史是人类文明史的重要方面,如果从人类区域文明的角度观察就会看到,东亚、东南亚、南亚、西亚及北非地区的外交活动是相当久远的。公元前后,从埃及进入印度洋沿岸诸港口的商船急剧增多,说它们握有了印度洋贸易主导权并不过分。③阿拉伯商船航行于波斯湾与中国之间,往来于广东者就达几万人之多,虽然阿拉伯人对外交往的最早时间无可稽考,但"阿拉伯回教教主的外交关系扩展到中国和

---

① 堀敏一:《中国与古代东亚世界——中华世界与诸民族》,岩波书店1993年版,第262页。
② 黎虎:《汉唐外交制度史》,"前言",兰州大学出版社1998年版,第11页。
③ 岩波讲座世界历史第6卷《南亚世界·东南亚世界的形成与展开》,岩波书店1999年版,第147页。

西方边境"。① 位于马来半岛南部的马六甲是开放的国际贸易港口,到此贸易的人多来自开罗、麦加、阿比西尼亚、波斯、土耳其、锡兰、孟加拉、暹罗、柬埔寨、中国、越南、渤泥、吕宋等国。② 经贸活动是联系亚非两大洲的重要纽带。现在东方各国面临新的发展机遇,需要与世界各国进行经济、文化交流,融入现代国际社会,因此撰写新的外交史总结文化与文明交流交汇的经验显得尤为迫切。

构建东方外交史体系有许多工作要做,其中包括对西方史学理论、体系、研究方法的反思,如何发挥东方学者的长处和东方古籍材料的优势,重视使用近年考古发掘材料和档案材料,以及如何摆脱世界史编写中欧洲中心论倾向的影响等。西方的史学理论与方法并不能完全适合解释东方的外交实践,但可以适当地加以借鉴和有选择地吸收,经过剖光磨垢之后再应用于东方的治史实践,也就是说,外交史研究必须在东西方学理之间寻求动态平衡。改革开放后,我国已与国际学术接轨,基本上能与国外同行对话,国外大量的学术著作被引进翻译,国内也出版了多本东方国别外交史著作,已逐渐走出苏联体系与学术禁区的雷池,建立中国学术话语体系的条件已臻于成熟。

四、中国学者对东方外交史研究的思考

中国的外交史研究起步较晚。虽然我国拥有历史研究的悠久传统,但世界史研究仍属于古老历史学科中非常年轻的学科。对于这一点,国内学者已有基本共识。外交史研究起步虽晚,但发展速度很快。我国的外交史研究在最近 30 年取得了突飞猛进的发展,不仅有新材料、新理论的应用,而且更为重要的是研究的视野不断扩大,打破了外交史研究的禁区,研究的问题不断增多,许多分支领域都有新的进展,

---

① 弗·鲍爵姆金主编,王思澄等译:《世界外交史》第 1 分册,五十年代出版社 1949 年版,第 97 页。
② 多默·皮列士著,何高济译:《东方志——从红海到中国》,江苏教育出版社 2005 年版,第 209 页。

许多问题被纳入探索的轨道,在国别外交史、双边外交史、专题研究等诸多方面都有某些成果。研究者自觉地参与到当前人类社会生活的空前变革中来,对具有重大历史意义的选题予以关注,从搜罗排比材料走向对问题的理论抽象,从因循沿袭墨守成说走向对问题的系统把握与深层次考察,从简单的叙事定性走向对历史规律的阐释与把握,体现大变革时代史书编写的时代特征。这些都标志着我国外交史研究走上正轨。根据这些既有条件可以设计出新的编写框架。这个框架的最大特点在于其内容的系统性与体系的严谨性,涵盖面广,容纳性强,避免了材料堆积与结构松散。

在内容安排上,把国家间重大政治、经济、文化、科技以及人员往来引入历史研究当中,注意吸收近 40 年来国内外研究的成果,突破原有外交史以政治为主要内容的狭窄范围,力图在体系、立意、内容与材料上有所创新,真正展现外交史丰富多彩的内容。中国传统对外关系的指导思想是华夷秩序思想,由周边国家朝贡与中国颁赐构成前近代东亚国际关系的基本形态。[①]它以中国为天下中心、以"华夷之辨"为理念,把中国与世界简单地划分为"内夏"与"外夷",其要害是只可"以夏变夷",不可"以夷变夏",其影响是深远的。这种古老的国际关系不同于殖民主义时代和帝国主义时代损人利己、单方面攫取利益的不平等的国际关系。只有从东方历史与文化的深层结构中,才能对中国人和欧洲人分别建立的朝贡贸易体系和殖民体系这两种截然不同的对外关系模式看得分外清楚,洞悉它们各自的本质。当务之急是如何把国别外交史、双边外交史、专门外交史和外交史材料汇编整合成区域外交史,建立具有中国风格、符合历史实际的东方外交史研究的中国学派。

开辟一个新的研究领域,必须对前人的研究成果作系统的总结,借鉴相关的治史经验,同时还要在理论思维、材料收集与利用、技术

---

① 田中健夫:《东亚通交圈与国际认识》,吉川弘文馆 1997 年版,第 21 页。

手段以及语言工具上适应现代化的要求，再根据多方面材料开展研究，构筑本学科的基本理论与分析模式。东方国家留下的浩如烟海的史料对于开展历史研究十分有利。例如日本东方书店推出的三卷本《华夷变态》[①]，以外交情报收集的形式详细记载了日本锁国时期与东南亚、荷兰以及中国清代通商贸易的情况。这些史料应该成为东方外交史的重要内容；《历代宝案》[②]是古代琉球王国与周边国家关系的历史记录，记载着琉球与中国明朝政治、经济与外交活动，极富史料价值。对西方不断涌现出来的史学理论应予有选择地吸收，从东方历史与社会出发建立新的历史学理论。随着我国对外开放的扩大及与国际的接轨，我国已引进和翻译一大批既有理论深度又有实用价值的外交史著作；近年国内出版了一些材料充实、观点新颖的著作，填补了国内研究的空白，大大开阔了人们的眼界。这些著作从不同的侧面、不同的角度提供了外交史素材，对于构筑有中国特色的东方外交史具有重要的参考价值。

中国外交史也已形成一个研究系列，推出了中国古代外交史、近代外交史、现代外交史。把中国外交史纳入东方外交史框架可弥补世界史研究中没有中国的缺陷。在东方外交史方面，日本外交史的比重较大，而韩国、朝鲜、越南、印度均有一定的成果，埃及、伊朗、土耳其外交史研究则相对薄弱。它们的共同特征，是以跨学科的研究方法对重大问题进行了宏观观察总结，获得了对问题的深层次的认识。应该说，我国在国别外交史和双边外交史研究上有了一定积累，以唯物史观作为观察和分析外交史重大问题的方法，做到了观点与材料的统一，内容与形式的统一，考古发掘资料与史籍记载的统一。特别是20世纪60年代以来出现的全球史观已成为一种新的时尚，被应用到史学研究当中发挥了理论与方法论的作用，形成对欧洲中心论的猛烈冲

---

① 林春胜、林信笃编：《华夷变态》，东方书店 1981 年版。
② 《历代宝案》，文进印刷 1994 年版。

击。这是十分可喜的现象。要编写完整的外交史，仅以欧美学者一家之说是远远不够的，也是不完整的，中国学者必须发挥群体优势，吸收东西方百家之长，根据自己的认识建立有中国特色的中国学派。

基于以上分析，我国学者完全有理由提出编纂一部体系完备、内容充实的东方外交史著作。长期以来，西方对东方历史的认识始终是残缺不全的，也是有偏见的，"它不是要从西方以外去寻求自强自立之道，而是要施影响于世界。……在西方看来，中国是西方基督教文明的'化外之地'，是世界尽头的一个'神秘国度'。这种'西方中心主义'心态直到今天还严重地存在着"。[1] 以西方的理论范式与标准对东方评判太久了，对东方忽视与低估的地方太多了，还有我们自己受到西方史学根深蒂固影响的时间也太长了，恢复东方历史的本来面目已成为一种新的大趋势，一个崭新时尚。20 世纪 50 年代，日本学者首先提出了以考古学和人类学研究补充和再建东方史的想法，取得的成就是有目共睹的。[2]

当前东方经济的崛起已使西方主流派史学理论受到挑战，我国学者再没有理由自惭形秽或妄自菲薄。理由很简单，我国在外交史研究上已经有了相当的积累，学者的外语程度、收集材料的手段以及东西方学者交流日益增多，自信心增强，都是对东方外交史研究的有力推动。以东方历史、文化与社会对世界的重要性而言，很显然东方外交史极富价值和现实意义。据我们观察，根据当今社会需要撰写接近客观真实的东方外交史的主客观条件大体成熟，发挥东方学者作用的时代已经来临，21 世纪中国外交史研究一定会出现前所未有的突破性进展。

---

[1] 周荣耀主编：《冷战后的东方与西方——学者的对话》，中国社会科学出版社 1997 年版，第 77 页。
[2] 参见定金右源二：《古代东方史的再建》，"绪言"，新树社 1955 年版。

第二章　古代东方外交圈的形成与发展

相对于世界其他地区，东亚、南亚、西亚地区较早地形成了人类文明的重要区域，它所属范围之广阔，影响世界文明时间之久，没有任何一个地区可与其相比。在这个地区产生的中华帝国、古印度、阿拉伯帝国、波斯帝国、奥斯曼帝国在人类历史上留下深远而重大影响，不仅影响过去，也在影响着未来。这里从前就是人类文明的沃土与精神家园，产生了佛教、基督教与伊斯兰教，深厚的历史文化是经济发展的重要条件，文化沙漠和文化贫瘠是不能使现代文明成长的。东方文明具有极强的吸收与包容能力，一旦与现代文明结合就会产生一种新的动力。我国学者曾经指出："古代世界的外交圈是以若干最古老的文明发祥地为核心，不断向外辐射而逐步形成发展过来的。"[①] 外交圈的形成通过国家间的多层次交往来完成，因此，在考察东方外交的形成与发展时，就必须对国家的力量做深入的探讨，形成对国家力量的清醒认识。

第一节　中华帝国的崛起及其对东亚世界的影响

在世界几大区域文明当中，东亚无疑是极为重要的一个文明区域。研究东方世界，必然涉及中国与东亚。东亚地区本身所具有的较之其他文明区域更为辽阔的发展腹地，造就了自身的文明圈与外交圈。这个地区以中国为代表，其文明连续地不间断地发展，政治、经济、科

[①] 黎虎：《汉唐外交制度史》，"前言"，兰州大学出版社1998年版，第6页。

技、文化与外交等多方面的建树,在世界各文明国家中所少见。美国学者费正清在《中国的世界秩序》一书中说:"这个地区深受中国文化影响,例如汉语表意文字系统、儒家关于家庭和社会秩序的经典教义、科举制度,以及中国王朝的君主制度和官僚制度等等。中国因其地大物博,历史悠久,自然成为东亚世界的中心。"[1] 正因为如此,它有世界文明古国之誉,为今天的中国重新崛起奠定了深厚的历史文化基础。

一、秦汉帝国的崛起

中华帝国的诞生、成长与崛起,不仅对中国和东亚历史发展产生重大影响,而且对世界历史同样产生过重大影响。中国社会经过长期分裂、战争与兼并之后,到公元前221年完成了历史性的统一,实现了统一的文字、车轨、度量衡甚至思想,把中国历史带到了一个新的发展阶段。秦始皇在统一的过程中,对东南、西南和南方进行开发治理,使秦帝国的疆域空前扩大,大体奠定了今天中国的版图。政治统一对中国历史进程产生深远影响,在世界史上是空前的,秦始皇"平定天下,海内为郡县,法令由一统,自上古以来未尝有,五帝所不及"。秦朝的疆域"东至海暨朝鲜,西至临洮、羌中,南至北向户,北据河为塞,并阴山至辽东"。[2] 这个国土面积在世界上无疑独一无二,没有任何一个国家能与之匹敌。从这点来说已为世界之最。黄仁宇在评论秦朝的历史地位时这样指出:"中国因秦而统一也是世界史上的一桩大事。如此大规模螺旋式的发展,其程度愈加深,速率也愈加快,在世界其他各地无此事例。"[3]

汉代对外交往比秦代广泛得多。这不仅是因为汉祚长久,更为重

---

[1] 费正清编,杜继东译:《中国的世界秩序——传统中国的对外关系》,中国社会科学出版社2010年版,第1页。
[2] 司马迁:《史记·秦始皇本纪》,中华书局2008年版。
[3] 黄仁宇:《中国大历史》,生活·读书·新知三联书店2002年版,第19页。

要的是统治者对外认识已经到达一个新的水平。在西面，张骞于公元前139年出使西域后，出现"使者相望于道，一岁中多至千余辈"①的情况。对外交流与交往，使汉朝接触到了一个新的世界，不仅了解到西域各国的情况，促进了与西域各国的政治、经济与外交联系，也使大宛、大月氏、乌孙、大夏等西域诸国认识到汉帝国是大国，此后这些国家向汉朝派遣了使者。②使者往还，带动了中外经济、文化与物种交流。据《汉书·西域传》记载，张骞出使西域之后，"殊方异物，四面而至"③，足以说明当时中外交流的实况。汉朝人口最多时达6000万。这个数字足以让当时世界任何国家都相形见绌。"自建武以来，西域思汉威德，咸乐内属。……大国莎车、于阗之属，数遣使置质于汉，愿请属都护。"④从创造的文明与所能达到的疆域及对周边国家影响而言，秦汉帝国是中国封建社会发展的第一个高峰，著名历史学家黄仁宇在他的著作中把秦汉帝国称为"第一帝国"。

张骞凿空西域对后来中国历史的影响是多方面的。在这条古道上，不仅有使者、域外文化的东来，更有西域物种的大量引进，它们已经深深地融入并极大地丰富了中国人的社会物质文化生活。从文化而言，自公元一世纪起，印度文化中的佛教思想进入中国，后来传播到朝鲜、日本，大大地丰富了中国文化。在对外交往当中，中国始终是以求知者的渴望心情对待域外文明的，表现出相当的热情，也表现出中国人的冷静与自觉。中国社会并非西方政治家、社会学家和哲学家所说的是一个充满了惰性的封闭系统，而是有着自己独特的运行与发展机制，在吸收域外文明后显现出相当的活力。"由于古代中华文明的博大包容的特征，对外来精神层面的文化、文明，一般都能勇于吸取、善于消化。遂使中华文明能不断充实和丰富自己。"⑤中华文明之所以在数千

---

① 班固：《汉书》卷96《西域传》，中华书局2006年版。
② 《西嶋定生东亚史论集》第2卷《秦汉帝国的时代》，岩波书店2002年版，第172页。
③ 班固：《汉书》卷96《西域传》，中华书局2006年版。
④ 班固：《汉书》卷96《西域传》，中华书局2006年版。
⑤ 何芳川：《中外文明的交汇》，香港城市大学出版社2003年版，第17页。

年持续不断地向前发展，其中的一个重要原因就在于吞吐、包容百家，接受并消化外来文明甚至与自己对立的西方文明的成果。①

除了向西发展对外关系外，向南和向东也都有重大发展，真正把国家对外交往带到一个新的发展阶段。汉代之所以能够做到这一点，其强大的国力是至关重要的。它以强大的力量对周边各国发生作用与影响，朝鲜、日本、越南、印尼、缅甸、印度等国家被带到中国对外交往的国家关系当中。《汉书·地理志》有"乐浪海中有倭人，分为百余国，以岁时来贡见"的记载，说明汉朝已经与日本有政治、经济和文化上的往来了。早在张骞出使西域之前，中国与印度、地中海地区之间也已经有了丝绸贸易往来，法国学者谢和耐在《中国社会史》一书中说得很清楚：

> 汉皇朝在广东与越南驻足使中国的影响扩大至东南亚。……印度、伊朗海上贸易的发展无疑是1000多年前亚洲史上的重大事件之一。……汉代中国曾与罗马帝国东海岸有过偶尔接触也因此得到说明。……东地中海与南中国的遥远联系，不仅具有令人好奇关注的价值；两地的联系还表明，存在具有相当重要意义的贸易关系。中国丝绸的吸引力曾大大推动这种关系。②

我们看到的是："在中国所处的东亚地区，世界文化界和史学界公认是以中国为中心，形成了向周边辐射的儒家文明板块。中国在相当长的时间里，也是东亚地区唯一的国家，对周边'蛮夷'之国的文明进程发挥了巨大而深远的影响。"③ 对于这一点，国内外有比较一致的看

---

① 陈奉林、魏楚雄主编：《东方外交史之发展》，澳门大学出版中心2009年版，第468页。
② 谢和耐著，黄建华、黄迅余译：《中国社会史》，江苏人民出版社2010年版，第105—106页。
③ 张健：《先秦时期的国礼与国家外交——从氏族部落交往到国家交往》，文物出版社2013年版，第19页。

法。西嶋定生认为，汉字是古代中国的发明，向周边传播，中国在东亚地区达到了高度文明。① 在人类诞生后的很长时间里，由于技术条件的限制，国家间的交往多在相邻的国家间进行，打上区域交往的烙印，一旦交通条件与技术得到改善，国家力量参与到对外交往的活动中，对外交往就成为区域间的交往了。

二、隋唐帝国的对外交往

自汉帝国崩溃到隋唐帝国建立，中国再度实现政治统一。中国的历史在动荡与分裂中向前发展，进入了历史学家黄仁宇所说的"第二帝国"时期。隋唐帝国实现了由中国主导的东亚世界长期的和平与稳定，创造出古代国家外交关系新形态。从其在东方乃至世界历史地位而言，它已经具有了世界帝国的性质，带有世界主义的色彩。② 无论从海陆交通还是从外来文化而言，隋唐时代成为中国历史上对外交往的活跃时代，达到了空前规模。

隋唐时代是中国对外交往最有生气的时代，与世界交往的国家达到 70 余个，发生多方面的联系与交流，构成东方外交史丰富多彩的内容。隋唐时期的对外交往已经完全走向了世界，海陆交通把中国与世界密切联系起来，形成中国对外交流的第二个高峰。有人把它看作是中国中世文化的黄金时代，包容力具有广泛的世界规模。③ 在东亚，朝鲜、日本和东南亚各国来唐都长安的使者、商贾、学者、僧人和旅行家络绎于途。有史料记载，自公元 600 年开始到 614 年，日本先后向隋朝派出 4 次遣隋使，带来了日本推古天皇致隋朝的国书。尽管国书中有"东天皇问西皇帝"之语，引起隋炀帝的不悦，但日本旨在通过遣使进行联系与交流，谋求国家间的外交关系。

---

① 西嶋定生：《倭国的出现——东亚世界中的日本》，东京大学出版会 1999 年版，第 169 页。
② 黄仁宇：《中国大历史》，生活·读书·新知三联书店 2002 年版，第 208 页。
③ 《宫崎市定全集》第 18 卷，岩波书店 1993 年版，第 186 页。

中外学者对于日本的外交活动及其作用有不同的看法,有人认为日本夸大了它在对外关系中的作用。西嶋定生强调,应该在当时中国王朝的秩序体制与日本国家体制的关联上理解两国的外交。^①在唐帝国的西面,波斯人和阿拉伯人从海陆来到中国,居住在广州、泉州、扬州等地。海陆交通把中国与世界联系起来。有人研究,如果从地中海东部的叙利亚出发,可经过波斯—中亚—新疆—敦煌—长安—洛阳—开封—大运河—扬州—东海—泉州—广东—占城—马来亚—锡兰—阿拉伯海—红海回到叙利亚,绕亚洲大陆一周,从这个大干线上的任意一处都可以到达世界各地无数的支线。^②即使在今天看来,这也是很了不起的成就,历来为研究者所重视。

自630年向唐朝派出第一批遣唐使起,到894年为止,日本向中国派出了18次遣唐使,如饥似渴地学习中国科技、文化与文物典章制度,中日关系出现交往的高潮。遣唐使人数最多时达到五六百人,除了大使、副使、判官、通事外,还随有留学僧、请益僧、翻译、医师、阴阳师、舟师、船匠、射手、商人和杂役等。日本天皇对遣唐使出行十分重视,出行前一般都要为他们举行欢送仪式,以酒食加以款待。仁明天皇时期,藤原常嗣被任命为遣唐大使,小野篁为副使,临行前仁明天皇在仁寿殿举行了欢送宴会,内教坊的乐人演奏了踏步歌舞。^③在当时条件下,遣唐使乘坐海船通过南北二路来到唐都长安,一路充满了艰难险阻,凶多吉少,可谓九死一生。^④即使这样,他们也不会停

---

① 《西嶋定生东亚史论集》第3卷《东亚世界与册封体制》,岩波书店2002年版,第26—27页。
② 《宫崎市定全集》第1卷,岩波书店1993年版,第224页。
③ 佐伯有清:《最后的遣唐使》,讲谈社2007年版,第37页。
④ 关于日本遣唐使到达唐朝国都长安的行程路线,南路自难波(大阪)三津浦—濑户内海—下关海峡—筑紫博多—南岛—东海—长江口—扬州—高邮—楚州(淮安)—广济渠(通济渠)—徐州—彭城—汴—洛阳—长安;北线自难波(大阪)三津浦—濑户内海—下关海峡—筑紫大津浦(博多)—百济沿岸—黄海—登州—莱州—青州—兖州—曹州—汴(开封)—洛阳—函谷关—潼关—渭南—长安。参见王辑五:《中国日本交通史》,商务印书馆1998年版,第70—71页。

下求知的脚步，尽可能多地把所需要的东西带回日本。

在这里，有必要对8—9世纪日本努力收集唐朝情报的情况做些介绍。遣唐使的目的十分明确，其中一个重要任务就是收集以唐朝为中心的东亚国际形势的情报和吸收唐朝文化。① 这个使命在一些遣唐使中已经充分地表现出来，有的做得相当出色。在当时，日本对外交往的国家主要是中国和朝鲜半岛。中国与朝鲜半岛三个国家的复杂关系是日本十分关注的问题。从更大的范围来看，收集国际情报是日本、朝鲜、越南以及周边国家对外交往中的一项重要内容。自汉代起，日本一直是中国文明与文化的积极学习者与模仿者，文献中记载着日本对中国诸事物的津津兴趣。7—9世纪，日本掀起了对外交往的热潮，这个热潮是以派遣遣唐使活动为中心展开的。遣唐使十分关注中国唐朝内部发生的一切重大事情。705年武则天去世，粟田真人在回国的报告中对唐朝的形势有清晰的分析，认为唐朝北方将有突厥、西方有吐蕃等边乱发生，唐朝对东方的关注度会降低。② 对日本来说，这些都是极有价值的情报，对日本对外政策的调整是有直接影响的。

除了遣唐使要带回唐朝的消息外，日本朝廷官员也向乘船来日本的中国商人和漂流民询问中国唐朝最近发生的事情。周光翰是乘新罗船到达日本的中国商人，一到日本就被询问有关唐朝发生的事情，他是这样回答的："我们不过是距长安很远的地方人，对京城的情况不甚知晓。但是元和十一年（816，日本弘仁七年）圆州节度使李师道以五十万兵马掀起叛乱，其兵力极其精锐，皇上派发各道军队讨伐，但至今未能平定，天下骚然。"③ 周光翰讲述的情况与遣唐使带来的消息基本是一致的。唐朝国内形势发生的急剧变化，对日本的对外政策发生影响，后来中止对遣唐使的派遣与此形势有直接的关系。九世纪后期，唐朝国内形势因王仙芝、黄巢领导的农民起义的打击而更加糟糕，

---

① 佐伯有清：《最后的遣唐使》，讲谈社2007年版，第38页。
② 森公章：《遣唐使与古代日本的对外政策》，吉川弘文馆2008年版，第40页。
③ 佐伯有清：《最后的遣唐使》，讲谈社2007年版，第157页。

北方大部分地区交通中断，盗匪横行，民生凋敝，唐朝衰败已经无法再给东亚国家提供有益的样板，同时由于日本国内难以支付派遣活动的巨额费用，日本天皇接受菅原道真的建议于894年终止了遣唐使的派遣。

日本在对外关系中有明确的大唐观，代表这时期最为典型、最为清晰的描述当属日本高僧圆仁的《入唐求法巡礼行记》。838年圆仁由日本博多湾入唐，到847年回国为止，在唐朝生活达九年之久。他到过中国许多地方，足迹遍及江苏、山东、安徽、河北、河南、山西、陕西等省，目睹了许多事情，山川地势、古物风情尽收眼底，不同于一般的观礼云游僧徒。他是从新罗人那里得知前往中国佛教圣地五台山的详细路线，在《入唐求法巡礼行记》中说："过八个州到五台山，计二千九百九十来里。从赤山村到文登县，百三十里。过县到登州，五百里。从登州行二百廿里，到莱州。从莱州行五百里，到青州。……过黄河到魏府。……应到五台山。"[①] 一路上，圆仁对唐朝社会的观察是深入细致的，看到了中国大城市的发展与繁荣、地方的风土人情与山川物产、居住在楚州的众多新罗人，也看到了唐朝社会发生的许多重大事件，如唐武宗李炎在位期间推行的一系列废佛毁释事件。即使在地方小城，废佛也同样严厉："毁拆寺舍，禁经毁像，收检寺物，共京城无异。况乃就佛上剥金，打碎铜铁佛，称其斤两，痛当奈何。天下铜铁佛、金佛有何限数，准敕尽毁灭化尘物。"[②]

日本学者河内春人在《东亚交流史中的遣唐使》一书专门开辟一章对日本遣唐使获取海外情报做了研究。日本在成长过程中，需要不断地从外部世界取得有益的东西，因此许多文化、科技、典章制度、物品与军事情报都成为一时之需。"安史之乱"是发生在唐朝中期的重大社会动乱，加速了唐朝衰落的进程。得到这个情报的渤海使小野

---

① 圆仁：《入唐求法巡礼行记》，广西师范大学出版社2007年版，第57页。
② 圆仁：《入唐求法巡礼行记》，广西师范大学出版社2007年版，第152—153页。

田守回国后立即向朝廷做了禀报，日本朝廷认为："安禄山者，是狂胡狡竖也。违天起逆，事必不利。疑是不能计西，还更掠于海东。"①"安史之乱"发生于中国北方，造成北方大乱，日本朝廷因此担心"安史之乱"后中国唐朝会进攻日本，曾一度引起日本朝野的恐慌。由此可见日本民族的危机感过于早熟。这种危机意识曾在日本历史上多次出现过。唐朝对高丽的战争也同样引起日本朝廷莫名的恐慌。当时称为"倭"，还不叫"日本"。日本这个称谓是在七世纪末八世纪初形成的。倭为防备唐朝和新罗的进攻，把都城从飞鸟迁到了近江，强化了国内的军事体制。664年，在对马、壹岐、筑紫等地增设了烽火，大宰府前构筑了水城，还在自筑紫到濑户内的地区修筑了山城，加强防备。②这种过于早熟而不成熟的民族危机意识一直持续到今天，对日本民族心理造成的影响也是多方面的。

唐都长安是一座国际化的大都市，聚集了来自西域和欧洲国家的商人、艺人、旅行者和留学生，其开放程度为世界其他国家所罕见。按照美国学者薛爱华的说法，几乎当时亚洲的每个国家都曾经有人进入过唐朝这片神奇的土地。③这一说法并非夸张，说明了唐朝的对外开放程度是相当高的。中央王朝对外国人实行了优惠政策，以招徕外国使节、留学生、学问僧、商人来华学习和经商，这些外国人有的在唐朝做官，服务于唐朝几十年。对于有外交关系的国家，唐朝一般都给予相当的优待，例如对天竺、波斯、大食的使臣给予六个月的食粮，对来自室利佛逝、真腊和诃陵的使臣给予四个月的食粮，对来自林邑

---

① 河内春人：《东亚交流史中的遣唐使》，汲古书院2013年版，第125页。不论古代和现代，都是通过派遣使节、商人和情报人员达到了解对方、掌握对方情况目的的，在这方面，遣隋使可以说是后来遣唐使的榜样。日本推古朝就是通过与百济、高句丽和新罗的外交交流，察知到隋朝对高句丽征讨的东亚战略的。铃木靖民：《日本古代国家形成与东亚》，吉川弘文馆2011年版，第150—151页。
② 铃木靖民：《日本古代国家形成与东亚》，吉川弘文馆2011年版，第22页。
③ 薛爱华著，吴玉贵译：《撒马尔罕的金桃：唐代舶来品研究》，社会科学文献出版社2016年版，第49页。

的使臣则给予三个月的食粮。① 确实,唐帝国的建立把中国历史带到一个新的发展阶段,在许多方面都具有开创性的建树,成为后世文学作品和历史记载歌颂的样板。中国社会是一个生生不已的社会,始终处于不断的变化与发展中,美国学者罗兹·墨菲在谈到长安时写道:"它统辖着世界有史以来最大的帝国,甚至超过汉帝国和罗马帝国。……它从618年到约860年作为国际都会的耀眼光芒,大概是任何其他地方永远无法比拟的。"② 此番议论,并非夸张。

唐朝与阿拉伯国家的交往是中阿关系中极为重要的内容,中外史书留下的十分详细的记载,对于了解那段历史非常重要。中国史书《旧唐书·大食传》记载了大食与唐朝往来的情况:"永徽二年,始遣使朝贡","长安中,遣使献良马。景云二年,又献方物。开元初,遣使来朝,进马及宝钿带等方物"。③ 在黑衣大食时期,唐朝与阿拉伯国家的关系也有进一步的发展,联系是密切的,"至德初遣使朝贡","宝应、大力中,频遣使来"。④《旧唐书》还记载了自汉代张骞出使西域以来,"通于中国者多矣。唐拓境,远及安西,弱者以德怀之,强者以力制之。开元之前,贡输不绝"的情况。广州通海夷道反映了中国与阿拉伯国家之间的海上交通情况,成为中国对外交往与海上交通的远洋航线,最远可达红海沿岸、东北非和波斯湾沿岸各国。成书于十世纪、由阿拉伯作家所撰的《中国印度见闻录》,对唐代东西方海上交通与贸易状况、中原王朝对海外来华商人的开放态度多有介绍。唐朝对各国来华贸易持相当宽容与开放的态度,保护和鼓励各国商人来华从事商贸活动。玄宗时期在西北边境地区设立节度使,保护从事东西方贸易的商队。⑤ 在商人云集的广州,中国官员委任一个穆斯林,授权他解

---

① 薛爱华著,吴玉贵译:《撒马尔罕的金桃:唐代舶来品研究》,社会科学文献出版社2016年版,第89—90页。
② 罗兹·墨菲著,黄磷译:《亚洲史》,世界图书出版公司2011年版,第166—167页。
③ 《旧唐书·大食传》,中华书局2002年版。
④ 《旧唐书·大食传》,中华书局2002年版。
⑤ 《宫崎市定全集》第1卷,岩波书店1993年版,第224页。

决这个地区穆斯林之间的纠纷。① 关于运送货物的商船,《中国印度见闻录》提到这些商船把货物从巴士拉、阿曼以及其他地方运到尸罗夫（波斯湾沿岸港口）,它们大部分是中国商船。②

宋元时代的对外交往已经有了重大发展,中国商人大规模地走出国门参与西太平洋贸易网的建设,东亚沿海城市出现大量的外国商人,从事东西方贸易交流,宋代收入的五分之一来自海上贸易；长江三角洲和东南沿海出现了众多发达的商业城市,农业生产、制造业以及交通运输都有新式工具出现,交子、汇票以及纸币的发行促进了工商业发展,出现了一批有影响的文学家、哲学家和科学家。对于这样的社会,有人这样评价说,宋代文化、社会高度发达,在它以后再没有发生长时间的飞跃性的进步。③ 也有人认为："从很多方面来看,宋朝算得上一个政治清平、繁荣和创造的黄金时代。"④ 大量的古史材料和近年研究为我们了解宋代社会提供了清晰的大图景。

13世纪,元朝建立了疆域广大的蒙古帝国,横跨欧亚两洲,在东亚只有日本还在元朝控制之外。为了把日本纳入元朝主导的东亚国际秩序,元世祖忽必烈于至元二年（1265）遣使兵部侍郎黑的和礼部侍郎殷弘携带国书赴日本招降,国书中说："大蒙古国皇帝奉书日本国王。……日本密迩高丽,开国以来亦时通中国,至于朕躬,而无一乘之使以通和好。尚恐王国知之未审,故特遣使持书,布告朕志,冀自今以往,通问结好,以相亲睦。……以至用兵,夫孰所好。王其图之。"⑤ 元朝招降日本的努力遭到日本拒绝。1274年和1281年元朝与日本发生两次战争。这两场战争致使双方损失很大,贸易受到影响,但没有中断。经过唐宋以来的交流,日本对中国的贸易已经表现出积极主动与热情,

---

① 穆根来、汶江、黄倬汉译：《中国印度见闻录》,中华书局2001年版,第7页。
② 穆根来、汶江、黄倬汉译：《中国印度见闻录》,中华书局2001年版,第7页。
③ 《宫崎市定全集》第1卷,岩波书店1993年版,第323页。
④ 罗兹·墨菲著,黄磷译：《亚洲史》,世界图书出版公司2011年版,第171页。
⑤ 《元史》卷208《日本传》,中华书局2005年版。

《元史》卷208《日本传》记载，至元十四年（1277）"日本遣商人来易铜钱，许之"。从中可以大体看到元日之间贸易交流的情况。整个元朝时期，元日之间没有官方外交关系，两国的关系多以民间渠道进行。

三、明清帝国与周边国家的外交活动

明清时期的外交有许多亮点，取得的成就值得肯定，无视这些成就是非科学的态度。与日新月异的欧洲外交相比，明清时期中国社会确实发展缓慢，对外交往出现了一些问题。欧洲国家在经过《威斯特伐利亚和约》后，开始以近代国际关系原则处理国家关系，而中国却仍然在王朝体制的轨道上蹒跚前行，但这并不意味着停滞。这一点必须承认。强调这一点是极为重要的，罗兹·墨菲指出："中国本身就是一个具有高度生产力的巨大世界，直到1500年代末，事情运行得很不错，整体上的繁荣使大多数人民满意。"[①] 他这样解读东方历史就突破了以往的旧框架，对历史做出了新的评断。罗兹·墨菲认为，明朝是中国的"新辉煌"。这些"新辉煌"包括中国在当时拥有世界上首屈一指的造船技术，郑和下西洋时使用的多层甲板船能运载500人，长400英尺，载重量达500吨，其速度比一个世纪后的葡萄牙和西班牙的船只还要快。这说明如果没有科技的进步和社会财富的长期积累，是很难有郑和七下西洋的空前壮举的。

郑和七下西洋（1405—1433）堪称东方历史上的空前壮举，肇东方大航海时代之始，其规模之大，为世界所罕见。第一次航海时战舰有62艘，加上随行的大小船只总数可达200艘以上，载有27800余人，平均下来每艘舰船可载140人。郑和下西洋促进了朝贡贸易的发展，来中国访问、交流的国家增多，范围大体包括自东南亚至印度洋、阿拉伯半岛、非洲东海岸诸国，永乐十四年（1416）有19个国家来朝

[①] 罗兹·墨菲著，黄磷译：《亚洲史》，世界图书出版公司2011年版，第244页。

贡，永乐二十一年有 16 个国家来朝贡，1200 人到达北京。①

明清时期，中国与周边国家外交关系更加成熟、稳定，形成一套完整的规制。相互派遣使节是双方关系中的重要内容，有时候使节团的规模庞大，少则几十人，多则几百人，蔚为壮观。他们的目的明确，除了进行外交活动外，也从事商务、文化、旅游与情报收集工作。明朝的开国者为朱元璋。他执政时期对外实行了海禁政策，只有周边国家对明朝朝贡、接受册封，明朝才准许它派遣使者，建立通交关系。明朝的海禁并不是断绝一切与国外的往来，而是以接受明朝皇权安排下的世界秩序为前提。

朝鲜遣使中国是周边国家中最为频繁的。朝鲜与中国明清两朝保持稳定的国家关系，在亚洲国家中也颇具典型。每年定期地向中国派遣使者，国王接受中国册封，使用中国的文字，奉中国正朔，成为中华传统世界藩属国的典型代表。朝鲜对中国王朝派遣的主要使节除了敕使外，还有谢恩使、进贺使、陈奏使、奏请使、陈慰使、进香使、告哀使、问安使等。据统计，从 1637 年至 1881 年的 245 年间，朝鲜向中国派遣的使节共有 495 次，平均每年两次。② 这个数字是周边国家中最多的。使者来到明都北京，不仅看到了明朝内部的权力斗争，也观察到朝廷的腐败与社会的动荡不安，上无道揆、下无法守的情况。崇祯十年（1637）六月二日朝鲜使者金堉回国后在回答仁祖的询问时说："明朝国内乱盗贼蜂起，虽无窟穴，聚散无常，却已成为心腹之患。"他已经预见到明朝行将崩溃的危险性。③

---

① 檀上宽：《明代海禁——朝贡体系与华夷秩序》，京都大学学术出版会 2013 年版，第 149—150 页。

② 荒野泰典、石井正敏等：《亚洲中的日本史Ⅱ·外交与战争》，东京大学出版会 1994 年版，第 225—226 页。

③ 松浦章：《近世中国朝鲜交涉史研究》，思文阁出版 2013 年版，第 88 页。德川时期朝鲜对日本派出的通信使是比较多的，不下十几次，人数最多时达三四百人，包括正使、副使、从事官、儒者、书记官、翻译、画师、医生和军官等，使团在所经过之地进行丰富多彩的交流，朝鲜朱子学者也与日本儒者进行汉文诗切磋唱和，引来众人观看。参见关周一编：《日朝关系史》，吉川弘文馆 2017 年版，第 189—190 页。

从政治关系来讲，日本与中国的关系从来不像朝鲜、越南那样的密切，一直处于中华帝国缔造的东亚世界秩序的边缘，时而加入，时而脱出。之所以出现这样的情况，还是与它遥远的地理位置有关，始终未能在中国王朝直接的政治控制之下。明朝建文帝和永乐帝时期明日关系平稳发展，足利义满向明朝派遣了使者，被永乐帝授予"日本国王之印"和准许来华的勘合贸易。勘合贸易促进了明朝与日本之间的经济文化交流，中国的茶器、书籍等大量输入日本，加速了日本国内文化发展。在日本，从事外交活动的不仅仅是官派朝廷和武家使者，在很多时候寺院僧侣也充当外交官的角色，发挥外交官的作用。日本京都五大山寺的禅僧是这方面的代表。室町幕府时期，禅僧是日本的精英团体，具有很高的中华文化素养，研修至深，学富五车，通晓汉诗汉文，受朝廷和幕府指派，拟撰外交文书，在出使中国明朝、朝鲜时发挥了重要作用。

琉球王国作为中国明清两朝的藩属国，一直与明清两朝保持密切的宗藩关系，互派使者、朝贡贸易、奉表纳贡与文化往来成为联系双方的重要纽带。琉球是明清时期对华朝贡比较频繁的国家，有时三年两贡或一年一贡。1636年十月，琉球国王尚丰在给明朝的一份上书中要求"依循旧制，恢复三年两贡的常期"，得到崇祯皇帝的准许。[1] 清朝继承了明朝对琉球册封的传统。1663年七月十七日清朝派使者赴琉球正式册封尚质为琉球国中山王。尚质国王和文武百官同拜，除了面向北方叩头谢恩外，还请求清朝使者留下诏敕、封印和镇国之宝。[2] 关于来华朝贡的物品，种类繁多，可谓是五花八门，应有尽有，大部分是琉球本地所产或出自南洋等地的物品，主要有马匹、刀具、金银、玛瑙、象牙、螺壳、扇子、红铜、锡、布匹、牛皮、香木、丁香、檀香、苏木、乌木、胡椒、硫黄、磨刀石等。[3] 16世纪以后葡萄牙人来到

---

[1] 《历代宝案》译注本第1册，文进印刷1994年版，第608页。
[2] 《历代宝案》译注本第1册，文进印刷1994年版，第648页。
[3] 《历代宝案》译注本第1册，文进印刷1994年版，第650页。

东南亚，琉球与东南亚贸易受到影响，对华朝贡贸易中的苏木、胡椒、锡等产自东南亚的物品大为减少。在新皇帝即位的时候，琉球都要派遣庆贺使前来奉表祝贺。1722年康熙去世、雍正即位，琉球国王迅即派遣翁国柱赴北京祝贺，受到雍正皇帝的接见，受到赏赐的物品有玉器、缎匹等二十七件，以及一道敕书和八十五匹丝绸。[①]

越南长期受中国政治影响，即使是独立时期也并非真正意义上的独立，它的自主也并非真正意义上的自主，与中国的关系就是一种藩属关系。在越南独立后的时间里中越之间发生过战争，但时间很短，和平与交往是两国关系的主流。黎朝与中国建立了邦交关系。据《越南通史》记载，黎朝每三年向明朝朝贡一次，每次朝贡必铸造两尊金人以示忠诚，越南历史学家陈重金说："向中国求封和朝贡，乃出于势不得已，因为我国与中国相较，大小悬殊，且孤身只影独处南方，全无羽翼屏障，这样若一味敌对抗拒，不肯低下一点，则永无宁日。虽表面上屈居中国之下，但其实内里仍然保持自主，中国人并不干涉我国内政。这也是一种机智巧妙的外交，可使国家获得安定。"[②]

越南向中国派遣的使节名目繁多，除了一般的贡使外，还有请封使、告哀使、谢祭使、谢封使、进香使、贺位使、贺立太子使等。据越南《大越史记全书》记载，明朝洪武十八年（1385）"三月，明遣使来求僧人二十名。初，我国送内人阮宗道、阮算等至金陵，明帝以为近臣，遇之甚厚。宗道等言，南国僧解建道场，愈于北方僧。至是求之。"[③] 可见，当时中越之间有活跃的佛教文化交流。该书还记载，洪武十九年（1386）"明遣林孛来求槟榔、荔枝、菠萝蜜、龙眼等树子，

[①] 边土名朝有：《琉球的朝贡贸易》，校仓书房1998年版，第372页。除了赏赐庆贺使外，还要赐予其国王皇帝亲手写作的匾额，以作嘉奖。道光皇帝于1823年给予朝鲜国王"海表同文"、琉球国王"屏翰东南"、暹罗国王"永奠海邦"匾额。参见边土名朝有：《琉球的朝贡贸易》，校仓书房1998年版，第427页。

[②] 陈重金著，戴可来译：《越南通史》，商务印书馆1992年版，第168页。

[③] 东洋学文献中心丛刊第四十二辑，陈荆和编校：《大越史记全书》上卷，兴生社1984年版，第458页。

以内人阮宗道言南方花果多佳种故也。帝遣员外郎范廷等遗之，然不耐寒，途中皆枯死"。① 虽然向越南求取树种未能成功，但说明中越之间存在经济与物种方面的交流。遣使朝贡是中国传统外交的主要概念，对外关系以此维系着，这种关系同国内的君臣关系一样，具有重伦理、重等级、重人治的显著特征，是国内君臣关系在国际关系上的反映与投射。说到底，这是中国封建王朝"朝贡体制"主导下的国际关系原则，是中国独创的伦理型外交的典型，不同于近代西方外交行为模式与理念。由于地理之便，政治关系密切，中越之间经济文化交流与使者往来十分频繁，以至出现"明使往来络绎道路"的情况。②

1802年阮福映称帝，建立阮朝（1802—1945）。阮朝建立后立即派使臣赴北京请求册封。1804年清仁宗（嘉庆帝）正式做出决定，改安南国为越南国，封阮福映为越南国王。阮朝对清朝朝贡大体四年一次，这种情况一直持续到19世纪80年代越南沦为法国的殖民地为止。阮朝时期，各代国王都是经过清朝册封的，只有经过册封，才会被认为是正统，清朝才愿意与它发展关系。越南在向中国王朝派遣使者时相当谨慎，以免稍有不慎会直接影响到国家的尊严与利益，有时候大国是很难理解小国这种心理的。越南阮朝嘉隆八年（1809）在派遣吏部参知阮有慎时，嘉隆帝阮福映特别强调："当汝出使之际，应慎于辞令，注重国体。"1817年在派遣胡公顺入清之际，阮福映又强调："应注重国体，巩固邦交。"③越南长期成为中国的藩属国，有自己的利益与尊严，唯恐招致中国的嘲笑与污辱，所以不得不十分小心和谨慎。

入清使回国之后，越南国王一般会立即召见询问在中国的见闻，

---

① 东洋学文献中心丛刊第四十二辑，陈荆和编校：《大越史记全书》上卷，兴生社1984年版，第459页。
② 东洋学文献中心丛刊第四十二辑，陈荆和编校：《大越史记全书》上卷，兴生社1984年版，第483页。
③ 山本达郎编：《越南中国关系史》，山川出版社1975年版，第497页。越南官僚体制、科举制都是学自中国。仿照中国明清在中央建立六部，地方上设省、府县、郡和村四级行政单位。

目的在于了解中国国内的情况。越南作为一个小国、弱国，了解世界形势是十分重要的。越南入清使还有一个重要的任务就是购买中国的书籍。在传统的农业社会里，书籍也是了解外面世界的一个途径。阮朝明命帝就让入清使把《清实录》弄到手，还通过清商购入《京抄》。当时从中国输入的书籍有《明史》《武备志》《四夷类志》《佩文韵府》《人臣儆心录》《大清缙绅录》等。①

清代商人较明代有较多的商业机会，中国与日本、朝鲜、琉球、东南亚、欧洲的外交与贸易增多，并保持了对外贸易的顺差，罗兹·墨菲耐人寻味地指出："整个对外贸易额看来显然超过了欧洲，规模更大的国内商业和城市化达到了新水平……外国白银不断流入以支付中国进口货，包括现在运往西方的茶和丝绸，使中国赢得巨额贸易顺差。"② 这显然是东方社会的实际情况，符合中国古史记载。虽然有个别时期禁止海外贸易，实行锁国，但政府的力量是无法从根本上遏制民间海外私人贸易的，余英时在《汉代贸易与扩张》中说："如果拥有像中国那样漫长的边境线，那么无论法律上的限制多么严厉，几乎每一个朝代边境上的走私活动都非常活跃的现象就毫不令人感到惊奇了。"③

在明清 500 年当中，我们看到一个矛盾的现象：一方面是国内生产发展，市场扩大，人口增长，与国外市场有较多的联系，成为西太平洋地区巨大的市场和世界经济强大输出之源；另一方面，在与世界交往过程中，中国政治、经济与外交呈现出缺乏竞争力的情况，从外交思想、行动到贸易管理都表现出相当的滞后，由多种条件所限，国家的力量根本无法投入到外交活动当中，更无法应对日益紧迫的国际压力，许多方面表现出衰败的特征，社会需要重大变革。说到底，还是这个王朝已经到了晚年，即将完成它的生命周期。黄仁宇认为，明

---

① 山本达郎编：《越南中国关系史》，山川出版社 1975 年版，第 512 页。
② 罗兹·墨菲著，黄磷译：《亚洲史》，世界图书出版公司 2011 年版，第 301 页。
③ 余英时著，邬文玲等译：《汉代贸易与扩张》，上海古籍出版社 2005 年版，第 101 页。

朝是一个内向和非竞争性的国家：

> 明朝，居中国历史上一个即将转型的关键时代，先有朱棣（明成祖）派遣郑和下西洋，主动与海外诸邦交流沟通，后有西方传教士东来叩启闭关自守的大门；……这些发生在有明一代错综复杂的历史事件，使明朝历史具备了极纵横曲折的多面性格，致令学史者必须谨慎细心地厘清，才能洞见真相。①

明清时期中国外交问题始终是学术研究的一个关注点，这个领域的研究应该得到进一步的重视和加强。明清时期东亚的国际环境、秩序相对稳定成熟。从《明实录》《大明会典》《明史》《大清会典》中可知，亚洲的朝鲜、日本、安南、占城、琉球、缅甸、暹罗、真腊、爪哇、渤泥、苏门答腊、苏禄、三佛齐、马六甲等都是中国的朝贡国，不论真实情况如何，但是它们与中国打交道进行贸易活动时都必须以朝贡国的身份进行。在整个东西方贸易格局中，东方国家长期处于出超地位，除了大宗的丝绸与茶叶外，还有瓷器、陶器、古董、药材和书籍。在农业文明时代，这些商品构成物质文明的主要基础，也是东方文明的荣耀之处。近代以前，中国一直是世界几个重要的文明中心之一，也是数千年来绵延不绝、不曾中断的文明。

四、中华帝国的国际地位与世界影响

存在两千年之久的中华帝国在东亚以至世界的地位都是无与伦比的，世界上没有任何一个国家像中国这样饱经战乱而历久弥坚，历史文化悠久而又不曾中断，留下一份丰厚的文化遗产与财富。这是一个值得深入思考和重视的大问题。在中国历史上多次出现外族入侵的事

---

① 黄仁宇：《中国大历史》，生活·读书·新知三联书店2002年版，第177页。

情，但征服者往往又被被征服者所征服。这是一个十分耐人寻味的问题。费正清已经指出："在漫长的历史长河中，这里的人民在组织、技术、财富等方面远比欧洲或其他文明区各民族先进和优越。"[①] 他还指出："东亚社会存在一种超乎寻常的黏着力和无与伦比的组织力。这些特征的根源在于隐藏在当地各民族丰富的历史经验背后的深厚的历史传统。"[②] 德富苏峰指出："日本和中国都可以称为古国，但相比较的话，日本的古与中国的古，简直不可同日而语。……但是，要说到帝国，无论从质上还是量上，都不是中国的对手。"[③]

第二节　东方外交与古代西太平洋贸易网的兴衰

人类的社会活动是在一定的地理环境下进行的，同时突破自然的、社会的和技术的诸多限制，进行国家间的交流互动而形成一定的经济交往圈与外交圈。人类从分裂分散走向相互联系，从陆地走向海洋，其本身就是人类文明发展的创造性突破，表现了人类认识海洋、利用海洋和文明交往的自觉。对于东方历史仅仅从文化的层面来研究是远远不够的，不完整的，还必须深入到经济与国家对外交往的行为当中去理解和把握。西太平洋地区是人类文明最早交流与交汇的重要地区之一，至今仍承载着人类文明的传统，创造着新的东方历史，影响并塑造着未来世界。在历史上，西太平洋地区存在北起日本经朝鲜半岛、中国、东南亚以至与印度洋及欧洲相衔接的交通贸易圈。这个广阔的区域塑造了东方各国政治、经济、贸易、文化以及国家关系形态。把

[①] 费正清、赖肖尔等：《东亚文明：传统与变革》，"序言"，天津人民出版社1992年版，第1页。
[②] 费正清、赖肖尔等：《东亚文明：传统与变革》，"序言"，天津人民出版社1992年版，第3页。
[③] 德富苏峰著，刘红译：《中国漫游记·七十八日游记》，中华书局2008年版，第317页。

握西太平洋地区贸易网的兴衰与探寻今天东方国家重新崛起的历史发展过程，总结东西方文明交流互动的成功经验，发挥其以古筹今的历史功效，是拓展东方历史研究的重要课题。

一、西太平洋贸易网的初步形成

在世界几个重要的区域贸易网络当中，古代西太平洋贸易网无疑是最重要的贸易网之一，远比古代地中海贸易网和其他贸易网历史悠久、内容丰富。西太平洋贸易网的开辟与建立，得益于对外交流的扩大与交通工具的进步。两汉时期，中国就与日本列岛、朝鲜、东南亚、南亚、西亚以至欧洲建立了政治与经济联系，出现了中国封建社会发展的第一个高峰。《汉书·地理志》记载："乐浪海中有倭人，分为百余国，以岁时来献见。"[1]《后汉书·东夷列传》载："建武中，东夷诸国皆来献见。"又载："建武中元二年，倭奴国奉贡朝贺，……安帝永初元年，倭国王帅升等献生口百六十人，愿请见。"上面引文中提到的"来献见""奉贡朝贺"以及"献生口"不仅具有政治意义，同时也具有国家间交往的经济意义。当时日本小国众多，"凡百余国"，"使驿通于汉者三十许国"。[2] 这是东方国家间的早期交往，也是中日两国经济交往的珍贵史料。

降至曹魏，中国与日本政治、经济关系进一步发展，日本向魏国贡献的礼品即有生口（奴隶）、白珠、杂锦、帛布、短弓箭等。[3] 早期交往无疑不同于国家力量扩大以后以及对外交往频繁时期的交往，但如果认为早期交往仅仅具有政治象征意义那是极大的误解，忽视了人类在相互交往中获得基本物质生活资料的实际需求。在古代，各民族、各国家虽然受到生产力和自然条件的诸多限制，对外交往的范围相对

---

[1] 班固：《汉书》卷28，中华书局2006年版。
[2] 范晔：《后汉书》卷85，中华书局2006年版。
[3] 西嶋定生：《倭国的出现——东亚世界中的日本》，东京大学出版会1999年版，第24页。

有限，但不乏在各种动机下开展国与国之间的交往交流，进行文明的构建，通过各种方式、途径实现文明的交往、互补与共进。我国学者指出："不论人们之间如何矛盾冲突，人类总是要在同一地球上生存发展，各种不同文明总要接触对话。人们越来越强烈地期望着通过不同文明之间的交往，架起彼此理解之桥。"① 真正称得上国家间联系的纽带与桥梁的无疑是政治、经济和文化。

造船技术进步与国家力量增强，其意义在于推进国家间政治、经济、文化与人员往来，使区域贸易成为可能。古代东亚国家间的联系是在交通工具进步的条件下完成的，具有鲜明的区域交往特征。中国与东亚诸国的联系是一种东方式的经济文化联系，注重的是和平、秩序与互利，通过商品交换与文化往来把各国纳入古老的国际关系当中，寻找各自在国际关系中的位置与最佳的利益交汇点，各得其所，各就其位。中国与朝鲜半岛山水相连，自秦汉以来双方通过陆路和海路建立了联系。《后汉书》中记载的东夷诸国"来献见"，其中就有朝鲜半岛的早期国家。它们在与中国接触、吸收中国文明的过程中加快了国家形成的过程，国外学者指出："他们在创造自己高度文明的过程中，这种与汉文明的接触起了至关重要的作用。……或许正是因为这一点，才导致了朝鲜很快成为一个统一的民族国家。"② 与日本相比，朝鲜与中国的海陆联系更为便捷。除了北部的陆路交通外，辽东半岛、山东半岛和东南沿海各港口都可到达朝鲜，也有朝鲜商人渡过鸭绿江进入中国东北，或乘船抵达山东半岛和东南沿海各主要港口，活动范围远及东南沿海各省以至内地。

中国传统史籍历来对于中外经济活动内容记述相对较少，而对于经济以外的内容记述相对较多。尽管如此，如果把中国史籍分散、零碎的经济史材料连缀起来就可以看到中国对外交往的清晰图景。事实

---

① 彭树智：《文明交往论》，陕西人民出版社 2002 年版，第 6 页。
② 费正清、赖肖尔等：《东亚文明：传统与变革》，天津人民出版社 1992 年版，第 282—283 页。

上，国家间的经济交流活动远比史书记载丰富得多，广泛得多。任何再周全的历史材料都无法把所有的经济活动记录下来，无法承受经济贸易活动之重。中国作为东亚地区统一的大国，其对外影响力是不断扩散的，通过派遣使者、商贸往来、僧俗游历和文化交流形成国际的联系与互动，促使西太平洋交通贸易网较早发生。汉代中国已经与东南亚、南亚有了政治、经济联系。《汉书·地理志》载，中国船舶自广东徐闻、合浦出发可抵达都元国（马来半岛）、邑卢没国（缅甸）、谌离国（缅甸）、夫甘都卢国（缅甸）、黄支国（印度）等国。"自武帝以来皆献见。有译长，属黄门，与应募者俱入海市明珠、璧流离、奇石异物，赍黄金杂缯而往。所至国皆禀食为耦，蛮夷贾船，转送致之。……王莽辅政，欲耀威德，厚遗黄支王，令遣使献生犀牛。"[①] 这里的"杂缯"就是各种丝织品的总称，因此这条航路就是名副其实的海上丝绸之路，联结中国与世界的交通大动脉。

从上述文字材料当中可以解读出许多重要的史实，即一方面从中可以看到中国与东南亚、南亚国家开辟交通与贸易的情况，另一方面也可以看到中外交往的悠久与复杂多样。十分清楚的是，中国在汉代就已开辟了南海至印度洋的远洋航线，初步形成了与东南亚及印度的海路联系，为走向海洋这个新的活动舞台迈出了重要一步。这些航线的开辟，大大推动了中外经济、文化交流交汇，有助于西太平洋贸易网的形成和发展。就其范围而言，这个古代海洋贸易体系北起日本、朝鲜，经中国向南到达东南亚地区。[②]

在汉代，中国与欧洲有了最初的贸易接触。罗马帝国时期，从埃及进入印度洋沿岸诸港的商船增多，利用季风条件继续向东航行到南海。据《厄立特里亚海航行记》记载，公元一世纪罗马商人就已经在中国南海从事贸易交流了。根据此书可知，印度东南、西南和西部的

---

① 班固：《汉书》卷28，中华书局2006年版。
② 何芳川：《澳门与葡萄牙大商帆——葡萄牙与近代早期太平洋贸易网的形成》，北京大学出版社1996年版，第1页。

众多港口是东西方贸易的重要场所，输出的商品包括象牙、玛瑙、绢布、丝绸、胡椒、珍珠和龟甲，输入的商品包括欧洲的服饰、珊瑚、葡萄酒、铜、锡、铅、鸡冠石、雄黄、钟表等。[1] 该书还记载了中国生产的真绵、绢布、生丝通过西南贸易通道输往印度西南诸港的情况。[2] 远洋航线的开辟是一个多维度的过程，带来的是人员往来、贸易以及文化交流，使人类物质文明与精神文明的成果在短期内为各国所共享。例如，中国的汉字最初在公元前一世纪至公元一世纪传播到日本，以后在那里生根、开花与结果，到奈良、平安时期派生出片假名和平假名这一表音文字，与汉字并用到今天。[3] 从东亚至东南亚、印度洋以及欧洲的航线对东西方文明交流起了重大作用，在东西方关系史上占有引人注目的地位。近年国内外学者开展的古代东西方文明交流史研究，使得我们深刻认识到古代西太平洋贸易网的历史作用。

汉帝国崩溃后，中国北方陷入了长期的分裂与动荡，北方经济受到重创，尤以洛阳、长安等城市为甚。在北方社会受到分裂与动荡的困扰时，中国南方经济得到初步发展。为避乱而由北方南下巴蜀和长江中下游的人口就达七八十万之众，推动了南方经济发展，使汉代以来的中外交流扩大，从事海陆贸易的人增多，因此说中国人成为西太平洋海上贸易的主要参与者之一。在东亚大陆上孕育出来的中国古典农业经济是不同于世界其他地区经济的，它的发展在很大程度上受到周边自然环境与自然条件的诸多限制，同时也将自己的文明向外传播，以生产技术、科技发明和文化为主。

自汉代以后，中国的丝绸、瓷器已经在东南亚地区交易了，与东南亚发生密切的海上联系，同时也有域外商品源源输入国内。魏晋南

---

[1] 岩波讲座世界历史第6卷《南亚世界·东南亚世界的形成与展开》，岩波书店1999年版，第139页。
[2] 岩波讲座世界历史第6卷《南亚世界·东南亚世界的形成与展开》，岩波书店1999年版，第143页。
[3] 西嶋定生：《倭国的出现——东亚世界中的日本》，东京大学出版会1999年版，第171页。

北朝时期，来到江南地区的社会上层特别喜欢舶来品，这些舶来品主要来自印度、亚洲的西南部、地中海东部和非洲东海岸。[①] 从当时的情况看，中国南方地区与国外市场发生较多联系，经济交流已经成为联系中外的强有力纽带，有学者指出："这些南方中国人对东南亚产品的需求也在增加，不只是需要热带雨林的各类树脂和芬芳类木材。……中国人还成为翠羽、珍禽羽毛、龟甲及其他外来物品的主要买主。到了5世纪末和6世纪初，中国消费者十分熟悉胡椒和包括丁香、肉豆蔻和肉豆蔻干皮在内的其他香料，以及那些他们喜爱的调味品和医疗药材用品。"[②] 在近代以前的世界各大贸易网中，西太平洋市场最为广阔，贸易最为活跃，向外输出的商品种类也最多。从6世纪到8世纪，中国已经成为中南半岛、南海生产的沉香、檀木类商品的最大集散地与消费市场，这些商品远销到印度、西亚和地中海世界各地。[③] 朝贡贸易兴起有力地促进了中外交流，带动了民间贸易扩大，暹罗、马六甲、越南、爪哇、菲律宾、琉球、日本长崎、对马、朝鲜与中国华南、华北、东北结成的贸易网络，促进了地区间的沿岸贸易。[④]

从地理范围上讲，西太平洋地区包括日本列岛、朝鲜半岛、中国以及整个东南亚地区，具有内在的发展机制、动力源泉和联系纽带。这个区域是世界文明的重要区域。自从中华文明和印度文明在这一地区发挥影响之后，整个西太平洋地区获得了加速发展的动力，形成古代国家关系的特殊秩序。从大和朝廷时期起，东亚已经形成从日本横

[①] 尼古拉斯·塔林主编，贺圣达、陈明华等译：《剑桥东南亚史》（Ⅰ），云南人民出版社2003年版，第162页。中国东南沿海一直得风气之先，走在国内其他地区的前面，与世界市场发生密切的联系与互动，尤其是进入宋代以后，华南地区已成为中国海洋史的主要舞台，福建闽南人在海外贸易中发挥了不可替代的作用。参见村上卫著，王诗伦译：《海洋史上的近代中国：福建人的活动与英国、清朝的因应》，社会科学文献出版社2016年版。

[②] 尼古拉斯·塔林主编，贺圣达、陈明华等译：《剑桥东南亚史》（Ⅰ），云南人民出版社2003年版，第162页。

[③] 家岛彦一：《从海域看历史》，名古屋大学出版会2006年版，第509页。

[④] 岩波讲座世界历史第20卷《亚洲的〈近代〉》，岩波书店1999年版，第11—12页。

穿欧亚大陆到达地中海的两条交通线，一条是走陆路经中国北方、中亚、波斯向西的北方大道，另一条是航行于中国海至印度洋的南方大道。① 各国是这两大交通干线的直接受益者。以中华文明和印度文明为核心区生成的文明使东亚各国间产生互动，构成独具特色的古代东亚世界，从而使相对孤立、分散的地区与国家之间发生联系。随着近年陆上和海上丝绸之路研究的不断深入，人们越来越清楚地看到古代西太平洋地区存在整体关联性，存在联系的纽带与持久的动力。

海上丝绸之路把中国东南沿海、南海、东南亚以及印度洋地区联系在一起，构成一个区域广阔、特点鲜明的古代西太平洋贸易网络；西南陆路丝绸之路把中国四川、云南与缅甸、印度以及中亚地区联系在一起。从这条交通线上输出的不仅是丝绸、瓷器、铁器，同时也通过市场交流把各国需要的物质文明、精神文明与制度文明成果带回域内，极大地丰富了各国的社会物质文化生活，推动不同层次的国家发展与共生。人类社会之所以能够不断地向前发展，除了本身进行物质生产和再生产外，同外部世界的交流也同样重要，交流带来生产力，并具有生产力的庞大效应。人类历史就是一个生生不已的交往交流过程，"交往的总趋势是从野蛮到文明的演进"。② 区域性和国际性的交流带来各国间普遍的经常性的联系，使人类互动进一步加深，推动着人类社会不断向前发展。

古代西太平洋贸易网从萌芽到初步形成，其间经过了漫长的历史发展过程。应该指出的是，在古代西太平洋贸易网形成过程中，各国商人充当了重要的角色，有时候官方朝贡贸易与民间贸易同时进行。西晋时期，东亚各小国每年都要向西晋贡献"方物"。《晋书》中有"东夷八国归化""东夷十七国内付""东夷六国来献""东夷二十国朝献""东夷七国朝贡"等记载。③ 五世纪，到东南亚从事贸易的中国商

---

① 《宫崎市定全集》第18卷，岩波书店1993年版，第141页。
② 彭树智：《文明交往论》，陕西人民出版社2002年版，第4页。
③ 佐伯有清：《古代的东亚与日本》，教育社1977年版，第82页。

船数量增多，也有东南亚商船到达非洲的历史记录。印度尼西亚人很早就到达了非洲东部的马达加斯加，往返于东南亚和印度以及各岛之间，扩大了东方对外贸易。① 中国商人对南海贸易产生浓厚兴趣，东南亚一些邦国也愿意与中国商人从事有无相通的交换。

前近代时期东方对外贸易交流的动力是不同于近代资本主义时期的，它有自身的内在需求。王公贵族和商人对贵重金属以及香料、犀角、象牙等奢侈品的不断需求，驱使他们远涉重洋，激起对发展海外贸易的强烈愿望，参与西太平洋贸易网的建设。从汉代开辟的海上丝绸之路，经过几代人的努力，到隋唐帝国建立之前有大量的中国丝绸、陶器远销至东南亚、南亚和西亚波斯湾地区，也有大量的南亚、西亚商品进入中国与东南亚市场。中国江南经济发展逐渐突破传统消费的格局，生产和消费呈现出多样化的趋势，对东南亚市场发生直接影响，表明古代东方市场已经初步形成。东亚海域是中国人从事海外贸易交流的重要场所，有大量的中外史料证明中国人在此留下了创造历史的劳绩。《巴达维亚城日记》记载：

> 国姓爷（郑成功）在日本贸易曾握有其领导权，甚至可以推断其在东南亚海上贸易亦曾作压倒性的大活动。……郑成功曾将其船二十四艘派往东南亚各地，即巴达维亚七、东京二、暹罗十、广南四、马尼拉一等，进行大规模贸易。②

长期以来，国内对郑成功反清复明的政治活动关注较多，而对于其从事东亚海上贸易活动关注甚少，这不能不说是学术研究上的缺憾。在东亚史、东方外交史研究上，完全可扩大视野，以更为广阔的视角看待东方外交史，将经济史整合到东方外交史的整体研究当中，开拓

---

① 岩波讲座世界历史第 6 卷《南亚世界·东南亚世界的形成与展开》，岩波书店 1999 年版，第 71 页。
② 《巴达维亚城日记》第 3 册，台湾省文献委员会编印 1990 年版，第 8 页。

出新的天地。

在探讨西太平洋贸易网形成时，必须注意到自然地理环境对经济圈的影响作用。越是古代，人类受自然地理环境的影响就越大，即使今天也没有摆脱自然地理环境对人类的影响。相对于中国西部的高山峻岭与北部的寒冷大漠，中国与日本、朝鲜以及南洋各国的交往相对较为容易，空间上的接近带来直接的经济贸易与文化交流交汇，形成广阔的古代亚洲市场。人类自从诞生时代起就有了各部落、部族以及地区间的相互交往，为了生存的需要在交往中获得各自所需要的物质生活资料。正是由于这一点，东亚国家相互间形成了密切的交往关系，各国凭借技术和自然提供的有限条件进行着经济文化交流，从事区域文明的构建，创造出东方世界文明。

经济活动将所有国家整合成一个有着普遍的经常联系的区域共同体。这是推进东亚历史发展的持久动力。滨下武志指出："在把握亚洲区域内在关系的时候，并非仅仅存在国家之间的相互关系，也存在地区之间的关系，这就是在历史上发挥机能作用的实体——地域圈。"[1]这个经济交往圈以中国为推动力，形成有自身规律和特点的亚洲区域市场。应该怎样看待这个市场及其历史地位，长期以来我国学术研究关注甚少，推出的成果不多，最近几十年才不断有研究成果问世。[2]在古代西太平洋贸易网研究上，完全可以将其作为一个相对独立的区域体来把握，从区域交往史的角度把握东方社会的历史进程。

---

[1] 滨下武志著，朱荫贵等译：《近代中国的国际契机——朝贡贸易体系与近代亚洲经济圈》，"中文版前言"，中国社会科学出版社1999年版，第6页。
[2] 我国对古代西太平洋贸易网的研究刚刚起步，代表性的研究是何芳川先生主编的《太平洋贸易网500年》，河南人民出版社1998年版；《澳门与葡萄牙大商帆——葡萄牙与近代早期太平洋贸易网的形成》，北京大学出版社1996年版。日本学者松浦章在谈到这个问题时写道："在研究前近代东亚海域间的交流的时候，就文献记载来看，该时期起主要作用的无疑是中国的海商。关于他们的活动，迄今未见多少研究。"松浦章著，郑洁西译：《明清时代东亚海域的文化交流》，江苏人民出版社2009年版，第29—30页。

二、科技进步与西太平洋贸易网的发展扩大

科技进步与国家力量是推动东方国家贸易与交通发展的两大力量。许多研究表明，中国古代的造船与航海技术始终走在世界各国的前面，最突出的是在造船工艺上采用了榫接钉合工艺和水密隔舱等先进技术。[①] 造船技术进步使远洋运输成为可能。进入隋唐时代以来，中国的船舶不仅排水量大、性能好，能载六七百人，而且能够从事远海运输，航行于东南亚—印度洋—波斯湾之间，最远到达两河流域的巴格达。阿拉伯商人多乘中国大型商船到达南海，这种情况从南宋至元代更为兴盛。[②]《中国印度见闻录》说："就应该承认中国人在开导阿拉伯人远东航行中的贡献。波斯湾的商人乘坐中国人的大船才完成他们头几次越过中国南海的航行。"[③]"梯山重译"是当时东西方航船通行与语言交流困难的真实写照。其意是说，商船航行就像向上爬梯子一样艰难，语言经过多重翻译之后才能使对方听懂。隋唐帝国的建立结束了自汉帝国崩溃以来近四百年分裂的历史，把中国的对外关系大大地向前推进了一步，拓展了国际政治、经济和文化活动空间。早在秦汉时期开辟的对外经济文化交往到隋唐时期有了进一步的发展，贸易的触角伸向世界。这一创造性的突破促进了世界各区域间政治、经济、贸易与文化联系，开启了东方外交的崭新阶段，迎来了西太平洋世界性贸易网络发展与扩大的新时代。

进入7世纪以来，东亚形势发生新的变化，中国结束了长期的分裂局面，建立了中央集权的统一的隋唐帝国，朝贡贸易开始，中外政

[①] 张静芬：《中国古代造船与航海》，台湾商务印书馆1995年版，第79页。造船技术提高是人类征服自然力的一大进步。有学者估算，一头骆驼载重量一般只有240—250公斤，骆驼商队每日行走24公里，而在阿拉伯海上航行的大型船只载重量可达96—120吨，如果利用季风的话一昼夜可行驶160—200公里。家岛彦一：《从海域看历史》，名古屋大学出版会2006年版，第43页。
[②] 《桑原骘藏全集》第5卷，岩波书店1988年版，第103页。
[③] 穆根来、汶江、黄倬汉译：《中国印度见闻录》，中华书局2001年版，第25页。

治经济联系更加开放有力。日本学者滨下武志指出："参与朝贡贸易活动的不仅有东亚和东南亚的中国商人，印度人、穆斯林以及欧洲商人同样也参与其中，他们的活动将大陆和海洋地区连接到了一起。"[1] 东亚形势稳定促进了朝鲜半岛统一，加强了与日本列岛的联系，日本自觉地加入到东亚国际社会当中，"东亚世界走出了分裂和战乱的周期，向着统一、和平和繁荣的新时代迈进。倭人也必须跟上东亚世界历史前进的步伐"。[2] 这说明东亚各国在交往互动中不断向前发展迈进，每个国家都是交流交汇的参与者和受惠者。

西太平洋贸易网的发展与扩大，主要表现为各国间物质交流与人员往来频繁，在中国、东南亚和印度洋地区形成新的经济增长点和国际贸易中心。广州、泉州、扬州、明州、交州等作为著名国际贸易港口发挥了对外交流的主渠道作用。中国传统的丝绸、瓷器、茶叶和其他工艺品通过"通海夷道"远销至印度洋和西亚各国，同时将域外象牙、犀角、宝石等各种奢华物品输入到东方市场。唐代对外开放具体表现在对外国商船来华政策的宽大当中，这一政策直接为宋代所继承。应该指出的是，对外商的开放政策只存在于中国历史上少有的几个朝代，而不是贯穿整个中国历史。据文宗大和八年（834）的一份材料记载："南海蕃舶，本以慕化而来，固在接以恩仁，使其感悦。……其岭南福建及扬州蕃客，宜委节度使常加存问，除收舶脚市进奉外，任其来往通流，自为交易。"[3]

由于对域外商品的需求增加，因此南洋、西亚和非洲的商品像潮水一样不断涌向中国市场。这既是东方社会经济发展的需求，也是东方社会经济连续发展的结果，因从事贸易和商客云集而繁荣的港口城

---

[1] 参见滨下武志著，王玉茹、赵劲松、张玮译：《中国、东亚与全球经济：区域和历史的视角》，社会科学文献出版社2009年版，第106页。

[2] 沈仁安：《日本起源考》，昆仑出版社2004年版，第314页。

[3] 《全唐文》卷75，转引自李剑农：《中国古代经济史稿》第2卷"魏晋南北朝隋唐部分"，武汉大学出版社2005年版，第221页。

市不胜枚举。世界各地区之间从来就不是封闭的，交流也从来没有停止过。根据已知的材料，从 7 世纪末到 8 世纪初，伊朗人、阿拉伯人以波斯湾沿岸的尸罗夫等海港城市为据点，利用印度洋的信风进行贸易，活动范围南到非洲东海岸和马达加斯加，东至阿拉伯海和孟加拉湾，并越过马六甲海峡和南海，到达中国的海南岛以及广州、明州、扬州等港口。①

唐宋时期中国对外交流进一步扩大。日本学者桑原骘藏指出："由唐而宋，中国南部与波斯之间，大开通商，波斯湾各港皆依东洋贸易而繁昌。"② 不仅波斯湾沿岸各港口因从事对东方贸易出现繁荣，印度、东南亚、中国东南沿海也出现许多新兴城市，发挥着城市的经济辐射与带动作用。9 世纪，"广东外国贸易，尤为繁盛。约有几万之阿剌伯人，不绝来往于广东"。③ 阿拉伯人走在各国商人的前面，"唐代中世以后，大食人（即回教徒）盛向南部诸港通商"。④ 经过区域贸易的推动，亚非两洲联系更为紧密与直接，贸易的巨爪将太平洋西岸的所有国家和地区整合到普遍的联系与互动之中，大大带动了国际市场的发展，促进了人类社会的进步。

进入宋代，中国对外贸易进入快速发展时期，规模超过前代，向外发展的势头十分明显，"市舶之利"已成为国家经济的重要来源。宋代实行了鼓励外国商人来华贸易的政策。按照宋代的贸易政策，外国商船到达中国港口之后必须向中国市舶司报告，中国市舶司对其货物收取十分之一的进口税。⑤ 除此之外，市舶司还负有核发进出口贸易公文、引导外国船舶来华朝贡与通商的职责。这一形势的出现得益于国内政策导向和对国外市场的需求。早已开辟的中日航路成为北宋商人

---

① 家岛彦一：《从海域看历史》，名古屋大学出版会 2006 年版，第 46 页。
② 桑原骘藏著，杨炼译：《唐宋贸易港研究》，商务印书馆 1963 年版，第 17 页。
③ 桑原骘藏著，杨炼译：《唐宋贸易港研究》，商务印书馆 1963 年版，第 38 页。
④ 桑原骘藏著，杨炼译：《唐宋贸易港研究》，商务印书馆 1963 年版，第 47 页。
⑤ 张静芬：《中国古代造船与航海》，台湾商务印书馆 1995 年版，第 101 页。

前往日本的贸易商路，尽管这条商路常常发生海难事故，但都不能阻挡中国商人的脚步。

对推动西太平洋贸易网形成做出杰出科技贡献的不只是中国人，阿拉伯人的贡献也是应该大书特书、记下浓重一笔的。据成书于宋代赵汝适的《诸蕃志》记载："大食国西有巨海。海之西有国不可胜数。大食巨舰所可至者木兰皮国耳。自大食之陁盘地国发舟正西涉海，百余日方至其国。一舟可容数千人。舟中有酒食肆机杼之属。"① "一舟可容数千人"并非夸张，当时已有这种可能，表明阿拉伯人已经掌握了高超的造船技术。由此可以窥见阿拉伯人在航海运输上的杰出成就。从《诸蕃志·物志》来看，该书记载着许多来自异域植物的名称，由此可以看到当时东西方交流交往的情况。赵汝适作为福建泉州提舶司的贸易监督官，有机会与外国商人与船只接触，记载的植物从国外市场而来是无疑的。

中日贸易种类繁多，包括沙金、硫黄、水银、锦、绢、布、木材、药材、折扇、屏风、铜器、刀剑、瓷器、香药、茶叶等。② 据说日本政府在博多设鸿胪馆，接待中国商人，提供食宿，办理贸易准入手续，由于来日商人不断增多，最后不得不加以限制。③ 商品交换是促进各国联系的纽带与持久动力。

中朝之间的贸易也不逊色。从政治关系来说，中国与朝鲜的关系较之日本密切，双方通过遣使、册封与活跃的民间商贸往来发生多方面的密切联系，发展并丰富着西太平洋贸易网，成为这个网络上的有机组成部分。高丽文宗十二年（1058），朝鲜欲建造大船与宋朝交通，内史门下省在一份上言中说："国家结好北朝，边无警急，民众其生，以此保邦，上策也。"④ 中朝双方交易的商品大体包括人参、药材、水

---

① 赵汝适：《诸蕃志》，中华书局1985年版，第20页。
② 廖大珂：《福建海外交通史》，福建人民出版社2002年版，第101页。
③ 张锦鹏：《南宋交通史》，上海古籍出版社2008年版，第186页。
④ 金渭显编著：《高丽史中中韩关系史料汇编》上册，食货出版社1983年版，第39页。

银、瓷器、马匹、麝香、松子、锦缎等。

中国和东南亚有大量的商船前往印度洋地区从事贸易。印度洋沿岸的各个港口对外来商人和船只是开放的，在支付少量的入港税后可以自由交换。国际区域性的经贸交流与文化往来比任何时候都获得了更加强大的活力，也正是这种力量才使得东亚各国有了整体性的联系与发展，各国商人走出国门参与世界经济交流与竞争，使区域交流走向了更高的阶段。大体来说，东方各国商人的活动是在广阔的海域范围内进行的，包括东海、南海、孟加拉湾、阿拉伯海、印度洋西部、红海和波斯湾。

对于宋代以来西太平洋地区各国间贸易往来兴盛的情况，国内外许多史书有较为详细的记载。《蒲寿庚考》载："阿剌伯人之与中国通商，虽屡经盛衰，而自唐经五代以至于宋，连绵继续，未曾中辍。有宋一代，其盛遂极。"[1] 在宋仁宗在位的42年时间里，经济增长平稳，虽然建国以来仅有百年时间，但这却是中国历史上的稀有现象。[2] 南方的广州、扬州、福州、泉州、松江都是外国商客云集之地，外国人居住之所称为"蕃坊"。为招徕外国商人来华贸易，"南宋一代，政府欲增库入，屡奖励外番通商"。[3] 每年十月外商回国的时候，中国官员为他们举行送别宴会，以为犒赏，目的在于吸引更多的外商参与。开放的国策带来的是国库收入增加和城市繁荣，仅乳香交易一项广州就有348673斤，居明州、杭州之首。[4] 从这个角度说，国家外交支持商业活动、国家贸易活动向更高、更深层次发展，符合历史发展的总趋势与总要求。由于有利可图，厚利诱惑，开港地的一些官员也参与到贸易活动当中，把货物从外国商人手中买下，再以高价卖给民众，营利其

---

[1] 桑原骘藏著，陈裕菁译：《蒲寿庚考》，中华书局1954年版，第4页。
[2] 《宫崎市定全集》第1卷，岩波书店1993年版，第245页。
[3] 桑原骘藏著，陈裕菁译：《蒲寿庚考》，中华书局1954年版，第5页。
[4] 《桑原骘藏全集》第5卷，岩波书店1988年版，第43页。

间。① 这样的例子在广州、明州和杭州各地有很多，以至于后来宋朝不得不加以严厉限制。为什么长期重农的中国王朝开始重商了呢？这与进入宋代以后中国发展大势有关，与中国人对外部世界认识和参与的进一步扩大有关。

从成书于宋代的周去非的《岭外代答》和赵汝适的《诸蕃志》可知，当时中国认识和交往的亚、非、欧国家达 50 余个，其中大食向中国派遣使者就有 20 次之多。认识视野的扩大标志着对外活动范围的扩大，无论在活动范围还是在认识的深化上都比前代有明显的进步。推动宋代对外贸易发展的技术条件是航海与造船技术进步，当然也包括人们对自然认识能力的提高，对天气、天象和天文水文导航的正确把握。古史材料表明，宋代已经掌握了使用罗盘指示航海方向，使航行于茫茫大海中的航船不致迷失方向的航海技术。《萍洲可谈》《梦粱录》有掌舵者在昏暗的天气时使用指南罗盘的记载。航海罗盘和天文导航技术的应用使人类结束了循岸航行状态，扩大了陆上和海上交往范围，实现远距离和长时间航行。至迟到 14 世纪，以航海罗盘指示航行的航海技术已经在中国商船普遍使用。著名科技史家李约瑟写道：

> 中国人一直被称为非航海民族，这真是太不公平了。他们的独创性本身表现在航海方面正如在其他方面一样，……中国的海军在 1100—1450 年之间无疑是世界上最强大的。②

在西太平洋贸易网研究上，有一种观点认为，自西方葡萄牙人来到东方之前，阿拉伯人独占了自北非摩洛哥至东方日本、朝鲜的广阔的海上势力范围。③ 这个观点在今天看来既是不全面的，也是不准确的。

---

① 《桑原骘藏全集》第 5 卷，岩波书店 1988 年版，第 181 页。
② 《科学与中国对世界的影响》，潘吉星主编：《李约瑟文集》，辽宁科学技术出版社 1986 年版，第 258 页。
③ 桑原骘藏著，陈裕菁译：《蒲寿庚考》，中华书局 1954 年版，第 12 页。

许多材料表明，中国人、日本人、东南亚人、印度人与波斯人都参与了西太平洋贸易网建设，并非仅是阿拉伯人之功。阿拉伯人在西太平洋国际贸易中曾占据过主导地位确是无疑的，但是进入唐代以后中国人大规模地参与东西方贸易活动，华商的作用尤大。对于这种情况，中外史书都有明确记载。这里要强调的是，宋代较之前代对海外贸易更为积极强劲。繁荣的中国江南地区与亚洲市场、印度洋市场以至欧洲地中海市场发生了较多的经济联系。

据历史文献材料可知，宋代商船载重量一般为200—300吨左右，最大的商船可载重600吨，航行至南海与印度洋水域，"海舶大者数百人，小者百余人。……舶船深阔各数十丈"。船体数十丈可能有些夸张，但从侧面反映了中国船舶规模的巨大、造船技术的高超，世界其他各国无法匹敌。不仅如此，"舟师识地理，夜则观星，昼则观日，阴晦观指南针"。[1] 国外学者始终对中国人在东西方经济交流中的贡献估计不足，从而造成中西交流史研究中的一些局限。这可能与他们长于中国历史文化研究而拙于对中国经济史和中西交通史研究有关。东西方经济交流史研究无论在国内还是在国外都是相对薄弱的领域，这一状况在今天也没有多大的改变。为打破这种局面中国学者必须参与其中，依据历史的真实材料，书写真正完整意义的符合历史实际的东西方文明交流史。

宋元时期是中国对外交通与海外贸易鼎盛时期。造成这一结果的原因是多方面的，其中重要的是造船与航海技术进步以及中央朝廷采取的积极开放的贸易政策，从而使中国人大踏步地走出国门，与世界其他国家一道构筑西太平洋贸易网。元代更加重视东西方交通的作用，以更为开放的姿态不遗余力地推动中西贸易交流，甚至任用侨居中国的阿拉伯人担任福建行省长官，专事海外贸易与招徕外商之事。据桑原骘藏《蒲寿庚考》记载："蒲寿庚不仅于平定东南，为元尽力，更复

---

[1] 朱彧：《萍洲可谈》卷2。

为之招怀南海诸国,元之得与海外互市。"① 在这状况下出现南洋"其他诸国次第效之"的情形。蒲寿庚是阿拉伯人后裔,著名的海商,元朝时受聘在福建泉州市舶司任职凡 30 年。宋元时代,东西方交通畅通,商品交流呈现出空前兴盛的局面,贸易圈北起日本、朝鲜经南洋,西连非洲东岸的广大地区。

《诸蕃志》记载,大食国(阿拉伯)"本国所产多运载与三佛齐贸易,贾转贩以至中国"。② 大食国盛产珍珠、象牙、犀角、乳香、龙涎、木香、丁香、肉豆蔻、芦荟、罗锦、异缎,"番商兴贩系就三佛齐、啰安等国转易"。③ 阿拉伯帝国以强盛国力为后盾,支持商人大举东来从事商贸活动,商人足迹遍及东南亚各主要港口城市以及中国广州、泉州等地,推动太平洋贸易网的发展与壮大。宋元时代进出口的主要商品有瓷器、茶叶、金银、铅、锡、杂色帛、布匹、香药、犀牛、大象、马匹、珊瑚、琥珀、玳瑁、玛瑙、木材、石材与药材等,几乎都是生产大众生活用品,有些是满足贵族享用的奢侈品。日本学者藤善真澄在所译《诸蕃志》末卷解说《诸蕃志的世界》里说,《诸蕃志》与其他类似的著作有很大的不同,详细记录了它以前史料所不曾有的材料。④ 贸易是促进东西方交流、联系与社会进步的有力杠杆,物质上的相互需求构成对外交流的本质特征。

周去非的《岭外代答》对南海、南亚、西亚和北非各国的地理物产、贸易交通多有记载,"诸蕃国之富盛多宝货者,莫如大食,其次阇婆国,其次三佛齐国,其次乃诸国耳。……三佛齐之来也,正北行,舟历上下竺与交洋,乃至中国之境"。⑤ 造船与航海技术进步大大缩短了中国与各国的距离,"诸蕃国之入中国,一岁可以往返,唯大食必二

---

① 桑原骘藏著,陈裕菁译:《蒲寿庚考》,中华书局 1954 年版,第 185 页。
② 赵汝适:《诸蕃志》,中华书局 1985 年版,第 15 页。
③ 赵汝适:《诸蕃志》,中华书局 1985 年版,第 16 页。
④ 家岛彦一:《从海域看历史》,名古屋大学出版会 2006 年版,第 490 页。
⑤ 周去非著,杨武泉校注:《岭外代答校注》,中华书局 1999 年版,第 126 页。

年而后可"。① 这些材料对于研究海上丝绸之路、东西方贸易关系与东方外交史极为重要。"中国舶船欲往大食,必自故临(今印度境内)易小舟而往,虽以一月南风至之,然往返经二年矣。"② 西太平洋地区形成的巨大贸易网络使东方各国联成一体,有力地衔接了东亚与印度以及伊斯兰世界,从而形成了从东亚到东南亚以至印度洋的范围广阔的交流圈与外交圈,成为各国普遍联系的纽带与桥梁。

元代的对外视野比宋代广阔得多,视宋元时期为中国海外贸易发展的鼎盛时期并不为过。元朝的商船可从南海向西航行至波斯湾、巴士拉和东非摩加迪沙。从元人汪大渊所著《岛夷志略》可知,中国货物(主要是丝绸、瓷器等)远销东南亚诸国、印度东西海岸各城市、伊朗、埃及与沙特阿拉伯麦加地区。在远征日本、占城、交趾、爪哇等国过程中,元朝看到海外贸易对于国家经济的重要性,因此在对外贸易上采取了更为开放的政策,使中外经济文化交流进入一个新的阶段。伊本·白图泰是当时穆斯林著名旅行家,1346 年到过中国元大都(北京)、杭州、广州、泉州等地,他在那本著名的游记中对中国保护外国商人的政策有明确的介绍:

穆斯林商人来到中国任何城市,可自愿地寄居在定居的某一穆斯林商人家里或旅馆里。如愿意寄宿在商人家里,那商人先统计一下他的财物,代为保管,对来客的生活花费妥为安排。③

根据当时留下的若干历史材料可知,中外交流大体分为官方朝贡

---

① 周去非著,杨武泉校注:《岭外代答校注》,中华书局 1999 年版,第 127 页。据 14 世纪摩洛哥旅行家伊本·白图泰所记载,他所见到的中国船只大船能役使千人,其中海员六百,战士四百,包括弓箭射手和持盾战士以及发射石油弹战士。参见伊本·白图泰著,马金鹏译:《伊本·白图泰游记》,宁夏人民出版社 1985 年版,第 490 页。
② 周去非著,杨武泉校注:《岭外代答校注》,中华书局 1999 年版,第 91 页。
③ 伊本·白图泰著,马金鹏译:《伊本·白图泰游记》,宁夏人民出版社 1985 年版,第 550 页。

贸易和民间市场交易两部分。前者是作为国家行为进行的，后者主要是民间商人之间进行的。这部分是中外贸易的主体，可视为亚洲西太平洋贸易网建设的主力。古代西太平洋贸易网以经济互利为纽带进行交易，推动不同层次国家的交流与共生，带来的是所有国家的多元受益，铸成了古代西太平洋地区的繁荣与发展。

15 世纪，马来半岛南部出现了港口城市马六甲王国，明代文献称其为满剌加。据明代黄省曾《西洋朝贡典录》记载："[永乐]九年，嗣王拜里迷苏剌率其妻子及陪臣五百四十余人朝贡。……正统十年以后，屡遣使来贡。"①明朝与马六甲王国关系密切，政治经济交流频繁，"其朝贡不绝"。来马六甲贸易的有忽鲁模斯人（今伊朗南部霍尔木兹海峡一带）、鲁迷人、土耳其人、开罗人、麦加人和亚丁人，据说在这里可以听到84种语言，交易的商品有染料、毛料、珊瑚、水银、丁香、肉豆蔻、珍珠、瓷器和麝香等。②马六甲是一个开放的海港城市，对于过往的船只课税很轻。对于来自西亚的商船课以6%的输入税，对特定商品的输出课以2%的附加税。③可见其对海上贸易的重视。

这里商人、水手众多，在葡萄牙人占领马六甲以前，马六甲来自印度古吉拉特的商人和来往其他地区的水手有数千人。这样的规模只有在东方的城市里才有，世界其他地区殊少见到。东方商品在世界贸易中处于强势地位，给世界各国增添了物质与文化生活的多样性。马六甲是印度洋与南中国海交易圈的联结点，发挥了联结东西贸易的国际中继港的作用，同时发挥了国际商品在东南亚集散地与向域内输入外国商品的基地作用。④东方各国的贸易活动并非单纯的经济活动，同

---

① 黄省曾著，谢方校注：《西洋朝贡典录·满剌加国第五》，中华书局1982年版。
② 多默·皮列士著，何高济译：《东方志——从红海到中国》，江苏教育出版社2005年版，第210页。
③ 岩波讲座世界历史第13卷《东亚·东南亚传统社会的形成》，岩波书店1998年版，第204—205页。
④ 岩波讲座世界历史第13卷《东亚·东南亚传统社会的形成》，岩波书店1998年版，第195页。

时也与外交、政治与军事活动相结合。由于长期对外交往,中国东南沿海各省与世界市场特别是与东南亚地区发生密切联系,16、17世纪已经建立起亚洲市场的主要网络。①

三、西太平洋贸易网与西方贸易网的早期接触

古代西太平洋贸易网从萌芽、形成、发展到晚清时期的衰微,反映了人类社会历史发展的一般规律以及社会经济发展的多样性和复杂性的特征。古代亚洲市场是世界最大的经济区域,东方在西方贸易中一直处于出超地位,西方的贵重金属不断流向中国、印度和东南亚等东方国家。15世纪末,为购买东方的奢侈品欧洲支付了40万葡萄牙银币,相当于10吨多的白银。②贡德·弗兰克指出:"整个世界经济秩序当时名副其实地是以中国为中心的。……只是到了19世纪,欧洲人才根据新的欧洲中心论观念名副其实地'改写'了这一历史。"③美国加州学派代表人物彭慕兰指出,在大量的鸦片输入之前,中国从欧洲和欧洲殖民地输入的商品中有90%左右是白银。④王国斌指出:"早自宋代以来,中国一直都有各种促进商业交易的市场制度。这些制度在明清时期日益完善,并且扩散到更广大的地区。"⑤

---

① 王国斌著,李伯重、连玲玲译:《转变的中国:历史变迁与欧洲经验的局限》,江苏人民出版社2008年版,第240页。
② 安东尼·瑞德著,孙来臣、李塔娜、吴小安译:《东南亚的贸易时代:1450—1680》第2卷,商务印书馆2010年版,第27页。
③ 贡德·弗兰克著,刘北成译:《白银资本——重视经济全球化中的东方》,中央编译出版社2001年版,第169页。根据巴雷特的估算,从1600年到1800年亚洲大陆至少吸收了经欧洲转手的美洲白银32000吨,经马尼拉转手的3000吨以及来自日本的大约10000吨,总数至少为45000吨;也有人估计,美洲白银的1/3至1/2流入到中国,另有1/3流入到印度和奥斯曼帝国。参见《白银资本——重视经济全球化中的东方》,第207页。
④ 彭慕兰著,史建云译:《大分流:欧洲、中国及现代世界经济的发展》,江苏人民出版社2006年版,第149页。
⑤ 王国斌著,李伯重、连玲玲译:《转变的中国:历史变迁与欧洲经验的局限》,江苏人民出版社2008年版,第66页。

在对外寻找市场与财富的几个欧洲国家中，葡萄牙无疑走在了各国的前面，开辟了从欧洲到印度的航路，也为以后荷兰人、英国人、法国人来到东方提供了便利。近代早期，当葡萄牙、西班牙和荷兰商人来到东方时，由于他们力量很有限，对东方世界基本缺乏了解，加之中国、日本对西方国家实行贸易限制，因此在很长时间里他们被限制在几个小岛上同东方进行有限的贸易，到后来他们不得不依靠国家与军队保护与东方进行贸易。英国、葡萄牙人在中国是如此，荷兰在日本也是这种情况。1609年，荷兰东印度公司从德川幕府手中获得经营贸易的朱印状，在长崎平户小岛上建立商馆，与日本进行贸易。日本学者滨下武志认为：

> 西欧进入亚洲时首先要面对一个有着自身规律的、按照自身秩序进行的亚洲朝贡贸易体系，也就是说，欧洲也有一个面对来自于亚洲"冲击"的问题。所以西方诸国一方面采取加入和利用亚洲原有的朝贡贸易形成的网络，另一方面则通过介入朝贡关系的一角，并试图使其改变的做法来达到自己的目的。①

因此，我们在看待这段历史时必须看到西方人的到来并非仅仅是单向的冲击，也存在他们加入与适应东方贸易体系的情况，就是说他们受到东方贸易体制的反冲击。他们由小到大、由弱变强经历了很长时间，并不是一蹴而就的。明末清初欧洲势力在东亚的影响力相当有限，不像19世纪英国的影响那么大。②他们的贸易规则、理念不同于东方，带有赤裸裸的殖民掠夺的野蛮性质。有学者这样指出："这些欧洲国家对通商圈的独占，在海上领有权以至实现领土支配这点上，与

---

① 滨下武志著，朱荫贵等译：《近代中国的国际契机——朝贡贸易体系与近代亚洲经济圈》，"中文版前言"，中国社会科学出版社1999年版，第5—6页。
② 村上卫著，王诗伦译：《海洋史上的近代中国》，社会科学文献出版社2016年版，第128页。

伊斯兰势力和中国航海者们海上进出与航海事业有本质的不同。本来，海洋是世界各民族文化的、政治的、经济的相互交流的场所，也是异文化融合的场所，是相对于政治权力的中立领域。因此，欧洲诸力量进出这样的自由交流与融合即使是一时的，陆上领土支配原理带来的也是重大摩擦和矛盾。……结果形成了 18 世纪以来欧洲殖民地支配体制。"[1]

葡萄牙人东来有着充分的思想与组织准备，国家力量参与到对外贸易的扩张当中，例如 1508 年葡王曼努埃尔在给迪亚哥·佩洛斯的一份敕令中，要其详细弄清中国在马六甲的商人来自哪里，每年来航船只的数量，马六甲及其他地方有无商馆与武装，衣服的样式与体格的大小以及宗教情况等。[2] 经过一番准备，1510 年葡萄牙人占领印度西海岸的果阿。在此后的 50 年里，葡萄牙人占领了果阿周围地区，向北、向南发展了势力。这是葡萄牙人经营印度与东方贸易之始。在印度落脚后，葡萄牙人继续向东推进，以期实现建立贸易霸权计划。他们受到西欧中世纪后期商品经济发展以及对东方香料和金银等贵重物品强烈渴望的有力推动，来到东方后以多种手段从事商业贸易与掠夺活动。在他们有了一定的实力之后，就开始建立一系列军事堡垒和商站，控制重要的贸易据点和交通咽喉，掠夺宝石、香料，向过往商船强征赋税。

葡萄牙人大体上控制了自非洲莫桑比克经印度到中国澳门的广阔地区，实现了对海洋的支配。由于控制了印度洋航线，葡萄牙人对南洋的香料实行了贸易垄断，从而获得了香料贸易的惊人利润。据估计，每年从马拉巴出口的胡椒至少有 2500000 磅，利润达 41000 克鲁塞罗，如果将各种费用和损失扣除在外，葡萄牙人所获利润率也有 152%。[3]根据英国著名经济学家安格斯·麦迪森的统计，自 1500—1599 年，从

---

[1] 荒野泰典、石井正敏等：《亚洲中的日本史》，东京大学出版会 1994 年版，第 165—166 页。
[2] 外山卯三郎：《南蛮船贸易史》，大空社 1997 年版，第 81 页。
[3] 林承节主编：《殖民主义史（南亚卷）》，北京大学出版社 1999 年版，第 32 页。

里斯本出发来到印度洋的葡萄牙船只有705艘,到达东方的有620艘,从印度和马六甲出发的有474艘,回到里斯本的有413艘。① 这些船只从事着从欧洲到印度、从印度到东南亚、从东南亚到欧洲的海上贸易。葡萄牙人垄断东西方贸易长达一个世纪之久。

1511年东方重要贸易基地马六甲被葡萄牙人占领。马六甲是重要的港口城市,每年运往中国的主要商品有胡椒、丁香、肉豆蔻、木香、阿仙药、香料、象牙、锡、沉香木、樟脑、红珠、白檀、苏木等。② 它的丧失意味着东方国家贸易主导权的丧失。欧洲人已经来到中华帝国的外围,在某种程度上形成对中华帝国的冲击,意味着中国和葡萄牙将争夺东南亚的贸易主导权。在占领马六甲以后,葡萄牙人来到中国广东、福建与浙江沿海,试图建立立脚点。1535年取得在澳门上岸居住权,从而使澳门成为侵略中国、扩大对东方贸易的据点。葡萄牙在取得澳门贸易垄断权后,将金、生丝、丝织品廉价输入到日本,通过银、小麦、漆器、船材贸易获得巨利。③ 中国—葡萄牙—日本间的贸易互动,推动西太平洋贸易网向近代转变。西太平洋贸易网是以中国和印度为两翼,以东南亚广阔市场为舞台而建立起来的世界重要经济区域。

在这个广阔市场上,中国输出的商品是生丝、散丝、缎子、明矾、硝石、硫黄、铜、铁、大黄、麝香和糖。④ 朝贡贸易的建立大大推动了亚洲贸易网发展。在爪哇(今印度尼西亚爪哇岛),"其交易用中国铜钱";⑤ 在三佛齐(今苏门答腊岛),"其交易用中国历代钱及布帛"。⑥

---

① 安格斯·麦迪森著,伍晓鹰、许宪春等译:《世界经济千年史》,北京大学出版社2006年版,第54页。
② 多默·皮列士著,何高济译:《东方志——从红海到中国》,江苏教育出版社2005年版,第99页。
③ 外山卯三郎:《南蛮船贸易史》,大空社1997年版,第429页。
④ 多默·皮列士著,何高济译:《东方志——从红海到中国》,江苏教育出版社2005年版,第100页。
⑤ 黄省曾著,谢方校注:《西洋朝贡典录·爪哇国第三》,中华书局1982年版。
⑥ 黄省曾著,谢方校注:《西洋朝贡典录·三佛齐国第四》,中华书局1982年版。

除此之外，有中国的瓷器经海路行销至南洋、南亚以至欧洲，成为当地王公和居住民喜欢的舶来品。中国的瓷器种类繁多，有碗、碟、盆、盘、瓶、缸、杯、盂、罐、壶等，极大地方便了日常生活，给各国各地区的物质生活增添了多样性。盐是中国对外出口的大宗商品，直接销售到马六甲等地，有1500艘船只从事运输与销售。[1] 利己之利与利人之利，彼此互利是中国对外政策的基本原则。自葡萄牙人来到东方之后，西太平洋正常的贸易秩序受到干扰，正常的外交活动被逆转，尤其是葡萄牙人通过拙劣的政策迫使众多的穆斯林商人离开了马六甲，移居到亚齐、阿瑜陀耶等地。[2]

不仅葡萄牙人来到东方，西班牙和荷兰也在积极探索到东方的航线，试图加入同东方国家贸易竞争的行列。麦哲伦率领的环球远航船于1521年来到菲律宾。麦哲伦远航的重要意义，在于开辟了从欧洲经拉美到东方菲律宾的航线，与葡萄牙人开辟的从欧洲到印度的航线联结贯通起来。由于葡萄牙人垄断了东南亚到印度洋以至欧洲的商路，西班牙无法通过印度洋航路进入欧洲，故而急需开辟另一条航线与欧洲市场发生联系。西班牙殖民者开辟了从菲律宾到中国、从菲律宾到拉美的航线，此即所谓兴盛250年之久的"马尼拉大帆船贸易"。西班牙通过这条航路把中国传统的丝绸、瓷器、棉布、茶叶，菲律宾的织绣、珍珠、木雕，日本的和服、纸灯，马鲁古的香料等运往墨西哥，再由墨西哥转运到西属美洲和西班牙本土。[3] 此种贸易获利甚巨。

西太平洋贸易网与印度洋贸易网历来相互衔接贯通，不可人为地分割。在东方，以中国为中心的西太平洋贸易网和以印度为中心的印度洋贸易网遥相辉映，各自为世界文明发展以及亚、非、欧政治经济与文化交流做出了贡献。实际上，中国华南与东南亚构成广域的交易

---

[1] 多默·皮列士著，何高济译：《东方志——从红海到中国》，江苏教育出版社2005年版，第100—101页。
[2] 岩波讲座世界历史第14卷《伊斯兰·环印度洋世界》，岩波书店2000年版，第155页。
[3] 梁志明主编：《殖民主义史（东南亚卷）》，北京大学出版社1999年版，第92页。

圈。这个交易圈东接亚洲交易圈,西接印度洋,衔接伊斯兰交易圈,也与欧洲国家发生联系。[①] 仅从参与世界贸易交流而论,中国的商品进入东南亚市场,由东南亚输送到美洲和欧洲市场。在东西方早期两种贸易体制接触过程中,葡萄牙、西班牙最初也是毫无例外地按照东方贸易体制的游戏规则办事,接受东方的"冲击"。欧洲人在进入亚洲沿海交易时,也有利用既有贸易网络的特征。[②] 在西太平洋贸易网络当中,亚洲国家发挥了主体作用,保持了东方经济交往的主要特征,东西方人建立的分别是朝贡贸易体制与殖民贸易体制两种截然不同的对外政策模式。这是研究亚洲经济圈时必须看到和强调的一点。

西方人的到来使东南亚对外贸易交流大大加快。殖民主义扩张以及以新航路为肇端的全球化进程,使古代亚洲市场背后有了不同于以前的一些内容,即他们以实力为后盾、以利润为目的与东方国家进行残酷竞争,所有国家都被卷入这个市场的急剧扩张中来。据估计,15—16世纪东南亚贸易是由大约480艘重量在200吨至400吨的大型和中型货船承担的,它们航行于南洋、印度洋、美洲与欧洲,沟通着东西经济贸易交流。葡萄牙、西班牙、荷兰参与东方市场,大量的商品被输往欧洲,悄然改变着中国与南洋各国的传统关系以及东方贸易格局。

为了独占印尼的对外贸易,荷兰在亚洲主要港口城市建立了商馆,实行了强制许可证交易地限制政策。[③] 1602年建立荷兰东印度公司,加强同西班牙的竞争。自明代郑和下西洋活动结束以后,到马六甲海峡以西航行的中国商船数量急剧减少,葡萄牙人占领马六甲以后中国商船到马六甲以西活动的更是少之又少。有人干脆认为,由于明朝初期实施严厉的海禁政策,16世纪中国船舶几乎中断了到东南亚航行,来

[①] 石井米雄编:《讲座东南亚学第四卷:东南亚历史》,弘文堂1991年版,第141页。
[②] 岩波讲座世界历史第20卷《亚洲的"近代"》,岩波书店1999年版,第15页。
[③] 岩波讲座世界历史第13卷《东亚·东南亚传统社会的形成》,岩波书店1998年版,第200页。

马鲁古诸岛从事贸易的只有来自马六甲和爪哇的商船。[①] 中国商船中断到东南亚航行倒未必,但数量上锐减是真实的。这标志着西方人突入已经冲击了东方传统的贸易格局,其影响不可低估。

欧洲人打通到东方贸易航路后,东西方两个市场的联系增多了,几乎所有亚洲国家都与世界市场发生联系,逐渐被卷入世界资本主义体系的急剧扩张当中。必须看到,近代早期西方诸国尚无足够的力量从根本上对东方既有的政治、经济秩序发动进攻,因此在东西方贸易中西方较长时间处于劣势,在数量上和力量上不占优势,并不像西方人阿芳乔所说的自1511年葡萄牙人占领马六甲后,每年有8—10艘中国船只到达马六甲,布里托所说的1513年仅有4艘中国船只到达马六甲。[②] 中国在东南亚贸易的商船数量被他们远远低估了。这里有个问题必须弄清楚,即大航海开始后中国商船是否到达马六甲以西的问题。有充分的材料表明,大航海时代开始后,中国与波斯湾之间海上贸易并未中断。[③] 我国学者指出:"葡人东来,……他对中国无可奈何,只得以朝贡资格,与琉球、暹罗立于同等地位,始能与中国往来。"[④]

日本学者也指出,在日本横滨、神户等开港地区占多数的外国人并不是西洋人,而是中国人,江户时代长崎贸易的最大对手不是荷兰人,而是中国人。[⑤] 这里很清楚地说明了一个问题,即在东西方两种不同的政治、经济力量接触时西方还处于弱小者的地位,没有足够的力量同东方形成竞争。两三百年以后欧洲人从根本上改变了中国对外经济交流,对外贸易被限制在亚洲日本、朝鲜、琉球等少数几个国家,贸易总额处于锐减当中。这固然与明清以来保守的对外政策有关,也

[①] 生田滋:《大航海时代与摩鹿加诸岛》,中央公论社1998年版,第45页。
[②] 李金明、廖大珂:《中国古代海外贸易史》,广西人民出版社1995年版,第328—329页。
[③] 林梅村:《观沧海——大航海时代诸文明的冲突与交流》,上海古籍出版社2018年版,第129页。
[④] 阎宗林:《中西交通史》,广西师范大学出版社2007年版,第26页。
[⑤] 川胜平太编:《亚洲太平洋经济圈史(1500—2000)》,藤原书店2003年版,第18页。

与欧洲人的不正当竞争有关，传统的贸易格局受到来自欧洲的竞争与挑战。生丝、砂糖、药材、矿产品、皮革、染料、书籍、文具、工艺品等是中国对日贸易的主要产品，每年平均对日输出生丝十几万斤；从日本输入最多的是白银。① 外国商品大量涌入，引起日本国内市场循环加快，有利于日本社会发展。

16世纪80年代，中日贸易中，中国从日本输入的是银、武器、硫黄和扇子，从中国输出的是硝石、生丝、陶瓷器皿、水银和麝香。② 在以后的日本与葡萄牙关系中，传教与贸易构成双方关系的主要内容。一些地方大名热衷于对外贸易，力图通过贸易增强实力。葡萄牙人在日本极力发展贸易。应该指出，在日本对外贸易中葡萄牙耶稣会发挥了重要作用。它掌握了中国澳门与日本长崎间的中介贸易，许多商人奔走于日本、中国澳门与东南亚之间，从中获得了巨额的商业利润。据说日葡贸易全盛时期每年转运的生丝就达16万—20万斤，利润为投资的5—10倍。③ 长崎和对马是出口铜的重要港口，1700年前后仅从长崎输出的日本铜就有800万斤。④ 江户时代日本国内市场发育成熟，不仅工农业生产普遍发展，而且形成了海陆交通网络，人口在10000之数以上的城市就有50余座。其中，江户人口100余万，京都为50余万，大阪为35万，号称"三都"。⑤ 日本成长为西太平洋贸易网上一个新的经济生长点。

在亚洲贸易网络互动中还应提到日本与东南亚国家的"朱印船"贸易。一些商人从幕府那里获得经商许可，持朱印状到东南亚从事贸

---

① 陈高华、陈尚胜：《中国海外交通史》，文津出版社1997年版，第279页。
② 外山卯三郎：《南蛮船贸易史》，大空社1997年版，第390页。中国陶瓷器8世纪输入到日本的相对较少，9—10世纪以后开始在都城居民中间使用，13世纪以后已经有大量的青瓷在全国使用了，16世纪瓷器被输入到日本全国，成为日常生活用品。荒野泰典、石井正敏等编：《亚洲中的日本史Ⅲ·海上之路》，东京大学出版会1992年版，第190页。
③ 沈仁安：《德川时代史论》，河北人民出版社2003年版，第76页。
④ 川胜平太编：《亚洲太平洋经济圈（1500—2000）》，藤原书店2003年版，第29页。
⑤ 宋成有：《新编日本近代史》，北京大学出版社2006年版，第22页。

易活动。德川幕府对贸易实行了鼓励与支持政策,到海外经商者众。日本商人在东南亚许多港口、城市建立了日本町,大的日本町人数超过1500人,马尼拉的日本町人数超过3000人。① 17世纪最初30年是日本对外贸易的活跃阶段,幕府、商人以及侨居日本的外国人从对外贸易中获得最大好处,壮大了经济力量,东南亚各国几乎都有日本人定居或从事商业活动。日本"朱印船"贸易也到达中国台湾,把带来的铜、铁、药罐卖给中国人,从中国人手中购得生丝和布匹,从荷兰人那里购取印度和欧洲的商品。② 香料不仅是与欧洲人进行贸易的重要商品,在中国、日本、朝鲜也有很高的需求。佛教在东亚国家的存在与发展刺激了对香料的消费,人们的日常生活对香料也有诸多需求。"朱印船"往来于日本、琉球与东南亚之间,从事直接的贸易活动,香料运输支撑了"朱印船"贸易。③ 17世纪30年代以后,日本实行了"锁国"政策,先后五次发布锁国令,对来到日本的外国船只严加限制,原来兴盛的贸易活动受到影响,对外贸易中只有中国与荷兰两个国家了。此时的日本为什么要锁国呢?除了要削弱国内各藩大名的力量外,也有对幕府本身安全的考虑。16世纪初欧洲人已经来到东南亚,并北上日本,引起了幕府恐惧。

几乎与日本颁布锁国令同时,中国清朝在建立最初的40年也实行了严厉的海禁政策,断绝与海外的来往,对外贸易受到极大影响。例如1644—1681年,从中国港口来到马尼拉的商船一年平均只有7艘,

---

① 沈仁安:《德川时代史论》,河北人民出版社2003年版,第99页。
② 岩生成一:《续南洋日本町研究》,岩波书店1987年版,第285页。17世纪30年代,暹罗每年出口2000吨的苏木,主要销往中国和日本,暹罗和柬埔寨大约每年向日本出口30万张鹿皮;1604—1629年间,"朱印船"每年运来20吨白银,运回价值相等的中国丝绸与东南亚鹿皮、生丝、苏木、蔗糖、安息香、棉花与香料。参见安东尼·瑞德著,孙来臣、李塔娜、吴小安译:《东南亚的贸易时代:1450—1680》第2卷,商务印书馆2010年版,第26页。
③ 荒野泰典、石井正敏等编:《亚洲史中的日本史Ⅲ·海上之路》,东京大学出版会1992年版,第267页。

到达巴达维亚的商船只有 5 艘；① 此一时期前往日本长崎的中国商船共有 1584 艘，其中最少的年份为 9 艘，最多的年份为 76 艘，平均每年不到 40 艘。② 商船数量的多寡反映一个国家的外贸发展程度。顺治九年（1652）清朝规定，由海路进入中国的琉球朝贡船只每次不得超过三只（贡期为两年一次），每船不得超过 100 人。不仅如此，由于欧洲殖民势力大批来到东方，东方各国普遍处于衰落之中，从而造成东方市场被欧洲人掠夺瓜分的情况。根据荷兰人的估算，欧洲人在摩鹿加诸岛香料的世界供给中购买了 1/3 至 1/2。③ 西方殖民者东来造成的东西方近三百年的贸易竞争与摩擦，使得东方各国处于慢性衰退与沦亡当中。面对西方逐渐走强而东方诸国逐渐走弱的总趋势，东方各国对这一趋势已开不出有效的药方，更无法摆脱沦于弱者和失败者的必然结局，古老的西太平洋贸易网面临着西方近代贸易的冲击、竞争与被取代的严峻形势。

西太平洋贸易网是古代世界区域贸易网中发展最早、最为成熟的一个，给各国提供了一个交流与合作的范式，带动了区域内各国间的联系与发展，不同于古代地中海贸易网，也有别于印度洋贸易网；以跨国家的甚至跨区域的联系与合作，推动了不同发展层次国家共同发展。对于亚洲古代贸易网，只有深入到东方历史以及同西方历史的比较当中才能看得更为清楚，通过丝绸、瓷器、茶叶、香料等商品交换形成基本的经济格局，保持了自己的乡土特色。在古代西太平洋、印度洋和地中海三大贸易网当中，西太平洋贸易网是发展最早、范围最广、内容最为丰富的一个，在千余年中持续发展，成为古代东方世界物质文明交往的典范，也是多种文明共生的产物。

---

① 安索尼·里得著，平野秀秋、田中优子译：《大航海时代的东南亚 1450—1680》Ⅱ，法政大学出版局 2002 年版，第 392 页。
② 陈高华、陈尚胜：《中国海外交通史》，文津出版社 1997 年版，第 279 页。
③ 安索尼·里得著，平野秀秋、田中优子译：《大航海时代的东南亚 1450—1680》Ⅱ，法政大学出版局 2002 年版，第 25 页。

四、对古代西太平洋贸易网兴衰的一些思考

古代西太平洋贸易网在时间与空间上经历了漫长的历史演进过程，诸多内部因素与外部因素相互作用，反映了世界各地区经济发展的不平衡性和不稳定性，任何一个国家、一个地区不可能永远处于领先地位，有始必有终、有兴必有衰是一个永恒不变的规律。从宏观历史来看，世界各地区发展是有先后快慢之分的，处于不断的发展变化当中。变化是绝对的、永恒的，符合历史的辩证法与自然规律。相对于近代，古代各地区、各国家的发展相对缓慢，起伏兴衰表现为长期性、缓慢性的特征。既有的研究表明，西太平洋贸易网是众多贸易网中形成最早、规模最大的一个，同东亚国家历史一样悠久且内容丰富，通过世代积累把物质交往、精神交往与制度交往有机联系起来，铸成独一无二的东方文明史。

众多的研究者一直在思考这样一个问题：为什么西太平洋贸易网经过千百年发展之后走向衰落了呢？这里固然有东方国家内部政策选择的原因，也有西方国家依靠武力对东方贸易网破坏的因素，涉及具体的国际环境、经济结构、政治体制、文化传统以及地理环境等诸多方面，不是单一的因素使然，必须结合多种因素综合分析，进行整体考察。在研究中有一种观点认为，如果没有近代西方殖民主义的竞争与冲击，古代西太平洋贸易网发展到近代和现代意义上的贸易网是可能的。我们认为，这种可能性很小。原因很简单，首先是东方国家对外政策受到传统思想与制度的制约，本身缺乏强烈的对外扩张动力，不可能发展成近代意义上的经济体。东方经济运行的环境、机制、原则与结构不同于西方，大部分国家是农本经济下的贸易体制，内部缺乏不断自我调节和更新的能力，不利于新的生产力因素成长。

中国明清时期对外政策总体上是保守的，对外贸易与交通不受鼓励，尽管有民间大批商人和华侨的努力，积累了相当多的物质财富，但他们受到来自国内政治力量的多方掣肘，不能得到国家力量的支持，

因此受到西方力量挑战时常常处于弱者与失败者地位，很难推动西太平洋贸易网向近代贸易网转变。中国古中央政权把农本经济作为基本国策，国家正常的财政来源主要是征收田赋，对海外市场认识不足，需求甚微，甚至对民间出海与造船都有严格的限制。因此就决定了中国古代对外贸易缺少国家政策支持的力量，与西欧诸国支持海外贸易、开拓殖民地并从海外攫取一切发展资源的政策形成鲜明对照，成为东西方走上两种不同道路的天然分野。

西太平洋贸易网的兴起与发展，是国家政治、经济、外交等多种力量共同作用的结果，支撑了千年之久。在国家力量发挥作用的时期，对外交往的规模就大，形式就复杂多样；它的衰落是由于国家力量未能持续发挥作用所致，更是国际大环境压迫所致。面对西方人的到来，东方国家基本上处于无力对峙的境地，或闭关自守拒绝与西方接触，或完全接受西方国家建立起来的贸易秩序。葡萄牙、西班牙、荷兰以及英国来到东方后相继建立了许多商站，通过海外驻军保护与支持商业活动，以领事裁判与治外法权保护国外的侨民。据史书记载："佛郎机最凶狡，兵械较诸番独精。"[①] 这说明葡萄牙、西班牙人在武器装备上是优越于其他国家的，商品贸易与暴力掠夺有效地结合在一起。

一个国家海外贸易的兴衰取决于国家外交力量与军事力量的参与和支持，近代欧美大国崛起的过程就是国家力量参与世界经济竞争与分工的过程，崛起与竞争两种力量相互推动演变着。简要说来，西欧诸国海外贸易都受到国家力量的支持，尤其进入近代以后对外贸易已经成为西欧国家对外政策的重要内容，通过领事保护、《国际法》、驻军来保护海外商业活动，控制主要商业网络、港口和交通要道；东方国家远洋活动虽然早已居于世界前列，航海与造船技术也达到纯熟，但却不能为开拓近代人类海洋事业做出贡献。

东方国家的情况与西方完全不同。以中国为例，由于国力衰落、

---

① 张维华：《明史欧洲四国传注释》，上海古籍出版社1982年版，第11页。

政策导向以及国际环境等诸多原因，明清时期是限制商人和国民出海活动的，航海贸易在国家对外政策中不占主要地位。这说明中国是远离世界市场的，很少能从国外获得发展的资源。虽然明代有郑和下西洋的航海远征，走出国门到达亚非三十余个国家，但最终未能使中国走向世界，参与世界新航路开辟与国际竞争。这种表面上轰轰烈烈、靠中央政权支持的以政治为主的外交活动，如果没有深层的经济动因或商业利润的推动是难以持久的。正如黄仁宇所说，整个明代国际贸易从来未被认为是国家收入的主要来源。[1] 当葡萄牙、西班牙、荷兰以及后来的英国、法国等各国奔走世界各地建立商站，从国外攫取发展的各种资源时，东方国家基本上都处在封建社会晚期，吏治腐败，官民矛盾突出，没有能力与西方进行竞争，更无力保护自己的海外贸易，海外华商成为"没有帝国的商人"或"帝国的弃儿"。落后的贸易制度与管理、文化上的隔阂与摩擦、**繁重的贸易税率**使得东西方纠纷层出不穷。

18世纪至19世纪，东方对欧洲输出的商品一般以传统的茶叶、瓷器、丝绸、陶器、古董、药材、漆器、香料和书籍等日常生活消费品为主，基本上属于农业和手工业作坊生产品，虽然不能说没有一点技术含量，但与同时期欧洲输出的商品相比技术含量实在是太低了；欧洲对东方输出的商品则一般以工业革命以后的商品为主，或经过工业革命以后形成的科技、思想与文化。例如1793年英国马戛尔尼使团来中国时带来的礼品清单，包括天体运行仪、地球仪、战舰模型、卡宾枪、步枪、连发手枪、利剑、望远镜、秒表、瓷器、透视镜和布料等。[2] 东方国家是很难生产这些东西的，有些甚至闻所未闻。商品的不同反映出东西方国力的不同，这种不同造成后来东西方社会发展的巨

---

[1] 黄仁宇著，阿风、许文继等译：《十六世纪明代中国之财政与税收》，生活·读书·新知三联书店2001年版，第308页。
[2] 佩雷菲特著，王国卿、毛凤支等译：《停滞的帝国——两个世界的撞击》，生活·读书·新知三联书店1993年版，第84—85页。

大差距。在研究东方历史特别是中国历史时,许多人不恰当地强调明末出现的资本主义萌芽问题。东方社会的这种萌芽是很难与欧洲地中海资本主义萌芽相比的,总体上缺乏适应这种萌芽生长的基础与环境,黄仁宇说:

> 明代后期缺乏各种有助于资本主义发展的因素与条件,当时没有保护商人的法律,货币匮乏,利率高昂,银行业也不发达,这种情况不利于工业生产的发展和物资交流的扩大。①

黄仁宇的话可谓一语中的。古代西太平洋贸易网衰落的原因是多方面的,除了欧洲人挟火与剑对东方既有的政治经济秩序进行长期的冲击外,东方国家内部经济运行规律也在起作用,内部缺乏政治的、经济的和科技的持久动力,高度的中央集权以及缺乏弹性的社会政治、经济结构对社会进步产生强大的制约作用。一个地区或一个国家的兴起与衰落,是人类社会发展的不平衡性、不稳定性和内部矛盾运动规律综合发生作用的结果,涉及内外诸多因素。其实,在某种意义上,这也符合社会与自然演进的普遍规律。

我们不赞成欧美学者所说的中国明清社会500年大停滞的观点,明清时期中国社会(包括整个东方社会)的发展速度与欧洲相较确实已经大大减慢,但并非停滞,"中国仅仅是在以它自己特有的速度继续前进,而欧洲在科学革命之后却以指数增长的速度发生变化"。②两者相较,东西方发展判然有别。对西太平洋贸易圈兴衰历史经验的思考是近年国内学术研究刚刚关注的一个崭新课题,这一关注和探讨已经引起研究者的极大兴趣。在当前东亚各国面临区域合作与共同发展的形势下,学术研究理应更加关注历史上区域交流与合作的成功经验,

---

① 黄仁宇著,阿风、许文继等译:《十六世纪明代中国之财政与税收》,生活·读书·新知三联书店2001年版,第423页。
② 潘吉星主编:《李约瑟文集》,辽宁科学技术出版社1986年版,第292页。

从更深的层次上对过去的社会经济发展史做出新的概括与总结。通过对上述问题的简要阐述，我们可以将这个领域和相关领域的研究大大向前推进一步。研究东方外交史，必须从宏观上强化和微观上深化这一问题。

第三节　古代西太平洋贸易网与东方历史研究

东方历史是整个人类历史的重要组成部分，经过长期演变逐渐发展成为具有丰富内容和统一性、多样性的区域史，构成了人类社会不可分割的历史发展过程。长期以来，人们对东方历史的认识由于受到传统史学偏重文化史与政治史研究的影响，对历史进程与动力的认识存在一定的偏差，把东方社会生产方式的演进看作是单线式发展的或按五种经济形态依次演进的，没有对生产力与历史发展的相互关系做出系统研究。随着近年国内东亚史、东方外交史研究的深入开展，我们主张以区域史和全球史的宏观视角对东方历史进行深入思考，尤其对横亘东方历史若干世纪的古代西太平洋贸易网做深入的总结与评估。在当前西太平洋地区重新崛起的形势下，既有的历史理论、方法与认识已经不能满足形势发展的需要了，因此从更深的层次对古代西太平洋贸易网与东方历史上的重大问题进行新的探讨，有助于拓展世界历史研究。

一、加强东方历史的横向发展研究和宏观研究

把东方各国分散的历史作为整体进行研究是历史观的重大进步。国际上对东方的认识经历了由浅入深、由简单到复杂的发展过程，看到东方社会的政治、经济、文化与社会形态不同于西方社会，东方自身有着区别于西方的规律与特点。正因为如此，从古代到近代、从近

代到现代，研究者们不断尝试以区域史观点对东方历史、东方国家各国的对外交往活动进行记载，努力整合成一部反映东方国家实际情况的历史著作。在我国的历史著作中不乏优秀的区域史著作（可以称为当时的"世界史"或"全球史"），例如第一部正史《史记》所记载的五帝、夏、殷、周、秦、汉诸王朝的主要活动舞台基本上是在黄河流域，可以说是以北方为中心的历史观。[①]据此可知，当时治史的视野已经扩展到了西亚地区。以今天的观点来看，它可以说是当时名副其实的区域史了。秦汉时期，中国人的活动已经到达日本、朝鲜半岛、东南亚、南亚以及中亚乃至欧洲，开启了对外交往的第一个高峰，成为世界诸古典文明的中心之一。

人类的区域史并不是从来就有的。它与人类的社会交往活动相伴随，只要有人类就有部落、种族、民族与国家间的交流，这种交流随着人类活动的扩大而逐渐突破狭隘的范围走向域外以至世界。从这个意义上说，东方各国已经走在了世界各国的前面。人类历史是一部相互交流的历史，通过不同文明、制度与发展水平之间的交往，彼此相互依赖与共生，推动世界整体进步。班固在《汉书·地理志》中记载的"蛮夷贾船，转送致之"，是当时东西方海上交流情况的真实写照，反映出中国与东亚、东南亚、南亚国家交通与贸易的情况。有材料表明，早在公元一世纪东南亚的马来人就已活动在东非海岸一带，把东南亚的物产出售到印度、西亚与地中海市场。[②]通过陆路与海路，中国输出黄金和丝织品，从西方输入玉、葡萄酒、良马和毛织品，从西域引进栽培葡萄、石榴、胡麻、蚕豆、苜蓿。[③]它们融入并大大丰富了中国人的物质生活。无论怎么说，从区域横向交流的角度看待东方社会的整体发展比单纯的纵向发展史观更有意义，反映了人类历史横向发

[①] 岩波讲座世界历史第3卷《中华的形成与东方世界》，岩波书店1998年版，第6页。
[②] 尼古拉斯·塔林主编，贺圣达、陈明华等译：《剑桥东南亚史》Ⅰ，云南人民出版社2003年版，第153页。
[③] 西嶋定生：《中国古代社会与经济》，东京大学出版会1982年版，第151页。

展的总体趋势。各国历史学家十分重视人类历史的横向发展,有学者指出:"人类的文化因交通而发达。"[1]

从严格意义上说,东方历史被纳入研究的视野是在第二次世界大战以后逐渐开展起来的。20世纪50年代苏联学者阿甫基耶夫的《古代东方史》被引进国内。[2] 这部著作的最大特色是,以苏联人的历史观对古代东方国家巴比伦、埃及、叙利亚、巴基斯坦、伊朗、印度和中国等的历史进行了构建,以马克思主义史观解释和看待东方社会问题,一扫长期以来西方史学研究中的沉闷气氛,框架宏大,内容丰富,反映了当时国际东方史研究的整体水平与动向。但是它也存在着明显的缺陷,那就是关注了各国历史的纵向发展而忽视了东方历史的横向发展与联系。这可能是苏联历史著作的最大弱点。这个弱点是与其整体思路的缺乏和过分强调历史的纵向发展分不开的。研究东方历史必须贯彻整体关联原则,把东方各国看作是一个有机联系与多样性统一的整体,看到大小国际行为体之间的相互作用与互动,在这个基础上开展研究。

日本学者定金右源二撰写的《古代东方史的再建》[3]虽说对东方史有一定的构建,但其取材范围过于狭窄,范围基本限定在西亚北非地区,而对西亚北非以外的地区几乎没有涉及。无论从研究的视野还是分析的角度都比苏联学者阿甫基耶夫的《古代东方史》狭窄得多,显然不能全面地反映东方国家历史的整体结构,其缺陷是明显的。之所以出现这种情况,是因为日本国内对区域史的研究刚刚起步,没有把东方各国作为一个有机整体进行研究,不可能把握历史发展的一般规律、整体结构与基本特征。日本学界很快出现了一批有建树的东亚史学者,推动了日本东亚史研究长足发展,特别需要提出的是日本学者西嶋定生、堀敏一等人提出了"东亚世界"理论。这个理论的最大贡

---

[1] 宫崎市定:《宫崎市定亚洲史论考》上卷,朝日新闻社1976年版,第201页。
[2] 阿甫基耶夫著,王以铸译:《古代东方史》,上海书店出版社2007年版。
[3] 定金右源二:《古代东方史的再建》,新树社1955年版。

献是以汉字文化、儒学、律令制和佛教作为构成东亚世界的基本要素。[①]它强调中国在东亚世界中的主导作用，范围包括中国、朝鲜半岛、日本和越南等中国文化影响所及地区。迄今为止，这个理论对我们研究东方历史仍有启发意义。

　　新中国成立后，我国学者致力于撰写一部东方史著作，以本土资源与立场对东方历史进行新的构建，以期适应国内科研与教学之需。童书业先生撰写的《古代东方史纲要》[②]是这时期的代表作品。这部著作吸收了苏联历史学研究的成果，把埃及、两河流域、叙利亚、巴基斯坦、波斯和印度作为重点研究对象，确立了我国学者对东方历史总的根本的看法。这对东方史的整体构建是十分重要的。遗憾的是，这部著作没有把中国、日本、朝鲜和东南亚诸国包括在内，因此在整体结构上并不完整，不能反映东方历史全貌。东亚是世界文明的重要区域，是撰写东方史不可或缺的内容。在今天看来，该书中的许多内容需要丰富，编写的体系需要进一步完善和扩大。要开拓历史研究的宏观视野，必须突破狭小的生活范围和思想束缚，以区域和全球视野观察历史的长期发展变化。

　　改革开放后，我国世界史研究出现了空前繁荣，在地区史、国别史和专门史方面有了长足发展，初步确立了我国世界史研究的地位。尤其要提及的是，2006年国内出版了许海山主编的大部头著作《亚洲历史》。[③]这是一部亚洲通史巨著，做到了把亚洲国别史整合成为具有内在联系的区域史，"避开各国单独叙述历史的做法，进行文化区域整合性的历史叙事，更强调历史区域的文化功能和社会功能"。[④]它把整个亚洲历史按照东亚、南亚、中亚和西亚四个板块来分析，同时注意到了每个地区文明体之间的关联与互动，不仅关注东方历史的纵向发

---

① 西嶋定生：《中国古代国家与东亚世界》，东京大学出版会1983年版，第399页。
② 童书业：《古代东方史纲要》，新知识出版社1956年版。
③ 许海山主编：《亚洲历史》，线装书局2006年版。
④ 许海山主编：《亚洲历史》，"前言"，线装书局2006年版。

展,更为重要的是强调东方历史的横向联系,以及经济、文化和物种交换对于历史发展的推动作用。这可能是到目前为止国内推出的比较完整的亚洲通史著作。我们注意到,该书强调亚洲历史的连续性与各地间的相互影响与制约,分析与论述是围绕东方国家的自主性这一中心展开的。正因为如此,它对亚洲史编纂体系、框架以及内容取舍的探索具有一定的开创性,探讨了亚洲历史的基本趋势与诸文明发展的总动向,反映了当前东方社会整体崛起的现实需要,为我们进一步思考撰写一部规模宏大、反映东方国家整体面貌的历史具有参考意义。

在引进国外东方史著作方面,近年我国翻译了美国学者罗兹·墨菲撰写的《亚洲史》。[①] 这是一部体例较新、取材范围较广的亚洲通史,"《亚洲史》的最大特色,是从区域史研究的视角对亚洲各国从史前到21世纪的政治、经济、文化、地理等方面作了详细的考察,确立了对亚洲历史总的根本的看法,奠定了他在美国亚洲史研究上的学术地位。这种对亚洲区域史的整体构建无论从何种意义上说,都是十分重要的不得不做的工作"。[②] 长期以来,国外学者(主要是美国和日本)对亚洲史、东亚史进行了深入探索,取得了国际学术界公认的一流成就。他们强调把东方历史作为整体研究,以东方史观点看待古代中国与亚洲其他国家的关系,突出社会内部各种制约因素的综合作用,打破国别史研究的旧框架,建立区域史研究的新框架,为史坛贡献良多。

近年国内开展了"全球史"研究,把它作为一个崭新的方法研究既往的人类历史,有助于了解人类社会发展的宏观历史进程。人类的生产与生活由于受到来自自然的、社会的和技术的诸多限制,大部分时间基本上是以区域为单位展开的,长期处于渐变的发展过程,东方各国虽然没有出现近代欧洲式的工业革命带来的生产方式与生产力发展的历史性巨变,但是以全球史的观念看待东方社会的整体变迁是具

[①] 罗兹·墨菲著,黄磷译:《亚洲史》,世界图书出版公司2011年版。
[②] 陈奉林:《重构东方世界的历史图景》,载罗兹·墨菲著,黄磷译:《亚洲史》,世界图书出版公司2011年版,第1页。

有重要意义的。这也是我们强调加强东亚史、东方史研究的意义所在。

东方历史同东方每个国家历史的简单叠加不同，也有别于按民族和国家序列写出的亚洲史，它有着自己明确的研究对象、研究方向和特定的体系，反映了东方国家从低级社会阶段向高级社会螺旋式升进的规律和图景。在近代西方政治家、哲学家和历史学家的著作中弥漫着东方社会停滞与落后的观点，甚至认为长期以来东方社会和文化处于一种不变状态，商品经济不发达，同国外殊少联系。这些观点并不符合东方国家的社会实际。近代西方政治家、哲学家和历史学家对东方社会的了解十分有限。一方面他们没有掌握东方国家语言，收集到的材料只言片语居多，不能根据东方文献材料撰写真实的历史，正如一位历史学家在谈到西方对东方历史的研究时所说的："19世纪初期，关于古代东方民族的历史除了圣书与几个作家的后代记述外，几乎全然无知。并且这些作家简单传说，歪曲事实，多把悠久的历史简单地缩小记述。"[1]

另一方面，他们缺乏来东方进行实地考察的生活经历，使用的材料基本都是殖民者官吏、商人和旅行者的回忆录和国会报告，主观色彩较浓。由此可知，他们对东方历史做出的结论值得怀疑，更无法对东方历史做出有益的解释。"就东方诸古典农业文明而言，则是社会变迁的渐进连续性大于突破性，向巨变型变迁模式的转变是不明显的，社会的宏观变迁如此缓慢，以致黑格尔和其他一些西方学者都误认为东方社会长期处于停滞状态，甚至没有历史可言。"[2] 这是西方一些学者的症结所在。近年国际国内学术界展开了对"欧洲中心论"的猛烈冲击与清算，在重构东方世界史方面推出了几部深有影响的著作，其中包括贡德·弗兰克的《白银资本——重视经济全球化中的东方》、日本学者滨下武志等的《中国、东亚与全球经济：区域和历史的视角》

---

[1] L. 德位波鲁特著，板仓胜正译：《东方古代世界史》，三邦出版社1943年版，第2页。
[2] 罗荣渠：《现代化新论》，商务印书馆2004年版，第126—127页。

等。他们是从彻底解构西方中心主义的角度看待东方社会发展推移的，给区域的整体发展以更多的关注。我国学者指出："不讲横向发展，就不能说明历史是怎样成为世界历史的，就不能认识世界历史不是过去一直存在而是历史发展的结果，就不能理解世界历史的研究对象和任务不同于国别史、地区史、专门史的研究对象和任务。"[①]

近代以前，亚洲存在一个范围广泛的市场，亦称为古代西太平洋贸易网或古代亚洲市场。如果从更为广阔的视野来看，它存在久远且内部联系紧密，范围广阔且交流复杂多样。秦汉帝国以来，中国人不仅开辟了至朝鲜半岛、日本列岛和南洋的航线，还开辟了南洋至印度洋航线，这条航线成为当时世界最长的远洋航路之一。[②] 由于种种原因，国内外对此问题的研究不够，因此也就影响了西方对东方历史的整体评价，甚至存在许多被严重低估的地方。中国自汉代就开辟了从南海到印度的商路，迄至唐代，中国与亚洲、非洲与欧洲各国交往达到全面繁荣。有材料估计，唐朝后期每年进入广州港的海船有4000艘之多[③]，唐代已经有了发达的商品经济，作为区域性的大国屹立东方。中国远洋航船不仅到达印度半岛，而且直航到阿拉伯海、波斯湾、红海与东非水域。[④] 与此同时，阿拉伯人、印度人以及波斯人的足迹也遍及日本、东南亚与中国沿海各省，17世纪后期印度商人销售的棉布成为自马尼拉到墨西哥的输出中仅次于中国生丝与瓷器的商品。[⑤] 从这个意义上说，东方国家的对外交往已经远远突破地域的界限而走向世界，从偶尔的稀疏的联系走向普遍的经常的联系，成为东方历史发展进程中的一个崭新现象。

东方国家对于古代西太平洋地区东西交流的研究相对薄弱，西方

---

① 李植枬：《整体世界历史初探》，武汉大学出版社2009年版，第61页。
② 孙光圻：《中国古代航海史》，海洋出版社2005年版，第130页。
③ 张静芬：《中国古代的造船与航海》，商务印书馆1997年版，第155页。
④ 孙光圻：《中国古代航海史》，海洋出版社2005年版，第242页。
⑤ 岩波讲座世界历史第14卷《伊斯兰·环印度洋世界》，岩波书店2000年版，第161页。

学术研究更是如此，甚至存在诸多谬误的地方。例如法国年鉴派历史学家布罗代尔认为，虽然中国帆船有许多优点，但只开往日本，朝南从不超过北部湾。[①]这显然低估了中国商船的活动范围。我们认为，仅仅从文化史和社会政治史的角度研究历史是远远不够的，还应该深入到古代亚洲市场的形成、发展与衰落中去理解和把握，否则就不能把握东方历史发展的进程、规律与特点。既然东方国家有悠久的历史，具有重视历史研究的优良传统，留下丰富的正史材料、历史档案、碑铭石刻、钟鼎实物、回忆录与当事人日记等，既有的考古发掘材料也给历史研究提供了许多素材，我们就应该拿出足以与西方进行学术对话的优秀史著，彻底解构和摧毁长期盘踞于国际史学界的西方中心论。在任何时代，不同的地区、不同的国家呈现出不同的发展速度与质量，发展的道路与模式也千姿百态。一般说来，与市场、贸易、流通有直接联系的地区社会财富有较多的积累，社会富裕程度相对较高，大众享受较多的经济自由，靠近世界文明的中心。这是构建东方史必须思考和解决的重要问题。

东亚、南亚和西亚地区在漫长的农业文明时代一直是人类文明的重要区域，形成了中国文化、印度文化和伊斯兰文化圈和对外交往圈。它们为世界贡献的不仅是经济、科技、文化、宗教、哲学和艺术，也为世界贡献了东方传统文化中的诚信、仁爱、宽容与民本思想。近代以前，东方是世界文明中心之一，经济规模与质量明显地高于其他地区，形成了具有鲜明特色的地缘文明，构成了以中国和印度为中心的西太平洋贸易网和印度洋贸易网。从当时交流的商品来看，主要有奇

[①] 布罗代尔著，顾良、施康强译：《15至18世纪的物质文明、经济和资本主义》第1卷，生活·读书·新知三联书店1992年版，第475页。国外学者对中国古代航海活动成就有许多严重低估的地方，例如印度学者漠克吉尔在《印度航海史》中说："在5世纪前，中国人没有到达马来半岛，6世纪前，中国人没有航海到印度、波斯和阿剌伯。"英国著名科技史家李约瑟在《中国科学技术史》中也是这样说："中国的远洋航行，一直到13世纪才开始，并且到了13世纪才得充分发展。"这个评断显然是严重低估了中国的航海活动。参见孙光圻：《中国古代航海史》，"初版序"，海洋出版社2005年版，第3页。

石异物、黄金杂缯、香料茶叶、金属玉器、粮食百草等,形成了内部贸易交流机制,贸易活动范围不断扩大。从区域史的视角来看,在近代以前的若干世纪里世界存在多个经济区域,如古代西太平洋贸易网、印度洋贸易网、地中海贸易网等,但古代西太平洋贸易网是世界诸多贸易网中最为广阔、最为发达的一个,域内交通发达,物产丰富,向外输出科技与文化,形成区域发展的比较优势,可视为世界古代贸易中心。诚如罗兹·墨菲所说,中国"很早就形成了它独特的形式和风格。……但远在西方基督纪元开始之前,中国就已奠定了作为世界主要文明传统之一的地位,而汉王朝的模式也被后来 2000 年间继起的历代中国王朝所一再肯定"。①

在古代东方历史上,各国经济联系的力量远远大于政治与文化联系的力量。这是一种根本性的力量。对于东方各国存在的以物质生活资料贸易为纽带的国家关系,只有深入到东亚特殊的历史文化传统与地理环境当中才能理解。古史材料已经昭示,整个东方国家间区域贸易发达,源源不断的商品输出成为各国经济发展的源泉。虽然古代亚洲市场不同于近代市场,但各国以自己的商品交换满足了各自最基本的物质文化生活需求,实现了资源共享。古代西太平洋贸易网的形成对东方历史发展意义重大,大大加速了东方国家的发展进程。东方国家长期以来是农业经济,在农业经济形态下产生了对外贸易与商业,出现了众多的港口城市与商业中心。马可波罗在游记中曾提到杭州因东西商贸与交通而繁荣的情况:"距杭州城二十五迈耳,有良港曰澉浦,地临大洋海。往来印度及外国之商船,泊此者甚多,输入或输出各种货物,杭城因之殷盛。"② 在这个地理环境和历史传统中形成了东方式的国际贸易体系和国际分工,货币票号与商业活动实现了一定的扩张,产生了内部商品交换与结算方式,重视商业信誉,反对欺诈。如

---

① 罗兹·墨菲著,黄磷译:《亚洲史》,世界图书出版公司 2011 年版,第 102 页。
② 张星烺编注,朱杰勤校订:《中西交通史料汇编》第 2 册,中华书局 2003 年版,第 759 页。

果以近代西方市场经济标准来解释东方亚洲市场无异于削东方之足适西方之履，找不到东方社会发展的规律与特点，因此探讨东方国家的历史发展进程、总体特征是一个重大理论课题。

加强区域史的横向发展研究与宏观研究，不仅符合东方哲学思想与思维特点，更为重要的是符合人类历史发展的总趋势与总要求。就目前研究而言，学术界对东方历史的解释基本上从文化与政治视角解释居多，从经济与外交结合的综合视角探索者少。马克思强调近代世界历史的整体性，世界各国、各民族与各地区间的相互关联，强调世界历史的形成。

我们为什么强调东方历史的横向发展与宏观研究呢？因为这个问题一直以来始终未能得到很好的解决，具有相当的挑战性与理论难度。可以说，没有历史的宏观研究就不可能认识人类社会发展的总规律与历史全貌，就无法从长远的历史视角观察社会的整体变迁。我国学者指出："宏观历史研究，当然不是抽象的思辨，而是要通过多种具体的学科方法来进行的。"[①] 欧洲从中世纪走向资本主义社会确实是进入了新的发展阶段，迈向了一个新的梯级——资本主义，以技术、交通与资本的巨大优势成为支配世界的"中心"；世界性生产和资本输出的巨大需求将所有国家与民族都卷入普遍的交往与联系当中，对于大多数东方国家来说这是一个痛苦的被迫与西方"接轨"的过程，其代价是相当巨大的。东方社会不同于西方社会，各国之间存在广泛的海路与陆路联系，通过经贸往来与文化交流形成东方国家间的关系形态，联系、互利与和平成为各国关系的主流。

东方的中国、印度和西亚两河流域是人类文明的中心之一，创造出农业、医学、数学、文字、文学、天文、航海以及工艺技术上的杰出成就，发展出农业经济时代活跃的商品经济与贸易，社会总体发展水平领先于世界其他地区，留下的丰厚文化成为世界不可多得的珍

---

① 丁伟志：《对历史的宏观思考》，河北教育出版社2001年版，第9页。

贵遗产，以至于中国宋代早于世界其他地区出现"显著的资本主义倾向"。① 可惜的是，这个"显著的资本主义倾向"没能持续发展下去。这里又引出一个问题，为什么资本主义因素不能在东方社会发展成功，这还有待于研究者进一步探索思考。从以往推出的东方历史著作来看，国别史、专门史居多，区域史极少，特别是关注东方国家横向发展的著作就更少了。要推进中国的世界史研究，没有对东方历史的宏观研究是不行的，建立一个东方历史研究的整体史观是迫切与重要的。

二、东方历史研究中存在的主要问题

我国的世界史研究是一个相当年轻的学科。在新中国成立后很长一段时间里，由于受到苏联教科书模式的影响，国内出版的著作在内容编纂上一般都以欧美国家为重点，把非西方国家作为依附性的点缀，过分突出阶级斗争的作用，东西方对立与意识形态的色彩甚浓，对东方国家历史、发展道路、发展的多样性以及东西方文化与物种交流缺少系统的总结研究；外国学者写的著作自觉或不自觉地把东方历史写成欧洲影响下的历史，写成欧美文明向东方传播的历史，忽视东方国家的主体作用与首创精神。日本学者滨下武志在谈到这一问题时提出了批评，写道："从来的历史观，就是亚洲的近代是从欧洲镜子中映现出来的。'西洋的冲击'给了亚洲历史以动因，亚洲是作为欧洲的被动者而存在；亚洲的近代在追求欧洲近代的模板，失去了作为历史主动者的地位。"②

我国学术界在近年开展的破除欧洲中心论的讨论中提出了突出东方国家主体性的意见，现在看来发挥东方学者构建东方史的行动还相当迟缓。过去人们对历史内容的理解相对狭窄，忽视人类文明交往活

---

① 宫崎市定：《宫崎市定亚洲史论考》上卷，朝日新闻社1976年版，第207页。
② 岩波讲座世界历史第20卷《亚洲的"近代"》，岩波书店1999年版，第3页。

动,特别是对于贸易、移民、文明、文化交流之于整个历史进程的研究不够。无视近代以来欧美文明对东方国家的影响是非科学的态度,但是把欧美先进文明的引进看作是简单的位移,看不到东方国家的主体性与创造精神也是非客观的态度。近年国际上流行的全球史观对我们从事历史研究十分有益。它作为一种新的分析方法和方法论对探讨东方国家历史上重大的政治、经济与历史活动极有启发意义。我们不赞成史学研究中的欧洲中心论,但主张适当吸收西方史学中的有益成分来推动东方历史研究的发展,吸收西方史学中的有益成分与破除欧洲中心论并不矛盾。回顾以往东方历史研究中存在的主要问题,大体可概括为以下几个方面。

（一）在编纂体系上,缺乏整体性的内容安排。到目前为止,东方历史乃至世界历史的编写都没有很好地解决体系问题,即使是被认为优秀的那几部世界史著作也或多或少地存在一些体系上的问题。什么是历史体系？按照我的理解,就是由若干相互关联的事件构成的一个复杂历史整体。根据这一思路可以设计出东方历史的编纂体系,把那些具有内在联系的重大事件有机地贯通串联起来,突出各国、各地区与各民族间的相互影响与制约,防止把国别史作为区域史的倾向,给存在于前近代时期的古代西太平洋贸易网以更多的关注。

近年被介绍到中国来的美国学者罗兹·墨菲的《亚洲史》从整体上看存在一定的缺陷,即没有把面积广阔、历史悠久的西亚地区纳入研究的视野,在整体结构上存在明显缺陷。西亚地区同样是人类文明的重要区域,与东亚、南亚、欧洲、非洲有政治、经济、文化上的密切联系,至今对世界有重要影响。因此在考虑编写东方区域史时必须把东方各国看成是一个有机联系的同时又有多样性的地区,形成对区域的总体把握,在时间与空间上反映它的整体结构。在将东方史纳入整体研究的视野时,必须看到各地区、各国家与各文明体发展的不平衡性、差异性与多样性。我们强调历史发展的整体特征,符合东方哲学思想,符合东方人综合思维的特征和东方历史发展的总体要求。

近年国内学界对世界史编纂体系问题已经有了清晰的认识，开展过热烈的讨论，提出了许多建设性的建议与设想，但是一部真正意义的、具有时代特征和反映东方国家真实历史的著作还没有问世。在东方国家整体崛起、历史与现实联系异常紧密的形势下撰写一部东方通史著作，显然是极有意义的开创性的工作。把东方历史纳入世界历史的总体研究框架是一个不可推卸的重大时代课题。虽然我国的古代史书也有世界史的视野，但毕竟不同于东西方两个半球联通之后的世界史，因此近代以前的有关东方历史的著作都有一些局限，甚至是严重的缺陷。对于近代以来关于世界历史整体关联的探讨，除了欧洲人的努力外，中国、日本学者也做过艰辛努力，这大概是受到了西方社会学、历史哲学、文化人类学、考古学以及生物进化论的影响。

总之，人类从分裂分散走向相互联系是历史发展到一定阶段的产物，是同生产力与交通工具的进步相关联的，人类书写的历史就应该反映这些内容。日本学者前田直典、藤间生大、西嶋定生、堀敏一、滨下武志等人在学术界影响很大，奠定了他们在东亚史研究中的地位。他们的共同特点是突出了区域史的作用与功能，把矛盾异常、复杂万千的国别史整合成一部有机联系的东亚史，建立了东亚史研究的基本框架。

（二）在内容上，对东西方经贸活动与物种交流之于历史发展的作用研究不够。无论是东方学者的著作还是西方学者的著作，都对东方国家对外经济与物种交流的情况研究不多，这不能不说是研究上的薄弱。其实，在我国的史籍中有不少关于东西方经贸活动的记载。尽管它在史籍中不占主要地位，但是如果把这些零散的材料连缀起来也可以得到东西方交流交往的清晰图景。在历史上，西太平洋地区存在横亘若干世纪的经济圈。这个经济圈是以中国为中心、以其他国家为外围来展开的，与印度洋经济圈和地中海经济圈遥相呼应，称得上是世界最大的贸易区域。

我国古史对这个区域的经济水平与发展状况有较为详细的记载，

可以看到东方社会工农业与城乡发展水平在当时世界的位置，以及中国与印度、西亚、欧洲的交通贸易情况。9 世纪，一位曾旅居中国的阿拉伯商人这样写道："广府（广州）是船舶的商埠，是阿拉伯货物和中国货物的集散地。"① 商业城市在日本、中国、东南亚、印度东西海岸以及波斯湾地区十分普遍，发挥着沟通东西经济文化交流的作用。印度商人和中国商人为交换金银、香料、珍珠、宝石、象牙和犀角航行到东南亚，带来丝织品与工艺品②，为各自社会物质文化生活增添了多样性。唐代以后，中国的陶瓷由商人通过海陆交通运输到遥远的埃及、东非、阿拉伯半岛、地中海沿岸、伊斯坦布尔、波斯湾和印度等地。人类为生存和繁衍而进行的经济活动是人类社会发展的动力与基础。我们要强调的是，东西方多层次、多方面的物质成果、精神成果与制度成果交流，促进了社会新陈代谢，加快了社会横向发展进程，不断推动社会向前迈进。

商品交流情况在东方各城市与乡村普遍存在，视其有相对发达的商品经济并不为过。从古罗马和汉代起，东南亚的丁香、肉豆蔻、檀香木、苏木、樟脑和虫胶就被输入国际市场了。③ 欧洲与印度次大陆建立了远距离交易，罗马从印度输入的东西远比印度从罗马输入的多得多。④ 在东亚，日本长崎有中国和东南亚生丝、丝绸织品、香料、中药、砂糖为主体的商品输入，日本向外输出铜和白银；到日本来的外国商船来自中国、暹罗（泰国）、柬埔寨、越南、爪哇等地。⑤ 日本与古波斯的交流比人们想象的要早得多，波斯的工艺品在 5—6 世纪就已

---

① 穆根来、汶江、黄倬汉译：《中国印度见闻录》，中华书局 1983 年版，第 7 页。
② 岩波讲座世界历史第 6 卷《南亚世界·东南亚世界的形成与展开》，岩波书店 1999 年版，第 71 页。
③ 安东尼·瑞德著，孙来臣、李塔娜、吴小安译：《东南亚的贸易时代：1450—1680 年》第 2 卷，商务印书馆 2010 年版，第 1 页。
④ 贾内特·L.阿布鲁哥特著，佐藤次高、斯波义信等译：《欧洲霸权以前》下册，岩波书店 2001 年版，第 66 页。
⑤ 岩波讲座世界历史第 20 卷《亚洲的"近代"》，岩波书店 1999 年版，第 13 页。

经输入到日本市场了。在近东地区，东方与西方地中海世界以及欧洲的贸易可追溯到更远的时代。德国学者瓦尔特·伯克特在《东方化革命：古风时代前期近东对古希腊文化的影响》中详细考察了东方的商品、工艺品、技术、艺术、医学与贸易对希腊的影响情况，他说："东方的产品不仅在希腊出现，不仅是商人将东方的货物辗转贩卖到希腊，而且还有来自东方的工匠直接向希腊人传授技术，希腊人也直接向对方学习。"[1]

经济文化交流是推动社会进步、缩小国际差距的有效手段。正是这种经济文化交流才使人类精神文化与物质文明的成果在短期内让各国共享，取长补短，推动各国发展与共生。宫崎市定指出："对于历史发展来说，最重要的要素是不同民族、不同地域之间的交通往来。……历史运动并不局限于此，每个地区与外界的交往，反而会发挥重大的历史推进作用。民族、国家之间的相互接触和往来，意味着二者之间存在着生存竞争的关系。人类的文明通过竞争得以进步，这一点是不容忽视的事实。"[2] 我们强调历史发展的最终决定力量是经济力，并非否认政治、制度和文化等非经济因素的作用。要想在世界历史研究上取得突破性进展，必须给世界历史上跨国家、跨地区的重大经济活动以足够的重视，跟上当前世界政治经济发展的大趋势。

有资料显示，唐宋时期中国的造船技术堪称世界一流，造出的商船不仅载重量大、性能好（最大载重量超过 600 吨），而且实现了远距离、长时间航行，运输的商品涉及瓷器、丝绸、香料、象牙、犀角、楠木、白银、铜器、铁器、硫黄、青盐、檀香、棉布、玳瑁、蔗糖、谷米、皮革以及日常生活用品，几乎涉及人类生产与生活用品的所有方面。宋代商人广泛活跃于东亚、东南亚和印度洋地区，民间经济显

---

[1] 瓦尔特·伯克特著，刘智译：《东方化革命：古风时代前期近东对古希腊文化的影响》，上海三联书店 2010 年版，第 14 页。
[2] 宫崎市定著，谢辰译：《亚洲史概说》，"绪论"，民主与建设出版社 2017 年版，第 6—7 页。

著发展，以至于出现了新的经济组织。①

就东西方交易的数量、种类与影响，以及工艺技术与人员往来而论，海上交流的作用远远大于陆路交流的作用。我们为什么强调历史研究中经济交流的重要性呢？因为历史发展的根本动力是经济力与科技力，脱离了经济力和科技力而谈社会发展必然陷入历史唯心主义。自从东西方直接通航后，东方社会获得了加速发展的动力，尤其是明末以来西方科技、思想、文化、建筑、绘画、地理、宗教等进入东方国家，新世界的白银流入中国、东南亚和印度市场，中国江南地区及沿海城市与世界市场发生密切联系，加速了东方社会市场化、货币化过程。

（三）在材料上，缺少本土资源的有力支撑。研究东方历史必须以东方国家的本土资源为基本构建素材，适当借鉴、吸收西方的研究成果与理论，否则就不能正确理解和把握东方国家的历史，也无法看清历史的本来面目。撰写一部完整的东方史著作是一项艰巨而复杂的系统工程，不仅要在思想观念与总体设计上反映东方历史原貌，更要在材料的发掘、使用与解读方面下一番苦功，做到去粗取精，去伪存真，注意吸收国内不容忽视的突破性成果。从一定意义上说，已经出版的东方史著作基本上能够从中国、印度、阿拉伯帝国留下的浩如烟海的材料中提取和发现有价值的成分，建立自己的理论分析模式与框架，在取材范围、分析角度以及分析与叙述的关系方面都有大胆的探索。但不足之处是原始材料使用不足，体系与视野方面也有相当的局限，没有形成东方世界的整体发展图式，以论证史、以论代史也是经常出现的，这样就使历史研究出现某些不符合实际的情况，使得对东方历史的分析缺少了科学成分，无法完成古代东方社会史研究的跨越。

以东方本土资源作为学术支撑可以防止研史肤浅与卑陋的情况，达到正本清源、廓清历史迷雾的目的。中国史学具有经世致用与历史

---

① 藤间生大：《对东亚世界研究的摸索》，校仓书房1982年版，第195页。

担当的传统，为社会提供有益的经验与借鉴。凡是有卓越贡献的史著无一不以本土资源作为强有力的材料支撑，同时运用科学的理论与方法。费正清等人主编的"剑桥中国史"系列，日本学者的东亚史研究的重大成果为我们树立了可资借鉴的榜样；他们征引的材料和罗列的参考文献搜罗宏富，足以说明其历史研究确实建立在坚实的材料基础之上。东方地域广袤，上下数千年，纵横几万里，要推出一部真正的区域史著作确非易事。既然已经有了一些成果被介绍到国内来，现在的问题就是参考它们的经验，尽快建立本土研究框架，加快世界史研究步伐，适应时代发展的重大需求。

中国的东方史研究已进入起步阶段，以往推出的著作已经有了对本土材料的开掘和利用，有了一定的学术积累，基本具备了启动撰写和研究的技术条件与材料条件，现在需要的是对以往成果做深入的总结，在前人积累的基础上进一步推进。以今天的形势观之，触及这个庞大而艰巨课题的主客观条件已经成熟，我们再没有理由自惭形秽或妄自菲薄。东方学者在本土资源方面是占有优势的，材料已不成问题。在东方国家整体崛起的大趋势下，东方史研究者们也在努力尝试以各种方式突破传统的方法和框架的束缚，向更多地依靠本土资源和理论方面发展，建立东方历史研究的新体系。

（四）东方历史研究中的细碎化倾向。这一倾向突出地表现为微观史研究过多，对问题的研究过于细碎。由于个人基础、兴趣与视野不同，对整个东方史的研究是支离破碎的，不能反映东方社会的全貌与整体结构。我们主张对东方历史中重大的政治、经济、文化、外交与人员往来进行分门别类的研究和综合分析，反映社会变革趋势下的长期历史面貌，反映社会生产力发展的总体水平。东方史研究中的细碎化不等于精微的考证和细密的梳理，而是一种琐碎的、没有找到历史规律和发展本质的研究，一种"只见树木，不见森林"的研究。退一步说，即使把这些细碎的研究连缀起来也无法看到过去的历史原貌，更不要说清晰的图景。历史发展一般是从低级到高级、从简单到复杂的运动过程，发展过程中有曲折和反复。

进入近代社会以来，各地区、各民族间的联系与互动进一步加深，人类的各种活动都被卷入资本主义体系的急剧扩张中来，史学面临的任务更为艰巨复杂。任何反映社会重大变革的优秀史著无一不是既有深度又有广度的著作。分析视野宽大而宏阔，上下探索、左右考察严密而有力的研究似乎不多，真正能与国际学术界进行对话、影响国际学术话语权的著作几乎阙如。回顾中外优秀史著，无一不是从单一的问题研究扩大到多方面的综合研究，从分裂、分散性研究走向连续性与整体性研究，从简单的叙事定性扩大到对材料的多方面理解与把握。人类社会的进步不仅是社会制度与生产力的进步，同时也包括人的思想、思维与观念的发展。近年国内外研究表明，中国明末发生的社会变迁几乎与世界保持了同步，推动了中国历史向近代社会转变。显然，过于琐碎的研究是根本无法完成历史学肩负的重大使命的。

东方史研究中细碎化倾向的直接危害是，造成了对历史发展过程的曲解和割裂，看不到历史发展的根本方向。这不仅仅是治史者个人的问题，也同历史学科发展越来越细化有关，与研究的整体思路缺乏有关。整体思路缺乏和研究的过分细碎化使人无法发挥整体性和系统性思维。应该指出，在最近几年里世界史研究中带有浓厚的偏重生活史的情趣色彩，把严谨的史学研究变成纯粹为生活服务的依附性点缀，历史成为生活史、戏说史，失去了历史原有的社会功能与价值。仔细观之，近年出版的世界史著作或多或少都有细碎化的倾向，忽略人类活动的区域性、全球性与联动性特征。

研究历史的意义究竟是什么？中国传统史学关注的是王朝兴替与政治制度的变迁，即司马迁所说的"通古今之变"。在今天看来，史学研究只做到这一点已经不够了，还应该在此基础上开展国家间重大政治、经济、科技、文化以及文明交流交汇互动经验与教训的研究，发挥史学的社会功能。只要粗略地回顾一下近年出现的家庭史、女性史、习俗史等即可一目了然。显然，过于细碎而不成形状的历史研究是无法为历史学发展拓宽发展道路的。我们一直主张东方史学科建设必须突破传统政治史的狭窄范围，把国家间重大的经济、军事、文化与人员往来引入历史的视野，只有如此，方能丰富东方历史的内容。因此，史学研究必须从发展的角度去观察和研究历史上那些关乎人类命运的重大问题，从解决人类面临的共同问题中寻找自己的发展出路。

当前史学面临的最大挑战是来自现实的挑战，因为现实不断对历史学提出新问题。这也是困扰所有历史学家的问题。自从人类诞生后的三四百万年以来，世界历史发展的总体趋势是"合"，最近500年这种趋势更加明显强劲，几乎所有国家都被裹胁到全球化这个矛盾异常、复杂万千的急剧扩张的全球经济体系中来，联系与互动进一步加深；20世纪50年代以来，第三次科技革命浪潮进一步扩大了国际分工和国际市场，加深了各国相互关联与互动，世界上两个人口最多的国家——中国与印度都卷入当今世界市场经济的发展大潮当中，东西方两大体系、两个平行市场的对立已经不复存在，昭示着世界整体历史已经形成。因此，撰写一部反映东方国家发生的有史以来空前伟大变革的历史著作成为当今历史学者艰巨而紧迫的重大任务。

三、从东西方文明交流交汇的角度看东方社会的发展进程

长期以来，由于种种原因，学术界对东方历史的研究是远远不够的，东方历史中的一些重大问题需要进一步的发现和探讨。中国古籍对海上丝绸之路和陆上丝绸之路有完备的记述，对海上东西方经贸交流、使者往还也多有记载，可以把其中的有益材料充分发掘出来帮助我们去研究和复原过去的历史。从目前已经出版的研究成果来看，不论中国学界还是西方学界都对东方经济史研究不够，对古代西太平洋贸易网的内在机制、联系纽带与内外影响的研究更是不够，因此也就导致西方对东方历史的若干曲解与误解。单纯的政治史和文化史是不能解释清楚历史是如何发展的，必须借助经济史材料方能开展深入

研究。

　　我国学者在20世纪90年代已经注意到西太平洋贸易网问题，取得了开创性、奠基性的研究成果，但基本上还是处于刚刚起步阶段，不仅数量过少，更为重要的是许多领域还需要进一步的拓展加深，至于从东方崛起的大历史视野建设21世纪海上丝绸之路的有深度的研究仍凤毛麟角。自从2013年国家"一带一路"倡议提出后，国内学界掀起了大范围的研究热，"一带一路"研究已成为显学。如果从为国家崛起提供文化建设、文化支撑的角度，就应该把历史建设的基础夯实。从今天东方国家整体崛起的情况来看，崛起的现实又与历史有异常密切的关联，探讨的问题不应仅仅局限在政治、经济、制度与文化方面，更为重要的是开阔思路，放开历史的视界，发挥主体作用，进一步探讨深藏在东方历史背后的伟大动力。从这个意义上说，古代西太平洋贸易网与东方国家崛起的逻辑关系，是有其必然联系的。

　　东方国家从原始、闭塞和分散走向对外联系与交流，从陆地走向海洋，是在历史发展的过程中形成的，突破了自然的、社会的和技术上的诸多限制。越来越多的研究证明，在东方的日本、中国、印度、阿拉伯帝国存在相当发达的商品经济，重视海洋贸易的作用，许多城市因从事东西贸易而出现繁荣，成为国家政治权力、经济生活和文化活动中心，这可视为东方社会的一大亮点。在农业文明时代，社会经济增长相对缓慢，一个文明的兴起需要几十年甚至上百年的时间，不像工业文明那样呈跳跃式的发展，社会大众生活与文化传播相对平稳，如果没有跨国家、跨区域的大规模经济文化交流的推动，社会结构、生产力发展和国民大众生活是很难发生改变的。已有学者指出："一个地区进行的发明通过交往为全人类所共有。受此影响，在其他地区产生更新的发明。"[①] 国外大量物种、白银进入东方市场引起的社会重大变化有力地证明了这一点。

---

① 宫崎市定：《宫崎市定亚洲史论考》上卷，朝日新闻社1976年版，第201页。

第二章　古代东方外交圈的形成与发展

对于东方历史进程的研究必须具有通观和通变的能力，需运用多学科的知识，单一的学科是很难驾驭这个庞大课题的。因为东方国家历史本身就异常复杂，具体到对每个历史发展阶段做出评价更为艰辛。对历史进程的宏观把握，有助于观察东方社会历史的整体变迁。汉代开辟的中国至东南亚、印度航路是东西方物质文明与精神文明交流的载体，初步形成与东南亚、南亚的海路联系，是迈向海洋世界的重要一步。到隋唐时期，中国的对外贸易进一步扩大，除了日本列岛、朝鲜半岛、东南亚外，中国商船还到达波斯湾地区。至迟在唐代后半期东西方商船已经到达对方的海域，唐朝商船航行到了波斯湾，与波斯湾沿岸国家有了直接交流。[①] 交流的商品主要是能够长时间保存的瓷器、丝绸、檀木、香料、珍珠之类的东西，虽然有的并非中国所产。唐代之所以能够完成从东亚到西亚波斯湾的远洋航行，是与唐代的国力增长、社会财富增加分不开的，人们对财富的认识发生了一些变化，看到了海外贸易对于国家富强的重要作用。

根据近些年的研究，唐代的对外贸易、社会生活以及海上交通已经有了很大变化，贸易的触角已经伸向世界，无论从何种意义上说，从汉代开始到隋唐时期扩大的东方国家的对外交流，已经突破了亚洲地域的限制而具有了世界性的发展特征。东方世界不仅是一个文化世界，同时也是一个经济世界，经济力的作用远比文化联系更为持久有力。一般说来，对外交往是指政治、经济、文化、科技、军事、使节往来与僧俗游历等方面，是一个多层次、多渠道相互影响与互动的过程，对社会的影响几乎是全方位的。在交往中生产技术与知识得到广泛传播，生产力得到发展，是后进学习先进的过程。这种情况在有人类的地方普遍存在。中国既是先进文化的输出者，也是先进文化的受惠者，二者兼而有之。中国与朝鲜、日本、南洋各国的交往具有了很

---

① 荒野泰典、石井正敏等编：《亚洲中的日本史Ⅲ·海上之路》，东京大学出版会 1992 年版，第 124 页。

强的力度，正是有了这种持久的经济动力，才使东亚成为一个经济文化共同体。中国与朝鲜、日本及南洋国家交易的商品有丝绸织品、毛织品、书籍、绘画、瓷器、贵金属、水牛角、砂糖、人参、药材、黄金、珍珠、水银、硫黄、刀剑、扇子与香料。① 对于东西方国家交流情况，中外史籍都已留下相当完备的记载，例如成书于9世纪的记录阿拉伯商人来华见闻的《中国印度见闻录》记载，中国商船在尸罗夫（今伊朗南部港口）装货，然后运货到阿曼北部一个叫作马斯喀特的地方。② 该书详细记载了阿拉伯商船自波斯湾沿岸各港口出发经印度、斯里兰卡、南海抵达中国广州的情况。

　　根据宋代的《诸蕃志》《岭外代答》《萍洲可谈》记载，中国对外贸易的商船已可到达日本、朝鲜、东南亚各国、南亚以及阿拉伯帝国麦加、非洲东部等50余个国家与地区了。正是在这条航路上，有大量的中国、日本、东南亚的商品被输入印度、西亚以至欧洲，同时也有大量的域外商品进入东方市场，极大地丰富了各国物质文化生活。根据学者的研究，14世纪末中国明朝远洋航行的船只约有3500艘，其中1700艘以上为军舰，400艘以上为谷物运输船，当时没有哪一个国家拥有与其匹敌的海军力量。③ 14世纪阿拉伯伟大旅行家伊本·白图泰的游记一书也真切地反映了当时中亚、西亚、印度和中国社会的一些情况。他看到了中国的瓷器、艺术、商品交易、山川物产与宫殿，他眼中的中国疆域辽阔，物产丰富，是世界其他地区无法比拟的，瓷器远

---

① 西嶋定生：《中国古代国家与东亚世界》，东京大学出版会1983年版，第621页。
② 穆根来、汶江、黄倬汉译：《中国印度见闻录》，中华书局1983年版，第7页。1912—1920年埃及出土了大量的7—8世纪、16—17世纪的陶片，据从事东西方贸易与文化交流的专家研究，这些陶片是从15000公里以外的中国由海路运来的，至少可以说明不晚于7世纪中国与埃及已经有了海上贸易。发现的这些从古代8—9世纪中国唐代至16—17世纪清代的陶片，大体包括了此间在中国生产的有名的陶瓷器。参见三上次男：《陶瓷之路——探寻东西文明的连接点》，岩波书店1969年版，第12、15页。
③ 贾内特·L.阿布鲁哥特著，佐藤次高、斯波义信等译：《欧洲霸权以前》下册，岩波书店2001年版，第130页。

销至印度和非洲马格里布地区。①17世纪，中国商船在日本长崎港从事交易的商品涉及金、银、铜、药物、砂糖、矿物与各类丝织品、染料、皮革、纸张与书籍等。②这些从事贸易的中国人被称为"唐人"，他们的商船被称为"唐船"，居住地被称为"唐馆"。从外交的角度看，这些都是中日外交史的重要方面，书写真正意义的中日关系史不能没有这些内容。

古代西太平洋贸易网的形成、发展与扩大并不是单纯地由哪一个国家单独主导和推动的，而是各国商人共同参与缔造了本地区贸易网的辉煌。在这个面积广阔的贸易网里，发挥作用的不仅仅是华人，印度人、阿拉伯人、爪哇人、马来人、琉球人以及日本人也发挥了担当者的作用。③东方市场内部的消费能力与消费水平远远高于同时期的欧洲，直到工业革命之前欧洲市场是相对狭小的，可向外输出的东西不多，消费能力极其有限。造成这种情况不仅因为欧洲人口较少，生产力不发达，长期的分裂、动荡与战争也影响了国民对东方消费品的需求。

为什么阿拉伯商人大规模来到中国和东南亚各港口城市呢？这与东方长期的和平形势有关，也与阿拉伯帝国国力强盛以及对贸易的重视有关。贸易成为阿拉伯帝国最重要的经济活动，来自东西南北交易的贵重物品和昂贵商品都经过阿拉伯帝国境内。④进入宋元时期，中国与世界联系有新的发展，这种发展突出表现在对外贸易交流的扩大上。中国江南地区经济发达，与国外市场发生密切而广泛的联系，重要商品如丝绸、瓷器、茶叶、纸张、金属制品、漆器、书籍等行销至东南亚、印度以至欧洲的广大地区，促进了东方市场的扩大与发展。出现

---

① 《伊本·白图泰游记》，马金鹏译，宁夏人民出版社1985年版，第546页。
② 参见山胁悌二郎：《长崎的唐人贸易》，吉川弘文馆1964年版，第210—246页。
③ 滨下武志、川胜平太编：《亚洲交易圈与日本工业化（1500—1900）》，藤原书店2001年版，第54页。
④ 三上次男：《陶瓷之路——探寻东西文明的连接点》，岩波书店1969年版，第111页。

这种情况是中央王朝对海外贸易重视,看到了贸易对于国家财政与致富的作用。1137年宋高宗在一份谕旨中的一段话颇具代表性,他说:"市舶之利最厚,若措置合宜,所得动以百万计,岂不胜取之于民。朕所以留意于此,庶几可以少宽民力尔。"又说:"市舶之利,颇助国用,宜循旧法,以招徕远人,阜通货贿。"①"招徕远人,阜通货贿"推动了海外诸国与宋朝的贸易,出现"贡奉商船,往来不已"的情况。

马六甲是15世纪以后兴起的一个海港城市,经营过境贸易,城内聚集了来自世界各地的商人。1509年葡萄牙人最初到达马六甲的时候,城里已有古杰拉特人、波斯人、孟加拉人和阿拉伯人,马拉贝尔、科洛曼德尔、爪哇、吕宋商人也多居于此。②应该指出,美洲的农作物玉米、甘薯、土豆、花生、红番椒被引进中国、印度等东方国家,贸易交换与物种交流对于促进人口增长与社会进步的意义重大,新引进的动植物与农业技术从沿海向内地扩展,推动着人类社会不断向前运动。

从整个世界贸易格局来看,东方成为世界贸易与输出的中心,国内也有人提出南海是近代早期世界贸易中心的观点。这个观点并非空穴来风。明代中国国内市场流通加快,对白银的需求增大,白银通过国际市场大量进入中国,"由于商品生产的展开和银流通的发展,以中国为中心的东亚交易圈的商业活动在这个时期得到飞跃发展"。③贡德·弗兰克在《白银资本》中也提出了中国明代人口与生产的增长得益于东亚这个全球经济体系的著名观点,称18世纪末工业革命之前为亚洲时代并不为过。有人干脆认为,16世纪是中国历史一个时代的出发点。④日本对外输出的主要商品是银,"用日本银购买中国生丝,虽然交易的路线有时发生改变,但是作为中日间基本的交易方式大体持

---

① 赵汝适著,杨博文校释:《诸蕃志校释》,"前言",中华书局2008年版,第6页。
② 弘末雅士:《东南亚的港市世界》,岩波书店2004年版,第20页。
③ 西嶋定生:《中国古代国家与东亚世界》,东京大学出版会1983年版,第634页。
④ 参见川胜平太编:《亚洲太平洋经济圈史(1500—2000)》,藤原书店2003年版,第315页。

续到18世纪后半期"。① 东南亚是贵金属流通的地区,强化了与世界的经济联系。出现这种情况并非偶然。除了中央王朝重视外,此时的造船与航海技术的重大进步,以及对天文、地文、水文、气象知识的掌握同样是十分重要的。顺便指出,阿拉伯天文航海法的强烈影响也是不能忽视的。② 中国、日本、印度、阿拉伯帝国商船航行的动力主要来自技术的、经济的和社会需求的多方面作用,各种条件缺一不可。

在东西方贸易交流过程中,东南亚各地出现了许多贸易港与贸易中心城市,成为西太平洋地区新的经济生长点。日本的"朱印船"航行至吕宋、暹罗、安南、柬埔寨和马来亚等东南亚各港口,从事互通有无的贸易活动。这些长期从事商贸活动的日本人定居下来形成"日本町",仅在泰国阿瑜陀耶一城就有日本人1500人左右。③ 来自南美新大陆的白银经过菲律宾、西班牙商人之手输入中国市场,丝织品等中国产品也沿着相同的路线进入新大陆,再进入欧洲各国。④ 城市一般都是商业、贸易、文化与财富中心,代表一个区域的总体水平。东方城市人口一般比欧洲多,规模比欧洲大,据说17世纪东南亚有5%的人口生活在大城市,比率高于同时代的欧洲。⑤ 1600年前后北京和江户（东京）的城市人口已经达到100万。⑥ 东方商品通过中国和阿拉伯商人输往西方世界,成为当地王公贵族生活的奢侈品。

长期的商品开发与流通,促进了东方各国社会财富积累与社会进步,出现前近代社会的一些新因素,其中包括商业部门兴起,城市出

---

① 滨下武志、川胜平太编:《亚洲交易圈与日本工业化（1500—1900）》,藤原书店2001年版,第227页。
② 滨下武志:《朝贡体系与近代亚洲》,岩波书店1997年版,第40页。
③ 永积洋子:《朱印船》,吉川弘文馆2001年版,第112页。
④ 梭浦章著,张新艺译:《清代帆船与中日文化交流》,上海科学技术文献出版社2012年版,第40页。
⑤ 安东尼·瑞德著,平野秀秋、田中优子译:《大航海时代的东南亚》Ⅱ,法政大学出版局2002年版,第97页。
⑥ 安东尼·瑞德著,平野秀秋、田中优子译:《大航海时代的东南亚》Ⅱ,法政大学出版局2002年版,第90页。

现繁荣，国民享受来自异域的音乐、舞蹈与体育，对外贸易出现持续的增长，伴随着商贸活动而出现人口流动。《梦粱录》记录当时杭州城里的情况是："杭城辐辏之地，下塘、官塘、中塘三处船只，及航船、鱼舟钓艇之类，每日往返，曾无虚日。缘此是行都士贵官员往来，商贾买卖骈集，公私船只，泊于此城者多矣。"[①] 这一切，促成东方社会发展规模与质量明显地高于世界其他地区，成为世界古典文明的重要区域。在亚洲这个贸易体系内，各国以和平、互利的方式进行交往，通过公平贸易、自由交往，达到利己利人的共赢目的。

应该指出，古代西太平洋贸易网与印度洋贸易网相互联结贯通，相互影响促进，成为亚洲历史上的壮观景象，形成太平洋-印度洋经济贸易体。这样的市场体系不同于欧洲地中海市场，也有别于其他贸易网，更不同于近代欧洲主导的以单方面攫取利益为目的的近代世界市场。它是中央王权与民间力量的相互作用与奇特结合，反映东方国家的市场原则与需求。从东方市场输出到欧洲地中海市场的商品种类繁多，特别是东南亚出产的香料和中国传统的瓷器、丝绸、茶叶成为大宗商品，东方市场一直保持对欧洲市场的出超地位，这一优势持续到19世纪。从地中海贸易网输出到印度洋贸易网的商品主要是银、铜、铁、铅以及各种金属、武器、工艺品和奴隶。[②] 东方社会在长期持续发展过程中有了对消费品的需求，特别是社会上层对贵重商品的需求，促使商人从事有厚利可图的远洋贸易。根据成书于公元1世纪的《厄立特里亚海航行记》可知，当时印度东西海岸有众多的港口城市，进出口的物品应有尽有，从中国运来的货品有真绵、生丝和绢布。[③] 只有交流，才有发展，才能引起社会物质文化生活发生结构性变化，促使社会大众生活向更高一级的阶段升进。

---

① 吴自牧:《梦粱录》，"河舟条"，中华书局1985年版。
② 生田滋:《大航海时代与摩鹿加诸岛》，中央公论社刊1998年版，第16—17页。
③ 岩波讲座世界历史第6卷《南亚世界·东南亚世界的形成与展开》，岩波书店1999年版，第140页。

长期以来，对古代亚洲贸易史的理论解释占主导地位的是美国学者费正清等人提出的"朝贡体系"和近年日本学者滨下武志提出的"朝贡贸易体制"，现在看来这两种解释都存在一定的缺陷。因为任何一种经济活动的发生与发展一般都是以满足社会大众最基本的生活需求为前提的，为生活提供便利，反映当时社会的基本要求，否则就不会有持久的动力。事实上，东亚历史上的朝贡贸易被严重夸大了，大量的事实证明贸易中的互利互惠是通商秩序中的普遍原则，来中国进行贸易的并不都是得到政治上予以册封的国家，利用朝贡的合法形式来华贸易获利才是他们的真实意图。显然这样的贸易不能笼统地称为朝贡贸易，真正的朝贡贸易只存在几个少数国家。"朝贡体系"论的症结是把少数国家的朝贡贸易扩大到了所有的国家。

16世纪是东南亚历史发展的里程碑，也是东方历史发展的重要分界线，中外学者对此有较多的评论。日本学者岸本美绪写道："对于东亚、东南亚来说，16世纪为什么被视为划时代的呢？为什么在这个时期里发生'从陆地走向海洋'这一重心转移呢？"[1]确实，16世纪无论对东方还是西方都具有重要意义，至少葡萄牙人已经来到东南亚，占领了马六甲，随后荷兰、西班牙、英国、法国、美国等国家又联袂来到中华帝国的外围，开始了对东方国家长达几个世纪的冲击。但是必须指出，西方国家最初进入东方市场也存在适应与按照东方市场原则办事的情况，几个世纪以后才从根本上彻底改变了东西方贸易关系的基本格局。

17世纪30年代，暹罗向中国和日本输出的苏木就有2000吨，暹罗和柬埔寨向日本输出的鹿皮约有30万张。[2]香料在国际贸易中占有突出地位。在同一时期，来自日本、西属美洲的白银进入中国、东南

---

[1] 岩波讲座世界历史第13卷《东亚·东南亚传统社会的形成》，岩波书店1998年版，第5页。
[2] 安东尼·瑞德著，平野秀秋、田中优子译：《大航海时代的东南亚》Ⅱ，法政大学出版局2002年版，第31—32页。

亚和印度，推动世界经济运转，加快了东方国家的社会发展进程。有学者指出："中国明代是从钱经济转向银经济的时代。从15世纪起，银逐渐获得了国家支付手段的地位，全面发挥了货币诸多机能。"① 除银之外，铜也是日本对外输出的重要商品，输出范围遍及中国、东南亚、南亚、西亚与欧洲。据统计，日本1658年对外输出铜1410000斤，1659年输出到西亚地区的铜也有416000斤。②

东南亚、南亚以至波斯湾沿岸城市因从事东西方贸易出现了繁荣，商客云集，与世界市场发生密切联系。它们的出现对于提高社会流动性、开放性与适应性，带动本地区经济发展有着重要的作用。根据17世纪意大利传教士艾儒略所著《职方外纪》记载，波斯湾入口处的忽鲁谟斯"因其地居三大洲之中，凡亚细亚、欧罗巴、利未亚之富商大贾，多聚此地。百货骈集，人烟辐辏，凡海内极珍奇难致之物，往辄取之如寄"。③ 这样的城市在波斯湾沿岸与印度东西海岸众多，具有国际性和开放性，发挥着联结东西、促进交流的作用。艾儒略说过："亚细亚者，天下一大州也，人类肇生之地，圣贤者出之乡。"④ 东方社会的若干经济问题绝不是靠西方单一的经济学理论可以解释的，也不能简单地以旧的社会形态中资本主义萌芽的抽象概念来概括。

东方国家为人类贡献的不仅是物质文明成果，也有精神文明和制度文明成果。过去对于这个问题的探索一般都是从纯经济或纯贸易的角度进行的，没有把它上升到引起社会传统变迁与历史整体进步的高度，现在看来这是东方历史研究中的一个缺陷。东方社会所达到的发展水平是东方诸文明连续发展的产物，统一的中央王权保证了社会长期稳定，有利于国家间交往。很显然，如果没有国家力量的支持就不

---

① 足立启二：《明清中国的经济构造》，汲古书院2012年版，第363页。
② 铃木康子：《近世日本荷兰贸易史研究》，思文阁出版2004年版，第171—172页。
③ 艾儒略著，谢方校释：《职方外纪》，《诸蕃志校释·职方外纪校释》，中华书局2008年版，第46页。
④ 艾儒略著，谢方校释：《职方外纪》，《诸蕃志校释·职方外纪校释》，中华书局2008年版，第32页。

可能造出载重数百吨的巨大商船，无法完成长时间远距离航行。我们看到国家力量对支持东西方经贸与物种交流的重大作用，也不能忽视民间力量的贡献，在很大程度上可以说国家与民间的力量是相辅相成的，缺一不可。

经济史研究表明，在18世纪以前东方社会的发展程度高于西方，在中国江南地区、东南亚、印度以及阿拉伯帝国出现了繁荣的商业和贸易，城市人口与城市规模方面远远超过任何其他地区，这说明东方社会是自成一体的，代表了一种文明模式。正是由于这种多层次、多方面的经济、科技与文化交流，带来了东方各国社会的整体发展，生产规模扩大，城市人口增加，人口流动加快，商品经济活跃，出现若干经济、文化与交通运输中心，成为前近代世界的发达区域。按照英国著名经济史家安格斯·麦迪森的统计，1820年全球GDP的52%来自亚洲，其中中国贡献了29%，印度为16%。在农业文明时代这个经济规模是十分庞大的。曾有学者指出，东方的亮丽在于数千年前文明之火点燃了却一直没有熄灭的中国、印度与阿拉伯国家的伟大成就。正因为如此，东方成为前近代时期名副其实的"发达"地区。

四、东方历史发展的总趋势

在对近代以前的东方历史发展进程的回顾中，可以看到国际的相互交流是人类社会进步的重要条件之一。凡是越开放、东西方联系与互动最密切时期，就是社会进步最快时期，地区的文化程度与其交通量成正比并非言过其实。[①] 研究历史的目的在于回归历史的本体，找回历史的本真。尽管东方各地区、各国家发展不平衡，发展道路多种多样，按照多种社会形态运动，没有像欧洲近代工业社会那样出现"突破性"的跃进，但我们认为历史发展是永恒的，本质是真实的。这是

---

① 宫崎市定：《宫崎市定亚洲史论考》上卷，朝日新闻社1976年版，第201页。

理解整个东方历史的关键。人类社会发展的总趋势是从分裂、分散走向相互联系与联合,在各文明的相互交流交汇中,社会内部发生政治、经济文化方面的结构性变化,经济的作用在增大,社会管理组织日益复杂,人们的生活、心态与精神面貌都发生深刻改变,无疑给东方社会肌体注入了活力,各国受惠于东西方文明交流交汇的总过程。

东方国家从古代的先进到近代的衰落,从近代的衰落再到今天的重新崛起,正在深刻改变着东西方关系发展的总体格局。从今天东方国家正经历的深刻社会变革来看,任何西方经典经济学理论、现代化理论、依附理论以及世界体系论,都已无法解释东方国家重新崛起这场空前伟大变革的现实,新的史学理论只能在东方国家伟大变革的现实中孕育产生。当今时代是特别需要理论、生产理论的时代。经过16世纪地理大发现以后的500年曲折与"行行重行行"之后,今天的东西方力量对比已经发生深刻的变化,彻底扭转了东方社会发展长期受制于西方的局面,至少已经取得新的平衡。以中国、印度和东盟国家为代表的东方国家重新崛起并非简单的历史轮回,而是显示了世界经济运行规律以及世界发展的多样性和不平衡性,世界进入了多强并存与竞争的时代。从长远观点来看,具有深厚文化基础的东方国家可能会在未来的发展中更能发挥优势,在处理好传统与现代、国家与市场、国内因素与国外因素的复杂关系后,能够创造出一个新的发展模式与发展观。无论从何种意义上说,东方国家的整体崛起是20世纪最重要的事件之一,改变了西方资本主义世界单一的发展格局,为人类社会提供了另外一种崭新的发展模式。世界需要一个新的发展观。

当前东方国家正在加速推进工业化和信息化进程,科技因素逐步上升为支配社会发展与进步的主导性力量,成为时代精神的象征。"印度正和中国一样,作为亚洲的新兴大国,像一颗新升起的明星,受到世界的瞩目。"[1]中国、东南亚、印度以及伊斯兰国家都已经找到自己的

---

[1] 林华生:《东亚经济圈(增补版)》,世界知识出版社2005年版,第77页。

发展道路，向现代文明推进的历史趋势十分强劲，将重新定位与西方的关系。我们相信他们在克服种种困难与挑战后，最终会完成本民族复兴的伟大任务。今天东方各国间虽然存在若干问题，但也会在整体发展中得到克服与调整，会在克服地区性重大事件中曲折前行。长期以来，西方对东方有过多的曲解与误解，无法做出对东方历史的真实判断。从亚当·斯密到黑格尔和马克斯·韦伯，都有东方社会，特别是中国社会停滞与落后的观点，以至于影响了后来的政治家和社会学家。进入近代以后，由于西方政治、经济、科技、文化与外交处于强势地位，近代欧洲的历史成为评判东方社会的标准，诸多研究成果弥漫着东方社会停滞与落后的沉闷气氛，这些成果影响了几代人。他们对东方社会的考察基本上都是从近代西方社会发展的评判标准出发的，许多成果有着明显的欧洲中心主义倾向。

要破除"欧洲中心论"与东方落后的观念，东方学者必须参与到当前东方国家空前伟大变革的宏伟实践中来，跟上时代发展的步伐，放宽历史的视界，确立新观念，重视东方本土的材料资源，而不是过多地使用西方的学术成果与标准。改革开放后我国大规模地翻译引进了国外历史著作，包括史学理论、观点与方法，但是同时我们也不自觉地跟在西方后面亦步亦趋，过度地把西方史观与分析模式作为构建与评判东方历史的标准，甚至以西方标准去裁剪东方历史。这显然无法推进中国的世界史研究。中国应该适当吸收世界标准的有益成分，确立自己的世界标准。突出经济力在东方历史中的作用，强调古代西太平洋市场的国际地位，依靠本土资源，可以在西方话语权之外找到一个新的视角去解释东方历史的演变过程。

第四节　东亚区域意识的源流、发展及其现代意义

随着地区经济的快速发展与崛起，东亚日益受到世界瞩目。作为

东亚思想共识的"东亚区域意识"也日益成为一个热门话语,引起关注与研究。在我国,东亚区域意识可以说已不是什么新名词了。但是迄今为止,人们对它的源流与发展仍缺乏系统的足够的研究,我们认为有必要对这一问题做进一步探讨,以求弄清它发展的来龙去脉。在历史上,东亚地区是一个独立的世界,但独立并非孤立,它拥有自己独特的国际关系秩序和历史文化系统,区别于地中海世界和伊斯兰世界。美国学者费正清、赖肖尔等人已经指出:"在漫长的历史长河中,这里的人民在组织、技术、财富等方面远比欧洲或其他文明区各民族先进和优越。""尤其重要的是,东亚拥有一个独特的高度发达的文明,它不仅使亚洲拥有一个伟大的过去,也使她为今天的飞速发展奠定了坚实的基础……这些特征的根源在于隐藏在当地各民族丰富的历史经验背后的深厚的历史传统。"[①] 此处所指的东亚是狭义而言,具体是指中国、朝鲜半岛、日本与越南,不包括所有的东南亚地区各国;广义的东亚包括东南亚。为了叙述上的方便,这里只使用狭义的概念。

一、东亚区域意识的源流

东亚区域意识是 20 世纪 80 年代以来在东亚地区出现的一个热门话语,标志着东亚地区社会经济发展到了一个自觉阶段。它的产生和发展经过了漫长的历史时期。简言之,东亚区域意识是指东亚国家超越了个人、民族和国家意识的一种群体意识,是在大体相同的文化背景下东亚各国由分散走向联系的自我意识,是渴望发展与联合的地区思想、情感与意愿。意识同精神一样具有同等的内涵,是物质发展到一定阶段的产物,是对物质世界的反映。任何一个地区思想的出现,都是与一定的形势相关联的,并非空穴来风。东亚区域意识的形成、

[①] 费正清、赖肖尔等:《东亚文明:传统与变革》,"绪言",天津人民出版社 1992 年版,第 1、2—3 页。

发展与高扬是与本地区的形势密切联系在一起的。

把东亚地区历史作为整体进行研究，至少在20世纪五六十年代就开始了，如美国费正清撰写的《东亚：伟大的传统》(1960)、《东亚：近代的转变》(1965)等，都是以区域的视角研究东亚历史发展的代表作品；战后日本学者也开始了探讨东亚区域史研究，如国内读者熟知的西嶋定生、堀敏一、藤间生大、前田直典、井上秀雄、滨下武志等，都主张以东亚史观点研究古代中国与其他国家关系，打破国别史的束缚，从整体上把握东亚历史，并取得了不小的成就。我国学者近年也在关注东亚整体历史研究。东亚区域史研究的对象是一个整体世界，关注的是区域内跨民族、跨国家的政治、经济、文化与科技交流等，孤立的国别史研究已经不能满足今天形势的发展需要了。区域史的研究打破了国别史研究的局限，走向了域内国家间的互动交流与整体关联。同样，作为东亚历史发展的重要产物——区域意识也应该受到重视，引起研究，探索其发展的基本过程。

关于东亚区域意识问题，国内学者已有初步探讨。我国学者认为："中国的东亚地域意识，并不是近代以后才形成的，早在周代就已有这种意识存在了，至汉唐时代则日臻完善。……周代时期推行的邦畿制度，明显地体现了当时的地域意识。"[①] 这种观点是以《尚书·禹贡》"五服制度"（即甸服、侯服、绥服或宾服、要服、荒服）和禹划分九州作为理论根据的。周王朝是否真正地实行了这一制度并不重要，重要的是它反映了古代中国人的天下与区域观念。十分清楚，这是当时中国人的区域意识，还不是整体意义上的东亚意识。先秦的这一观念对后来中国人的地域思想与方位观念发展具有很大的影响作用。也有学者认为："在东亚历史发展进程中，早在中国的汉朝，由于华夷思想、封建体制和儒学国家化作媒介与皇帝观念相结合，确实作为国际

[①] 宋成有、汤重南主编：《东亚区域意识与和平发展》，四川大学出版社2001年版，第1页。

政治关系的东亚世界形成的条件已经具备。"①

我们同意将东亚区域意识的源流追溯到周代，这种意识不断发展形成了中国与四方的基本观念。但这仅仅是区域意识的萌芽而已，还不是完整意义上的区域意识。秦汉时期，随着中国对外影响的扩大，对外联系与交流增多，进入了区域意识的形成时期。秦汉帝国的建立不仅完成了中国政治上的统一，更为重要的是，在东亚出现一个地区性大国意味着中国与世界的关系进入了一个新的阶段。从政治影响与疆域扩展而言，秦朝建立了规模空前的帝国，奠定了中国后来疆域的版图。汉承秦制，汉代的发展在许多方面超过秦代。两汉时期中国开辟了与东亚朝鲜半岛、日本列岛以及越南的关系，甚至开辟了与中亚、西亚、地中海区域的联系，突破九州的地域，大一统的理想已经实现，出现社会发展的第一个高峰，使中国成为东亚世界的中心。在客观上，东亚已经成为一个独立的世界。

进入人类文明社会以来，东亚就是世界上几个重要的文明中心之一，它的影响是不断向外扩散的。古代东亚世界的建立、发展与繁荣并不是孤立地实现的，它是东亚各国共同参与缔造的，每个国家都参与创造了东亚的辉煌。东亚国家大部分时间在和平、友好与交流的形势下繁衍生息，有着明确的区域意识。正是由于这种意识，东亚各国才得以奠定一个稳定、和平与持久的囊括政治、经济、文化的区域共同体。任何一个共同体的建立，既有经济原因也有政治与文化原因，这些原因相辅相成。东亚区域意识的内容是丰富的，也随互动关系的增强而不断深化。日本学者堀敏一指出："东亚地区最初使高度文明产生的是中国。在中国产生的文明促成了中国周边地区以及周边诸民族的勃兴，形成了包括诸民族的东亚世界。"②

东亚地区是受中国文化与政治力影响较深的地区，存在古老的国

---

① 宋成有、汤重南主编：《东亚区域意识与和平发展》，四川大学出版社2001年版，第174页。
② 堀敏一：《中国与古代东亚世界》，"前言"，岩波书店1993年版，第2页。

际关系，即"天朝礼制体系"。在今天看来，这个古老的国际关系虽说不平等，但却是和平、友好与睦邻的。在这个秩序内，中心与边缘的结构层次非常明显，长期以中国为主导的国际环境，日本、朝鲜半岛与越南参与其中，是实现这个秩序的基本条件。日本学者森公章指出："在古代日本的国际关系中，占居主要位置的是朝鲜诸国（含渤海）和中国诸王朝。"① 古代东亚社会基本上都是自给自足的农业社会，由于地理条件以及技术条件的限制，对外交往被局限在近距离的国家，区域交往性质十分明显。

日本、朝鲜半岛与越南加入到以中国为中心的东亚世界，推进了自身社会发展进程。日本是海洋国家，很早就利用船只进行海上运输交流活动，《日本书纪》《续日本纪》《风土记》《万叶集》等古文献中有关于船只的一些记载。公元前一世纪，倭人与中国汉朝建立了早期关系，倭人通于汉者三十余国，这种关系是以"岁时来献见"的方式确立的。经过一个多世纪的发展，到东汉光武帝时期，倭奴国遣使到东汉王朝的都城洛阳，汉光武帝"赐以印绶"，以示友好。② 即使在汉帝国崩溃后，邪马台国仍同中国保持邦交关系，从238年到247年的十年里，邪马台国五次向魏国派遣使节，魏国向邪马台国遣使两次。邪马台国之所以遣使魏国、加强与魏国的邦交关系，目的在于"通过重新加入中国王朝的册封体制，取得其承认和保护，借以提高自己的权威性，维系对服属各国的统治。同时也想通过尽早向魏国遣使贡献，克服地理原因造成的与中国王朝关系不如其他东夷各族密切这种外交上的不利条件，博得魏帝的好感，从而提高其在东夷各族中的地位"。③

---

① 森公章：《古代日本的对外认识与通交》，吉川弘文馆1998年版，第28页。
② 这枚由汉光武帝赐予的金印已于1784年在日本九州北部的志贺岛出土，成为文献记载与考古学发现相一致的非常珍贵的资料，是中日两国早期国家关系的实物见证。参见樋口隆康：《从大陆看古代日本》，学生社1990年版，第49页。有关中国政治、经济、思想、文化、科技、风俗、宗教等方面对东亚各国影响的详细研究，参见朱云影：《中国文化对日韩越的影响》，黎明文化事业公司1981年版。
③ 沈仁安：《日本起源考》，昆仑出版社2004年版，第128页。

在政治经济明显落后于中国的形势下,与中国交通往来对其十分有益。

中日两国地理毗邻,相互交流相对便利,每个时代都留下了相应的文字记录,日本是我国史籍中记载较多的国家。在倭五王时期,日本就向中国江南的南朝派遣了朝贡船。[①]631年遣使入唐,701年文武天皇"遣朝臣真人粟田贡方物、求书籍",在以后的时间里"常贡不绝"。[②]这段材料表明了唐代中日之间交流频繁的情况,在中日关系史上也有重要的位置。东亚地区已经形成一个相互联系与互动的世界,不同国家加入到这个世界中来,由中心和边缘区构成一个整体世界。只有加入到以中国为中心的东亚国际秩序当中,日本才能真正成为国际社会中的成员。

朝鲜半岛加入以中国为中心的东亚国际秩序较日本为早,长期处于以中国为中心的国际秩序当中,与中国保持密切的政治经济关系。公元前108年,汉武帝在征服朝鲜后设立了乐浪、临屯、玄菟、真番四郡,加强对东北和朝鲜半岛的控制。汉帝国崩溃以及中国北方长期混乱,直接影响了对朝鲜半岛的政治管理,朝鲜半岛出现高句丽、百济和新罗三个国家。朝鲜半岛诸国与中国关系最为密切的是高句丽。根据韩国学者的统计,自东晋至隋朝300年间高句丽来中国朝贡173次,百济朝贡45次,新罗朝贡19次。[③]

新罗统一朝鲜后,朝鲜与中国的政治、经济、文化交流与使节往来就更多了。然而统一后的新罗在经过几个世纪后又重新分裂,朝鲜再次进入了三国时代,历史上称为后三国时代,最终统一朝鲜的任务是由高丽完成的。高丽王朝时期(918—1392)朝鲜与中国的政治、经济、文化、外交关系得到进一步的发展。从高丽古籍中可以看到大量的中朝双方交通交流与使节往还的情况。高丽王朝972年派内议侍郎

---

① 北见俊夫:《日本海上交通史研究》,法政大学出版局1986年版,第191页。
② 《唐大和上东征传·日本考》,中华书局2000年版,第59页。
③ 全海宗:《中韩关系史论集》,中国社会科学出版社1997年版,第142—143页。

徐熙等到宋朝贡献方物，976年十一月遣使宋朝祝贺宋太宗即位。[①]

交流是双向的，只有如此，交流才能可持续发展，为双方提供强大的动力源。宋朝也有人赴高丽交换物产，以牟其利。1036年宋朝商人陈谅等六十七人带去地方物产进行交换；次年，又有宋朝商人朱如玉等二十人到达高丽。[②]商品交换是宋朝与高丽双方联系的重要纽带，没有哪一种力量比它更为持久有力。他们交往的商品种类繁多，几乎涉及日常生活的所有方面，极大地促进了宋朝与高丽关系的发展。在高丽文献中常常出现"来献土物"的记载，都是两国交往的具体实例，昭示着他们在从事着和平的外交活动。在中朝关系中，经贸交流、朝贡、册封、奉正朔等是两国关系的重要内容。

明清时期中朝关系成熟稳定，经贸交流伴随着朝贡贸易得以进行。除了朝贡使团在北京采购外，还有在中朝边境鸭绿江每两年举行一次的边市贸易，双方交易的商品有牛、盐、绵布、麻布、纸张、海带、瓷器、青布、犁杖、釜、鹿皮等。[③]东方国家的关系不同于近代欧洲主权国家的关系，但这并不妨碍国家间的正常交往与发展，近代西方国家外交史理论与模式是无法解释东方国家的外交思想与实践的。这是东方国家历史、文化与传统使然。

朝鲜半岛对外交流多限于东亚一隅。除了与中国保持传统的政治、经济与外交上的联系外，朝鲜还与日本发生多方面联系，尤以经济贸易与外交往来为多。三国时期，百济于372年向东晋派遣使者正式接受册封，确立起在朝鲜半岛的势力，同时赠七支刀给倭国，与倭国建立起外交关系。[④]高丽与日本的主要交流通道，就是从朝鲜半岛北部东海岸至俄国沿海南部地区与日本列岛结合的地方。由于双方关系稳定，

[①] 金渭显编著：《高丽史中中韩关系史料汇编》上册，食货出版社1983年版，第20页。
[②] 金渭显编著：《高丽史中中韩关系史料汇编》上册，食货出版社1983年版，第34页。
[③] 荒野泰典、石井正敏等编：《亚洲中的日本史》Ⅱ，《外交与战争》，东京大学出版会1994年版，第227页。
[④] 关周一：《日朝关系史》，吉川弘文馆2017年版，第11页。

互派使者，贸易额比以前明显地增加了。从日本输入到高丽的商品有水银、硫黄、珍珠、木材、香炉、扇子、刀剑、弓箭、甲胄等武器，输入到日本的有人参、麝香、红花以及来自中国的丝织品与典籍。①

在今天看来，这些交易的商品也许相当有限，为此付出的代价或许又太大，但是历史在交流中不断向前迈进，在生生不已的演进中提高了社会发展的整体水平。我国学者认为："古代东亚文化圈之所以能够形成并长期维持下来，是当时因受阻于高山荒原大洋，文化交流主要限于东亚文化圈所造成的。""圈内各国的海上航行主要在东亚沿海进行，最多只能到达印度洋北岸的印巴次大陆。……因此，可以说古代东亚文化圈的形成和长期存在，是当时交流的有限性的产物。"②任何交往都受制于一定的地理条件，特别是在古代交通技术相对落后的时代更是如此。尽管这样，各国仍在努力突破各种条件的限制进行文明的交流与构建，创造自己的历史。对于历史上地理环境给人类社会活动造成的影响应给予足够的重视，但同时也要看到它毕竟是一个可变量，随着人类技术条件进步而影响逐渐减小。

东亚区域意识从萌芽到形成，首先表现在这个地区建立了区域性政治秩序即"天朝礼制体系"，所有国家被囊括到这个秩序与联系当中。和平的交往带来的是各国的友好与发展，形成新的文明区和新的文明生长点。在大部分时间里，以和平、互利为主要特征的传统的国际关系秩序成为东亚历史发展的主线。按照这个秩序，中、朝、日、越各国以一定的规则，通过寻找最佳的利益交汇点，形成各自在东亚世界中的位置与顺序。我国学者指出，古代中国所建立的以朝贡为核心的国际秩序，是基于"宗主国承诺保护藩属国责任的同时不干涉藩属国内政外交的基本原则"，"中国的不干涉政策是朝鲜与日本在华夷

---

① 关周一：《日朝关系史》，吉川弘文馆2017年版，第99页。
② 石源华、胡礼忠主编：《东亚汉文化圈与中国关系》，中国社会科学出版社2005年版，第61页。

秩序下发展两国交邻关系的前提"。① 日本学者滨下武志对此问题也有深入的论述，他说："以中国为核心的与亚洲全境密切联系存在的朝贡关系即朝贡贸易关系，是亚洲而且只有亚洲才具有的唯一的历史体系，必须从这一视角出发，在反复思考中才能推导出亚洲史的内在联系。"②在这个秩序中，中国与朝鲜、越南的关系至为密切，后者根据前者的规定，按照一定的期限（贡期），向中国王朝派出一定的使者（贡使），中国王朝对他们加以确认与册封。这种关系是比较稳定的。从本质上说，这种国际关系是古代君臣关系的扩大。

东亚区域意识的形成，还表现在受中国文化深刻影响上。在近代以前，东亚地区与西亚、北非、南亚、中美洲地区一样，是世界最重要的区域文明之一，一直存在着比较完整的区域文化，文化的区域性特征十分明显。在这个文化体系当中，文字是文化的重要载体。西嶋定生强调："汉字是古代中国发明的文字，传播到中国周边，作为地区的文字使用。……因此，汉字作为文字使用的地区，一概可以理解为以中国为中心的汉字文化圈。"③在秦汉时期，中国汉字早已在朝鲜半岛、日本广泛传播了，随之中国文化被传播到那里。任何文字和文化在异地生根必然有它需要的各种条件，这个受容过程是经过很长时间之后逐步形成的。"汉字、汉文传到朝鲜半岛后，朝鲜民族很快接纳，并通过汉字、汉文吸收汉文化，与本土文化融合，从而创造本民族的传统文化。并以其丰硕的文化成果，丰富和发展了东亚文化体系内涵。"④汉字不仅是中国的文字，也成为朝鲜、日本、越南等东亚地区各国通用的国际文字，加快了文化传播与交流。文明的交流，使文明的成果在短期内很快为人类共享，使人类文明进步的步伐大大加快，由

---

① 陈文寿：《近世初期日本与华夷秩序研究》，香港社会科学出版社2002年版，第28页。
② 滨下武志：《近代中国的国际契机——朝贡贸易体系与近代亚洲经济圈》，中国社会科学出版社1999年版，第30页。
③ 西嶋定生：《倭国的出现——东亚世界中的日本》，东京大学出版会1999年版，第169页。
④ 杨昭全、何彤梅：《中国—朝鲜·韩国关系史》，天津人民出版社2001年版，第74页。

文明中心区及毗邻地区形成相对独立的文化世界。在形成国家之后各国间有了国使往来，周边外夷首长遣使带来的国书称为"表"，呈献给中国皇帝的国书称为"上表"；中国周边外夷首长为了永久维持与中国王朝的关系，就必须使用汉文制成表书，学习汉文和汉字。[①] 至少从文字文化使用的角度看，东亚各国已经联系在一起了。

早在三世纪中国儒家文化传入日本，八世纪两国文化交流达到了相当高的水平。"奈良时期（710—794），以儒家经典《易》《诗》《书》《春秋》《周礼》《仪礼》《礼记》为中心的中国思想文化，由遣唐使、留学生、学问僧带到日本，统治阶级积极学习中国儒家文化，建设了光辉的'奈良文化'。"[②] 共同的意识离不开共同的文化背景，这种无形的文化理念和价值意识凝聚了东亚各国，起着促进精神文化整合的作用，在某种程度上改变了世界。区域意识的出现标志着对历史的重构，即把各国从相互独立与封闭的世界中解放出来，代之以经常性的普遍性的联系。尽管为了走到一起经历了无数次的对抗、争夺以至战争，但事实上各国交往合作的思想已经产生了，各国各民族孤立生存的时代已经为新的联系的时代取代了。这是东亚历史横向发展的重大突破。

强调中国文化对日本、朝鲜半岛、越南的影响，与强调这些国家具有自己一些特殊性、自主性和首创精神是一致的，不可割裂的，必须看到各国的差异性与特殊性，否则就容易陷入形而上学分析方法的泥潭。已有学者指出：

> 讨论东亚共通的文化共相时，也不能忽略东亚各地区所具有的特殊性，以及文化传播的限度。例如东亚各国后来都创建自己的文字，只是上层社会仍以汉文为主。又如中国实施律令时，其实是以律最为发达，宋以后已不再全面性整理令；反观

---

① 西嶋定生：《倭国的出现——东亚世界中的日本》，东京大学出版会1999年版，第175页。
② 上田正昭编：《古代日本与东亚》，小学馆1991年版，第464页。

同时代的日本,则以令较为发达,这当是日本律散亡而令保存的原因之一,中国则反是。……也就是说,传统东亚地区在吸收中国文化时,并无丧失其本地习俗及其特殊性,这是因为各国在摄取中国文化时,主要是透过当地的教育事业,而使文化生根发展,并非来自外在政治力压迫的缘故。①

这些问题都涉及一个根本性的原则,即一种文化怎样才能移植到一个国家并且落地生根,或和睦相处。中国文化在朝鲜半岛、日本、越南的传播是成功的,是和平发展的,并融入当地国家生活和社会生活的所有方面。今天正处于大文化与大外交时代,文化已经成为外交的重要组成部分并发挥着日益重要的作用。无论世界还是东亚,各国在经历了历史上的种种磨难、曲折与挑战之后,应该从时代的高处为今后的合作与发展提供强有力的精神纽带和强大的精神动力。东方文化中的有益成分具有这个功能,也应当承担起这个责任,但关键是如何去腐生新,去提取、概括和锤炼,完成再造的任务。

二、东亚区域意识的发展

隋唐帝国的建立,使东亚走出了近400年的分裂与战乱,对历史进程具有决定性意义,也使东亚区域意识进入了空前发展的时代。东亚地区是一个独立的历史世界,拥有构成东亚世界的基本要素,即它的概念内涵。有学者把构成东亚世界的诸要素归结为儒学、科举、典制、技术、宗教等五项,也有人把它归结为汉字、儒学、律令、佛教等四项。这样的概括有可参考之处和重要价值。从历史发展的角度看,把东亚区域意识的发展确定在隋唐时期比较合适。因为无论从政治、经济、文化、外交的既有成就方面,还是对后来历史的影响方面,隋

---

① 高明士:《东亚古代的政治与教育》,喜玛拉雅研究发展基金会2003年版,第264—265页。

唐时期都是区域意识大发展时期，东亚各国在不同程度地实践着区域意识，甚至把它上升为自觉的行动。日本学者西嶋定生指出，6—8世纪以中国为中心的东亚各国相互联系，在册封与授官这一形式上，是以中国王朝与周边各国缔结君臣秩序为轴心来展开的。[①]这可谓是见道之论。

促使东亚各国密切联系在一起的有利因素，一是文化，二是经济。文化发展并不一定与社会经济发展同步，有时候会早于经济发展。这种情况在世界其他地区也是存在的。如果说文化是东亚大树的主干，那么哲学、艺术、法律、经济以至科学则是其主干上结出的果实。在东亚由中心区与边缘区两部分组成的整体性世界结构中，文化起了至关重要的作用。文化能把所有国家、民族与地区无间隔地联系起来，从而使东亚有了共同的思想文化资源。中国汉字文化以其强大的吸引力把周边国家吸收到东亚世界中来。东亚地区存在的卓尔不群的汉字文化从心理上和思想上把各国联系起来了。法国学者汪德迈在《新汉文化圈》一书中指出：

> 汉文化诸国之间不同的文化特质都深深嵌刻在一个共同的心态基石之上，从而又使得这些国家之间的近似性远较西方印欧文明为基础的国家之间的近似性为强。这一共同的心态基石，就是普遍运用于汉文化圈各国的汉字。[②]

如果没有这个共同的通用汉字，就不可能写成有目共睹的汉字诗文、史学、文学和哲学，以及国家间交换互致的国书，就不可能形成汉字文化圈，形成共同的文化意识和文化共同体。汪德迈还指出：

[①] 日本唐代史研究会编：《隋唐帝国与东亚世界》，汲古书院1979年版，第91页。
[②] 汪德迈：《新汉文化圈》，江西人民出版社1993年版，第87页。

这三种发音不同的汉语，一直到19世纪末都是这些国家撰拟政治、行政公文的主要工具，也是最为高雅的文字表达工具，在长达一千多年的时间里，给遥遥领先的差不多在各方面都处于统治地位的汉文化的传播提供了一条理想的通道。[1]

早在商周时期形成的中国与四方的方位观念，经秦汉到隋唐时期有进一步的发展，形成明确的区域意识。由于文明发展程度不同，在国际关系中发挥的作用不同，周边各国并不是平等地参与东亚世界的，而是以一种臣服、卑微的角色加入到这个世界秩序当中的。隋唐时期的区域意识是以中国为中心的，产生出一套成熟的"天朝礼制体系"。"天朝礼制体系"与近代殖民主义和帝国主义时期损人利己、单方面攫取利益的不平等的国际秩序不同，"华夷秩序的国家关系原则为藩属国最大限度地发挥民族自主性和最大限度地获得自由发展提供了最大的空间，是值得肯定和借鉴的"。[2]

东亚区域意识发展的重要标志，是各国相互联系进一步加深，交流范围进一步扩大。隋唐时期日本向中国派遣了大量的留学生和学问僧，学习和采借中国文化，中国文化如滚滚洪流输入日本，在日本引起回响。日本不仅按照隋唐中央集权的国家形式改革了政治经济结构，学习中国的文物典章制度，掀起全面学习中国的热潮，而且进行了具有社会转折意义的大化改新，把自己完全融入东亚世界体系，一跃进入封建社会。日本总是以一种朦胧自觉的意识吸收域外文化的，从而把自己民族固有的东西与外来文化相结合，促进社会的变迁。当时从中国留学回国的日本留学生曾奏言："其大唐国者，法式备之，珍国也，须常达。"[3] 这是日本明显的大唐观。寥寥数语，表现出日本

---

[1] 汪德迈：《新汉文化圈》，江西人民出版社1993年版，第98—99页。
[2] 陈文寿：《近世初期日本与华夷秩序研究》，香港社会科学出版社2002年版，第448页。
[3] 《日本书纪》，转引自森公章：《古代日本的对外认识与通交》，吉川弘文馆1998年版，第50页。

勇学先进、不甘落后的进取精神。从日本来到唐都长安和东都洛阳的学生、商人络绎于途，遣唐使团人员达到500—600人之多，规模庞大。"虽然时常发生沉船和其他海难，日本人仍冒着危险，坚定不移地前往中国文明的发源地求取宝贵知识经验，将一切可能得到或移植的东西带回日本。"① 从中国输入的涉及官制、学制、礼制、儒学、田制与税制、法律、文学、史学、艺术、科技、佛教、建筑和书法等，成为中国文化的真诚学习者与模仿者，惟妙惟肖，"青出于蓝而胜于蓝"，甚至接受儒家的"天命观念"和祥瑞灾异思想。值得注意的是，沿用了六七百年的"倭"的名称此时也被"日本"所取代了。即使在遣唐使停止派遣之后，唐日间的贸易关系也未中断，仍以一定的规模进行。

朝鲜三国时期留学中国唐朝的留学生数量可观。派遣留学生、留学僧和王子来唐朝学习最多的是新罗，其数量达100—120人，许多人在唐朝生活超过10年。② 新罗不仅学习中国的语言、文字、天文、历法与田制，还采借中国的科举制度选拔官吏，将《左传》《礼记》《孝经》《春秋》等儒家经典作为主要考试科目；在中央，仿效唐朝设执事省，总理国政，其下设位和府、仓部、礼部、兵部、左右理方府、例作府，相当于唐朝尚书省的六部。朝鲜王朝在文物典章制度方面完全学习中国，"文物礼乐，悉遵唐制"。③

在交通方面，陆路交通和海路交通把日本列岛、朝鲜半岛、越南与中国联系在一起。朝鲜半岛是联结中国与日本的重要桥梁。从中国

---

① 罗兹·墨菲著，黄磷译：《亚洲史》，海南出版社、三环出版社2004年版，第225页。
② 堀敏一：《中国与古代东亚世界》，岩波书店1993年版，第262页。
③ 黄枝连：《东亚的礼义世界——中国封建王朝与朝鲜半岛关系形态论》，中国人民大学出版社1994年版，第65页。关于朝鲜半岛接受中国隋唐文化影响的进一步论述，可参见日本唐代史研究会编：《隋唐帝国与东亚》，汲古书院1979年版，327—355页；宋成有：《东北亚传统国际体系的变迁——传统中国与周边国家及民族的互动关系述论》，"中央研究院"近代史所政治外交史组2002年版，第44—45页；王小甫主编：《盛唐时代与东北亚政局》，上海辞书出版社2003年版。

河北、山东及东南沿海到朝鲜、日本的航路早已开辟了。唐朝时期中、日、朝、越四国交通贸易网络发达。当时唐朝与新罗的交流非常频繁，楚州（今江苏省淮安）以北的今天江苏和山东沿海的州县到处置有新罗坊，成为新罗人的居住地。① 当时往返中、朝、日之间的商船每天有几十艘；在北方，中国商人直接通过海路到达朝鲜，也有朝鲜商人乘船跨过鸭绿江经由山海关进入中国关内，最远到达唐都长安。唐代的扬州成为对日、朝重要的交通贸易港。"扬州则以国内商业称雄，盖其为运河、长江连接处，形势独优也。"② 近年的经济史研究表明，中国封建社会在唐代就有了相当发达的商品经济了。

统一的唐帝国的建立也促进了朝鲜半岛的政治统一。在朝鲜半岛，新罗采取远交近攻的策略，争取唐朝的支持打败百济和高句丽，实现了政治统一，完成了由分散到统一的进程。不仅中朝、中日间建立了密切联系，朝鲜半岛与日本列岛之间也有经贸、移民、宗教文化交流，存在正常的邦交关系。《三国史记》载："秋七月……（别件）……日本国使至。总二百四人。"③ 从这时期东亚社会的总体情况中可以看到，日本和朝鲜两国的自主性在增强，自觉地吸收外来文化以充实自己，表现出博采异域的勇气。"唐朝周边的朝鲜与日本，摆脱了原始社会，开始成长为古代国家。七世纪各自掌握唐朝文化，生产力和文化迅速提高了。"④ 中外交流以及东亚区域与域外交流，不仅造就了气势恢宏的唐朝盛世，更为重要的是朝鲜、日本、越南处于以中国为中心的东亚世界内，带来了东亚的整体发展。"周边诸国君长朝贡和中国皇帝颁赐这一通交形式，成为东亚近代以前国际秩序的基本形态。"⑤ 由于东亚地

---

① 木宫泰彦：《日华文化交流史》，富山房 1977 年版，第 130 页。据我国学者统计，在新罗王国与大唐帝国长达 280 年的交往中，双方使节往返共有 161 次，绝大多数是从海路来去的。参见何芳川：《中外文明的交汇》，香港城市大学出版社 2003 年版，第 27 页。
② 方豪：《中西交通史》上册，中国文化大学出版部 1983 年版，第 266 页。
③ 转引自旗田巍先生古稀纪念编：《朝鲜历史论集》上卷，龙溪书舍 1979 年版，第 216 页。
④ 藤间生大：《近代东亚世界的形成》，春秋社刊 1977 年版，第 25 页。
⑤ 田中健夫：《东亚通交圈与国际认识》，吉川弘文馆 1997 年版，第 21 页。

区存在诸多地理条件的限制，导致只能在本区域内若干相邻、交通条件许可的国家形成区域性交往，相互间的联系与往来也只能在毗邻的国家进行。

　　东亚意识突破了狭隘的国别意识走向国际，并向纵深展开。这是区域意识发展的重要标志。它的形成是必然的，是东亚社会政治、经济与文化发展的结果。为什么此时东亚地区发展了整体意识呢？这个问题只有深入到东亚地区的政治经济发展的程度中才能理解。在它的背后有一个连贯的、整体的东西在起作用。朝贡贸易在东亚国家关系中的作用不可忽视。关于东亚诸国的朝贡贸易问题，日本学者堀敏一指出："除了政治的、文化的要求外，还有通过朝贡与中国朝廷贸易，想得到中国物资的欲望，特别是游牧民族这种要求比重更大，但是农业国家也不例外。朝贡本身就是交易的一种形态，可以从中国王朝获得回赐。"[①] 尽管他们并不一定认同中国的"上国"地位，中国也不想通过这一形式获得经济上的什么好处，但是双方都想利用这种古老而松散的政治关系分别达到各自获得经济贸易上的利益与共享太平的目的。中国的这种思想由来已久，"这样的中国君主思想，大概在春秋末期到战国时期就形成了，不久成为儒家政治思想的核心，形成王道思想。等到儒学被国教化，作为皇帝思想的德治主义至少在表面上被保持了下来"。[②] 这是东亚世界不同于欧洲的地方。

　　隋唐时期形成的区域贸易网络不仅使各国连成一体，也有力衔接了东亚与印度洋以及伊斯兰世界的贸易。东亚区域内贸易发达，也可称为经济共同体，即经济的东亚。经济贸易是联系各国的强有力因素。在这个利益因素的驱动下，东亚形成一个相对联系紧密而开放的世界。滨下武志指出："将东亚海洋地区各国松散连接起来的主要线索是朝贡贸易关系，这一关系从唐代起一直延续到清代，也就是从公元7世纪

---

① 堀敏一：《律令制与东亚世界》，汲古书院1994年版，第166页。
② 筑摩书房编辑部：《世界历史3：东亚文明的形成》，筑摩书房1960年版，第106页。

直到 1911 年。这个以中国为中心的秩序无疑既包括了朝鲜、日本和越南这些核心国家，同时也包括另外的一些小的邻国。"①

唐朝国力雄厚强大，热情奔放，对维系东亚国际体系的政策趋于成熟，商品交换与人员往来不断，商品生产和商品交换有所发展，是与东亚各国联系空前密切的时期，各国间的交往开始进入世界舞台。这些条件为区域意识的发展提供了比较充分的物化条件。历史发展到此，迎来了区域意识的发展时代并非偶然，它是在东亚国际形势变化的条件下发生的。首先是中国对周边国家的政治经济影响力空前增强了；②其次是周边国家自觉地接受中国政治经济的影响，从而产生良性互动关系。正是这一切，促成了东亚区域意识的勃兴。

东亚区域意识是东亚国家对于历史文化的认同，反映了各国业已成长起来的思想品格。东亚区域意识虽然是 20 世纪 80 年代以后才明确提出来的，但这一思想却源远流长。在区域性的交往中，各国逐渐突破国内交往的狭隘局限，更多地走向国际交往，从政治交往走向经济、文化、技术与人员往来，真正把国家关系融汇到世界历史的洪流当中。它们既联系紧密，又呈现出复杂多样的特点。进入唐代以后，东亚历史出现这样一种趋势，即开启了东亚国际关系的崭新阶段，外交活动突破了地域观念把触角伸向世界。东亚所处特殊地理位置，启动了国家间交流与合作意识，激发了相互学习与借鉴的精神，形成了内部循环机制。在这个地理范围内形成的中华文化圈是在远离其他类型文化的条件下独立发展起来的。近代德国哲学大师黑格尔把地理条

---

① 乔万尼·阿里吉等主编，马援译：《东亚的复兴：以 500 年、150 年和 50 年为视角》，社会科学文献出版社 2006 年版，第 23 页。
② 关于中国唐代对东亚地区的影响，我国学者黎虎先生指出："唐代推行积极的对外开放政策，把我国古代外交推进到了一个崭新的阶段，使以中国为中心的东亚外交圈更进一步向四外辐射、拓展。唐代外交不仅是中国古代外交发展的鼎盛阶段，而且在当时的世界上也处于领先地位。以唐朝为中心的东亚外交圈，其所交往国家和地区之繁多，其辐射范围之广阔辽远，其经济文化交流之频繁和影响之深刻，其向心力之强大持久，足与当时以法兰克、拜占庭和阿拉伯帝国为中心的西方外交圈匹敌，东西辉映。"参见黎虎：《汉唐外交制度史》，兰州大学出版社 1998 年版，第 267 页。

件看作是"精神"表演的场地,并强调"我们不应该把自然界估计得太高或者太低"。[1] 隋唐时期发展起来的东亚区域意识,影响、指导并制约着整个东亚国家关系的发展,虽然各国之间也发生过矛盾、摩擦乃至战争,但大部分时间是在和平、友好与交流的时间里度过的。

东亚区域意识的产生和发展,主要是由以下三个条件决定的:第一,东亚地区长期存在区域性的政治结构——"天朝礼制体系"。这个秩序内各国关系虽然不平等,但却是和平的、友好的,有利于本地区的稳定与发展。这是世界任何地区都不曾出现过的独特的政治秩序。第二,以儒学为主体的汉字文化有利于促进共同的精神与文化的生成。共同的文字文化给各国带来的好处不言而喻,各国可以分享高水平的哲学、文学、史学、宗教、艺术以及科技。这是东亚地区较世界其他地区优越发达的重要原因。日本学者西嶋定生将其称为"东亚文化圈",我国学者较多地使用了这个概念。第三,相对独立、隔绝的地理环境,把东亚地区阻隔成一个独立的地理单元,因而在空间上只能与邻近国家发生接触交往。《尚书·禹贡》明确地概括了东亚大陆的地理特征:"东渐于海,西被于流沙,朔南暨声教,讫于四海。"这个区域腹地辽阔,中、朝、日、越四国取长补短、相互借鉴,保持了相当的活力,形成与经济、文化相适应的意识形态——区域意识。

三、东亚区域意识的现代意义

东亚区域意识是东亚历史发展到一定阶段的产物。"区域意识的不断上升,有利于东亚合作的纵深开展,因为民族国家意识重要性的下降和区域意识重要性的上升是区域合作赖以成功的一个重要条件。"[2] 它对推动东亚区域合作、构建和谐区域秩序的积极意义,我们可以从以

---

[1] 黑格尔著,王造时译:《历史哲学》,生活·读书·新知三联书店1956年版,第123页。
[2] 李文:《东亚合作的文化成因》,世界知识出版社2005年版,第197页。

下几个方面来理解。

第一，东亚区域意识体现了东亚国家的自觉和对历史的借鉴与反思。东亚文明曾经是世界最先进的文明之一，它的博大与丰富多彩，它的延续久远与影响广泛，在十六、十七世纪以前一直独领世界文明之风骚，直到近代在西方资本主义势力的冲击下被抛向世界的边缘。近代欧美国家冲击瓦解了东亚国家的整体联系，使传统的国际关系秩序遭到破坏。日本在明治维新后"脱亚入欧"，对邻国采取"失之于欧美，取之于亚洲"的政策，先后侵占中国台湾和吞并整个朝鲜半岛，继而全面发动侵华战争。这种对外侵略的发展模式不仅给亚洲各国带来灾难，也使日本沦于失败者的地位。

战后苏美冷战的阴影笼罩了亚洲，20世纪五六十年代亚洲的形势因受苏美冷战影响而复杂多变。朝鲜战争和越南战争都是在东亚发生的。朝鲜半岛于1948年以"三八线"为界，成立大韩民国与朝鲜社会主义人民共和国，出现南北分裂对峙的局面。朝鲜半岛分裂是大国强权政治角逐造成的恶果，如此分明地形成了两个壁垒对立的阵营。冷战对东亚的影响时间之长、范围之广恐怕不亚于一场世界大战。朝鲜战争和越南战争使东亚各国遭受严重损失，付出了高昂的代价，仅在朝鲜战争中，韩国死伤和下落不明者99万人，朝鲜死伤约200万人，移居至南方的难民也有6.8万人之多。

在这次战争中，中国也付出了巨大的兵员伤亡[①]。经过战争的空前浩劫之后，各国深刻地感到和平的重要与可贵。20世纪60年代后期东亚社会发展才骤然加快，出现了寻求地区合作的一些构想。日本成为战后最早倡导区域经济合作的国家，不论学界还是政界都有寻求地区合作的积极思想；其他国家也有寻求合作的构想，要求冲破国家的、地区的、民族的、文化的界限，真正把生存发展放在首位。东亚国家从原来的"合"到近代的"分"，再到今天的"合"，在经过几场严酷

---

① 华庆昭：《从雅尔塔到板门店》，中国社会科学出版社1992年版，第233页。

的曲折之后重新看到了"合"的重要和"合"的力量，不论愿意不愿意或喜欢不喜欢，终将还要走到一起。

第二，东亚区域意识正同其日益崛起的经济一样，影响卓然可见。在经过经济高增长的带动之后，其又焕发青春，显示出蓬勃生机。战后东亚各国重新崛起，先是20世纪70年代日本经济的成功，接着是中国香港、中国台湾和韩国、新加坡等新兴工业化国家与地区的出现，进入80年代以来中国经济实现了历史性的跨越，每年经济增长率均保持在6%以上，创造出有别于西方现代化发展的东亚模式。这一切又一次唤醒了东亚区域意识，无论在理论上还是在实践上，它都有非同寻常的意义。东亚人不仅找回了失去已久的自立与自主，同时也增强了民族自信与自尊。这一崛起并非简单的历史轮回，而是东亚社会完成的第一个巡礼，表现出东亚历史"合"与"升"趋势，"东亚涌起了世界历史上声势空前的工业化、现代化大浪潮。到了八十年代，包括中国大陆在内的东亚广大地区的经济增长速度，都远远超过西方早期工业化时期的增长速度。东亚成为当代世界发展最快、经济最有活力的地区，并且带动世界重心从大西洋地区向环太平洋地区转移，为'太平洋时代'的到来拉开了序幕"。① 经过千百年的演进，东亚区域意识又重新抬头，面临着重新凝聚东亚各国合作、推进地区发展的艰巨任务，现在到了重新发挥其社会功效的时候了。

第三，东亚区域意识与当前东亚地区的形势密切关联，反映了域内各国的社会发展要求。尽管一体化还没有走上正轨，还存在若干需要解决的问题，但毕竟使人看到了合作的希望，看到了各国为此付出的努力。东亚各国已经形成这样一种共识：战后科学技术突飞猛进地发展，科研活动的复杂性和庞大的生产力已非单个国家所能驾驭，殖民主义时代和帝国主义时代损人利己、单方面攫取利益的时期已经过去，现在各国需要通力合作，相互依存，互利双赢。域外的竞争与挑

---

① 梁志明主编：《东亚的历史巨变与重新崛起》，香港社会科学出版社2004年版，第41页。

战不仅要求域内各国融合还要融突，走和合发展道路。在全球化和区域化的推动下，全区域的力量在行动，区域意识在增强，有利于整体提高东亚在世界舞台上的地位。它们看到市场经济的巨大力量，看到自己面临的国际竞争，非合作与联合已经不能抵御诸多的压力与挑战了。如果说在冷战对峙时代各国分属不同的阵营，倚重军事、信仰的对立，经济服从政治的话，那么在冷战结束后的时代，经济活动已经成为对外交往的重心，经济利益日益占据突出地位。

时至今日，不平等的交往方式行不通了，冷战思维也已过时。相比之下，还是互利合作、竞争共处为好。"这一变化给人类带来的不仅是资本的迅速增加，它同时唤醒了正义与良知，使人在追求高效益的同时不失公正，破天荒地实现了经济行为的多元受益。人类从此摆脱了此消彼长的利益争夺模式，越来越相互依存。"[①]

第四，东亚地区也像近代欧洲一样，有着自己的精神纽带。它可以指导我们更为理性地借鉴过去的经验，思考现实，筹划未来，树立共同的精神支柱，摒弃殖民主义时代、帝国主义时代和冷战时代你死我活的较量与零和博弈，在合作中走向互利双赢，共同富裕。今天，东亚面临着合作与整合资源的问题。在全球化与区域化同时发展的社会里，东亚意识中的共存、共融与协作精神更能适应世界多元文化与社会制度共存的需要，更符合全球化时代的发展方向。我国学者指出："自从几百万年以前地球上出现了人类以来，总的说来是分的趋势。由于求生的需要，人们越走越开，越走越远。然而地球是圆的，到了距今500年前，这种趋势倒转过来了，人类又走到一起来了。"[②]"人类又走到一起来了"，就是人类的集体主义时代（或称区域主义时代）的来临，事实上这个时代在战后初期的欧洲就已经开始了。科学技术与生产规模发展到今天，人类需要打破国界，超越意识形态和社会制度

---

① 王文元：《有关国际化的若干理论问题》，《北京社会科学》1994年第4期，第114页。
② 李慎之、何家栋：《中国的道路》，南方日报出版社2000年版，第5页。

的差异，拓展国际交往与合作，取得更大规模的比较效益。东亚区域意识中的共存、共融与合作思想对于推进区域化进程，调节不同民族、不同国家、不同文明间的利益关系，有着不可估量的作用。

第三章　东西方世界的汇合与西方对东方世界的冲击

在近代西方武力的冲击下，以华夷秩序为原理的传统东亚国际秩序被打破，原来的一套思想和做法被取代，进入欧洲国家主导的国际关系体系。这种冲击对所有东方国家来说几乎是全方位的，甚至可以说是致命的，没有任何一个国家可以再游离于这个体系之外，在痛苦中与西方"接轨"。敏锐的李鸿章惊呼："实为数千年来未有之变局"，"又为数千年来未有之强敌"；20世纪初，梁启超也发出"中国自数千年以来，皆停顿时代也，而今则过渡时代也"的惊人之语。[①] 自16世纪欧洲开始冲击世界以来，国际关系中就存在一个永久性的历史法则，即落后就要挨打，落后必然受制于人，先进者凭借政治、经济、军事优势将陆地、海洋变成争夺争霸的场所，掠夺和奴役欺侮后进者，甚至连中华帝国、印度、奥斯曼帝国都不能幸免。面对西方军事、商品的破关而入，中国、日本、朝鲜、奥斯曼帝国开始了艰难改革，迎难而上，以图自强。这样的历史教训应该时时记取。

第一节　马六甲沦陷对东方外交的影响

马六甲王国（1405—1511）是东南亚马来半岛上的文明古国，为马来语 Mallacca 的译音，在中国古籍中有满剌加、麻六甲、麻喇甲、

[①] 梁启超：《过渡时代》，《清议报》第82期。

马六呷等不同称呼,长期与中国保持密切的政治、经济关系,也是中国重要的朝贡国,建立者是出生于巨港的苏门答腊贵族拜里迷苏剌。我国史籍对其基本情况及其与中国关系有一定的记载,是研究东南亚历史的珍贵史料。马六甲由于位置特殊,处于东西方往来的交汇处,使其成为东南亚重要的交通与贸易中心,与欧亚国家保持着长期的经济、文化关系。

一、历史上的马六甲王国

自唐宋以后,随着中国对外活动的扩大与联系增多,亚欧许多国家都与中国建立了商业联系和国家关系。马六甲王国作为东南亚马来半岛上的国家也与中国关系密切,已经进入中国史籍的记载当中。15 世纪马六甲因地理之便,成为发达的东方商业贸易中心,与中国明朝关系密切,成为郑和七下西洋的必经之地。《明史·满剌加传》记载:

> 永乐元年(1403)十月遣中官尹庆使其地,赐以织金文绮、销金账幔诸物。……其酋拜里迷苏剌大喜,遣使随庆入朝贡方物,三年九月至京师。帝嘉之,封为满剌加国王,……五年九月遣使入贡。明年,郑和使其国,旋入贡。九年,其王率妻子陪臣五百四十余人来朝。[①]

这段史料表明了中国与马六甲王国官方往来的情况。从《明史》的记载来看,中国明朝与马六甲王国的关系十分密切,双方往来不断。宣德六年(1431),马六甲王国受到暹罗的军事威胁,明朝得到来使报

[①] 《明史·满剌加传》,中华书局 2007 年版。

告,曾敕谕暹罗,"毋违朝命"。① 在中国史籍《明史》记载当中,使用最多的是"朝贡"这一概念,但不管怎么说,它作为中国明朝在东南亚的一个重要交往国家,说明双方存在经济、政治与外交上的官方联系,中国在其建国与发展过程中发挥了作用。不论以中国传统的眼光看待南洋,还是以南洋的观点看待中国,它都不过是一个遥远的国度,彼此通过浩瀚的海洋进行交流,进行国家间频繁的外交活动本身就是双方关系的维系与进步。在葡萄牙人侵略马六甲王国之前,中国对其影响是始终存在的。《西洋朝贡典录》中记载,马六甲王国"其朝贡不绝"。② 在明朝永乐时期,马六甲王国与中国保持了友好关系,"其王慕义愿同中国属郡,岁效职贡"。在中国与马六甲王国的关系中,中国对马六甲王国的影响是很大的。明人费信在《星槎胜览》中记载:

  永乐七年,郑和等捧诏敕赐银印冠带袍服,建碑封为满加剌国,暹罗始不敢扰。十三年,酋长感慕圣恩,挈妻子涉海入朝,贡方物,赏劳之,使归国。③

这段文字清楚地表达了双方关系的密切以及中国对其影响,中国发挥了保护者的作用。永乐时期基本上遵循了明太祖朱元璋确定的把南洋渤泥、三佛齐、百花国、爪哇国、苏门答腊、真腊等作为不征之国的政策,保持了帝国周边的稳定。进入明朝宣德、正统时期,以至出现马六甲王国"屡遣使来贡"的情况。贡使带来的贡品种类繁多,基本上都是南洋的地方特产和来自国外的商品,包括犀角、象牙、玳瑁、鹦鹉、黑猿、白鹿、西洋布、沉香、丁香、乌木、苏木等。④ 马六甲王国对中国的朝贡每三年一次,贸易与外交同时进行。从国家间

---

① 《明史·满剌加传》,中华书局2007年版。
② 黄省曾著,谢方校注:《西洋朝贡典录》,中华书局1982年版,第41页。
③ 费信著,冯承钧校注:《星槎胜览校注》,中华书局1954年版,第21页。
④ 黄省曾著,谢方校注:《西洋朝贡典录》,中华书局1982年版,第41页。

经济交流的角度看，这些名目繁多的商品促进了国家关系的正常发展，对任何一方都异常重要的政治经济活动正是双方深入交往的结果。长期以来，中国与马六甲王国保持了和平稳定的关系，也使马六甲成长为东南亚繁荣的国际贸易中心。马六甲王国因从事东西方贸易而繁荣，成为当时东南亚名副其实的国际化大都市。澳大利亚学者安东尼·瑞德曾经指出，中国的朝贡制度影响了东南亚各国，所有的东南亚国家在15世纪都愿意使用中文致信中国表示臣服。[①] 这说明中国在当时的国际地位，是任何其他国家所无法相比的。

在东方历史上，经济与外交常常结合在一起，经济活动本身就是外交活动，有力地促进了东方商品经济的发展，有人把1450—1680年称为"东南亚的贸易时代"。这个时期的马六甲、勃固、阿瑜陀耶、金边、会安（海埔）、北大年、文莱、巴赛、亚齐、万丹、扎巴拉、锦石和望加锡等已经成为重要的贸易城市。[②] 马六甲一城有来自世界各地各种肤色的商人，所讲语言不下八十种，商品应有尽有，反映出当时城市的兴盛与繁荣，是名副其实的国际化大都会。

二、葡萄牙人东来及其对马六甲的占领

自从葡萄牙人来到东方后其力量是逐渐变强的，国家的力量参与到对外贸易与外交当中，支持商人的海外活动。1511年七月，葡萄牙大船长兼印度总督阿丰索·德·奥布魁克率领15艘船和大约1600名士兵占领了马六甲城，苏端马末被迫带领家人逃亡，最终客死他乡，从此马六甲沦于葡萄牙人的殖民统治之下。对此，《明史》有比较清晰

[①] 安东尼·瑞德著，孙来臣、李塔娜、吴小安译：《东南亚的贸易时代：1450—1680年》第2卷，商务印书馆2010年版，第256页。

[②] 安东尼·瑞德著，孙来臣、李塔娜、吴小安译：《东南亚的贸易时代：1450—1680年》第2卷，商务印书馆2010年版，第1页。

而简洁的记载:"后佛郎机强,举兵夺其地,王苏端马末出奔。"[①] 又记载:"佛郎机,近满剌加。正德中,据满剌加地,逐其王。"[②] 葡萄牙人侵夺马六甲的目的,在于垄断东方贸易,控制海上霸权,排斥回教徒和宣传基督教。[③] 在当时,马六甲是东方商业中心,东西方过往船只聚集于此,称得上是东方第一大港。东方丰富的天赋资源,早已成为西方人心中想象的盛产黄金之地;他们对东方财富具有一种强烈渴望,加快了东来的脚步。早在1498年5月,葡萄牙航海家已经率船到达印度及其周围地区。在此后的几年时间里,葡萄牙人一路向东来到东南亚,完成了夺取马六甲王国贸易主导权的任务。在占领马六甲之后,葡萄牙人的力量急剧扩大,"佛郎机遂纵横海上无所忌"。[④]

葡萄牙殖民者占领马六甲长达129年之久。据《马六甲史》记载,葡萄牙统治期间"惟终以垄断之心太切,施政之方不良,致土人揭旗反抗,前仆后继,岁无宁日"。[⑤] 葡萄牙殖民者在马六甲的殖民统治没有留下任何有价值的东西,无进步性可言,也没做什么"建设性"的工作。土地政策落后,把征服的土地分配给葡萄牙人,不订任何契约,不加任何开垦限制。[⑥] 对外贸易的情况也极为糟糕,落后的管理,繁重的关税,更使一些打算入港贸易的外国商船望而生畏,不得不转赴他港,引起邻近国家的不满,马六甲"其港务衰落,贸易不振,即因关政积弊所致也"。[⑦] 马六甲亡国后的命运曲折坎坷。在饱受葡萄牙一个多世纪的统治后,马六甲又遭受荷兰与英国的奴役。

---

① 《明史·满剌加传》,中华书局2007年版。
② 《明史·佛郎机传》,中华书局2007年版。
③ 张礼千:《马六甲史》,商务印书馆1941年版,第130页。
④ 《明史·佛郎机传》,中华书局2007年版。
⑤ 张礼千:《马六甲史》,商务印书馆1941年版,第145页。
⑥ 张礼千:《马六甲史》,商务印书馆1941年版,第184页。
⑦ 张礼千:《马六甲史》,商务印书馆1941年版,第185页。

三、从东方外交史的角度看马六甲的沦陷

1511年马六甲王国沦陷,是东方外交史上的大事,其意义重大,完全可以视其为东方近代外交的开端。以当时的观点来看,明帝国尚未感受到西方力量的冲击,但西方殖民主义势力已经来到中华帝国的边陲,揭开了西方殖民主义将长期冲击东方的序幕,随后欧洲荷兰、西班牙、英国、法国以及后来的美国联翩而至,到19世纪末整个东南亚除了泰国外,其他国家无一例外地沦为欧美国家的殖民地,政治、经济、军事与外交从属于西方。西方人来到中国的外围进而窥伺进入中国,这个过程是一步一步地完成的,除了几场大的战争外,其余活动都是通过非暴力的制度罅隙来实现的。

对于与明朝有藩属关系的马六甲王国遭到葡萄牙人占领,明朝采取了怎样的态度呢?对中国而言,帝国外围受到西方殖民力量冲击可能是有史以来的第一次,当时没有哪一个人能认识到这一冲击会给以后带来更为深重的灾难。在马六甲王国遭到葡萄牙人入侵时,中国正值明朝正德皇帝朱厚照时期(1506—1521)。经过一个半世纪的发展,此时明朝已经进入了帝国的中后期,对外政策日趋保守内敛,已经没有了永乐时期积极的进取精神,内部的矛盾,北方民族的威胁,反应能力的迟钝,使它不得不把主要力量放在应对国内的党争、内忧与北方民族的威胁等诸多问题上,无法对帝国外围受到的冲击做出主动而准确的反应,更不要说出兵支援。根据《明实录》中的史料可知,马六甲王国被占领后曾遣使明朝请求援助,但明朝官员以正与北方鞑靼人作战而加以拒绝,没有起到大国的作用。明朝当时拥有亚洲乃至世界上最强大的海军,具备援助马六甲王国的军事力量,完全有条件和能力在东南亚伸张帝国的力量,实现对帝国外围的有效控制,但遗憾的是这一切都成为引以为戒的惨痛的历史教训,以至于今天在重提这段历史时仍不免令人感到惊讶与惋惜!

历史上的诸多教训应该牢牢记取,类似这样的教训也太多了。经

过 500 年之后再回过头来看看当时的情况就能更为清晰地认识到，东南亚对中国的战略意义是何等的重要：这里不仅聚集了三分之二以上的朝贡国，也是中国海外贸易的重要区域，更是建立海上帝国和扩大东南亚宗藩体系的战略缓冲地带。20 世纪 40 年代，已经有人发出呼吁：

> 南洋者，与吾中国实不可分离之地域也！吾中国人若不欲从事经济建设则已，如欲从事经济建设，则可以协助我经济建设之成功者为南洋。吾国若不求工业化则已，如欲求工业化，则原料之取给与产品之推销，更非南洋莫属。千余年来，吾炎黄子孙披荆斩棘，栉风沐雨，战胜瘴疠，征服蛮荒，苦心孤诣，艰苦卓绝，造成在南洋今日之地位，不幸因国势不振，内乱频仍，吾国政府以至人民，但觉取之于南洋华侨者多，施之于南洋华侨者少，而南洋侨胞并不因祖国无助于彼而减低其葵倾祖国之忱，助我革命，赈我灾荒，抗战期中，更不惜牺牲大量捐输。故南洋者，就其资源而言，可助我国之经济建设；就其市场言，可供我工业品之海外推销；就其华侨而言，更为我在国外争取外汇，开拓市场之好国民。①

把马六甲王国沦陷作为东方近代外交史的开端，符合 16 世纪以来世界历史进程的大趋势，符合东方国家近代历史的一些特征，它肇启了东方国家外交向近代转变的历史进程。葡萄牙人及其他欧洲人东来，从事商业贸易掠夺与竞争，控制交通线，使东方的财富源源流向西方，冲击了东南亚传统社会生成的土壤。正如英国著名东南亚史学者霍尔在《东南亚史》一书中指出的："亚洲感觉到欧洲人统治的威胁是从

---

① 高事恒：《南洋论》，南洋经济研究所 1948 年版，第 1 页。

1511年开始的。"①寥寥数语,表现出作者深刻的洞察力。由此可见,它对东方国家来说已经是凶多吉少了。

我国学者对马六甲沦陷带来的冲击看得更为清楚,指出:"葡萄牙人对马六甲的占领后果严重,不仅彻底切断了中国与印度洋沿岸诸国的传统联系,而且还操控了欧洲市场上丝绸、瓷器和香料等东方物产的定价权。"②从政治与外交的角度来看待它的影响也同样是重要的:"满剌加的沦陷,意味着西方在与东方的角力中占了上风。葡人据居澳门,象征着西方在东方建立了侵略渗透的桥头堡,预示了中国不久要将世界的政治经济中心让位于西方。西方势力的冲击与随之而来的西方学术思想的传播,对中国历史造成了深远影响。"③葡萄牙人征服马六甲作为一个标志性事件本身具有多重意义,表明随着西方商人的到来,仗剑经商与华夷秩序之间的冲突将不可避免。④这些议论都是针对马六甲沦陷在东方世界的影响而发的,带有明显的总结历史经验教训的意味。无论从何种意义上说,视16世纪为东方近代外交史开端是有其充分根据的。

第二节 西方冲击下东方外交体制的自我调整

进入近代以来,所有东方国家都接受了西方主导的国际关系规则与外交体制,社会发展虽然不是像西方学者所说的处于停滞状态,但

---

① D. G. E. 霍尔著,中山大学东南亚历史研究所译:《东南亚史》下册,商务印书馆1982年版,第822页。
② 林梅村:《观沧海——大航海时代诸文明的冲突与交流》,上海古籍出版社2018年版,第81页。
③ 金国平、吴志良:《1511年满剌加沦陷对中华帝国的冲击——兼论中国近代史的起始》,载《镜海飘渺》,澳门成人教育学会出版2001年版,第32页。
④ 骆昭东:《朝贡贸易与仗剑经商:全球经济视角下的明清外贸政策》,社会科学文献出版社2016年版,第60页。

与西方相比确实过于缓慢，制度、文化、外交行为方式都需急剧调整与变革；欧洲经过工业革命后对东方的冲击空前加速，以至于东方在欧洲的强烈冲击下全面落伍，民族危机日益严重，最终形成对西方的全面依附。由西方主导的近代国际关系原则带有相当的野蛮性与残酷性，东西方的矛盾与冲突在前所未有的深度与广度上依次展开，直到今天公正文明的国际秩序也没有完全建立起来。

一、西方力量冲击下的东方世界

如果以整个世界历史进程的视角来看，公元1500年前后东西方世界的形势发生着一些改变，甚至有人认为这个改变从13世纪就已经开始了，形成了后来东西方国家发展差距的天然分野。这种看法并非没有一点道理。不过大多数学者还是认为，欧洲经过漫长的中世纪以后已经慢慢苏醒，从16世纪开始出现了许多明显的迹象，西方的发展骤然加快，开始了对东方的最初冲击，世界历史的天平开始向西方倾斜。

在近代早期冲击东方的几个国家中，葡萄牙是最早来到东方的国家。它的航海家、探险家和商人受到反穆斯林宗教狂热与东方遍地黄金传说的诱惑影响，积极开辟从欧洲到亚洲的航海贸易。葡萄牙人知道，通过陆路贸易从欧洲到亚洲的印度、南洋和中国，路途极为遥远，加上奥斯曼帝国对东西方过境贸易的长期垄断，无法直接与东方进行贸易。因此，开辟海上贸易通道成为当务之急。13世纪以来欧洲社会内部发生了技术、宗教和思想上的一些变化，使它们有条件捷足先登，率先参与到新航路开辟之中。即使在今天，从人类社会发展史的角度来看，全球规模的大航海推动了价格革命、商业革命与东西方物种交流，是有进步意义的。历史发展总是以社会付出一定的代价为前提，有人把它看作是全球化的先导。

1498年5月28日，航海家达·伽马率领舰队经过10个月的航行后到达印度西海岸的卡利库特（今科泽科德），开辟了从欧洲到东方印度的航路，它的意义在于使东西方之间有了直接的接触，直接把大西洋、印度洋和太平洋连接了起来。葡萄牙人开辟东方航路的目的，就是垄断香料贸易和传播宗教，建立商业殖民帝国。虽然陆上很早就已经有了东西方的交往，但费时费力，从运费来说海路运费较之陆路运费为低。自从开辟到印度的航路并站稳脚跟之后，葡萄牙人在印度的行动扩大了。1510年占领果阿，1511年占领东南亚的重要商业城市马六甲，不久葡萄牙人就建立起了自奥穆兹到马六甲的海军基地网，控制一切海上贸易，勒索所有其他各国的过往船只。[①] 在葡萄牙人积极开辟大航海时代之前，中国明代的郑和已经率船队从南海越过印度洋，到达非洲东岸和阿拉伯半岛，对亚洲来说已经是大航海时代的开始。[②]

在葡萄牙人开辟了东方航路之后，西班牙人也在积极寻找到东方的航线。这个任务是由费迪南德·麦哲伦完成的。1521年3月，麦哲伦率领环球远航船队经过太平洋到达菲律宾群岛。在麦哲伦因征服与当地人发生冲突被打死后，他的同伴继续向西航行回到欧洲，完成了环球航行任务。西班牙人开辟到东方的航路刺激了对东方征服的扩张欲望，1542年西班牙把所有征服的土地命名为菲律宾，西班牙在菲律宾的殖民统治一直持续到1898年美西战争结束。葡萄牙和西班牙在东南亚建立殖民地获得了大量的财富，不仅胡椒等香料和宝石被输入到欧洲市场，中国的丝织品、瓷器和印度的棉织品均受到很高的评价。[③]

16世纪末，荷兰人来到印度尼西亚从事殖民与商业活动。1602年

[①] 恩·克·辛哈、阿·克·班纳吉著，张若达、冯金辛等译：《印度通史》第3册，商务印书馆1973年版，第775页。葡萄牙开辟的到达东方印度的航线大获成功，一次航海可获得六十倍的纯利，把东方的香料运到欧洲市场至少获利三四十倍。《宫崎市定全集》第19卷，岩波书店1992年版，第370页。
[②] 福井宪彦：《近代欧洲的霸权》，讲谈社2008年版，第29页。
[③] 福井宪彦：《近代欧洲的霸权》，讲谈社2008年版，第40页。

荷兰东印度公司成立，由政府支持与葡萄牙和西班牙展开竞争，17世纪末荷兰人完成了对印度尼西亚的征服。此后，英国、法国和美国相继加入对东南亚的殖民扩张活动当中，到19世纪末东南亚诸国除泰国外几乎都沦为欧美国家的殖民地，欧美国家垄断了所有东南亚国家的内政与外交。

东亚地区受到西方冲击相对较晚。1816年，英国海军军舰来到中国广东，8月到达黄海，随后到达朝鲜西海岸，9月16日到达琉球的那霸。对于英国来说，它对东亚国家还相当陌生，朝鲜王国和琉球诸岛在欧洲几乎不被人所知。[①]19世纪40年代中国被迫开国，英国以其区区四千英军即打开中国国门，占领定海，封锁长江口和珠江，迫使中国割地赔款，随后其他西方国家竞相效仿，参与到分割中国市场的行列当中。此后中国国门洞开，在胁迫与屈辱当中与西方"接轨"了。19世纪50年代以后，日本也在"黑船"的压力下结束了锁国时代。

17世纪以后奥斯曼帝国衰落，无法控制帝国广大的地域，英、法、奥、俄乘机争夺其领土，形成历史上的"东方问题"。由于奥斯曼帝国控制着横跨欧、亚、非的广大地区，又处于东西方大国力量的交汇前沿地区，从而使得奥斯曼帝国成为欧洲列强争夺的焦点。到20世纪初，整个西亚、中东地区已经被英、法、俄、德瓜分了，形成了各自的势力范围。

二、西方主导的外交行为向世界扩散

人类历史进入近代以后，西方国家首先在思想、制度与技术方面实现了变革，获得了通向世界、支配世界的巨大力量，开始走出欧洲，开辟海外贸易市场，由世界的边缘开始走向世界的中心，自然而然地

[①] 巴兹尔·霍尔著，春名彻译：《朝鲜·琉球航海记》，岩波书店2016年版，第298页。

把西方的外交行为与原则带到世界各地,使非西方国家接受西方国家主导制定的国际规则。经过西方坚船利炮的攻击后,东方各国在西方的进攻面前无一能够保持独立,或者彻底沦为殖民地,或者沦为半殖民地。所以说,西方的外交行为是伴随着武力强权与宗教传播的,使非西方国家接触到了一个迥异于本土文明的欧洲文明。18、19 世纪以后,世界变化骤然加快。蒸汽船的出现,苏伊士运河的开通,铁路网和贸易网的建立,使得各国间的联系更加紧密而频繁。

西方外交行为的扩展与推进是一个急剧扩张的过程,在中国有几场剧烈冲突。第一次鸦片战争和第二次鸦片战争对中国冲击巨大,中国倍受伤害,自身独立难保。世界总的趋势是西方主导下的各国互动加深,东方国家更多地接受西方制定的国际关系原则,说到底就是传统的朝贡体制与近代西方条约制度的矛盾。客观地讲,由于政治制度、外交制度与理念不同,中国因此与西方产生许许多多的矛盾与冲突,西方之凿难入中国之枘。面对西方的冲击,各国的情况极为复杂:有的主张顺势而为,学习西方文明,迎娶"西方美人"来归;有的习惯于在传统的旧制度内对新的制度施以尖锐的指责,对中国最初驻外使领馆的设立也是如此,他们在外国武力胁迫面前一筹莫展,但诋毁斥骂新事业的本事却是很大的。[①] 正是在西方的猛烈冲击下,中国的行政制度、经济形态和外交体制发生了很大变化。"近代中国的外交制度又是在西方资本主义列强强加于中国的不平等条约制度的基础上建立的,不平等条约制度全面限制了中国的主权,使得中国近代的外交远不止于处理政府间的关系。"[②]

1858 年中国清政府与法国签订的《天津条约》接受了外国使馆常驻北京的规定。在处理对外关系上,中国放弃了旧有的朝贡体制,按照西方的制度处理外交事务,最终认识到中国已经是世界的一部分而

---

① 王立诚:《中国近代外交制度史》,甘肃人民出版社 1991 年版,第 125 页。
② 王立诚:《中国近代外交制度史》,"序言",甘肃人民出版社 1991 年版,第 2 页。

不再自成体系了。这是一个根本性的、脱胎换骨的角色转变，对中国历史发展影响巨大，在一定意义上缩小了与西方国家间的鸿沟。在与西方打交道的过程中清政府已经逐渐认识到外交的重要性，不仅要培养通晓外语的专业人才，也要建立建设相应的外交机构，向外派遣常驻外交人员。进入近代以后，因生活所迫及各种压力，中国到南洋去淘金、到北美去聚银的人增多，与外国往来产生的商务、劳务、财产、丧葬等问题日益复杂。按照当时的说法，凡是处理与外国业务关系的事务一概笼统地称为"洋务"，外交也只是洋务活动的一部分，甚至后来代表国家的驻外公馆也带有"洋务"机构的性质。①

1861 年，清政府建立了"总理各国事务衙门"（简称总理衙门），专事洋务与外交事务，1901 年改为外务部。总理衙门的设立，使中国有了一个更为明确的外交事务管理机构，取代了过去由礼部管理外交事务的传统做法，适应了现实日益复杂的国际形势的需要，无疑是一种进步。如果说总理衙门的设立是中国管理近代外交之始的话，那么 1901 年外务部的设立则全面启动了中国近代外交制度建设，向专业化和职业化迈出了第一步。顺便指出，总理衙门时期的驻外馆员大部分长期受中国传统儒学的经典训练，知识结构单一，多不懂外语，国际法知识欠缺，翻译官和公使三年任期一结束就回国了，还没有形成培养外交官的机制。② 长期以来由中国传统儒家经典训练出来的总理衙门官员大部分知识结构老化，反应迟钝，很难适应复杂的国际事务，缺乏哲学头脑与创新精神。

1877 年 12 月中国向日本派出以何如璋为公使、张斯桂为副使的十余人公使团；因为旅居日本的华侨人数较多，清朝驻日本公使馆的人数也比欧洲、南洋多许多。1878 年清朝在英属新加坡设立领事，1896

---

① 箱田惠子：《外交制度改革与驻外公馆——以日俄战争后人事制度改革为中心》，载森时彦主编，袁广泉译：《二十世纪的中国社会》上卷，社会科学文献出版社 2011 年版，第 325 页。

② 箱田惠子：《外交官的诞生》，名古屋大学出版会 2012 年版，第 158 页。

年清朝在伦敦设立第一个驻外公馆,此后在日本、美国、俄国等国设立了公使馆,在新加坡、日本、美国设立了领事馆。[①] 清朝在外领事馆、公使馆的建立使中国外交走上了正轨,也在谋求利用驻外机构为国家服务、保护海外华侨利益上开始了艰难起步。这些领事馆、公使馆的主要任务是,登记当地华人和发放船只牌照,处理遇难者的善后和对华人的虐待事件,发给归国者护照,为国内发生的饥馑和灾害募款,对当地华人进行文化教育等。[②]

进入20世纪,中国对外交涉交往已经积累了相当的经验,外交官的素质与办事水平已有很大的提高,对国际形势的认识也比以前更为深刻成熟,当时已经有人看到日俄战争后各国列强以"门户开放""利益均沾"为口号会进一步加剧在东亚的争夺与较量。陆徵祥曾惊呼:"日本的野心最大",向清朝政府提出防范日本野心的政策建议。[③] 在与西方接触、碰撞、融合与融突的过程中,中国的外交制度发生了根本性的变革,建立起了基本符合国际外交规则与惯例的外交制度,这无疑是中国社会的进步。中国近代外交制度是在极为复杂的国际环境中建立起来的,"当中国文化和西方文化在近代两极相逢的时候,外交制度便成为这两种文化所造就的截然不同的制度相互间冲突融合的焦点。中国近代外交制度就是在这种冲突与融合的旋涡中发生、发展的,故而呈现了不断演变的过渡性特征"。[④] 确实,中国为走向现代这一步付出了巨大努力。

---

① 箱田惠子:《外交制度改革与驻外公馆——以日俄战争后人事制度改革为中心》,载森时彦主编,袁广泉译:《二十世纪的中国社会》上卷,社会科学文献出版社2011年版,第303页。
② 青山治世:《近代中国的在外领事与亚洲》,名古屋大学出版会2014年版,第323—324页。
③ 箱田惠子:《外交官的诞生》,名古屋大学出版会2012年版,第240页。
④ 王立诚:《中国近代外交制度史》,"序言",甘肃人民出版社1991年版,第2页。

清朝在外设置领事年表

1877	新加坡（英属）（1891年，总领事）
1878	横滨（1895年总领事）、神户兼大阪、长崎
1879	古巴（西属），总领事，1902年独立后公使馆
1879	马坦萨斯
1880	旧金山，总领事
1881	夏威夷（1883年废止）
1883	纽约
1884	卡亚俄
1886	箱馆兼新潟、夷港，1897年废止
1893	槟榔屿，副领事
1897	汉城兼龙山、元山，总领事
1897	仁川兼木浦、群山
1897	海参崴（俄国）
1898	马尼拉（美属），总领事
1898	夏威夷，正领事、副领事，1903年副领事废止
1899	甑南浦兼平壤，副领事
1899	釜山兼马山浦
1902	元山，副领事
1902	波士顿，副领事
1904	南斐洲（英属），总领事
1904	墨西哥，总领事
1904	那不勒斯（意大利），名誉领事，意大利人
1905	莫桑比克（葡属）
1908	澳大利亚（英属），总领事
1908	新西兰（英属）
1908	波尔多（法属）
1908	西雅图
1908	挪威
1909	加拿大（英属），总领事
1909	温哥华
1909	仰光（英属）
1909	萨摩亚（德属）
1909	奥地利，名誉领事
1910	巴拿马，总领事
1910	马赛（法国）
1911	热那亚（意大利）
1911	新义州
1911	爪哇（荷属），总领事，驻巴达维亚

材料来源：中国第一历史档案馆、福建师范大学历史系合编：《清季中外使领年表》，中华书局1997年版；青山治世：《近代中国的在外领事与亚洲》，名古屋大学出版会2014年版，第10页。

1853年7月美国海军准将培里率领四艘黑船来到日本江户湾，要求与日本建立通商贸易关系。19世纪50年代开国后，日本与欧美国家签订了一系列通商条约。为了办理通商与外交事务，欧美各国向日本派出了外交使节团，建立了外交使节制度。到明治维新前，美国、英国、法国、荷兰、普鲁士、意大利、俄国、瑞士、葡萄牙向日本派出了具有外交使节性质的领事官。[①]这些领事官主要集中在江户、神奈川、横滨、长崎、箱馆（函馆）、新潟等较早开放的地区。相对于中国，日本接受西方外交体制与原则较早，很快实现了由传统的外交向近代外交的转变，自觉地接受和利用国际法原则谋取民族利益。

朝鲜与欧美国家接触较中国、日本等国晚得多，长期以来在东亚一隅有"隐士王国"之称，在"隐士王国"的幻想中傲然自得。朝鲜的情况与其他国家情况不同的是，它首先受到的侵略不是来自欧美国家而是来自东邻日本。朝鲜近代外交体制的创立与中国、日本相似，是在旧的外交体制解体的过程中建立起来的。长期以来，朝鲜在中国主导的宗藩关系下进行外交活动，同时与日本保持"交邻关系"。所谓宗藩关系，实质就是中国王朝君臣关系在国家关系上的反映，朝鲜国王要经过中国皇帝的册封，奉中国正朔，定期向中国派遣名目繁多的使节。不论是对中国的"事大关系"还是对日本的"交邻关系"，都与近代西方主导的国际关系存在矛盾。日本要求朝鲜废除与中国传统的"宗藩关系"，向日本开放港口与市场。在甲午战争前夕，日本在朝鲜所做的大部分工作都与此有关。

1876年2月26日朝鲜在日本武力胁迫下，签订不平等的《江华条约》，7月又签订《日朝修好条规附录·日本国人民贸易规则》。通过这些条约，日本在朝鲜获得了多项权利，包括外交使节进入首都，开放釜山港口，划定开港居留地，领事管辖侨民，领事裁判权，享有在

---

① 川崎晴朗：《幕末驻日外交官·领事官》，雄松堂出版1988年版，第67页。

开港内的旅行、通商与使用日本货币等。①日本常驻公使进驻汉城,长期的传统的中朝宗藩关系开始崩塌。19世纪80年代以后,朝鲜李氏王朝又相继与美国、英国、德国等国家签订不平等条约,向各国列强敞开国门,被迫进入近代资本主义世界体系。到90年代,朝鲜废除清朝年号的使用,改用李朝的开国纪年,修改与中国签订的条约,向各国派遣特命全权公使。②到此为止,中朝传统的宗藩关系彻底崩溃了。对于历史上的朝鲜半岛,我们的看法是:

> 朝鲜半岛以其独特的地缘优势历来为中国、日本以及欧美列强所重视。中国视半岛为抵御日本向外扩张的屏障,因此自明代起就十分重视中朝关系,加强对其政治、经济与军事影响,以防止日本利用朝鲜半岛向大陆扩张;日本视朝鲜半岛为跳板,只有如此,才能向大陆和南洋海洋方向发展。因此,围绕朝鲜半岛的较量首先在东方两个重要国家——中国与日本之间展开,两国都为此付出了沉重的代价。回首历史上围绕朝鲜半岛展开的大国较量与博弈,以及矛盾与斗争达到的深度、广度与向未来发展延伸的基本走向,做出富有时代感与使命感的抉择,显然是东方外交史不得不做的艰巨工作。③

世界各主要国家始驻朝鲜外交官

	时间	外交官
日本	1877.11.15—1882.9.18	花房义质(1880.11.8升任办理公使)
美国	1883.5.20—1885.1.10	福德,特命全权公使

---

① 荒野泰典、石井正敏等编:《亚洲中的日本史》,东京大学出版会1994年版,第234页。
② 荒野泰典、石井正敏等编:《亚洲中的日本史》,东京大学出版会1994年版,第244页。
③ 魏楚雄、陈奉林主编:《东方外交与朝鲜半岛问题》,"导言",社会科学文献出版社2015年版,第2页。

续表

	时间	外交官
英国	1884.2.27—1885.3.23	巴夏礼,特命全权公使
德国	1884.11.18—1885.8.11	曾额德,总领事
俄国	1885.10.14—1891.8.23	韦贝,顾问代理公使兼总领事
法国	1888.6.26—1891.6.15	葛林德,公使兼总领事
中国	1898.10.20	徐寿朋(特命全权公使),许台身(二等参赞官),周润章(三等书记官),吴瞻菁(英语担当书记),黄祖诒、任克成、吴允诚(公使馆员),章家驹(学生翻译官)
意大利	1901.12.16—1902.10.12	佛安士瑞德,领事(1902.10.12死于汉城)
比利时	1901.3.23	方葛,全权公使

材料来源:陈文寿编著:《韩国近代外交史年表》,香港社会科学出版社2016年版。

欧洲外交行为与外交制度的扩散,极大地改变了东方国家传统的对外关系模式,内容涉及政治、经济、法律、军事、文化、宗教与移民等诸多方面,深刻地影响了东方国家近代以来的社会发展进程。对东方的中国、日本、朝鲜、东南亚各国、印度以及阿拉伯国家来说,这是一个全新的东西,一个需要学习与运用的过程,它犹如一把双刃剑利弊兼而有之。东西方社会是两种根本不同的国际体系,"基于不同的文化价值而形成各自不同的国际秩序原理,以规范其国际秩序,诠释其国际体系的国家行为。因此,若强将西方的国际秩序原理加诸东方,必造成东方国际体系的文化价值混乱,导致国际秩序无所适从"。[①]实际情况也是如此。东方国家在接受西方外交行为与规则时往往处于弱者与失败者的劣势地位,普遍缺乏使用国际规则与《国际法》原则为自己服务的国力。也就是说,近代的外交行为是西方国家强加给东

[①] 张启雄:《中国国际秩序原理的转型》,五楠图书股份有限公司2015年版,第10页。

方国家的，一开始就具有先天的强制性，不管愿意不愿意都必须加入到这个体系当中。对于大多数东方国家来说，它们为此付出了太多的代价。

三、西方外交体制与理论传入的意义

西方外交体制的确立与发展是与欧洲近代宗教力量衰落、王权崛起相联系的。1618—1648年欧洲发生了一场大规模的国际战争，即欧洲三十年战争，战争结束时签订了《威斯特伐利亚和约》。这个和约对后来外交与国际法的发展具有重要意义。它不仅开创了以国际会议解决国际问题的先例，同时承认了各国的领土、主权与独立，催生了后来各国建立常驻外交代表机构制度。以世俗王权为代表的国家力量的兴起、对外交往的日益频繁必然导致教权的衰落，产生以平等为基本精神的国家交往原则，这些原则构成近代西方外交理论框架。从历史发展的角度看，承认各国领土、主权与独立是有积极意义的，在今天也是如此。

主权平等、国家独立和常驻外交代表机构制度传到东方，给东方的中国、日本、朝鲜、印度和阿拉伯等国家带来前所未有的冲击与挑战。因为长期以来这些国家一般都是君主、国王掌握外交权力，它的外交体制、行为模式、内容与近代西方迥异，对西方外交体制与理论还需要一个艰难的适应过程。近代以前，东亚、南亚和西亚各地，是以儒家文化、佛教文化、伊斯兰文化为中心的国际体系，西方是以基督教文化为中心的国际体系，基本上能相安无事地生活在各自的区域。进入近代以后，全球性的人口流动、贸易与争夺使东西方矛盾加剧，出现了许多重大问题，以致留下历史的后遗症。有学者指出：

> 惟自西力东渐后，以基督教文明为国际秩序原理的欧美国际体系，挟其船坚炮利的优势，带来了规范其国际体系的近代

西方《万国公法》，强迫信奉以儒家文化为中心之"中华世界原理"的东方国家改宗《国际法》。于是，东西国际秩序原理开始接触，因而爆发国际秩序原理的冲突。其中，中国对属藩的领土主权归属之所以发生纷争，即因《国际法》之"实效管辖领有论"与"中华世界秩序原理"之"以不治治之论"或"不完全以不治治之论"与"不完全实效管辖"的国际秩序原理之间，爆发根本性法理冲突所致。这就是"宗藩体系"与"殖民体系"在国际体系相互冲撞下所爆发的统治原理管辖冲突。[1]

亨利·基辛格在《世界秩序》中有这样的评论：

在欧洲，威斯特伐利亚体系是在"三十年战争"结束时众多实际上独立的国家的基础上发展起来的。亚洲在进入近代时没有这样一套国家和国际组织，而是有几个文明中心，周边围绕着较小的王国，文明中心之间的互动靠的是微妙而不断变化的机制。[2]

西方的外交思想与理论可追溯到古希腊和古罗马时期。在《荷马史诗》中已经有了原始外交的思想，强调传令官的外交特权，推崇能言善辩和对外交往中的欺诈与狡黠的做法。欺骗与狡诈外交在欧洲中世纪得到进一步发展，尤其在马基雅维利那里表现得尤为突出。一般而言，西方的外交理论与原则是以实力为基础的，突出的是西方文化的传统和西方科学型文化的特征，与根植于农业文明的国家外交根本不同。西方的外交总是与殖民主义、帝国主义和强权政治相联系，贪婪与文化沙文主义是它的一个重要特点。进入近代以后，各地区、各

---

[1] 张启雄：《中国国际秩序原理的转型》，五楠图书股份有限公司2015年版，第11页。
[2] 亨利·基辛格著，胡利平、林华、曹爱菊译：《世界秩序》，中信出版社2015年版，第285页。

国家、各民族之间的交往更加频繁,国家间的外交使节常驻与制度化势所难免,只有接受世界通用的外交体制与规则,国家的外交才能上升到现代国家的层面,才能进入到现代国际体系。

第三节 从大文化的角度看东西方文化在东南亚的冲突与融合

东西文化的冲突与融合问题,一直是我们关注的问题,也是一直以来没有解决好的问题。因为这个问题极为复杂,其复杂性远远超过问题的本身。中国历史上出现过"中国文化本位"的问题。从"中国本位"到"中体西用""西化",再到"中西互补",反映了对西方文化的认识过程。东南亚地区的情况相对比较复杂,每个国家的情况也有一些差别,不能一概而论。在东南亚走向近代的过程中,吸取西方科技与文化是极为迫切的问题。但是必须指出,西方文化是强势文化,是伴随着殖民力量的入侵来到东南亚的,引起了不小的冲突。西方文化在东南亚传播的历史经验与教训应该予以深入总结。这涉及一个根本性的问题,也是一个共性的问题,"即如何调和两种不同背景的历史文化的问题,一种历史文化应该怎样才能够移植到另一种上面来的问题,两种不同的历史文化怎样才能不仅是接触而且是融会贯通,合为一体的问题"。[①]

一、问题的提出

我们今天已经进入了大文化时代。今天的文化内涵与外延远比过

---

① 利玛窦、金尼阁著,何高济、王遵仲等译:《利玛窦中国札记》,"中译者序言",中华书局1990年版,第25页。

去广泛而深刻得多,并随时代发展不断被赋予新的内容。现在世界一些大国把文化的力量作为综合国力的重要因素,作为软实力发挥着日益重要的作用。仅从外交而言,美国等西方国家都已制定出比较完整的文化外交战略,突出自己意识形态、价值观念以及社会制度在世界的影响,甚至把自己的一套政治体制强加于人。亨廷顿抛出"文明的冲突"论后,引起了不同文化间关系的紧张。亨廷顿认为,文明的冲突是不可避免的,不同文明间冲突将超越意识形态和经济的矛盾主导未来的全球政治。他过分夸大不同文明间矛盾的一面,而忽视各文明之间相互联系、相互依存的一面,忽视不同国家人员、物资、资本乃至信息在世界范围内交流越来越多、越来越大的现实。不从大文化的层次上研究文化的冲突与融合,就不能对各种文明有全面的把握。

当今社会已不同于以往,已由军事、信仰的对立转向了以经济为中心的综合国力的竞争,相互依存进一步加深。与此同时,国际的民族冲突、宗教对立与领土纷争不断出现,一些国家出于不同的考虑竞相军事竞赛,国际社会带有某种程度的失控,今天的东亚情况尤其如此。许多问题,都有深刻的文化历史根源。在这种形势下,强调文化的共性与包容是非常必要的。没有各民族文化间的相互包容,就没有世界的和平。

早在2000年前,中国墨子就提出了"兼相爱,交相利"和"非攻"思想;中国儒家经典《中庸》倡导"万物并育而不相害,道并行而不相悖"。耶稣说的"你们要让别人怎么对待自己,就应该怎么对待别人"与《论语》中说的"己所不欲,勿施于人"在本质上是一致的,据说在西方被称为"黄金律"。这些思想同样适用于今天的国际社会。国际社会是一个多样性的社会,各国有权按照自己的意志选择适合于本国国情的发展模式与生活方式,多种文化、多种生活方式和多种社会制度并存将是一个长期的客观存在。今天国际社会面临的诸多问题比以往任何时候都更为复杂。科学技术是第一生产力,直接推动人类社会进步,提升国家在国际关系中的地位与作用,这已成为人们的共识；同样，思想的解放和观念的现代化也会推动人类社会发展。中外有许多例子可以证明这一点。我们无法想象一个有封闭性狭隘视野和强大精神惰性的民族会实现成功的现代化。从今天世界的情况看，现代化比较成功的国家首先是实现了人的现代化的国家。只有从人类社会演进的整体意义上寻求发展，文化才有出路。

从这个意义上说，人类社会已经进入了大文化时代，不能再拘泥于文化的细枝末节。从大文化的角度看，只有全人类的共性、全人类的发展才是每个文化的最终归宿。每种文化体系之间存在着差异，甚至不同文化背景影响下的人与神、人与社会、人与国家的关系不同，但是每种文化之间却是可以相互借鉴与学习的。文化并不是一成不变的，没有绝对的好或绝对的坏的文化，有时候尺有所短，寸有所长。在今天看来，东南亚是到了更好地学习东西方文化中民主、平等、公正的时候了。坚守本民族与地区的东西固然重要，但必须随时代发展而损益，去腐生新，斟酌进退。在处理文化关系上，东南亚国家现在需要的是博采异域、汇通古今和吞吐百家的胸怀，尤其要包容数百年来一直与自己对立的西方文化中的有益成分。

二、东西方文化在东南亚的同与异

东方文化是一个比较广泛的概念，内容繁多，不像西方文化那样同质。即令如此，长期以来它们能够在一起和平相处，相互借鉴吸收，相安无事。从东南亚地区存在的文化看，既有外来的儒学、佛教、伊斯兰教、印度教，也有产生于东方后来经过欧洲人发展的基督教文化，多元性与差异性并存使东南亚成为世界文化最为复杂而集中的地区。这些文化都是东方文化的分支，为农业社会、宗法等级社会的产物。从大文化的角度看，无论哪种文化其最高境界都是相通的。有人对世界一百多种文化做过研究，发现自由、平等、正义、真、善、美是所有文化共同的本质特征。

具体说来，孔子思想的核心是"仁"，《论语·颜渊》中说：樊迟问仁，孔子回答"爱人"；《论语·学而》中说"泛爱众，而亲仁"，其意是博爱世间大众，亲近那些有仁德的人。一部《论语》讲"仁"不下百次。伊斯兰教经典《古兰经》强调："真主的确令人公平、行善、施济亲戚，并禁人淫乱、作恶事、霸道"，"不要违背誓言"。[①]它还强调人们做善事："如果你们行善，那么，你们是对自己行善；如果你们作恶，那么，你们是对自己作恶。"[②]像这样的例子不胜枚举。

基督教经典《圣经》倡导"爱人爱己"，甚至"要爱你的敌人"，这与《论语·宪问》里孔子所说的"何以报德？以直报怨，以德报德"有异曲同工之处。在一个多元文化、多元宗教的世界，这种泛爱对于调整不同国家、地区和宗教矛盾是至关重要的，符合人类和平向善、兼容天下的宽广胸怀和人道主义精神。基督教的"十诫"规定包括："你应该孝敬你的父亲和母亲""不可杀人""不可奸淫""不可偷盗""不可作假证""不可贪恋近人房舍，不可贪恋他人妻"；被称为佛教基本道德的"十善"规定不杀生、不偷盗、不邪淫、不妄语、不两舌、不恶口、不绮语、不贪欲、不嗔恚、不邪见。如果不拘于细节，我们可以承认东西方文化的最高境界是相通的。儒教倡导的仁、义、礼、智、信、温、良、恭、俭、让等与《圣经》的基本道德要求也有颇多相似之处。这说明任何一种文化的存在都是以教化民众、劝人向善为前提的，否则就很难流传下来。广泛存在于泰国、老挝、柬埔寨、缅甸等国的小乘佛教在劝诫人们行善方面与其他类型的文化没什么两样。各种文化在东南亚汇合至少有几百年历史。这或许是长期以来不同文化能够在一个地区共存共容、生生不已的原因。

在农业文明时代，东南亚不同体系文化之间的关系基本上是比较平稳的。这是因为交通不便和道路阻隔，人员往来相对较少，诸文明

[①] 《古兰经》，中国社会科学出版社2003年版，第204页。
[②] 《古兰经》，中国社会科学出版社2003年版，第208页。

之间联系也没有近代那样密切，一种文化能在一个地区相对平稳地存在。东南亚小乘佛教文化圈形成后其范围基本固定，"这一历史特点，使得东南亚小乘佛教文化圈在相当长的时间内较为完整地保持了自身的特点，显示了其独特的文化个性。"① 自从中国儒教文化、佛教文化、印度文化以及伊斯兰教文化传入后，东南亚地区接触到了异质文化，有利于东南亚本土文化的形成和发展，促进本地区文化较快成熟。在前近代时期，东南亚大部分国家处于印度文化的影响之下，即国外学者通称的"印度化"，不仅马来语和爪哇语包括了大量的梵语和达罗毗荼的词汇，风俗习惯也受印度的王权思想影响。"文明的交流，使各文明创造的成果在短期内即为人类共享，而不必再去重新发现，因此使人类文明前进的步伐大大加快，这是人类文明进步的重要原因。"②

再说异的地方。总体来说，东方文化具有维护封建等级、重人伦、君主专制、重人治而轻法制的特点；西方文化具有商业冒险主义、科学知识型、民主共和与重法制等特点。这诸多差异不是枝节上的差异而是总体上的不同。相似表层下有着不同的内容。这就决定了东西方文化汇合后的矛盾甚至冲突。基督教经典《旧约》中讲："除我之外，你不可有别的神，你不可以制造任何仿佛天上、地下、水中之物的偶像，不可叩拜偶像。因为我，雅威，你的神是忌邪的神。"《马太福音》说，耶稣曾经说过："我来是要叫人与父亲生疏，女儿与母亲生疏，媳妇与婆婆生疏。人的仇敌就是自己家里的人，爱父母过于爱我的不配作我的门徒；爱儿女过于爱我的不配作我的门徒。"这显然是与东方传统要求的国家至上、人君至上、敬老爱亲的基本原则背道而驰。

按照基督教教义，上帝面前人人平等，人人皆以兄弟相称，在现实社会生活中是没有等级高低之分的，也就是说没有人可以居于特殊等级，享有特殊权威。这就决定了西方文化一开始就与东方森严的封

---

① 贺圣达：《东南亚文化发展史》，云南人民出版社1996年版，第196页。
② 马克垚主编：《世界文明史》上册，北京大学出版社2004年版，"导言"第15页。

建等级秩序和伦理难以相容。在西方基督教传入后可以看到的一个基本事实是，教会在站稳脚跟后就利用大众与封建王公的矛盾，介入当地事务。近代以来欧美殖民者是挟资本殖民的剑与火来到东南亚的，熙熙攘攘皆因利而来，又熙熙攘攘因利而往，宗教活动总是与殖民征服、掠夺与军事扩张联系在一起的，在扩张与征服的背后有着强烈的物质动因在起作用，如果离开了这个物质动因就无法理解殖民者在东南亚所做的一切。殖民者的宗教文化侵略加剧了东南亚各国民众反对苏丹的封建统治活动，引起苏丹对基督教的仇恨。传教士人数虽少，但发展教徒的速度很快，对封建传统观念破坏甚力，对苏丹统治的威胁甚大。英国学者霍尔指出："葡萄牙人是作为伊斯兰教的敌人——基督教传教士而来的。"① 此论直击要害。

基督教是一神教的宗教观，除了敬奉上帝外世上不可再有崇拜的对象，包括对世俗统治者的崇拜和自然神的崇拜，只是上帝才创造一切，主宰一切。这与东南亚地区长期存在的多神崇拜格格不入，与东南亚伊斯兰教国家严格的封建等级制度相悖。一些国家苏丹之所以痛恨基督教，与基督教否定现实权威、动摇封建政治基础有直接的关系。"文明的交流并不是一帆风顺的，它时常要遇到各种阻碍、挫折、冲突，这也就是文明发展进程有时不能快捷，反而延缓的重要原因。"② 应该说文化本身并没有优劣之分，但这种不同的文化一旦与政治、经济等利益结合在一起就会引起文化上的摩擦。

三、东西方文化在东南亚汇合后的冲突与融合

人类文明的交流是通过多种途径完成的，其中殖民征服与商业贸易无疑是重要的方面。欧洲经过漫长的中世纪之后进入了近代。进入

---

① 深见秋太郎译：《东南亚的民族主义》，日本外交学会1959年版，第46页。
② 马克垚主编：《世界文明史》上册，北京大学出版社2004年版，"导言"第15页。

近代的欧洲社会焕发了活力,以其强大的经济军事实力开始了对世界的征服过程。西方殖民者把不同体系的文明都置于殖民主义的一统之下,一方面融合了异质文明,另一方面加剧了不同文明体系之间的矛盾与冲突。发展相对迟缓的东南亚国家接受欧洲文明的冲击,是其历史上的第一次。正因为如此,欧洲冲击是东南亚发展的一次机遇,可惜的是东南亚各国缺乏把握这种机遇的能力与社会机制,在与西方接触的过程中总是处于弱者和失败者的地位。

欧洲文明传入后,东南亚文明的发展进程明显加快了,矛盾增多了。尽管西班牙的资本主义发展程度不高,但它对菲律宾历史的影响绝不可忽视。"西班牙的贡献,在于使这个群岛第一次在政治上统一起来。"[1] 这种政治统一为菲律宾近代国家的形成奠定了基础。菲律宾大部分地区被置于基督教文明的控制之下。菲律宾1578年后不到10年,大约有17万人皈依基督教;1622年人数达到50万人;1750年达到91万人。美国对菲律宾的影响根深蒂固。1898年美国通过美西战争夺取了菲律宾。从此,菲律宾沦于美国的殖民统治达半个世纪之久,其政治制度、思想文化、价值观念及生活方式等具有浓厚的美国色彩。霍尔指出:"菲律宾依赖美国的程度比东南亚任何其他国家依赖自己宗主国的程度更加严重。"[2] 基督教与伊斯兰教在印度尼西亚引发的激烈矛盾也不逊色。荷兰殖民者在17世纪就在印尼建立殖民统治,建立殖民统治的过程就是与伊斯兰教矛盾与对抗的过程。在当地伊斯兰教自然成为反对殖民侵略、维护苏丹统治的精神力量,宗教领袖被推上民族斗争的领导地位。在历时30年的亚齐人民反抗荷兰侵略的战争中,伊斯兰教长老们用"杀死一个荷兰人即能升天的说教,来鼓励当地居民抗击荷兰人入侵","亚齐人认为同荷兰人交战是圣战,在战场上死去是

---

[1] 约翰·F. 卡迪著,姚楠、马宁译:《东南亚历史发展》上册,上海译文出版社1988年版,第293页。
[2] 《新编剑桥世界近代史》第12卷,中国社会科学出版社1987年版,第437页。

为宗教而死"。①

19世纪80年代缅甸沦为英国殖民地后,佛教失去独尊的地位,传统的佛教文化遭到破坏,因此使得缅甸的民族主义带有明显的宗教特征。这一显著特征在其他国家也是存在的。英国学者安东尼·D. 史密斯在分析民族主义时这样指出:"民族认同感往往威力无比,能够激发许多公民,即使不是大多数公民,产生一种为了国家的利益而自我牺牲的精神。在民族危机与战争时期,尤其如此。在这里人们可以看到,为了'保卫民族',大多数公民准备忍受艰难困苦,作出个人牺牲,甚至甘愿献出生命。"②

欧洲殖民者入侵对东南亚民族主义运动产生了深刻影响,反殖斗争几乎都可以找到文化上的冲突根源。蒂博尼哥罗领导的爪哇人民反对荷兰侵略的起义公开宣称进行保卫伊斯兰教的"圣战",消灭荷兰殖民者。东南亚文化强调忠于君主,为国家、为人君、为自己所依附的那个团体勇于献身,孝敬父母、祭祀祖先,讲究君臣等级秩序;基督教强调笃信上帝,禁止烧香拜佛和祭祀祖先,否定现实的封建等级与权威,这样东西方两种文化的冲突在所难免。中国近代封建士大夫斥之为"暗伤王化"。近代的欧洲殖民者是挟资本殖民的剑与火来到东南亚的,一向有着欧洲文明至上的自鸣得意。野蛮的交流带来的是民族冲突、文化纷争与宗教矛盾。从客观上看,欧洲人在东南亚的"不法"行为更是加深了人们对欧洲人的固有看法。这种心理定式一旦形成,在很长一段时间里很难改变,与民族矛盾交织在一起形成强烈的民族意识。

印支半岛也没有摆脱民族沦亡的命运。由于天主教势力的渗透与冲击,阮朝统治者大都执行了一条打击天主教的路线,明命帝和绍治帝对天主教的迫害最力,后代统治者也大体上执行了打击天主教的政

---

① 贺圣达:《东南亚文化发展史》,云南人民出版社1996年版,第196、530—531页。
② 安东尼·D. 史密斯著,龚维斌、良警宇译:《全球化时代的民族与民族主义》,中央编译出版社2002年版,第188页。

策。越南史书记载:"圣祖(即明命帝)精通儒学,崇尚孔孟之道,不喜欢耶稣教,认为它是一种左道,借天主之名而迷惑人心。因此,他严禁并惩治那些信奉耶稣教的教徒。"[1] 印支半岛一直是法国觊觎和猎取的目标,也是中法矛盾与冲突的焦点。中国清政府为了自身的安全十分关注印支半岛的事务,即使是因欧美列强侵扰而无力他顾时也没有放弃在越南的努力。为了达到侵略目的,法国于1865年6月与越南签订第一次《西贡条约》,取得在越南自由传教的权利。这是越南被强迫卷入世界资本主义世界体系之始。此后教会势力在越南进一步发展。法国的天主教宣传一神论,其重点是信仰只有一个上帝,他创造并支配一切,世间一切人都是上帝的子民。这与越南儒学理论形成水火之势,也与大多数士大夫所信奉的儒家伦理基本信条发生冲突。

中国文化在越南经过2000多年的传播与发展,潜移默化地渗入到社会政治、经济、文化、道德、文学、哲学及生活习俗等各个方面,成为越南社会意识形态的重要组成部分。越南不仅高度接受中国的礼节、法律观念、国家制度,还接受中国的文字、文学与宗教。与中国一样,佛教(中国式的)、道教、儒家思想并存,土著的观念、习俗、服饰、技术与手工工艺在本质上也依赖于中国。[2] 越南历史学家陈重金说:"须知我国自古至今,凡事皆以儒教为依据,以三纲五常为处事之根本。君臣、父子、夫妻,为我国社会所固有的伦理。谁若违背这些伦理,则被视为非人。因此,儿子必须服从父亲,臣子必须服从君王,违之者即犯重罪当斩。"[3] 这段话反映了中国传统儒学在越南的影响程度。

越南社会以家族为中心,人际关系重人伦,视伦理道德为维系社会秩序的精神支柱。越南儒学倡导个人利益服从群体利益、团体利益服从国家利益,一直鼓励个人为社会、为国家、为人君而勇于献身。

---

[1] 陈重金著,戴可来译:《越南通史》,商务印书馆1992年版,第313页。
[2] 罗伯特·海内-盖尔登著,小堀甚二译:《东南亚的民族与文化》,圣纪书房1942年版,第442—443页。
[3] 陈重金著,戴可来译:《越南通史》,商务印书馆1992年版,第313—314页。

因此在抗击法国侵略时,受到儒学经典训练与熏陶的广大儒生是一支活跃于越南城乡社会的重要领导力量,他们在抵抗侵略、争取民族独立的斗争中扮演了十分重要的角色。许多儒生从小接受儒学经典训练,信奉儒学伦理道德,思想中具有深厚的忠君爱国、尊王攘夷思想,积极投身反对法国侵略的爱国活动。

到19世纪80年代,积贫积弱的越南终于抵挡不住法国的强大攻势,对外敞开了大门,接受欧美近代文化的冲击。法国对殖民地拥有很大的影响力,它不仅几乎完全控制着印支经济命脉,而且对其进行"建设性"工作。在文化上对印支采取了同化政策。作为殖民地,印支无法摆脱宗主国精神价值的有力影响。在法语和本地语学校,法国人向学生灌输法兰西的语言、历史、价值观念和宗教信仰,促进了越南民族主义的形成。"作为对西方统治的反应,各处都产生了一种新的、更为激烈的民族主义。西方的教育对这种民族主义的发展起了极其重要的作用。……这一切事物的影响给他们带来一种新自觉意识。"①殖民者在东南亚开榛辟莽、谷稗俱撒,往往事与愿违,收到"种瓜得豆"之效。法国殖民侵略造成的多种消极因素直到第二次世界大战结束后才彻底改变。

欧美列强在东南亚的侵略与掠夺,必然引起包括东南亚社会上层人士在内的东南亚人迅速而强烈的反抗,有的反抗形式比较简单和原始,利用本地宗教的力量作为发动群众、动员群众和组织群众的思想武器;有的以从国外留学回来的知识分子为领袖,高举民族独立的旗帜,带领群众从事反抗斗争,进行民族民主革命。

四、东西方文化在东南亚发展的整体思考

东西方文明接触后,西方的科技、文化、思维方式冲击着东南

---

① 《新编剑桥世界近代史》第12卷,中国社会科学出版社1987年版,第434—435页。

亚文化生成的土壤，从而导致一系列深刻的变化。虽然自近代以来不同文明间进行了无数次对抗、争夺与战争，付出过惨重代价，但事实上不同文明间的融合已经开始了，各民族独立的平静生活时代已经为全球性社会的新时代所取代。随着全球化进程的加快，各种文明是要趋同的，按照著名学者李慎之先生的说法，"从长远看，文化的特殊性（民族性、地区性）终究要融和到文化的普遍性（人类性、全球性）中"。[1] 我们赞同这种观点。

在多元文化异彩纷呈的当今世界，东南亚国家至今尚未形成自己的强势文化，更多的是接受欧美文化的冲击，面临着借鉴与整合异质文化的问题，吸收东西方两种文化之长才是其最好的选择。没有文化间的和平就没有国家地区的和平。单方面强调自己的或外来的文化都是不可取的。失去自己民族的东西可能会浮游无根，产生精神错位现象，形成思想文化与道德上的空白，甚至错位；完全采用外国的东西也可能导致民族虚无主义，头重脚轻。我们坚信，东西方文化在经过冲突与融合之后，最终会聚集到世界大文化的屋顶之下，把文化的共性、全球性贡献给人类，贡献给未来。有学者指出："自从几百万年以前地球上出现了人类以来，总的来说是分的趋势。出于求生的需要，人们越走越开，越走越远。然而地球是圆的，到了距今 500 年前，这种趋势又倒转过来了。""天地生人，或者说宇宙用几百亿年的时间进化出人类来，不是为了要毁灭他。……既然连最低级的细胞都有自组织的能力，人类社会也一定有自组织的能力。"[2]

---

[1] 李慎之、何家栋：《中国的道路》，南方日报出版社 2000 年版，第 75 页。
[2] 李慎之、何家栋：《中国的道路》，南方日报出版社 2000 年版，第 19—20 页。

第四章　东方外交走向近代的曲折历程

如果以 16 世纪初葡萄牙人占领马六甲王国作为东方国家走向近代外交的开始，到 19 世纪中叶，从东方封建大国中国到印度王公小邦，再到西亚、中东地区的各个伊斯兰王国，几乎所有国家都成了西方掠夺与奴役的对象，在政治、经济与外交方面接受西方的行为规则。葡萄牙、西班牙、荷兰、英国、法国从海上向东方各国展开攻势，最终由英国控制了整个南亚；俄国从北方向南扩张，占领了中国西北、东北大片领土；在东南亚，英国占领了缅甸、马来西亚、新加坡和文莱，法国占领着越南、老挝和柬埔寨，荷兰占领着印度尼西亚，美国占领了菲律宾，到 19 世纪末，殖民主义体系最终在东方建立起来。可以说，整个世界已经进入西方主导的资本主义体系。研究东方国家走向近代的历程必须有大历史观，没有长时段的把握就容易导致结论上的缺陷。

第一节　欧美国家的冲击与东亚国家的反应

在东亚近代史上，欧美国家与东亚有十分密切的关系。人类社会进入近代以后，传统的国家关系已经被打破，越来越需要依靠实力取得竞争发展。东亚国家是在欧美国家的冲击和自身变异的双重作用下，逐步走向近代的。我们既要看到欧美国家对东亚古老社会的解体与变异所产生的历史性影响，又要看到东亚国家奔向近代的内因条件。不承认欧美国家对东亚国家近代历史进程的影响是非客观的态度，只承认欧美国家的影响而看不到东亚国家走向近代的必然趋势也是非科学的态度。近代国际社会是多元世界展开的历史时期，但并不是所有国家都有条件发挥主体作用，具有参与世界竞争的能力。这就是为什么有的国家崛起了，有的国家沉沦了，甚至成为被西方国家奴役与掠夺的对象。

一、东西方两个半球接触后西方对东方国家的冲击

自公元1500年前后东西两个半球的文明接触后，即开始了西方国家对东方国家的冲击过程，这个过程结束于19世纪最后30年世界市场的形成，东亚国家除了日本摆脱了民族沦亡的命运外，其他国家几乎毫无例外地沦为殖民地或半殖民地。19世纪初叶以前，虽然不断有欧洲传教士、商人和政府使团到中国、日本、朝鲜和东南亚，要求开埠通商、互通贸易、自由传教，获得经济利益，但都没有构成对东亚世界秩序的威胁。因为当时欧洲正处于工业文明的前夕，尚无足够力量对东亚发动十字军式的东侵。这说明东西方世界两种世界秩序基本上是相安无事。第一次欧洲冲击的直接后果是，东亚接触到了异质文化的气息，顶多是东西方文化产生了一些冲突。

经过3个世纪的升平之后，到19世纪中叶情况就大不相同了，对东亚的冲击几乎是全方位的。坚船利炮、武力强压取代了以往欧洲传教士和商人靠儒冠儒服、收买送礼来打通东方社会关节。英国经过产业革命率先成为世界上第一个工业化国家，在对外贸易、军事实力、交通运输和制造业等方面享有独一无二的地位。凭借这些优势，英国通过1840年的鸦片战争达到了向中国输入鸦片和索取割地赔款的目的。在此后的一百多年时间里，中国被迫与外国签订的不平等条约多达1000个。

德国19世纪末把山东变成了保护地。因为它是一个后起的资本主义国家，继承了普鲁士王国对外扩张的历史传统，因而比其他老牌

资本主义国家更具凶狠、野蛮的本性。据说德皇威廉二世曾宣称,他"坚决要放弃在整个东亚被人认为是软弱的那种过分谨慎的政策;并且要以严厉的态度,必要时,还要以极其残忍的手段对付中国人,以此来说明,对德国皇帝是不能等闲视之的"。[①]

俄国近邻东亚,17世纪初开始从鄂毕河向东亚扩张,40年代到达黑龙江流域。此后从东北和西北两个方面对中国猛烈攻击。俄国始终以贪婪的目光注视着东亚形势的发展,失之于欧洲,取之于亚洲,在近东和中亚地区扩张受阻的形势下,"将对外政策的重心由西向东转移,企图以远东扩张的胜利,改变它在欧洲列强中的不利地位"。[②] 19世纪末,围绕着中国东北和朝鲜与日本的角逐有增无减。有材料表明,历史上俄国从中国割去的领土达150余万平方公里,成为欧美列强中割占中国领土最多的国家。纵观俄国历代沙皇,无一不包藏着一颗昏暗漆黑的扩张野心。沙俄对中国的蚕食鲸吞实际上就是欧美列强吞灭亚非落后国家的缩影。欧洲的冲击对中国的影响是广泛而深刻的。简言之,这种影响不仅使它们在中国割地索赔、协定关税、开辟商埠、享有治外法权,严重地损害中国主权与领土完整,而且更为重要的是,连年战火使中国国内许多地区疮痍满目,内外交困,国家危在旦夕。一连串的失败迫使中国人大彻大悟,认识到必须通过社会经济与军队实力的增强来挽救颓局。

18世纪,日本首先受到来自北方俄国的威胁。彼得大帝时期俄国势力已经由西伯利亚和堪察加到达日本的北海道。这时俄国不同以往之处在于,它已不再是以莫斯科公国为中心的封建小国,而是发展成为咄咄逼人的大帝国了。虽然俄国还没有对日本使用武力,但日本已经明显地感受到俄国的压力,不久就会卷入灾难之中,一些兰学家"意识到外患的存在,思想开始活跃起来"。[③] 除了俄国从亚欧大陆北部

[①] 《新编剑桥世界近代史》,中国社会科学出版社1987年版,第911页。
[②] 崔丕:《近代东北亚国际关系史研究》,东北师范大学出版社1992年版,第114页。
[③] 信夫清三郎著,周启乾译:《日本政治史》第1卷,上海译文出版社1982年版,第70页。

向日本进行冲击外,美英法等国也从太平洋上向日本施加压力。当时,美国同远东的贸易主要是经由大西洋—喜望峰(好望角)—印度洋进行的,此外还有经过南美洲南端的合恩角到太平洋的航线。中国国内的巨大市场、加利福尼亚金矿的开发以及横越太平洋蒸汽船航路的开辟,使得处于东西航线上作为停泊地的日本面临着开国的紧迫问题。[1]

19世纪50年代,美国率先攻破日本国门,迫使其签订不平等条约,在日本取得开辟商港、领事裁判和最惠国待遇等项权利。美国之所以得风气之先,得益于蒸汽船的使用。按照当时的远航日期,英、法、俄、荷等国到达日本所需时日为120天,而只有美国在使用蒸汽船后将其缩短为20天,从而使美国确立起在列强中的压倒性优势。[2]此后,日本国门洞开,英、法、俄、荷等国竞相效尤,使日本国家主权遭到空前严重的破坏。这种由西方侵略造成的空前的社会危机和民族危机,加深了日本与西方的矛盾。由于列强享有治外法权、最惠国待遇和低关税等特权,所以其商品大量进入日本市场,引起社会剧烈震动,加速了幕府封建经济的解体。有资料表明,通货膨胀和大米价格异乎寻常的上涨,加重了日本社会灾难,贫困的浪人、农民、流浪者和乞丐队伍扩大,涌进城市,使得混乱状况加剧。[3]在开国前夕,许多先觉者如会泽安(正志斋)、佐久间象山和吉田松阴等人都清楚地看到西欧冲击的严重性,企图通过攘夷来调整战略,挽救危局。

朝鲜也没有摆脱民族沦亡的命运。朝鲜半岛一直是中、日、俄大国势力激烈争夺的场所,处于三大帝国矛盾与冲突的焦点上。中国清政府为保证自身安全,十分关注朝鲜半岛的国际事务。日本为割断朝鲜与中国的联系,于1876年通过武力与朝鲜签订《江华条约》。这是朝鲜被强制卷入世界资本主义体系之始。19世纪80年代,美国海军提督薛斐尔率船来朝鲜,试图打通与朝鲜的通商关系。紧接着就是《美

---

[1] 石井孝:《日本开国史》,吉川弘文馆1972年版,第22页。
[2] 加藤祐三:《黑船前后的世界》,岩波书店1985年版,第49页。
[3] 诺曼著,姚曾廙译:《日本维新史》,商务印书馆1962年版,第44页。

朝修好通商条约》的签订。积贫积弱的朝鲜终于抵挡不住美、俄、日、法、意、德、奥、匈、比和丹麦等国的强大攻势，向西方敞开了大门。日俄战争是两个帝国主义国家在中国土地上的疯狂厮杀。战争的结果是日本打败俄国，朝鲜接受日本的"保护"。这是自19世纪中叶克里米亚战争以来俄国对外扩张的第二次严重失败，无疑提高了日本在东亚的国际地位。

二、东方国家对西方挑战的反应

欧美国家对东亚进行的侵略与掠夺引起东亚人民的强烈反应，这种反应表现为诸多形式，有的国家表现为力图通过社会改革与自强来挽救危亡，有的国家表现为上层统治者与人民群众结合的"勤王"运动，有的国家表现为直接的武装斗争。然而不论哪种形式都说明东亚国家或早或迟的反应都是在西方列强的冲击下做出的，天崩（道统）地坼（封建秩序）与内外交困的局面，迫使一部分人不得不正视现实，寻求新的解救之道。东亚国家中面对西欧冲击反应最快的首推日本。

18世纪，日本朝野几乎不约而同地对俄国人的南下表示深切担忧。与欧洲人接触对日本来说是一件大事，带来的不是惊喜，而是一些不祥的预兆与不安。当初俄国遣日使节拉克斯曼来到根室时，只是向日本提出通商的要求，还没有引起幕府的警惕。1794年以后俄国在日本北方的活动明显增多，英国探险队也从西伯利亚东端的太平洋沿岸、琉球、中国台湾、朝鲜等区域从事广泛调查，外国船只开始穿越津轻海峡。[①] 从这一时期日本与欧洲国家的交往来看，基本上是平稳的，隐藏在国家交往背后的利益角逐还没有充分地表现出来，属于国家关系的正常形态。进入19世纪，俄国对日本北方的侵扰明显增多了，引起幕府与朝野人士的警惕。在俄国人南下的同时，英国人北上来到日本。

---

① 井上胜生：《开国与幕末变革》，讲谈社2002年版，第116页。

1808年8月一艘载有350余人的英国军舰驶入长崎，引起了不小的冲突。

在外来压力中最大的莫过于美国海军准将培理黑船舰队的来航，以及随之而来的1854年3月《神奈川条约》的签订。1853年（嘉永六年）6月3日，美国四艘舰队来到浦贺港。日本人惊异于美国舰船之大，双方之殊异：它们体长69米，载重量达到1692吨，乘员268人，装备大炮12门；相比之下，日本的舰船只有100吨左右，最大载重也就150吨，乘员20人。[1]日本已经看到彼此间的巨大差距，向美国等西方工业化国家开放市场、拥抱先进文明势所必然。"幕府看到自己的对外经验和国际关系的现实，与超级大国英国相比，对新兴国家美国更抱有亲近感，积极探索与美国的关系。"[2]美国的强大已给日本幕府留下深刻的印象。也有学者指出："日本显然是一个对西方冲击做出了极不寻常反应的极不寻常的国家"[3]，是为持平之论。

在欧美对东亚冲击所造成的反应当中，有一个十分值得注意的现象，即日本对俄国战争的胜利。日本对俄国的胜利曾经被看成是东方对西方的胜利，可谓影响一时。亚洲国家许多民族主义领导人，如中国民主资产阶级革命家孙中山就是持这种观点的。这显然是站在东方被压迫者的立场上来看待问题的。孙中山出身农家，生活在半封建半殖民地社会，大部分时间从事民族民主革命活动，对中国乃至整个亚洲国家抱有深刻的同情。可以说，他从民族主义立场出发，从中吸取民族民主革命的力量，是可以理解的。当然，他不能不受到当时认识程度的限制。

西方殖民侵略造成的社会危机也迫使中国做出反应，而这种反应在两次鸦片战争、自强运动和19世纪末甲午战争后有充分的体现，一系列的战争、割地、赔款已经形成对中国士大夫心灵的强烈震撼。

---

[1] 井上胜生：《开国与幕末变革》，讲谈社2002年版，第181页。
[2] 加藤祐三：《幕末外交与开国》，讲谈社2012年版，第249页。
[3] 费正清、赖肖尔等：《东亚文明：传统与变革》，天津人民出版社1992年版，第485页。

1840年的中英战争可以看作是英国继葡萄牙人1514年来中国后的强悍一逞,对中国人的伤害巨大。中国总是被迫认识西方。据国外学者研究,在1840—1860年间只有扬州的秀才黄钧宰认识到了西方人的到来是一个大"变局"。如果说在两次鸦片战争期间认识到西欧挑战真正意义的还是少数先知先觉者的话,那么到19世纪60年代以后已经发展到人数众多的士大夫和政府官僚,王韬、黄恩彤、丁日昌、李鸿章、曾纪泽、张之洞等是这方面的代表。"实际上,这种变化太大,不能根据过去的经验来认识。确实,这简直是史无前例的。"[1] 在认识到严重的社会现实危机后,主宰中国社会时代潮流的便不能不是自强运动。可以说,整个19世纪是被弱肉强食原理支配的时代,强者奴役弱者,先进者压迫后进者成为那个时代的主流。

19世纪60年代,李鸿章对西方列强枪炮巨舰的巨大威力有深刻的认识。这种认识源于他对欧美近代文明精蕴的深刻把握。他在给曾国藩的信中说:"若火器能与西洋相埒,平中国有余,敌外国亦无不足","中土若于此加意,百年之后,长可自立"。[2] 在这个思想的指导下,1865年由李鸿章筹办的江南制造局在上海建立,此后国内又出现20余个机器局,中国近代第一批新式军事工业诞生了。这些工业是民族自卫的物质基础,对抵御外侮与中国现代化的作用功不可没。

中英鸦片战争还波及朝鲜。一个明显的例子就是给李朝当权者带来了危机感与紧迫感。"大院君"李昰应执政期间进行了社会政治、经济改革,还提高了武臣阶层的地位,修筑要塞,充实海防,为12000名陆军装备了新式武器。19世纪70年代国门洞开后,朝鲜反对列强的斗争从来没有停止过,尤其在1905年《乙巳保护条约》公布后,朝鲜的反日斗争活动空前高涨,旧廷臣因上书反对该约而绝望自杀者大

---

[1] 费正清编:《剑桥中国晚清史(1800—1911)》下卷,中国社会科学出版社1993年版,第186页。
[2] 费正清编:《剑桥中国晚清史(1800—1911)》下卷,中国社会科学出版社1993年版,第550页。

有人在,他们当中有法务主事宋秉瓒、特进官赵秉世、侍从武官闵泳焕、前赞政洪万植、参赞李相尚、驻英公使李汉应、学部主事李相哲等人。①

义兵运动是朝鲜反日斗争的最高形式,其作战次数与队伍规模相当可观。一项调查显示,仅 1908 年下半年,义兵和日军的作战次数就多达 1900 余次,参军的义兵人数为 83000 人;1909 年上半年义兵和日军作战 1700 余次,参加的义兵 38000 人。从一般的群众声讨,到九廷臣的殉国,再到席卷整个朝鲜半岛的义兵运动,都表现了朝鲜人民捍卫国家主权、争取民族独立这一爱国主义的鲜明特征。1919 年"三一运动"被镇压以后,日本加强了在朝鲜半岛的军事警察统治。有材料表明,1921 年,朝鲜警察总数最初为 20000 人,警察机关近 3000 个,仅在二年时间内警察机关约增加了 1.6 倍,警察增加了 1.4 倍,他们负责警备的面积、户数、人数都已扩大。②

东亚近邻越南、菲律宾和印度尼西亚等国家对欧美冲击的反应也各有千秋。越南是法国的殖民地,其斗争主要形式是以农民为主体的游击战争和爱国文绅组织的"勤王运动"。他们的斗争精神可歌可泣,在亚洲民族独立斗争的历史上也占有重要地位,其作用是值得肯定的。

三、东方国家进入近代西方主导下的国际社会

自从东亚国家的国门被打开后,东亚国家已被纳入近代殖民主义体系,进入了国际社会。这是人类历史横向发展的一大突破。东亚与外部世界的联系更加直接紧密。全球性的世界体系将所有国家、民族和地区整合成一个复杂万千、矛盾异常的统一体。可以说,这是地理大发现以来东亚与世界的最后汇合。由于西方势力的介入,东方社会

---

① 曹中屏:《东亚与太平洋国际关系史》,天津大学出版社 1992 年版,第 370 页。
② 中塚明:《近代日本的朝鲜认识》,研文出版社 1993 年版,第 110 页。

形态、价值观念、生活方式以及人们的心态与精神风貌发生改变，社会的开放性与承受能力明显扩大，无疑给东亚社会肌体注入了活力。

自古以来以中国为首的东亚世界自成一体，独立于其他文明体系。在很长的时间里中国一直把自己视为世界的中心，在天朝体制的躯壳中傲然自得，直到鸦片战争之前仍然是这样的。只有在鸦片战争后东亚人才发现自己处于世界的边疆地位，远远落后于时代，逐渐摆脱观察时局的传统思维。由于商品生产和近代交通工具的推动，全球被联结成日益密切的一个整体，东西方进行广泛的交流与联系使地区间的联系具有世界性。在西方牛顿力学、进化论、地理学、解剖学、物理学以及政治学的影响下，东亚人的思想空前丰富起来，自然科学的精确概念取代了"数术""机巧""技艺"等笼统概念。这些新涌进的东西，无疑拓展了人们的思维空间，扩大了人们的眼界，使人们对世界的认识更接近真理。这是值得欢迎的，也是我们必须看到的第一点。

我们还应看到的第二点是，西方的冲击促使东亚自然经济较早解体。无论是中国还是朝鲜和日本，长期以来以农业型自然经济为基础，这种经济在很大程度上易于造成国民清宁安己、孤陋寡闻的保守性格。从根本上说，是东亚相对落后、商品经济不发达的历史传统的反映。产业革命促进了近代交通工具的更大发展。由于交通便利，东亚与欧美展开了新的经济贸易交流。商品往来更加广泛频繁。因此，原来建立在自然经济基础上的家庭手工业作坊逐渐为近代的机器工业所取代，农民和大量的手工业者破产，自然经济日趋瓦解、崩溃。商品生产竞争的原则同自然界优胜劣汰的竞争原则一样，被应用到近代国际关系当中。

就本质来说，资本主义商品的重炮是不承认任何民族与国家界限的，只要有利可图它就无孔不入，深入穷乡僻壤，是东亚任何国家都无力抵抗的。欧美冲击造成东亚社会长期被动的局面，除日本建立了现代化国家外，其他国家都受制于整个西方社会，造成社会的畸形发展，这无疑加大了东亚现代化的成本。总之，东亚国家是被欧美国家裹挟着走向近代的，整个社会环境已不同于以前，已经在政治、经济和军事上表现出来。

第二节　东亚历史上围绕朝鲜半岛问题的大国较量

在东亚历史上，朝鲜半岛一直与中国有着十分密切的关系，不仅长期受到中国政治、经济、科技与文化影响，而且更为重要的是与中国地理毗邻、山水相连，国家安全利害攸关，历来为中国所重视。在19世纪下半期以前，中国与朝鲜关系是传统的宗藩关系，这种关系一直持续到1895年甲午战争后的《马关条约》签订。今天的朝鲜半岛仍然是大国对峙的缓冲地区，地缘形势复杂与微妙，一直为大国所重视。从几个大国博弈的角度来看朝鲜半岛问题，有利于把握各国战略推进的动因。

一、中国与日本围绕朝鲜半岛的矛盾与战争

朝鲜半岛位于太平洋西北部，处于中国、俄罗斯与日本之间，是较早进入人类文明社会的地区之一。在东亚历史上，中国、日本都与朝鲜有密切的关系。从朝鲜对中国朝贡的频度来看，它是每年一次，琉球每两年一次，越南每四年一次。自汉代起，朝鲜已经处在中国王朝的影响之下，接受中国政治、经济、科技、文化与文物典章制度，形成东亚国家间的相互联系与互动，共同缔造着东亚区域文明。朝鲜加入以中国为中心的东亚国际秩序较日本为早，长期处于东亚国际秩序当中，称得上是亚洲各国中与中国关系最为密切的国家。除了与中国保持政治、经济与外交关系外，朝鲜还与日本发生多方面联系，尤以经贸往来为多，同时还伴有使节往来、文化交流。从7世纪中日之间发生第一场战争到20世纪上半期，中日之间的战争几乎都与朝鲜半

岛有关。因此之故，朝鲜半岛在中日之间发挥了地理屏障作用，认识日本历史上的外交政策在很大程度上不能忽略朝鲜半岛问题。

至隋唐时代，中国王朝努力构建以中国为中心的东亚国际秩序，甚至不惜使用武力来推进这一秩序的建立。有学者指出："唐朝的战略目标是建立保障国内稳定繁荣的国际环境，重新构建动乱年代崩溃的国际关系体制，其对高句丽和百济的战争，乃至后来与新罗的冲突及妥协，都围绕着这个世界战略而展开。"[1] 这说明唐朝对维系东亚国际体系的政策已趋于成熟，进入东亚世界的舞台，发挥着区域性大国的作用。中日间的第一场战争，是发生在663年的白村江之战（亦称"白江之战"）。白村江战争的爆发，严重地影响了中日两国的正常关系，"两国交兵和倭人败绩，显然严重损害了倭人在中国王朝心目中的形象，引起了中国王朝对倭人的怀疑"。[2] 白村江之战暴露了日本在朝鲜南部的野心，同时它也认识到中国唐朝的强大，从而在以后相当长的一段时间在东亚角落里从容地吸收、消化中国先进文化，加快社会文明的步伐。

自汉唐至明代，因地理之便，中朝商旅、使臣往来频繁，陆路交通与海路交通把中国、朝鲜半岛、日本列岛紧密地联系在一起，形成世界文明的重要区域。7世纪新罗统一朝鲜后，中朝经贸与文化交流进一步发展，朝鲜商人把人参、马匹、药材、金、银、毛皮、水果与饰物带到中国，从中国带回书籍、瓷器、谷物、食品等。中国、朝鲜、日本以及南洋各国通过贸易保持政治、经济联系，成为东亚经济圈与东亚国际秩序的有机组成部分。日本在进入文明社会以后对外交往不断扩大，与朝鲜半岛发生许多联系，通过吸收大陆文明构成西太平洋贸易网络的有机部分。自从加入到以中国隋唐为中心的东亚国际秩序后，日本就注视着中国在朝鲜半岛的影响，积极发展高句丽和百济的

---

[1] 韩昇主编：《古代中国：东亚世界的内在交流》，复旦大学出版社2005年版，第65页。
[2] 沈仁安：《日本起源考》，昆仑出版社2004年版，第317页。

关系，寻找自己在东亚秩序中的恰当位置。由于日本是在孤岛上形成和发展起来的国家，需要从外部摄取政治、经济、文化、科技与文物典章制度，因此把发展方向转向大陆。

进入战国时代，日本国内形势发生很大变化，丰臣秀吉夺取了国内统一战争的胜利。随着国内形势好转以及巩固统治措施的进一步加强，丰臣秀吉把对外扩张政策逐步付诸实施。对于侵略朝鲜和中国，丰臣秀吉有初步的设想。丰臣秀吉的侵略计划把朝鲜带到了中日关系的纷争之中，后来两国关系中的许多问题几乎是围绕着朝鲜半岛展开的。1591年9月，丰臣秀吉致函吕宋（今菲律宾）西班牙殖民总督，令其服属、入贡并协助日本征服中国明朝。[1] 为了侵略朝鲜，丰臣秀吉做了充分准备。明朝从朝鲜使者那里得到日本的侵明计划，强化了在沿海的防备。[2]

丰臣秀吉时期，日本发动的侵朝战争前后有两次，一次发生在1592年，另一次发生在1597年（"万历朝鲜之役"，即日本称之的"文禄庆长之役"）。丰臣秀吉战前动员的兵力有30万人。1592年正式发布征朝令，四月从釜山登陆，接着攻陷汉城、开城、平壤等地，朝鲜大片国土沦陷。万历二十年（1592），日军"由对马岛渡海陷朝鲜之釜山，乘胜长驱，以五月渡临津，掠开城，分陷丰德诸郡。朝鲜望风溃，清正等遂逼王京"。[3] 据《朝鲜王朝实录》记载："夕，忠州败报至，满城俱震。"[4] 国王宣祖、王妃、王子及其随从不足百余人逃离汉城，昼夜兼行，风餐露宿，有很多的官员从护送者队伍中逃离脱队。日本军队进攻如此之快，丰臣秀吉得意忘形，认为征服明朝也会很快就实现

---

[1] 池享编：《天下统一与侵略朝鲜》，吉川弘文馆2003年版，第80页。《明史》卷322《日本传》记载："秀吉广征诸镇兵，储三岁粮，欲自将以犯中国。"《明史》，中华书局2007年版。
[2] 荒野泰典、石井正敏等编：《亚洲中的日本史》Ⅱ，《外交与战争》，东京大学出版会1994年版，第132页。
[3] 《明史》卷322《日本传》，中华书局2007年版。
[4] 中野等：《文禄·庆长之役》，吉川弘文馆2008年版，第42—43页。

了，把他的扩张侵略计划和盘托出，即"居留宁波府"，"占领天竺"（印度），领"北京周围百国（县）"，1594年迁都北京，将京城周围十县"贡圣上（指天皇）御用"。① 日本的侵略行动，是对东亚传统国际秩序的最初挑战，引起中国明朝的高度警觉与不安。有关汉城沦陷的消息不断传到明朝京城，引起明朝震动。

为了援助朝鲜，明朝先后派出以宋应昌为经略、李如松为东征提督、兵部尚书邢玠为军事统帅的援朝大军。明朝看到，"关白之图朝鲜，意实在中国；我救朝鲜，非止为属国也。朝鲜固，则东保蓟、辽，京师巩于泰山矣"。② 明朝急派重兵驰援。日军占领了汉城和北部的平安道、咸镜道等朝鲜大片国土，朝鲜形势告急，改变这种状况的是中国明朝军队的参战和各地掀起的义兵活动。③ 日本发动的侵朝战争给朝鲜带来了无边的灾难与痛苦，屠杀、掠夺贯穿了战争的整个过程，被俘的朝鲜男女被送到日本作为奴隶卖给日本人或葡萄牙商人④，一般估计有数万之多。壬辰战争已经使日本认识到明朝的强大，挑战中国长期主导的东亚秩序是极其危险的，故不得不从此在东亚的角落里做长期的精神准备。日本已经充分认识到自己财力、人力与武器的不足，开始在各地征兵，积蓄力量，集中收集武器，整备军事体制，将民户编成国、里（50户）等单位。⑤ 中朝联军共同抗敌取得了壬辰战争的胜利，拱卫了朝鲜半岛此后几百年的和平，使日本不敢再轻举妄动，挑

---

① 《丰臣太阁御事书》，转引自王金林：《简明日本古代史》，天津人民出版社1984年版，第320页。1592年5月，在得到朝鲜国王已经逃亡的报告后，丰臣秀吉利令智昏，设想在征服朝鲜和明朝后把后阳成天皇移居北京，自己居宁波，把朝鲜赏给羽柴秀胜或宇喜多秀家。关周一编：《日朝关系史》，吉川弘文馆2017年版，第150—151页。
② 《明史纪事本末》卷62，《援朝鲜》，中华书局2015年版。
③ 岸本美绪、宫嶋博史：《明清与李朝时代》，中央公论社1998年版，第204页。
④ 池上裕子：《织丰政权与江户幕府》，讲谈社2002年版，第320页。丰臣秀吉发动的这场侵朝战争也给日本带来重大损失："自关白侵东国，前后七载，丧师数十万，糜饷数百万，……至关白死，兵祸始休，诸倭亦皆退守岛巢，东南稍有安枕之日矣。"《明史》卷322《日本传》，中华书局2007年版。
⑤ 铃木靖民：《日本古代国家形成与东亚》，吉川弘文馆2011年版，第243页。

起事端。

　　战争之后，明朝开始注意东北的防御问题，即构筑以朝鲜为援助对象、以日本为防御对象的防援体系，保持警惕，以防止日本再事扩张。邢玠建议朝鲜强化国防，修险隘、筑城池、造舰船、备器械、整衣甲、增烽堠。[①]日本发动侵朝战争的结果是促使明朝加强与朝鲜的宗藩关系。这种东方式的宗藩关系不同于近代殖民主义和帝国主义时期的殖民奴役与占领关系，它输出的是中国封建王朝的皇威与皇德，追求的是"帝王居中，抚驭万国"和"四夷慕圣德而率来"的这样一种国际关系格局[②]，各自找到自己在东亚国际关系中的恰当位置，而不是暴力和掠夺。对于这种关系只有深入到东亚特殊的历史文化与国际关系结构当中才能理解，西方人是很难理解的，也是不可能理解的。在近代以前，朝鲜的对外政策是"事大交邻"。也就是说，对明朝执行"事大"政策，对明朝以外的日本、琉球执行的是"交邻"政策。[③]在朝野的努力下，"明朝已经确定全面的沿海防御体系战略构想，其内容是一方面加强东南沿海的预警系统，另一方面强化东北以镇江和旅顺为中心的防御体系，具体则由辽东半岛和山东半岛各抚道负责实施"。[④]因日本之故，明朝对朝鲜半岛的安全始终是重视的。

　　从东北亚对日战略防御而论，明代恰恰是巩固东北边疆、加强国防的关键时期。清朝大体上沿袭了明朝的对朝政策，即保持两国的宗藩关系，中国为朝鲜提供安全上的保障，基本维持了朝鲜半岛的和平。鉴于历史上中日两国曾经发生过战争，中国的一个重要考虑就是派遣军事大员驻守汉城，专事其对外交涉与通商事宜。19世纪下半期，袁世凯看到朝鲜所面临形势的严峻性，在给李鸿章的一份上书中明确写

[①] 陈文寿：《近世初期日本与华夷秩序研究》，香港社会科学出版社2002年版，第47页。
[②] 参见何芳川：《中外文明的交汇》，香港城市大学出版社2003年版，第90页。
[③] 孙承喆著，山里澄江、梅村雅英译：《近世的朝鲜与日本》，明石书店1998年版，第15页。所谓"事大"，意即以小事大，对大国表示尊敬之意；所谓"交邻"，意即与邻国平等之意。
[④] 陈文寿：《近世初期日本与华夷秩序研究》，香港社会科学出版社2002年版，第53页。

道:"伏查朝鲜为东方屏蔽,世守藩封。数年以来,再经变乱,凡此以明尊亲之义,定摇惑之志,内修政治,外联邦交,因势利导,刻不待缓。加以各国通商,友邻环伺,交际之间,卑亢均难。"① 这是朝鲜面临严峻国际形势的真实写照,也是中国无可奈何的真实写照。在列强侵逼、"卑亢均难"的严峻形势下,李鸿章极力维持与朝鲜传统的宗藩关系,不使朝鲜落入列强之手,日本学者把这一想法称之为"乐浪郡化构想"。②

朝鲜半岛是亚洲大陆联结日本的桥梁,地缘战略作用十分突出,保持这一地区的和平与稳定对中国边境安全意义重大。面对日本和俄国在朝鲜半岛的扩张,中国的政策是"以夷制夷",即利用列强间的矛盾与斗争使其相互牵制与制约,以避免朝鲜完全屈从于某一个国家。之所以实行这样的外交政策,这与中国积弱的国力有关,也与列强在朝鲜的矛盾与争夺有关。"以夷制夷"政策的制定者是主持中国近代外交的李鸿章。有学者指出:"李的朝鲜政策,即在这种国际形势下,充分利用列强的牵制作用,采取'以夷制夷'政策,以维护并巩固传统的中韩宗藩关系。"③ 这既是无奈之举,也是当时唯一可行的策略手段,可应一时之急。

应该指出,"以夷制夷"政策是弱国对强国外交的被动反应,在中外历史上都曾出现过,并非中国所独有。尽管人们对其有不同的认识,

---

① 林明德:《袁世凯与朝鲜》,"中央研究院"近代史专刊(26),第127页。
② 渡边惣树:《朝鲜开国与日清战争》,草思社2014年版,第135页。
③ 林明德:《袁世凯与朝鲜》,"中央研究院"近代史专刊(26),第84—85页。面对日本的咄咄逼人、俄国南下的气势,清朝已经无能为力,拿不出强有力的措施,但又不愿意看到朝鲜落于列强之手,唯一的办法就是"以夷制夷"。欧美、日本侵略在前,中国"以夷制夷"在后。日本学者把列强迫使朝鲜开国的原因归结于中国的劝告,是中国牺牲朝鲜以保全自己利益,这显然是错误的,他写道:"成为朝鲜对欧美开国政策契机的是清国的劝告。清国1879年4月以后,对朝鲜推行了向欧美开国的劝告政策。清国推行这一政策的真正理由,是俄国南下波及朝鲜,日本在朝鲜的势力扩大,为避免接近朝鲜的黑龙江、吉林、奉天、山东、直隶各省的安全损失,把欧美诸国引向朝鲜,牵制日俄势力。"荒野泰典、石井正敏等编:《亚洲中的日本史》Ⅱ,《外交与战争》,东京大学出版会1994年版,第236—237页。

但我们认为这是弱国对强国外交的无奈做法,不能与殖民主义和帝国主义列强共同宰割弱小国家的做法同日而语。中国对朝鲜半岛的另一个政策是,强化对朝鲜半岛的影响力,防止外国势力对朝鲜的渗透。1885年,袁世凯被派往朝鲜,强化了中国对朝鲜的统治。[①] 幕府末期,日本朝野弥漫着一股急欲征服朝鲜的"征韩论",主张在欧美殖民者入侵朝鲜之前,先实现对朝鲜的占领。据说明治初年木户孝允等人曾主张把戊辰战争时动员起来的军队用于侵略朝鲜。尽管明治政府内部在内政与外交孰先孰后方面存在差异,但他们的征韩计划并没有改变,不久之后发生了"江华岛事件",开始实施既定的"大陆政策"。从地缘政治的角度看,朝鲜半岛是中国腹脐之地,也是日本和俄国志在必夺的地区,因此给中国带来了危机感与紧迫感。

以上情况说明,从唐朝至明清,中日围绕朝鲜半岛展开了一次又一次激烈博弈,斗争的舞台由朝鲜一隅扩展到东亚,国际影响深远。实践证明,在中国长期主导的东亚国际秩序内,相互交往、和平相处可给各国带来整体发展,共同受惠于东亚国际关系的总体格局;彼此冲突与战争,直接冲击各国的政治、经济、文化以及既有的国家关系,战争后遗症在很长时间里很难消解。中日两国围绕朝鲜半岛发生的战争,在近代以前属于封建国家之间争夺保护地与殖民地的战争,不同于近代资本主义以贸易、市场为中心的全球性的国际战争。在进入近代以后,战争的规模、环境、运作原则以及国际影响已不同于古代,增加了战争的多边性与残酷性,对生产力的破坏更加巨大。

二、近代以来东西方大国在朝鲜半岛的较量与角逐

进入近代以后,朝鲜半岛面临的形势较以前更加复杂,出现了日、俄、美等国竞相争霸的局面,多种力量在这里汇合交织,朝鲜亡国危

[①] 柳英武:《东亚近代条约关系的建立》,龙溪书舍2015年版,第29页。

在旦夕。俄国在19世纪60年代克里米亚战争后把战略重心转向东方，开始经营其东方战略，关注中国东北与朝鲜。俄国南下已经引起中国清朝不安和朝鲜朝野恐慌。中国对19世纪50年代以来俄国侵占中国东北、西北大片领土记忆犹新，因此认为对沙皇俄国的防备应该先于日本。这种强烈的危机感在当时的洋务派和一些开明知识分子的言论中有充分的体现。为了制止俄国南下，应一时之需，清朝驻日参赞黄遵宪在给朝鲜赴日修信使金弘集的《朝鲜策略》中提出了对俄策略，告诫朝鲜要"亲中国，结日本，连美国，以图自强"。① 这是中国人对沙俄帝国狰狞面目的最初认识，隐含着对沙俄本性的洞见。

19世纪80年代，俄国国内出现了一种扩张主义思潮，宣扬把东方国家合并到俄罗斯帝国，使其融合到一起是俄国的"历史使命"。② 1887年6月18日，俄国圣彼得堡召开的一个高级官员会议，讨论了修建西伯利亚大铁路的庞大计划，认为："为了国家利益，特别是从战略上来考虑，年来愈益迫切需要在欧洲俄国和遥远的东方之间建立起更迅速的交通设施，尽管由于西伯利亚货运数量有限，将来建成之后也还要经过一段时间才能得到利润。"③ 这条著名的西伯利亚大铁路始建于1891年，1916年正式完工。俄国西伯利亚铁路的建成，大大加强了俄国与远东各国的联系，带来了巨大的经济利益和军事价值，便利了俄国的向东发展，陆上的机动性得到加强，同时也加剧了与日本在中国东北和朝鲜的矛盾。"对东方的战略和经济考虑也把俄国的兴趣引向太平洋。"④ 确实，横贯西伯利亚大铁路建设的完成对俄国的东方战略意义重大，"这条铁路迎来了西伯利亚新时代。它不仅在国内，也在世界上

---

① 原田环：《朝鲜的开化与近代化》，溪水社1997年版，第244页。
② 乔治·亚历山大·伦森编，杨诗浩译：《俄国向东方的扩张》，商务印书馆1978年版，第113页。
③ 安德鲁·马洛泽莫夫著，本馆翻译组译：《俄国的远东政策（1881—1904）》，商务印书馆1977年版，第44页。
④ 安德鲁·马洛泽莫夫著，本馆翻译组译：《俄国的远东政策（1881—1904）》，商务印书馆1977年版，第44页。

带来巨大的影响"。① 俄国国土面积十分广阔,但交通长期落后,战争中多以马车牛车运兵,效率十分低下,远距离运输成为制约俄国发展的一个重要因素。英国近代地理学鼻祖哈·麦金德认为,铁路交通能够给一个国家带来新的地缘优势,"现在横贯大陆的铁路改变了陆上强国的状况;……铁路在草原上创造了更加伟大的奇迹,因为它直接代替了马和骆驼的机动性"。② 越是疆域广阔的国家,越是能显示出铁路远距离运输的重要性,也在一定程度上有着改变传统地缘战略格局的意味。

由于地理之便,日本对朝鲜半岛事务的参与程度比俄国广泛深入得多,因此朝鲜自然成为日本首先猎取的目标。随着"大陆政策"的推展,日本对朝鲜的各种调查与研究随之开展起来,涉及哲学、宗教、地理、历史、农业、工业、土木建筑、采矿、民俗、语言等诸多方面。明治与大正时期,日本各界人士在朝鲜、中国、东南亚各地进行各种调查活动,留下许多游记和调查报告,"由于当时日本人的中国之行,总体上与日本的大陆扩张政策相关,因此这就决定了他们所写的游记大多不同于纯粹以访古探胜、欣赏大自然为目的而作的'观光记',而是以调查和探知中国的政治、经济、文化、军事、地理、风土、人情等为目的的'勘察记'或'踏勘记'"。③ 日本对朝鲜研究是与其军事行动同步进行的,有时候与军事行动相互促进。中国清朝政府为了保证自身的安全,十分关注朝鲜半岛事务,防止日本对朝鲜再事侵略,加强对朝鲜的军事支援。

日本对朝鲜半岛的关注并非只是在明治初期提出的"征韩论"以后。从其历史发展的源流来看,日本的"征韩论"有相当久远的理论渊源,这一渊源一般要追溯到8世纪《日本书纪》中神功皇后的三韩征伐的传说。尽管后来人们对《日本书纪》里的内容多有怀疑,但其

---

① 吉田金一:《近代俄清关系史》,近藤出版社1974年版,第250页。
② 哈·麦金德著,林尔蔚、陈江译:《历史的地理枢纽》,商务印书馆2016年版,第66页。
③ 内藤湖南著,吴卫峰译:《燕山楚水》,"总序",中华书局2007年版,第9页。

中的许多内容对后来有很大影响。明治初期日本国内出现"征韩论",对朝鲜半岛的热情再度高涨起来。木户孝允是这方面的一个代表。他在1868年12月14日与岩仓具视谈话的日记里已经明确表达出"征韩"的迫切心情：迅速安定天下,向朝鲜派遣使者,如果对日本"无礼"的话,就破其国土,伸张"神州之威"。① 木户所说的"无礼",无非就是拒绝日本的无礼要求,阻碍日本把朝鲜从中国传统的政治关系中分离出来,结束中国与朝鲜的藩属关系。到19世纪70年代,中国已经注意到日本对外扩张的野心,开始把对俄国的防御转向日本。为了割断朝鲜与中国的传统联系,迫使朝鲜开国,日本明治政府派出的三十人使节团于1876年2月2日到达朝鲜江华岛海面。使节团以黑田清隆为全权大臣、井上馨为副大臣,同时随行的还有八百名护卫兵。② 阵容强大,形成对朝鲜朝野的巨大压力。

1876年2月26日,日本与朝鲜签订《江华条约》,迫使朝鲜开放釜山、元山、仁川三个港口,取得治外法权和无关税贸易的特权。《江华条约》规定"朝鲜国乃自主之邦,拥有与日本国平等之权"。对于此项规定之用意,韩国学者指出："这是日本为了断绝清朝与朝鲜的关系,使它在朝鲜占优势而写进的。"③ 此论可谓一针见血。日本使用武力迫使朝鲜开国,即等于在中国和朝鲜之间撕开了一道无法愈合的裂痕,永远切断了中国与朝鲜的传统联系。近代朝鲜对日本并非没有认识,但是他们对日本本质的认识极不深刻,认为它具有"文明"与"野蛮"的双重性格,对日本明治维新后的发展取向与侵略本质远没有看清。这不仅是朝鲜知识界一部分人的悲剧,也是朝鲜整个国家的悲剧,等他们完全看清日本志在夺取朝鲜时,已为时晚矣。《江华条约》签订

---

① 关周一编：《日韩关系史》,吉川弘文馆2017年版,第225—226页。
② 渡边惣树：《朝鲜开国与日清战争》,草思社2014年版,第99页。
③ 姜万吉著,贺剑城、周四川等译：《韩国近代史》,东方出版社1993年版,第184页。日本学者升味准之辅对此评论指出："'自主之邦'一语具有在中国清政府的宗主权上打进一个楔子,使日本可以在朝鲜同清政府对抗的含义。"参见升味准之辅著,董果良、郭洪茂译：《日本政治史》第一册,商务印书馆1997年版,第132页。

后，朝鲜向日本派遣了修信使。与朝鲜国内一些儒学者和旧官僚相比，修信使对日本的了解是比较准确的，他们的实际动机是探查日本方面的真实意图。①

在白人来到之前夺取朝鲜、中国台湾与南洋的想法，在日本幕末和明治初期领导人与一些思想家中间普遍存在着。被称为明治"元勋"导师的吉田松阴1855年说过："俄美肯定讲和，我等决不能违此而失信于戎狄（欧美各国）。唯应严章程，笃信义，乘其间培养国力，换取易取之朝鲜、'满洲'、中国，使失之于俄国之土地，偿之于鲜、'满'。"木户孝允在日记中也写道："希遣使节赴朝鲜，问彼无礼。彼如不服，则责其罪，攻其土，大张神州之威。"②从中可以看出，日本将采取"失之于欧美，取之于亚洲"的以邻为壑政策，反映出当时日本朝野思想的基本动向。据说"他们谁都主张，为了对抗欧美列强、维持日本独立，日本防卫是最优先的课题，对外国的进出是不可缺少的"。③思想家福泽谕吉在1881年的《时事小言》中倡导"亚洲盟主论"，提出日本要做亚洲盟主的想法。

福泽谕吉对于19世纪80年代以后的朝鲜有许多惊人之论，提出过朝鲜是日本的"屏障"，守卫日本的"防卫线"的主张，他说："在守卫日本岛时，最近防卫线之地无疑是朝鲜地方，……为保障以后全岛之安全，应该较之以前更加用力。"④甲午战争爆发后，他把由日本侵略导致中日之间的甲午战争看作是文明对野蛮的战争，甚至在1894年7月29日的《时事新报》上写上"日本帝国万岁""日本帝国海军万

---

① 宫嶋博史、金容德编：《近代交流史与相互认识》Ⅰ，庆应义塾大学出版会2001年版，第200页。
② 依田憙家著，卞立强等译：《近代日本与中国·日本的近代化——与中国的比较》，上海远东出版社2003年版，第4—5页。
③ 宫嶋博史、金容德编：《近代交流史与相互认识》Ⅰ，庆应义塾大学出版会2001年版，第304页。
④ 杉田聪编：《福泽谕吉朝鲜·中国·台湾论集》，明石书店2010年版，第149页。

岁"这样的文字①，赤裸裸地为日本帝国主义侵略宣传。他是这样看待和评价这场战争的：

  在朝鲜海丰岛附近，日清两国展开海战，我军取得大胜，今昨两日已以号外报道给读者。……我辈得到这一消息欣喜若狂，开战之初我国军队就取得胜利，为我军胜利更为日本取得大荣誉庆贺；我军勇武，再以文明精锐武器战胜腐败国家、腐败军队，胜败之数明明白白，恰似日本军刀挥斩野草。②

  福泽谕吉作为日本启蒙思想家，知识文化界的著名代表，非同一般，他的思想具有相当广泛的影响性，算得上是日本思想文化界在国家发展、何去何从的重大历史转折关头为国家积极奔走呐喊的典型，直接影响了明治政府的对外政策，被认为是明治政府的老师。他倡导西学和启蒙，传播西方资本主义文明，也接受西方传来的进化论思想和社会达尔文主义，以自然界弱肉强食的自然法则看待社会的演进问题，他的思想与近代以来欧洲对外扩张的思想有许多相投之处。无论是"征韩论"还是"失之于欧美，取之于亚洲"和"亚洲盟主论"思想，都清晰地表现出日本对外扩张思想的脉络演进，涉及的思想家和相关人士众多，预示着对东南亚侵略思想的形成。

  任何一种社会思潮的产生与发展，都是一定社会历史条件下的产物，有一定的社会政治经济基础，绝不是空穴来风。中、日、俄在朝鲜的矛盾与冲突是各自战略利益的反映。应该指出，由于长期闭关自守以及地理位置相对闭塞，朝鲜19世纪70年代被迫完成开国，成为亚洲较晚开国的国家。对外开放虽然很晚，但仍屈辱痛苦，血泪斑斑。美国对朝鲜半岛的介入，使朝鲜半岛又增加了一层大国因素，大国间

---

① 杉田聪编：《福泽谕吉朝鲜·中国·台湾论集》，明石书店2010年版，第195页。
② 杉田聪编：《福泽谕吉朝鲜·中国·台湾论集》，明石书店2010年版，第196页。

的角逐将在这里进一步演出。相对于日俄，美国在朝鲜攫取利益较晚，直到1882年5月签订《朝美修好通商条约》才在朝鲜取得派遣公使、经商、居住、领事裁判权以及最惠国待遇等项权利。尽管此约签订较晚，但其影响力大大超过了1876年的朝日《江华条约》。①《朝美修好通商条约》也是李鸿章实施传统的"以夷制夷"政策的结果，日本学者指出："李的这一策略，一方面可以抵制1876年所缔结的《日朝修好条规》中明治政府否认大清王朝对朝鲜的封建的'宗属'关系，一方面置朝鲜于中国的保护之下，以巩固中国的边防。"②

19世纪七八十年代，朝鲜成为俄国南下、日本北上和美国西进扩张的矛盾焦点，大国争夺的牺牲品。俄国在朝鲜的一个重要目标，就是要在这里找到一个军港。由于中国清政府的衰败以及东西列强侵略甚急，中国已无力对朝鲜发挥保护作用了，朝鲜将很快被卷入灾难之中。夺取朝鲜是日本实现既定的"大陆政策"的第一步，只有侵占整个朝鲜日本才能向大陆方向发展。日本是一个岛国，本身的发展在很大程度上依靠外部条件的冲击与刺激，从国外获得发展的资源。李朝后期朝鲜社会内部矛盾尖锐，文武两班血腥的权力斗争频仍而且残酷，限制了对国家命运的关注。这是专制国家的通病。在朝鲜李朝专制的制度下，官僚政客对权力利益的追逐远远甚于对国家安危的关注，内外交攻，朝廷失道，朝鲜面临天崩（封建的道统）地坼（国家灭亡）的严重危机。

1894年5月爆发了东学党人领导的农民暴动，中国清朝接受李朝的请求，派兵参加朝鲜的平乱活动。日本利用这一时机也派兵到朝鲜，并占据从仁川到汉城一带的战略要地，并不断向朝鲜增兵，形成对中国军队的威胁之势。围绕朝鲜问题中日之间发生了一系列摩擦与冲突。

---

① 伊原泽周：《近代朝鲜的开港：以中美日三国关系为中心》，社会科学文献出版社2008年版，第160页。
② 伊原泽周：《近代朝鲜的开港：以中美日三国关系为中心》，社会科学文献出版社2008年版，第219页。

早在甲午战争之前，日本就要求朝鲜废除与中国的宗藩关系，切断与中国政治、经济与外交联系。在日本的压力下，朝鲜废除了《商民水陆贸易章程》《中江通商章程》和《吉林贸易章程》，1882 年以后清朝在朝鲜的裁判权也被停止了。[①]日本利用明治维新后急剧膨胀起来的军事力量对朝鲜进行殖民活动，标榜自己由于采用西方文明实现了改革与进步，成了文明国家，中国、朝鲜还是愚昧的落后国家，甚至援引国际法国家独立原则处理朝鲜问题。中国与日本长期以来在朝鲜问题上的一系列矛盾与冲突最终以简单而又传统的战争方式解决了，这就是发生在 1894 年 7 月 25 日的甲午战争。

日本在中日甲午战争中的一个重要目标，就是把朝鲜从中国的影响下分离出去，完成其"独立"。从表面上看，战争直接起因是日本海军拦截袭击"济远""广乙"号等中国军舰，而深层原因是日本明治维新以来对外政策的发展取向与中国、朝鲜安全利益存在深刻的矛盾。这是一个根本性的不可调和矛盾，或早或晚都要爆发，只是一个时间问题。从日本对外发展的迅猛势头来看，这场战争是不可避免的。自从欧洲列强来到东亚后，中国、日本和朝鲜都面临着如何与欧洲人打交道的问题。19 世纪 50 年代日本相对较容易地进入西方主导的国际体系；中国在日本之前也完成了这个转变。但是作为中国藩属国的朝鲜又如何进入这个体系并与欧美国家和日本交往，这对清朝来说是一个巨大的难题。清朝已经发现在欧洲诸国进入亚洲的现实面前公开主张朝鲜是中国藩属的危险性。[②]

为了实现既定的大陆政策，取得甲午战争的绝对胜利，日本政府对战争的准备是细致的，包括赴中国、朝鲜、欧洲实地考察，访问军政要员，建立情报网络和收集北洋海军情报。1893 年 4—7 月，日本陆军参谋次长川上操六、伊地知幸介中佐、柴五郎大尉等先后到中国、

[①] 青山治世：《近代中国的在外领事与亚洲》，名古屋大学出版会 2014 年版，第 223—224 页。

[②] 渡边惣树：《朝鲜开国与日清战争》，草思社 2014 年版，第 75 页。

朝鲜访问了袁世凯、李鸿章、大院君、高宗等重要人物。[1] 从他们的谈话中可以清楚地了解和判断中国、朝鲜对战争的态度，国家的战略意志与物质精神准备情况。按照一般正常的情况，通过探访战争攸关的实权派人物是可以了解并掌握到战争准备情况的。对于像与中国这样大的国家开战，日本不敢轻易进行，必须做多方面的准备、判断与评估。

在国际方面，它考虑到了欧美大国的态度，最大限度地争取欧美国家在战争中的中立。时任日本外务大臣的陆奥宗光向日本驻各国代表发出通知，英国、德国、意大利、美国、荷兰、西班牙、葡萄牙、瑞典、挪威等国都声明持中立态度，俄国、法国、奥国也发出照会表示恪守中立。[2] 有关美国、英国、俄国甚至欧洲其他国家对日本在朝鲜问题上的外交政策与舆论不断传到日本，尤其美国对国际事态的政策对日本十分有利。相比之下，中国对日本军事情况的掌握却少得可怜，尤其是对日本战前军事准备方面的了解远不及日本对中国的了解。

甲午战争的结果是，导致中国大国地位的完全丧失和日本迅速崛起，引起东亚国际关系格局的重大变化，日本的国际地位急剧上升，中国的国际地位一落千丈。《马关条约》规定："中国认明朝鲜国确为完全无缺之独立自主，故凡有亏损独立自主之体制，即如该国向中国所修贡献典礼等，嗣后完全废绝。"[3] 此外，中国还割让辽东半岛、台湾岛和澎湖列岛给日本，开辟重庆、沙市、苏州、杭州为通商口岸，赔偿二亿两白银。朝鲜"独立"实际上等于彻底斩断了中国与朝鲜自古

---

[1] 渡边惣树：《朝鲜开国与日清战争》，草思社2014年版，第271—272页。在收集中国北洋舰队军事情报方面，日本做了大量的工作。中国北洋舰队的情报是通过驻北京的临时代理公使小村寿太郎、驻天津武官神尾光臣少佐得到的，他们使用独特的情报网获得了北洋舰队战备、兵站、从德国购买军火和出兵的情报，还利用英国人为其提供军事情报服务。参见第272页。

[2] 陆奥宗光著，中塚明校注：《蹇蹇录》，岩波书店2008年版，第101页。

[3] 王铁崖编：《中外旧约章汇编》第1册，生活·读书·新知三联书店1957年版，第614页。

以来传统的政治、经济与文化联系，置朝鲜于日本的掌控之下，传统的朝贡体制崩溃了。美国历史学家马士、宓亨利曾对甲午战争有深刻的评论，写道：

> 甲午一战，中国不但战败，而且蒙垢受辱。中国军队始终没有打过一次胜仗，形胜之地一一委弃，临阵不战而逃。中国殷殷寄以厚望的舰队被可耻地驱逐到设防的港口内，匿不出战。……政府的颟顸腐败，在国家危急之秋并无异于承平之际；而中国人民虽则有了一点国家意识，还依然是一个原始的群体，其唯一的原动力就是个人利益，但知盲目地愤怒，却不知为国家利益而发愤图强。在战争期间，中国并不是以最大的精力用之于杀敌致果，而是用之于乞求列强的干涉，中国的统治者们指望不须认真努力救治其积弱的原因，而但求借外力以挽救中国免于自食其积弱的结果。……在一切有经验（是西方所谓的有经验而不是东方所谓的那种有经验）的观察家看来，帝国的瓦解似乎已显然迫在眉睫而无可避免了。①

他们的话不一定完全准确，但值得深思。甲午战争对于中国来说，不仅是军事的失败，更是制度、教育与国民信仰的失败，许多方面值得深入检讨。因为战争是一个国家综合力量的展现，国家间综合力量的较量，单纯的军事武器不是战争唯一决定性的因素。即便是军事家也不主张单纯的军事观点，也要考虑多种因素对战争的影响、制约与事前周密谋划。中国的《孙子兵法》讲："未战而庙算胜者，得算多也；未战而庙算不胜者，得算少也。多算胜，少算不胜，而况于无算乎！"《孙子兵法》早在唐代就已经传入日本，日本历代兵学家、儒

---

① 马士、宓亨利著，姚曾廙等译：《远东国际关系史》，上海书店出版社1998年版，第391—392页。

者、政治家对其都有精湛的理解与把握。战时担任日本外务大臣的陆奥宗光在《蹇蹇录》中有对日本取得战争胜利因素的总结，他说："在日清战争中我国军队采用欧洲化的作战计划、运输方法、兵站设施、医院，以及卫生的准备特别是以慈善为主要目的的红十字会员的进退等，整顿各方面的组织以及各部机关的活动。"① 不仅国内方面进行充分的战争准备，在对外方面也积极开展活动，最大限度地争取欧美国家的中立，不干涉日本的军事行动。

在日本武力安排下的朝鲜"独立"，引起俄国的强烈反对，为以后的日俄战争埋下了祸根。俄国财政大臣维特认为，战争是"对准俄国"的，"如果我们现在让日本人进入满洲，那么，为了保护我们的属地和西伯利亚铁路，就需要几十万军队和大大扩充我们的海军，因为我们迟早免不了同日本人发生冲突"。② 后来日俄关系发展不幸被其言中。俄国在中国东北和朝鲜附近的活动使日本深感不安，日本认为是对它的最大威胁，急需找到一个盟友来抵挡俄国的日益紧迫的扩张。英国对俄国人的南下行动极为不满，为维护在中国的利益与日本接近，遂于1902年1月与日本结成同盟，推进了对俄战争准备。③

俄国势力南下与日本北上，使双方处于武装对抗状态，这一状态一直持续到1904年日俄战争爆发。本来日本在甲午战争后割占了中国辽东半岛，但是由于俄国、德国和法国极力反对，不得不归还辽东半岛。在还辽以后，清政府继续推行传统的"以夷制夷"政策，希望俄国在制约日本侵略上发挥更大作用，进一步牵制日本。俄国以此为条件，向清政府索取报酬，遂有1896年6月3日李鸿章与俄国外交大臣罗拔诺甫签订的《御敌互相援助条约》（即《中俄密约》）。该约第一款规定，如果日本侵占俄国东方土地，或侵略中国与朝鲜，"两国约明，

---

① 陆奥宗光著，中塚明校注：《蹇蹇录》，岩波书店2008年版，第175页。
② 鲍·亚·罗曼诺夫：《日俄战争外交史纲（1895—1907）》，上海人民出版社1976年版，第31页。
③ 宫城大藏编著：《战后日本的亚洲外交》，米涅瓦书房2015年版，第24页。

应将所有水、陆各军,届时所能调遣者,尽行派出,互相援助,至军火、粮食,亦尽力互相接济"。① 还规定,两国不单独与日本媾和,俄国修建自中国黑龙江、吉林至符拉迪沃斯托克的铁路,战时俄国有自由使用铁路的权利。

实际上《中俄密约》签订后便利了俄国对中国的领土侵占,便利了在中国东北的军事行动,是对沙俄帝国侵略本质认识不足的重大失误。经过甲午战争的沉重打击,清朝创伤巨深,李鸿章等人希望利用俄国的力量牵制咄咄逼人的日本,结果又受到俄国的严重伤害。据说,《中俄密约》签订后俄国给了李鸿章 300 万卢布的贿赠。② 在与日俄的较量中,中国传统的"以夷制夷"政策已经失灵,将要为此付出更为沉重的代价。

鉴于俄国是欧洲大陆的军事大国以及日本国力一时所限,山县有朋曾建议以北纬 38 度线为界,将朝鲜划分为日俄两国的势力范围,但遭到俄国的拒绝。1897 年 3 月 20 日,俄国华俄道胜银行董事会董事 P. M. 罗曼诺夫在给财政大臣维特的一份备忘录中写道:"我认为,朝鲜对我们来说是至关重要的。北满对我们的重要性,仅仅在于它为我们提供了通往辽东或朝鲜的捷径。但是,在最近的将来中国人不会允许我们将我们的铁路修到辽东半岛的某个港口,因为他们了解,这样做将把北京置于我们的掌握之中;但在另一方面,他们不会强烈反对我们的铁路线从伯都讷经过吉林到达朝鲜的一个港口,因为这会防止日本攫取朝鲜。但是为了取得朝鲜同意,我们首先必须具有影响朝鲜财政事务的力量。在这方面我们一定不要犹豫,即使是要做出财政牺牲,

---

① 王铁崖编:《中外旧约章汇编》第 1 册,生活・读书・新知三联书店 1957 年版,第 650 页。
② 吉田金一:《近代俄清关系史》,近藤出版社 1974 年版,第 252 页。关于贿赠李鸿章一事,俄国总理大臣维特在回忆录中写道:"我让办事员馈赠两位大臣以五十万卢布和二十五万卢布的贵重礼品。这是我在与中国人的交涉中,第一次借助于行贿的手段。"维特著,肖洋、柳思思译:《维特伯爵回忆录》,中国法制出版社 2011 年版,第 75 页。

也不要犹豫。"① 俄国一位外交大臣在1903年的备忘录中指出："如果俄国通过一项协定将朝鲜半岛南部让给日本，就等于是正式地而且永远地放弃了朝鲜在战略上和陆海军意义上最重要的部分，也就等于是自动地限制了自己今后的行动自由。"②

进入帝国主义阶段后，俄国、日本、美国等国加强了在朝鲜的争夺，矛盾进一步升级。美国内战结束后开始了向太平洋扩张。扩张主义深深根植于美国的历史文化传统与对外政策当中。美国的历史就是一部对外扩张的历史，不同时期具有不同的扩张形式。早在1878年4月8日，美国国会曾不断有人建议总统任命全权使节赴朝鲜并与其订立条约，谋求打开与朝鲜的关系。担任美国这一使命的是海军提督薛斐尔。薛斐尔在给朝鲜国王的信函中说："近观中国日本及贵国进益情形，正宜仿照条规，与敝国立约通商。现今天下万国，皆往来贸易，惟贵国尚未允行。""若贵国与之修好，邦家益固，其利非浅。……伏愿允准施行，俾我两国立约，永远和好。"③ 从中可以看出，美国欲急于打开朝鲜国门，不甘心落后于其他国家，更不愿意看到他国在朝鲜坐强坐大。

中日围绕朝鲜问题的矛盾、战争及其后果，刺激了日本的战争欲望，日本全国沉浸在胜利的狂热当中，加快了对外战争的步伐。日本朝野的狂热气氛在《蹇蹇录》中有一定反映，尤其在平壤、黄海战役后日本国内表现出骄肆傲慢、高歌猛进的叫嚣。值得注意的是，一些一向主张学习中国的思想家们纷纷转向，即由崇拜中国文明转向蔑视与诋毁中国，甚至不屑与中国、朝鲜以至亚洲国家为伍，转而鼓吹强权与实力，强调外伸一尺之国权远比内伸十尺之自由更为重要紧迫。

---

① 安德鲁·马洛泽莫夫著，本馆翻译组译：《俄国的远东政策（1881—1904）》，商务印书馆1977年版，第101页。
② 安德鲁·马洛泽莫夫著，本馆翻译组译：《俄国的远东政策（1881—1904）》，商务印书馆1977年版，第97页。
③ 伊原泽周：《近代朝鲜的开港：以中美日三国关系为中心》，社会科学文献出版社2008年版，第31页。

甲午战争对日本思想界影响极大，思想家德富苏峰写道："不可磨灭的深刻而强烈的感受，的确是从这次战役得到的。换言之，这次战役的感受，远远超过斯宾塞、科布顿、布赖特之影响。……我由此觉悟到：无实力的道理胜不过有实力的不讲理，欲使道理能讲得通，就必须要有使道理能行得通的实力不可。"[①]

在影响东亚命运与格局的竞争当中，日本通过战争走向了大国行列，各国列强对日本刮目相看，承认其强国地位。1909年4月10日，桂太郎首相和小村寿太郎外相、伊藤博文统监共同制定出合并朝鲜的"对韩政策确定之件"，在经天皇裁可后成为日本合并朝鲜的正式政策。[②] 1910年8月实现了完全吞并朝鲜的既定目标。

三、对朝鲜半岛问题的基本看法

自近代以来，中、俄、日、美等大陆国家和海洋国家在朝鲜的争夺与较量有增无减，尤其是日本与中国、俄国的矛盾愈演愈烈，最终兵戎相见。日本的大陆政策与俄国的远东政策存在不可调和的矛盾。俄国围绕中国东北和朝鲜与日本的争夺相当激烈。它们既争夺又勾结，勾结是为了更大的争夺，其中最惨烈的一幕就是1904—1905年的日俄战争。战争的结果是日本大获全胜，俄国惨败，势力被赶出中国东北和朝鲜，朝鲜接受日本的"保护"，还割让库页岛北纬50度以南的地区给日本，视朝鲜半岛为远东的"巴尔干"并不为过。日本先后进行的两场战争对它在东亚国际地位的确立意义重大，国内形势为之一变。

为了争夺中国东北，自1907—1916年日本与俄国先后签订四个《日俄密约》，基本上都是围绕着瓜分中国东北与远东这一中心来展开

[①] 日本近代思想史研究会著，李民、贾纯等译：《近代日本思想史》第2卷，商务印书馆1992年版，第33页。
[②] 宫嶋博史、金容德编：《近代交流史与相互认识》Ⅰ，庆应义塾大学出版会2001年版，第278页。

的，划分各自的势力范围，排挤英美势力进入东北。日本对外市场扩大，国民精神受到鼓舞与刺激，由此登上东亚强国的地位，因而被看作是对朝鲜、日本和俄国历史进程影响深远的一件大事。[①] 为什么长期被称为"隐士王国"的朝鲜如此受到东西方大国的重视呢？除了朝鲜半岛本身所具有的独特战略价值外，东西方大国的战略实施也是重要的。它始终处在陆上国家与海洋国家交锋与冲突的焦点上，大国插手增加了朝鲜半岛问题的复杂性与长期性。

日俄战争是两个军国主义国家的较量与争夺，也是两国政治、经济、军事、文化与外交的竞赛，综合国力的竞争，你死我活的生死搏斗。日本在明治维新后，经过几十年发展，社会各方面表现出相对成熟，在社会动员与大众宣传上明显高于同时期的俄国。在社会动员与宣传上，舆论界发挥了重要的作用。由于国民识字率提高，对报纸新闻有热情的关注，所以当各种有关战争的消息传到日本时常常引起国民对报纸的竞相传阅。战争时期，日本各地还举办军人送别会、胜利祈祷会，有数千人参加。[②] 从这种情况中可以看到，整个媒体、国民、政府官员和军人都已经参与到对外战争的狂热行动中来了，日本在1937年以后的侵华战争大体也是这个样子。

日本对中国、朝鲜的侵略，实际上等于排除了俄国势力，引起俄国强烈不满。1904年爆发的日俄战争正是日俄矛盾合乎逻辑发展的结果。日本战胜庞大的俄罗斯帝国不论在日本还是在东南亚国家都有很大影响，对日本急剧膨胀起来的民族主义是一个更大刺激，有人把它上升为具有亚洲对欧洲、有色人种对白色人种、非基督教国家对基督教国家战争的性格，显然是模糊了战争的帝国主义性质。[③] 第二次世界大战后东西方冷战对峙加剧，美日、美韩军事同盟的存在以及苏联

[①] 东亚近代史学会编：《日俄战争与东亚世界》，人文书房2008年版，第223页。
[②] 东亚近代史学会编：《日俄战争与东亚世界》，人文书房2008年版，第367页。
[③] 后藤乾一：《近代日本与东南亚——南进的"冲击"与"遗产"》，岩波书店2010年版，第11页。

对沙俄远东政策的继承,使朝鲜半岛增加了许多的变量,本来就已经复杂的远东国际形势更加复杂了,这一地区的国际形势处于"剪不断,理还乱"的怪圈当中。有学者指出:"在事关国际安全的热点问题时常发生的东北亚,朝鲜半岛的局势可谓重中之重。……从国家安全来考虑,自近代以来,中国东北部的安全意义远远大于其他地区,而这种安全实际上又同朝鲜半岛的局势紧密相连。"[1] 此语可谓中的之论。

通过对若干世纪以来东亚史的回顾我们看到,在朝鲜半岛问题上,世界各主要大国都是重要的参与者和利益分享者,正是由于各大国的参与和争夺,从而使得朝鲜半岛成为至今少数没有实现统一的地区。20 世纪 90 年代以后,朝鲜半岛的对抗出现了缓和趋势,突出地表现为美苏冷战的终结,中国北方军事威胁消失,南北朝鲜半岛领导人有了直接的接触与对话。朝鲜半岛出现的缓和形势有利于中国与韩国建立外交关系。1992 年 8 月 24 日中国与韩国正式建立外交关系,实现了两国关系正常化。中韩建交清算了两国近半个世纪相互敌视的历史,意味着两国关系进入了一个新阶段。[2]

朝核问题至今牵动着中国、美国、俄罗斯、日本、朝鲜与韩国的敏感神经,要在朝鲜半岛彻底实现废核与弃核现在看来确实任重道远,要走很长的路。我们认为朝鲜半岛要实现持久的和平,首先要建立安定人心、维系国家与民族的思想纽带,增加南北双方的相互信任、对话与合作;其次是减少外部大国的渗透与过度干预。美韩军事同盟的存在、美日军事同盟的存在使朝鲜感到始终处于极不安全的国际环境中,如果大的国际环境不改变,朝鲜半岛会永远处于紧张—缓和—再紧张的怪圈中。朝鲜半岛的和平与发展完全取决于南北双方的诚意与善意,找到共同的思想价值,找回朝韩两国民族失去已久的自性。有学者指出:"在东北亚,最大的问题是这一地区国家之间心灵的距离。

---

[1] 李元烨:《中美两国的朝鲜半岛政策演进历程研究——从对抗走向协调(1945—2000)》,香港社会科学出版社 2003 年版,第 308 页。
[2] 李成日:《中国的朝鲜半岛政策》,庆应义塾大学出版会 2010 年版,第 263 页。

但是这些国家具备了缩短距离、形成文化共同体的绝佳因素。那就是在悠久岁月里积累下来的共同的文化遗产。"① 朝鲜半岛的和平与稳定是关系东亚各国福祉的大事,学术研究应该更加关心和深入研究这个问题。

第三节 近代中日民族危机意识的比较与思索

西方国家的冲击在中国和日本有不同的反应。1514年葡萄牙人进入中国,1543年来到日本。此后西方其他国家又接踵而至。对于西方人的到来,中国大多数人几乎没有把它当作一个问题来看待,始终把它当作不知礼仪的"洋夷",甚至官方文书把与西方人的交流称为"筹办夷务",并没有看清西方近代工业文明与东方传统农业文明间的殊死竞争;相比之下,日本朝野则有了最初的恐惧感。这种恐惧虽然有许多猜测和主观的东西,但它已经朦胧地认识到问题的严重性质,竞争将会在广泛的范围内展开。对比一下中日两国历史上的危机意识以及产生的历史根源,是极有兴味的事情,对于了解日本近代外交的基本走向也有帮助。

一、日本民族的危机意识

近代日本民族的危机意识,最早可追溯到17世纪德川幕府建立前期。1543年,葡萄牙人来到日本,并把火枪带到种子岛,引起日本人的恐惧。在日本,一般把葡萄牙人来到的这一年作为日葡外交关系的开始。稍后不久,耶稣会传教士沙勿略便在中国和九州等地传教,建立教堂,发展教徒。由于教会大量吸收当地居民入教,1582年肥前、

---

① 罗钟一:《东北亚共同体的文化视角》,延边大学出版社2004年版,第10页。

壹岐、肥后等地的教徒人数已经达到 115000 人，丰后为 10000 人，畿内等地为 25000 人。① 17 世纪初德川幕府建立时，日本约有基督教徒 30 万人。针对葡萄牙、西班牙传教士大规模传教、教会力量膨胀的情况，德川幕府于 1612 年发布"禁教令"，1633—1639 年先后五次颁布"锁国令"，严禁基督教进入日本，甚至对收养葡萄牙、西班牙后裔的人一律处以极刑。② 由于德川幕府锁国，1639 年日本断绝与葡萄牙的关系。禁教令中规定："吉利支丹之徒党，适来于日本，非啻渡商船而通资财，叨欲弘邪法惑正法，以改城中之政号作己有，是大祸之萌也，不可不制矣。"③ 在禁教期间，有大批的教徒被处死、迁徙和流放，或者被迫改宗。1640 年 9 月，荷兰驻平户商馆馆长佛朗沙卡伦被老中责令将商馆迁入长崎：

> 外国人通商与否，于日本国无重大利害关系，而荷兰人已请得前皇帝之朱印状，故当许其通商，并对于商业及其他事项，予以前年来之自由。但其船舶应进入长崎港，一切撤出平户，迁移该地。盖陛下除上列场所，不许外国人居住国内故也。④

可想而知，在对基督教冷酷、严厉的现象背后却隐含着对西方国家的本质的洞见，是对严酷现实的剧烈而本能的反应。由此看来，这仅仅是日本对西方反应的开始，基督教在日本所遇到的麻烦比在中国严重得多。应该指出，在整个传教时代，耶稣会传教士身无一兵一卒，传教过程是相对平和的，并没有武力强压，即使如此，也引起了日本

---

① 依田熹家：《简明日本通史》，北京大学出版社 1989 年版，第 112 页。
② 参见张荫桐选译：《1600—1914 年的日本》，生活·读书·新知三联书店 1957 年版，第 12 页。在传教时代，日本与西班牙存在贸易关系，通过耶稣会留下的史料可以看到 17 世纪初日本与西班牙贸易的基本情况。参见高瀬弘一郎：《传教时代的贸易与外交》，八木书房 2002 年版。
③ 《巴达维亚城日记》第 2 册，台湾省文献委员会印行 1970 年版，第 234 页。
④ 《巴达维亚城日记》第 2 册，台湾省文献委员会印行 1970 年版，第 235 页。

幕府的过激反应。

18世纪，日本受到来自北方俄国的威胁。在对"北方危机"抱有强烈危机意识的人当中，首先应该提到的是仙台藩医生、海防论的先驱工藤平助。1783年工藤写成《赤虾夷风说考》。他认为，日本的第一要务是"海防"和"开拓虾夷"（北海道）。为此，他把《赤虾夷风说考》呈给了幕府，受到幕府重视。可以说，他忧心如焚，为宣传"北方危机"积极奔走，尽管成效甚微，但他所宣传的思想却起了警钟与号角的作用。作为海防论先驱，工藤平助看到的挑战者首先来自近邻俄国。从某种意义上说，这种认识是有道理的。俄国是富有扩张传统的国家，从来没有停止过向东方扩张的脚步，对它的这种民族扩张主义的认识也可以说是恐惧与危机的产物，是即将到来的严峻形势在其头脑中的反映。

工藤平助的密友林子平也是海防论者。林子平对日本面临的国际形势的认识较工藤更为清晰。第一，他推崇工藤平助的"海防论"。为了宣传他的意见曾三次上书幕府，建议整备海军，铸造大炮，充实海防，寻求军事指挥人才；指出日本的当务之急是水战，水战的关键在于大炮。[1] 第二，他要求德川幕府放弃长期以来依靠四面环海的地理优势拒敌于国门之外的传统做法，改变对海国的认识。因此他在《海国兵谈》中明确地写道："细细想来，从江户日本桥到中国及荷兰，无边界、水路之分。"[2] 一语道破近代交通的意义，交通的发达使世界各国连成一体。这是基于对欧美近代文明的根本认识。第三，鉴于人们对世界大势的麻痹思想，林子平又写道："彼三临国及唐土、莫斯科等诸外国从海上入侵时，应详悉海上防御之术。"[3] 林子平与工藤平助不同的是，他认识到了欧美国家交通工具进步的意义，四面环海曾是日本锁国的有利条件，反而转为不能锁国的条件了。欧美交通进步使他具有

---

[1] 中村孝也：《日华明治维新史》，东京堂出版社1942年版，第198页。
[2] 中村孝也：《日华明治维新史》，东京堂出版社1942年版，第197页。
[3] 中村孝也：《日华明治维新史》，东京堂出版社1942年版，第197页。

了很强的危机感与紧迫感。

对"北方危机"有深刻认识的人还有大原左金吾、本多利明、渡边华山和高野长英等人。大原左金吾在《北地危言》中指出:"外寇不以一国(藩)为限,而为天下之敌",如果对俄国人的南下行动掉以轻心,则"终必使国家产生后患"。[1] 至此,第一次有人将危机提到如此高度,看成是全国的大事,这不能不说是认识上的深化。渡边华山在《慎机论》中看到西洋冲击下形势的紧迫,"我邦如路上之遗肉,遭饿虎渴狼之顾"。[2] 在欧美列强各国当中,他更强调俄国对日本的危险性,痛切地指出:"鄂罗斯包藏狼顾祸心。"[3] 本多利明在《经世秘策》中从世界万国形势立论,要求废弃锁国,奖励造船与实业,批判幕府因循的锁国政策。他认为,日本的根本国策在于发展对外贸易与建立"开拓制度"(殖民制度)。更为突出的是,他摆脱了"洋夷"观念,看到的挑战者是日益成长的工业文明,而不再是身无一兵一卒的传教时代。

1825年水户藩武士会泽安著成《新论》。这本书旋即风靡全国,主张以"攘夷"来抗击西欧的冲击。他把西欧的冲击提到关系"国体"的高度,看作是"戎狄之道"与"神圣之道"生死存亡的斗争。值得注意的是,会泽安还探讨日本社会危机的根源,认为"茫茫宇宙,戎狄之道不息,则神圣之道不明;神圣之道不明,则戎狄之道不息,二者不能相容"。[4] 他以强有力的思想号召日本国民:"万世之业,非朝夕之可就。故天祖之业,待神武而开,崇神而大,及圣子神孙继述不懈。"[5] 还告诫日本朝野设屯兵、明斥候、缮水兵、练火器、峙资粮,做好御敌的准备。他的全新思想吸引了幕末所有志士,19世纪30年代《新论》已冉冉上升到攘夷理论的炫目位置,成为幕末草莽崛起的思想

---

[1] 信夫清三郎著,周启乾译:《日本政治史》第1卷,上海译文出版社1982年版,第111页。
[2] 佐藤昌介校注:《华山·长英论集》,岩波书店1978年版,第37页。
[3] 佐藤昌介校注:《华山·长英论集》,岩波书店1978年版,第38页。
[4] 会泽安著,塚本胜义译注:《新论·迪彝篇》,岩波书店1974年版,第216页。
[5] 会泽安著,塚本胜义译注:《新论·迪彝篇》,岩波书店1974年版,第236页。

基础。

　　日本民族的危机意识伴随着西欧冲击加深而不断深化，促使全国上下紧张地行动起来。1840年中英鸦片战争爆发。消息一传入日本，迅即引起强烈反响。主持幕政的水野忠邦认为，鸦片战争"虽为外国之事，但为我国之戒"。① 在19世纪多事之秋，由于列强侵逼造成的国运多艰，幕府也被迫采取抵御措施。1850年，幕府在口头令中指出："西洋各国觊觎我国土地，我国必须以举国一致之力量加以防御。……于万一情况下，相邻各藩必须合力，互相援助。"② 幕府不仅意识到此番列强东来的严重性质，而且意识到外寇与内患互为因果会酿成整个幕府体制的危机。因此，幕府号召对西欧的冲击"日本全国不分贵贱上下，……以全国之力量进行抵御"。③

　　在近代日本的先觉者当中，还应提到的有佐久间象山和吉田松阴师徒二人。他们努力研究欧美文明的精蕴，勤于思考，勇于行动。1842年，佐久写成《海防八策》，强调国防是全体国民的课题，主张学习西洋，聘请炮师船师，铸造大炮和军舰，演习水战，增强实力，免得日本遭受像中国《南京条约》那样的城下之辱。他在《省警录》中提出当今的紧迫任务是学习西方的"洋兵之法"，将略、阵法、器学、守国和军用是当务之急。吉田松阴在《幽囚录》中写道："我师象山经常引取《春秋》事典，视城下之盟为国家最大耻辱之事。"④ 18世纪的俄国人南下及其在中国东北的侵略活动使他忧心忡忡，寝食难安，写道："由于日本处于大海中，世界各国想法向它伸手，在地理关系上

---

① 信夫清三郎著，周启乾译：《日本政治史》第1卷，上海译文出版社1982年版，第166页。
② 信夫清三郎著，周启乾译：《日本政治史》第1卷，上海译文出版社1982年版，第183页。
③ 信夫清三郎著，周启乾译：《日本政治史》第1卷，上海译文出版社1982年版，第184页。
④ 奈良本辰也：《吉田松阴著作选》，讲谈社2013年版，第132页。

邻近国家比遥远国家侵略的情况更多。"[1] 他们给日本全体国民带来了观察时局的全新眼光，正如加拿大诺曼博士所言："是中国的命运给了日本的有识之士一个不能磨灭的印象，他们不顾检查和迫害，著书立说，为国防、甚至为西方工业和军事科学的采用敲响了警钟。"[2] 确实，日本社会的知识精英走在社会的前列，提出各种方案，起到了民族先锋的作用。

19世纪50年代，美国率先攻破日本国门，迫使其签订不平等的条约。此后，日本国门洞开，英、法、俄、荷等国竞相效尤，使日本国家主权遭到空前严重的破坏。由于列强享有治外法权、最惠国待遇和低关税等特权，所以其商品大量进入日本市场，引起日本社会剧烈震动，加速了幕末封建经济的解体，传统的政治经济秩序以至价值观念遭到破坏。开国对阶级关系的变动和国民心理与生活发生深刻影响，民族矛盾制约着社会诸矛盾的总过程，人们认识到民族利益高于阶级利益，是超越"德川一家之名誉与耻辱"而关系"皇统安危"的大事。平心而论，单纯从培理叩关时带给幕府的国书来看，无非是在美国商船遇到暗礁、台风而受到损坏的时候在日本寻求港口避难，提供煤炭、淡水给养，装卸货物等。西方国家打开日本国门的目的就是开辟国际市场，有人认为幕末外交问题的本质在于通商。[3] 即令如此，也引起日本民族意识空前高涨。

近代日本民族的危机意识及其敏感程度是东亚其他国家无法比拟的。诺曼指出，早在皮德尔和培理到达日本之前，欧洲人从心里对日本产生的兴趣已经让日本人深感不安了，尽管日本所承受的压力远不如中国大，但他们对西欧冲击的敏感程度和反应程度要比中国大得多。在目睹了中国在鸦片战争中失败的情况后，吉田松阴在《幽囚录》里写道，中国近邻日本，"最近英国侵略，发生鸦片战争，又有洪秀全之

---

[1] 奈良本辰也：《吉田松阴著作选》，讲谈社2013年版，第153页。
[2] 诺曼著，姚曾廙译：《日本维新史》，商务印书馆1962年版，第40页。
[3] 服部之总：《黑船前后·志士与经济》，岩波书店1981年版，第97页。

乱,如果西洋贼军占领中国,其会损失巨大。我虽不知鸦片战争之结果,全不能熟视无睹"。[①] 19 世纪是日本民族危机意识向成熟高峰的推进阶段,培养造就了一大批栋梁之材,他们的思想已经深深影响封闭已久的幕府,日向国佐士岛津忠宽在给幕府的一份上书中预见到:"今清国大乱,难保何时涉及日本!"[②] 他们的话一语成谶,后来的形势发展不幸被其言中。

二、中日民族危机意识的简要比较

近代中日民族危机意识的产生,都是起因于对严酷现实的直接感受和对西方列强军事实力的忧惧心理。在日本,它是通过幕府官僚、地方大名、儒者、武士对形势的预见并采取相应的措施等方式表现出来的。他们密切注视东亚形势的发展,权衡利弊,利用矛盾,针对外部强敌的威胁做出准确而主动的反应。他们置个人生死于度外,著书立说,给日本社会带来新鲜空气,故日本民族的危机意识具有其他民族不可比拟的敏感性与超前性。

中华民族的危机意识,在明末徐光启时代就已经微见端倪。17 世纪初,徐光启等少数上层士大夫在与西方传教士接触过程中,看到西洋在天文、地理、数学、机械力学、火器制造及工艺技术上的成就,中国传统的至善至美的儒家礼乐教化已经受到来自西洋的"技艺""机巧"及"术数"的最初挑战。徐氏在《西洋神器既见其益宜尽其用疏》中说:"惟尽用西术,乃能胜之。欲尽其术,必造我器如彼器,精我法尽如彼法,练我人尽如彼人而后可。"寥寥数语,已经表现出徐光启对西方文明的进取精神,也流露出他对西方文明的忧惧心理。进入近代,中华民族的危机意识有初步的发展,尤其在第一次鸦片战争和自强运

---

① 奈良本辰也:《吉田松阴著作选》,讲谈社 2013 年版,第 154 页。
② 王晓秋:《近代中日启示录》,北京出版社 1987 年版,第 18 页。

动中有充分的表现。面对英国在中国贩卖鸦片之患，林则徐曾敏锐地意识到："此祸不除，数十年后无可用之兵，无可筹之饷。"① 面对俄国，他也意识到"终为中国患者，其俄罗斯"。他的看法是准确的，代表了当时一部分先觉者的看法。任何时候都有先知先觉。同治十三年（1874）十一月初二日李鸿章在给清政府的一份上书中说：

> 今则东南海疆万余里，各国通商传教来往自如，麇集京师及各省腹地，阳托和好之名，阴怀吞噬之计，一国生事，诸国构煽，实为数千年来未有之变局。轮船电报之速，瞬息千里；军器机事之精，工力百倍；炮弹所到，无坚不摧；水陆关隘，不足限制，又为数千年来未有之强敌。外患之乘，变幻如此，而我犹欲以成法制之，譬如医者疗疾不问何症，概投之以古方，诚未见其效也。②

这段议论无疑是中华民族危机意识的深化，它的意义在于给中国带来从未有过的"大变局"与"大强敌"的全新观念，而历史的发展恰好给残酷的现实做了最好的注脚。但是必须指出，在林则徐、魏源时代以及后来的自强运动时期，中国一些士大夫仍是将西方列强当作不知礼仪的"洋夷"看待的，将列强的此番东来看作类似历史上北方少数民族对中原王朝侵扰一样的事件，甚至认为只要发挥中国儒家礼乐教化的作用就会把那些野性未改的"洋夷"驯服。说到底，他们还是站在传统的华夷秩序与天朝大国之上看待世界形势推移变化的，没有看清这次挑战的严重性质。

日中两国民族危机意识的巨大差异，主要表现在下列数端上：首先，对西欧冲击的反应程度不同。日本具有危机感的传统，是在长期

---

① 《楚疆三文忠传·林文忠公传略》，国家图书馆分馆藏。
② 《李文忠公奏稿》第 24 卷《筹议海防折》，国家图书馆分馆藏。

的社会生活中养成的。早在奈良时代,日本担心"安史之乱"后中国唐朝会进攻日本,为此充实了军备,强化了军事体制。[①] 17 世纪,大学者熊泽藩山对中国清朝一直存有戒心。在近代,对西欧冲击反应最为敏感的是下级武士和一些思想家。他们曾有与外国人长期接触的经历,对列强的"巨舰之制"与"水操之法"有极深刻的印象。中国被迫开国和东南亚大部分国家已经成为欧美国家的殖民地,使吉田松阴痛感到日本必须采取极端措施以求自保,当务之急是开拓虾夷(北海道),分封大名,甚至夺取堪察加、鄂霍次克,北割满洲(中国东北)之地,南收台湾、吕宋诸岛。[②] 从 19 世纪起,一批深受兰学影响的儒者开始建立学塾,收授学徒,以民族和国家安危为己任,培养学生的爱国主义思想,振奋民族精神,维护民族尊严,促使了民族危机意识较早成熟。

中华民族的危机意识自 17 世纪初露端倪,之后是长达两个世纪的沉寂,19 世纪中叶以后有了初步发展。从林则徐、魏源等人的传世著作中可知,他们仍没有脱离自尧舜以来视华夏以外民族为"夷"的传统思维,所谓"睁眼看世界"只不过是从门缝中向外瞭望几眼而已,并没有看清东西方两种文明竞争会达到你死我活的严重程度。第一次鸦片战争后,中国被迫五口通商,华夷秩序被打开一个缺口,但对清朝统治者来说,五口处于帝国的边陲,触及不到帝国的中枢神经,"一种他们感到可以苟安下去的想法在他们中占着上风",因为在他们看来"该夷……虽系贪得无餍,而其意不过求赏码头,贸易通商而已,尚非潜蓄异谋"。[③] 基于这样的考虑,中国疏于御敌准备,蹉跎了大好时光。

在社会宣传和社会动员上,日本高于同时期的中国。以魏源的《海国图志》对两国的影响为例,仅从 1854—1856 年日本刊印《海国图志》的各种版本就达 20 种之多,该书被幕末志士广泛地阅读;相反,它在中国并未引起人们的注意。日本学者指出:"尽管魏源十分热

[①] 藤间生大:《近代东亚世界的形成》,春秋社刊 1977 年版,第 44 页。
[②] 奈良本辰也:《吉田松阴著作选》,讲谈社 2013 年版,第 158 页。
[③] 胡绳:《从鸦片战争到五四运动》上册,人民出版社 1981 年版,第 89—90 页。

心,但在《海国图志》出版时,一般读书人恐怕几乎都没有把它当作一个问题来看待。"①这说明中国士大夫阶层的视野极其有限,也说明中国社会中枢神经器官与反应能力的麻木,或者说是熟视无睹。

中华民族的危机意识成熟甚晚,经鸦片战争、自强运动到甲午战后严复发表《天演论》译本的19世纪末叶才臻于成熟。1895年,中国在甲午战争中败于日本,被迫签订《马关条约》割去辽东半岛、台湾等大片国土。这一失败引起中国人的大震动。康有为、梁启超基于国难,在北京发动1300余举人"公车上书",提出"拒和""迁都""变法"的主张,促使人们觉醒。这是中国人普遍觉醒的开始。严复不失时机地于1898年发表《天演论》译本,宣传"优胜劣汰""弱者先绝"的进化论主张。它的出版使中国人大彻大悟,为维新变法、救亡图存起了号角作用。

其次,产生危机意识的思想基础不同。中国长期处于大国地位且在儒家学说的统治之下。在秦代以后,特别是在汉代"罢黜百家,独尊儒术"以后,经隋、唐、元,到明清时期中国人的天朝观念达到极致。明代的《大明会典》、清代的《大清会典》把朝鲜、琉球、安南(越南)、老挝、暹罗(泰国)、苏禄(菲律宾)、缅甸甚至西方的葡萄牙、罗马教皇国、荷兰等都当作朝贡国对待,中国是天下共主,顶礼膜拜的对象。这说明中国人尚未产生多元世界、异质文化并在的世界观念。

日本也是儒教国家,尤其在江户时代儒学受到异常推崇,进入极盛时期。但不同的是,日本自18世纪以来对株守的儒学有所清算和批判,使其从因循、空谈哲理转向务实。兰学家为批判日本的"慕夏"思想而积极传播兰学,开国前夕,兰学已经"发展到作为否定封建制的近代科学的萌芽状态"。②贫困的下级武士和浪人因受到兰学的熏陶,

---

① 信夫清三郎著,周启乾译:《日本政治史》第1卷,上海译文出版社1982年版,第181页。
② 近代日本思想史研究会著,马采译:《近代日本思想史》第1卷,商务印书馆1983年版,第19页。

"他们中间有不少的人获得了西方科学和思想的相当知识"。① 幕末思想家佐久间象山在《省諐录》中严厉批判了日本儒者误读《孟子》的情况,他说:

> 吾邦儒者,误读孟子,不审天下之形势,不察万国之情状。兵力萎茸,而不知奋也。械器滥恶,而不知精也。外番改枪炮,变兵法,而我不肯讲矣。②

在他看来,世界进入近代以后不是以仁义道德行事,"读孟子者,拘执文辞,不察时势,……是则迂腐之甚者也"。③ 日本幕府末期的思想家们特别主张与时俱进和经世致用的实用精神,反对食古不化的空疏学风,强调"明理察事,因时而革"。④ 著名思想家福泽谕吉在《劝学篇》《文明论概略》等著作中对儒教的"厚古薄今"与国民缺乏独立自主之精神进行了猛烈抨击,他这样写道:

> 在封建时代,人与人之间,在所谓君臣主仆的关系支配着社会。幕府以及各藩的士族,不但向当时的主人效忠,并且还追念到列祖列宗一心一意地报效主家,抱着所谓"食其禄者死其事"的态度,甚至把自己的生命也献给了主家,不能自主。……西洋各国人民智力充沛,有独立自主精神,在人与人的关系上是平等的,处理事物是有条不紊的,大自一国的经济,小至个人的生活,就目前的情况来谈,我们日本人无论如何是望尘莫及的。大体上说,到了今天人们才恍然大悟,完全承认

---

① 诺曼著,姚曾廙译:《日本维新史》,商务印书馆1962年版,第31页。
② 佐久间象山著,饭岛忠夫译注:《省諐录》,岩波书店1978年版,第109页。
③ 佐久间象山著,饭岛忠夫译注:《省諐录》,岩波书店1978年版,第111页。
④ 佐久间象山著,饭岛忠夫译注:《省諐录》,岩波书店1978年版,第113页。

西洋各国的文明和日本的落后。①

所有这些说明，日本在近代已经甩掉了沉重的思想包袱，较少传统文化之累，从思想上完成由传统到现代的接榫，由"尊王攘夷"到倒幕开国就顺理成章了。日本所受儒家王道政治的影响较中国为小。日本除在明代极短时间属于中国"华夷秩序"，其余大部分时间在东亚是自成一体的。由于神道教的长期浸润，其民族思想中注入了许多极端主义成分，一旦出现民族危机，会很快发展成军国主义和沙文主义。关于这一点，从明治维新以后对外发展取向上看得最为清楚。

近代中国士大夫大都出身封建官僚家庭，通过科举一途进入官僚阶层，升官发财、光宗荫子是一生不懈追求的目标，思想中具有严重的反科学主义倾向。19世纪，兰学在日本蓬勃发展时，而中国士大夫接受的却是清一色的儒学经典训练；他们从儒学经典中学到的政治理想是儒家的王道政治，而王道政治的理想模式则是文治主义。他们重教化的力量，而轻视武力在国家政治中的作用。自乾隆、嘉庆以来，由于清政府的笼络与高压，知识分子长于书斋，黯于世事，由他们构成中国庞大的官僚系统，在皇帝的左右影响着皇帝的决策。诚如诺曼指出："这个士大夫阶级已经成为儒教正统派的小心翼翼的保护人，对于正统的顺从乃是进身官僚阶级的枢键"，他们"无视或轻视西方文明的一切表现"。② 所以，当中国受到西方的挑战时，士大夫们只能以经典教养与国粹主义态度来认识世界，不可能逾越心理障碍在行动上实现由攘夷到开国的转变。畸形的心态、老化的知识结构、远离社会经济生活，是近代士大夫的根本性弱点。

第三，日本的民族危机意识与其强烈的历史紧迫感密切相连，而中国则显得过于"蛰伏"。19世纪，中日两国的国际地位不同，所受

---

① 福泽谕吉著，北京编译社译：《文明论概略》，商务印书馆1992年版，第168—169页。
② 诺曼著，姚曾廙译：《日本维新史》，商务印书馆1962年版，第32页。

到的外来压力也是不同的。中国是一个幅员辽阔、物产丰富的国家，巨大的国内市场引起欧美国家的广泛注意，国际地位比日本重要得多，日本则不然。美国学者指出，西方国家"没有指望通过开放日本来取得什么了不起的金融或贸易利益。在那里能捞到的油水决不可以与在中国通过鸦片交换茶叶或白银所形成的商业利润相比"。[①] 由此可知，日本所受到的国际压力比中国小得多。

但是，何以日本面临的国际压力小却产生强烈的恐惧感，而中国面临的国际压力大却未产生强烈的恐惧感呢？这个历史现象应引起我们深思。自秦代以来，中国就是一个大一统的国家，统一的时间长于分裂时间，被高山峻岭和大漠海洋阻隔在欧亚大陆东端，因地理条件限制与文化传统等诸多因素影响，始终认为自己的儒家礼乐教化高于其他民族，因此缺乏历史紧迫感；同时由于内陆农业文明所具有的稳定性与内聚性，故缺少向外发展的动力。日本则不同。它属于孤岛型地理环境的国家，本身的发展在很大程度上需要外部条件的冲击和刺激。国内市场狭小的特性决定了它必须把注意力放在海外，从国外获得国家发展的资源。面对西面和北面强大的中国、古印度和俄罗斯帝国，"日本总感到自己处在一个强大的世界帝国的压力之下，结果也许已经变得过分谨慎防范了。它本能地觉察到，要想在东亚这个角落里继续存在下去，必须节俭和勇敢"。[②] 可以说，这个结论是我们在理解日本民族危机意识时的最好解释，也是其"脱亚入欧"前的精神准备。

三、来自中日民族危机意识的启示

中华民族的危机意识从萌芽、沉寂到成熟，经历了相当漫长的岁月，并为此付出了巨大的代价。而日本伴随着民族危机意识成长的是

[①] 罗兹曼主编，国家社会科学基金"比较现代化"课题组译：《中国的现代化》，江苏人民出版社1988年版，第52页。

[②] 森岛通夫著，胡国成译：《日本为什么"成功"》，四川人民出版社1986年版，第23页。

民族崛起，走向世界强国之列，由此而引起东亚世界发展格局的重大变化。18世纪和19世纪中国和日本都具有发展自己、启动并推进本国现代化的历史机遇，日本相对容易地实现了从传统到现代的接榫，中国则迟迟不能走上正轨，说到底，还是华夷秩序这个大而无形的巨网束缚着人们的思想与行动，阻挡着滔滔而来的世界文明的潮流。在近代，严华夏之防一直笼罩着上自皇帝、下至士大夫的头脑，虽然提出"中体西用"，但其社会内涵相当单纯与狭窄，在19世纪攘夷的汪洋大海里，人们很难实现从华夷之防向万国平等观念的突破。近代中国正处在走向世界的过程中，社会的结构、运作、原则与环境已不同于古代，正是需要健全的开放心态的时候。只有产生健全的开放心态，中国才能真正走向世界。

第五章　进入近代后的东西方国家关系

东西方国家交流交往是通过多种途径实现的，既有政治的、经济的和文化的，也有军事的，战争无疑是一个重要的方面。当人类进入到近代社会以后，交通工具和通信技术不断进步，各国间的联系更加紧密。东方国家接受西方国家科技文明促进了自身的发展，政治、经济与社会发生巨变，其作用是不言而喻的。同样，发生在世界现代史上的两次世界大战对东方各国的影响同样不可低估，许多方面超出人们的正常想象。两次世界大战的规模与影响是空前的，战后世界形势发生的重大变迁也是无法想象的。在理解近代以后的东西方国家关系时，有一个评判标准问题。无论怎么说，近代以来东方各国面临的国际环境与自身地位都发生了重大变化。

第一节　西方对东方认识的形成与发展

在欧亚大陆的东西两端——远东和远西，很早以前就有了相互认识。不过这种认识一开始并不是清晰的。欧亚大陆孕育出的中华文明、古埃及文明、美索不达米亚文明、伊斯兰文明、印度文明和地中海地区的希腊文明，自从有了人类就有了相互间的接触和交流，任何来自自然的、社会的以及技术上的诸多限制都不会永久成为交流的障碍。尽管最初的认识是那么模糊与朦胧，但毕竟都是通过种种努力获得的，反映了人类认识的不断深化升进过程。无论东方还是西方的认知，一般都是通过彼此交流获得的，商人、使者、旅行家和宗教团体起了很大作用。

一、西方对东方的最初认识

从严格的意义上说，在 15 世纪新航路开辟以前生活在欧亚大陆西端的欧洲人对东方的认识是极为模糊的，视野相当有限。他们对东方的认识有的来自实地考察，有的来自间接的传闻，但不论怎么说他们都在努力去寻找和认识东方世界。那时期留下的作品基本上反映了当时欧洲人真实的认识水平。

在欧洲早期关于东方的作品当中，首推古希腊历史学家希罗多德的《历史》。这部写于公元前五世纪的历史著作对西亚地区国家的情况做了初步描写。根据《历史》提供的材料可知，希罗多德本人到过小亚细亚和西亚地区的一些城市，记述的重点都是希腊城邦和波斯帝国之间战争的事情，其视野基本上是在西亚与地中海地区，当然也看到过许多奇奇怪怪、不可名状的神秘东西。他对东方国家有大体的观感，在谈到波斯人的风俗习惯时说："他们不供养神像，不修建神殿，不设祭坛，他们认为搞这些名堂的人是愚蠢的，我想这是由于他们和希腊人不同，他们不相信神和人是一样的。"① 作为一位历史学家，他以西方人的立场谴责了波斯帝国发动的对外侵略战争，对东方波斯帝国的一些看法构成西方历史学家中有影响的观点。至于西亚以外的东方世界，希罗多德没有什么论述，对东方的认识并不明朗。据说，在西方历史学家的著作中最早提到印度的是希罗多德，他的材料多来自波斯人的传闻，其中海客谈瀛洲式的内容不少。② 在他以后西方对东方的认识经历了一个漫长的过程。

13 世纪以后欧洲人陆续来到中国、日本、南洋、印度等地，向西

---

① 希罗多德著，王以铸译：《历史》上册，商务印书馆 1997 年版，第 68 页。
② 阿里安著，李活译：《亚历山大远征记》，"序言"，商务印书馆 2016 年版。

方介绍了神秘的东方国家,对东方的了解更为深入直接,对东方的认识逐渐明朗起来了。欧洲人之所以能够来到东方,得益于蒙古帝国的建立,东西方商道大开,扩大了西方人的活动空间与视野,使他们走出欧洲。出生于意大利威尼斯的马可波罗是众多欧洲东游旅行家、商人中的杰出代表。他在元朝任职,旅居中国达17年之久,到达过元朝大都(北京)、西安、开封、南京、苏州、杭州、福州、泉州,南洋的占婆、马六甲海峡、锡兰和印度西海岸的马拉巴尔等地,1295年回到威尼斯。

《马可波罗行纪》(又名《东方见闻录》)系统地向欧洲介绍了东方国家的情况,使欧洲对东方的了解更加清晰。他到达元大都汗八里(北京)后,看到城里贸易发达,世界各国货物在这里汇集交易的盛况:"外国巨价异物及百物之输入此城者,世界诸城无能与比。盖各人自各地携物而至,……百物输入之众,有如川流之不息。仅丝一项,每日入城者计有千车。"马可波罗看到的中国都城是欧洲任何国家都无法相比的,他说:"此汗八里大城之周围,约有城市二百,位置远近不等。每城皆有商人来此买卖货物,盖此城为商业繁盛之城也。"[①] 马可波罗是第一位系统地向西方介绍东方的旅行家,给欧洲带去了认识东方的全新信息,扩大了欧洲人的视野,丰富了认识世界的知识。《马可波罗行纪》对于亚洲许多国家都有介绍,它是这样介绍日本的:

> 日本国(Zipangu)是一大岛,在东方大海中,距陆一千五百哩。其岛甚大,居民是偶像教徒,而自治其国。据有黄金,其数无限,盖其所属诸岛有金,而地距陆甚远,商人鲜至,所以金多无量,而不知何用。
>
> 此岛君主宫上有一伟大奇迹,请为君等言之。君主有一大宫,其顶皆用精金为之,与我辈礼拜堂用铅者相同,由是其价

---

① 冯承钧译:《马可波罗行纪》,上海世纪出版集团2002年版,第238页。

颇难估计。复次宫廷房室地铺金砖,以代石板,一切窗棂亦用精金,由是此宫之富无限,言之无人能信。……忽必烈汗闻此岛广有财富,谋取之。……①

必须指出,《马可波罗行纪》中有不少渲染和夸大东方国家的成分,也有对蒙古军征伐日本原因的记载不准确之处。元朝征伐日本的根本原因并非谋求什么财富,而是要把日本纳入以元朝为主导的东亚国际秩序当中,以求得周边环境的安定。但不管怎么说,《马可波罗行纪》对欧洲人的东方探险、寻找到东方的航路起了推动作用。自出版以来,这部著作一直受到西方的重视。在我国也有许多版本,是研究中外关系史和东西方关系史的重要著作。

在元代来东方游历的众多旅行家中,意大利人鄂多立克的影响仅次于马可波罗。1318年他开始了东方之行。《鄂多立克东游录》是鄂多立克基于十余年时间在君士坦丁堡、大不里士、巴格达、忽里模子(霍尔木兹)②、故临、斯里兰卡、爪哇、杭州、南京、北京等地详细考察所得,向西方展现的是一个丰富多彩的东方社会画卷,把一个真实的东方介绍给了欧洲,同时也加入了自己在旅行过程中的一些见闻。在他的笔下,波斯湾出海口处的忽里模子城中壁垒坚固,商客云集,奢华商品充满了整个城市。③关于杭州,他认为它是世界上最大的城市,

---

① 冯承钧译:《马可波罗行纪》,上海世纪出版集团2002年版,第387页。
② 元代称忽里模子,明代称忽鲁谟斯,是波斯湾出海口处的重要贸易港口,《明史》卷326"忽鲁谟斯"条有记载:"忽鲁谟斯,西洋大国也。自古里西北行,二十五日可至。永乐十年,天子以西洋诸国已航海贡琛,稽颡阙下,而远者犹未宾服,乃命郑和赍玺书往诸国,赐其王锦绮、彩帛、纱罗,妃及大臣皆有赐。王即遣陪臣已即丁奉金叶表,贡马及方物。十二年至京师。命礼官宴赐,酬以马直。比还,赐王及妃以下有差。自是,凡四贡。和亦再使。后朝使不往,其使亦不来。……其国居西海之极。自东南诸蛮邦及大西洋商舶、西域贾人,皆来贸易,故宝物填溢。……交易用银钱。"可见,当时中国与忽鲁谟斯有使节往来。
③ 何高济译:《海屯行纪·鄂多立克东游录·沙哈鲁遣使中国记》,中华书局2002年版,第42页。

商客众多，店铺林立，城开十二座大门，城镇向外延伸八英里左右远，每个城镇都比威尼斯或帕都亚都大。① 他的记载是与我国史籍的记载大体吻合的。作为一个初到东方的敏锐观察者，对东方国家予以热情的介绍与赞扬，甚至充满了理想主义色彩。

从16世纪起，来东方旅行、探险、殖民、传教和贸易的欧洲人逐渐多了起来，他们深入到城市与农村，与各阶层人士接触交流，对东方社会的历史、文化、民族有更深入的观察，写出的著作在欧洲出版流传，加深了欧洲人对东方国家的了解。从葡萄牙人伯来拉的《中国报道》、克路士的《中国志》，到西班牙人拉达的《出使福建记》和《记大明的中国事情》，以至多默·皮列士的《东方志——从红海到中国》，从来没有到过中国却在欧洲有重要影响的西班牙门多萨的《大中华帝国史》，都是欧洲人对当时东方国家社会与历史的记述，反映了那一代欧洲人对东方的了解与认识水平。

早期东西方社会发展存在一定差距，东方社会发展程度与发展连续性高于西方，皇帝对全国政情与动态的掌握，在他们的著作都有不同的反映，克路士说："中国是那样大，皇帝在治理国政方面又是如此有手段和那样勤勉，以致每月全国发生的事他都知道。"② 克路士看到中国皇帝对全国形势的掌控，也提到皇帝对国家政务的处理情况。为政治国是国君的第一要务，他的影响渗透到社会治理的各个方面，正如克路士所说的："国家那样大，皇帝悉心治理，把它管理得井井有条，多少年来维持和平统一，没有外国侵略或夺走中国任何东西；反之，中国因它的独特政体使很多国家和民族臣服。"③

16世纪末期，西方传教士纷纷来到东方传教。在传播、沟通东

---

① 何高济译：《海屯行纪·鄂多立克东游录·沙哈鲁遣使中国记》，中华书局2002年版，第73页。
② C. R. 博克舍编注，何高济译：《十六世纪中国南部行纪》，中华书局2002年版，第129页。
③ C. R. 博克舍编注，何高济译：《十六世纪中国南部行纪》，中华书局2002年版，第130页。

西方文化的众多传教者当中,影响最大者无疑是意大利人利玛窦。自1582年8月踏上澳门至1610年5月在北京去世,利玛窦在中国生活达28年之久。他与各阶层人士广泛交往,接触到许多中国朝野人士。他不仅带来西方的天文学、几何学,还带来了望远镜等欧洲文明的成果,同时也把一个真实的中国介绍给了欧洲。可贵的是,利玛窦向中国引进西方绘制的世界地图时,在中国的世界地图上加了一些"地理大发现"的地名,还把一些新信息送回欧洲,使西方得到来自中国的信息。[①]为了在中国传教,他不仅儒冠儒服,学讲汉语,还特聘中国教师为他讲授"四书""五经"等儒家经典,试图在儒学与天主教之间寻求共通之处,目的十分现实明确,即达到"合儒""补儒"甚至"超儒""代儒"的目的。

利玛窦在向中国介绍、翻译西学时,还以通信、著书、翻译等多种途径向欧洲传播中国思想文化,其中最引人注目的是1593年将《论语》《孟子》《中庸》《大学》("四书")等儒家经典译成拉丁文,虽然这些著作因多种原因未能出版,但却开启了以西文翻译中国儒家著作的先河。他是这样介绍派往中国的西班牙使团的:"教团的顺利开端,意味着在中国播下基督教的种子,这个好消息马上四下传开,不仅传到澳门,甚至传到日本以及更远的菲律宾群岛。耶稣会和全世界都为此共同庆贺,这特别是因为众所皆知,若干年来几次进入中国的企图都毫无结果,给人的印象是这件事是办不到的。"[②]他还谈到,菲律宾西班牙总督给他们在中国的传教提供支持。利玛窦是中西文化交流的先驱者,把有关中国的准确信息带到西方,修正西方地图的一些谬误,毕生为沟通东西文化努力,功不可没。[③]

[①] 李兆良:《坤舆万国全图解密:明代测绘世界》,联经出版事业股份有限公司2012年版,第59页。
[②] 利玛窦、金尼阁著,何高济、王遵仲、李申译:《利玛窦中国札记》,中华书局1990年版,第183页。
[③] 李兆良:《坤舆万国全图解密:明代测绘世界》,联经出版事业股份有限公司2012年版,第60页。

利玛窦去世后，他的学生法国传教士金尼阁于1626年将"五经"（《诗》《书》《礼》《易》《春秋》）译成拉丁文。殷铎泽、郭纳爵等传教士又将"四书"中的《论语》《中庸》《大学》译成拉丁语。欧洲就是通过这些材料了解东方社会历史与文化的。拉丁文是当时欧洲社会上层通晓的文字，是修养与常识的象征。"四书""五经"传入欧洲后产生了不小影响，孔子也像古希腊思想家苏格拉底与柏拉图一样受到推崇，成为人们心中的偶像。后来英国著名汉学家赫德逊在《欧洲与中国》一书中写道：

> 在18世纪，法国知识界很熟悉中国社会制度的大概；甚至有人说法国对中国的了解超过了对欧洲本身某些地区的了解。传教会是信息的主要渠道。……这些人，特别是耶稣会士，都有丰富的学识，受过高等教育，长期在中国居住并熟悉中国文献，其中不少人在中国官廷供职，他们获得任何单纯的旅行者或商人所不可能得到的中国及其文化的知识。他们把所有这些知识写成书籍传播给欧洲公众，这些书籍被人们广泛阅读。他们除了自己关于中国事物的记述之外，还翻译了中国的文献。……使欧洲读者能够直接获得一些第一手有关中国思想的概念。[①]

这些早期来到东方的欧洲人一般是通过实地考察与对比来看待问题的，从东西方的对比中看到当时欧洲的落后与分裂，几乎在所有人的著作中都流露出对东方社会的赞美与羡慕。总的来说，他们对东方国家的介绍以积极成分居多，有的精通中国文化，了解东方社会，掌握东方语言，通过实地考察获得了第一手材料，得到对东方更为直接

---

① 赫德逊著，李申、王遵仲、张毅译，何兆武校：《欧洲与中国》，中华书局2004年版，第263页。

的认识，塑造了东方国家的整体形象，对近代早期欧洲人的东方观的形成有很大影响，甚至可以说从东方文化中寻找欧洲社会所需要的一些东西。

二、近代时期西方对东方的认识

进入近代以后，东西方有了更为直接的接触，西方对东方的了解更为清晰全面，出现了两种截然不同的认识。一种是以法国启蒙思想家为代表的"崇仰派"。18世纪崛起于法国的一代启蒙思想大师们受到孔子思想影响与熏陶，高举人文主义与理性主义大旗将其发展到最高度、阐发到最强度，为法国启蒙运动注入了新的力量。著名启蒙思想家伏尔泰、霍尔巴赫、狄德罗，重农学派代表魁奈，都表现出对孔子学说及其价值的虔诚与敬服。伏尔泰的著作里充满了对中国和孔子的热情赞扬，他本人被称为"欧洲的孔子"。他所倡导的"开明君主"就是中国儒家理想化的"德君"，演说与著作仿佛是中国古代孔子教诲的幽远回声。伏尔泰的房间里还挂有孔子画像，画像下面有伏尔泰的四句话：

> 他是惟一有益理智的表现者，
> 从未使世界迷惑，而照亮了方向。
> 他仅以圣贤而从未以先知的口吻讲话，
> 大家认为他是圣贤，甚至在全国也是如此。[1]

这段话耐人寻味，表明了他对东方文化的服膺。启蒙思想家们通过研究、介绍孔子，进而把东方介绍给了欧洲。启蒙思想家、百科全书派代表狄德罗认为，以儒学为主体的中国文化是世界上最优秀的文

---

[1] 安田朴著，耿昇译：《中国文化西传欧洲史》，商务印书馆2000年版，第703—704页。

化，同样对儒学的仁政与理性表现出极大的关注与热情。他借助中国文化的材料，利用作为百科全书主编的特殊地位开展对法国现实的无情批判。重农学派代魁奈在评论《论语》时这样指出："它们都是善政、道德及美事；此集满载原理及道德之言，胜过于希腊七圣之语。"[1]在他们眼里，东方社会富足，文化绚丽多彩，气势恢宏，是一份应当努力效仿且不可多得的人类精神遗产与宝藏。

在德国，一些哲学家、思想家和科学家对东方社会也有热情介绍，其影响并不逊于法国。德国众多接受孔子思想影响的人中应当首推著名哲学家、科学家和数学家莱布尼茨。与法国伏尔泰等人相比，莱布尼茨对中国的认识更为全面而严谨。他于1687年41岁时即阅读到了由比利时传教士柏应理编写的《中国的哲学家孔子》一书。通过这本书他又了解到《论语》《大学》《中庸》等儒家经典，后来读到了被译成拉丁文的《易经》与宋儒朱熹的著作。通过研究这些著作，莱布尼茨对东方的哲学、丰富的物产和完备的典章制度赞叹不已，写下的作品也多是对东方的颂扬。

为了更多地掌握有关东方的历史与文化，莱布尼茨还直接与在中国的传教士建立书信联系，访问回到欧洲的传教士。从他们那里，莱布尼茨获得了大量的有关中国文化第一手材料，更激起这位哲学家对中国道德哲学的仰慕。他特别欣赏《论语》中的"多闻阙疑""多见阙殆"的思想，潜心研究《易经》，其热爱程度可用如醉如痴来形容。法国著名汉学家安田朴在《中国文化西传欧洲史》中说："他毫不犹豫地从《易经》八卦中找到了一种对其二进位数学的预感。"莱布尼茨在一篇文章中写道："全人类最伟大的文化和最发达的文明仿佛今天汇集在我们大陆的两端，即汇集在欧洲和位于地球另一端的东方的欧洲——中国。"莱布尼茨认为，在政治、伦理方面中国不如欧洲，因此他主张

---

[1] 利奇温著，朱杰勤译：《十八世纪中国与欧洲文化的接触》，商务印书馆1991年版，第94页。

把中国的实践哲学即政治、伦理等传给欧洲,把欧洲的理论科学传给中国,以便共同促进人类的幸福。莱布尼茨致力于中西文化比较研究,直到晚年仍笃学不倦,自策自励,贡献甚大,故而被大文豪歌德称为"德国的孔子"。

沃尔夫是继莱布尼茨之后的又一位儒家文化崇拜者,莱布尼茨用拉丁语写作,沃尔夫主要用德语在大学讲授中国哲学,因而他的影响更大。他读过拉丁语《论语》《孟子》《中庸》《大学》《孝经》等儒家经典,也像莱布尼茨一样对中国伦理哲学有深入研究。在他那里,孔子几乎成为被神派往人间的使者,他说:"我毫不犹豫地声称,孔子是至高神为照顾人类而特派到世上来的。"如今,孔子与康德被德国人并称作教育界的两大奠基人。

在对东方国家认识问题上,近代欧洲还存在与"崇仰派"完全不同的"贬抑派"。这一派以德国哲学家黑格尔为代表,其观点突出地表现在《历史哲学》一书中。黑格尔是以欧洲为中心看待东方国家发展的,他的基本观点是典型的欧洲中心主义。黑格尔认为亚洲是古老的文明区域,精神文明从亚洲开始,然后又转移到西方,"只有黄河、长江流过的那个中华帝国是世界上唯一持久的国家。征服无从影响这样的一个帝国"。[①] 黑格尔在探讨中国社会时过分夸大了中国社会发展的缓慢性,他在《历史哲学》中把中国、印度等东方国家的发展归结为外因论。历史发展是多种因素相互作用的结果,内部因素起决定性的作用,而外来因素只是发展的必要条件。像中国、印度这样具有悠久历史的国家,社会发展在很大程度上取决于内部的多种条件,过分夸大外来因素的作用是不恰当的。欧洲的一些历史学家也有明显的东方国家迟滞落后的思想,威尔斯曾在《世界史纲》中写道:

19世纪以前,中国二千余年之历史中,未曾有极重大之变

---

① 黑格尔著,王造时译:《历史哲学》,生活·读书·新知三联书店1956年版,第160页。

故,……一千年以来,中国制度虽有破裂动摇之时,而未尝瓦解。朝代之递嬗,叛乱之起灭,秩序之扰乱,以及饥馑疠疫等皆常见之,且尝有两次胡人侵入僭窃天子之位,然未尝有大革命发生,使制度及日常生活皆因之改变。故帝王朝代虽屡有更迭,而朝野之官吏考试制度、经书及遗俗,则依然存在。中国文明,至纪元后第七世纪时达于极盛之域,……然千年来之历史所记载者,不过疆域上之进步而已。①

经过工业革命以后,东西方社会的发展差距拉大,西方人开始以文明的代表者的姿态看待东方国家,甚至完全以经济发展指标作为衡量社会发展的尺度,认为东方国家保守、愚昧而落后,甚至文化也是落后的。西方人的东方观发生根本性的变化是在进入近代社会以后的事情,反映的是欧洲东方观的变化。

三、俄国东方意识形成与发展的来龙去脉

根据确切的历史材料,俄国与中国的官方关系至少在13世纪蒙古军西征时开始了。蒙古军俘获的俄罗斯人就已经到达了元朝的首都大都(北京),当时中国人称俄罗斯人为"斡罗斯人"和"兀鲁斯人"。②蒙古军西征后,东西方商道大开,东西方有了更为直接的经济文化往来,东方商品被输入到西亚和欧洲,俄国商人随之来到东方从事商业贸易活动。16世纪以后,俄罗斯人越过乌拉尔山来到亚洲,从事扩张与商业活动。在向东方扩张中,他们在西伯利亚建立起许多城市与移民居留地,不断听到来自东方的有关中国丝绸、棉布以及其他物产

---

① 韦尔斯著,梁思成等译:《世界史纲》上册,上海人民出版社2005年版,第401—402页。
② 娜·费·杰米多娃、弗·斯·米亚斯尼科夫著,黄玫译:《在华俄国外交使者(1618—1658)》,"前言",社会科学文献出版社2010年版,第1页。

的消息，激起他们对东方"探险"活动的热切渴望。1618 年（万历四十六年）九月一日以伊万·佩特林为正使的 12 人使团到达北京，入住会文馆。他们回国的时候带去万历皇帝给沙皇的国书。在这个国书中万历皇帝对俄国沙皇表示敬意，促令俄国对明朝贡，允许贸易，但因路途遥远，语言不通，不向俄国派遣使者。[①] 伊万·佩特林使团的到来揭开了早期中俄关系的序幕。

沙皇政府对毛皮收入极为关切，大大加快了俄国向东方扩张的步伐。据说，毛皮已成为俄国政府的有力财源，占到国库收入的 1/10，在国内成为发挥货币作用的重要商品。[②] 正是受到这样巨大利润的驱动，俄国探险家、商人和军人踏上了走向东方的征程。1636 年，俄罗斯人第一次从哥萨克人那里得到了有关黑龙江的消息，引起他们浓厚的"探险"兴趣。他们从勒拿河上游和雅库次克两个方向朝黑龙江推进。此后不久，俄罗斯人来到黑龙江及其附近地区。1649 年，到达鄂霍次克海岸，修筑鄂霍次克城；1654 年在黑龙江上游建立涅尔琴斯克（尼布楚）。"俄国向远东扩张的进程是十分迅速的。在大约七十年（1582—1648）的时间里，俄国人就推进到现在的俄国北部、东部和南部边境的某些地区。这种向东推进的计划，是由俄国政府在很长一段时期里制订出来的。"[③] 相对于其他国家的领土扩张，俄国人的速度是迅速的。俄国人向东方推进，一方面表现出其国力在增大，此时的俄国已经成长为地跨亚欧两洲的世界大国了；另一方面表现出其对东方事务的积极参与，参与到东方世界的秩序中来。从总体上看，19 世纪以前中俄两国关系大体保持了和平与稳定。从 18 世纪末到 19 世纪末的一个世纪里，中俄贸易有了迅速发展，18 世纪末双方贸易额达到 5044000 卢布，整个 19 世纪几乎都是呈增长趋势的，1891—1900 年间

[①] 吉田金一：《近代俄清关系史》，近藤出版社 1974 年版，第 45—46 页。
[②] 吉田金一：《近代俄清关系史》，近藤出版社 1974 年版，第 4 页。
[③] 安德鲁·马洛泽莫夫著，本馆翻译组译：《俄国的远东政策（1881—1904）》，商务印书馆 1977 年版，第 1 页。

贸易额达到 43430000 卢布。①

经过18世纪雄才大略的彼得大帝改革之后，俄国国力大增，向西夺取了出海口，打通了通往欧洲的道路，由一个纯粹的内陆国家一跃成为海陆兼备的大国。"俄国需要的是水域"——这是彼得一世对外政策的总目标，也是他一直不变的追求。正如马克思在《十八世纪外交史内幕》中所说："他第一次对土耳其作战的目的是征服阿速夫海；他对瑞典作战是为了征服波罗的海；他第二次对土耳其政府作战是为了征服黑海；他对波斯进行欺诈性的干涉是为了征服里海。……对于一种世界性侵略体制来说，水域就成为不可缺少的了。"② 马克思把沙皇俄国的外交政策揭露得异常深刻，也是对俄国外交政策的高度概括。

彼得大帝在打通通往欧洲的航路之后，对亚洲是否与美洲相连以及南下太平洋表现出极大兴趣。在东方，俄国的一个重要目标就是寻找进入太平洋的通道。1724年俄国海军军官白令接受彼得大帝之命，试图打通从堪察加或鄂霍次克通向日本的航道，建立与日本的通商关系。③ 18世纪俄国人南下已经引起日本朝野的强烈恐慌，造成影响一时的"北方危机"。俄国人的东进是以勇敢的哥萨克人为先导，土地占领、商业贸易与财富掠夺等多管齐下，带有明显的早期殖民扩张与劫掠的性质。俄国人东进与南下，在东方的中国、朝鲜、日本引起不同的反应，因此而引发的结果也是不同的。

清帝国基本上还是沉睡在"天下第一"的自我陶醉与梦幻当中，几乎没有人把俄国人东进作为一个真正的挑战者来看待，更不会有人预见到若干年以后中国将要付出沉重的代价；对于俄国人的东进，中国朝野没有表现出应有警觉，"对俄国在黑龙江上立足点可能造成的后果，中国也是一无所知。……只要中国显示出几分像她的敌手那样的

---

① 吉田金一：《近代俄清关系史》，近藤出版社1974年版，第192页。
② 马克思：《十八世纪外交史内幕》，人民出版社1979年版，第80页。
③ 信夫清三郎著，周启乾译：《日本政治史》第一卷，上海译文出版社1988年版，第67页。

锐气和精力，黑龙江的问题早在1658年中国深受俄国祸害时就能解决。……回顾过去，最遗憾的是，经过五十年来在黑龙江同俄国人的冲突之后，中国完全没有汲取教训"。① 朝鲜李氏王朝基本上也是醉心于在东亚的角落里关起门来做皇帝，生活在"不知有汉，无论魏晋"的对外面世界懵然无知的状态中，内部无休止的争斗与倾轧限制了对外形势的关注。

日本则不同，俄国南下造成的迫在眉睫的"危机"已经在知识分子当中引起强烈反响，幕府多次号召全国上下采取相应的防范措施，以防患于未然，隐含着对西方国家本质的洞见。同样对于俄国人来到库页岛，日本朝野对库页岛的了解要比同时期的中国多一些，德永秀忠将军时期松前王子武田信弘接连两年派出两支队伍去测绘库页岛地图。② 日本对俄国人南下不仅从思想上而且从行动上重视起来了，形成明确的防范意识。这或许是东方国家中国、朝鲜的民族危机意识过于"蛰伏"，日本民族危机意识过早成熟的典型表现。

俄国在19世纪50年代克里米亚战争后把战略重心转向东方，开始经略其东方战略，关注中国东北与朝鲜，具有了明确的东方战略。在西方几个资本主义对华侵略的国家中，俄国始终是积极的参加者，割占的领土最多。1858年6月13日诱迫清政府签订《中俄天津条约》，主要内容是：除了陆路贸易外，还通过海路在上海等七个港口进行贸易；向中国派遣领事与军舰，保护其侨民；在开港地区两国居民发生纠纷，由两国会同处理；在开港地区享有传播东正教的自由；两国派遣代表划定未确定的国界；俄国在中国享受最惠国待遇的权利。③ 俄国与其他国家一样获得了通商、传教、领事裁判等项权利。

---

① 弗·阿·戈尔德著，陈铭康、严四光译：《俄国在太平洋的扩张：1641—1850年》，商务印书馆1981年版，第43页。
② 弗·阿·戈尔德著，陈铭康、严四光译：《俄国在太平洋的扩张：1641—1850年》，商务印书馆1981年版，第177页。
③ 吉田金一：《近代俄清关系史》，近藤出版社1974年版，第231页。

19世纪俄国在东方的扩张不同于以往之处在于其挑战所具有的严重性质。毕竟经过18世纪有作为的彼得大帝的改革，以及历代沙皇的苦心经营，俄国已经成长为横跨欧亚两洲的大帝国，国力今非昔比，从前的那种哥萨克、俄罗斯猎户、商人以及探险者过境式的掠夺骚扰已成过去，随之而来的将是国家力量主导下的更广泛的扩张与征服。国力在增长，空间在扩大，它的领土野心早已不局限于狭窄的欧洲一隅。从构成国力的基本条件来说，俄国人口呈快速增长趋势，1800年时为4000万，到1850年已经达到5700万，1900年增长到1亿之数。[①]从欧洲国家来说，这个数字的增长是不慢的。俄国不同于西方其他国家，它毕竟未经过资本主义充分发展，封建残余极其浓厚，表现出相当的封建落后性与军事野蛮性的特征，对外征服具有相当的残酷性。

此时，俄国南下已经引起中国清朝不安和朝鲜朝野恐慌。中国对19世纪50年代以来俄国侵占中国东北、西北大片领土记忆犹新，因此对沙皇俄国的防备先于日本。这种强烈的危机感在当时中国的洋务派和一些知识分子的言论中有充分的体现。在西方，马克思、恩格斯时刻密切关注着列强在远东的行动，揭露欧洲列强的侵略本质，为此他们写下了大量的评论。马克思在1857年3月撰写的《俄国的对华贸易》中这样指出："在帕麦斯顿勋爵和路易-拿破仑采用武力来扩展的对华贸易和往来方面，俄国所处的地位显然令人极为羡慕。的确，非常可能，从目前同中国人发生的冲突中，俄国不要花费一文钱、出动一兵一卒，而能比任何一个参战国得到更多的好处。"[②]恩格斯看到俄国在第二次鸦片战争后夺取中国大片领土后写道：俄国"从中国夺取了一块大小等于法德两国面积的领土和一条同多瑙河一样长的河流"。[③]伴随

[①] 福井宪彦：《近代欧洲的霸权》，讲谈社2008年版，第198页。
[②] 马克思：《俄国的对华贸易》，载《马克思恩格斯选集》第2卷，人民出版社1973年版，第9页。
[③] 恩格斯：《俄国在远东的成功》，载《马克思恩格斯选集》第2卷，人民出版社1973年版，第37页。

着国家东方战略的实施，俄国国内出现了殖民扩张主义思潮。这个思潮是与整个国家的对外政策联系在一起的，也可以说是国家对外政策在思想界的反映。亨利·基辛格在评价历史上俄国人的领土扩张时这样写道：

> 按照西方标准衡量，凭借落后的人口和经济基础，俄国取得了惊人的扩张成果。很多地区人烟稀少，似乎从未接触过近代文化和技术。征服世界的这个帝国因此有一种不安全的矛盾心理，似乎征讨了半个地球后带来的不是更大的安全，而是更多的潜在敌人。①

在俄国人看来，日本割占辽东半岛严重地损害了俄国在中国东北的战略利益，决不可让日本渗透到中国的心脏而在辽东攫取到立脚点，因为这个地方在一定程度上属于战略要冲。②在还辽以后，日本和俄国加快了争夺中国东北和朝鲜的步伐，中国面临的形势更加严峻。1901年11月28日维特在给俄国外交大臣的一份函件中明确地表达了这个考虑：

> 我深信如果我们不以和平方式消除日本对我们的误会并且和日本互不相让，我们将会不仅经常处于与日本发生武装冲突的威胁之下，并且与中国的关系也将无法稳定，因为中国一定会求助于日本来对抗我们，正如中日战争时中国要求我们的支持和合作。在近期或将来要和日本发生战争，这将是俄国的灾难。③

---

① 亨利·基辛格著，胡利平、林华、曹爱菊译：《世界秩序》，中信出版社2016年版，第57—58页。
② 维特著，肖洋、柳思思译：《维特伯爵回忆录》，中国法制出版社2011年版，第61页。
③ 维特著，肖洋、柳思思译：《维特伯爵回忆录》，中国法制出版社2011年版，第85—86页。

日俄争夺的结果不幸被其言中。回顾中俄关系的发展历程，俄国索之于中国的领土太多了，成为世界各国列强掠夺中国领土最多的国家。我们回顾历史是想通过对历史的检讨和反思找出出现这种情况的社会历史根源，以及在未来中俄关系中应该注意的一些东西。从地缘政治来讲，中国与俄罗斯的关系是中国对外关系中重要的双边关系之一，两国关系与民间交往的历史并不短。俄罗斯是一个传统的欧洲国家，与中国本来并不接壤，在不断开疆拓土的发展中实现了与中国接壤，对中国政治、经济、外交以及文化影响几乎都是巨大的。我国学者曾经指出：

> 俄罗斯最初的外交是在西方东渐的宗教文化和东方西进的政治文化中形成的。俄罗斯横跨欧亚的中间地缘决定了其外交具有东西的双向性。沙皇伊凡雷帝在欧洲争夺波罗的海出海口的同时，允许斯特罗干诺夫家族的哥萨克东进跨过乌拉尔山，最先开始了俄罗斯的亚洲政策，并为其后人提示了以欧洲为主、兼顾亚洲的基本外交方略。[①]

把历史上的俄国与东方外交联系起来进行研究是近年我们的一个重要考虑，毕竟俄国对中国发生过重大影响，对中国未来的发展也同样有重要影响。大量的历史材料已经表明，俄国极富扩张主义传统，这个思想深深扎根于历代领导人的思想观念当中。中国与俄罗斯关系中的问题很多，其中最为复杂的就是历史上被割去的大片领土问题。俄国是欧洲国家，但它在亚洲的领土又过于广袤。当我们深入到这个主题之后，才逐渐发现其中许多问题比我们想象的难得多，异常的纷繁复杂，中、美、俄三边关系的复杂性时刻提醒中国要更多地关注俄罗斯的动向，但是不管怎样我们都有决心把这个课题坚持做下去。

[①] 林军：《俄罗斯外交史稿》，"绪论"，世界知识出版社2002年版，第8页。

第二节　欧洲列强在东方的争夺与战争

长期以来，中东西亚地区是东西方政治、经济、文化、外交活动的重要区域，一直受到军事家、政治家的重视。从广义而言，中东西亚地区历史上称为"西域"，地缘战略位置重要。这个地区横跨欧、亚、非三洲，处于东西方之间，起着沟通东西、联结海陆世界的作用，其重要性远非世界其他地区可比，每个重大历史时期都留下了外交史记忆：波斯帝国与希腊间的战争、亚历山大的东侵、成吉思汗的西征、近代欧洲列强为"东方问题"而进行的殊死争夺，以及战后美苏两国的激烈较量，古今中东地区发生的多次重大事件都给这个地区留下书写不尽的历史故事。日本学者创造了一个"海域世界"概念，把这个地区看作是国际交易网的结节点，两个海域世界的轴心。[1]

一、中东西亚地区与东西方交流

由于地理位置优越，海陆交通便利，中东西亚地区很早就形成了人类文明的重要区域，进行着东西方文明的交流与构建。从一定意义上说，在相互交流的数量、质量与规模方面也比其他地区广泛得多，成为后世史书记载的不可多得内容。在这个区域有几个影响一时的国家，首先不能不提到古代波斯帝国。波斯、安息都是今天伊朗的古称。我国第一部正史《史记·大宛列传》对安息（伊朗）有这样记载："初，汉使至安息，安息王令将二万骑迎于东界。……汉使还，而后发使随汉使来观汉广大，以大鸟卵及黎轩善眩人献于汉。"[2] 从那时起，中国对伊朗的认识是清晰的。

---

[1] 家岛彦一：《从海域看历史》，名古屋大学出版会2006年版，第28页。
[2] 《史记》卷123《大宛列传》，中华书局2008年版。《汉书》卷96上《西域传上》记载："安息国，……因发使随汉使者来观汉地。以林鸟卵及黎轩眩人献于汉，天子大说。"

波斯帝国崛起于公元前 6 世纪中叶的伊朗高原，疆域最大时西接欧洲巴尔干半岛，北抵高加索山脉，东至印度河流域，南达非洲北部，成为名副其实的世界帝国，通过战争、掠夺、人口迁徙、外交、宗教与文化等多种途径与各国发生联系。波斯帝国对外联系异常广泛，对外交流扩展到欧洲、非洲与亚洲。大流士统治时期，开辟了对外水陆交通和经济贸易，四通八达的交通网与周边各国保持密切联系。"国王道路"从小亚细亚的爱琴海通到美索不达米亚，从以弗所通过幼发拉底河、阿尔明尼亚、亚述，进而沿底格里斯河到达萨尔迪和苏兹，还有一条道路从巴比伦穿过扎格罗斯山到达巴克托利亚和印度边境，帝国通过"国王道路"把爱琴海地区同南高加索、西亚细亚的北部连接起来。[1]交通的便利，航海技术的进步，推动了中东西亚地区与欧洲地中海沿岸国家，特别是与希腊哲学家、思想家和政治家的交流，梭伦、埃斯库罗斯、希罗多德、柏拉图等都曾在埃及、小亚细亚、巴比伦等地旅行与考察，把东方的文化成就与科学成果带回希腊本土。[2]

公元前 334—前 324 年的十年时间，是马其顿国王亚历山大对东方波斯等国进行侵略战争的时期。通过战争，亚历山大征服了波斯、埃及、小亚细亚、两河流域，甚至推进到印度河流域，在客观上确实有着推进东西方交流的作用，历史学家是这样评价亚历山大东侵后果的：

亚历山大的东侵和他的某些措施，在后来的历史上起了他所未能预计到的作用。东侵的经济结果是开拓了比以前远为宽广的东西贸易的通路。希腊的商人和殖民者紧紧追随着马其顿军人的足迹，活跃在亚非的各个城市里经营贸易。亚历山大在亚非各地曾经建立好几十个城市，虽然这些城市在初建时多半是军事地点，但其中有一部分在后来发展为商业中心。亚历山

---

[1] 阿甫基耶夫著，王以铸译：《古代东方史》，上海书店出版社 2007 年版，第 487 页。
[2] 王钺、李兰军、张稳刚：《亚欧大陆交流史》，兰州大学出版社 2000 年版，第 73 页。

大在尼罗河口建立的以他自己名字命名的新城,在托勒密王朝时期成为地中海上的最大的商港。那里有良好的港口,矗立云霄的灯塔,四方商船辐辏,连中国和印度的商品都辗转运往。其他如叙利亚的安条克城,帕加马王国的帕加马城,也有希腊和东方的商人进行繁密的交易。这种日益发展的东西方经济的交流,一直可以追溯到亚历山大东侵时所带来的影响。[①]

在近代交通工具出现之前,东西方的交流主要是依靠海陆丝绸之路进行的。这条商路把中国的商品输送到波斯、罗马以及地中海沿岸各国,同时也把西域的物种带回中国,包括马匹、葡萄、石榴、核桃和苜蓿等。成书于公元1世纪的希腊人所写的《厄立特里亚海航行记》记载了红海、波斯湾、阿拉伯海与印度洋地区的航海与商品交易的情况,涉及的商品极其繁多,主要有香料、象牙、胡椒、犀牛角、丝绸、棉布、药材、柚木、葡萄酒、黄金和珍珠等。在伊朗和地中海地区,丝绸很早以来就已经成为大宗贸易的对象。[②] 所以从一定意义上说,中东西亚地区是东西方文明的传播者,重大历史事件的发源地。

7世纪,阿拉伯帝国建立。阿拉伯帝国是中世纪横跨欧亚非三洲的世界帝国,与中国唐朝国土接壤,经贸、文化联系密切,中外史籍中留下大量的中阿交流的记载,对世界历史发展产生了重要影响。从中东、西亚和阿拉伯半岛兴起的几个世界大帝国在很大程度上改变着历史,以多种形式自觉或不自觉地推动着东西方交流,促进着区域与洲际间的互动与共生。成书于9世纪中叶到10世纪初的阿拉伯旅行家写的《中国印度见闻录》记载,当时从伊拉克去中国和印度的商人络绎不绝。[③] 中国的商船远距离长时间航行到达阿曼、巴林地区,甚至到

[①] 吴于廑:《古代的希腊和罗马》,生活·读书·新知三联书店2008年版,第77页。
[②] L.布尔努娃著,耿昇译:《丝绸之路——神祇、军士与商贾》,云南人民出版社2015年版,第373页。
[③] 穆根来、汶江、黄倬汉译:《中国印度见闻录》,中华书局1983年版,第95页。

达澳波拉、巴士拉各港口。从 7 世纪到 9 世纪,中国沿海港口和印度洋汇集了从波斯湾、红海到东亚,从东亚、南洋到波斯湾港口的各国商船,这些商船称为"南海舶""西域舶""南蛮舶""昆仑舶""师子舶""婆罗门舶"以及"波斯舶"等。[①]13 世纪奥斯曼帝国逐渐崛起,17 世纪帝国达到发展的高峰,疆域横跨亚欧非三大洲。奥斯曼帝国崛起垄断了东西方过境贸易,因此也成为欧洲人开辟东方航路的一个重要原因。

对于如此密切而长期联系的东西方交流,一些西方史学家的著作关注极少,甚至有人认为"1500 年以前,人类基本上生活在彼此隔绝的地区中。各种族集团实际上以完全与世隔绝的方式散居各地。直到 1500 年前后,各种族集团之间才第一次有了直接的交往。从那时起,它们才终于联系在一起,无论是南非的布须曼人、有教养的中国官吏,还是原始的巴塔哥尼亚人"。[②]斯塔夫里阿诺斯的话有悖于历史事实,完全是主观臆想之语。应该说,近代以前的中东西亚地区的外交史,西方学者研究相对较少,甚至说是他们研究中的薄弱环节。斯塔夫里阿诺斯的观点似有疏神,不符合东方国家的实际情况。

进入 19 世纪下半期以来,英国、法国、俄国纷纷在中东西亚地区划分势力范围,争夺世界霸权,多次出现战争危机。相对于其他国家,德国进入波斯湾地区较晚,19 世纪末才注意到中东对德国的重要意义。1899 年,德国取得修建柏林—伊斯坦布尔—巴格达铁路的特许权,历史上称为"三B铁路"。"三B铁路"成为悬在英国头上的一把利剑,因此遭到英国的强烈反对。英国外交大臣兰兹东尼勋爵对外表示:"无论哪个国家试图在波斯湾修建港口或海军基地,我们都认为是对大英帝国利益的一种严重威胁,因而有必要动用一切可能的手段加

[①] 薛爱华著,吴玉贵译:《撒马尔罕的金桃:唐代舶来品研究》,社会科学文献出版社 2016 年版,第 55 页。
[②] 斯塔夫里阿诺斯著,吴象婴、梁赤民译:《全球通史——1500 年以后的世界》,上海社会科学院出版社 2002 年版,第 3 页。

以制止。"[①] 从而加剧了德国与英国、俄国的矛盾。

二、"东方问题"的由来与发展

"东方问题"是近代欧洲列强对奥斯曼帝国及其领地瓜分与争夺引发的一系列矛盾与冲突,反映了近代以来新老殖民国家间关系的尖锐性与复杂性。英国、法国、俄国、奥地利向外扩张,必然与衰落的奥斯曼帝国发生冲突,后起的国家比传统的封建帝国更具扩张性和掠夺性。东方问题比较复杂,跨越时间比较大,涉及领土、民族、宗教、资源、文化等诸多问题。按照一般的看法,自18世纪到第一次世界大战对奥斯曼帝国所进行的一系列领土分割总称为"东方问题"。[②] 这个问题始终与民族、宗教和领土问题结合在一起,因而也成为第一次世界大战爆发的远因。

自14世纪奥斯曼帝国建立后,经过两个世纪的发展到16世纪奥斯曼帝国达到鼎盛阶段。此时,它的疆域辽阔,大体囊括了巴尔干南部、亚洲的安纳托利亚和阿拉伯半岛沿海的广大地区,控制地中海、黑海和红海,阻断了东西方贸易与交通要道,显示出强大的军事扩张力量。奥斯曼帝国不仅疆域辽阔,而且人口众多,苏莱曼一世时期约为1200万人,16世纪末增至2200万人;1800年前后,奥斯曼帝国的总人口约为2500万—3000万人。[③] 帝国长期与罗马拜占庭帝国处于交战状态,形成对立对峙格局。军事征服与领土扩张一方面给奥斯曼帝国带来了无尽的财富与荣耀,使战争的机器得以正常运转,版图不断向外延伸;另一方面,军事征服也使帝国付出了代价,这个代价逐渐显露出来。一般认为,1683年奥斯曼帝国军队进攻维也纳失利后帝国

[①] 阿布杜尔礼萨·胡尚格·马赫德维著,元文琪译:《伊朗外交四百五十年》,商务印书馆1982年版,第262页。
[②] 历史学研究会编:《多元世界的展开》,青木书店2003年版,第242页。
[③] 哈全安:《土耳其通史》,上海社会科学院出版社2014年版,第54页。

由盛转衰,后面的一系列战事也一直是败多胜少,无法再恢复帝国初期的锐气,最后沦为"东方病夫"。

17世纪以后奥斯曼帝国呈现出的垂暮之势实难阻挡,领土面积过大,巴尔干半岛上的希腊人、罗马尼亚人、斯拉夫人反抗异族统治的斗争风起云涌,各地之间缺乏有机的联系,帝国本身已经无法控制庞大的领土。古老帝国的衰落与欧洲资本主义在英国、法国、俄国、奥地利等国家兴起形成鲜明对比,帝国的领土、主要的港口博斯普鲁斯海峡和达达尼尔海峡已经成为欧洲国家觊觎与掠夺的目标。所谓"东方问题",就是对土耳其帝国命运的决定问题。[①] 围绕着"东方问题",欧洲几个大国之间展开了生死较量。

在对奥斯曼帝国属地争夺的过程中,俄国的重要目标是向南夺取黑海和高加索地区。黑海关系到俄国从其南部直接进入地中海的战略实施。为此,俄国同奥斯曼帝国进行了多次战争。俄国沙皇彼得一世分别在1695年、1696年和1710—1711年发动对奥斯曼帝国战争,夺取黑海出海口的目的虽未达到,但他的战略为后来叶卡捷琳娜女皇所继承,带给俄国的影响也是巨大的。马克思曾经指出:"彼得大帝确实是现代俄国政策的创立者。"[②] 叶卡捷琳娜二世继承了彼得一世的东方政策,完成了夺取黑海出海口的扩张政策。俄国通过1768—1774年、1787—1791年两次对奥斯曼土耳其帝国的战争,打败土耳其,签订《雅西条约》,把克里米亚汗国并入俄国,夺取黑海出海口,完成了向南扩张的目的。

19世纪中期以后,俄国资本主义发展明显地落后于英国、法国、德国等国家,经济发展的指标远不及英国和法国,但它对外扩张的欲望比它们强烈得多。俄国的目标就是夺取奥斯曼帝国更多的土地。1854—1856年的克里米亚战争是东方问题的又一次爆发。这是一次英

---

① 周鲠生:《近代欧洲外交史》,武汉大学出版社2007年版,第29页。
② 马克思:《十八世纪外交史内幕》,人民出版社1979年版,第77页。

国、法国、俄国之间争夺黑海和近东领导权的侵略战争,俄国被英法联军打败,于1856年3月30日签订《巴黎和约》。根据和约,由英法列强"保障土耳其帝国独立与领土保全",黑海地区中立,允许各国商船出入,交战各国占领的地区交还原国,俄国也失去了在摩尔达维亚、洼拉恰地区的"保护权"。[①]克里米亚战争的失败使俄国的东方政策受到严重挫折,也迫使俄国把外交的重点转向远东地区。

"东方问题"已经发展成为西方列强各国外交的大事,任何国家都想瓜分奥斯曼帝国领土,分得自己的一份利益。自私是人的本性,也是国家的本性。19世纪70年代发生的"东方危机"或称"近东危机",是多种矛盾综合作用下的结果,既有巴尔干地区的民族运动,也有英国、俄国、奥地利在巴尔干地区的争夺加剧,进而造成更大规模的政治与军事危机,以致后来爆发的第一次世界大战,正是这些危机符合逻辑的发展。

三、冷战时期美苏两国对东方国家的争夺与控制

中东西亚地区是欧亚大陆的心脏地带,历史因缘的复杂性以及现实大国力量的交织与角逐,历史上就是一个多灾多难的地区,一直无法实现彻底的和平与稳定。远的不说,仅20世纪下半期以来这里就发生了太多的大事,中东战争、两伊战争、海湾战争、伊朗战争、伊拉克战争、阿富汗战争以及难民问题等,都使世界各国不得安宁,成为当前世界最为动荡的地区。苏联时期继承了沙皇时期的"南下"政策,许多做法与沙俄时期有一定的相似性。

在冷战时期,中东西亚成为美苏两国争夺与控制的地区。正是由于这个地区在政治、经济、军事、安全与外交上的极端重要,所以才使得这个地区成为冷战时期东西方两大阵营对峙、争夺的重要场所,

---

[①] 周鲠生:《近代欧洲外交史》,武汉大学出版社2007年版,第94—95页。

即使冷战结束后大国在这里的博弈仍是有增无减。由于地理之便，苏联首先在西亚、北非采取行动，力图把伊朗、土耳其和阿富汗纳入安全范围，基本上控制着埃及、叙利亚和伊拉克，为它们提供大量的军事援助，派遣军事人员；有资料统计，埃及是冷战时期苏联重点援助的国家，1967年6月8日苏联建立了从莫斯科到开罗的空中运输线，同时提供了300架战斗机、50架轰炸机和450辆坦克，以及冥河式导弹、地对地导弹，从六天战争到1968年10月向埃及提供的武器价值达25亿美元。[①] 中东西亚地区对苏联具有重要的战略意义，也是苏联志在必得的地区。

从战略资源来说，中东西亚地区是世界能源的重地。长期以来苏联与此地区有劳务、商品和军火交易，政治、经济、军事关系密切，具有明显地缘上的优势。以军火为例，从1954年到1966年苏联向埃及、叙利亚、伊拉克和也门提供了约20亿美元的军火和军事装备。[②] 从20世纪50年代中期到70年代，苏联在中东西亚的行动扩大，基本上是采取了攻势，受苏联控制与影响的国家比美国还要多。苏联的对外争夺与控制具有极强的霸权性质，通过提供军火、援助、建立条约网、培养各类专家等多种途径达到控制目的。美国在中东地区也是这样做的。自从石油取代煤炭成为工业的"血液"之后，中东在国际政治中的地位更加突出。西欧国家大约80%以上的石油依赖中东，美国也在2/3以上，日本超过90%。

长期以来，美国对中东西亚地区一直比较忽视，因为它离美国的现实利益太远，没有把它作为一个重要目标来看待，只是在第二次世界大战后才开始重视起来。1946年，美国、苏联和英国在伊朗撤军问题上发生纠纷，美国担心苏联在战后继续占领伊朗，向地中海派出了

---

① 沃尔特·拉克尔著，上海市"五·七"干校六连翻译组译：《争夺中东：1958—1968年苏联和中东的关系》，上海人民出版社1972年版，第107页。
② 沃尔特·拉克尔著，上海市"五·七"干校六连翻译组译：《争夺中东：1958—1968年苏联和中东的关系》，上海人民出版社1972年版，第178页。

舰队，寻找在中东的立脚点。为了冷战政策的需要，1947年3月12日"杜鲁门主义"出台，美国决定援助希腊和土耳其，开始关注土耳其和中东地区。在杜鲁门本人看来，一旦希腊丧失，不仅危及土耳其和整个中东，也会危及西方。从政治与军事角度来说，中东是美国对抗苏联扩张的前沿地区。为了把中东地区打造成对抗苏联的前沿地区，美国开始寻找支持者。美国支持沙特阿拉伯、约旦、伊朗、摩洛哥和以色列，形成与苏联对抗之势。尼克松执政时期，美国与伊朗、沙特阿拉伯的关系极度密切，向它们提供大量的军事援助，加强了在海湾地区的影响。1982年6月，美国支持以色列入侵黎巴嫩，占领了黎巴嫩1/4的领土，攻陷了巴勒斯坦解放组织14个营地，抓走了6000名解放组织战士，造成黎巴嫩和巴勒斯坦平民伤亡25000人，50万平民失去家园。[①]

在东亚，苏联在海参崴-堪察加一带建立起海军基地，布置重兵和重型武器，形成对立对峙状态。美国通过军事同盟关系控制日本和韩国。不仅在这两个国家驻军，还通过各种途径影响和制约这两个国家的内政与外交。在一个主权国家驻有外国军队无论从何种意义上说都是对驻在国主权的干涉，日本、韩国这种独立恐怕不是真正意义上的独立，要真正实现自主发展，必须从结束外国驻军开始。东南亚也成为中美冷战对峙的地带。美国依靠军事同盟，在菲律宾取得克拉克空军基地和苏比克湾海军基地。在南亚和东南亚，1971年8月苏联与印度签订《友好合作条约》，1978年11月与越南签订《友好合作条约》，支持对方的侵略扩张活动，造成地区关系紧张。"很明显，美国在远东执行的也是一个类型的冷战政策，不过在这个地区里是为了'遏制中国'。而且，因为中国和古巴不一样，是一个世界大国，美国的遏制中国革命同它过去的遏制俄国确实是一脉相承的。"[②]

[①] 俞正梁、颜声毅、汪鸿祥编著：《战后国际关系史纲（1945—1987）》，世界知识出版社1990年版，第252—253页。
[②] 戴维·霍罗威茨：《美国冷战时期的外交政策》，上海人民出版社1974年版，第387页。

四、东方知识分子视野中的两次世界大战

自从人类诞生以来,各种族、部落、民族与国家间的战争是经常发生的,一般都属于局部战争。但是在进入近代工业文明社会以后,由于人类技术的进步,先进武器的运用,战争的破坏与惨烈程度远比农业文明时代的任何战争都大得多,影响深远得多。发生在1914—1918年的第一次世界大战对世界历史进程造成的影响是多方面的,至今成为历史学、军事学、哲学、文学与社会学家研究的课题。

从第一次世界大战对东方中国、日本、印度等国家知识分子影响来看,各国对战争起因、性质以及由此带来的世界历史进程变化的认识是深刻的,尽管对战争的剖析与认识的角度不同,各种观点形形色色,但有些认识是基本相同的,那就是帝国主义国家内部矛盾的加深以及对世界的争夺是战争爆发的根本原因。第一次世界大战结束已经100多年了。这100多年中出版了许多有关第一次世界大战的著作,有些问题已经进行过认真探讨,还有许多问题未曾展开深入的研究。以东方中国、日本知识分子视野中的第一次世界大战为考察对象,来谈谈东方知识分子对第一次世界大战的总体认识,是极有意义的事情。

发生在欧洲的第一次世界大战对各国的影响是深刻的,远远超过了欧洲的地域。东方知识分子由于受到第一次世界大战影响而对资本主义认识,无论是文化守旧的还是主张西化的知识分子都洞察到了欧洲资本主义国家掠夺与好战的本质。在民国初期的知识分子群体代表当中,《东方杂志》主编杜亚泉、梁漱溟、梁启超等人无疑是这方面的杰出代表。1916年10月,杜亚泉在《东方杂志》发表的《静的文明与动的文明》一文中痛切指出:"自欧战发生以来,西洋诸国日以其科学所发明之利器戕杀其同类,悲惨剧烈之状态,不但为我国历史之所无,亦且为世界从来所未有。"[①] 确实,欧战惨烈程度空前,造成的人员伤亡

---

① 陈崧编:《五四前后东西文化问题论战文选》,中国社会科学出版社1985年版,第17页。

与物质损失也是历代战争无法相比的。正因为如此,他对比着中西文化异同,深挖西方文化中的崇尚竞争与好战的本质,号召国人不要盲从西方文化,指出:"吾人今后,不可不变其盲从之态度,而一审文明真价之所在。"①

作为当时有广泛影响的《东方杂志》主编,杜亚泉对时局的认识不同于一般学者,也有别于接受清一色儒家经典训练的其他知识分子,表现出更多的理性与思索,开始思考和探讨文化中那些带有方向性的问题,在相互比较中认识到东西文化的异质,写出独步一时、倾动人心的作品,引起中国思想界的不同反响。杜亚泉对中国传统文化怀有挚热感情,反对新文化运动。经过第一次世界大战的强烈冲击,中国知识分子对东西方两种不同性质的文明与文化进行了痛定思痛的反思,看到两种文明"性质之异,而非程度之差",进而主张"吾国固有之文明,正足以救西洋文明之弊,济西洋文明之穷者"。② 不论从当时还是从今天的观点来看,东方文明在多大程度上能救济西方社会危机值得研究,但他所关注的东西方两种文明具有互补性是值得重视的,反映了自鸦片战争以来中国思想界的一个进步趋势。

《东方杂志》对欧战做了大量的分析报道,刊发众多学者讨论时政的文章,使国内对欧洲有了更清晰的印象,成为中国了解外部世界的一个重要窗口,也成为当时知识界观察世界的重要知识来源。1917年4月,杜亚泉(即伧父)在《东方杂志》发表《战后东西文明之调和》的文章。此时欧战已经进入第三个年头,由战争引发的诸多社会矛盾与问题已经充分显露出来,中国知识分子对此有进一步的认识。"此次大战,使西洋文明,露显著之破绽。"③ 这是对西方社会的基本判断,也是从严酷的现实中得出的结论。他对近代以来西方社会的进步有科学的分析,看到机械、机器发明的重要,在这一点上东方国家是望尘莫

---

① 陈崧编:《五四前后东西文化问题论战文选》,中国社会科学出版社1985年版,第17页。
② 陈崧编:《五四前后东西文化问题论战文选》,中国社会科学出版社1985年版,第17页。
③ 陈崧编:《五四前后东西文化问题论战文选》,中国社会科学出版社1985年版,第26页。

及的。一旦科技发明用于战争等非正当目的,"则手段愈高,危险亦愈甚"。[1] 在今天看来,他的正当使用科技发明的思想仍有积极意义与不朽价值。

从对东方文化优劣的评判进升到对战争起因、性质以及对社会带来诸多危害的探讨,是中国知识分子的可贵之处。他们把战争的起因归结为国家之间为利益而进行的殊死争夺,在他们眼里"今日之战,日杀六千人,犹未已止","国家民族间之经济竞争,实不过少数阶级间之经济竞争,多数民众为少数阶级所驱策,投身于炮火兵刃之地,创巨痛深"。[2] 这样分析与我们今天对于战争爆发多种原因的看法有相似之处。为了防止重蹈欧洲覆辙,他们还提出了调和东西方文明的主张,不要一味不加分析地效尤西方文明。以今天的观点来看,这些观点显然是有重要价值的。

欧洲大战以及战后欧洲社会出现的凄惨衰败的景象深深地刺激了中国知识分子的思想,那些反传统、主张君主立宪的人又不得不正视传统,甚至提出用中西结合的"新文明"去拯救西方社会。1920 年,梁启超发表《欧游心影录》,系统地介绍了他在欧洲游历考察的情况。通过实地考察,看到所到之处都是衰败凄凉的惨淡景象,国民生活困苦,罢工风潮四起,社会充满了悲观失望的情绪,使他有机会对西方社会有更深层次的认识与剖析,文中流露出对西方文明与战争的批判与质疑。梁启超写道:"说起这次战争,真算得打一场倾家荡产的大官司。输家不用说是绞尽脂膏,便赢家也自变成枯腊。"[3] 至于社会生活方面,由于长时间消耗,各国国民生活已经极为困苦,经济凋敝,物价腾贵,"我们来欧,已是停战之后,战中况味,未曾领受,但在此一年以来,对于生存必需之品,已经觉得缺乏。……交通机关停摆的过半,

---

[1] 陈崧编:《五四前后东西文化问题论战文选》,中国社会科学出版社 1985 年版,第 27 页。
[2] 陈崧编:《五四前后东西文化问题论战文选》,中国社会科学出版社 1985 年版,第 29 页。
[3] 陈崧编:《五四前后东西文化问题论战文选》,中国社会科学出版社 1985 年版,第 338 页。

甚至电灯机器也商量隔日一开"。① 显然，这些都是战后欧洲社会的实际情况。

梁启超与其他知识分子一样，对欧洲有清晰的了解和深刻的观察，洋洋数万言的《欧游心影录》是对欧洲观感的真实写照，从一定意义上完成了从鼓吹西方文化到以东方文化去拯救西方文化倡导者的转变。欧洲大战彻底击碎了梁启超对西学的迷梦，使他不得不重新思考东方文化与西方文化交融，努力探讨东西两种不同文化的相互吸收问题，故而提出"拿西洋的文明来扩充我的文明，又拿我的文明去补助西洋的文明，叫他化合起来成一种新文明"。② 经过新文化运动和"五四"以及第一次世界大战，中国思想界不但要引进西方的民主与科学精神，也主张东西方两种不同文明相互借鉴与吸收，来实现中国的文艺复兴。我们认为这是比较理性的主张。

第一次世界大战的结果，是俄罗斯帝国、奥匈帝国和德意志帝国的崩溃，主要参战国蒙受巨大损失，建立了由美国威尔逊提出的"国际联盟"。当时有人告诫国人，对于国际联盟，不能抱有任何幻想。"环顾宇内，就剩中国一大块肥肉，自然远客近邻，都在那里打我们的主意。若是自己站不起来，单想靠国际联盟当保镖，可是做梦哩！"③这些都是有见地的判断，表现出中国知识界视野的开阔。

第三节　日本卷入争夺与"大东亚共荣圈"的建立

日本与东南亚国家的关系，可追溯到16世纪末叶的丰臣秀吉时代。丰臣秀吉在策划武装侵略朝鲜和中国的同时，于1591年9月正式致函菲律宾西班牙殖民总督，要他向日本称臣纳贡，书函中说："我国

---

① 陈崧编：《五四前后东西文化问题论战文选》，中国社会科学出版社1985年版，第339页。
② 陈崧编：《五四前后东西文化问题论战文选》，中国社会科学出版社1985年版，第371页。
③ 陈崧编：《五四前后东西文化问题论战文选》，中国社会科学出版社1985年版，第355页。

百年内战争不绝。我等自诞生之时即有平治天下之志，壮年后经过十年统一全国，朝鲜、琉球等远邦异域服属。我现在欲征服大明，但实非我所为，乃上天授意。菲律宾至今未通聘礼，故发兵讨伐。"① 偌大的口气，已把日本最初的侵略欲望和盘托出。以日本当时区区之力，完成对朝鲜、琉球、西属菲律宾以至中国明朝的征服，建立亚洲帝国霸业是不可能的。以此观之，它只能说明是日本战国时期对外野心的一次展现。这个狂妄计划虽然未能实现，但对后来日本的外交走向产生了极大影响。从那以后，日本对外关注的目光已经从东亚一隅扩展到了东南亚，把东南亚提到对外政策的重要位置。在历史上，一些政治家和思想家对占有东南亚都有明确的表达，不管他们力量如何，但都已看到东南亚的重要性，一切都在等待时机。

一、近代以前日本对东南亚的关注

进入 17 世纪，日本对东南亚的注意有增无减。德川幕府建立后，在给中国福建总督的一份致函中写道：日本"其德化所及，朝鲜入贡，琉球称臣，他如安南、交趾、占城（以上即越南），暹罗（即泰国），吕宋（菲律宾），西洋（即新加坡以西各国），柬埔塞（即柬埔寨）等蛮夷之君主酋长，莫不献表纳贡"。② 不管这些国家当时是否已经向日本称臣纳贡，但应该注意到日本力图在东南亚建立以它为中心的世界秩序。日本的这些动向，是对以中国明朝为中心的东亚世界秩序的最初挑战，包含着大量的异乎寻常的思想成分。17 世纪正值明朝晚期，国内的诸多矛盾已经让它无力关注国外的形势发展。

幕府末期，日本朝野弥漫着一种急欲向外扩张的思想气氛。这不仅是因为日本预感到日益成长的近代欧洲文明的冲击，而且意识到东

---

① 池上裕子：《织丰政权与江户幕府》，讲谈社 2002 年版，第 300—301 页。
② 信夫清三郎编，天津社会科学院日本问题研究所译：《日本外交史》上册，商务印书馆 1980 年版，第 23 页。

西方两种文明的竞争会达到你死我活的严重程度。著名经世学家本多利明（1744—1821）在他的著作中提出建立开拓制度（殖民制度）的计划，并对建设"大日本帝国"有明确的设想；佐藤信渊（1769—1850）的《混同秘策》一书更是突出地代表了那一代经世学家要使日本成为世界盟主的狂妄思想。他主张日本应该发动一场战争，统一天下，"使世界各国皆为郡县，万国之君主皆为臣仆"。[①]他的思想流毒甚远，可谓影响一时。此外，吉田松阴、会泽安也是这方面的代表。他们思想的共同特征是：主张建立殖民制度，废弃株守、因循的锁国政策，倡导奖励造船与实业，充实武备，培养人才，发扬国威于海外。他们通宵达旦地设计各种方案，为建立殖民制度积极奔走，受到幕府高度重视。总之，这些思想反映了幕府末期日本社会的基本动向。

二、进入近代后日本对东南亚兴趣的再度高涨

19 世纪 60 年代明治政府建立后，日本对外政策的重点在东亚，但并没有漠视东南亚的形势发展。1885 年东洋学馆创始人之一樽井藤吉在《大东合邦论》中力倡日朝合并，他说："白人之欲灭我黄人，其迹象已历历在目，我黄人若不取胜，即将成为白人之饵。"又说"今我日人欲使南洋诸岛摆脱白人之束缚"，必须"合并朝鲜以防备俄国，结盟清国以分担其劳，否则非独立所能及"。[②]这个"协力图南"的思想隐含着尚未说出的异志。在当时主张"南进"的不只樽井藤吉一人，并

[①] 佐藤诚三郎等编：《近代日本的对外态度》，东京大学出版会 1974 年版，第 19 页。滨下武志认为，日本与东南亚关系密切有三个历史时期：一是 14—16 世纪所谓的"南洋日本人町时期"；二是 19 世纪后半叶至 20 世纪中叶；三是 20 世纪 30 年代至 40 年代。岩波讲座世界历史第 20 卷《亚洲的"近代"》，岩波书店 1999 年版，第 21 页。
[②] 信夫清三郎编，天津社会科学院日本问题研究所译：《日本外交史》上册，商务印书馆 1980 年版，第 210 页。樽井藤吉所讲的"大东合邦论"就是要把朝鲜与日本合并成一个"大东国"。他认为，日本和朝鲜都是自主之国，自主之国可以协议缔盟，谋求和合，符合万国公法之通理，不容清国置喙。月脚达彦：《福泽谕吉与朝鲜问题》，东京大学出版会 2014 年版，第 241—242 页。

非他一人孤立无援地呐喊。"协力图南"是一个新的提法,其意就是倡导将日本国家的力量转向东南亚,与老牌的英、法、荷、西班牙等国家争夺殖民利益。在有些人看来,占领东南亚必须有一个力量支撑点,这个支撑点无疑就是台湾。福泽谕吉认为,夺取台湾是日本国防的需要。他把台湾比作榻侧之鼾。为了维持永久和平与琉球的安全,夺取台湾是日本的当务之急,也从根本上断绝了中国的野心。①

日本"南进论"的提出始于明治中期,经大正时代到昭和时代达到高潮。1888 年 12 月 29 日在马尼拉设立领事馆,此后开始向菲律宾大量移民。代表明治时期"南进论"主流思想的,有志贺重昂的《南洋时事》、菅沼贞风等的《新日本图南之梦》、田口卯吉的《南洋经略论》、樽井藤吉的《大东合邦论》、副岛八十六的《南方经营论》、竹越与三郎的《南国记》等。②这些著作集中反映了当时日本社会对东南亚的主张。特别是志贺重昂的《南洋时事》是其亲身考察南洋所得,有着对南方重要性的深刻认知,向世人提出了重视南洋的建议,主张日本人雄飞海外、移民和开发,扩大商业活动。1891 年恒屋盛服著成《海外殖民论》,它把太平洋诸岛、澳大利亚、北美洲、中南美洲等地作为日本进出的方向,把日本的发展出路明确地指向这些地区。日本是一个岛国,四周被天然水域包围,对外接触相对有限,因而其视野、胸怀以至战略都受此影响与制约,容易产生一些近乎幻想的甚至不知天高地厚的想法,幻想征服东亚甚至世界。这样的想法在日本历史上曾经多次出现过,为此也付出了沉重的代价。

1893 年 3 月,成立以榎木武扬为会长,近卫笃麿、小村寿太郎、志贺重昂等朝野实力人物为组员的殖民协会,以解决人口与海运问题、增强海军、获得市场与外货、输出移民和制造舆论为目的。③19 世纪

---

① 杉田聪编:《福泽谕吉朝鲜·中国·台湾论集》,明石书店 2010 年版,第 292 页。
② 矢野畅:《〈南进〉的系谱:日本的南洋史观》,千仓书房 2009 年版,第 40 页。此外,比较有代表性的"南进论"者还有服部彻、稻垣满次郎、铃木经勋。
③ 后藤乾一:《近代日本与东南亚——南进的"冲击"与"遗产"》,岩波书店 2010 年版,第 7 页。

末，日本外务省设南洋局，专事有关泰国、菲律宾群岛、印度支那、马来西亚、北文莱、东印度群岛、澳洲、新西兰以及南极地区的外交事务。尽管这时期"南进论"还处于对东南亚的经济、贸易、资源及产业对日本重要性的宣传上，但对于进入帝国主义时代后的日本外交政策的制定有着催化作用。

19世纪末，日本取得甲午中日战争的胜利，强行割占台湾、澎湖等中国大片国土，国内出现将台湾作为南进据点的思潮。中日战争和日俄战争后，日本国内南进的呼声更加强烈。对中国战争胜利，日本获得中国台湾等大片领土，朝野上下受到鼓舞，陶醉于空前胜利的癫狂之中，无疑刺激了其对外扩张的欲望，原来只是关注国内启蒙与民权的一些思想家的思想出现新的变化，转向影响和支持政府的对外扩张政策。在这方面，福泽谕吉就是这样一位由对中国、朝鲜等亚洲国家表示同情进而转向鼓吹侵略的著名思想家，由内争民权而转向外争国权的。据说福泽谕吉对甲午战争日本的胜利，竟至感动得流泪。[①]

福泽对于日本民族启蒙的贡献不亚于伏尔泰、狄德罗和孟德斯鸠等人对法国启蒙的贡献，为什么一个热衷启蒙、倡导民权的著名思想家一变而为对外扩张的鼓吹者与支持者呢？这无疑与殖民主义和帝国主义时代弱肉强食的严酷现实有关，与明治政府成立以来所推行的对外政策有关。著名评论家德富苏峰（1863—1957）也在这时期转向了国家主义，他在《台湾占领意见书》里极力主张在占领台湾后将其作为南进的跳板，建议日本政府给予南洋以更多的关注。他们认为："（一）日本不向海外发展不能图强；（二）日本不先下手，西洋各国将灭朝鲜；（三）征韩能为因日本废藩而不得志者谋出路。"[②]这是日本对外政策发展取向的清晰表达。德富苏峰眼中的世界就是西方列强主导

[①] 近代日本思想史研究会著，马采译：《近代日本思想史》第1卷，商务印书馆1983年版，第44页。

[②] 蒋廷黻：《近代中国外交史料辑要》，转引自陈旭麓：《近代中国社会的新陈代谢》，上海人民出版社1992年版，第149页。

的世界，而不是亚洲各国的世界，他主张的"正义"是同扩张者与侵略者争夺势力的"正义"。①

进入大正时代，日本国内南进的呼声甚高，有关东南亚金融、贸易、投资、历史、地理、军事、宗教和文化等考察报告与著作如雨后春笋般破土而出。据统计，从 20 世纪 10 年代到 20 年代，这方面的著作达 238 册之多。② 其中最具代表性的，有副岛八十六写的《帝国南进策》（1916）、鹤见祐辅写的《南洋游记》（1917）、松本敬之写的《南方帝国论》（1919）等。副岛八十六的《帝国南进策》和鹤见祐辅的《南洋游记》都是作者在巡游南方之后写出的。通过巡游，他们对南方有了更多更深的认识，交通便利而富庶的爪哇岛给他们留下了不可磨灭的印象，书中写道："爪哇岛只不过是日本的三分之一，其人口有三千万，铁路横贯岛内，其道路、灌溉、产业在殖民地世界受到赞赏。"③《南洋游记》作为日本青少年的启蒙作品，已经引导国内把目光从中国东北、朝鲜扩大到南洋，到 1929 年再版了 18 次，被相当广泛地阅读。④ 南进小说成为这一时期有代表性的作品，影响一时。这些著作的出版，使日本对东南亚的兴趣再度高涨起来。

"南进论"作为日本明治和大正时期的重要社会思潮发挥了舆论导航作用，直接影响到了第一次世界大战期间对东南亚的扩张和后来第二次世界大战时期日本发动太平洋战争。日本知识界配合政府的外交政策并一直走在政府的前面，发挥着一种特殊的作用。这种情况在东亚国家中颇为少见。从理论上讲，"南进论"的提出给日本新政府提出了一个行动方向，不承认南洋作为西洋势力范围的天然归属。⑤ 以第一次世界大战英国、法国、俄国、德国诸国忙于欧洲事务为契机，日本

---

① 德富苏峰著，刘红译：《中国漫游记·七十八日游记》，中华书局 2008 年版，第 8—9 页。
② 清水元：《两次大战期间日本·东南亚关系诸相》，亚洲经济研究所 1986 年版，第 6 页。
③ 后藤乾一：《近代日本与印度尼西亚》，北树出版社 1989 年版，第 17 页。
④ 矢野畅编：《讲座东南亚学第十卷：东南亚与日本》，弘文堂 1991 年版，第 59 页。
⑤ 矢野畅：《"南进"的系谱：日本的南洋史观》，千仓书房 2009 年版，第 43 页。

财阀势力开始了对东南亚的大举扩张,许多商人和企业主得到政府支持纷纷来到东南亚从事橡胶园、木材、水产和矿业经营,在短时间内积累起巨额财富,如"南进论"者饭塚茂就是在马来半岛经营橡胶园起家的,在当地积累了相当多的财富,是日本人在东南亚从事经营致富的一个典型。

日本商品以其廉价充斥东南亚市场,范围遍及马来亚、海峡殖民地、英属婆罗洲、菲律宾、暹罗(泰国)、法属印度支那、荷属东印度等地。1914年7月第一次世界大战爆发,日本对德宣战并迅速占领德属太平洋诸岛,实施了对南方军事政策的第一步。据统计,1914年东南亚在日本的对外贸易输出中占3.8%,1920年达到9.5%,此时日本国内对东南亚的经济关心显著提高了。[1]进入大正时代以后,日本利用欧洲大战的机会加紧向东南亚移民,大正八年(1919)暹罗有日本人282人,英属马来亚和婆罗洲有8297人,荷属印尼4144人,美属菲律宾为9798人。[2]他们受到政府的外交保护与财团支持,从事各种职业。面对日本的经济竞争,英、法、荷、美等国被迫采取抵御措施,由此引起激烈的经济政治矛盾与外交冲突。1915年"南洋协会"成立。随着日本南进进程的加快,日本渔民进入荷属印尼海域捕鱼的事情不断发生,加剧了与当地的民族矛盾与外交冲突,引起印尼人对急剧膨胀起来的日本帝国主义势力的极端恐惧与不安。虽然这时期力倡南进的多以民间人士为主,以经济进入为目标,但南进所具有的军事性质是不能否认的。[3]

日本把东南亚提到对外政策的重要位置,是在昭和时代。在此之前,它通过武力先后占领了琉球、中国台湾、朝鲜和中国东北的南部(即"南满")等地。这些地区虽然拥有丰富的钢铁和煤炭资源,对日本来说是很重要的,但还不是获得军用物资石油、橡胶和军粮的理想

---

[1] 后藤乾一:《近代日本与东南亚》,岩波书店1995年版,第81页。
[2] 矢野畅编:《讲座东南亚学第十卷:东南亚与日本》,弘文堂1991年版,第10页。
[3] 矢野畅编:《讲座东南亚学第十卷:东南亚与日本》,弘文堂1991年版,第41页。

之地。20世纪20年代,日本对东南亚有重大影响的政策,不能不提到1927年6—7月召开的"东方会议"确立的《在华行动纲领》(即"田中奏折")。这个纲领的深刻意义,在于它对称霸计划有了较为全面、清晰的描绘:"如欲征服中国,必先征服'满蒙';如欲征服世界,必先征服中国。""倘若'支那'完全可被我国征服,其他如小中亚细亚、印度、南洋等地异服的民族必然会敬畏我国而向我投降。"这个纲领把日本的外交取向勾画得相当清晰,九年以后又抛出《基本国策纲要》。"荒鸡啼,夜未央",犹如午夜三更啼叫、人多恶之的"荒鸡"一样,给亚洲各国带来种种不祥之兆。

"东方会议"以前,日本对东南亚国家有异常的关注。泰国是一个在英法列强争夺的夹缝中生存的国家,为了躲避列强的过分剥夺,它本能地向日本靠拢,以求得政治上的保护。1920年泰国国王拉玛六世(瓦栖拉兀)访问日本。经过这次访问,泰日间政治、经济上的联系日益增多,到30年代初步完成战前政治、经济及军事上的密切关系。在政治上,两国建立了"日暹协会",其宗旨在于加强双方道德、精神和文化联系;在经济上,日泰缔结了一系列通商贸易条约,其中包括《日本·暹罗间修好通商条约及附属议定书》(1924年3月10日)、《日本·暹罗间友好通商航海条约及最终议定书》(1937年12月8日)等。这时期,日本商品在泰国的进口中达到20%,其侨民不仅可以在泰国购买和租赁房屋、企业、仓库和开办银行、慈善事业,而且还可以享受其他外国人所不能享受的权利。[①] 军事上,日泰两国签订《关于安全和政治上互相谅解议定书》(1941年5月9日)、《关于非武装地带现定履行议定书》等,这些条约规定了双方的权利与义务,从而确立起泰国与日本战前合作关系。

从20世纪30年代起,日本有计划地向法属印度支那、英属缅

---

① 尼·瓦·列勃里科娃著,中国科学院世界历史研究所翻译小组译:《泰国现代史纲》,商务印书馆1973年版,第99页。

甸和荷属印尼派遣大批间谍人员以搜集当地情报，这些人员包括领事馆官员、新闻记者、医生、僧侣、商人和日侨。据《国防治安情报概要》记载，驻仰光的日本领事馆官员和日缅协会的一些成员就是间谍；1939年10月，仰光机场在检查一位驻缅贸易商、日缅协会官员大场忠所携带的物品时，从中发现他支付给向他提供情报的缅甸新闻记者的礼金记录，以及有关日缅协会缅甸国内各支部亲日宣传的记录文书。[①]这种情况在其他国家也屡见不鲜。

日本对法属印度支那的政策，是通过法国殖民政府来进行，以经济为主要内容。在通商贸易方面，日本和法国于1927年和1932年分别缔结《商定日本·印度支那间居住及航海制度议定书》《为商定贸易规程的暂时通商协定》，印度支那三国几乎成为日本粮食和其他工业原料的供应地。经过明治维新后的几十年发展，到20世纪30年代日本已经进入少数几个资本主义发达国家之列。由于长期的对外侵略，与军事相关的钢铁、电气、造船、机械、汽车、化学等工业得到迅速发展，城市人口急剧增加。从经济结构看，资本主义大工业与半封建性的农业并存，国内市场狭小，自然资源贫乏，工业原料和能源几乎全部依赖进口，特别是橡胶、石油、铁矿、粮食这些与战争有直接关系的商品刺激了日本的欲望。这样就使得原来就供应不足的粮食与原料问题又突出起来。

早在1939年2月侵略中国海南岛之前，日本驻台湾总督在《南方外地统治组织扩充强化方案》里便透露了夺取东南亚的意图，他说："随着我国国力的发展，帝国的南方政策日益紧迫起来。对南洋的工作如何，对国策的完成具有重大之关系。"[②]持这种主张的不仅是台湾总督，也是日本海军的既定方针。太平洋战争以前，日本已经在东南亚与英国、荷兰、美国等国展开激烈竞争。长期以来东南亚作为西太平

---

① 大江志乃夫编：《近代日本与殖民地》第8卷，岩波书店1993年版，第96—97页。
② 日本东南亚史学会：《东南亚——历史和文化》，平凡社1981年版，第44页。

洋的重要市场与世界一直保持密切联系，战前的贸易总额达到213000万美元。以世界对橡胶的消费量为例，1939年世界橡胶总消费量为1078700吨，其中美国占53.4%，英国占11.6%，德国占6.7%，法国占5.7%，日本仅占4.1%，其他国家占18.5%。①

相比之下，日本在国际市场中所得到的份额最少。按照列宁的帝国主义理论，帝国主义国家一般都是按照实力原则来瓜分世界的，既有的国际旧秩序必然为后起的日本、德国所不容。近代以来的国际市场是以竞争为原则进行的，国家力量参与其中，不顾及公平与正义，表现出近代国际关系原则残酷的一面。面对日本的竞争，各宗主国束手无策，不得不采取限制日本商品输入的政策，这无疑加剧了日本与英国、荷兰与美国的矛盾，这种矛盾后来便以更为激烈、更为残酷的方式展开了。

三、太平洋战争爆发后日本对东南亚政策的具体实施

日本的南进理论伴随着国力不断增长而付诸实践，昭和时期进入全面实施阶段，被认为是"南进论"的黄金时代。②经过明治维新后的几十年发展，日本已经国力大增，成为世界少数几个工业强国，国内经济结构发生重大变化，重工业和军事工业发展很快，对国外市场的需求日益强烈。然而国内市场的狭小制约着日本经济进一步发展，向大陆和向南方海洋方向发展已成为国家明确战略。自20世纪起，日本向东南亚移民急剧增多了。

日本的南进来自一次次的精心策划和准备，把它作为国策具体实施是当时日本朝野比较一致的看法。这时期社会上又出版一些有关推动南进的组织与书籍，政策导向更加明确，理论已经走在社会重大需

---

① 高事恒：《南洋论》，南洋经济研究所1948年版，第178页。
② 矢野畅：《"南进"的系谱：日本的南洋史观》，千仓书房2009年版，第291页。

求的前面。① 在思想团体方面，"大亚细亚协会"是一个有影响的思想团体，鼓吹"亚洲主义"和南进，成员包括政界的近卫文麿、军部的松井石根和末次信正、舆论界的德富苏峰等人物，直到1945年战败一直积极从事打破现状、对外强硬的理论宣传。② 日本之所以对东南亚地区关注日甚一日，说到底还是由东南亚对日本经济的重要性决定的。因为日本国内市场过于狭小，自然资源又极度贫乏，日益扩大的国内生产与人口压力仅靠国内有限的资源是难以支撑的。因此进入20世纪20年代以后，日本向东南亚的移民呈快速增长趋势，从事农业、渔业、海运、建筑、采矿与情报等工作。在印度尼西亚，1920年从事水产的日本人为1%，1925年为6%，1930年为11.3%，1935年为13.7%。③ 从国策而言，日本已经把东南亚纳入帝国对外政策的重要方面。

日本舆论界对东南亚的关心有增无减，广田弘毅内阁也就南进问题与军方达成一致意见。1936年8月7日，广田弘毅内阁五相会议确

---

① 进入昭和时期（1926年）以后，日本出版的有关"南进"的著作主要有古崎直方的《西洋又南洋》（古今书院1927年版）、藤山雷太的《南洋丛谈》（日本评论社1927年版）、井手谛一郎的《黎明的南洋》（淳风书院1929年版）、竹井十郎的《日本的新发展地南洋》（海外社1929年版）、《富源的南洋》（博文馆1930年版）、宫下琢磨的《日本人活跃的南洋》（海外社1929年版）、岛崎新太郎的《走向南洋！踏破荒蛮之岛》（新时代社1931年版）、松江春次的《南洋开拓十年志》（南洋兴发1932年版）、横田武的《我乃南洋的正体》（南洋社1933年版）、安藤盛的《南洋与裸人群》（冈仓书房1933年版）、中河与一的《热带纪行》（竹村书房1934年版）、矢内原忠雄的《南洋群岛研究》（岩波书店1935年版）、安达猪山的《南洋的侧面——海外情况》（东海通信社1935年版）、中上川蝶子的《乐土南洋》（南光社1935年版）等。参见矢野畅：《"南进"的系谱：日本的南洋史观》，千仓书房2009年版，第297—298页。至于战后，有关东南亚研究的著作就更多了，形成东南亚研究的完整体系，表现出日本东南亚研究的繁荣与兴盛，比较有代表性的著作有矢野畅的《日本的南洋史观》（中央公论社1979年版）、《东南亚世界的理论》（中央公论社1980年版），后藤乾一的《昭和时期日本与印度尼西亚——1930年代"南进"的理论》（劲草书房1986年版），中村孝志的《日本的南方参与和台湾》（天理教道理社1988年版），等等。
② 后藤乾一：《近代日本与东南亚——南进的"冲击"与"遗产"》，岩波书店2010年版，第25页。
③ 后藤乾一：《近代日本与东南亚——南进的"冲击"与"遗产"》，岩波书店2010年版，第40页。

立《国策基准》与《帝国外交方针》，把南进作为帝国的基本国策，从制度上加以确定。不过，这时日本是把北进与南进同等看待的，即："确保帝国在东亚大陆的地位，同时向南方海洋发展。"这一年室伏高信出版了《南进论》，他高呼把日本的南进作为自然的、历史的必然命运。这时期日本虽然占据着中国东北，与整个中国的战争尚未全面展开，与美英等国的矛盾也未充分激化，但它野心勃勃、咄咄逼人的进攻状态已经使英、美、法、荷各国都感受了前所未有的巨大威胁与压力。

  日本之南进，民间与政府互相配合，而成为国策。台湾为南进之跳板，台湾总督府，为事实上之南进总司令，以财阀作后盾，吸引青年向南进。银行则予运输商 D/A 押汇之便利，运输公司受国家之补助，竭力减轻运费；文化及研究团体，以数百计；专家著作有关南洋问题之专著，达一千种以上，派遣考察人员，络绎于途。……总观上述各点，可知战前日本对于南进政策努力之一斑。①

1940年3月参谋本部与陆军省制定《应付世界新情势的时局处理纲要（对外政策）方针》，它表明了日本的对外态度："除促进中国事变之解决外，更须趁此良机，解决南方问题"，"以解决南方问题为目标"。② 可以看出，它把所要做的以武力进驻法属印度支那的南进政策和盘托出了。7月，近卫内阁确立《基本国策纲要》。它除了坚持《应付世界新情势的时局处理纲要（对外政策）方针》规定的"解决南方问题"外，又增加了不少新内容，构成近卫内阁的基本外交政策。《基本国策纲要》首次提出建立"大东亚新秩序"的构想，把"以日本

---

① 高事恒：《南洋论》，南洋经济研究所1948年版，第6页。
② 服部卓四郎：《大东亚战争全史》第1部，台湾军事译粹社1978年版，第8页。

为中心，建立以日'满'华为骨干的大东亚新秩序"作为"日本之国是"。与《时局处理纲要》相比，其所论更为周详，涉及内容更为广泛。在国防与外交方面，《基本国策纲要》规定："以发挥国家权力的国防体制为基础，充实军备，俾得于国是之实施上，期无遗憾。……以讲求富有建设性及弹性的措施，藉期日本国运之发展。"① 在国内体制方面，还规定加强国防观念及经济统制，国民服从国家，官民协作一致等。显然，在开动战争机器方面加快了步伐。

1940年9月大本营—政府联席会议通过《关于加强日德意轴心的问题》，内称："为皇国之大东亚新秩序之建设，作为生存空间所应考虑之范围，乃以日满华为根本，并包括旧德属委任统治诸岛、法属印度支那和太平洋岛屿、英属马来、英属婆罗洲、荷属东印度（印度尼西亚）、缅甸、澳洲（澳大利亚）、新西兰及印度等。"② 日本军部利用欧洲战争爆发，法国在欧洲的困难形势，命令第22军司令官久纳诚一中将率领第5师于9月23日凌晨进入法属印度支那北部地区的越南和老挝，西村琢磨率军随之于9月26日在海防登陆，初步完成对印支北部地区的占领。这一行动，激化了日本与英美荷国家的矛盾。

1941年1月大本营联席会议通过《对法属越南及泰国政策纲要》。规定："帝国须迅速强化对法属越南及泰国政策，借以贯彻其目的"，"遇必要时，须对法属越南行使武力"。它更全面地表现了对东南亚政策，针对不同的国家施以不同的策略。对于越南与泰国的边境之争，"施行强制调停"，目的在于"确立帝国在法属越南与泰国两地区之指导地位"，如果泰国不驯服的话，则"加以压迫，务须努力使其承认我方之要求"，"无论在任何情形之下，均不得驱使泰国投奔英美"。③ 日本对泰国政策之所以如此，是与泰国长期以来遭受欧美列强的争夺

---

① 服部卓四郎：《大东亚战争全史》第1部，台湾军事译粹社1978年版，第6页。
② 信夫清三郎著，周启乾译：《日本政治史》第4卷，上海译文出版社1988年版，第371页。
③ 服部卓四郎：《大东亚战争全史》第1部，台湾军事译粹社1978年版，第28页。

有关，也与泰国为寻求政治保护而执行倾向于日本的基本国策有关。1941年12月21日《日泰同盟条约》、1942年10月28日《日泰文化协定》等相继缔结，建立起战时同盟关系。日本对法属越南的态度则不同，对越行使武力被提上日程。日本极力迫使法国维希政府在越南问题上做出让步，以保证越南不与任何第三国签订旨在针对日本的政治、军事协定。

1941年4月，日本军部拟定《对南方政策纲要》。它具有更为直接的意义，决定在"法属越南与泰国之间，确立有关军事政治经济的密切关系"，在荷属东印度和其他东南亚诸国之间，"确立密切经济关系"以及"维持正常通商关系"。关于使用武力的目的、目标、时机与方法手段，规定"惟以不失机宜为要"。本纲要引人注目之处在于，表明了日本陆海军在美、英、荷对日禁运压迫加重的时候，确立了行使武力的原则。[1]

1941年7月日本与法国政府签订《共同防守法属印度支那议定书》，在印支问题上达成协议。随后日军开始进入印支南部地区，在东南亚的军事行动扩大了。至此，日本对东南亚的政策经过长期的酝酿、发展和成熟，最后以简单而又传统的战争方式完成了。12月爆发的太平洋战争正是日本对外政策符合逻辑的发展。

第四节 从外交史的角度看东西方殖民主义的异同

在世界近现代外交史上，日本和欧美国家与东南亚殖民地都有着十分密切的关系。遗憾的是，我国史学界对此问题的研究长期落后于国外，推出的成果并不多。如能从外交史的角度深入研究东西方殖民主义的相同与不同之处，对于正确地把握东南亚近500年以来的历史

---

[1] 松本俊一等监修：《日本外交史》第22卷，鹿岛研究所出版会1975年版，第341页。

发展进程无疑是有益的，对于思考今天东南亚国家在东方国家整体崛起中的地位也是极为重要的。东南亚与中国山水相连，历史上与中国关系极为密切，数千万华侨华人是宝贵的资源，建设21世纪海上丝绸之路离不开东南亚国家的支持与共同努力。

一、外交与政治、经济与文化的联系

东南亚长期沦为欧美国家的殖民地。自16世纪初葡萄牙人占领马六甲王国起，东南亚国家即开始了殖民地化过程，这一过程一直持续到20世纪40年代，其影响与结果具有世界历史意义，不仅是东南亚近代史的开端，也是东方近代外交史的开端。在此期间，欧美国家的殖民统治达4个多世纪，日本的殖民统治不足4年的时间。东西方殖民主义既有相同之处，也有不同之处。

第一，殖民的历史条件不同，对东南亚的历史影响也是不同的。西班牙早在16世纪60年代来到菲律宾时，菲律宾基本上还是人类社会氏族、部落的初级阶段，各地间缺乏联系，没有统一的语言，群岛50万居民处于分散、孤立状态。正是在这种历史条件下，欧洲人的到来打破了菲律宾群岛与世隔绝的状态，为各地由分散走向统一提供了可能。尽管西班牙的发展程度不高，但它对菲律宾历史的影响绝对不可忽视。有学者指出："西班牙的贡献，在于使这个群岛第一次在政治上统一起来。"① 这种政治统一为菲律宾近代民族国家的形成奠定了基础。

美国对菲律宾的影响根深蒂固。1898年通过美西战争，美国夺取了菲律宾。从此，菲律宾沦于美国殖民统治近半个世纪，其政治制度、思想文化及生活方式等具有浓厚的美国色彩。历史学家霍尔指出："菲

---

① 约翰·F.卡迪著，姚楠、马宁译：《东南亚历史发展》上册，上海译文出版社1988年版，第293页。

律宾依赖美国的程度比东南亚任何其他国家依赖自己宗主国的程度更加严重。"① 荷兰在印度尼西亚的影响也不逊色。17 世纪荷兰就在印尼建立起殖民统治，东印度公司鼎盛时期一度垄断了自好望角至麦哲伦海峡的海上贸易权力，其船只最多时达到 160 余艘，"荷兰东印度公司实力之强大，其他各国的印度公司不能望其项背"。② 从 19 世纪 30 年代起，在印尼推行"强迫种植制度"；进入帝国主义阶段后，荷兰加强了对印尼的资本输出，与资本主义市场相联系的石油、橡胶、蔗糖、茶叶和咖啡等生产部门出现了。这些部门的出现，加强了印尼的殖民地从属地位，捣毁了古老的社会结构。

印度支那是法国的殖民地。法国对殖民地拥有极大的影响力，它不仅几乎完全控制着印支经济命脉，而且对其进行"建设性"工作。20 世纪初，法国加紧对殖民地资本输出，仅投资一项就遍及采矿、水泥、电力、铁路、烟草和酿酒等领域。据统计，1924—1930 年约有 29 亿新法郎的资本被引进印度支那，这些资本对刺激殖民地经济发展无疑是重要的。在文化上，法国对印度支那采取了同化政策。法国在殖民地标榜自己是"自由""平等""博爱"和先进文明的代表，认为印支三国是未开化的国家，为化外之人，故而负有同化它们的义务。要知道，法国在殖民地的同化政策并不是以和平的方式进行的，而是以赤裸裸的武力强权推动的，以警察、特务、收容所、行刑所镇压和残杀那些反抗者。③ 作为殖民地，越南被禁止使用汉语，废除科举制；印度支那无法摆脱宗主国精神价值的有力影响，在法语和本地语学校，法国人向学生灌输法兰西的语言、历史、价值观念和宗教信仰，由于长期推行殖民政策，"这种学校被人们认为是进身的阶梯，显宦子弟便

---

① 《新编剑桥世界近代史》第 12 卷，中国社会科学出版社 1987 年版，第 437 页。
② 布罗代尔著，施康强、顾良译：《15 至 18 世纪的物质文明、经济和资本主义》第 3 卷，生活·读书·新知三联书店 1993 年版，第 245 页。
③ 岩波讲座：《东南亚史》5，岩波书店 2001 年版，第 123 页。

蜂拥而来"。①

英国对马来亚和缅甸的影响也很显著。它通过三次战争征服了缅甸,并把它作为英属印度的一个省,英国人或印度人充斥了缅甸国家从上到下的所有军事、行政和经济要害部门。马来亚也遭到同样命运。由于东西方未处于同一发展层次上,因此东方国家被卷入世界资本主义发展的旋涡,被拖入现代社会经济生活。从经济方面来看,在欧洲人来到之前,东南亚已经存在活跃的国际贸易,欧洲人来到之后对外贸易额又急剧增加了。第二次世界大战前,东南亚各国贸易总额所占宗主国的比重:缅甸为15%,马来亚(包括新加坡)为16%,印支三国为50%,菲律宾达到76%。其他国家也都有不同程度的增长。

与上述情况相比,日本对东南亚的影响显然不能与欧美国家同日而语。它毕竟是一个后发展起来的资本主义国家,当欧洲白人向东南亚扩张时它还处在中世纪,力量有限,故无法对东南亚产生影响。第二次世界大战期间,日本曾一度占领了东南亚,给东南亚造成的人力、物力和精神上的损失是巨大的:被征用参加修建缅泰铁路的工人尸横遍野,死亡数以万计;新加坡多数华侨被怀疑为间谍而惨遭屠戮;物质损失则更难以计数。因为是战争期间,不可能做"建设"性工作。但也应该指出,日本人的占领彻底摧毁了长达四个世纪的欧洲白人统治。如何看待这件事情,中外学者各有评说,一位日本学者写道:"日本在东南亚的进出,具有绝对重要性的是,把西欧帝国主义不是不可以动摇的这件事告诉给了东南亚人。"② 从某种意义上说,这样讲也许不错,但对于东南亚国家来说,葡萄牙、西班牙、荷兰、英国、法国、美国和日本都是殖民者和掠夺者,无非是前门进狼,后门进虎,一个比一个更加凶残与厉害,东南亚人说得好:"欧洲人剥削我们的血汗,日本人是榨取我们的骨髓。"

---

① D. G. E. 霍尔著,中山大学东南亚历史研究所译:《东南亚史》下册,商务印书馆1982年版,第861页。
② 大野彻编:《东南亚与国际关系》,晃洋书房1983年版,第33页。

第二，殖民目的相同，即都是为了掠夺东南亚的物质财富远道而来，但建立殖民地的手段与方法有所不同。资本原始积累时期的葡萄牙、西班牙和荷兰殖民者，是在传播"福音"、拯救异教徒灵魂的招牌下，来东南亚从事殖民活动和商业掠夺的。随着资本主义向垄断资本主义过渡，欧美国家对殖民地的掠夺加剧了。有资料表明，马来亚84%的橡胶、67%的锡矿资本为欧洲人所垄断；印尼的橡胶、石油、锡、椰子等生产为荷兰商社所独占，1929年以前每年平均有2.5亿荷兰盾的利润流向了荷兰。①

在欧洲殖民主义的占领下，东南亚社会发生一些变化，尤其是中国华侨的大量涌入，使其社会出现了一些现代性，有人把它称为"复合型社会"。追求商业利润与物质财富是西方殖民主义者东来的直接目的，也是最为实际的需求，《巴达维亚城日记》直接说出了荷兰人远涉重洋占领中国台湾和东南亚的目的，那就是"为将蚕丝、丝织品等中国货品，以廉价大量采购而转售于日本市场获得"。②这段言简意赅的文字所表现出的对财富的追求，已经明白无误地说明了问题。

相形之下，日本的殖民目的则更为清楚，这可从明治维新以来对外发展的取向上看出来。明治维新后，日本国内资本主义生产规模的扩大与国内市场狭小、资源严重不足的矛盾异常突出，对外扩张掠夺成为明治政府及其后历届政府的既定方针。撇开日本对其他工业原料的需求不谈，仅粮食一项就足以引起它对东南亚的虎视狼顾。20世纪20年代，日本对粮食的需求有增无减，而国内又无法解决日益庞大的工业人口对粮食的压力。据统计，1940年法属印度支那总输出的粮食中有近30%输入到日本，1941年达到60%，1942年达到100%。③这种情况说明，开辟殖民市场、掠夺国外资源已经成为殖民的根本动机与目的。在太平洋战争爆发前，日本基本上是把东南亚作为经济上尚

---

① 大野彻编：《东南亚与国际关系》，晃洋书房1983年版，第31页。
② 《巴达维亚城日记》第二册，台湾省文献委员会印行1970年版，第221页。
③ 东南亚史学会：《东南亚——历史和文化》，平凡社1981年版，第43页。

未开发、政治上从属于西欧统治、文化上处于极为低下的发展阶段来看待的,反映了战前日本对东南亚的整体看法。[①]

由于历史与文化条件等诸多因素的影响,东西方采取了不同的殖民手段。欧洲的宗教经过马丁·路德改革之后,神圣的宗教被世俗化了,发财致富被看成是上帝的召唤,无止境地最大限度地追求利润的活动本身就是目的,而不再是罪恶。在这种思想的支配下,早期葡萄牙、西班牙、荷兰传教士到东方来都冠以传播"福音"的宗教外衣,或发展教徒、扩大教区,或聚敛财富,迷惑了当地人的思想,实际上他们充当了白人大规模入侵前的先锋。这种情况恰如《菲律宾群岛》一书所写的:"传教士没有任何武器,单凭他们的德行,就赢得了岛民好感,使西班牙的名字受到爱戴,像奇迹一样为国王送去两百多万驯服的基督徒子民。"[②] 即使是英国、法国的国力已经发展到足以征服殖民地的时候,它们也没有忘记宗教在殖民中的作用。宗教宣传只不过是殖民侵略中的一个辅助性手段,有时候它与世俗权力相互支持,两手交替变化地使用着。一位传教士这样写道:"在征服东方的过程中,世俗权威和宗教权威这两把宝剑,永远是紧密地结合在一起的,我们很少看到有这一把而没有那一把。因为只有在武器的伴随和保护之下,宣传福音才能有些作用;也只有宣传福音,武器才能起作用。"[③] 东方社会不同于西方,它有佛教、印度教、伊斯兰教和儒家学说的传统思想,欧洲白人在东方扩张时不能不考虑这些思想的拒斥。

如果不拘泥于地域的限制把眼光从东南亚扩大到东亚日本,仍然可以看到西方传教士充当殖民先锋的情况。对耶稣会传教士而言,他所说的正是葡萄牙政府所做的,配合了后来政府的行动,传教、贸易与征服是西方在东方的三把利剑。这类表达多见于传教士给国内的书

[①] 后藤乾一:《近代日本与东南亚——南进的"冲击"与"遗产"》,岩波书店2010年版,第182页。
[②] 严中平:《老殖民主义史话选》,北京出版社1984年版,第418页。
[③] 严中平:《老殖民主义史话选》,北京出版社1984年版,第542页。

简当中。一般而言，西方的基督教文明具有一定的扩张性。16世纪末一位葡萄牙传教士在给耶稣会总长的一封书简中提出了趁机征服日本的想法，书简所表达的意思十分清楚：

> 日本人海军力量非常薄弱，兵器不足。如果国王陛下下定决心，我军可以大举出击这个国家。这个地方是岛国，为主要的其中一岛，容易对其四面包围，夺取敌对者海上行动的自由权。①

日本对东南亚的宗教文化影响相当有限，因而不能像美国对菲律宾、法国对印度支那、英国对马来亚和缅甸的影响那样深入与持久。要知道，日本是一个多元宗教思想并存的社会，既有神道教，还有佛教、基督教和其他宗教，没有一种宗教占据统治地位。占领期间，日本殖民当局侧重于东南亚同宗教、同文化与同人种的宣传，帮助缅甸、泰国和印支人民反对异教的英国的统治，在东京召开旨在反对荷兰人统治的全世界伊斯兰教等，但这些都收效不大。因为长期以来东南亚受印度文化、伊斯兰文化和近代欧洲文化的影响较深，况且欧洲白人也不允许日本文化向自己的势力范围内渗透。日本对东南亚的文化影响就可想而知了。尽管日本已经进入世界工业强国之列，但它在文化上发挥的作用十分有限，这或许是制约日本不可能成为一流大国的深层原因。

第三，征服策略基本相同，即都是通过利用矛盾、制造矛盾、笼络部分社会上层人物等途径，必要时给殖民地以形式上的"独立"。在征服地区，日本人以"解放者"和"亚洲的领袖""亚洲的保护者""亚洲的灯塔"的姿态讲话或发号施令。在马来亚，日本继承了英

---

① 若木太一编：《长崎·东西文化交涉史的舞台（葡萄牙时代、荷兰时代）》，勉诚出版社2013年版，第269页。

国殖民地时期的抑华恶华政策，煽动起马来人对华人的种族仇恨，提高某些马来人的社会地位，因而出现"大多数马来人为了报答日本人给予的优惠待遇，在军政事务方面同他们合作"的情况。[1]应该说，这是一种有效的策略手段，包藏着彻底征服殖民地的险恶用心。拉拢和吸收某些社会上层人物来实现某些程度的"合作"，再利用他们去瓦解、征服当地人的反抗斗争，是日本策略的重要内容。在这方面，印尼、缅甸、菲律宾的情况比较典型。即使像印尼苏加诺、哈达那样著名的民族主义领导人，也曾有与日本人"合作"的历史，乘日本军用飞机到东京去接受天皇赐给的勋章。

在菲律宾，为了取得当地人的"合作"，日本殖民当局建立了"行政委员会"，各部部长都由亲日派担任，1943年10月由何塞·劳雷尔任总统的菲律宾傀儡共和国正式"独立"。11月5—6日，劳雷尔和东亚六个"独立"国家伪满洲国、南京汪精卫政府、缅甸、泰国、印尼、印度的代表受邀参加了在东京召开的大东亚会议，发表了大东亚国家"安定"与"自由独立"的联合宣言，苏加诺和哈达一起被日本方面评价为"很好的合作者"。[2]日本对缅甸的策略也非同一般。早在20世纪30年代，随着对南方事情关注的不断进展，日本在缅甸的间谍活动相当活跃，或许是缅甸人吃尽了白人压迫的苦头，故把希望寄托在日本人身上，以昂山为代表的一批民族主义者为争取民族独立而积极与日本人合作。

欧美国家除了美国的殖民历史较短外，其余主要国家都有数百年的殖民历史，积累了一套殖民理论与策略经验。从对缅甸的策略来看，英国更具圆滑、世故的特点。首先，英国通过"以印制缅"把缅甸并入印度，利用"立法会议"使英国人或印度人垄断缅甸所有重要权力。这样做既可以保证英印总督对缅甸的有效控制，又能切断缅甸与其他

---

[1] 约翰·F.卡迪著，姚楠、马宁译：《东南亚历史发展》下册，上海译文出版社1988年版，第722页。
[2] 《近代日本与殖民地》第6卷，岩波书店1993年版，第194页。

国家的联系。其次，利用挑拨种族矛盾，消弭与殖民地的紧张关系。在缅甸，尤其在民族矛盾尖锐的地区，充当调停人、乱中取之已成为英国殖民的重要策略手段。例如对掸邦高原的获得，就是通过调停掸族派系间的矛盾，确认那两位服从英国宗主权的土司的权力完成的，"几乎未遇到什么困难"。[①]再次，向殖民地输入文化，承认受英语教育人的部分权利，也不能不说是英国人的策略手段。东西方两种社会毕竟不同，殖民势力在东方每前进一步，必然受到传统势力和传统心理的有力排斥，殖民当局必然正视这一点。

法国的殖民策略运用得虽然不像英国那样娴熟，但它有自己的一套方法。在侵占整个印度支那以后，法国于19世纪末宣布由越南、老挝和柬埔寨组成"印度支那联邦"，整个印度支那被肢解为直接统治（交趾支那、河内、海防等）、间接统治和"保护领"（安南、柬埔寨、老挝）三种不同的地区，体现出集权统治与分而治之相结合的特点。

第四，统治方式不同。无论是东方国家还是西方国家，它们乍来异地，必然与当地发生矛盾、产生摩擦。在这种情况下，就需要有一种灵活、多样、有效的统治方式，因时因地因人制宜，以缓和同殖民地的矛盾，东西方在走着不同的道路。

就日本在东南亚的整个殖民历史而言，在殖民地采取了三种统治方式。一是同原宗主国共同支配。这种方式体现在法属印度支那。日本在大规模入侵东南亚以前，已于1940年9月从法国手里夺取了印支北部地区。由于一时还不能彻底把法国人从印支赶走，故出现了与法国共同支配印度支那的局面。这种局面的出现是以牺牲第三国利益为前提的：日本承认法国在印支的原殖民机构和既得利益，法国同意日本切断盟国从香港、法属印度支那和缅甸向中国国民党战场输送抗日武器与战略物资的"援蒋通道"。到1942年为止，仅越南一国就有

---

① 约翰·F. 卡迪著，姚楠、马宁译：《东南亚历史发展》下册，上海译文出版社1988年版，第499页。

5100 名法国人把持着其行政机构的大小权力,这是亚洲殖民政府中欧洲人所占比例最高的。①这种共治局面一直持续到 1945 年 3 月。二是给予名义上的独立,这种独立类似中国东北的"满洲国",柬埔寨、缅甸、菲律宾是其典型。它们的共同特征是:由亲日派组成傀儡政府,推行适应日本战时需要的各项政策,与日本有某种程度的"合作"关系。到战争后期,越南阮氏王朝的保大皇帝也于 1945 年 3 月 11 日宣布"独立",建立起完全由日本人控制的傀儡政府。三是与战时独立国家的联盟,这类国家只有泰国。日泰之间通过一系列条约确立了战时同盟关系,其中包括《关于继续友好及相互尊重领土条约》(1940 年 6 月 12 日)、《日泰同盟条约》(1941 年 12 月 21 日)等。这些条约的缔结,确立了日泰双方战时同盟关系,也为日军征服整个东南亚铺平了道路。总之,日本的殖民统治是以赤裸裸的法西斯强权暴力为主要特征的。

欧美国家的殖民统治方式与日本迥然不同。英法侧重于直接统治或间接统治,美国则侧重于新殖民主义统治方式。美国统治下的菲律宾,它的一套政治体制几乎是美国模式的再版,具有现代资本主义国家政体的显著特征:其一,建立拥有立法权的议会,主要负责税收和分配用于殖民地行政管理的政府收入,议员由选举的菲律宾人组成;1916 年"菲律宾自治法"颁布后,又创建有参议院和众议院的两院制议会。尽管菲律宾的议会受制于美国驻菲总督,但毕竟给菲律宾的政体披上了"民主"圣装。其二,扩大了殖民地政权基础。在开明的哈里森总督统治时期,菲律宾人在政府各部门中所占比重是相当大的,6 名部长中除教育部长 1 人为美国人外,其余 5 人都是菲律宾人;最高法院中的首席法官是由菲律宾人担任的;48 名省长中除 3 名为美国人外,其余都是菲律宾人。②到 20 世纪 30 年代,美国人在菲律宾担任公

---

① 费正清等:《东亚文明:传统与变革》,天津人民出版社 1992 年版,第 912 页。
② 梁英明等:《近现代东南亚》(1511—1992),北京大学出版社 1994 年版,第 240 页。

职的人数已经降至 1/60。这些菲籍人由于受到美国文化的长期熏陶，不仅热衷于引进美国的社会制度与思想文化，而且也为殖民行政机构向菲律宾化发展起了推动作用。其三，在文化、经济与卫生方面，美国人也做了不少工作。所有这些，是任何日本统治下的其他东南亚国家无法相比的。

日本的殖民统治较老牌的欧美殖民者更为凶狠、残酷和野蛮，既有中世纪某些落后和愚昧的东西，又有帝国主义时代强烈的对外扩张与黩武性质。它在殖民地的统治以法西斯强权为基础，对占领区实行只取不予、惨无人道的军政，表现出它的军事封建性特点。已经有学者指出："东方人的统治更是不可名状地缺乏人道。"[①]

二、造成东西方殖民主义异同的基本原因

东西方殖民主义之异同，是由多种社会历史原因造成的。从上面的比较中可以看出，相异的地方多于相同的地方。这是由各自的历史文化基础等国情决定的。从经济影响力来说，欧美国家对世界的影响一直比日本大得多。近代资本主义起源于欧洲，尤其经过两次产业革命后，英、法、德、美的经济实力在以极快的速度向前发展。到 20 世纪初，不论它们之间力量对比关系发生怎样的变化，但它们都是作为政治经济大国在国际上发挥作用的，并根据自己的实力分割世界，确立起自己的势力范围，制定既定的国际政治经济秩序。到 1914 年，英国拥有包括马来亚、缅甸、文莱等在内的 55 个殖民地，法国控制印度支那，美国拥有菲律宾及其太平洋上的一些岛屿。作为政治经济大国，它们必然对殖民地产生全方位、多层次的影响，给殖民地政治、经济、文化打上宗主国的烙印。

---

① 约翰·F. 卡迪著，姚楠、马宁译：《东南亚历史发展》下册，上海译文出版社 1988 年版，第 737 页。

一个国家政治经济力量之大小，决定它对外影响的力度与规模。19世纪50年代，日本尚处于封建社会的晚期，经济上刚刚起步。"因为日本极其遥远和比较贫困，他们也没有带给日本以第三世界其他国家所需承受的那么大的压力。"[①] 这说明日本在国际上还没有欧美列强那样的地位，因力量所限其国际地位比欧美国家逊色得多。19世纪70年代开始对外扩张，到1910年侵占了包括中国台湾、朝鲜、库页岛在内的296000平方公里的土地，奴役着占本国人口1/3的殖民地人口（1600万）。其工业力量位居帝国主义七个列强之后，这就决定了它不能像列强那样对殖民地发挥更大的作用。但是也必须指出，此时的日本已经是亚洲的第一个工业化国家，各方面已经表现出咄咄逼人的进攻状态，将与西方国家进行一场血腥厮杀。

从政体结构来看，也决定了东西方殖民主义的不同，对外政策的根源在于国内的政治经济基础。日本在明治维新后实行君主立宪制。1889年颁布的《大日本帝国宪法》规定天皇拥有广泛的权力，不仅掌握军队，还可以解散议会和确立内阁成员。这一切都是皇权至上的表现。日本内阁中资产阶级政党和官僚、军阀相结合，经济实力相对处于劣势和政治发展不足等特性，决定了它在与其他列强为争夺原料产地和销售市场的相互厮杀中比老牌帝国主义更加凶狠和野蛮的本性。列宁指出，帝国主义是按照实力来瓜分世界的。以此观之，日本的野蛮与凶残性已经在中日战争和太平洋战争中充分地表现出来。

在新老殖民国家中政治经济发展最为成熟的是美国。美国曾为民主在北美大陆生根与英国进行了长期的斗争，资产阶级民主观念与传统早已深入人心，同时它又是一个没有经过封建制的社会，更具资产阶级民主传统。它利用这一优势，在对外殖民扩张时往往打着"和平""援助"的旗帜，用较为隐蔽的统治方式控制着名义上独立的国家，并将其变为

[①] 斯塔夫里亚诺斯著，迟越等译：《全球分裂：第三世界的历史进程》上册，商务印书馆1993年版，第359页。

自己的政治经济附庸。美国是在一个人口不足 300 万，面积仅有 95 万平方公里的十三州殖民地基础上完成建国的。《独立宣言》揭橥了这样一个原则："所有的人，生而平等，造物者赋予他们若干不可割让的权利，其中包括着生命（存）、自由以及追求平等的权利。"这一原则鼓舞了世界所有为独立自由而战的人民。美国是在摆脱英国人奴役的基础上获得独立自由的。但是独立后很快向西开始了领土扩张，走向白人对其他民族的暴力掠夺，因而陷入自由与奴役的悖论。

美利坚民族也曾经是热爱和平、反对侵略的民族，但遗憾的是后来的历史发展使美国抛弃了原来捍卫和追求的东西。这种结果是与美国在美洲及世界的影响力相一致的，也对其对外政策产生了极大的影响。美国历史传统中的一个重要内容是"天赋使命"观念。"天赋使命"观念有其深刻的历史渊源：

> 作为上帝最优秀选民的美国人，有一种宗教的、道义上的、文化上的"见义勇为"及"义不容辞"的使命，要把"美式文明"从十三州殖民地的范围，传播及于整个北美洲大陆，从大西洋西岸到太平洋东岸；然后，从太平洋东岸，扩大到太平洋西岸。[①]

美国的"天赋使命"观念的种种表现，不论在开发大陆的过程中还是在拉美政策和亚太政策中，都可以看到美国自命不凡的天定命运，自以为负有教化和征服世界的责任与义务，向世界传播美式文明的"天赋使命"；美国吞并墨西哥人的土地，消灭拉丁文化的影响，以欺诈、战争和强行购买等种种卑劣手段完成它的领土扩张，打着"门罗主义"向拉美地区渗透。美国自以为是"自由世界"的领袖，似乎负

---

① 黄枝连：《美国二〇三年：对"美国体系"的历史学与未来学的分析》下卷，人间出版社 1994 年版，第 464 页。

有"替天行道"的重任。它是世界上将"天赋使命"与对外政策结合得最为紧密的、最为典型的国家，常常以这个神圣外衣对一些国家施以干预或制裁，给国际关系带来许多麻烦。

美国的历史就是一部扩张的历史，不同时期具有不同的扩张形式，如从早期的领土扩张到后来的殖民扩张，从冷战时期的霸权主义扩张到今天的"软实力"扩张等。"天赋使命"观念的发展过程分为十三州殖民地时期、开国战争时期、西进时期和向亚洲太平洋地区挺进时期，从时间跨度上大体相当于17世纪至19世纪末。美国成长过程中的一个重要现象，是这块新拓展的土地吸引了大批的欧洲移民，使美国产生充满活力与发展速度的市场经济，也产生"美国特殊"论。这些因素反过来又支持了美国的对外扩张主义政策。

与"天赋使命"观念相联系，美国历史传统中的另一个重要内容是扩张主义。扩张主义深深根植于美国的历史文化传统与对外政策当中。美国对外扩张政策的发展与演变成为其历史的主干。美国每一块扩张的土地都是以极小的代价获得的，例如在1846年对墨西哥战争中，美国从墨西哥割占了1370154平方公里的土地，如果加上得克萨斯（1010470平方公里），则为2380624平方公里。在这场战争中，美国人只用了109百万美元，是截至越南战争为止美国所打过的一场最便宜的战争，比革命战争（148百万美元）也少了39百万美元。[①] 北美大陆已经成为美国的"天然疆界"。美国在独立后的大约100年时间完成了向西扩张的过程，后来又把力量扩展到了太平洋、欧洲以至世界。周期性的领土扩张，是美国资本主义发展的突出特点。只有把握了美国的历史文化传统，才能理解美国今天的对外政策。

从文化传统来看，东西方不同的文化传统也决定了殖民主义从形式到内容的差异性。日本近代史上没有出现过类似欧洲"文艺复兴"

---

① 黄枝连：《美国二〇三年：对"美国体系"的历史学与未来学的分析》下卷，人间出版社1994年版，第480页。

的文化革命,没有建立起系统的自然科学和社会科学体系,社会缺乏民主制度的深厚基础,半封建的、野蛮尚武的东西较多,丝毫不顾近代文明与国际法准则;人们对天皇的崇拜近乎对神的崇拜,强烈的民族危机意识造就日本人崇尚军事与勇武的武士道精神。所有这些决定了其社会阶级结构、价值观念、伦理观念与欧美国家的差异,在东南亚殖民地已有充分的反映。日本学者指出:"日本的资本主义化与英、法等先进资本主义的情况不同,它并不是由自发地壮大起来的资产阶级通过与封建政权斗争来推进的,……在这一点上,日本必然走与欧美先进各国的历史迥然不同的道路。硬要比较的话,倒可以说与德国、俄国这类较后进国家所走过的路程有许多类似点。"[①] 对外政策作为国内政治经济的集中表现,必然把其实质性的东西反映出来。

近代欧美资本主义政治、经济、文化发展到了成熟阶段。它作为一种知识和理性被消融在上层建筑和生产关系当中,对国家的外交政策产生着潜移默化的作用。在帝国主义阶段,以强大经济实力为后盾的西方对东方的文化输出增多了,到东方来的文化人得到政府资助,积极开办学校、报馆、书社和医院,传播资本主义精神成果,培养亲西方的知识分子,其价值浸入东方社会的肌体。欧美殖民者在殖民地开办学校成为一种十分普遍的现象,他们对当地人影响的深度与广度远远超过东方对他们的影响。在接受西方资本主义文化时,东南亚人总是处于弱者与失败者的地位,对东南亚人来说这是一个痛苦的过程。总的来说,经济的、政治的、文化的及各种复杂因素,造成了东西方殖民主义的相同与不同。

三、政治、文化与外交相互作用的影响

不可否认的是,东西方的外交理念与行为都受到文化与制度的影

---

① 家永三郎著,刘绩生译:《日本文化史》,商务印书馆1992年版,第186页。

响，科学、法律与宗教是构成近代文化的三大支柱。外交作为一种特殊的上层建筑，深深扎根于国内的政治、文化与政权结构当中，因此在对外交往中必然服务于国内的政治与利益。历史上并不存在纯而又纯的外交，外交总是与国家的主体利益永远结合在一起。进入近代国际社会以后，外交又与政治、经济、文化发生普遍联系，成为大国赤裸裸地攫取利益的手段。

当世界体系形成之后，外交已经完全不同于中世纪，与政治、经济、文化的联系更加紧密，外交的手段也包括政治、军事、商品、文化、移民与战争等多方面和多途径。在中世纪，由于商品经济不发达，交通为国际交换提供的条件相对有限，战争往往成为掠夺对方的重要手段。随着交通的进步、技术水平的提高，外交也成为攫取土地、市场、资源、金融与信息的手段，为国家发展目标服务。任何一个成熟的大国都是综合使用外交艺术的，一个时期军事行动多一点，另一个时期经济外交手段多一点，有时候也会多管齐下，取得最大限度的外交效果。

第六章　东方国家被卷入东西方冷战体系

第二次世界大战结束后不久，几乎所有的东方国家都不同程度地卷入东西方政治、经济与军事全面紧张对立的国际关系当中，成为苏联和美国争夺、利用与颠覆的对象，闹得十分不安，给东方各国造成重大损失。由于大国插手，整个冷战时期东方国家内部关系复杂，矛盾重重，成为大国争夺的牺牲品。总体上说，苏联利用"经互会"控制蒙古，为其政治、经济和军事服务；在中东、西亚、南亚和东南亚，苏联进行军事渗透和扩张，在很大程度上继承了沙皇时期对中东和西亚地区的外交政策，争夺和援助的对象大体包括埃及、伊拉克、叙利亚、也门民主共和国和阿拉伯也门共和国等国家；美国通过军事同盟关系控制了日本、韩国和菲律宾，在其国内驻军，控制着主要港口与交通要道。西方老牌殖民主义退出后，新殖民主义又接踵而来，因此东方各国又面临着反对霸权和维护主权与独立的艰巨任务。

第一节　冷战时期日本与东南亚国家关系的确立与发展

冷战时期日本与东南亚国家的关系，经历了由相互隔绝到修复关系、发展关系的历史性转变。日本与东南亚关系既受当时国际冷战总体形势制约，又为日本国家利益所支配，有学者指出："成为战后日本回归亚洲重要契机的，一个是赔偿，另一个是冷战。"[1] 由于海外殖民地

---

[1] 波多野澄雄、佐藤晋：《现代日本的东南亚政策（1950—2005）》，早稻田大学出版部2007年版，第30页。

的丧失，以及东西方两大对立阵营的影响，日本与中国大陆政治、经济联系甚少，与台湾国民党政权虽有"外交"关系，但其市场极其有限。因此找到国外市场已经为战后吉田茂政府的当务之急。1953年吉田茂政府提出过"东南亚开发构想"，为日本战后发展寻找出路。东南亚是冷战时期大国利益的交汇地区，国际关系相当复杂。

一、日本与东南亚在冷战中的地位与作用

经过第二次世界大战的沉重灾难之后，人类社会本应享受更多的安宁与和谐，但令人遗憾的是东西方又进入了政治与军事全面对峙的冷战时代。冷战对战后世界的消极影响不亚于一场世界大战，历史留下的后遗症至今仍未彻底消除。不可否认，美国对战后初期日本采取的惩罚措施是有一定力度的，担任过日本大藏省终战联络部部长的渡边武在日记中这样写道：美国在"占领当初相继发出的一系列命令很多具有惩罚日本的强烈色彩"。[①] 可惜的是，美国的对日政策自1947年以后发生了根本性的变化。与全球冷战形势相配合，美国对日本的政策发生了根本性转变，将其作为"亚洲工厂"和战略基地纳入冷战体系。1948年，美国对日政策开始由占领时期的非军事化、民主化政策，转向把日本建成亚洲工厂和军事基地的政策。同年1月6日，美国陆军部长罗亚尔在旧金山发表新的对日政策，宣称"我们力求在日本确立稳定而强有力的自主的民族主义，使之独立，并由此而在阻止远东可能发生的下一次极权主义战争中发挥作用"。[②]

美国对日政策的转变，与亚洲形势密切相关。由于民族解放运动的冲击，战后西方殖民主义在亚洲的殖民体系已经瓦解，由列强安排

---

① 大藏省财政史室编：《对占领军交涉秘录：渡边武日记》，东洋经济新报社1983年版，第676页。
② 信夫清三郎编，天津社会科学院日本问题研究所译：《日本外交史》下册，商务印书馆1980年版，第749页。

亚洲秩序的时代已经过去,特别是中国等亚洲社会主义国家的成立,改变了亚太地区的力量对比,使美国原来指望扶植蒋介石独占中国、称霸亚洲,进而遏制苏联的企图成为泡影,因此它不得不调整对日本和东南亚的政策。

1950年6月25日爆发的朝鲜战争,对于美国亚洲政策的变化具有决定性影响。由于美国插手朝鲜半岛事务,使本来属于一场内战的战争演变为具有国际性质的战争,牵涉的国家众多。战争爆发后的第二天,美国总统杜鲁门发表声明,声称共产党国家的部队已经直接威胁到太平洋地区及美国部队的安全,同时命令以武力援助韩国,派遣第七舰队进驻中国台湾海峡,增加在菲律宾的驻军和军事援助。在朝鲜战争期间,美国把日本的经济、技术、劳动力和运输等与战争结合起来,使其作为支持战争的物资加工地。

为配合美军的军事行动,美国驻日占领军总司令麦克阿瑟于同年7月8日指令日本政府建立由75000人组成的国家警察预备队,扩充海上保安厅的力量,将原来的10000人增加到18000人,舰船由125艘增加到200艘,并在美国远东军的指挥下被编成扫海部队去参加朝鲜海域的扫海行动。[①] 8月23日,第一批7000人加入军队;11月,曾在太平洋战争期间在陆海军学校学习的3250名旧军人被解除了整肃,开始招募由旧军人组成的警察预备队。[②] 到1950年底,日本新增加了相当于美军4个师的警察预备队,成为美国在远东的重要战略基地。日本作为朝鲜战争的辅助性机器被开动起来了。

根据美国海军的指令,日本国内的军用物资从美军的各个基地东京、横滨、大阪、神户、下关、小仓、佐世保等港口运往釜山、仁川、元山等主要港口和战略区域,大约有1000人以上的工人从事舰艇维修、武器运输工作。对于日本支持美国进行朝鲜战争的作用,后来美

---

① 藤原彰编:《体系·日本现代史》第6卷,日本评论社1979年版,第160页。
② 小此木政夫、赤木完尔编:《冷战时期的国际政治》,庆应通信株式会社1987年版,第272页。

国首任驻日大使墨菲写道:"日本以惊人的速度,将四个岛变成了一个大的供应地","如果没有这一招,朝鲜战争就打不下去";"如果联合国军没有熟悉朝鲜情况的几千名日本专家的协助,要待在朝鲜,必然遇到各种困难"。[①] 这说明美国已把日本拉进东西方对立的冷战体系,也说明日本对美国东亚战略的重要性。

东南亚在两极世界冷战对峙的形势下占有重要位置。通过援助法国在印度支那的殖民战争,美国日益深入地介入东南亚地区的事务。1946年12月法国发动第一次印支战争,加剧了战后东南亚的紧张局势。朝鲜战争爆发后,美国将朝鲜战争作为双管齐下的战争,杜鲁门政府宣称,将"加速以军事援助供给在印度支那的法国部队",并派遣军事使团来加紧干涉印度支那战争。1950—1954年,美国对法国的援助日益增多。第一次印支战争结束后,越南北方获得解放,印支三国革命民主力量增强,中国在亚洲的影响空前增长。

在对远东形势的估计上,美国统治集团中流行所谓的"多米诺理论"。其要点是,东南亚国家受到来自共产主义的威胁,如果不迅速阻止这种"侵略",只要有一个东南亚国家倒向共产主义一边,其他国家就会一个接一个地倒向共产主义,甚至连日本都受到涉及生死存亡的压力。艾森豪威尔是这一理论的发明者,他在回忆录中对"多米诺理论"有更为具体的阐述:"整个越南以及西边的老挝和西南边的柬埔寨的丧失,将意味着让千百万人沦于共产主义的奴役之下。在物质方面,它将招致宝贵的锡矿以及巨大的橡胶和大米供应的丧失,还将意味着泰国与赤色中国之间本来有个缓冲地带,这么一来,泰国可就将其整个东部边界暴露于渗透或进攻之下了。"[②] 美国著名记者斯图尔特·艾尔索普的一段话颇能代表当时美国国内流行的观点,他说:"头柱是中国,已经倒下了。第二排的两根柱是缅甸和印度支那。要是它们也倒

[①] 信夫清三郎编,天津社会科学院日本问题研究所译:《日本外交史》下册,商务印书馆1980年版,第775页。
[②] 《艾森豪威尔回忆录》,生活·读书·新知三联书店1978年版,第370页。

下了，下一排的三根柱暹罗（即泰国）、马来亚和印度尼西亚肯定也会倒下。如果这些亚洲地方全丢了，带来的心理、政治和经济的影响几乎一定会把第四排的四根柱印度、巴基斯坦、日本和菲律宾都推倒。"①

从"多米诺理论"出发，美国竭力联合英、法、荷等国加强对东南亚的干预与控制。英、法、荷等国也追随美国，以共产主义向外扩张的观点看待亚洲发生的一切变化。基于这样的战略意图，美国开始构建自日本起经韩国、中国台湾、菲律宾、泰国、印度尼西亚直到澳大利亚和新西兰的军事防御体系。菲律宾自1898年美国打败西班牙被侵占到1946年独立前，在近半个世纪的时间里成为美国的殖民地，战后虽然获得独立，但其政局在很大程度上为美国所左右。对外政策保留了依附于美国的色彩。1947年3月，罗哈斯政府与美国缔结军事基地协定，为美国提供23个军事基地，其中包括克拉克空军基地、苏比克湾海军基地以及甲米地桑格利角的海军站等。由于这些基地面向中国大陆，处于太平洋地区的中部位置，从而构成美国在西太平洋军事基地体系的主体部分。1951年8月《美菲共同防御条约》签订后，双方相约以军事力量来"对付共同的危险"。

20世纪50年代初，泰国披汶政府与美国建立起紧密的军事经济关系，并在美国的支持下颁布新的"防共条例"，实行党禁。朝鲜战争爆发后的第二天，泰国迅即向韩国运送急用大米4万吨，派遣2000人的军队、2艘驱逐舰和一艘运输船，把自己拴到美国的战车上。据说披汶在朝鲜战争爆发后直言不讳地讲："现在泰国与共产主义不经宣战直接进入了战争状态。"②1950年9至10月间，又与美国先后签订《经济技术协作协定》《军事援助协定》，接受美国的援助。披汶政府的亲美政策遭到国内人民的强烈反对。同年10月25日泰国共产党发表《为反对〈泰美军事援助协定〉告全国同胞书》，揭露美国的目的是"准备把

---

① 保罗·肯尼迪著，蒋葆英等译：《大国的兴衰》，中国经济出版社1989年版，第473页。
② 大野彻编：《东南亚与国际关系》，晃洋书房1983年版，第215页。

泰国当作工具以干涉镇压泰国四邻争取独立斗争的民族"。1966 年泰国接受美援约 4200 万美元，1967 年为 8000 万美元。①

第一次印支战争爆发后，美国开始插手越南南方事务。1949 年与法国共同策划保大复位，实际上保大统治下的南越成为效忠于美法两国的傀儡政权。1954 年吴庭艳任保大政权的"总理"后，美国对南越的干涉变本加厉，使南越成为美国扶植下的反共基地。据美国官方宣布，从 1956 年到 1959 年，南越接受美国的军事援助为 44570 万美元，军事顾问团及文职人员达 340 余人。1967 年美国在南越驻军达到 473000 人，次年增至 549000 人。美国通过军事援助和派遣各种"顾问"牢牢地控制了南越的政治、经济与外交。

尤其需要指出的是，在日内瓦会议关于印度支那停战协定签订后，经美国国务卿杜勒斯多方奔走，1954 年 9 月 8 日美国与英、法、澳、新、菲、泰和巴基斯坦在马尼拉召开外长会议，签订了《东南亚集体防务条约》及其附件《东南亚集体防务条约议定书》和《太平洋宪章》，正式结成"东南亚条约组织"。条约规定，缔约国将保持和发展军事力量，遇事共同协商，受到外来攻击时采取共同行动，以保证亚太地区"秩序"，而这些条款"只适用于共产党的侵略"。②同时规定，将越南南方、老挝和柬埔寨置于该条约的"保护"之下。这样，美国便在亚太地区建立起霸权主义的军事同盟体系。美国在东南亚地区建立起来的军事同盟组织的本质已为各国所洞悉，印度尼赫鲁一针见血地指出："东南亚条约组织的公开目的是增加缔约国抵抗外部侵略和内部颠覆活动的防御实力。"③

20 世纪 50 年代、60 年代的东南亚形势，因受到美国、苏联两大国"冷战"形势的影响而复杂多变，加上美国出于政治和军事需要而

---

① 约翰·F. 卡迪著，姚楠等译：《战后东南亚史》，上海译文出版社 1984 年版，第 401 页。
② 《东南亚集体防务条约》，载《印度支那问题文件汇编》，世界知识社编，1959 年。
③ 《尼赫鲁在印度人民院发表的关于外交事务的演说》，载《亚非现代史参考资料》第二分册（下），北京大学历史系编，1962 年。

力促日本重返东南亚，又多了一层复杂因素。对于这时期美国推行的外交政策，美国学者曾经明确地指出："整个50年代和60年代都是十分显著前后一致的，不论哪个党当政，外交政策的基石确实都是遏制共产主义。"正是在这种形势下，日本与东南亚之间关系进入修复时期。

二、冷战时期日本与东南亚国家关系的全面发展

冷战时期日本与东南亚国家的关系，始于吉田茂执政时期。以战争赔偿为主要形式的经济手段，是日本重返东南亚的台阶。《旧金山和约》第十四条规定，日本以商品和劳务的形式对在战争中蒙受损失的国家给予赔偿，"以求将日本人民在制造上、打捞上及其他工作上的服务，供各该盟国利用，作为协助各该国修复其所损害的费用"。根据规定，日本承认应对东南亚国家进行赔偿。日本是把对东南亚的战争赔偿当作经济投资与政治任务来完成的，具有很强的政治和功利主义的色彩。1952年10月，吉田茂内阁的外相冈崎胜男在一次外交演讲中说："赔偿，应该作为政治问题来解决。"[①]它表明日本欲把赔偿作为一种外交艺术活动了。1954年，吉田茂提出过为防止东南亚国家受到中国影响给东南亚国家援助的东南亚开发构想，实际上是为日本经济寻找发展的出路。

本着修复关系的态度，日本开始了与东南亚国家的战后接触。印度尼西亚于1951年底派代表团赴东京与日本商谈赔偿事宜。最初印尼提出172亿美元的索赔要求，日本以索赔额过高、国内无力支付为由未能与印尼达成协议。印度尼西亚、菲律宾和缅甸根据战争中的损失，向日本提出了各自的索赔数额：印度尼西亚为172亿美元，菲律宾为80亿美元，缅甸为60亿美元，南越为20亿美元，这四个国家总额为

[①] 永野信利：《日本外务省研究》，上海人民出版社1979年版，第240页。

332亿美元，接近日本当时国民总生产额的2倍。[1] 1953年秋，冈崎外相被派往印尼、缅甸、菲律宾、南越商谈赔偿问题。为推动谈判进程，吉田茂政府于同年12月派倭岛英二作为常驻印尼的代表。经过历时6年的反复谈判，日本与印尼于1958年1月20日缔结了《和平条约和赔偿协定》。协定规定自1958年4月至1970年12月的12年内向印尼支付价值相当于22300万美元的赔偿，同时承诺在20年内向印尼提供4亿美元的贷款，从前印尼所欠日本17455.6万美元的贸易债务也一笔勾销。[2] 在和平条约与赔偿协定生效的1958年4月15日，双方互设了大使馆，建立了两国正常的外交关系。

日本与缅甸的谈判工作始于1954年。是年夏，缅甸外交部长吴觉迎到达东京，与日本方面代表稻垣平太郎谈判赔偿事宜，同年11月5日，日缅签订赔偿协定和《日本国与缅甸联邦间和平条约》。根据《日本和缅甸联邦间的赔偿及经济协作协定》，日本在10年内向缅甸提供价值相当于2亿美元的实物和劳役赔偿，每年还提供500万美元的经济协作。经济协作与赔偿的不同之处在于，经济协作并不是无偿的，例如在日缅两国共同经营的实业里，原则上日本要持40%的股份，缅甸持60%的股份。[3] 这样，日本可以通过经济协作来获得红利。由此可知，即使在赔偿时期日本也并不是单纯地考虑赔偿，而是把赔偿、协作与振兴国内经济结合起来了。通过这一经济活动，日缅实现了经济政治关系的正常化。到1965年4月赔偿结束的12年里，日本对缅甸支付了14000万美元的物资和劳役赔偿，并同意提供3000万美元的借款。

战后日本与菲律宾的重新交往，也发轫于日菲间的赔偿谈判。菲律宾是《旧金山对日和约》的签字国之一，日本必须依约对其履行赔偿义务。1952年1月，日本派津岛寿一为全权代表赴菲律宾进行赔偿

---

[1] 宫城大藏编著：《战后日本的亚洲外交》，米涅瓦书房2015年版，第93页。
[2] 福田茂夫监译：《战后日本外交》，米涅瓦书房1976年版，第121页。
[3] 入江启四郎监修：《东南亚问题的发端》，日本国际问题研究所1969年版，第20页。

谈判。由于菲律宾和日本在具体方案上争议甚大，加上日本对谈判采取了拖延的态度，致使谈判工作在半年内毫无进展。1953年9月，日本外相冈崎胜男访问菲律宾。这次访问后菲律宾放弃了原来提出的80亿美元现金的索赔要求，两国间的谈判要求的差距缩小。1956年5月9日，日菲赔偿协定签订。除了十年还清5.5亿美元的战争赔偿外，日本拟以提供商品和劳务的形式在20年内向菲律宾提供2.5亿美元的民间借款。是年7月23日日菲赔偿协定生效，两国正式建立外交关系。日本学者吉泽清次郎指出，赔偿问题的解决，"对于苦于外汇不足的菲律宾来说，有着重要的作用，对菲律宾经济发展、提高社会福利有不小贡献，对促进日菲两国关系的改善有很大帮助"。①

1955年4月，日本开始向东南亚支付第一笔赔偿——对缅甸的赔偿。对于日本支付第一笔赔偿的意义，日本学者信夫清三郎教授评价说，这是打开与东南亚外交的窗口，在东南亚进行经济扩张的立足点。日本对东南亚国家的赔偿具有双重性质：一方面，它利用东南亚国家在战后一段时期内的困境迫使它们开放市场，以便进行经济渗透与扩张；另一方面，追随美国的冷战政策，这在对印尼的赔偿上表现得尤为突出。例如苏哈托取代苏加诺任印尼总统后，与西方关系不断加深，对华关系急剧逆转，掀起迫害华侨与反共高潮，1967年10月冻结与中国的外交关系；1966—1969年日本对苏哈托政权援助总额为32250万美元，其中包括贷款和赠款250万美元，仅次于美国的56520万美元。1969年对印尼总投资额为11087万美元，仅次于美国的36627万美元。② 这样，日本的机械、化肥、电器设备、化学品和其他工艺品大规模涌入印尼。

日本以此为契机，对印尼大搞资本输出，其资本侵入印尼的农业、石油、开发、采矿、渔业、商业和制造业各个部门。日本对印尼的赔

---

① 吉泽清次郎著，上海外国语言学院日语专业工农兵学员集体翻译：《战后日本同亚洲各国的关系》，上海人民出版社1976年版，第9页。
② 大野彻编：《东南亚与国际关系》，晃洋书房1983年版，第880页。

偿履行率最高，达到82.6%，说明日本是把印尼作为重点投资的。对泰国、马来西亚、新加坡、菲律宾等国的赔偿情况与印尼大体相同，它们实际上向日本开放了市场，东南亚国家通过受偿程度不同地缓和了国内紧张的经济形势。

为了加速修复与东南亚国家的关系，岸信介就任日本首相后于1957年下半年访问了缅甸、泰国、南越、菲律宾、新加坡、柬埔寨、老挝、马来西亚和印尼等国。这次对东南亚国家遍访取得的一个直接成果是，使"日本和东南亚各国之间的关系有了好转，憎恶日本的情绪淡薄了"。[①] 至少从表面来看是有一些效果的。此后，岸信介内阁在其外交蓝皮书中提出"以联合国为中心""与自由主义国家保持协调""坚持作为亚洲一员的立场"的日本外交三原则，力图加强与东南亚国家的政治联系，甚至发挥作为亚洲公正代言人的作用。他设计的日本外交目标是："用日本的工业力量和技术，帮助东南亚国家确立经济基础，同时扩大日本的市场，由此而在政治上也紧密地结合起来，这个方向就是今后日本外交前进的道路。"[②]

在这一目标下，日本加快对外修复关系的进程。1959年5月，与南越政府赔偿协定正式签订，协定规定在5年内日本对南越支付价值相当于3900万美元的赔偿，赔偿主要用于达尼河发电所的建设。除赔偿外，按协定日本还要向南越提供750万美元的贷款和910万美元的经济开发款项。除与缅甸、菲律宾、印尼和南越签订赔偿协定外，日本又分别与泰国（1955年7月5日）、老挝（1958年10月15日）、柬埔寨（1959年3月2日）、新加坡（1967年9月21日）、马来西亚（1967年9月21日）等国签订了赔偿协定，总支付额为19002万美元。至此，日本与东南亚国家的赔偿谈判工作告一段落。赔偿协定的签订，对日本的意义极大，因为一些东南亚国家，如印尼和菲律宾是把赔偿

[①] 永野信利：《日本外务省研究》，上海人民出版社1979年版，第241页。
[②] 吉本重义：《岸信介传》，东洋书馆1957年版，第292页。

与批准《旧金山对日和约》联系在一起的,日本如不签订赔偿协定,菲律宾和印尼就不批准《旧金山对日和约》,双方就仍处于战争状态。

战争赔偿对日本来说并不是一个沉重的负担,因为它是在日本能够承担得起的条件下进行的,例如1956年支付给缅甸的第一笔赔偿仅占日本总预算的0.6%,若把次年支付给菲律宾的赔偿算在内,赔偿也仅占其总预算的1.1%,即使支付额最高的1965年也不过占年预算的2%。出现这种情况并不费解,战后担任过日本首相的吉田茂已把当时日本的想法和盘托出:虽然《旧金山对日和约》规定了日本的赔偿义务,"但是日本并未打算坚持执行这一规定"。[①] 不言而喻,日本在赔偿问题上打折扣,前后有着十分清楚的逻辑关系。

战争赔偿带动了日本与东南亚国家的经济合作和双方经济关系与政治关系的正常化。在修复关系期间,日本与东南亚国家的经济贸易关系迅速发展起来。赔偿刺激了日本的机器出口,使大批日本商人和技术人员返回东南亚。这一行动令日本所获颇多:原来只有通过战争才能获得的东南亚市场,现在仅凭经济手段就轻而易举地得到了;大量的过剩商品和闲置资本在国外找到了市场,引导众多的企业到国外去成功地开拓实业。从日本在东南亚活动的指标来看,东南亚已经成为日本资本与商品的重要市场。

经济赔偿给日本带来直接的好处。日本进口的石油约有17%来自印尼和马来西亚等国,铁矾土约有30%来自印尼、马来西亚和泰国,天然橡胶和白锡几乎全部依赖东盟各国[②],大米、铜、天然气和木材等也从东南亚输入,这说明经济交往已成为联系日本与东南亚关系的纽带,无论对任何一方都是颇为重要的。1950—1954年,日本对东南亚的贸易输出额为5.79亿美元,1955—1959年为8.85亿美元,1960—

[①] 吉田茂著,孔凡、张文译:《激荡的百年史》,世界知识出版社1980年版,第76页。
[②] 铃木佑司著,黄元焕译:《东南亚和日本外交的进程》,《东南亚研究资料》1981年第4期,第1页。

1964年为15.09亿美元。①

除通过战争赔偿等经济途径外，日本还通过参加地区性经济、政治合作组织与条约来推动同东南亚国家的政治、经济联系。1954年10月，日本作为援助国加入缅甸、泰国、老挝、柬埔寨、南越、马来西亚、新加坡、印尼和美、英、加、澳、新等国与地区的"南亚及东南亚合作经济发展的科伦坡计划"，即"科伦坡计划"，以资本和技术对东南亚进行援助。根据计划，1955—1967年日本派往东南亚的各种技术专家达480人，其中农业专家120人，同时接受来自东南亚的3539名受训人员，其中农业方面的有794人。②日本参加"科伦坡计划"，有助于加强与东南亚国家的经济、贸易和科技联系。1955年4月受邀参加万隆会议。参加万隆会议对日本意义重大，鸠山内阁把它作为强化与亚洲关系的行动，展示与对美国依存的吉田政权不同姿态的好机会。③

亚非会议以后，特别是进入20世纪60年代，日本对东南亚的经济渗透和政治参与进一步加强。这种情况的出现固然与日本国内经济快速发展有关，也与日本对东南亚的重视有关。1961年5月以日本为中心，成立由泰国、菲律宾、韩国、南越、伊朗等国家与地区组成的"亚洲生产力机构"，其宗旨是促进亚洲各国间的经济开发与合作。日本作为该机构的核心国家，负责对资金的筹措与使用。1961—1967年，日本分担的特别款项达112.9万美元。这时期日本尽管力图充当国际事务中的一个角色，但经济关系在对外关系中仍处于主导地位。

东南亚国家与日本亲疏不同，修复关系的时间也参差不齐，但东南亚作为一个整体，到1964年底与日本的关系已达到以下综合指标：

---

① 中冈三益编：《战后日本对亚洲经济政策史》，东京亚洲经济研究所1981年版，第149页。
② 劳伦斯·奥尔森著，伍成山译：《日本在战后亚洲》，上海人民出版社1974年版，第149页。
③ 波多野澄雄、佐藤晋：《现代日本的东南亚政策（1950—2005）》，早稻田大学出版部2007年版，第44页。

(1)大部分国家与日本签订了经济赔偿协定或准赔偿协定,接受日本的赔偿或赔偿性赠予,实现了经济关系的正常化;(2)政治关系加强,国家领导人互访。此外,日本和泰国之间的皇室与王室在战后有了接触。1963年5月,泰国国王普密蓬和王妃访问日本,受到日本皇室家族的热情欢迎;作为对泰国的回访,1964年12月日本皇太子访问了泰国,受到泰国国民的盛大欢迎。通过上述多种途径的联系与合作,双方政治上的联系加强了,到1964年年底日本与东南亚国家的关系修复阶段结束,基本上奠定了战后日本与东南亚国家的政治经济关系。

进入1965年,日本与东南亚国家的关系已由修复时期的经济关系为主转向发展时期的经济、政治关系并重。1965年是战后日本与东南亚关系发展的转折点。因为自此以后"日本对亚洲的政策已经跨出了'赔偿外交'和单纯为美国效力的范围,有了进一步的发展,在经济、技术援助和投资、贸易方面发挥了积极性和自主性"。[①] 此外,还表现为对经济合作认识的进一步加深与对区域性组织的积极参与,无论经济外交还是政治外交都达到前所未有的程度,从此进入了双方关系的发展阶段。

1966年4月,日本佐藤荣作政府在战后第一次以东道主的身份召集和主持了东南亚开发东京会议,与会的成员有菲律宾、马来西亚、新加坡、印尼、泰国、老挝、柬埔寨和南越。为促进地区合作,会议设立了东南亚渔业开发中心,运输与通讯地区规划、投资与贸易促进中心等。[②] 会议做出发展农业、开发地下资源、兴办教育、加强东南亚各国间的经济合作等决议;日本做出以GNP的1%用于援助东南亚国家的承诺,表明其对东南亚大规模援助的意向。以此吸引这些国家参加会议。这些国家虽然还不能一概说是中国的敌对国家,但是由于他们受到以美国为首的西方国家的恶意宣传,对中国抱有相当的误解、

---

① 信夫清三郎编,天津社会科学院日本问题研究所译:《日本外交史》下册,商务印书馆1980年版,第887页。
② 山本刚士:《战后日本外交史》第6卷,三省堂1984年版,第93页。

偏见甚至敌意，基本上倾向于西方的阵营。日本对东南亚的重视之所以达到如此程度，经济与政治的动机起了决定性的作用。日本在冷战期间对东南亚的赔偿与投资，是一个涉及多方面的复杂问题，既有日本为了自身经济发展寻找出路的一面，也有配合美国的全球冷战政策的一面，夸大任何一个方面都是不恰当的。

经过战后20余年的发展，日本20世纪60年代末成为资本主义世界的经济大国，经济力量不断增长，已不满于原有的国际地位。60年代中期，日本在物质、技术、资金储备方面拥有很大优势，尤其是东南亚的国际环境对它的援助与投资更加有利。其原因是，美国在侵越战争中陷于困境，日本抓住这个时机加强对东南亚的政治影响与经济渗透，东南亚国家的政治、经济脆弱性也决定了它们的对外依赖程度，许多国家如泰国、印尼、菲律宾等成为日本商品的销售市场，一部分企业为日本资本所控制，例如1968年菲律宾有6家合营企业，其中一家拥有100万美元资产的铁弹珠工厂的90%资本为日本人所控制，一家调味食品工厂的日本股份占27%，一家铁厂的日本股份占20%，一家钢琴厂的日本股份占40%。[1]据统计，1951—1965年日本对东南亚的直接投资为1.5亿美元，而同时期对东亚的韩国、中国台湾、中国香港的直接投资额仅有2000万美元。这说明日本对东南亚极度重视。

1966年6月，日本参加由韩国主持召开的亚洲太平洋部长会议，即"亚太会议"，会员有韩国、中国台湾、菲律宾、马来西亚、泰国、南越、老挝、澳大利亚和新西兰，会议旨在促进亚太地区的相互依存与合作。同年11月，以促进亚洲经济开发与发展为目标的亚洲开发银行在东京成立，亚洲有泰国、老挝、柬埔寨等19个国家和地区，域外有美、英等13国，日本出资1亿美元作为银行的开发资金。进入20世纪70年代，美国陷入越南战争的困境，不得不实行战略收缩。这

---

[1] 劳伦斯·奥尔森著，伍成山译：《日本在战后亚洲》，上海人民出版社1974年版，第172页。

个形势非常有利于日本扩大对东南亚事务的参与,改善与越南的关系。日本1972年开始与越南接触,1973年9月与越南正式建立外交关系,实现了国家关系正常化。

20世纪60年代以后日本与东南亚区域关系发展中一个特别值得重视的问题是,日本与东南亚国家联盟(简称东盟)的关系。可以说东盟处于日本对东南亚国家关系中的核心位置。1967年8月东盟建立后,日本与东南亚国家的关系迅速发展。1975年8月访问美国的三木首相在华盛顿发表演讲,对东盟的成立表示支持,认为它"在地区的政治、经济的安定方面发挥了重要作用"。[①] 因为是在冷战时期,日本与东盟的关系也因此而具有了浓厚的意识形态色彩,菲律宾和泰国是美国的盟国,马来西亚则处于英马防务之下。经济上,日本对外投资的重点在亚太地区,而亚太地区的重点又在东盟国家。日本认为,东南亚的政治安全与经济繁荣与日本密不可分,不仅在确保输出市场方面,还应在保护自由与和平的角度检讨经济援助。[②] 这与美国在越南战争中的不利处境有关,与东盟诸国的心态有关。

三、对冷战时期日本与东南亚国家关系的几点看法

在旧金山对日和约生效后的近20年时间里,日本通过经济赔偿、经济合作与援助,参加区域性组织等多种途径回到了东南亚,实现了国家关系的正常化。从它们关系修复与发展的过程中可以看到:

第一,日本与东南亚国家的关系是发达国家与发展中国家的关系,它们之间存在事实上的不平等。东南亚长期遭受西方殖民主义、帝国主义的剥削与奴役,经济上形成畸形单一的发展模式,国民收入和大众生活在很大程度上依赖少数几种初级产品的生产与出口,虽然政治

---

① 宫城大藏编著:《战后日本的亚洲外交》,米涅瓦书房2015年版,第160页。
② 山本刚士:《战后日本外交史》第6卷,三省堂1984年版,第86页。

上获得独立,但都面临着彻底肃清殖民主义残余、发展民族经济、巩固民族独立和建立独立的国民经济体系的任务。由于受到殖民主义影响,长期以来东南亚国家经济结构单一,殖民地时期留下的诸多问题需要进一步地消除和克服,无疑增大了社会发展的成本。如马来西亚的橡胶和锡、泰国的大米、缅甸的柚木、印尼的石油等,是它们对日出口的传统的初级产品,它们从日本输入工业品。日本所需的燃料和矿物性原料许多来自东南亚国家,如锡及锡合金占同类资源进口的96%,天然橡胶为98%,铜矿为30%,铁矾土为30%,镍为24%,木材为32%,石油为4%。[1]

　　二十世纪五六十年代,东南亚国家一般处于生存农业的阶段,其主要特征是种植少数几种粮食作物,目的在于满足家庭生活的需要。正因为如此,他们以出口初级产品来维持国内正常的生活。初级产品出口阶段是发展中国家不可逾越的阶段,对发展中国家来说是必要的,因为初级产品是发展中国家唯一能够出口的产品。但由于发达国家间压低初级产品价格和贸易保护主义的限制,以及由于长期从事初级产品生产造成技术和经济上的停滞,发展中国家包括东南亚国家在国际贸易中处于极其不利的地位,从而导致利益分配从发展中的"外围"国家流向了发达的"中心国家"。战后的国际分工对发展中国家极为不利,从而形成中心的霸权与外围的依附状态。阿根廷经济学家劳尔·普雷维什认为,在中心国家日益增加技术、经济和政治权力时,外围国家始终落在后面。[2] 据统计,1951—1973 年,发展中国家由于贸易条件恶化和价格上"高进低出"而造成的损失达 1300 多亿美元;20 世纪 70 年代以来因不平等交换,世界发展中国家每年损失就在 100 亿美元以上。[3]

---

[1] 冈部达味编:《围绕 ASEAN 的国际关系》,日本国际问题研究所 1984 年版,第 322 页。
[2] 劳尔·普雷维什著,苏振兴、袁兴昌译:《外围资本主义:危机与改造》,商务印书馆 1990 年版,第 193 页。
[3] 许乃炯等:《帝国主义对第三世界的控制与剥削》(统计资料),人民出版社 1978 年版,第 400 页。

东南亚国家也存在这一问题。举一个例子，东盟国家因受1973年资本主义经济危机的影响，到1974年10月，出口的橡胶、木材和锡的价格分别下降了53%、67%和29%。日本把经济赔偿作为向东南亚扩张的工具，在签订赔偿条约时，还与东南亚国家签订《经济合作协定》，一旦履行赔偿之后就对其经济进行过多的渗透，冲击其民族工业。1970年1月8日的《每日新闻》关于泰国对日本经济活动反映的报道，就是一个典型的例子："28年前（指1942年），日本是穿着军装、带着刀枪、稀里哗啦地闯入泰国的。今天的'日军'，则是用算盘装备起来的。日本经济士兵装备的子弹，眼睛看不见，我们正在不知不觉中被日本经济帝国主义的子弹打中——这种不安使泰国人以及东南亚人感到焦虑。"[①]

第二，由于经济地位不同，日本与东南亚国家的政治关系也出现了不平等的趋势。在与东南亚国家的关系中，20世纪50年代日本采取比较谨慎的低姿态，当60年代经济发展起来之后，其故态复萌，开始以发达国家的立场来处理与东南亚国家的政治关系；在与东南亚国家实现关系正常化后，日本势力重返东南亚，日益引起东南亚国家的警惕与不安，唯恐其军国主义复活。尽管日本政府信誓旦旦，口口声声地讲要与东南亚国家建立主权平等、公平互利、共同发展的新型关系，但其口惠而实不至，远非如此。

从60年代起，随着对外关系的调整以及国内经济力量的增长，日本开始以亚洲"领袖"的面孔讲话，以亚洲的代言人自居。在遇到重大问题与美国等西方国家会谈之前，日本领导人总是先到东南亚跑一遭，问问他们有什么要说的。岸信介说："日本是亚洲的日本，……作为其代表去和美国握手，就会给日本增添光彩，也会给整个亚洲增添光彩。"[②]表现出一副东南亚国家领袖的架势。从与东南亚国家修复关

---

① 信夫清三郎编，天津社会科学院日本问题研究所译：《日本外交史》下册，商务印书馆1980年版，第881页。
② 田尻育三等著，北京大学亚非研究所译：《岸信介》，吉林人民出版社1980年版，第151页。

系的整个过程来看,其大国主义的倾向日趋明显,赔偿与修复关系成为追随美国政治冷战、向美国进行讨价还价的政治砝码,在赔偿谈判与实施过程中出现有意拖延时间的情况。由于赔偿资金与物资分散和受偿国管理不善、官员贪污舞弊等原因,东南亚国家所得到的赔偿并不像原来规定的那么高。日本并未完全履行赔偿协定,对缅甸赔偿仅完成14.9%,对菲律宾完成49.1%,对印尼完成率最高,也不过完成82.6%。这说明日本在履行赔偿义务时是打了折扣的。

第三,日本与东南亚国家关系的修复与发展,不仅对日本与东南亚而且对整个亚太地区都发生重大影响。可以说,50年代、60年代日本与东南亚国家修复与改善关系是其对外关系的"基础工程",70年代、80年代亚太地区的基本格局就是在这一时期奠定的。日本著名经济学家大来佐武郎说得很清楚:"东盟与日本的关系是亚洲太平洋地区国际关系中最主要的一个方面。它影响亚洲太平洋地区整个的国际环境……日本作为一个经济上的超级大国,已经越来越深地卷入美国、苏联、中国在亚洲进行的强权政治的角逐。为此,日本已经历着越来越大的压力,不仅要在经济上,而且也要在政治上起到更大的作用。"[1]随着日本重返东南亚,美日间出现了经济力量的相对消长,例如1950年美国占世界国民生产总值(GNP)的52%,60年代为34%,80年代退至22%。相反,日本在世界国民生产总值中所占比重不断增长。60年代末,日本以强大的经济实力为后盾,要求在政治上发挥更多、更大的作用,进而把力量伸向美国在亚太地区的势力范围,并表现出想做亚洲领袖与政治大国的势头。

20世纪70年代中期以后,美国因印支战争失败而力量衰退,不得不实行战略收缩,从印支脱身。苏联势力乘机南下,企图填补美国从印支撤走后的"真空",在东南亚寻找军事基地。尽管美日间出现了经

---

[1] 大来佐武郎著,中国对外翻译出版公司第二编译室译:《发展中经济类型的国家与日本》,中国对外翻译出版公司1981年版,第237—238页。

济摩擦，但美国还是希望作为西方阵营一员的日本能够在东南亚发挥政治、经济作用，以加强对苏联的抗衡力量。

经过20余年的交往与靠拢，日本与东南亚，尤其与东盟国家的关系十分密切。1977年8月18日，日本首相福田赳夫访问东盟和缅甸后，在菲律宾首都马尼拉发表对东南亚政策的原则，即"福田主义"三原则，它标志着日本将在亚洲从政治上、经济上发挥更大、更多的作用。其主要内容是：（1）日本不做军事大国，为东南亚的和平与繁荣做贡献；（2）与东南亚各国不仅在政治、经济方面，而且也在社会、文化等广泛领域，建立"心心相印"的相互依赖关系；（3）以对等的合作者的立场，加强对东南亚国家的援助。[①] 这符合70年代亚太地区的形势，符合修复关系后东南亚人民渴望和平与发展的心理，因而受到了欢迎，被认为是日本对东南亚外交的一个大的转换点。70年代日本经济发展势头良好，与东南亚的经济合作更加强劲有力。

日本与东南亚国家修复与改善关系，可以说是好坏参半、利弊兼而有之。从积极方面说，它客观上有利于亚洲国家的经济恢复与发展。例如前面提到，早在1954年日本就作为援助国参加了"科伦坡计划"以及后来的亚洲生产力机构、亚洲—太平洋会议、东南亚农业开发会议、亚洲开发银行等，帮助制订农业和工业发展计划，使长期受到忽视的农业受到重视。东南亚农业开发会议专门讨论了东南亚的农业发展与工业化问题，建立东南亚农业开发特别基金，设立东南亚渔业开发中心，由日本和美国各提供一亿美元作为开发基金。这些机构与组织都程度不同地推动着经济合作与经济发展，在东南亚经济发展史上占有重要地位。

经过20世纪60年代中期的初步发展，80年代初日本成为东盟最大的贸易伙伴。从直接投资来看，80年代初，日本对外直接投资累计365亿美元，其中46%投向北美、苏联、澳大利亚和新西兰，其余

---

① 山本刚士：《日本的经济援助》，三省堂1978年版，第171页。

的54%投向了发展中国家。如果从对发展中国家投资的细目来看，亚洲为26.9%，拉丁美洲为16.9%，中近东为6.2%，非洲为4%，大洋洲为0.7%，亚洲所占比重最大。东盟五国占日本对亚洲国家投资的71%，如果加上韩国、中国台湾和中国香港则占亚洲投资的98%。这些投资对亚洲国家的经济发展无疑是重要的。

日本对亚太地区包括东盟各国投资与贸易的增长，说明了它们在这一地区经济实力与政治影响迅速提高，对亚太地区的形势有着越来越大的发言权。这种发言权表现在，以经济大国的力量调节着印度尼西亚、马来西亚和菲律宾三国间的冲突，反对越南入侵柬埔寨和泰国，谴责苏联势力南下与侵略阿富汗等。例如1978年越南侵柬事件发生后，日本对越南的侵柬行为予以谴责，东盟五国在联合国提出要求越南立即停止侵略与撤军的议案，日本采取了支持东盟的立场，并冻结了1979年以后每年给越南140亿日元的援助。1978年越南加入以苏联为首的"经互会"，1979年2月中越战争爆发，12月苏联入侵阿富汗，1980年6月23日发生越军入侵泰国边境事件。这几件事对日本和东盟威胁甚大，使日本支持东盟的态度更为强硬。同年8月，伊东正义外相访问泰国，表明日本对东盟的政策，主张召开解决柬埔寨问题的国际会议，愿意在资金、技术及其他合作领域对东南亚的和平发挥更大的作用。日本以自身成长起来的经济力量在复杂的东南亚国际形势中发挥了一定的积极作用，尽管有追求美国冷战的一面，但其积极作用是应该肯定的。

20世纪70年代中期以后，苏联在印支的势力扩大，目的在于称霸太平洋和印度洋地区。苏联对日本北方四岛的长期占领、在印度洋的扩张以及使马六甲海峡"国际化"的企图已经引起亚洲人民的反对与不安，苏联一旦控制马六甲海峡，就意味着从资源、贸易、投资市场以及海上交通运输方面扼住了日本的咽喉，在西面造成对日本的包围之势，形成对美国西太平洋战略的压力，最终使美国退出西太平洋和印度洋地区。苏联以"公海航行自由"和建立"亚洲集体安全"为幌子进行的政治、军事行动具有更大的隐蔽性和欺骗性，其真正目的是同美国争夺太平洋和印度洋地区的霸权。

苏联的霸权行为遭到亚洲各国包括日本与东南亚国家的强烈反对。日本同欧洲、中近东、非洲和西南亚地区的海上物资运输，几乎全部是由马六甲海峡进行的。1974年日本输入物资的40%是通过马六甲和新加坡海峡运输的，特别是输入的石油有78%是从这两个海峡通过。[①]国外学者指出："保持该地区的和平、融洽、平衡，促进繁荣，提高该地区的生活水平，维护作为国际水道的马六甲海峡的畅通，是日本的利益所在。"[②]20世纪80年代初，铃木善幸首相访问东盟五国，承诺向东盟各国提供借款与合作的资金达15亿美元，声称用以提高东盟国家的"坚韧性"。所谓"坚韧性"，其实质就是提高东盟国家的综合力量，以合作的力量来维持亚太地区的国际秩序，以防止苏联势力南下、越南地区霸权主义出现后的地区性非均势。

总之，日本与东南亚国家的关系，在战后日本对外关系史中占有重要位置，可以说是对外政策的重要支柱之一。日本与东南亚国家修复关系的根本目的，在于试图建立以日本为中心的亚太经济体系，以完成由经济大国走向政治大国的道路。这个目标并不是一蹴而就的，也不是在短期内可以完成的，它有长期的基础性工作要做。说得更远一点，日本始终是把东南亚作为本国的补给圈来考虑的，处于第一补给圈的是印支三国和泰国，第二补给圈是菲律宾、马来西亚和印尼，第三补给圈是澳大利亚、缅甸、印度、南北美洲和非洲。[③]从吉田茂内阁的"亚洲开发"构想、岸信介的"亚洲的一员"，到池田、佐藤内阁的亚洲援助政策，再到"福田主义""亚洲太平洋协作"和"亚洲共同体"构想，都说明东南亚和亚太地区对日本的极端重要性，日本的发

---

① 冈部达味编：《围绕ASEAN的国际关系》，日本国际问题研究所1984年版，第322页。
② 尼古拉斯·塔林主编，贺圣达、陈明华等译：《剑桥东南亚史》Ⅱ，云南人民出版社2003年版，第497页。
③ 日本东南亚研究会：《东南亚——历史与文化》，平凡社1981年版，第52页。

展是与亚洲分不开的。重归亚洲，以亚洲一员的平等立场处理与各国的关系，才是其向未来发展的正路。

第二节　战后初期对日占领问题的来龙去脉

对日占领问题，是战后中、苏、美、日关系史研究当中饶有兴味的问题，也是美苏两大国围绕战后秩序安排上的一次较量，引起了人们对这一问题的热情探索。对日占领最终是由美国主导完成的。从1945年8月末对日本本土开始占领，9月8日进入东京，到11月初九州、北海道进驻完毕，日本本土进驻美国占领军约43万人，英联邦以少量的军队参加了对四国等地方的占领。[①] 中国原来准备参加占领，但是由于国内政治形势紧迫，取消了原来的占领计划。

一、盟国关于派遣对日占领军的折冲

对日占领问题，是战后初期盟国大国关系中极为重要、极为复杂的问题。这个问题与各国利益相联系，故在中、美、英、苏四国之间围绕对日占领问题展开了折冲与斗争。早在1943年11月23日晚，美国总统罗斯福与中国国民政府主席蒋介石在开罗举行会谈时，曾初步探讨过战后对日占领问题。罗斯福向蒋介石提议，战后以中国为主体实施对日占领。尽管罗斯福的建议没有得到蒋介石的同意，但蒋介石明确表示："如果需要，可以派兵协助。"[②] 当时参加会议的秘书长王宠惠有如下记录："罗斯福以为中国宜于占领日本时居于主要之地位。蒋以中国此时尚难有担当此项责任之准备，请美国领导执行，中国必要

[①] 宫城大藏编著：《战后日本的亚洲外交》，米涅瓦书房2015年版，第48页。
[②] 《蒋介石秘录——日中关系八十年证言》下册，产经新闻社1985年版，第378页。

时辅助之。并谓此事可俟将来实际发展，再作决定。"① 虽然这次会议没有明确提出占领日本的主要方式，但对日占领问题已被提上日程。

早在太平洋战争激烈进行的 1944 年，美国就已完成了单独占领日本的构想。国务卿赫尔在 5 月 9 日的备忘录中提出处理日本问题的三点意见，"第一点是日本应作为一个整体来对待，不应分割"，"第二点是日本政府作为一个主体在武装占领时期应停止活动，亦即终止其制定政策的职能"。"第三点是所有对日作战的主要联合国家应参加对日本的占领和管制。"但是它只是要求对日占领和管制的盟国提供"象征性的占领军队"。② 中华民国、印度、菲律宾、英国等国得到邀请，而在反法西斯战争中做出重大贡献的苏联一开始就被排斥在邀请之外。只是后来在舆论的压力下，美国政府才勉强同意苏联派少量军队，在美国人的领导下进行象征性的占领。

美、苏两国是把对日占领与实现自己的利益目标联系在一起的，将其看作是实现自己利益的战略步骤。1945 年 7 月 26 日，中、美、英三国首脑共同签署发表《波茨坦公告》，确立了对日占领原则。《公告》第七条规定："日本领土上经盟国指定之地点，必须占领"；第十二条规定："依据日本人民自由表示之意志成立一倾向和平及负责之政府以后，同盟国占领军队当即撤退。"十分清楚，盟国对日本占领的目的在于摧毁日本法西斯主义国家机器，实现对日本的民主化改造，使其不再成为世界和平的威胁。这是盟国在处理日本问题上的重要考虑，没有什么可挑剔之处。

随着日本战败投降，美苏两国力图加快占领日本的步伐。围绕占领问题，苏联提出了自己的主张。第二次世界大战结束后的第一天即 1945 年 8 月 16 日，斯大林致美国总统杜鲁门亲笔信，信中提出苏联的占领区是："在北海道的北半部和南半部之间，从该岛东海岸的钏路镇

---

① 梁敬錞：《开罗会议与中国》，亚洲出版社有限公司 1962 年版，第 39 页。
② 《战后世界历史长编》第 1 册，上海人民出版社 1975 年版，第 244—245 页。

到该岛西海岸的留萌镇划一道分界线，把该岛北半部的上述城市包括在内。"斯大林为什么提出对日本土地的占领要求呢？斯大林考虑到了国内舆论的重要性。他说："在一九一九——一九二一年，日本占领了苏联的整个远东地区。如果俄国军队在日本本土的任何部分没有占领区，俄国舆论就会大哗。"① 同一天，苏联代表德列夫扬科将军在马尼拉访问了麦克阿瑟，同样提出北海道的北半部为苏联军队进驻的要求。苏联的要求遭到麦克阿瑟的拒绝。② 独占日本是美国的既定方针，杜鲁门不允许任何国家染指这一地区，他在复信中明确告诉斯大林："我打算要日本本土各岛——北海道、本州、四国、九州的日本部队向麦克阿瑟将军投降，并且已经为此做出安排。"③ 苏联的要求是将日本一分为二，由美、苏共同占领日本，将日本置于苏、美的控制之下，防止美国独占。

从苏联的要求中可以看出，苏联更加关注的是在东北亚的既得利益，使在雅尔塔会议上得到的权益扩展到日本的北海道。自波茨坦会议以后，美英与苏联的关系进一步恶化，但是苏联在维护自己利益时不能不考虑自身的安全。同年8月，美国参谋本部所属的日本占领研究小组统合战争计划委员会，曾设计出《日本分割占领方案》（JWPC385-1）。这个方案是把减轻美国对日占领负担而邀请盟国军队参加对日占领作为首要考虑。在第二期占领军24个师团当中，美国为8.5个师团，苏联为6个师团，其他国家为9.5个师团。其具体分工是：苏联占北海道与东北，美国占领关西和中部，中国占四国，英国占中国地方和九州，首都东京由美、英、中、苏四个国家共同统治，

---

① 《国际关系史资料选编》上册（第2分册），武汉大学出版社1983年版，第796页。
② 据麦克阿瑟讲，苏联提出要求说，他们的军队应当占领北海道，从而把这个国家分裂成两个部分。苏联的军队不受最高统帅控制，完全独立于他的权力之外。麦克阿瑟拒绝了苏联的要求。德列夫扬科将军几乎谩骂起来威胁说，苏联一定设法免去麦克阿瑟的最高职务，甚至说不管麦克阿瑟是否同意，苏联的军队都将开进去。麦克阿瑟对他说，如果有一个苏联士兵未经他的许可进入日本，他将把俄国使团包括德列夫扬科本人在内一齐投入监狱。《麦克阿瑟回忆录》，上海译文出版社1986年版，第180页。
③ 《国际关系史资料选编》上册（第2分册），武汉大学出版社1983年版，第796页。

近畿地区由中美两国共同占领。这个方案很快遭到杜鲁门总统的否决，1945年8月18日杜鲁门以"回避分割领土"，取消了这个方案①，确立以美军为主导和美国人为最高司令官的基本方针。

杜鲁门与其前任罗斯福总统不同。罗斯福在处理与苏联的关系时，一般采取了结盟的政策，较多地照顾到苏联的利益，与苏联的关系基本是友好的，被称为"协调派"。这与罗斯福执政后期国际反法西斯的紧迫国际形势有关。杜鲁门继任后，冷战派与对苏强硬派占据了美国政府的主流，对苏采取了排挤与遏制的政策。后来的形势发展证明了这一点。日本投降前夕，杜鲁门就已做好了独占日本的准备，防止苏联势力进入日本。美国接受在德国分治上的教训，决不在占领日本问题上对苏联做出任何让步。

受降范围的划分实际就是规定了各自战后的势力范围。由杜鲁门总统1945年8月17日签署、后由麦克阿瑟发布的《总命令第一号》规定："在满洲、北纬38度以北的朝鲜、桦太岛以及千岛境内的日本高级指挥官以及所有陆、海、空军和辅助部队，应向苏联远东总司令投降。""帝国大本营，其高级指挥官，以及日本本岛及附近小岛和北纬38度以南的朝鲜、琉球群岛与菲律宾所有陆、海、空军和辅助部队，应向太平洋地区美军总司令投降。"②在受美国明显排挤、与美交涉无望的情况下，苏联军队于18日迅速在千岛群岛登陆，向南推进占领千岛群岛南部的国后、择捉两岛和属于北海道的色丹岛与齿舞岛。8月30日，麦克阿瑟率46万美军陆续进驻日本，控制所有的主要城市和战略中心，将日本完全置于自己的控制之下。

共同占领日本，不使日本战后依附于某个大国，成为某个大国推行对外政策的工具，满足一定的领土要求，是苏联外交的努力方向。斯大林在日本签订投降书当天发表的演说，就是这一心理的真实写照，

---

① 菊池久：《天皇陛下与麦克阿瑟》，山手书房1985年版，第232页。
② F. C. 琼斯等著，复旦大学外文系英语教研组译：《1942—1946年的远东》下册，上海译文出版社1979年版，第741页。

他说:"第二次世界大战业已结束,目前吾等可谓世界和平之必需条件已经赢得,……因此吾等应就本国之立场,对日作一特别之清算。吾因前辈对于此胜利之日等待已有四十年之久,而目前胜利终于到来,日本现已自认失败,并签字作无条件投降,此即表示库页岛南部与千岛群岛将重归苏联。"① 由此看来,苏联对日出兵的目标在于满足其领土要求,仍没有脱离沙俄时代远东战略目标的窠臼。

在 1945 年 9 月在伦敦召开的美、英、中、苏、法五国外长会议上,苏联外长莫洛托夫为会议提交了一份备忘录,提出由美、英、中、苏四国共同占领日本,在日本建立盟国管制委员会,反对美国一国独占。苏联的要求又遭到美国、英国与中国的反对。苏联积极主张共同占领日本,但它不同意派出的军队接受麦克阿瑟的最高指挥权。美国在日本受降后俨然以日本主人的面目讲话或发号施令,规定中华民国、英联邦、苏联等盟国对日占领军的数量,并宣布麦克阿瑟"联合国最高司令官在日本保有军事的及政治的管理权,在认为必须完成使命时,可以自由地在日本诸岛配置或移动部队"。② 鉴于"盟总"一开始就为麦克阿瑟所把持,盟国派出的少量军队将不会起什么作用,对日出兵的目的业已达到,苏联于 1946 年 1 月 30 日正式宣布不愿派军队到日本去实施占领。英联邦积极要求参加对日占领。根据 1946 年 1 月 31 日美英间的一项协议,英联邦派遣一支由澳大利亚、新西兰和英属印度组成的军队到日本去,其军事指挥官隶属于麦克阿瑟。4 月底英联邦的军队来到吴港、广岛等地,占领规模为 40000 人左右。

二、中国驻日占领军的组成

扶持中国对日本实施军事占领,是美国对华政策的政治目标,一

---

① 中国第二历史档案馆整编:《中华民国史史料长编》第 66 卷,第 881—882 页。
② 儿岛襄:《占领日本》第一卷,文艺春秋社 1978 年版,第 169 页。

个统一的、强大的、亲美的中国符合美国在亚洲的长远利益。基于这种考虑，罗斯福在开罗会议上向中国国民政府主席蒋介石提议，以中国为主体对日实施占领，希望中国担当起对日占领的任务。开罗会议以后，罗斯福继续扶持中国，相信在不远的将来中国会起大国作用。他反对一个强大的、统一的中国与美国在亚洲利益相违背的观点，私下里斥责这是"完全同他的想法及美国政府的政策相违背的"。又说："我们的政策是基于如下信念的，那就是尽管中国暂时还贫弱，而且有可能发生革命和内战，但是四亿五千万中国人民有朝一日总会统一和现代化的，总会成为整个远东的最重要的因素。"[1] 他看好中国，希望中国有一天能够发挥大国作用，遗憾的是他去世过早，没有等到中国强大和统一的那一天。1945 年 9 月 6 日由杜鲁门总统批准的《日本投降后初期美国对日政策》规定："对于日本本土诸岛，将进行军事占领"，"在对日战争中曾起过主要作用的其他国家的军队，如果参与其事，将予以欢迎"。[2] 由于美国的支持与号召，国内外舆论密切关注，中国政府为派遣占领军占领日本、洗除国耻，做积极准备。面对前所未有的新形势，中国上下无疑提高了民族自信心与自尊心。

战争结束之初，美国要求中国提供陆军十个师及空军的派遣，国民政府立即做出以陆军青年军三个师编成对日派遣军的决定。1946 年 3 月，美国鉴于中国在战争中损失过大，派遣如此数量的军队颇为困难的实际情况，对中国派遣对日占领军的数量减少许多，只邀请中国派 50000 人的军队协助占领日本，以减轻美国的占领负担。中国政府虽表示同意，但在派遣数量上大大减少。因为在战争期间，中国军队损失严重，经济疲惫，军队给养极为困难，加上国内政治问题尚未解决，蒋介石不愿将大量军队派往国外。在与美方协商后，中国最后拟定派

---

[1] 罗伯特·达莱克著，伊伟等译：《罗斯福与美国对外政策（1932—1945）》下册，商务印书馆 1984 年版，第 714 页。
[2] F. C. 琼斯等著，复旦大学外文系英语教研组译：《1942—1946 年的远东》下册，上海译文出版社 1979 年版，第 744—745 页。

一个陆军师——荣誉二师去占领日本，名为"中国驻日占领军"。在中国驻日占领军先遣人员赴日之际，国内的六十七师全体官兵也做了充分准备，等待启程前往日本，对日实施占领。

进入 1945 年年底，国内形势发生新的变化，国共两党的矛盾愈演愈烈，处于大规模战争的前夕，中国社会处于急剧变化的历史关头。无论对共产党还是国民党，国内形势变化比原来预想的要迅速得多。国内形势紧急，中国国民政府鉴于国内不利之形势，已无心向日本派遣驻日部队。1946 年 6 月下旬，把盟国对日委员会中国代表团改为"中国驻日代表团"，其成员来自外交部、国防部、资源委员会、侨务委员会以及组织部等部门。代表团总部设在东京的麻布区，受外交部主管，其任务"除办理盟委会会务外，并筹办索取赔偿及索还被劫物资事宜"。[①] 代表团内设四组，第一组主管军事，第二组主管政务，第三组主管经济、赔偿与索还物资，第四组主管教育与文化。秘书处处长为李秉汉。美国要求各盟国提供"象征性的占领军队"，对日派出军队的只有美国与英国。其他国家派出的只是属于外交性质的代表团，其中有苏联、中国、法国等。

在盟国占领日本期间，中国在日本的外交事务悉由中国驻日代表团负责办理。这里应该提及的是，中国驻日代表团是在物质极为匮乏的条件下进行工作的，可以说为索还被日本劫掠的物资、挽回中国所受损失做了大量的艰苦的工作。以书籍和古物的索回为例，在索回的被劫物品中有古物、字画、拓本、佛像、寺钟、刺绣织品、家具等，最珍贵之翡翠屏风及缂丝古画，白玉壶、翠玉花瓶，都已于 1948 年 11 月 4 日运送回国；此外，清朝乾隆帝墨迹四大册，康熙时代瓷瓶一尊，宋坑端砚二方，象牙塔一座，大象牙球一具，乾隆时代精雕端砚一对亦都索回。被称为中国学术界之至宝的"北京人"化石在战时遗失，

[①] 《中华民国重要史料初编——对日抗战时期》第七编，战后中国（四），第 668 页。

"本会曾竭力搜寻，惜无结果"。①

三、中国不参加对日占领的国内外原因

中国国民政府为战后对日本实施军事占领，发挥大国作用做了许多准备，但是为什么在"中国驻日占领军"即将出发之际，蒋介石又宣布中止派遣呢？要回答这个问题，必须对战后初期国内外形势做一番探讨。

先说国际因素。国际形势的变化是促使蒋介石中止派遣驻日占领军的重要因素。按照蒋介石的说法，中止派遣的理由是："阻止苏联越发露骨的占领日本的野心。如果中国军队进驻日本的话，我判断苏联一定以此为借口使红军进驻。""不能给企图赤化全世界的苏联以占领日本的口实。果然，失去理由的苏联斯大林1946年8月直接向杜鲁门正式提出苏联军队占领北海道北部，但杜鲁门拒绝了这个提案。"②这种说法不无道理。

中国政府对苏联大国扩张主义是始终存有戒心的，苏联在雅尔塔会议上的极端民族利己主义使中国加深了对苏联固有的看法。1945年6月，蒋介石派行政院长兼外交部长宋子文和青年军政治部主任、中央干部学校教育长蒋经国，去莫斯科与斯大林商洽签订《中苏友好同盟条约》事宜。斯大林向中国提出维持外蒙古现状的要求。

这种严重损害盟友利益的做法是中国政府所不能接受的，自然引起中国的高度警惕与不安。由此观之，苏联对日出兵作战必然索取补偿，对于盟国尚且如此，对于战败国恐怕更是过之。斯大林在1945年8月16日向杜鲁门提出的出兵占领北海道的要求就是一个例子。我国学者也指出，苏联参加对日作战的战略目标，"是要恢复沙皇俄国在远

---

① 中华民国驻日代表团编印：《在日办理赔偿归还工作综述》，文海出版社有限公司1980年版，第111—112页。
② 《蒋介石秘录——日中关系八十年证言》下册，产经新闻社1985年版，第413页。

东,特别是在中国东北的势力范围,虽然这一目的只有在打败日本,而且必须通过自身参战打败日本以后才能实现。正因为如此,出兵东北参加对日作战可以被认为是苏联远东战略的既定方针"。① 如果用这个视角来看中国问题就会看到,中国的对日政策受国际复杂因素的制约,离不开总的国际形势。美苏同盟关系瓦解后,美国力图扶持一个亲美的中国以遏制苏联,把中国作为稳定远东与亚洲的重要因素,在政治上、经济上、军事上给蒋介石大量的援助;在东方,美国已把日本完全纳入自己的控制范围。

再说国内因素。战后中国国内形势发展出乎蒋介石意料,也促使他把主要力量集中于国内。战争一结束,国共的矛盾首先在受降问题上表现出来了。1945年8月9日,也就是苏联对日宣战的第二天,毛泽东向其所属部队发出"对日寇的最后一战"的号召。人民武装力量根据延安总部对日反攻的命令,开始向绥晋、晋冀鲁豫、晋察冀、华中、山东、鄂豫等敌占区发动进攻,收复失地,扩大解放区,壮大人民力量。面对这种情况,蒋介石在美国的支持下,紧急从西南、西北调集部队向南京、上海、北平、济南、东北等地运兵,抢占战略要地。国共两个政治实体间的矛盾爆发危在旦夕。

中国共产党领导的武装力量在抗日战争中得到发展扩大,令蒋介石感到恐惧。1945年9月,共产党已拥有127万军队,268万以上的民兵,19个解放区和1.255亿人口,120多万党员。中国共产党领导的人民武装力量扩大,改变了国共两党力量的对比,双方兵力的对比已由抗战开始时的18.88∶1,降为4.1∶1,加上收编的50万伪军也仅为4.5∶1稍强一点。② 这个变化是蒋介石不愿看到的,也是他最为担心的。在力量的对比与较量中,蒋介石感到了形势的严重性与迫切性,一场大规模内战将在国共之间展开。美国驻华大使馆看得很清楚,

---

① 沈志华:《苏联出兵中国东北:目标和结果》,《历史研究》1994年第5期,第91页。
② 军事科学院军事历史研究部编:《中国人民解放军全国解放战争史》第1卷,军事科学出版社1993年版,第13页。

它发给美国国务院的一份报告中说:"中国大规模内战的威胁正在增长,大使馆感觉情况已几乎绝望。"①总而言之,中止派遣占领军进驻日本,是国内政治需要决定的。

另一方面,第二次世界大战结束后虽说中国赢得了战争,但是人员伤亡与物质损失过于惨重,很难抽调足够的力量向日本派遣占领军,因此也限制了中国对日占领军的派遣。越来越清楚的形势表明,在对日占领问题上美国已一国独揽,不允许别国插手,要想从美国那里得到对日占领支持几乎是不可能的了。第二次世界大战的结束,只是解决了中华民族与日本侵略者的矛盾,而国内国共两党的党争、政争与军争的矛盾一直没有得到最后解决。国共两党的矛盾在抗战时期暂时得到克服。由于各自政治目标的不同,抗战胜利后共产党的存在已成为蒋介石的心头之患。对于这个问题,蒋介石在1946年元旦的讲话中明确地提出来了:"我们国家的处境,还是备极艰难,外患虽已攘除,内忧却更见严重。这几个月以来演变的经过,不容讳言的,使我们同胞在重见天日之余,心头上仍有重重的阴影","对于国家的现状,真可谓一则以喜,一则以忧!"鉴于这种情况,蒋介石要"消除内部存在的殷忧,收获真正胜利的果实"②,对日占领事小,对内消除"殷忧"事大。蒋介石已把自己的想法和盘托出了。

蒋介石特别强调日本对自己政权、对亚洲的重要性。蒋介石一直认为,日本侵略不过是"癣疥之疾",而共产党的红军才是"心腹之患"。即使在国共合作抗战期间,两党的关系也相当微妙。国际形势的变化给中苏关系注入了复杂的因素。虽然苏联在国共问题上曾给蒋介石不少支持,但是后来为了遏制美国在东亚和远东的渗透,以及即将来到的意识形态的冲突,苏联还是弃蒋而转向支持共产党,远东的国际阵线越来越清晰地分成美国、日本和中华民国,以及社会主义苏联

---

① 杨公素:《中华民国外交简史》,商务印书馆1997年版,第289页。
② 中国第二历史档案馆整编:《中华民国史史料长编》第68卷,第24页。

和中国共产党这个政治实体。蒋介石清楚地看到了这一点，1946年11月5日向美国方面提出中止派遣驻日占领军，正是国内外错综复杂的政治形势发展的结果。

第三节　蒋介石与战后日本天皇制

日本天皇制问题是战后日本历史研究中饶有兴味的问题。它之所以能被保存下来，是当时美、中、日三国相互作用的结果，其中美国的作用至为重要，而中国的作用也同样不容忽视。天皇在日本存在很早，一直以来在人们的心目中占有重要的位置，被认为是"万世一系"。大量的历史材料已经表明，日本发动的侵华战争和太平洋战争与天皇有直接的关系。经过战后半个世纪，再回过头来检讨一下日本天皇制存在的诸多因素，有助于我们从总体上把握当时国际形势的总体特征。

一、日本天皇与侵略战争

关于日本天皇裕仁的战争责任问题，一直存在着两种不同的意见。一种意见认为，天皇并不是战争的直接发动者，战争的推动者是政府和军部，"天皇不亲政"乃是天皇制的原则。支持这一观点的是《天皇》一书的作者石井良助。另一种意见则认为，天皇居于日本统治者的核心地位，集行政权、军事权、神权于一身，长达14年的侵华战争如果没有天皇的批准与支持是不可想象的。这种意见的代表人物是著名历史学家、京都大学教授井上清，其代表性著作是《天皇的战争责任》；另一位是一桥大学教授藤原彰，代表作品是《天皇的军队与日中战争》《天皇制与军队》《昭和天皇的十五年战争》《天皇的昭和史》等。其实，天皇的战争责任问题很明确，是昭然天下的事情。

根据裕仁天皇的敕谕、御前会议记录以及日本的外交文书可以确认，日本发动侵略战争的所有重大军事活动都得到了裕仁天皇的批准与支持。裕仁早在摄政后的1925年，就曾派遣驻朝鲜的日军进入中国东北，援助张作霖以对付倒戈的郭松龄。这次出兵是其摄政以来对中国侵略的第一次。1931年，裕仁天皇制定出了一个庞大的军事计划，即控制"满洲"使其势力日后能沿中国海南下，直到控制新加坡一线的战略据点。[1] 历史证明，战争确实是按照这个计划发展的。九一八事变以后，裕仁天皇于1932年1月8日发布"敕语"，对关东军在中国东北的军事行动表示嘉许，"敕语"说：关东军将士"或于嫩江、齐齐哈尔地区，或于辽西锦州地区，冲风冒雪，英勇奋战，以铲除其（匪贼）祸根，扬皇军威武于海外"，"朕深嘉许其忠烈，尔等将士应更加坚忍自重，以确立亚洲和平之基础，务其不负朕之信赖"。[2] 据说"敕语"里首次使用"皇军"一词，此后"皇军"一词很快在社会上传播开来。由于得到天皇的嘉许，关东军受到鼓励，在中国的军事行动进一步扩大，坚定了吞灭整个中国的野心。正如日本学者藤原彰所说的，天皇制的军队很早就具有了侵略邻近亚洲诸国的军事性格。[3]

天皇时刻影响着中国战争的进程，一直以其特殊的身份发挥作用。1937年7月日本侵华战争全面爆发后，天皇召见了参谋总长和海军军令部长，经过慎重讨论之后，批准了参谋本部和政府关于向华北派遣大军的方案。对于日军在华北、内蒙古地区的侵略活动，裕仁天皇于11月发布"敕语"予以嘉许鼓励，"敕语"中说："华北及内蒙作战部队之将士，攻克敌阵，所向披靡，宣扬皇威于国内外，朕甚赞其忠烈。望继续磨砺斗志，克服艰难，以不负朕之信赖。"[4] 诸多的实例已经表

---

[1] 戴维·贝尔加米尼著，张震久等译：《日本天皇的阴谋》上册，商务印书馆1984年版，第549页。
[2] 真藤建志郎：《天皇诏敕选集》，日本实业出版社1986年版，第173页。
[3] 藤原彰：《天皇的军队与日中战争》，大月书店2006年版，第7页。
[4] 祢津正志著，李玉、吕永和译：《天皇裕仁和他的时代》，世界知识出版社1988年版，第129页。

明，裕仁天皇就是侵华战争的推动者。

为全面推进侵华战争，裕仁天皇于1937年11月在皇宫内设立大本营，作为对外侵略的最高军事统帅部。1938年1月11日，裕仁天皇出席政府和大本营的联席会议，会议决定了《中国事变处理根本方针》。说内阁的意志就是天皇的意志并不为过。1940年7月22日，近卫文麿按天皇的指令组成第二次内阁。近卫内阁在《关于加强日德意轴心的问题》中进一步明确了瓜分世界的企图："作为生存空间所应考虑之范围，乃以日满华为根本，并包括旧德属委任统治诸岛、法属印度和太平洋岛屿、英属马来、英属婆罗洲、荷属东印度（印度尼西亚）、缅甸、澳洲（澳大利亚）、新西兰及印度等。"①

日本在法属印支北部地区的侵略行动，加剧了与英、法、美、荷等国的矛盾，引起美国对日本的物资禁运，美日战争在即。9月27日，裕仁天皇发布诏书，强调"宣扬大义于八纮，使坤舆为一宇，实皇祖皇宗之大训，乃朕夙夜眷眷所不敢怠慢者"；号召"尔臣民愈益明征国体之观念，深谋远虑，勠力同心，克服非常之时局，以扶翼天壤无穷之皇运"。②不难看出，天皇的意志是与内阁和军部的政策形影相随，与日本的侵略战争相始终的。必须指出，明治维新以来日本普及的大众教育是存在严重问题的，其中一个最为严重的问题就是教育国民将成为士兵并为之献身作为最大的荣誉。③

天皇对侵略战争的直接参与，还表现在对太平洋战争的筹划与决策上。为了发动太平洋战争，裕仁天皇多次召开御前会议，听取各方面的意见，为战争更有胜利把握而作精心准备。1941年7月2日天皇主持召开御前会议，会议通过《伴随形势发展的帝国国策纲要》，确

---

① 信夫清三郎著，周启乾译：《日本政治史》第4卷，上海译文出版社1988年版，第371页。
② 信夫清三郎著，周启乾译：《日本政治史》第4卷，上海译文出版社1988年版，第371—372页。
③ 藤原彰：《天皇的军队与日中战争》，大月书店2006年版，第10页。

立了"不惜对英美开战"的目标。这时期欧洲战争爆发已近两年,英、法、荷等国正忙于欧战,无暇东顾;为了蒙骗美国,以谈判为掩护加紧作战争准备。

9月5日,裕仁召见杉山元陆军参谋总长和永野修身海军军令部总长,首先对两总长说:"要尽量通过途径加以和平解决,不要外交与战争准备并行,要使外交先行。"天皇还就作战计划、船只、天气影响作了询问。① 裕仁向杉山参谋总长询问了战争时间问题,说:"日美一旦发生战争,陆军确认多长时间能够解决?"杉山说:"若仅在南洋方面,我估计三个月即可解决。"裕仁说:"中国事变爆发时你是陆相,我记得你说过'事变一个月就可以解决'。但经过了四年之久,至今不是还没有解决吗?"② 裕仁与杉山所讨论、所关心的是战争需要的准备与时间问题,在没有绝对取胜把握时天皇是反对冒险战争的。这一点在裕仁身上表现得十分清楚。

9月6日,御前会议通过《帝国国策实施纲要》。该纲要的第一项规定"在10月下旬之前做好对英美开战的准备";第二项规定"与此同时通过外交手段努力贯彻日本的要求。以战争准备为主,外交途径为辅"。这两项得到裕仁天皇的同意。12月1日,御前会议通过"帝国对英美开战"的最后决议。12月8日,日军以偷袭方式发动了震惊世界的珍珠港事件。珍珠港事件的偷袭方案是由联合舰队司令长官山本五十六拟定,天皇决定的。裕仁天皇在同一天的《对英美两国宣战诏书》中说:"朕对美英宣战。朕之陆海官兵全力奋战,文武百官奉行职守,庶民各尽本分;亿兆一心,举国家之总力,以期达成征战之目的。"③ 据历史学家井上清讲:"天皇为了下最后的决心,他研究了外交、军事方面的所有情况,反复听取了当政者各个方面的意见,弄清

---

① 千本秀树:《天皇的侵略责任与战后责任》,青木书店1990年版,第76页。
② 义井博:《昭和外交史》,南窗社1984年版,第156页。
③ 真藤建志郎:《天皇诏敕选集》,日本实业出版社1986年版,第193页。

了海军方面的真实想法,在这个基础上,他才做出了开战的决定。"①

根据上面的实例可以得出结论:从1931年九一八事变到1945年8月日本投降的14年时间里,几乎所有的重大军事行动与策划,或是得到天皇的批准,或是在御前会议上做出的,裕仁天皇对战争负有直接的责任。对于这一点,裕仁本人也承认。曾任对日占领军最高统帅的麦克阿瑟在其回忆录中谈到,裕仁与他第一次会谈时说过:"我是作为对我国人在进行战争时在政治和军事方面所做出的一切决定和采取的一切行动负完全责任的人来到这里的,是向你所代表的那些国家投案并接受审判的。"②河原敏明在《日本天皇——裕仁》一书也有同样的记载:"我(天皇)对因为日本推行战争而发生的一切问题和事件,负有全部责任,我对所有的军事指挥官、军人、政治家以日本的名义做的事情,负有直接责任。……总之我要负全部责任。"③两者相较,可谓相得益彰,裕仁的战争责任已经昭然若揭。

二、抗战期间蒋介石对天皇制的态度

抗战期间蒋介石对日本天皇制所持的维持态度,主要表现在由中、美、英三国首脑参加的开罗会议上。为了配合、协调与部署亚洲战场上的对日作战,早日打败日本,经过美国总统罗斯福的筹划与多次邀请,中国国民政府主席蒋介石率中国代表团20人赴埃及首都开罗,参加由中、美、英三国首脑于1943年11月22—26日召开的开罗会议。由于开罗会议是第二次世界大战期间协调盟国对日作战的重要会议,讨论的内容很多,而且是盟国十几次高级会谈中唯一有中国领导人参

---

① 井上清著,吉林大学日本研究所译:《天皇的战争责任》,商务印书馆1983年版,第139页。
② 《麦克阿瑟回忆录》,上海译文出版社1984年版,第183页。
③ 河原敏明著,柯毅文、颜景镐译:《日本天皇——裕仁》,军事译文出版社1986年版,第170页。

加，因此意义重大，在中国外交史上占有重要地位。

1943年11月23日晚，罗斯福总统与蒋介石举行了长达四个半小时的会谈。参加会谈的人除了罗斯福、蒋介石外，还有罗斯福总统的秘书霍普金斯和蒋介石的夫人宋美龄、秘书长王宠惠。会谈中，中、美两国讨论决定的问题包括：日本攫取的中国领土归还中国问题，永远剥夺日本在太平洋所强占的岛屿问题，战后朝鲜独立问题，日本天皇制存废问题，战后中国接收日本在华公私产业问题，等等。这些问题又都是战后中、美两国对日政策中必须解决的不可回避的问题。罗斯福就日本天皇制存废问题征询了中国的意见。蒋介石说："关于这个问题，我认为必须首先从根本上消除日本军阀，不能再让军阀干预日本政治。但是，至于其国体（国家形态）如何，等到日本新时代的觉悟的人来解决为好。""如果日本国民起来对战争元凶的军阀革命，打倒现在的侵略主义的军阀政府，彻底根除侵略主义的根株，那么我们就应该根据日本国民的自由意志，尊重他们选择政府的形式。"[①]

对于此事，还有一个权威的记载，就是中国对开罗会议的记录。该记录在记载罗斯福就日本皇室存废问题征询蒋介石的意见时，蒋介石说："此次战争之祸首，为日本军阀。我以为除了军阀必须根除，不再让其预问日本政治以外，至其国体如何，最好待战后由日本人民自己来决定，同盟国在此次大战中，不要造成民族间永久之错误。"[②] 蒋介石对日本战后天皇制的态度在很大程度上影响到了罗斯福。尽管早在1943年8月曾任美国驻日大使的格鲁就提出了保留天皇制的主张，但他并没有引起罗斯福的太大注意。要知道，蒋介石是作为"四大强国"的首脑参加会议的，其作用无疑是重要的。在蒋介石看来，"日本民族的精神构造上，天皇占有怎样的位置，西洋人并不理解，同样的

---

① 《蒋介石秘录——日中关系八十年证言》下册，产经新闻社1985年版，第377页。
② 台北"国史馆"藏：《特交文电，领袖事功之部》15，《领导对日抗战——开罗会议》，0011。

东洋人——中国人，是容易理解的"。① 罗斯福对此表示赞同。至少在1943年11月开罗会议召开之前，罗斯福对天皇制的存废问题尚无一个成竹在胸的想法。从当时的形势看，1943年美日战争正酣，罗斯福所考虑的是尽快打败日本，减少美国的伤亡，早日结束战争。

罗斯福与蒋介石会谈还涉及要不要把天皇制存废问题提到开罗会议上来讨论。罗斯福就此问题再次征询了蒋介石的意见，蒋介石认为"不必"。罗斯福对此表示同意。据说11月24日下午霍普金斯在拟订《开罗宣言》初稿时，仍有"废除天皇制"的字句，经中国王宠惠秘书长校出，呈经蒋介石转请修正，才将"废除天皇制度"字句删除。② 正是由于事先中、美两国在天皇制问题上达成了共识，所以《开罗宣言》中没有涉及日本的国体问题，为后来天皇制的保留提供了一个存在的基础。③

蒋介石在开罗会议上对日本天皇制所持的保留态度，是日本天皇制得以保留的重要因素。对于这一点，美国总统罗斯福也表示支持，以至于1945年7月26日中、美、英三国首脑在波茨坦会议期间发表促令日本投降的《波茨坦公告》，把日本国家政体的选择权利留给日本人民自由处理。由于这两次会议都没有把天皇制问题作为会议的正式议题提出，从而为天皇制的存续提供了一个存在的条件。应该说，决定天皇命运的中国因素当中不止国民政府主席蒋介石一人，原国民政

---

① 《蒋介石秘录——日中关系八十年证言》下册，产经新闻社1985年版，第377页。
② 梁敬錞：《开罗会议》，台湾商务印书馆1974年版，第111—112页。
③ 开罗会议结束后，蒋介石发表对开罗会议之感想，说："此次在开罗逗留七日，其间以政治收获为第一，军事次之，经济又次之，然皆获得相当成就。……以罗斯福总统此次言行，虽确有协助我国造成独立与平等地位之诚意，如今我国若不能奋发图强，则一纸空文仍不足以为凭；故必须国人共同努力奋勉，方能确保外交胜利之果实。"台北"国史馆"藏：《特交文电，领袖事功之部》15，《领导对日抗战——开罗会议》，0015. 蒋介石在《苏俄在中国》一书中对开罗会议也有论及："在开罗会议中，我力主日本天皇制的存废，应依其人民的意愿而决定的主张。罗斯福总统亦能谅解此意，乃赞成此议。到了大战结束的时候，日本军队在国外各地均能遵照其天皇的命令，缴械投降。同时日本国内秩序，亦以其天皇为之维系，得免于混乱与破坏。"《先总统蒋公思想言论总集》卷9，第115页。

府外交次长王家桢的作用也同样不可忽视。据王家桢讲，1944年秋到1945年夏，他作为中国代表团成员赴美商谈成立联合国和联合国成立仪式住在旧金山。美国当局把他视为"日本通"，曾就战后日本天皇该不该保留问题听取他的意见。王家桢建议美国保留天皇制。保留比取消利多害少，通过天皇这个精神支柱统治战后的日本，比美国直接统治有利得多，引起的麻烦要少得多。溥杰先生说过，美国人接受了王家桢保留日本天皇的建议。① 非常明确，王家桢的态度与蒋介石的态度是相同的。这也就意味着，中华民国政府对战后日本天皇制持保留态度，认识到这一点是非常重要的。

1945年1月邵毓麟以中国代表身份出席在美国弗吉尼亚州温泉市召开的太平洋学会会议，该会议的主题是"如何处理战后日本？"。会后他游说美国国务院代理国务卿格鲁和战时情报局的首脑，向他们转达中国在战后日本天皇制保留问题上的态度与看法，当格鲁问及"阁下的意见是不是可以解释作蒋委员长的意见"时，邵毓麟回答："不错，我不过是重申蒋委员长的意见而已。"② 1945年8月12日，国民政府国防最高委员会审定的《处理日本问题意见书》中有这样一条："日本天皇及整个皇权制度之存废问题，在原则上应依据同盟国共同意见办理。先从修改其宪法入手，将天皇大权交还于日本人民；其有违反民主精神者，则应予以废除。"③

应该说，中国对日本战后社会民主化改革是有明确设想的。遗憾的是，国共内战爆发后蒋介石把主要精力集中于对付国内的共产党与民主运动上，没有对日本战后的民主改革发挥出作用。应该指出，国内学术界的研究当中，几乎很少有人研究中国对于日本天皇制存续的作用，而过多地注意美国的作用。对于这样至关重要的问题，应当给予足够的重视。

---

① 高殿芳：《王家桢与田中奏折》，《东方世界》1988年第3期，第3页。
② 张桂芳：《蒋总统与日本天皇制》，兴台印刷所1968年版，第29页。
③ 《中华民国重要史料初编——对日抗战时期》第七编，"战后中国"（四），第638页。

蒋介石对日本天皇制所持的保留态度,可以说是拯救了天皇制。如果从更为广阔的时空范围来看,中国开始作为"四强之一"与其他大国平等地处理国际事务,走向大国行列,在重大国际问题上有了发言权,无疑提高了中国的国际地位与民族自尊。这对中国来说也是一件意义深远的大事。蒋介石说:"我的这个主张是完全基于1942年的联合国家宣言之精神,我们取得这次战争胜利的目的,不单纯是解放受敌寇侵略、奴役下的所有民族,同时还是拯救日本国内善良的无辜的人民。"①但是另一方面,天皇制的保留也带来了一些消极后果,战后裕仁天皇没有受到审判和战争责任追究,随着国际政治形势的变化,许多被判了刑的人获释后又纷纷返回日本政坛,有的甚至当了首相。日本右翼势力之所以在战后得势,与此无疑有直接的关系。何以蒋介石主张保留日本天皇制、把自由选择政府的权利交给日本人民呢?无论是从维护战后日本社会秩序的角度考虑,还是从天皇在日本国民中的神圣地位来考虑,都值得我们认真思考。

在研究日本天皇制时,首先不能不对其在日本国民心目中的特殊地位给予足够的重视。自从7世纪初日本历史上正式出现"天皇"称谓以来,千余年来天皇一直是人们心中的偶像,深深扎根于人们的思想观念当中,与人们的社会生活、精神生活密切相关。即使在幕府统治、皇权衰落时期,天皇也是一直存在的,从没有消失在日本的社会生活中。天皇制被视为日本政治制度的标志,具有皇位的继承性、等级身份和神性化三大基本特征。②1889年2月颁布的《大日本帝国宪法》规定,日本"由万世一系的天皇统治之","天皇神圣不可侵犯","天皇统帅陆海军"等,可见天皇在日本国家社会政治生活中的地位。天皇是"神"成为人们共同的心理,没有天皇的社会生活是不可想象的。这种虚构的观念统治人们长达十几个世纪,并成为人们普遍的心理定

---

① 《蒋介石秘录——日中关系八十年证言》下册,产经新闻社1985年版,第377—378页。
② 武寅:《天皇制的起源及结构特征》,《历史研究》2012年第3期。

式。任何一种心理定式一旦形成,在短期内是无法改变的。在侵略战争中为天皇献身被认为死得其所。有学者指出,缺乏基本人权的日本军队具有轻视士兵生命的特征。[1]

美国文化人类学者本尼迪克特的《菊与刀》一书对此研究颇具代表性。本尼迪克特 1944 年 6 月受美国政府委托对日本进行研究,"以求弄清日本民族是什么样的民族"。[2] 经过研究她得出的结论是:"天皇是日本现代国家神道的核心,如果我们向天皇的神圣性进行挑战并予以摧毁,那么,敌国日本的整个社会结构就会坍塌。""没有什么比用言辞侮辱天皇,或者攻击天皇,更会刺激日本人、并激起他们的士气了。"她进而指出:"日本没有天皇,就不是日本。""纵然日本战败,所有的日本人仍会继续尊崇天皇。"[3] 用"对天皇无条件的无限忠诚"来表达日本国民对天皇的态度,这点在她的著作中非常明显,也是她对于日本民族心里深处天皇位置的准确表达。

本尼迪克特的著作对美国战后的对日政策产生了很大影响,国内学者在研究日本文化时常常提到她。天皇在日本国民心目中的重要性不断引起研究者的热情关注与浓厚兴趣。曾经担任过美国驻日大使、以研究日本历史见长的埃德温·赖肖尔在《日本人》中这样写道:"人们对天皇家系始终保持着高度的尊敬。在现代社会以前,没有一个人对于一切合法的政治权威归根到底来自天皇家系这一观念进行过挑战。"还写道:"战前的日本人对作为其民族统一象征的天皇的崇拜,大概要算是这种现代民族现象的最极端的例子。"[4] 有机构做过调查,即使在战争结束后的 1945 年年底,日本国内支持天皇制的人数比例仍

---

[1] 藤原彰:《天皇的军队与日中战争》,大月书店 2006 年版,第 9 页。
[2] 鲁思·本尼迪克特著,吕万和等译:《菊与刀——日本文化的类型》,商务印书馆 1990 年版,第 2 页。
[3] 鲁思·本尼迪克特著,吕万和等译:《菊与刀——日本文化的类型》,商务印书馆 1990 年版,第 22—23 页。
[4] 埃德温·赖肖尔著,孟胜德、刘文涛译:《日本人》,上海译文出版社 1980 年版,第 265—267 页。

然是相当高的。据日本舆论调查研究所就国民对天皇制所持态度的调查，支持天皇制者占61.3%，反对者只占8.7%。

蒋介石也是一样，不否定天皇制是因其有深刻的社会历史原因。例如蒋介石指出："因为战争胜利而干涉一个独立国家的国体，绝不是明智的政策。"[①] 他特别强调战后日本社会稳定的重要性，不止一次地讲过："对于日本国民来说，天皇制是精神支柱，中国人民对东洋道义的传统精神上的关照是能够理解的。如果在战后混乱时期根据占领军的命令废除天皇制的话，日本国内就陷于混乱。"[②] 在1944年元旦的广播中，蒋介石提到在开罗开会时与罗斯福的会谈，再次说明："战后日本国体问题应由该国自己选择"，"这个问题，我以为除了日本军阀必须根本铲除，不能再让其将来预问日本政治以外，至于他国体如何，最好待日本新进的觉悟分子自己来解决"。[③] 可见，中国国民政府对日本战后天皇存废上的态度始终是一致的。

1945年7月17日—8月2日，苏、美、英三国首脑在德国柏林市郊的波茨坦举行会议。这时期欧洲战争已经结束，亚洲战场上的日本还在顽抗。由于当时苏联尚未参加对日作战，中、美、英三国首脑未与苏联商量于7月26日发表了《中美英三国促令日本投降之波茨坦公告》。该公告继承开罗会议期间蒋介石与罗斯福会谈时提出的"政治形态的民族自决"的主张，确定了"上述目的达到及依据日本人民自由表示之意志成立一倾向和平及负责之政府后，同盟国占领军队当即撤退"，并对日本无条件投降后的"此种行动诚意实行予以适当及充分之保证"的战后对日处理原则。可见《公告》并没有涉及日本的国体问题。由此观之，《波茨坦公告》显然是受到了蒋介石"政治形态的民族自决"主张的深刻影响。

纵观蒋介石抗战期间维护日本天皇制的言行，可以看到这是蒋介

---

① 《蒋介石秘录——日中关系八十年证言》下册，产经新闻社1985年版，第377页。
② 松本彧彦：《台湾海峡的桥梁》，三弥井书店1996年版，第94—95页。
③ 中国第二历史档案馆整编：《中华民国史史料长编》第63卷，第20页。

石欲在战后稳定日本、使其免受革命危机的重要步骤,也是防止苏联"赤化"日本的重要步骤。这个步骤是由两个条件决定的,一是稳定的日本对中国的重要性,可以借助日本完成他念念不忘的"剿共"、反苏事业;二是天皇制度的遗产。这种遗产使他不得不从现实出发,采取比较实际的政策。这是他从利弊的权衡中得出的。中国台湾学者林金茎博士对此有精辟的见解:"此天皇制的存在对于化成废墟的日本,在精神和物质两方面到底具有何等复兴的功能,其后的历史事实可资证明。假如在战后的混乱时期,凭占领军的一纸命令而废止了天皇制,则日本国内必将陷于无可名状的混乱情况。"① 战后初期对日采取的"不念旧恶""与人为善"的政策,也可以看作是这一步骤的延伸。

三、美蒋合作与天皇制的保留

战后日本天皇制之所以被保存下来,是众多因素起作用的结果。关于保留日本天皇制的决定因素,可以概括为以下两个方面:一是中国的作用,另一个是美国的作用。美国对战后日本天皇制的保留所起的作用是不容忽视的。早在1942年末,美国国内就有人建议政府考虑利用天皇的影响来结束战争,以减少美国军队的伤亡。此人就是原美国驻日大使、后任美国国务院远东司司长的约瑟夫·格鲁和杜曼等人。格鲁强调天皇制是"最终的最实际的手段","涉及影响安定的唯一政治要素"。② 他们凭借驻日多年的经验,向罗斯福总统力陈狂热的日本民族具有为天皇血战到底的可能性,如果处理不好就会给美国带来巨大损失。1944年格鲁在会见美国太平洋方面最高司令官尼米兹时,向他强调:"为了使日军无条件投降,天皇是必要的。也许日本人、日本军人唯一喜欢的声音就是天皇的声音。换句话说,天皇是拯救数万美

---

① 台湾中日关系研究会:《日本研究》第221期,第26页。
② 栗原健:《天皇——昭和史备忘录》,原书房1985年版,第304页。

国人生命的源泉。"① 随着战争推进和日本的抵抗更加激烈，美军伤亡增多，格鲁和杜曼的建议逐渐受到重视。

1945年5月，格鲁向对日本持强硬态度的参议院说明："天皇是唯一能使日本稳定的力量，只有天皇有足够的力量强制日军停止在中国的战斗，而靠军部首脑是无法使日本彻底投降的。如果不支持天皇，我们就会背上沉重的包袱，无限期地管理面临崩溃的7000万人口的社会。"② 28日，格鲁在与总统顾问罗兹曼商议后，向杜鲁门总统献言，说："日本拒绝无条件投降的最大障碍，是天皇和天皇制的破坏与永久性废除。""允许战败后日本人未来的政治形态由他们自己解决，找回因投降而失去的面子。"③ 7月7日，时任副国务卿的格鲁主持会议，讨论美国政府关于日本投降后的天皇制问题，在这次会议上格鲁极力主张："废除天皇制，是绝对不可能的。对战争应该负责的是军部，而不是天皇。所以最重要的事，是彻底瓦解军事机构与财阀。"④ 美国以"不废除天皇制"为诱饵，促使日本投降。

由于美国对日促降具有浓厚的"绥靖"色彩，故使日本在接受《波茨坦公告》时加大了讨价还价的砝码。8月9日上午，日本最高军事会议提出了接受《波茨坦公告》的四个附带条件，其中之一就是保证维护日本国体。10日上午7时，日本政府通过瑞士临时代办向美国国务卿贝尔纳斯发出照会，表示接受《波茨坦公告》，但同时必须得到盟国"谅解"，"即上述公告并不包含任何有损于陛下作为至高统治者之特权的要求"。贝尔纳斯奉杜鲁门之命，代表美英中苏四国对日本照会发出答复："自投降之时刻起，日本天皇及日本政府统治国家之权力，即须听从于盟国最高司令官"，"日本天皇必须授权并保证日本政

---

① 儿岛襄：《天皇与战争责任》，文艺春秋社1988年版，第6页。
② 祢津正志著，李玉、吕永和译：《天皇裕仁和他的时代》，世界知识出版社1988年版，第222—223页。
③ 儿岛襄：《天皇与战争责任》，文艺春秋社1988年版，第19页。
④ 大久保传藏：《一页珍贵的历史》，海外出版社1969年版，第62页。

府及日本帝国大本营能签字于必需之投降条款，……日本政府之最后形式将依日本人民自由表示之意愿确定之"。① 经过乞降与诱降的交易之后，日本天皇制原则上被确定下来了。这天上午9时，杜鲁门总统召开紧急会议，讨论日本提出的投降条件——保留天皇制问题。陆军长官斯契姆逊和杜鲁门总统顾问利赫在会上提出"为了使日本投降利用天皇是最有效的。不，只有天皇才能使日本军队投降"。② 他们的意见得到杜鲁门总统的支持。

　　战争结束后，道格拉斯·麦克阿瑟以"盟军"的名义于8月30日来到日本，对日本实施了独占。美国政府之所以不顾苏、英、澳等国的强烈反对而坚持保留天皇制，是与其对外政策的转变分不开的。1945年2月雅尔塔会议后，美苏两国各自开始构建自己的东方战略。美国力图通过日本控制亚洲，遏制苏联的扩张。实际上，美国在东方遇到的麻烦远比欧洲复杂得多。麦克阿瑟恰好充当了美国亚洲政策的执行者与代言人的角色。麦克阿瑟刚到日本不久，得知苏、英、澳等国要求将天皇列为战犯时，担心这种行动"会引起灾难性的后果，就对这种做法加以坚决的抵制"，并认为"如果天皇作为战犯受到控告或被绞死，那么整个日本就必须建立军事管制政府，而很可能爆发游击战争"。③ 基于这种考虑，裕仁天皇的名字很快从战犯的名单上勾销了。不仅如此，麦克阿瑟还夸大其词说，为了对付因审判天皇可能出现的游击骚扰，起码需要一百万军队和数十万行政官员。

　　麦克阿瑟认为，战后日本首先要解决的就是社会控制问题，因为原有的社会控制结构、家庭，特别是社会经济遭到破坏，社会面临解体的威胁。因此要实现社会的平稳过渡与长治久安，实现美国的长远战略目标服务就必须找到一个有效的途径。这个途径就是最大限度地

---

① F. C. 琼斯等著，复旦大学外文系英语教研组译：《1942—1946年的远东》下册，上海译文出版社1979年版，第733—734页。
② 菊池久：《天皇陛下与麦克阿瑟》，山手书房1985年版，第221页。
③ 《麦克阿瑟回忆录》，上海译文出版社1984年版，第183页。

利用天皇，通过天皇凝聚社会与人心，减少社会动荡。在第一次拜访之后，裕仁天皇就给麦克阿瑟留下了"日本第一绅士"的印象。经过裕仁的多次拜访过后，麦克阿瑟确信"他在振兴日本精神方面起着重要的作用，而他的真诚合作和影响对占领的成功是大有关系的"。①

作为占领日本的"太上皇"，麦克阿瑟的态度是异常重要的，他执行美国的对日政策，反过来又对美国的对日政策产生极为重要的影响。10月6日，美国政府向麦克阿瑟发出指令："不得采取排除天皇或类似排除的任何措施。"②事实上，天皇制就这样被保存下来了。为了使日本适应美国远东扩张的需要，从1945年9月起，"盟总"（GHQ）对日本进行了民主化改革。其中的一个重要内容，就是制定和颁布新宪法。关于天皇制，在制定宪法的过程中是把它作为日本军民共治、在特殊的国体上构建政治形态来处理的。③1946年颁布的《日本国宪法》规定："天皇乃国家之象征，为日本国民统合之象征。"尽管天皇已不是从前绝对意义上的君主，但是他还是作为统而不治的虚君被保存下来了。

造成这种情况的原因是多方面的，是多方面妥协的产物，既有中国蒋介石在开罗会议上的作用，也有美国对减少战争牺牲，想通过日本遏制苏联，实现战后扩张的战略考虑。仔细分析一下战后初期的世界形势，有助于我们更好地理解当时国际形势的总体特征。美国接受了在欧洲德国分裂问题上的教训，独占日本是限制苏联势力扩张的关键，保持一个完整、稳定的日本对美国东亚战略来说是至关重要的，因此在日本问题上不肯对苏联做出半点让步。下面的一些因素无疑起了重要作用：即将到来的苏美对立，老牌殖民主义国家从亚洲退出后出现的权力真空需要填补，日本因战败混乱可能受到共产主义影响，中国国内国共两党的斗争等。美国对日本实施利用政策，最大限度地

---

① 《麦克阿瑟回忆录》，上海译文出版社1984年版，第184页。
② 祢津正志著，李玉、吕永和译：《天皇裕仁和他的时代》，世界知识出版社1988年版，第265页。
③ 江藤淳编：《占领史录》下，讲谈社1995年版，第95页。

为自己服务。

这些问题的出现,使日本问题具有了一揽子解决的显著特征。日本历史学家祢津正志对此有深入的分析,他指出:"废除天皇制和让天皇退位好像是逼迫美国和整个资本主义世界退位,这种结局不是美国所乐意接受的。""美国最担心的是共产主义而不是世界舆论。为此美国便想方设法利用日本人尊崇皇室的心理,只有这种心理才能筑起反对共产主义的最坚强的堡垒。在这点上,与惧怕共产主义和苏联的天皇是一致的。"[①] 是为持平之论。这段话是我们在理解美蒋合作维持日本天皇制时的最好解释,而历史的发展恰好给当时的形势作了最好的注脚。进入1947年以后,美国的对日政策发生急剧的转变,即由"民主化""非军事化"改造政策转变为复兴日本的政策。

第四节 战后初期的美日关系与台湾问题

战后初期的美日关系与台湾问题,受国际冷战结构的影响与制约,是特殊国际形势下的产物,具有明显的冷战时代的特征。中、美、日三国关系比较复杂,因为台湾问题置于其中,影响三国关系的展开。台湾问题之所以十分复杂,至今不能解决,就在于国际势力插手,不愿意看到一个统一的崛起的大国。中国力量的快速发展有利于解决台湾问题。台湾问题的解决关系到中国的伟大复兴与真正的崛起,获得在西太平洋地区的绝对优势。

一、日本外交政策中的美国因素

战后初期美国通过以麦克阿瑟为首的"盟总"对日本进行全面而

[①] 祢津正志著,李玉、吕永和译:《天皇裕仁和他的时代》,世界知识出版社1988年版,第272页。

有效的控制，使日本的内政与外交为美国的全球冷战需要服务。即使在《旧金山和约》宣布结束对日占领、将外交大权交还日本之后，日本仍处于美国的半占领状态下，经济上、政治上和外交上依赖美国，在外交政策上跟在美国的后面亦步亦趋，成为美国全球冷战体系的伙伴，甚至说美国的外交政策就是日本的外交政策也并不为过。

从美国对日占领的整个历史来看（1945年8月—1951年9月），美国对日本的政治、外交政策的风格和重点影响至深，无论哪方面都打上了冷战的烙印。1945年8月29日盟军总司令麦克阿瑟发布《美国战后初期对日方针》，规定："日本国政府在最高司令官指示下，有行使国内日常行政事务的政治机能。但是，如果不能满足最高司令官的要求时，最高司令官则有权更换政府机构或人事，或者依据直接行动的权利和义务加以限制。"自1945年10月25日起，"盟总"已经停止了日本的外交职能，31日全面停止日本外交的一切活动。美国对日本外交的控制，是通过"盟总"来实现的，日本政府与天皇实际成为"盟总"的附属机构，实行的是一种间接统治方式。从这个意义上讲，尽管日本政府及其主要机构完整地保存着，而实际上并不能独立地处理国内外一切重大事务，丧失了国家行为主体的能力。

但是吉田茂政府也并不是完全消极、被动地适应，而是以一种积极的态度、最小的代价争取日本早日在政治、经济上复活。日本前首相吉田茂在其《十年回忆》和《世界与日本》等著作中，对于美国之于日本外交政策的影响有较多的评论，对于日本外交的努力方向有许多考虑。有时候美国的作用十分间接，日本的作用比较明显，甚至表现出一种背离美国意志的倾向。例如1950—1951年杜勒斯访问日本就军备问题与吉田茂会谈时，杜勒斯强烈主张日本再军备，吉田茂以日本复兴再建的基础脆弱、再军备作为将来的课题来抵抗。[①]

---

① 川上高司：《美国的对日政策——霸权体系与日美关系》，同文馆出版株式会社1996年版，第39页。

吉田茂是一位以亲英美而著称的领导人，因此在执政后执行了一条以美日关系为基轴的外交路线，借助于美国的军事保护致力于国内的经济建设。吉田茂不止一次地讲过："日本的立国基调，应该置于与自由各国特别是与美国亲善协调上。"他还说过，日本是海岛国家，国土狭小，拥有世界上罕见的稠密人口，为养活这些人发展对外贸易、扩大交流是非常必要的，因此"美国、英国等自由各国才是日本最尊敬的伙伴。如果考虑到日本今后推进国内建设所需要的外国资本，在他们当中特别是与美国的亲善关系对我国来说比什么都重要"。① 由此可以窥出日本对外政策的基点。

《美国战后初期的对日方针》清楚地表达了美国的这样一个意图，即最终目的是保证日本不再成为美国与世界和平及安全的威胁。但是美国这一政策与后来的形势发展之间不可避免地产生了矛盾，据美国政府 1974 年 12 月 30 日公布的《1948 年美国的外交关系——远东、大洋洲编》透露：任职于国务院的乔治·凯南对日本非军事化政策提出异议，建议说："只要存在着苏联的威胁，要么不缔结对日和约继续由盟军占领日本；要么重新武装日本，两者必居其一。"他认为，在日本极端推行经济民主化是不高明的，让日本赔偿也是不妥当的，应该从日本经济再建的角度修改对日政策。这一建议很快发展成为美国对日政策的重要支柱。

由于美国独占，东西方处于尖锐对立的冷战对峙时期，因此美日关系中具有浓厚的反共意识形态色彩。朝鲜战争爆发后，吉田茂认为"真是天佑也"，他把朝鲜战争作为解决国内经济困难、推进与交战国媾和的绝好时机。美国对日政策中具有浓厚的反共意识色彩，尤其在杜鲁门执政后更是加重了这一色彩。在杜鲁门执政以来，美国的战略是以遏制苏联为中心的全球扩张战略。为了把日本建成远东遏制苏联的重要防线，美国政府对战后日本问题进行了精心安排，宁可在朝鲜

---

① 吉田茂：《十年回忆》第 4 卷，白川书院 1983 年版，第 24—25 页。

问题上做出些让步,也不可在日本问题上做出任何妥协。

美苏两大国争夺的重点虽然在欧洲,但随着形势发展不断向亚洲扩散。朝鲜战争对于美国的亚太政策具有决定性影响。朝鲜战争爆发后,日本成为美国在远东的重要军事基地和战略物资加工地,支持美国的战争政策。由于美国占领,外交大权由美国控制,加上亲美的保守势力掌握日本政权,因此日本在这个大背景下最终确立了以日美关系为基轴的外交路线,吉田茂直言不讳地讲:"战败后的整个占领时期,日本的对内对外政策在很大程度上受对美关系的支配,这既是事实,也是必然的。"[1]

二、吉田茂外交方针与日美安保体制

吉田茂是一位醉心于欧美文明的人,他把明治维新领导人所追求的以欧美文明为目标,看作是日本应该前进的道路。他上任伊始面临的主要问题是,如何早日复兴日本经济,结束外国占领和恢复国家独立。但是作为战败国要做到这些是要付出一定代价的。吉田茂在当时情况下看到,要复兴日本经济,获得独立,不迎合、追随美国是难以实现的。因此在对外关系上走了一条轻国内军备、让美国负担日本安全保障的道路。1949年11月8日吉田茂在第六届国会上发表施政演说,表示愿意及早地与交战国缔结和约,结束战争状态。他说:"今天国民最渴望的就是早日缔结和平条约。""我认为,促进我国对文明国家的理解,促进和平条约是唯一的道路。"[2] 按照他的设想,日本的外交方针是达成对盟国全面媾和以及媾和后依靠美国的安全保障,不能离开美日间的主轴关系。吉田茂在1950年1月23日第七届国会上发表演说,进一步表达了他的这一思想:"关于我国将来的安全保障,国内

---

[1] 吉田茂著,孔凡、张文译:《激荡的百年史》,世界知识出版社1983年版,第73页。
[2] 吉田茂:《十年回忆》第4卷,白川书院1983年版,第219—220页。

外产生许多关心是理所当然的事情。但是我国宪法中严正表明的彻底放弃战争军备的宗旨,即以爱好和平的世界舆论为背景。"但是吉田茂并不打算放弃"自卫权",他说:"彻底放弃战争的宗旨,决不意味着放弃战争自卫权。"[1]

1949年11月12日在国会对参议院议员太田敏兄答辩时,吉田茂强调:"现在的问题不是单独媾和或全面媾和哪一种好,而是要根据国外的情况,即外交的国际关系来决定的,我们没有选择的自由。"[2] 美国独占日本政策受到苏联和亚洲政治形势的冲击,美国认为实现与日本片面媾和已成为当务之急。对于这一点,吉田茂看得很清楚。他说道:"但是后来,我方也觉察到,由于美苏关系进一步紧张,保障日本安全的问题也不容忽视,美国的看法便逐渐向'日本的安全保障是国际安全保障的一环'的方向转变。并且,日本本身的看法也倾向于:与其仰赖在当时看来还不十分可靠的联合国,不如直接依靠美国,以便在媾和以后,暂时维持国防。"[3] 这与美国占领当局欲把日本改造成为远东的反共堡垒的一贯政策是一致的。由此可见,吉田茂政府寻求美国庇护的思想是有着深刻的国内国外背景的。

为了推动对日媾和早日实现,1950年4月6日杜鲁门总统任命共和党议员约翰·福斯特·杜勒斯为国务院顾问,专门负责外交事务,全权处理对日媾和条约问题。4月25日,日本政府派大藏大臣池田勇人访问美国,向美国方面转达吉田茂对于媾和问题的构想。其构想的主旨是:"日本政府的希望是早日签订媾和条约,至于媾和条约成立以后,为保障日本及亚洲的安全,美国军队有留驻日本的必要,假使美国不方便提出这种要求的话,日本政府可以研究由日本主动提议。关

---

[1] 吉田茂:《十年回忆》第4卷,白川书院1983年版,第226页。
[2] 猪木正道著,江培柱、郑国仕译:《吉田茂的执政生涯》,中国对外翻译出版公司1986年版,第302页。
[3] 猪木正道著,江培柱、郑国仕译:《吉田茂的执政生涯》,中国对外翻译出版公司1986年版,第304页。

于这个问题，参照许多宪法学者的研究意见，认为在媾和条约中列入美军留驻的条款，虽然在宪法上的问题比较少，惟若由日本方面，以另外的方式提出美军留驻的要求，也不至于违背日本宪法。"①

池田访美使日美在安保问题上取得一致性意见，加快了日美共建安保体系的步伐。随同池田勇人一并访美的宫泽喜一认为："5月3日的备忘录系日本政府最初的意思表示，意欲借承认美军留驻国内以促进对日和约的签订"，"于是，日美安保条约于焉诞生。对日和约也以此为契机，按照这种吉田、杜勒斯方式，而于翌年9月签订"。② 同年6月17日杜勒斯访问日本，与"盟总"麦克阿瑟就对日媾和问题举行会谈，目的在于使日本早日独立，准备对日和约。在杜勒斯访问日本回国后不久，朝鲜战争爆发，美国认为这是对自由世界的挑战。8月27日，麦克阿瑟在给美国海外作战退伍军人的信中说，美国的战略边疆已经"推移到包括整个太平洋在内，只要我们占领太平洋，它就是一个宽大的保护我们的壕沟"。还说，以中国台湾和其他岛屿为基地，"我们就能够用空军控制从海参崴直到新加坡的亚洲各港口"。③ 与日本国内大多数人认为的朝鲜战争可能会推迟媾和的意料相反，美国却加紧了对日媾和的步伐。

1951年1月底，杜勒斯又来日本与麦克阿瑟、吉田茂会谈，就媾和中的领土问题、基地问题、日本安全保障等问题交换意见。麦克阿瑟与杜勒斯讨论朝鲜战争局势，检讨占领日本5年来的经验，提出他关于对日和约问题的意见。杜勒斯在日期间还与日本政界、财界和文化各界人士广泛接触，向他们说明日美安保的重要性，并了解他们对单独媾和的看法。日本财界八团体于1月29日联名向杜勒斯提出《关

---

① 施嘉明编译：《战后日本政治外交简史——战败至越战》，台湾商务印书馆1979年版，第40页。
② 施嘉明编译：《战后日本政治外交简史——战败至越战》，台湾商务印书馆1979年版，第41页。
③ 纳塔拉詹著，肖仲杰、赵华译：《从广岛到万隆——美国亚洲政策的考察》，世界知识出版社1956年版，第71页。

于媾和条约问题的基本要求书》，在日本的安全保障方面他们要求美国给日本提供防卫安全，美军继续驻留日本，日本方面提供军事基地。这时期日本财界想趁朝鲜战争之机获得更多的战争特需品加工，以促进日本国内经济发展。

1951年3月，杜勒斯把对日和约草案分致14个有关国家，这个方案立即遭到苏联的反对。苏联认为，由美国一手包办的对日和约草案是在违反国际协议的条件下达成的，不能代表大多数国家的利益，建议由美、中、英、苏四国外长共同制订。台湾方面对杜勒斯的行为也不满意，4月17日蒋介石提出对日和约"三原则"，即：（1）对日签订和约，不丧失"盟国"之地位；（2）不损害台湾之统治权，不干涉其内政；（3）台湾、澎湖不受任何军事干涉与侵犯；以巩固"反攻大陆"之基地。[①] 美国和英国不顾中国和苏联的反对，于7月12日对外公布了对日和约草案，准备签订对日单独和约。9月4日—8日由美、英、苏、法、日等52个国家参加的对日媾和会议在旧金山召开。

美国总统杜鲁门在开幕式上发表演说，声称："现在太平洋地域正因大规模的侵略以及武力攻击的威胁而遭到重大的影响。""使日本早日参与适当的安全保障行列，以维护太平洋的和平，乃是非常重要的事。防卫太平洋所需的地域性措施一开展，日本可能就会成立防卫军，并与同地域的其他防卫军保持联系。"[②] 日本代表吉田茂在7日晚发表接受媾和条约演说："对于中国未能参加和会，感到至为遗憾。"接着，吉田茂进一步表明他的反共立场："与共产主义之压迫与专制相伴随的阴谋势力，加深了远东的不安与混乱，公然肆行侵略。对于这种集团性的侵略，日本为谋求自由国家的集体防护，势与美国缔结安全保障

[①] 秦孝仪主编：《中华民国重要史料初编——对日抗战时期》第七编，《战后中国》（四），中国国民党中央委员会党史委员会1985年版，第713页。
[②] 施嘉明编译：《战后日本政治外交简史——战败至越战》，台湾商务印书馆1979年版，第61页。

条约。"①9月8日，包括日本在内的49个国家签订《旧金山和约》，该约规定，日本与盟国间的战争状态"自日本与该盟国间所缔结之本条约生效时起，即告终止"。

同一天，吉田茂又与美国国务卿艾奇逊分别代表两国政府签订《日美安全保障条约》，规定了两国的权利与义务。吉田茂回到东京后发表演说，称日本和约与美日安全条约的缔结是一件值得高兴的事情。以《旧金山和约》以及《日美安全保障条约》为基础建立起来的战后亚太地区的国际关系体制，一般称为"旧金山体制"。它是东西方冷战与局部热战加剧形势下的产物，无疑使国际形势更加复杂化了。1952年2月28日，美国又与日本签订《日美行政协定》。4月15日，杜鲁门总统正式批准《旧金山和约》与《日美安全保障条约》。

三、日本选择台湾当局作为媾和对象

由于美国与英国在中国参加对日和约会议代表权问题上存在着对立与分歧，最后于1951年6月美英两国以牺牲中国利益达成妥协，是为"杜勒斯—莫里森协议"。对中国问题是这样妥协的：（一）无论是中华人民共和国还是台湾当局，都不邀请参加对日媾和会议；（二）在《对日媾和条约》生效后把选择权留给日本，即由日本自由选择中华人民共和国或台湾当局作为缔约的对象。美英在对日和约问题上的态度，无疑把中国排斥在对日媾和之外。中国作为参加反法西斯战争的重要国家，应该享有参与对日处理、重建战后世界秩序的权利。在美英对中国代表权问题达成协议后，美国不断地破坏协议，对日本吉田茂政府施加压力，迫使日本选择台湾当局作为缔约对象。

关于选择台湾当局作为媾和对象的问题，吉田茂在其著作《日本与世界》一书中有比较详细的说明，他写道：

---

① 《蒋介石秘录——日中关系八十年证言》下册，产经新闻社1985年版，第483页。

当时日本政府的心情是,加强与台湾修好关系,并进一步加深经济关系。但是同时亦不能更加深入而明显地采取否认北京政权的立场。因为国民政府从最初就是交战对手,在联合国占有重要地位,还在战争结束时把我国军民平安地送回国内。把他们作为媾和对象这一点是不能忽视的。美国参议院对此有疑虑。与中国大陆的关系也很重要,但是美国参议院是难以批准的。因此必须及早表明态度,如果立即选择媾和对象的话,日本不得不选择国民政府。①

这里再清楚不过地表明了日本政府在考虑选择中国哪一方作为媾和对象时,首先考虑到来自美国的压力。对于把台湾蒋介石当局置于对日和会之外,美国是相当不甘心的,因此在旧金山和会与日美安保体制完成之后,开始加紧促使日台间的媾和活动。为了取得日本承认,台湾当局于 1951 年 10 月 15 日由"行政院新闻局"首先发表放弃对日要求赔偿的声明,还通过美国国会中的"中国游说团"向吉田茂政府施加压力。② 日本的对外政策与美国的不同之处在于,它首先考虑的是经济对于日本的重要性,而不是意识形态的对立,日本内阁官房长官冈崎胜男 1951 年 10 月 25 日对台北驻日代表董显光的一番话,是对日本外交政策的最好说明:"我国所虑者,深恐与'贵国'订立双边和约后,势将引起中国大陆国民对我国之仇恨,故不得不设法避免此种情形。""我国现在政策即为徐待时机,至少在已签订之和约未批准之前,不致有何行动,俟我国独立自主后,自将充分研究于何时与中国签约以及与何一中国政府签约,我国故极敬重国府,所惜者国府领土现仅台湾耳。"③ 言外之意,日本并非情愿与台湾当局签订和平条约。

---

① 吉田茂:《世界与日本》,番町书房 1963 年版,第 146 页。
② 许介鳞:《日本现代史》,三民书局股份有限公司 1991 年版,第 205 页。
③ "中华民国"外交问题研究会编:《金山和约与中日和约的关系》,载《中日外交史料丛编》(八),1966 年,第 170 页。

为了促成"日台和约",杜勒斯穿梭于华盛顿与东京之间,对日本施加压力。12月10日杜勒斯以美国特使身份来到东京,劝说吉田茂与台湾国民党政权签订和约,他说:"国民政府作为中国的合法政府已被美国和其他国家所承认,并在远东军事战略上占有重要位置。……日本政府与国民政府开始以缔结两国间媾和条约为目标的和平谈判,是最符合日本利益的。"①吉田茂利用国共之间的对立在美国与中国台湾之间展开外交活动,企图最大限度地获得渔人之利。

1951年12月24日,吉田茂屈服于美国的压力,向杜勒斯抛出《关于与"中华民国"媾和的吉田书简》,即一般所称的《吉田书简》。这封书简是由杜勒斯事先拟就再交由吉田茂以书面形式向其提出的,代表的完全是美国的意志。对此,日本外务大臣冈崎胜男1952年5月14日在众议院回答林百郎的提问时说得一针见血:"日本政府之对中国方针早已决定,而所决定之方针与日本政府之看法以书面告知美国而已。"②在书简中吉田茂表示:"我希望与目前在联合国拥有席位、发言权及投票权,对若干领域行使施政权,以及与联合国成员国有着外交关系的'中华民国'建立外交关系。""我国政府准备在法律允许之后——如果'中华民国'希望的话,按照多国和平条约的原则与其重建正常的关系,缔结条约。关于'中华民国',两国间条约之条款将适用于现在'中华民国'政府管辖之下或今后应属于其管辖的所有领土。我们将很快与'中华民国'研究这个问题。"在书简的最后,吉田茂又向杜勒斯表示:"我确信,日本政府无意与中共政权缔结两国间条约。"③1952年1月16日美日两国正式对外公布了《吉田书简》。

英国对美国公布《吉田书简》十分不满。据英国外交大臣艾登讲,他在1月5日—15日访问华盛顿时与杜勒斯会谈,杜勒斯曾向他提起

---

① 渡边昭夫编:《战后日本的对外政策》,有斐阁1985年版,第70—71页。
② 林金茎:《战后中日关系之实证研究》,中日关系研究会1984年版,第129页。
③ 鹿岛和平研究所编:《日本外交主要文书·年表》第1卷(1941—1960),1983年,第468—470页。

过《吉田书简》的事情,但没有让他看到书简原文,也没有让他知道立即发表的意图。但是,艾登刚一离开华盛顿《吉田书简》就发表了。对于此事,艾登这样写道:"关于发表也好,日期也好,没有得到我的同意。在我访问之后华盛顿立即发表《吉田书简》,我感到很麻烦,给人留下我已同意其内容的印象。"[1] 1月18日,杜勒斯大使复函吉田茂,表示"余对贵函敬表谢意。贵总理对此困难而成为争论根源之问题所采取之勇气而直截了当之态度,余在此深表敬意"。[2] 它的发表,标志着日本与台湾蒋介石当局向建立"外交"关系方向发展迈出了关键性的一步。

日本为什么选择台湾国民党当局媾和呢?首先,是美国遏制苏联与中国大陆影响、推行全球冷战政策的需要。美国在战后除了与苏联在欧洲激烈争夺外,还在亚洲就雅尔塔体系的执行进行争夺。在两极世界的冷战中,杜鲁门特别强调意识形态的对立,以共产主义向外扩张的观点看待亚洲发生的一切变化,强调美国外交的重点在西半球和亚太地区,故而将亚太地区作为战略防御的重点,将日本、中国台湾、菲律宾纳入其全球战略的轨道,形成第一岛链。1952年1月21日杜勒斯在参议院外交委员会发表演说,特别指出:"美国是关切欧洲的,美国也是关切日本的,但美国不会因此而减少对第二次世界大战中的太平洋盟国之关切,也不会不愿意与他们全力共谋安全。"[3] 为此,美国先后与菲律宾签订《美菲共同防御条约》(1951年8月30日),与澳大利亚和新西兰签订《美澳新安全条约》(1951年9月1日),与日本签订《日美安全保障条约》(1951年9月8日),日本成为美国在亚太地区反共包围圈上的重要堡垒。这样,自阿留申群岛至日本、韩国、琉球群岛、中国台湾、菲律宾,甚至到澳大利亚和新西兰的军事防线彻底建立起来了。

---

[1] 渡边昭夫编:《战后日本的对外政策》,有斐阁1985年版,第72页。
[2] 林金茎:《战后中日关系之实证研究》,中日关系研究会1984年版,第115页。
[3] 张龙吟:《中日和平条约签订过程回顾》,幼狮文化事业公司1991年版,第115页。

其次，美国对日本的压力也是不可忽视的重要方面。本来日本在选择中国哪方为媾和对象上始终是犹豫不决的，由于美国不断施压，吉田茂政府在最后关头才做出对台湾国民党当局的选择。吉田茂在其最后一部著作——《决定日本的一百年》中写道："最困难的是与'中华民国'恢复邦交问题"，"日本在媾和独立后，究将选择北京抑或台湾，美国自极关切。万一日本为贸易或其他经济利益所动，而与北京政权进入修好关系，则美国对共产国家的政策，将因此而受到极大冲动，故美国希望在参议院批准和约以前，取得日本将仅与国民政府恢复邦交的承诺"。"不过，美国参议院方面的空气，一如上述，坚决要求日本表明态度，否则，条约的批准亦或将发生问题。加以日本对于中国的立场，原本很微妙，和约若再迁延，问题将更严重，……由于上述情形，吾人不得不早日表明态度，当时若不以国民政府为缔约对手，实无他途可循。"[①] 这是日本政府当时无奈心情的真实写照。

第三，是国民党当局为改变在国际上被动局面的需要。1949年国民党当局在大陆失败、退踞台湾，由人口、面积及其经济力所限，其影响力急剧下降，尽管在联合国中占有重要议席，但仍处于岌岌可危的形势当中。在这种形势下，它需要美国、日本的扶植与支持，以改变不利的处境。1950年11月，蒋介石要求"美国对远东反共各国应立即负起领导责任来"，"无论是韩国、自由中国、越南、菲律宾……无论在冷战或热战方面，直至现在还只是各自为战，所以要被共产党各个击破。美国应让日本和上述的远东人民联合起来，获得自卫与共同保卫亚洲自由的力量"。[②] 其实在媾和问题上，台湾国民党政权也同日本一样没有太大的选择余地，充其量不过是美国全球战略棋盘上的一枚棋子而已，任由美国摆布。自从美英两国把自由选择媾和对象的权

---

① 邵毓麟：《吉田茂与中日关系》，载《中日关系论文集》第1辑，中日关系研究会1971年版，第87—89页。
② 秦孝仪主编：《蒋公思想言论总集》卷38《谈话》，1984年，第270—271页。

力交给日本后，日本大有挟美国以自重的倾向，因此后来在赔款、条约适用范围等许多问题上，加大了对台湾当局讨价还价的砝码。

总之，战后初期的美日关系与台湾问题是冷战与朝鲜战争热战加剧形势下的产物，尤其是日本选择台湾当局作为媾和对象并与之"建交"，构成战后日台20年官方关系的政治基础，致使中日关系曲折发展，迟迟不能走上正轨，直到1972年9月日本才废除"日台条约"而与中华人民共和国建立外交关系。美台、日台关系的非官方性质才是其双方关系的恰当历史定位。

第五节　中日两国与东南亚关系的发展

中国和日本作为地缘相邻同时又有复杂历史因缘的两个大国，都在东南亚地区有着传统而广泛的战略利益，对东南亚地区有着重要的影响作用。中日两国与东南亚的关系都很悠久，人员往来、经济文化交流之密切完全可以用难解难分来形容。在战后很长一段时间里，由于种种原因，中国与东南亚大多数国家关系处于不正常状态，政治关系紧张，经济上也没有任何交往，而日本紧紧抓住冷战契机以经济赔偿为手段重返东南亚，与各国建立起密切的政治经济联系。东南亚是日本重要的市场，日本输入原油的80%和贸易总额的40%要通过马六甲海峡，日本输入自然资源的14.5%以及海外民间投资额的18.2%在东南亚地区。[①] 东南亚作为一个独特的政治区域，与域外大国有着复杂的关系，对中日两国的认识也相当复杂的。日本学者滨下武志曾经说过："中国与东南亚关系的历史，是一个交流的历史。"[②] 日本与东南亚的交往虽然不及中国早，在东南亚的侨民也不及中国多，但它与东南

---

① 矢野畅：《东南亚政策》，同传出版会1978年版，第5页。
② 石井米雄编：《讲座东南亚学第四卷：东南亚历史》，弘文堂1991年版，第116页。

亚国家关系的密切程度远远超过中国。

一、20世纪50—60年代中日两国与东南亚国家的关系

由于战后冷战时期特殊的国际环境，中日两国与东南亚国家关系是完全不同的。50—60年代东南亚地区形势远比欧洲复杂得多，朝鲜战争和越南战争使亚太地区的大国关系更加复杂化了。由于殖民主义留下的后遗症以及战后特殊国际环境的影响，东南亚地区政治始终是分裂的。有学者指出，东南亚存在先天的"分裂倾向"，主要表现为成员国家的权力结构水平低，因此产生大国对权力真空的介入；地区内组织整合程度低，成员国间国家间关系淡薄与非连贯性等。[1] 可以说，整个50—60年代中国与东南亚国家的关系虽然不是隔绝的，但各种交流极少。造成这种形势的原因除了现实因素外，也有殖民主义时代遗留下的历史惯性，不利的地区形势限制了中国与该地区发展关系。

印尼、越南和缅甸与中国建交较早，其他东南亚国家多是在60—70年代，有的晚至90年代才与中国建交。东南亚诸国虽然不能一概视为与中国处于敌对状态，但有些国家对华敌视与疑虑是非常明显的，这一点在印尼、泰国和菲律宾三国表现得异常突出。印尼多次发生排华事件，1967年10月1日上午发生印度尼西亚2000多名学生袭击中国驻印尼大使馆事件。利用中国与印尼的对立形势，日本加大对印尼的经济投资与援助。除印尼之外，其他国家也接受了日本援助。可以说，日本从经济上与东南亚国家紧紧地联系在一起了。由此可见，日本与东南亚国家关系的密切程度远远超过中国，说明它在对东南亚进行着经济上的战略投资。当时中国尚未来得及关注这一地区，而日本就已经在这一地区发挥作用了。

日本与东南亚关系要比中国密切而深入。战争赔偿带动了日本与

---

[1] 矢野畅：《冷战与东南亚》，中央公论社1986年版，第206页。

东南亚国家的经济合作以及双方经济和政治关系正常化,双方经贸关系迅速发展起来。对于日本来说,东南亚地区具有地理毗邻、资源丰富的优势,同时还有历史上形成的发达的贸易网络与人脉关系。吉田茂说过:"对于失去了中国市场的日本来说,找到东南亚市场是很重要的。"① 自吉田茂政府起,历届政府都表现出对东南亚的关注与重视。岸信介更是直言不讳:"无论是为了作为自由主义阵营的一员履行义务,或为了在国际舞台上进行活动,或为了确保复兴了的日本经济的市场,东南亚对日本来说,其重要性都是大的。"② 从这里可以看出日本外交的努力方向。无论从何种意义上说,东南亚对日本来说都是不可或缺的。

这时期日本对外关系的一个基本政策,就是在西方阵营内直接与亲西方国家交往,在保证国内经济复兴的条件下尽量不与其他国家发生直接对抗或冲突。关于这一点,可以从1955年高碕达之助在万隆会议上的态度明显地看出来:"他小心地避开在政治上做出任何承诺,以免在北京、华盛顿或其他地方给日本增添麻烦。除了商业方面以外,事事都是极端谨慎。"③ 他们迫于时政建立起来的外交政策,经济的气息较浓,但不时有着浓淡不均的冷战意味。

1964年11月,佐藤荣作内阁执政。在外交上,佐藤内阁仍然把对美外交作为重点。在以美日关系为主轴的大背景下,解决贸易、安全、琉球返还以及同东南亚经济合作等问题。1966年9月,佐藤首相访问了缅甸、马来西亚、新加坡、泰国和老挝等国,全力以赴发展与东南亚国家的经贸关系。这在日本经济发展史上占有重要地位。日本与东南亚关系在很大程度上表现为与东盟的关系。1967年8月东盟建立后双方相互依存进一步加深。这不仅因为它们同是美国盟友,拥有共同

---

① 信夫清三郎编,天津社会科学院日本问题研究所译:《日本外交史》下册,商务印书馆1980年版,第801页。
② 信夫清三郎编,天津社会科学院日本问题研究所译:《日本外交史》下册,商务印书馆1980年版,第818页。
③ 劳伦斯·奥尔森著,伍成山译:《日本在战后亚洲》,上海人民出版社1974年版,第20页。

的意识形态，而且更为重要的是有着共同的发展需要，因此在经济上日本把东盟作为贸易与投资的重点。到60年代末，日本成为资本主义世界第二经济大国，力量不断加强，已不满足于原有的国际地位，乘美国陷于越南战争的困境，力图在东南亚发挥更大的作用。因此，日本进一步强化了对东南亚的政策。

1969年11月，佐藤荣作访问美国，与尼克松总统就安全与归还琉球问题进行会谈，21日双方发表《尼克松—佐藤联合声明》，插入了所谓的"韩国条款"和"台湾条款"。日本始终是以地缘安全的角度看待远东与东南亚问题的，所以声明强调："维持台湾地区的和平与安全对于日本的安全是极为重要的因素。"[1] 应该注意的是，佐藤还声言要在印支地区"谋求发挥有效的作用"。对于日本来说，东南亚也是其所谓的"远东条款"关注的敏感地区，长期以来对它有特别的关注。

早在1960年1月的新《日美安全保障条约》中曾经有过"远东条款"的内容，岸信介对此也有过明确的说明。他说，远东"这一区域大体包括菲律宾以北及日本周边地区，也包括韩国及中华民国统治下的地区"。[2] 藤山爱一郎外相也有明确的所指："以日本周边为中心，包括菲律宾以北、中国一部分的沿海州。" 2月27日，日本政府又统一了见解，指出："远东大体包括菲律宾以北和日本周围地区，韩国和中国台湾管辖下的地区。"[3] 远东与东南亚至今仍是日本关注的重点，在其对外安全战略与经济发展战略中占有重要位置。东南亚经济对日本的重要性由此可见一斑。

二、20世纪70—80年代与东南亚关系的修正和发展

长期以来，中国在东南亚一直是很孤立的，不仅与泰国、印尼、

---

[1] 吉泽清次郎监修：《日本外交史》第29卷，鹿岛和平出版会1973年版，第122页。
[2] 永野信利：《日本外交便览：重要资料·解说·年表》，同传出版会1981年版，第78页。
[3] 福田茂夫监译：《战后日本外交》，米涅瓦书房1976年版，第73页。

菲律宾等国关系紧张，就是与其他国家的关系也很不好。1967年8月东盟成立。东盟最初的五个成员国中有三个国家，即泰国、菲律宾和印尼直接处于美国的影响之下，对华采取敌视和不承认政策。中国把东盟看作是美国支持下的"反共联盟"，对其是持彻底否定态度的。当时的《人民日报》发表题为"美帝走狗的反革命小联盟"的国际评论，认为"这是一个地地道道的反华反共反人民的反革命联盟，是美帝苏修在亚洲推行新殖民主义的又一个工具。……所有这些，完全暴露了这个挂着经济'合作'旗号的反动集团，是一个彻头彻尾的反华军事联盟"。① 这是当时中国对东盟的总的看法。

不可否认，东盟成立之初有"防止共产主义扩张"的基本意图。当年的菲律宾、泰国和马来西亚有着强烈的"恐共"和防共心态，以共产主义扩张的观点看待亚洲发生的变化。在当时看来，最初把它视为"反共联盟"是有一定道理的。直到20世纪70年代上半期，中国对其一直持否定与批判的态度。中国出版了印度尼西亚文版的《毛主席语录》《毛泽东论人民战争》《毛泽东选集》《毛泽东军事文选》等著作，印尼共产党欢呼"为我们的斗争所十分需要的这一著作的出版"。②

从日本方面说，东盟成立有助于其与东南亚国家政治经济联系。有资料表明，日本对外投资的重点在亚太地区，而亚太地区的重点又在东盟国家。据统计，20世纪70年代初日本已成为东盟最大的贸易伙伴，在整个东盟国家的出口比率中占24.2%，大大超过美国的17.4%和欧共体的15.3%。这说明双方关系极为重要。日本认为，东南亚的政治安全、经济繁荣与日本密不可分，不仅应该确保输出的市场，还应该从保护自由世界的角度检讨经济援助。③ 日本通过经济赔偿与合作、贷款等多种途径与东南亚国家建立起密切联系。

进入20世纪70年代，世界形势发生新的变化，中美关系出现明

---

① 《人民日报》，1967年8月12日。
② 《光明日报》，1968年7月19日。
③ 山本刚士：《战后日本外交史》第6卷，三省堂1984年版，第86页。

显的好转。1971年10月,中华人民共和国加入联合国;1972年2月,美国总统尼克松访问中国,中美两国在上海发表《联合公报》。同年9月中国和日本建立外交关系,中日《联合声明》规定:"中日邦交正常化不是针对第三国,两国任何一方都不应在亚洲和太平洋地区谋求霸权,每一方都反对任何其他国家或集团建立这种霸权的努力。"国际政治环境发生的重大变化,有利于中国改善与东南亚国家关系。在美国实行战略收缩的同时,苏联则采取了咄咄逼人的进攻态势,形成中、美、苏战略大三角关系。

日本对东南亚的参与几乎是全方位的,不仅商品和资本在东南亚找到了市场,众多的企业也在那里成功地开拓实业,更为重要的是日本表现出对东南亚政治经济的广泛参与。日本的这一政策在东南亚引起了不小的反响,有些国家希望日本能够履行这一政策,帮助它们在农业开发、石油、采矿、渔业、商业、基础设施建设以及工业发展方面多做些事情。这个时期日本国内实现了战后以来的经济复兴,民间海外投资、贸易都处于活跃的上升阶段,这对渴望技术和资金的东南亚国家来说很有吸引力。有资料显示,到1973年日本经济的高增长接近10%,70年代后半期为4%—5%,80年代前半期为3%—4%,在国际上也是很高的。① 从另一个角度看,日本的资金、技术大规模进入也引起经济交往的非对称性问题。日本与东盟的关系是发达国家和发展中国家的关系,它们之间的经贸关系不是平等的,从而导致利益分配长期从"外围"的东南亚流向了"中心"的日本。

20世纪70年代中期以后,越南得到苏联支持,在印支地区推行地区霸权主义政策,加剧了地区矛盾。苏联在印度支那、印度洋、西非、地中海和古巴等地的扩张,特别是在印支和印度洋的扩张,引起包括日本和东南亚所有国家的强烈反对。苏联的扩张比老牌的殖民主义更具欺骗性和危险性。维护本地区的和平与安全已成为东南亚各国的当

---

① 宫城大藏编著:《战后日本的亚洲外交》,米涅瓦书房2015年版,第183页。

务之急。1971年11月，东盟发表《东南亚中立化宣言》(即《吉隆坡宣言》)，强调和平、中立、自由的对外政策，反对外来干涉，奉行独立自主的外交政策。东南亚国家改变长期敌视中国的政策，并认识到在许多领域与中国有共同的战略利益。鉴于东南亚形势发生的变化，日本及时调整了对外政策，1973年9月与越南建交；中国1974年与马来西亚建交，1975年与泰国和菲律宾建交。1979年2月中国和越南发生战争。这场战争实际上已经成为东西方冷战的转折点。这时期出现了中国—日本—东南亚关系的良性互动，有助于亚太地区的和平、稳定与发展。无论从何种意义上说，此时的中日关系在东南亚发展是平缓的，没有太多的可挑剔之处。

中国、日本与东南亚国家互动进一步加深。这是因为美国已经从越南撤军，西方工业国战后的经济景气开始衰退，日本国内经济力量在壮大，面临资源"瓶颈"的巨大压力，扩大对东南亚的经济联系已成为对外关系的重点。对于中国来说，整个70年代的对外政策主要是以建立抵抗苏联威胁的统一战线为重点的，搞好与美国、日本和东南亚国家关系意义重大。越南在苏联的支持下推行地区扩张主义政策，闹得四邻不得安宁。1978年越南国内掀起大规模迫害华侨的浪潮。这一年越南加入以苏联为首的"经互会"并发生侵略柬埔寨事件，1980年6月又发生越南军队入侵泰国边境事件。日本基于中日《联合声明》和《中日和平友好条约》中的"反霸条款"对越南的侵略行动进行了谴责，越南党报为此发表评论指责中国、美国和日本已经结成"北京、华盛顿和东京轴心"。[①] 日本力求在这一地区发挥与其经济大国地位相称的国际作用。

面对东南亚地区的形势，日本是想利用膨胀起来的经济力量，在政治上发挥更大、更多的作用，把力量伸向美国在亚太的势力范围，

[①] 增田弘、波多野澄雄编：《亚洲的日本与中国——友好与摩擦的现代史》，山川出版社1995年版，第139页。

表现出想做亚洲领袖与政治大国的势头。1988年，日本对亚洲的海外投资累计达322亿美元，其中对东南亚地区特别是对东盟诸国的投资达185亿美元，对东南亚的贸易达438亿美元，已经占对世界贸易的10%。[①] 日本走向政治经济大国的步伐明显加快。

为了适应改革开放的战略需要，中国加大了与东南亚国家的经济关系。中国对东盟的政策是推动双方关系全面发展，以经济合作促进地区关系的和平与稳定。1984年中泰两国贸易量达到10亿美元，中国和马来西亚为93000万美元，新加坡为326000万美元，菲律宾为76000万美元，印尼为69000万美元。[②] 与其他国家的经贸关系也有一定的发展。日本认为，这时期不论在东南亚还是在亚洲，它在国际政治与经济上发挥了与其经济大国相称的重要作用。对于中国和日本来说，东盟都是一个巨大的市场。日本推进对亚洲各国的政府开发援助（ODA），1989年日本的政府开发援助占世界第一位。不可否认的是，日本对中国、韩国的援助确实有抵御苏联扩大霸权主义威胁的意义。[③]

冷战结束后，中国、日本与东南亚关系进入了新的调整期，与此相关中日关系发展到一个更高阶段。一方面，为了国家利益而进行区域经济合作，以合作者的力量来推动本地区的发展，东亚地区合作成功与否系于中日两国的努力程度；另一方面，日本尚与域外大国——美国存在日益密切的军事同盟关系，对中国在东南亚影响的认识是极为复杂的，与中国的博弈已在更多更广泛的领域逐渐展开。日本在亚太地区的战略方针是加大对这一地区的影响力，确保日美主导下的亚太国际秩序，发挥与其经济大国地位相称的国际作用。通过战后几十年的经营与交往，日本与东南亚国家的经济关系十分密切，仅从一些经济数字来看就能说明问题。日本与东南亚国家的贸易额1965年输出

[①] 矢野畅编：《讲座东南亚学第十卷：东南亚与日本》，弘文堂1991年版，第204—205页。
[②] 松本三朗、川本邦卫编著：《中国在东南亚的形象与影响力》，大修馆书店1991年版，第375页。
[③] 宫城大藏编著：《战后日本的亚洲外交》，米涅瓦书房2015年版，第187页。

为 10 亿美元，输入为 6 亿美元；到 1975 年分别扩大到 20 亿美元和 19 亿美元；1985 年为 110 亿美元和 208 亿美元，已经是 20 年前的 11 倍和近 35 倍。[①] 除了每天有大量的日本人赴东南亚旅游外，日本政府还把开发援助也投向东南亚国家。

从当前的情况看，中、美、日已经形成在东南亚新的角逐。不仅如此，印度也在不断地增强对这一地区的影响。东南亚小国众多，对中日关系与作用看法不一，有的希望中国和日本在东南亚共同发挥大国作用，有的主张再把美国、印度、澳大利亚、新西兰等拉入本地区，目的在于防止本地区力量失衡，不愿看到某一大国力量在本地区过于强大、主宰地区事务的情况。这与长期以来大国对东南亚的争夺有关，与东南亚一些国家长期倾向于西方、想依靠域外力量来均衡本地区的政治经济力量以求得稳定的区域秩序的历史传统有关，反映了东南亚国家的普遍心理。

三、20 世纪 90 年代以来中日两国与东南亚关系新发展

日本历来对东南亚地区十分重视，一直将其作为重要的经贸区域来经营。进入 20 世纪 90 年代，对东南亚的重视有增无减。日本的重视并非仅仅在于贸易、投资等经济层面，而且已将其提高到国家对外关系的战略位置，关注这个地区的传统与非传统安全。在日本与东南亚国家关系研究中，人们习惯于将日本看成"经济动物"，也就是说只从经济层面来看待日本与东南亚国家关系问题，这是远远不够的，还必须深入到日本国家的对外战略中去理解和把握，看到日本重视东南亚的历史传统。

20 世纪 30 年代，日本对外政策目标是建立"大东亚共荣圈"，即"以日、满、华为中心，并加入南洋，以确立东亚共荣圈"；后来又有

---

① 矢野畅编：《讲座东南亚学第十卷：东南亚与日本》，弘文堂 1991 年版，第 269 页。

"地理空域论",即"'自日、满、华及东经60度至东经180度之间,南纬10度以北之南方地区'规定大东亚之范围从阿拉伯半岛东端至中途岛、斐济、新西兰东端,澳洲北端以北"。① 以战争的残暴手段谋取自身的发展是错误的做法,受到反对与谴责。由于战争失败,日本的野心化为泡影。从战后对东南亚的经营来看,它实际上在实践着用战争手段没有完成的道路。就当前而言,东盟关注美国、中国和日本的作用,而美国、中国和日本又是东盟国家特别希望相互制衡的国家,有时候对中国的恐惧与疑虑又超过美国和日本;日本关注越南在东盟的地位,希望在东盟中提高越南的地位,意在南沙群岛问题上加强越南地位来制衡中国在该地区的影响,利用经济影响来巩固其在东南亚的地位,在许多方面表现出对东南亚事务的积极参与。

中日两国的安全、发展战略等问题已在东南亚有所反映。安全与发展问题将是中日两国关系中的核心问题。冷战结束后,日本政府把确保海上运输安全和资源供应作为国家安全的重要组成部分,因而更加重视东南亚的作用。在走向大国过程中,日本不仅重视东南亚,也把目光投向印度洋,甚至把"生命线"扩展到了印度洋。20世纪70年代中日两国面临的良好国际环境已经一去不复返了,今天的形势也无法退回到过去,也没有必要退回到过去。历史上的许多事情是可遇不可求的。鉴于美日两国面临的共同形势,"美国要求日本分担防卫海域扩及马六甲海峡与印度洋为止。……确保海上运输航线的通行无碍,即等于维护生命线的安全"。②

近年日本与东盟合作十分积极,也卓有成效,特别是在能源开发、

---

① 山室信一:《近代日本的东北亚区域秩序构想》,日创社文化设计印刷有限公司2001年版,第12页。
② 中村胜范编:《日美台协防内幕》,正文书局有限公司2000年版,第91页。根据该书同一页的材料,可以看到确保海上运输线对日本生存的极端重要性。1980年日本进口原油8000万吨,铁矿石3700万吨,粮食2700万吨,总计约为18000万吨的货物量要从海上运输。若此数字减少10%,日本国民营养水平便会跌至1955年的水平;若减少30%,则会跌至战后水平。

东盟经济合作和湄公河开发上表现出极大的热情。2001年11月由日本、泰国、老挝和越南参加的"关于东西经济回廊的四国阁僚会议"在泰国召开,意在加快域内经济合作。围绕广阔、复杂的东南亚地区,中日将是合作与竞争并行,既联系又疏远,正如日本学者所说:"隐藏在中日关系正常化问题背后的更为长期的问题变得更为重要。"[①]20世纪90年代以后,由于苏联解体,来自北方的威胁已不复存在,日本因此更加关注与美、中在太平洋地区的关系,伸张在亚太地区的力量。根据1996年《日美安全保障联合宣言》和1997年《日美防卫合作指针》,日本和美国把亚太地区纳入了安全合作的范围,给中日关系带来了新的问题,也给亚太地区带来了新的问题。

　　东南亚小国众多,国家心态极为复杂,历史上长期遭受欧美殖民主义的压迫与掠夺,心里伤痕累累,因此对大国在东南亚的存在极为敏感,始终对域外大国抱有喜忧参半的态度,不愿意看到某一大国主宰本地区的情况,"目前东盟在外交和安全上的基本政策取向是在大国之间采取平衡政策,即利用大国相互制衡,以维持本地区的和平和安全,而不愿突出发展同某一大国的关系,从而使其外交政策失衡"。[②]东南亚国家在对待中日关系上也是如此。它们既担心日本军国主义复活,又希望继续维持日、美军事同盟存在,以平衡日益强大起来的中国国力;由于东南亚国家大部分正处于发展中,急需技术与资金,因而特别看中日本的经济大国地位,希望它能在东南亚农业、水力与资源开发、洪水控制与区域合作上多做一些事情。在区域合作上,日本对湄公河地区开发参与较中国为早。早在20世纪50年代就参加了对以泰国、老挝、柬埔寨、南越伪政权为成员的湄公河委员会的援助。这是与战后对东南亚国家的经济赔偿同步进行的。但是后来由于越南战争的影响与东南亚国家关系的紧张复杂,湄公河地区开发计划遭到

---

① 花井等编:《中国以后的日本》,同传出版会1973年版,第77页。
② 高连福:《东北亚国家对外战略》,社会科学文献出版社2002年版,第175页。

搁浅。

进入20世纪90年代,东盟各国对湄公河地区的开发热情再度高涨起来。面对近年中国与东盟政治、经济及外交关系的全面推进,日本也不甘示弱,想进一步推进与东盟自由贸易区建设,以保持其在东盟国家的传统优势。因此自90年代以来几乎每位日本首相都毫不例外地访问东南亚,巩固其大国地位。日本的做法也是有一些效果的,甚至是相当不错的效果。2002年1月小泉纯一郎首相访问菲律宾、马来西亚、柬埔寨、印尼和泰国,进一步提出经济合作与联合开发等构想,还表示希望东盟国家支持日本的国际行动。日本不仅与东盟进行整体谈判,也展开与东盟国家的双边谈判,目的是想积小胜为大胜。2003年12月在东京召开东盟十国首脑会议,发表了《东京宣言》。在这次会议上,日本拟在2004年以后的三年时间里接受东盟国家留学生和派遣技术人员到东盟4万人次,并提供约15亿美元的资金,为东盟国家开发湄公河提供15亿美元的援助。[1]

相对于中国,日本与东盟国家的关系十分密切,视其为"后院",而中国与东盟国家的关系却相对较弱。一般说来,只要经济关系不密切不深入,就会制约其他关系发展。从资本交流情况看,1995—2000年流向东盟各国的直接投资为1201亿美元,但其中来自中国的投资额只有6.326亿美元,占全部总投资额的0.5%;东盟各国对中国的直接投资,2000年为28.4458亿美元,占直接投资流入总额的7%。[2] 在一些指标上中国虽然暂时处于劣势,但发展势头强劲,构成中、日、美三角联动竞争的基本态势。在其对东盟的政策中如何应对中国,是日本考虑的重要因素。

日本财大气粗,以其强大的经济实力为后盾,与东盟国家的联系

---

[1] 邓仕超:《从敌对国到全面合作的伙伴——战后东盟—日本关系发展的轨迹》,世界知识出版社2008年版,第128页。
[2] 山影进编:《东亚地区主义与日本外交》,日本国际问题研究所2003年版,第118—119页。

进一步加深，目的在于牢牢抓住这一地区，以确保其未来的资源供应与航路畅通。中国在日本对东盟政策中的影响显著上升，是大国利益的博弈使然。中日在东南亚有合作、有竞争，日本不愿看到中国在东南亚影响日益强大，更不愿意看到中国推进"一带一路"建设。由此可能会产生安全结构与战略安全上的一些变化。清楚的是，中日两国在东南亚的战略目标与实施的步骤是有差异的，尤其是日本在推动与东盟合作方面表现出的欲发挥其大国作用的意图十分明显。这就意味着它要在这一地区发挥更大的主动性。2001年"9·11"事件发生后，日本前首相中曾根康弘在谈到日本的国家战略时说道："关于外交问题，亚洲外交非常重要，应当以日美安保条约为基础"，"维持日美安保条约，就可以借助美国的多国同盟体系，实现亚太地区的安定与繁荣"。[①]

　　日本的目的十分明确，也十分现实，其正处在从经济大国走向军事大国和政治大国的过程中，建立正常化国家是其不断追求的目标，时刻想揭掉战后"战败国"地位的标签，修改《日本国宪法》第九条已经成为不可逆转的基本趋势，中日间的深层次矛盾已经显露。日本不会满足于经济大国而政治小国的地位。为了争取东盟国家对其获得联合国安理会常任理事国席位的支持，日本花在东南亚国家的钱财已不算小数。在可预见的将来，日美关系仍然是日本对外政策的基础，日本对整个东南亚乃至亚太地区的影响仍然是重大的。中国改革开放需要与东南亚国家拓展多维空间。从这个意义上说，中国与日本在东南亚的合作、竞争甚至较量还要持续下去。

[①] 中曾根康弘著，联慧译：《日本二十一世纪国家战略》，海南出版社、三环出版社2004年版，第270、271页。

第七章　东方国家进入整体崛起的新时期

东方国家整体崛起，是指20世纪60年代以来以日本、韩国、中国、东盟和印度等国为代表的东方国家在经济上的崛起，引起世界发展格局的重大变化，受到世界的极大关注。中国、印度这样传统的农业国家一旦引进现代工业文明和市场经济，依靠学习、创新和庞大的天赋人口资源规模优势，很快就创造出了经济奇迹。在东亚、东南亚至南亚的广阔区域内，无论从经济增长、国力提高的角度，还是从传统文化热的角度看，这个区域都表现出它的独特性，取得的成就十分明显。根据英国著名经济学家安格斯·麦迪森（Angus Maddison）的统计结果可知，1950—1973年日本人均GDP增长率为8.05%，中国为2.86%，印度为1.40%，新加坡为4.40%，韩国为5.84%，泰国为3.67%；1973—1998年各国的人均GDP增长率发生一些变化，日本为2.34%，中国上升为5.39%，印度为2.91%，新加坡为5.47%，韩国为5.99%，泰国为5.31%。[1] 这个增长速度高于同时期的世界其他地区，显示出发展的优势。

第一节　日本崛起及其对大国关系的利用

众所周知，日本是亚洲近代第一个实现工业化的国家，也是基督

---

[1] 安格斯·麦迪森著，伍晓鹰、许宪春等译：《世界经济千年史》，北京大学出版社2003年版，第210页。

教文化圈以外第一个实现现代化的国家。现在日本人口只有世界人口的 1.8%，国土面积是世界的 0.25%，但它却已成为当今世界第三经济大国和科技强国，在世界上的经济、科技与军事地位不可小觑。长期以来我们始终对日本认识不足，对日本的研究远不如日本对我们的研究深入。因此，我们应该特别要关注和研究这个问题。研究日本崛起，必须从历史的宏观视野把握其发展的总过程和一般特征。深入探讨日本在崛起过程中正反两个方面的经验，这对于我国的和平发展是十分有益的。对于日本这样既传统又现代的多重性国家，只看到它今天的成就，看不到它过去给世界带来的灾难与教训；只看到它 20 世纪 90 年代以来经济发展中出现的问题的一面，而看不到它在技术、国际市场上深入开拓的一面，就会把很复杂的问题简单化。

一、日本在近代的崛起

1868 年实现的明治维新，是日本通向近代崛起的关键，由此而获得崛起的基础与条件。明治维新对后来日本发展的影响是多方面的。在经济领域，实行"殖产兴业"，大力发展资本主义工商业。在这一政策的推动下，日本的国营企业和私人企业如雨后春笋般地发展起来，成就极为显著。有资料表明，1866—1873 年日本工业生产每年平均增长速度为 32.2%，而英国（1851—1873）则为 3.3%，美国（1861—1873）为 5%，德国（1861—1873）为 3.8%；1874—1890 年日本工业生产年平均增长速度为 12.1%，而英国则为 1.7%，美国为 5.2%，法国为 2.1%，德国为 3.5%。[1] 这一速度远远把欧美国家抛在后面。在社会文化领域，实行"文明开化"。"文明开化"的实质，就是以近代欧洲文明为目标，大力学习和引进欧洲文化与科技，甚至引进欧洲的价值观和伦理观。

---

[1] 吴廷璆主编：《日本史》，南开大学出版社 1994 年版，第 399 页。

其实,早在近代以前日本就有了发达的商品经济与高超的造船技术。德川幕府时期长期的和平环境,使国内经济、文化与市场得到充分发展,与日益衰败的清朝形成鲜明的对照。打开日本国门的培理在《培理舰队日本远征记》中对日本有相当程度的介绍,他说:"日本人是极其勤劳而聪明的民族,在制造业中具有其他民族无法企及的优越性。"[①]日本商船远行到朝鲜、中国、爪哇、琉球各地,只是在17世纪实行锁国后情况才发生变化。

明治维新后,日本不仅掀起学习欧洲文明的热潮,向欧洲派遣了大批的留学生,而且更为重要的是建立起完整有效的大学、中学、小学教育体系,以法律的形式规定国民接受教育,以至于出现"邑无不学之户,家无不学之人"的情况。时至今日,接受教育、纳税和服兵役成为日本国民的三大义务;在军事领域,实行"富国强兵"。1872年,太政官向全国发布征兵令,建立近代陆海军常备军。日本政府是把"强兵"作为"富国"的前提看待的,认为国家的富强首先必须做到"兵强"。陆军大臣山县有朋在给明治天皇的一份报告中说:"兵制至此方告完备,能够对内镇压蟊贼,对外加强对峙的力量。"一语道出建立军事力量的真正目的。

经过明治维新,日本获得了通向崛起的物质技术与结构性功能等有利条件,国力大增,国家面貌为之一新,很快走向对外扩张的道路。日本的崛起是与侵略扩张紧密地联系在一起的。1874年日本利用琉球岛漂流民在台湾南部被当地人杀害的"牡丹社"事件,派兵占领了琉球。以此为契机,明治政府向中国清政府施加压力,于同年出兵中国台湾。1876年又以武力威胁,迫使朝鲜李朝开国,签订《江华条约》,将朝鲜强行纳入世界资本主义体系,开始实施其"大陆政策"。与此相伴随,日本国内出现各种鼓吹对外侵略扩张的理论,可谓林林总总、五花八门。

---

① 宫崎办公室编译:《培理舰队日本远征记》上册,万来舍2009年版,第130页。

1885年10月，柴四郎发表小说《佳人之奇遇》，鼓吹"外伸国权"，呼吁国民："当今燃眉之急是，与其内张十尺之自由，不如外伸一尺之国权。"[①] 柴四郎的对外扩张理论是日本基本国策下的产物，反过来又对日本国策产生影响，进一步加强了日本的侵略欲望。这种理论的出现并非空穴来风，而是有着深刻的社会历史根源。在对外关系上日本执行的是一条对欧美国家协调和"失之于欧美，取之于亚洲"的外交路线。这与日本此时国力发展得相对不足有关，与东亚邻国积贫积弱的现实有关。

　　日本在走向崛起过程中的两次重要战争奠定了它在东亚的强国地位。其一是1894—1895年的中日甲午战争。甲午战争中英国支持日本。这是因为英日两国存在军事同盟关系，俄国成为英日两国的共同敌人。甲午战争的结果是日本打败中国，不仅获得了台湾、澎湖列岛等中国大片国土以及巨额的赔款，还切断了中国与朝鲜的传统联系，加强了在东亚的军事地位，成为东亚一霸。战争胜利刺激了日本对外掠夺的野心，也使全国沉浸在胜利的狂热中。值得注意的是，一些一向主张学习中国的思想家们纷纷转向，即由崇拜中国文明转向蔑视中国文明，从中西文明的比较中看到中国儒家文明的落伍，进而强调实力强权的重要。

　　其二是1904—1905年的日俄战争。日俄战争是两个帝国主义国家在中国土地上进行的一场血腥厮杀，对日本同样具有重大意义。为了打败对手，争取战争胜利，日本极力争取英美两国的支持。在财政上，日本在伦敦、纽约等地四次发行外债8亿日元（实得近7亿日元），其中44%募自英国；外债占日俄战费的40.1%。[②] 在与俄国的较量中日本打败俄国，让世界列强感到震惊，承认其强国地位。在经过

---

① 信夫清三郎编，天津社会科学院日本问题研究所译：《日本外交史》上册，商务印书馆1980年版，第210页。
② 齐世荣主编：《15世纪以来世界九强的历史演变》，广东人民出版社2005年版，第251页。

明治维新后的几十年里，日本的海上交通运输发展迅速，从帆船和汽船的吨位发生的变化上看，已经有了实质性的飞跃。1905年，帆船吨位为334684吨，汽船为938783吨，帆船在总商船吨位中所占比率为26.3%，这一年各国帆船平均比率为30.9%。① 也就是说，日本近代化的汽船比重大，依靠人力和自然力的传统帆船比重小。1911年完全废除幕末以来欧美列强加给日本的一系列不平等条约。

进入1910年代，日本完成工业革命，实现了由传统的农业国向工业国的转变。这是亚洲其他国家不曾有的新现象，从而造成日本较之其他国家发展的巨大优势。日本强国地位的获得得益于国外市场的扩大，对整个朝鲜和中国台湾的占领支持了国内工业革命，两次战争带动了以军事工业为中心的重工业的快速发展，与战争相关的兵器、军舰等实现了自给，钢铁、机车、电力等大部分能够依靠本国的力量得到解决。铁路、航运和公路运输网络将全国城乡连成一体。进入崛起之前，日本首先实现了工业化，机器生产代替了落后笨拙的手工生产，大幅度提高了生产率。工业化的推进引起了社会的急剧变迁，工业化不到40年时间即告完成，从而获得对亚洲国家经济、军事上的绝对优势，进入世界七个帝国主义强国行列。

在第一次世界大战中，日本充分利用欧洲列强间的矛盾，最大限度地攫取在中国和太平洋地区的利益。大战爆发后不久，元老井上馨在给大隈重信和山县有朋的信中说，此次大战"是对大正时代发展日本国运的天佑，日本国必须立即以举国一致的团结享受这个天佑……处此千载难逢的大局，为了区区的党情或个人的恩怨而不使适才者适所，决非忧国之行为"。② 此信还提到日本必须参与世界大战、与欧美国家相协调、改变日本在亚洲孤立地位等问题。1914年8月日本对德国宣战，但宣战后它并没有向欧洲战场投派一兵一卒，而是对中国采

---

① 服部之总：《黑船前后·志士与经济》，岩波书店1981年版，第20页。
② 升味准之辅著，董果良、郭洪茂译：《日本政治史》第2册，商务印书馆1997年版，第468页。

取了军事行动。欧战爆发后，英、法、俄、德、美等国把主要力量集中在欧洲，暂时放松了对中国的侵略，日本利用这一有利条件，乘机夺取德国在山东的特权，并取得原属德国在太平洋上的几个岛屿。第一次世界大战给日本带来的是力量的进一步膨胀。日本利用大国关系实现自己的利益，有着复杂的国际政治原因与国际冲突根源。日本自明治维新后就尝试着与欧美强国协调的外交政策，甚至不惜以卑恭的态度与欧美国家结好，目的在于减少自己的损失，等待机会谋求发展。吉田茂说过："日本自从与外国建交以来，一直是以同英美两国取得政治上和经济上的协调为原则的。"①

一个国家在崛起的过程中追求富强和繁荣，利用复杂多变的国际关系发展自己、改变自己在国际关系中的不利处境本无可厚非，但是如果把以强凌弱、掠夺邻国作为自己的基本国策那就是大错特错了。纵观日本近代以来崛起的历程就可以看到，它走的是一条掠夺邻国、以邻为壑的战争道路，甲午战争、日俄战争、五三惨案（1928）、九一八事变（1931）、一·二八事变（1932）、长城事变（1933）、七七事变（1937）、太平洋战争等太多的事件表明，日本的崛起与战争两种过程一直在相互推动演变着。它的崛起和繁荣不仅没有给亚洲各国带来和平与繁荣，反而给亚洲各国带来了威胁与灾难，最终走上祸人毁己、自取覆灭的不归之路。日本的崛起深深打上了黩武传统的烙印，内外政策充满了血腥。这也是日本留给世界的惨痛教训，值得时时记取。

日本在近代崛起的原因是多方面的，除了明治政府采取的一系列有利于资本主义发展的各项政策外，还有许多特殊的历史条件。日本学者宫崎市定在分析日本近代化成功的原因时，首先举出了明治维新以前大约近三百年的长期和平，认为这样长期持续的和平在世界历史

---

① 吉田茂著，孔凡、张文译：《激荡的百年史》，世界知识出版社1983年版，第72页。

上没有先例。其次是日本与各国保持了平衡的关系。[①] 宫崎市定可能有意回避明治维新以来日本政府的战争政策，如发动甲午战争掠夺中国土地资源这样一些重要的因素，但他所讲也是有一定道理的。

二、利用东西方冷战对峙形势实现战后第二次崛起

1945年8月日本战败投降时，国内经济倒退了25年，几乎所有的工厂都陷于瘫痪，国内一片狼藉，目睹了当时日本社会惨状的海外撤侨对策特别委员会委员长大久保传藏写道："国内已变成焦土，无论是粮食、住宅、衣物，都极度缺乏，而濒临饿死边缘，当时又加上复员军人，明治以来移居海外的人群也一齐涌了回来，自然发生了无可形容的混乱。"[②] 从太平洋地区撤回的军人和侨民超过300万人，其中中国东北127万，中国其他地方82万，朝鲜半岛72万，桦太（萨哈林）地区也有39万，日本著名马克思主义经济学家小林义雄在《战后日本经济史》一书中同样写道："当时日本经济完全陷入了悲惨的境地"，"由于这场战争和日本惨败，除极少数人外，国民都陷入了极度的贫困，整个工业严重荒废"。在这样的形势下根本看不到任何复兴的希望。

但是奇迹最终在日本发生。日本在战后重新崛起，固然与其国民勤劳苦干、特定的国际环境和美国强有力的支持有关，也同样与其利用东西方冷战对峙的国际关系、与大国结盟分不开。在很大程度上可以说，日本是冷战的最大受益者。

在近现代史上，日本有相当一部分时间是依靠与大国和强国同盟关系求得发展的，与大国结盟战略在第二次世界大战后达到了登峰造极的地步。在第二次世界大战前，有1902年英日同盟、1937年德、

---

① 《宫崎市定全集》第18卷，岩波书店1993年版，第410—411页。
② 大久保传藏：《一页珍贵的历史》，海外出版社1969年版，第99页。

意、日"三国同盟",第二次世界大战后又有美日同盟。依据1952年《日美安全保障条约》建立起来的日美同盟关系经过1960年调整之后得到进一步加强,时至今日,日美间的同盟关系影响仍有增无减。岸信介在修改《日美安全保障条约》之前说过:"日本绝不走向共产主义和中立主义,我们经常站在自由世界一边,其中与美国的合作最为重要。"[①] 利用东西方冷战对峙的大国矛盾关系,是战后日本历届领导人使用的战略手段,也是值得人们充分注意的问题。

如何在战败的废墟上重新崛起,处理好与大国,尤其与美国的关系是关键。自明治维新以来,日本领导人始终以欧美文明为目标,走与欧美大国相协调的道路。奠定战后日本外交政策框架的吉田茂认为,日本是"世界中的日本",不能游离于近代以来的国际秩序之外,一个国家要实现平稳而有效的发展不与大国结盟是不行的。他在研究了明治维新以来的日本历史之后,得出结论说:"明治维新以来先辈深思熟虑带领日本走过的道路,若应用到今天,就是与以英美为中心的自由各国一道前进。这条道路是不能丢的,也不能轻视其意义。另一方面,必须与先进大国相协调、追随,从自主性丧失的卑屈心理下面摆脱出来。我认为这实在应该是日本前进的道路。"[②] 在这里,可以看到战后日本外交的主要倾向。

日本与美国结盟的目的,在于迅速恢复国力,改变自己在国际关系中的不利地位。因为战后初期当务之急是早日复兴经济,结束外国占领和恢复国家独立。但是作为战败国想做到这些是要付出代价的。因此在对外关系上必须走一条让美国负担其安全保障的道路。由于冷战需要,从1948年以后美国对日政策经历了由削弱到扶植的转变。朝鲜战争期间,日本成为美国军需供应地,接受大量的"特需",到1951年国民生产总值已经恢复到战前水平,人均国民收入、劳动生产率、

---

① 施嘉明编译:《战后日本外交简史——战败至越战》,台湾商务印书馆股份有限公司1979年版,第169页。
② 吉田茂:《世界与日本》,番町书房1963年版,第127页。

生产设备总量、实际国民生产总投资以及农业生产等，都已达到或超过战前水平，从而实现了国民经济恢复的战略目标。自1954年以后，日本经济进入了高速增长阶段。日本国民实际生产总值在1954—1958年间平均增长率达到7%，1959—1963年达到10.8%，1964—1968年达到10.9%，1969—1973年为9.6%。这一数字远远高于世界其他国家。

到20世纪60年代末，日本实现了再次崛起，成为仅次于美国的世界第二经济大国，在汽车、造船、钢铁、彩色电视、半导体研发方面占世界第一位，计算机、智能机器人、激光、新材料和超导材料技术方面处于世界领先地位。因此日本在科技、经济、金融方面树起了大国形象：1990年世界最大500家工业公司日本占111家，仅次于美国的164家；世界最大的50家银行日本占20家；在汽车生产方面，1989年日本汽车生产占世界总产量的25.7%，高于美国和加拿大两国的总和22%；在粗钢生产方面，日本的产量占世界总份额的14.1%，高于美国和加拿大两国的总和13.5%。① 战后日本的经验证明，日本的道路是成功的。它主要表现在以下几个方面：

首先，理顺与大国关系，重返国际社会。日本奉行对美"一边倒"的外交政策，借助美国的支持完成它所要达到的目标，同时也谨慎处理与苏联的关系，并非单纯地受那种内涵狭隘的冷战思维的驱使，只要对国家有益就会做出主动选择。在这方面，加入关税及贸易总协定（GATT）、恢复日苏邦交和加入联合国就是突出例子。1955年日本加入关税及贸易总协定，从经济上回到了国际社会。此后面临的问题就是从政治上回到国际社会。鸠山一郎在执政时期说过："我说过对中共与苏俄贸易有何不好？据说美国对此深感不安，实际上丝毫都无忧虑的必要。……为避免目前世界人类所恐惧的第三次世界大战，最好多

---

① 参见特伦斯·K. 霍普金斯、伊曼纽尔·沃勒斯坦等著，吴英译：《转型时代：世界体系的发展轨迹（1945—2025）》，高等教育出版社2002年版，第79—83页。

与共产圈从事有无相通的交通与贸易。将共产主义一概视为敌人而不跟它们交通或贸易，反而会诱发战争，若要彼此相安无事，最好是加强彼此的交通与贸易。"① 这是对现实比较合理的处理态度。

日本深知，苏联是战后唯一能与美国抗衡的大国，是联合国中拥有否决权的国家，对国际事务有极大的发言权。日本要真正走向国际社会，就必须加入联合国，而这一切又有赖于苏联的支持。经过谈判，日苏两国于 1956 年 10 月签订《日苏联合宣言》，宣布结束战争状态和恢复两国的外交关系，苏联支持日本加入联合国。同年 12 月联合国安理会一致通过承认日本加入联合国。这是日本自 1933 年退出"国联"以来，23 年后又重返了国际政治舞台。

其次，利用东西方对峙的国际形势致力于国内经济建设。战后美国对日本的影响是多方面的，而日本恰好利用了这种影响。这种影响包括美国对日本的大量的军事与经济援助，以及朝鲜战争和越南战争期间日本接受的大量军事订货，这种"特需"收入达 32 亿美元之多。由于全球冷战的需要，美国力促日本减少或终止对亚洲国家的战争赔偿。

日本虽属西方阵营，但它并不愿意为盟友付出，时刻想借美国的力量实现自己的战略目标，经济问题始终是其对外关系中的首要考虑，国外学者指出："日本人将许多措施和它的目的，都局限于经济的范围，这样一来，他们不但使国际政治活动内在的危机减至最小限度，而且更发展了一套外交政策。这种政策，不大像一个国家的外交政策，倒像一个贸易公司的对外政策。"② 尽管这种说法有些偏颇，但至少从一个侧面反映了日本外交中的实用主义倾向。日本战战兢兢、如履薄冰地在民族生存与美国影响下的独木桥上摇摇晃晃，这可以从 1957 年上台的岸信介的意图中体会到："和美国不能吵架，和苏联也不能吵架，

---

① 施嘉明编译：《战后日本外交简史——战败至越战》，台湾商务印书馆股份有限公司 1979 年版，第 115 页。
② 当奴·亥尔民著，李长洁译：《日本与东亚》，台湾黎明文化事业公司 1975 年版，第 7 页。

和中国嘛，也尽量少吵。把东南亚、印度尼西亚、马来亚、泰国都纳入日本的势力范围，变成一个中型的帝国主义。除此之外就没有别的办法让一亿人吃上饭。"[1] 这是日本当时矛盾心理的真实写照，从一个意义上也反映了它的实用主义的外交政策。

第三，在崛起过程中表现出极大的灵活性和进取精神。日本民族是一个不断向外学习的民族，很少在成绩面前故步自封。在古代，它是中国文明的崇拜者，全面学习文物与典章制度，掀起学习中国的热潮；进入近代，以西洋文明为目标，学习欧洲的科技与文化，促进了社会变迁。战后又学习和依傍美国，成为美国的全球战略伙伴与追随者。尽管人们对日本的做法褒贬不一，但是我们还是要说，日本民族的务实精神与灵活性是亚洲其他国家所不及的。日本作为全球性的经济大国崛起于东亚已有几十年的时间，如今它是全球性强国，正处于走向军事大国和政治大国的过程中，未来发展格外引人注目。

一个国家崛起是多种因素综合起作用的结果，并不是一种因素在起作用。日本在近代崛起的过程中更多地借助了西方社会达尔文主义，只承认实力，丝毫不顾人类正义与公理，没有给亚洲经济发展与社会进步带来任何好处，这种发展模式是应该加以批判和否定的。第二次世界大战后的崛起情况则另当别论，其成功经验有可取之处，尤其在积极利用国际条件，学习、模仿和引进西方技术，维护民族遗产与尊严方面是值得称道的。

三、对日本崛起的几点思考

近代以来的日本崛起是伴随着对外侵略扩张实现的，具有欧美国家大国崛起的共同规律，走的是西方国家走过的道路。在崛起的过程

---

[1] 田尻育三等著，北京大学亚非研究所译：《岸信介》，吉林人民出版社1980年版，第148页。

中通过转嫁殖民地危机，在极短的时间内实现了迅速崛起，进入世界大国行列，改变了东亚发展格局。第二次世界大战后加入西方阵营，只取不予，成为冷战时代最大的受益者。日本的实例表明，一个国家通过内部变革、充分利用好国际有利条件是可以实现崛起的。审时度势，与物迁移，杜绝制度性腐败，政府廉洁高效，对国家发展极为重要。今天日本社会秩序井然，国民生活稳定，收入差距不大，社会养老保障制度健全，科技贡献率高，是资本主义世界发展的典型。从其崛起的历史经验中，我们可以归纳出以下几个方面：

第一，具有明确的发展导向。著名启蒙思想家福泽谕吉在《文明论概略》中明确提出："以西洋文明为目标"，不仅学习西洋的科技、军事与工艺制造，还要学习"一种无形的东西"，进而提出"不应单纯仿效文明的外形而必须首先具有文明的精神，以与外形相适应"。[1] 历届政府都是朝着这个目标发展的。战后利用东西方冷战时代的特殊条件，通过引进、吸收和发展新技术在短时间内实现了第二次崛起。

第二，与胜者结盟，与强者为伍，充分利用大国关系。如前所述，日本利用欧美大国关系实现了国家崛起和富强的目标，通过发展硬实力，赢得列强刮目相看，跻身于世界强国之列；战后又利用东西方两大阵营的对峙，以及东亚在冷战中的前沿地位，取得美国在政治上、经济上、军事上的全面支持，相对较容易地实现了崛起目标。日本崛起有其特殊的国际环境与条件，可以说是国内外条件相互起作用的结果，过分强调某一个方面的作用是不妥当的。

第三，经济与科技实力是国家崛起的物质基础。近代以来国家间的竞争与较量都是以实力作为基础的，经济规模与质量决定国家竞争的胜负。日本之所以能在亚洲称雄并跻身于世界大国行列，是由其经济基础决定的。日本崛起相对较晚，但它抓住了19世纪下半期第二次现代化浪潮的有利时机，推进了工业革命，建立了以技术为中心的新

---

[1] 福泽谕吉著，北京编译社译：《文明论概略》，商务印书馆1992年版，第13页。

的生产方式，使生产力的规模与质量大大提高，从而获得崛起的强大的物质基础，成为亚洲第一个工业化国家。战后又紧紧跟上第三次科技革命的浪潮，保持了在世界的领先地位。

第四，国家崛起的过程也是参与国际竞争的过程。近代以来国家的发展已经从根本上改变了国家的生存状态，各国间的联系与竞争越来越频繁与激烈。日本各届领导人具有强烈的国际竞争与分工意识，认识到参与国际竞争与分工的重要性。日本崛起后对邻国的侵略以及同欧美列强的殊死竞争，给世界留下了诸多的历史教训。

第二节　印度的崛起及其对大国目标的追求

据安格斯·麦迪森的统计，1820年全球GDP的52%来自亚洲，其中中国贡献了29%，印度为16%。[①] 在进入近代社会以后，印度沦为了英国殖民地，1947年8月15日获得独立。在东方国家整体崛起当中，印度的崛起及其对大国目标的不断追求无疑是引人注目的热门话题之一。最近二三十年，国内外有关印度发展与外交政策的著作和会议层出不穷，显示出国际上对印度的关注方兴未艾。确实，自20世纪90年代以来，印度在国际舞台上的影响不同凡响，不仅政治体制更加自由，经济上实现了持续高速增长，进入2000年以来它的经济增长率平均达到7.4%，尤其在高科技方面创造出杰出的成就，气象不凡，印度在297.47万平方公里、13亿人口的土地上逐步崛起，创造着新的东方历史。

从第二次世界大战后几十年的发展历程来看，实现大国梦始终是印度追求的不变目标。随着经济大国化的发展，印度选择了军事大国

[①] 乔万尼·阿里吉等主编，马援译：《东亚的复兴：以500年、150年和50年为视角》，社会科学文献出版社2006年版，第96—97页。

化，实现富国强兵，走向世界大国的志向是明确的。[①] 印度作为中国的近邻，历史上两国的关系极为复杂，两国的竞争也已经在许多领域展开。在今天看来，无论从何种意义上说，研究印度大国崛起以及崛起后可能对亚洲地区秩序带来的影响与冲击，已经是一项不得不做的工作了。

一、印度崛起的思想文化基础

印度崛起有着持久而深厚的历史文化基础。印度文化是世界上最具影响力的文化之一，影响了中国、东南亚及其周围国家，其影响力长期处于世界前列。它所达到的高度与成就实为世界罕见，即使今天仍具有生命力。它既古老又现代，既有相当的活力又有深沉的惰性，或许是由于这一点，印度今天的经济拥有了持久动力和有力支撑。对于像印度这样具有悠久历史文化传统的国家，仅仅从纯经济与纯技术层面来研究是远远不够的，还应该深入到具体的历史、文化、外交与现实的联系与互动中，深入到现代生产力与生产方式、现代社会结构的变迁当中去观察把握。因此，对于解释印度、中国这样具有悠悠数千年文明的东方大国的重新崛起以及向未来发展延伸的总趋势，不能陷于经济或技术决定论。有学者指出："在 4000 多年中，印度的每一代人都给后代留下一笔遗产，尽管只是一点一滴。""没有一个国家像印度那样，有如此漫长而绵延不断的文化。"[②]

正因为如此，它为今天印度崛起提供了坚实的思想文化基础和国民心理基础，也使印度人对国家未来充满了自信和优越感。印度的历史是从过去发展而来的，承载了对自己国家的认同与继承。现在看来，文化是一个国家经济与社会发展的基本条件，文化贫瘠是不利于社会

[①] 堀本武功：《印度走向第三大国》，岩波书店 2015 年版，第 2 页。
[②] A. L. 巴沙姆主编，闵光沛等译：《印度文化史》，商务印书馆 1997 年版，第 2 页。

进步的。"只要文明在那里存在，这个国家就从未停滞过，并且是一直在稳步地发展着。印度有4000多年的文明，这部文明史中的每个时期都为今天留下了一份遗产。"①自汉代开辟中国到印度洋的航线以来，中印之间的联系从未中断，特别是明代郑和船队在1405—1433年间远航印度洋，以朝贡贸易的形式开创了中国与印度洋世界的关系，这一空前的伟大创举为近代旧世界联系之后全球性网络的革命性变化做出了间接贡献。②印度洋地区存在面积广阔的贸易体系，与西太平洋贸易网紧密衔接，形成了历史上最大的贸易网络。印太贸易网将是未来发展的总趋势，新的文明中心。

在漫长的历史演进中，印度的社会发生过多次重大变迁，但是作为留存在人们心里的沉重历史积淀却始终没有改变。第二次世界大战后几届领导人对印度历史赞佩不已，不断激发起他们对历史上印度辉煌历史与大国地位的无限向往。这种心理结构是与印度社会经济形态发展相适应的，一旦确立下来就深刻地影响国民的心态与思想品格，也影响他们的行动。印度人对自己国家的未来充满希望与必胜信念，认为印度是有朝气的，在不远的将来能够恢复历史上的大国地位，正如米拉·坎达在《印度星球》中所说的："一种积极乐观的情绪席卷了整个国家，也点燃了印度的想象力。"③自20世纪90年代以来，随着国家经济的高速发展，印度国内政策已经瞄准世界大国目标，从国民心理、文化复兴、国家领导人讲话以及在大国关系的博弈中无一不在显示其快速走向世界舞台。他们信心十足，据说40年后印度将要重新定义它在世界格局中的位置，可见其勃勃雄心。

在探讨印度崛起的历史文化基础时，必须联系到具体的个人才能

---

① A.L.巴沙姆主编，闽光沛等译：《印度文化史》，商务印书馆1997年版，第6页。
② 陈忠平主编：《走向多元文化的全球史：郑和下西洋（1405—1433）及中国与印度洋世界的关系》，生活·读书·新知三联书店2017年版，第3页。
③ 米拉·坎达著，黄悦译：《印度星球——快速发展给世界带来的影响》，生活·读书·新知三联书店2009年版，第11页。

说清楚印度文化对今天的影响。战后担任印度总理的尼赫鲁无疑是这方面的卓越代表。在独立前夕，已经是临时政府领袖的尼赫鲁在立宪会议上说：

> 这是历史少有的时刻的到来，一个时代结束了，我们从旧时代走进新时代……自由与权力给我们责任。……过去已经结束，现在是未来向我们召唤。这个未来不是要我们松弛，而是一刻不停地努力奋斗……为印度服务就是为亿万受苦的人服务，就是要结束贫穷、愚昧、疾病、机会不均等。我们这一代的伟人（圣雄甘地）的雄心就是擦干每个眼睛中的眼泪……只要有眼泪与痛苦，我们的工作就没有完毕。[1]

尼赫鲁身上有着印度民族传统与西方文化的巧妙结合，在一定程度上保留了东西方两种文化的精华，这无疑是他的民族主义、民主主义以及大国目标的思想基础。在印度历史文化大背景基础上成长起来的领导人有着对自己国家的文化认同和继承，长期的英国统治并没有能消灭印度人对自己历史的记忆，相反，在很大程度上激起他们对本民族独立的追求和向往。这一传统也为后来者继承和发展。进入近代以来印度受西方文化影响较大，我们看到东西方两种文化在南亚次大陆交流与交汇的情况。从社会形态上说，英国征服了印度，扭转了乾坤，但未能彻底征服并消灭印度文化。

尽管人们对印度崛起的思想文化基础有着不同的看法，但是我们仍然认为印度人从本国历史中汲取了若干力量，看到印度的文化是一个有生命力的动态系统，经过战后几十年经济增长带动之后又获得了新的生命形态。今天，印度已经走上了市场经济和政治民主化道路，

---

[1] 谭中：《中印两大"文明国"冲破"民族国"世界秩序的超越》，载李涛、魏楚雄、陈奉林主编：《印度崛起与东方外交》，澳门大学出版中心2016年版，第7—8页。

向世界敞开了大门,处在东西方文明交汇的汇合点上,为实现新的崛起创造着历史。相比较而言,印度的发展稍逊于中国,尤其在社会基础设施建设以及社会动员上。但是不管国际社会如何看待印度,它作为一个地区性的大国已经在南亚崛起,从许多方面影响着国际秩序与大国关系,在文化、科技贡献方面成为国际新生力量。

任何一个国家的崛起与发展都不是在一片空白的基础上建立起来的,而是与一定的社会制度、生产力水平以及人们的思想观念紧密联系在一起的。从思想观念层面来说,印度的宗教思想以及富有个性的民族文化作为一种理性的知识性思想,通过影响人们的价值观念、思维方式、信仰、风俗、心态等时时地长期地发生作用。宗教文化在印度深入人心,它使人们永远处于一种相对稳定的秩序内。悠久的历史文化传统历来被认为是国家的财富与资源,据说印度总理瓦杰帕伊在2003年新年讲话中特别提到印度著名哲学家辨喜散文里的一段话:"就是同一个印度,它经受过几个世纪的冲击,成百次的外力入侵,成百次的风俗习俗的巨变,而就是同一块土地,连同它永恒的朝气和永不磨灭的生命力,始终岿然屹立,比世界上任何岩石都更为坚强,它的生命力和它的灵魂有着同样的本质,没有开始没有终结,它永远不朽。"[1]

要知道,印度是在摆脱英国殖民主义统治后取得发展的,政治独立对其具有重要意义。印度长期奉行不结盟的外交政策,这个政策的实行是与它的国力水平相适应的,也是战后一段时间内印度综合力量的反映。在一定意义上,瓦杰帕伊对印度灿烂辉煌的历史文化的自豪感代表了印度人的文化意识,也有人评论指出:"在整个20世纪,印度依然保持着自命不凡的意识,保持着一种历史文化上的自豪感,一种印度人凭借着回忆当年的强盛景象得以维持的自豪感。"[2] 说得夸张一

---

[1] 转引自吴永年、赵干城、马孆:《21世纪印度外交新论》,"导论",上海译文出版社2004年版,第3页。
[2] 南丹·尼勒卡尼著,许效礼、王祥钢译:《与世界同步:印度的困顿与崛起》,中信出版社2011年版,第95页。

点，他们甚至已经不自觉地染上印度文化优越的痼疾。

对于印度崛起目标，尼赫鲁在《印度的发现》中有明确的构想，几十年来印度一直朝着这个目标前进。他认为，实现这个目标的有效手段是，通过发挥国内政治经济资源优势，建立较为完整的工业体系，否则就不会在国际竞争中赢得一席之地。有感于大国在国际关系中普遍竞争的强势地位，尼赫鲁提出了"印度中心论"的设想。在尼赫鲁看来，对于像印度这样大的东方国家来说，当务之急是实现政治经济独立和快速发展，跻身于世界强国之林，恢复被西方撼落的昔日大国地位，他这样写道："在将来，太平洋将要代替大西洋而成为全世界的神经中枢。印度虽然并非一个直接的太平洋的国家，却不可避免地将在那里发挥重要的影响。在印度洋地区，从东南亚一直到中亚细亚，印度也将要发展成为经济和政治活动的中心。"[①]

在战后初期，亚洲领导人当中对本国未来政治经济有如此非凡设想的，尼赫鲁可能是第一人。这与其在战后初期的国际影响有关。在1955年亚非会议不久，尼赫鲁就已萌生了想做亚洲领袖的念头，开始疏远中国而接近美国，并试图得到美国对其亚洲领袖梦想的支持。他不仅提出了印度的大国目标，同时也看到弱小国家在国际关系中弱者与失败者的不利地位："小的民族国家是注定要灭亡的。它可能作为一个文化上的自治地区而苟延残喘，但是不可能成为一个独立的政治单位。"[②] 或许尼赫鲁为了突出印度崛起的迫切性而强调了小国在国际关系中的不利地位，但是一个十分清楚的事实是使人们看到了一位领导人敏锐的危机感、紧迫感与宏伟抱负。第二次世界大战后东方国家处于两大阵营的对峙当中，几乎所有国家都受制于当时这种不平等的国际关系总体格局，印度外交面临前所未有的选择。1956年3月20日他在发表关于印度外交的演说时，表明了印度对时局的态度："各国的有

[①] 贾瓦哈拉尔·尼赫鲁著，齐文译：《印度的发现》，世界知识出版社1956年版，第712页。
[②] 贾瓦哈拉尔·尼赫鲁著，齐文译：《印度的发现》，世界知识出版社1956年版，第712页。

思想的人和领袖都排斥战争。在这种新的情况下，死抱住冷战的概念不放是没有道理的。我们曾一再说过，核子武器必须予以制止，原子能必须用于人类的福利，而不是由大国来控制。如果要排斥战争的话，那么冷战就是不合理的和有害的。冷战只能保持仇恨、恐惧和变成核子战争这种经常存在的危险的气氛。"[①]

二、印度经济与科技市场化和国际化的成就

与民主化的开放体制相适应，自20世纪90年代以来，印度在经济与科技方面加速走向市场化与国际化，努力塑造东方地缘文明范式成功的典型。印度经济发展有战前英属时期的较好基础。土地资源丰富，劳动力充足，地理位置优越，这些都是社会经济发展的有利条件。根据国际联盟的一项统计，从第一次世界大战前夕的1913年到第二次世界大战开始的25年间，印度的工业增长增加了139.7%，而同期内世界工业总产值增加了82.7%，其中美国的增长率为43.0%，德国为49.3%，加拿大为61.8%。[②] 这是一个了不起的成就。幸运的是，在东亚、东南亚几乎所有国家都成为第二次世界大战的战场时，印度却免受了兵燹之灾，纺织、钢铁、制糖、交通运输、采矿、码头建设以及学校教育等都有不同程度的发展，成为第二次世界大战后印度社会发展的物质文化基础。

长期以来印度社会形成一个矛盾的现象，正如尼赫鲁所说："印度并不是一个贫穷的国家。它拥有能使国家富庶的一切丰饶的资源，然而它的人民却非常贫穷。它有文化结构上的高贵遗产，它的文明的潜

[①] 《尼赫鲁在印度人民院发表的关于外交事务的演说》，载《亚非现代史参考资料》第二分册（下），北京大学历史系编，1962年，第782页。
[②] 孙培钧、刘创源主编：《南亚国家经济发展战略研究》，北京大学出版社1990年版，第15页。

在力量是伟大的。"①事实上也是如此,并没有丝毫的夸张。虽然殖民地时期英国在印度从事的是殖民开发与掠夺,但另一方面英国殖民统治结束后这些基础设施都被完整地保存了下来,到第二次世界大战结束时英国已成为印度的债务国。伦敦英格兰银行有印度巨额存款,这笔存款成为后来印度第一个五年计划的主要外汇来源。②

印度第二次世界大战后以来的经济发展与社会进步有一个渐进的发展过程。从第二次世界大战后到 20 世纪 80 年代印度的经济发展较慢,国民人均收入增长率大体在 1.2% 左右,基本上是低水平运行。80 年代印度经济之所以起步不大,这与国内的政权更迭有很大关系,当时政府领导人的主要精力是用于维护社会稳定上,很难有充足的时间考虑经济问题,虽然也在尝试改革,但国内的诸多问题使改革进程相对缓慢,传统的惰性异常强大,有时也形成针对现代化的强大而无形的阻力,如根深蒂固的道德、习俗与时间观念等。与同时期的中国相比,印度的改革速度显然已经落后,不解决国内紧迫的民生问题,可能会引发各种政治危机,甚至再次出现动乱。因此,加快和推进经济改革已成为印度政府的当务之急。

一般认为,1991 年 7 月印度政府全面推进了改革。改革的重点是工业、商业和外贸领域,目的是实现市场化和自由化,跟上世界经济全球化的步伐。国家减少对经济生活的干预、鼓励开办新兴产业、适当开放商品价格等项措施,给社会生活带来了活力。经过实践,印度的经济改革是卓有成效的。20 世纪 90 年代东西方冷战对峙的格局结束后,印度及时调整了对外政策,目的是利用国际形势的重大变化来加速发展自己,以开放的姿态处理同美国、欧盟、日本、中国、俄罗斯等国的关系,以此为契机使经济进入国际市场,对国际经济的参与程度进一步提高。

---

① 贾瓦哈拉尔·尼赫鲁著,齐文译:《印度的发现》,世界知识出版社 1956 年版,第 698 页。
② 孙培钧、刘创源主编:《南亚国家经济发展战略研究》,北京大学出版社 1990 年版,第 16 页。

20世纪90年代上半期,印度经济年平均增长率达到6%以上,算得上是发展中国家里经济增长较快的国家。以综合指标而论,印度90年代的改革已经找到一条适合本国国情与特点的发展道路,尤其在经济和科技国际化与市场化方面与国际接轨,加速了大国目标的进程,强国的梦想正在变成现实。印度在崛起过程中已经形成适合本国形势与特点的"印度模式",形成一种新的发展观,大大丰富了东方国家现代化的理论与实践,成为当今世界为数不多的地缘文明范式抵御现代化文化沙漠侵蚀中的一块绿洲。

20世纪90年代的经济改革加强了印度大国目标的基础,符合开国领导人尼赫鲁设计的宏伟蓝图。90年代以后印度的经济发展是很快的,除了个别年份GDP年增长率为1.43%外,其他大部分年份一直是很高的,2006年GDP增长率为9.4%,2007年达到9.62%。[1]这说明印度经济已经进入到快速发展时期,并引起社会其他领域的深刻变革。50年代尼赫鲁曾经说过:"印度具有各种资源,也具有智慧、技术和飞速前进的能力。……它能够在科学理论和科学应用两方面进展而成为一个伟大的工业国。"[2]进入21世纪,印度强国目标更为明确,国家重点投资和支持的行业一般都是科技含量高、附加值高的产业,如计算机、生物工程、电子信息技术、航空航天与核能技术。

从高科技领域而言,印度已在国际竞争中占有一席之地。有材料表明,印度IT产业的规模是中国的5倍,具有非常强烈的输出意愿,拥有向世界遥远地区顾客提供IT服务的经验、严格的程序管理以及特定产业的高深知识与流畅的英语能力。[3]南丹·尼勒卡尼指出:"工厂业的成功使得整个印度企业界开始意识到,印度在国际经济中具有几

---

[1] 参见张力群:《印度经济增长研究》,东南大学出版社2009年版,第87—88页。
[2] 贾瓦哈拉尔·尼赫鲁著,齐文译:《印度的发现》,世界知识出版社1956年版,第698—699页。
[3] 若山俊弘监译:《中国·印度的战略意义——全球企业战略的再构建》,同文馆出版株式会社2010年版,第48页。

乎独一无二的实力与地位。在全球市场上，……它目前的资本、劳工和产业等经济因素非常适于参与全球市场的竞争。"[①]

印度经济改革的一个基本目标就是国际化和开放性，只有如此，方能与其大国目标的构想相协调，实现历届领导人梦寐以求的事业。在其他领域，印度也实现了国民经济与社会目标的全面发展，尽管印度的社会经济发展还存在许多问题，但是我们已经看到它在世界GDP中所占有的地位在上升，进入最有发展前途的"金砖"国家行列，冉冉上升到世界GDP第四大强国的炫目位置。根据安格斯·麦迪森的统计，1998年印度的GDP占世界经济总量的5%，次于美国的21.9%、中国内地的11.5%和日本的7.7%。[②] 实际上印度已经成为世界的一个新的经济体和广阔市场。当今国际的竞争是综合国力的竞争，综合国力的强弱决定国家的未来。从科技实力来看，印度在空间技术、核能技术方面已经进入世界大国行列，科技人才培养成就出色，科技人员多达340万，在世界处于前列。[③]

在历史上，印度河流域是人类重要的文明区域之一，地缘文明特点十分鲜明。战后包括印度在内的东方国家的重新崛起，改变了长期以来以西方现代化尺度评判东方社会的标准，也使"世界体系论""依附理论"和经典的现代化理论受到挑战。西方现代化的经典理论已经无法解释印度、中国等国家空前伟大变革的现实。例如"世界体系论"认为，资本主义世界经济体系是按照不同的分工建立起来的，形成三个不同的区域，分别承担着三个不同的角色，边缘地区（即落后国家）向中心地区（即发达国家）提供廉价的劳动力、市场和原料，在利益分配上利润从边缘地区流向了中心地区。显然再以这个理论解释当今

---

① 南丹·尼勒卡尼著，许效礼、王祥钢译：《与世界同步：印度的困顿与崛起》，中信出版社2011年版，第97—98页。
② 安格斯·麦迪森著，伍晓鹰、叶晓斐等译：《世界经济千年史》，北京大学出版社2003年版，第121页。
③ 林承节主编：《印度现代化的发展道路》，北京大学出版社2001年版，第119页。

东方国家社会的整体变革与崛起已经行不通了,因为印度、中国和东盟的崛起无论在理论上还是在实践上都是西方传统的经典理论无法解释的,只有从东方国家宏伟的具体实践中才能得出客观的结论。

当前印度社会发生的这场空前伟大变革,其深度、广度与变革的速度都是以前不曾有过的。正因为如此,它同其他"金砖国家"一起构成国际关系中的新兴力量,可能为国际社会提供一种新经验与新的发展观。我们认为,世界经济发展过程就是不断竞争的过程,也是一个旧的经济中心衰落和另一个新的经济中心崛起的过程,呈现出历史发展的多样性和复杂性特征。东方国家重新崛起符合世界历史发展的总趋势和总规律,包括印度、中国、东盟在内的新兴经济体的整体崛起,在改变着传统的国际政治经济关系格局,其经验与内涵比欧美国家丰富得多,道路也比欧美国家曲折得多。应该强调东方国家现代化过程中的文化因素,以及地区性悠久历史文化与经济的有机结合。

三、印度崛起中的大国外交

印度的外交以其深厚的历史文化为底蕴,方向明确而且始终如一,影响着南亚以至亚太地区的国际关系。在尼赫鲁执政时期,印度奉行"不结盟"政策,与亚非拉国家保持了更多的团结与协调,目的是减少西方的政治干预和推动印度较多地参与国际事务,争取国际和平环境来发展自己。可以说,印度等国倡导的不结盟运动使印度的国际影响力空前提高,曾得到亚非拉新独立国家的支持。20世纪60年代印度的对外政策有所强硬,在处理中印关系、印巴关系上表现出地区霸权主义的倾向,以致1962年与中国发生边界战争。中印爆发战争后,印度寻求苏联支持,接受苏联数额庞大的军事与经济援助。国外已有学者指出,60年代以后的印度外交是在苏联大国主义外交的轨道上行进的。[①] 在西

---

① 中村平治:《南亚现代史》Ⅰ,山川出版社1977年版,第314页。

方阵营，美国对中印冲突后的印度也予以支持，表示愿意提供印度所需要的东西。肯尼迪总统派遣军事使团和国务院、国防部顾问团到印度，于11月14日完成美印军事补充协定；随后英国也加入支持印度的行列。①

印度的行动实际上是放弃了它原来奉行的不与任何国家结盟的政策，对其外交政策影响深远。尼赫鲁对印度外交政策制定与实践有着十分重要的奠基作用，后来的外交政策多是尼赫鲁外交政策的继承和发展。②20世纪70年代，为了同美国争夺世界霸权，苏联以"公海航行自由"为幌子南下印度洋，支持印度地区霸权主义，印度与苏联关系更加密切。苏联看到印度地处东西方交通的汇合点上，具有十分优越的地缘战略价值，积极向印度洋渗透扩张。在后来的英迪拉·甘地和拉吉夫·甘地时代，虽然他们面临的国际形势较以前有所不同，但他们外交政策的基本方向仍是大国地区主义的外交战略。

尼赫鲁外交政策的继承人是英迪拉·甘地和拉吉夫·甘地。尼赫鲁时期追求的大国地位因中印战争受到挫折，国际地位受到影响。英迪拉·甘地为重振印度大国梦想，在对外政策上继续执行亲苏政策，20世纪70年代是印苏关系密切时期。"苏联对印度开展了关系重大的大规模军事援助计划，因而得以对该地区这个最大的、在发展海军方面最有前途的国家施加影响。"③与其父尼赫鲁相比，英迪拉·甘地的对外政策是建立在现实主义基础之上的，也是为改变不利的国际地位的一个选择。美国在中南半岛进行长期的侵略战争，国力消耗，对南亚的影响力下降，苏联以此为契机加强了与印度的关系；印度对巴基斯坦战争后，印巴矛盾加剧，最终导致巴基斯坦与中国关系接近，印度

---

① 中村平治：《南亚现代史》Ⅰ，山川出版社1977年版，第226页。
② 孙晋忠：《试论印度地区外交政策的理论与实践》，载陈奉林、魏楚雄主编：《东方外交史之发展》，澳门大学出版中心2009年版，第397页。
③ 亨利·A. J. 科特雷尔、R. M. 伯勒尔编：《印度洋：在政治、经济、军事上的重要性》，上海人民出版社1976年版，第467页。

急需从域外寻求战略支持。

1971年8月9日,印度与苏联签订《和平友好合作条约》。该条约规定:"各缔约国保证不向参与另一方发生冲突的任何第三方提供任何援助;在缔约国一方遭到进攻和进攻威胁时,应立即共同协商,消除各缔约国威胁,采取有效措施确保两国的和平与安全。"[1] 这显然是带有军事同盟性质的条约,导致南亚国家关系十分紧张。印度从战后的不结盟政策转向印苏同盟是当时国际形势大背景下的产物,试图借助域外的力量来弥补本国力量的不足。在苏联的支持下,印度在南亚次大陆国际事务中的态度更加强硬,印巴战争引起周边国家的强烈不满与不安。印度在处理地区事务时奉行了实力加现实的外交政策,在南亚地区是相当孤立的。有资料表明,从1955年到1971年为止,苏联提供给印度的经济援助达103.125亿卢布,这些援助主要用在印度的重工业和军事工业项目的建设上,对印度是极为重要的,在后来的印巴战争中发挥了作用。

20世纪70年代以后,印度加快了军事现代化进程。在苏联的援助下,军工生产能力有很大提高。这时期苏联的军事实力基本赶上了美国,在洲际导弹拥有的数量方面甚至超过美国;在海军方面,苏联发展了远洋海军,把力量扩展到地中海、西非、印度洋和印支地区,同美国争夺亚洲和非洲地区的霸权。印度在南亚地区的大国主义外交政策适应了苏联"亚洲集体安全体系"的需要,成为苏联在南亚地区的一个盟友,尽管它们的社会制度不同、意识形态不同,但是地缘战略利益需求成为它们共同的选择。苏联的援助具有一箭双雕的作用,正如一位印度官员所指出的:"苏联的军援外交作为其全球战略的一部分,有着防御与侵略的双重内容。……苏军援外交防御性这一面明显地表现在它与印度的关系上。"[2] 此语再清楚不过地表明了印度与苏联关

---

[1] 堀本武功:《印度走向第三大国》,岩波书店2015年版,第6页。
[2] P. R. 查里:《印苏军事合作回顾》,载《南亚战略态势》,时事出版社1986年版,第60—61页。

系的实质。

进入20世纪80年代,印度外交面临新的形势与重大调整。苏联与美国的对峙减弱,也就意味着苏联在印度对外政策中的位置相应下降,依靠苏联以自重的时代行将结束。苏联在全球采取了守势,因长期与美国争霸导致力不从心,不得不实行战略收缩,以苏联作为依靠重点的时代已经结束了。拉吉夫·甘地清楚地认识到国际形势的重大变化将有利于印度发挥更大的作用,尤其在美国、中国和苏联三大国家中间有了更多的回旋余地,宜改变以前过分依赖苏联形成的边缘地位。应该指出,冷战时期美国与印度两国被称为"不和的民主国家",除了经济上有着往来外,在政治关系上却极为冷淡。[①]在印度领导人看来,苏联实行战略收缩,中国迅速崛起,印度有必要在中、美、苏三个大国之间寻求一种战略平衡,形成印度外交的传统风格。因此,印度在推进国内经济改革时调整了对大国的外交政策,基本上形成与大国间的联动与博弈。但是必须指出,20世纪80年代印度发展核力量的势头更加强劲,在拉吉夫·甘地看来,拥有与其他大国同样的核武器实力才是进入大国行列的必要条件,才能确保其在南亚次大陆的优势地位。

20世纪90年代初,东西方冷战对峙的格局结束,美国较多地关注了国内的经济与就业问题,俄罗斯一时也无力对南亚地区施加影响,大国在一定程度上减轻了对南亚的压力,国际形势对印度确立在南亚及印度洋的主导地位十分有利。印度努力在南亚及印度洋地区发挥大国作用,加强了对国际事务的参与,到处可见印度人在国际组织、国际活动中的身影,并且提出加入联合国安全理事会常任理事国的目标。2004年9月在联合国大会上,与巴西、德国和日本首脑共同谋求成为联合国安理会常任理事国,一旦成为常任理事国,就会对国际问题有

---

① 桑贾亚·巴鲁著,黄少卿译:《印度崛起的战略影响》,中信出版社2008年版,第198页。

强有力的影响。①印度积极以政治的、经济的与军事的力量推动亚洲及太平洋地区的"权力转移",触角已经由印度洋伸向了西太平洋。这一系列的外交活动都在证明印度加强大国地位的努力。

印度以战略的姿态处理与俄罗斯的关系,以俄罗斯平衡当今的大国关系,不希望国际关系中出现由某个国家主导的局面;在与美国关系方面,印度已把美国作为重点,瓦杰帕伊总理称美印是"天然盟友"。由于历史上中印关系中有着复杂的历史因缘,同时中印又是地缘相邻的两个大国,两国关系中有着许多复杂的不确定变量,因此美印关系加强也是符合历史逻辑的发展。为了确保在阿拉伯半岛与波斯湾的石油利益,美国关注印度洋地区的国际事务并不费解。在印度刚刚步入经济改革时代不久,基辛格就曾在《大外交》中预言,新的经济体至少包括六大主要力量——美国、欧洲、中国、日本、俄罗斯,可能还有印度以及那些中小国家。②印度的发展被其言中。

印度外交政策的重点经历了由苏联到美国的历史性转变,是国际形势变化使然,反映出其外交现实主义的本质特征。在东南亚以及南海出现的复杂国际政治现实使美印关系多了一些中国因素。不仅如此,东亚合作问题也使美国有意拉拢印度加入其中,也反映出美印关系在加强,特别是近年美印频繁的联合军事演习,都说明印度活跃于世界的前台。还应指出,在东亚地区合作、南海问题上,印度积极参与,以期发挥与其大国地位相称的国际作用。我们认为,印度对东亚地区事务参与如能给这个地区带来持久的和平、稳定与发展,才是其外交政策发展的正路。

四、深入探讨印度崛起中的现代性因素

近代以来,印度作为南亚地缘战略位置上的国家一直受到世界各

---

① 堀本武功:《印度走向第三大国》,岩波书店2015年版,第19页。
② 基辛格著,顾淑馨、林添贵译:《大外交》,海南出版社1998年版,第7页。

国的重视，围绕印度及印度洋地区葡萄牙、荷兰、英国与法国先后建立霸权。它受到重视的一个原因是它处于东西方交流的航线上，各国在那里有重大利益：世界货物约有 50%、海上石油运输 60% 以上要经过印度洋。中国海上丝绸之路的建设与推进也使得印度洋在大国关系中的作用更加突出。中国出于石油运输安全的考虑，现在对于印度洋的关切超过以往任何时期。据说美国海军历史学家、海军战略理论家马汉曾经讲过："谁掌握了印度洋，谁就控制了亚洲。印度洋是'七个大洋'的关键。二十一世纪将在印度洋上决定世界的命运。"[1] 他的话是有一定道理的，对于我们看待和思考今天的印度问题有一定的参考价值。

从 20 世纪 90 年代实行全面改革与跃进以来，印度已经走向崛起并进入大国行列，无论是 GDP 还是综合国力都在空前地增长，正处在一个被认为是迅速发展的时代，已今非昔比。正因为有了这样一个物质基础，它谋求在印度洋地区发挥更大作用，具有作为南亚盟主、确立地区霸权的志向。[2] 有人认为，中国和印度继续以三倍于先进国家的速度增长，在 21 世纪的前半世纪两国的大半产品和服务大体占据世界需求的 40%。[3] 开放的经济体制与民主化的政治相结合显示出印度社会的活力，它希望被国际社会接纳，在国际体系中发挥作用。

印度同中国一样，差不多在应对国内外各种复杂的形势中同步崛起，改变着东西方关系的基本态势。在未来的国际体系中共同发挥作用，缔造亚洲的和平、稳定与发展，是中印两个相邻大国的共同任务。在一个意义上可以说，印度如果以和平的方式实现崛起，在国际社会中积极发挥大国作用，处理好与南亚各国，特别是与巴基斯坦的关系，

---

[1] 亨利·A. J. 科特雷尔、R. M. 伯勒尔编：《印度洋：在政治、经济、军事上的重要性》，上海人民出版社 1976 年版，第 108 页。
[2] 堀本武功：《印度走向第三大国》，岩波书店 2015 年版，第 148 页。
[3] 若山俊弘监译：《中国·印度的战略意义——全球企业战略的再构建》，同文馆出版株式会社 2010 年版，第 60 页。

与各国结成利益攸关体,是可以被国际社会接纳为世界大国的。印度与巴基斯坦的关系是印度走向大国的有力制约。印度是南亚的大国,在领土面积、人口和国内生产总值方面居于优势地位,有人把它看成是南亚的超大国。[1]2005年印度总理辛格对访问新德里的中国总理温家宝说:"印度和中国携起手来,就可以改变世界秩序。"天下之大,容得下印度的发展与崛起,也给印度留下了足够的时间和空间。

印度崛起以及对大国目标的追求,揭示了许多规律性的东西:第一,科技进步是国家崛起的根本性支柱。崛起国家几乎都毫无例外地把科技进步作为对外竞争、走向大国行列的根本性支柱。它在信息技术、生物制药、金融领域占有优势,是其未来发展的希望所在,也是21世纪知识经济时代的主导性内容。印度信息产业技术遍及全球,在美国、英国、澳大利亚、日本、东南亚、中国、中东等地建立公司和子公司,开展信息技术服务。[2]第二,经济实力是国家崛起的物质基础。不论是近代还是现代,经济实力是实现国家崛起的物质基础与前提。如今印度已成为世界第四大经济体,在许多方面创造着奇迹。第三,制度创新是国家崛起的直接促进力量。制度创新不仅是政治制度创新,也包括思想、观念、政策等方面的创新,制度创新促使社会政治经济体制及其运行方式发生根本性的转变,使制度因素同经济因素、科技因素处于相互促进、相互推动的关系中。第四,有利的国际环境是国家崛起的外部条件。因为现代社会是一个普遍联系的社会,它的发展从根本上改变了国家的生存状态,使各国间的合作与联系更加紧密。以和平的方式参与国际竞争与分工,带来的是国际秩序的和平、稳定与发展,否则,就将导致国际矛盾、冲突乃至战争。这是近代大国崛起留下的历史教训。

---

[1] 堀本武功:《印度走向第三大国》,岩波书店2015年版,第148—149页。
[2] 文富德:《印度经济全球化研究》,巴蜀书社2008年版,第531页。

第三节　对东亚经济圈的历史考察

二十世纪七八十年代以来，伴随着经济全球化的兴起和全球经济一体化进程的加快，国际国内学术研究出现了以全球史研究来重新审视人类历史发展进程的全新的历史观念。这一观念极大地拓展了研究的视野，给中国与国际社会科学界提出了若干新的研究课题。东亚史也应以全球史观点来开展研究，不断开拓新的领域。这个新的史观的出现，是人类历史发展到一定阶段的必然结果。当前的东亚国家正面临着有史以来空前的伟大历史巨变，对人类社会发展进程发生日益重要的影响作用。在历史上，东亚地区存在独特的国际关系结构与深厚的历史文化传统，许多方面受到中国政治、经济与文化的深刻影响，构成了一个完整的东亚世界。东亚作为世界的一个重要的政治、经济与文化区域，不仅内部联系密切，而且与外部世界也有普遍的经常的联系。如果从大历史的视野来看，东亚经济圈同东亚历史一样的悠久，远比世界其他地区内容丰富和复杂多样。

一、交流的区域限制与东亚经济圈的初步形成

自从人类诞生以来，由于生存的需要，不同部族、民族、地区与国家间出现了交往与交流，形成一定的交往圈。但是人类的交往又受到自然、社会和技术等方面的许多限制。只有生产力水平提高，国家形成统一的力量之后，对外交流才能进一步扩大。秦汉时期，统一的中央集权帝国的形成对东亚经济圈的发展具有重要意义。它的意义在于，东亚地区出现了一个统一的中央集权的地区性大国，开辟了与朝鲜半岛、日本列岛以及越南的交往。

古代东亚地区是否存在一个区域体系呢？我初步看法是，在近代以前东亚存在不同于其他地区的区域关系或区域秩序，存在政治、经

济、文化与宗教上的密切联系。在东亚经济史研究上，我们主张把东亚历史看作是一个区域性鲜明的有机联系的整体，在解释既有的史实方面应突破长期以来以西方为中心分析东方社会尤其是中国社会的"冲击—反应"模式的理论框架，建立以实证性研究为基础的新的理论分析框架，使长期受到忽视的东亚经济史得到重视。对于东亚地区社会经济发展长期领先于世界其他地区，国外学者已有许多精湛的研究成果，但令人遗憾的是我们自己对此问题的研究长期裹足不前，没有对东亚史做出合乎历史实际的解释。

东亚区域史研究的对象是一个整体世界，关注的是本区域内跨民族、跨国家的政治、经济、文化与科技交流互动，孤立的国别史研究已经远远不能满足今天形势发展需要了。鉴于这种情况，我们主张加强对东亚经济史研究，以宏观的研究视角审视历史，尤其对横亘东亚历史若干世纪的经济圈给予足够的重视，建立具有我国特色的理论分析模式与研究框架。当前的形势发展不断对学术提出新的问题，因而在更深的层次上对过去的社会经济发展史做出概括与总结已成为当务之急。只有加强区域经济史研究，才能发现社会发展的总规律和根本动力。

长期以来，我国对东亚史研究几乎都是政治史或是文化史的框架，即便是涉及经济史也只是作为一种依附性的点缀，纳入东亚史研究的子系统。对东亚经济史研究在我国史学界尚属薄弱环节。究其原因，主要是治经济史较治政治史难度为大，它不仅需要历史学的知识与视野，还需要经济学的理论与素养，以及大量的统计学资料，难度较其他研究大得多。扩大研究的视野、转换研究的思路不过是近二三十年的事情。欧美国家的情况也大体如此。诚如法国年鉴派历史学家布罗代尔所说："我们感兴趣的是亚洲的历史底蕴，可是我们得承认这一历史不易把握。……再说东方学家往往是些优秀的语言学家和文化专家，并不专攻社会史或经济史。"[①] 这说明治经济史十分不易。

[①] 布罗代尔著，施康强、顾良译：《15 至 18 世纪的物质文明、经济和资本主义》第 3 卷，生活·读书·新知三联书店 1993 年版，第 573 页。

第七章　东方国家进入整体崛起的新时期　385

日本学者对于区域经济史研究已有较多的探索,例如国内读者熟悉的滨下武志、中村哲、杉原薰、宫岛博史、堀敏一、黑田明伸、川胜平太[1]等都是在东亚经济史研究上取得成就的学者,开创了新的研究方法,把具有内在联系的历史事件和发展过程纳入世界历史研究当中,对历史发展进程做出了许多有益的解释。这些解释对于我们思考现实问题富有教益。东亚经济史研究强调的是它的区域性与互动性,但这并非盲目地以自我为中心或贬低其他地区在人类历史进程中的成就。我们看到,古代东亚地区存在一个以中国为中心,以日本、朝鲜半岛和东南亚为外围的交通贸易圈,内部有着独特的运行规律与特点,不同于伊斯兰世界和地中海世界。

中国与朝鲜半岛、日本、越南等国的经济交流远比与其他国家和地区频繁密切,几条贸易通道使东亚各国联系在一起。第一条是从库页岛到北海道、本州岛的路线。第二条是经朝鲜半岛南部到达九州岛的航线,这是大陆文化传入日本列岛的大动脉。第三条航路是从中国东部沿海直抵朝鲜、日本和东南亚各国的航线。交通线是联系东亚各国的神经网络和物质文化交流的载体。这些国家在地理空间上比较接近,便于国家间的接触交流。中国与日本的官方贸易较早。中国正史《汉书·东夷列传》《汉书·光武帝纪》中有"倭奴国奉贡朝贺""倭国王帅升等献生口百六十人""东夷倭奴国王遣使奉献"等记载。"奉贡朝贺""献生口""遣使奉献"等活动,具有明显的经济活动的性质,

---

[1] 他们的代表作是,滨下武志:《朝贡体系与近代亚洲》(岩波书店1997年版)、《近代中国的国际契机——朝贡贸易体系与近代亚洲》(东京大学出版会1990年版)、《亚洲交易圈与日本工业化(1500—1900)》(藤原书店2001年版);中村哲:《近代东亚经济史结构》(日本评论社2007年版)、《东亚近代经济的形成与发展》(日本评论社2005年版)、《近代东亚史像的再构成》(青木书店1991年版)、《东亚专制国家与社会、经济》(青木书店1993年版)、《1930年代的东亚经济》(日本评论社2006年版);杉原薰:《亚洲间贸易的形成与结构》(米涅瓦书房1996年版)、《亚洲太平洋经济圈的兴隆》(大阪大学出版会2003年版);宫岛博史:《近代交流史与相互认识》(庆应义塾大学出版会2001年版);黑田明伸:《中华帝国的结构与世界经济》(名古屋大学出版会1994年版);川胜平太:《亚洲太平洋经济圈史(1500—2000)》(藤原书房2003年版)等。

也是重要的外交活动。在邪马台国卑弥呼女王时期,她为抑制周围混乱,采取了借助虎威的政策,239年遣使曹魏,获得"亲魏倭王"的称号。①

古代的经济活动具有政治与经济的双重性质。虽然海路交通时常受到气候、政治形势和技术条件等因素的影响,"不管怎么说,奴国王遣使奉贡和接受'汉委奴国王'的称号,在日本历史上具有极其重大的意义。……日本不仅在地理上,而且在政治上也构成了东亚世界的一部分。"②日本进入以中国为中心的古代东亚世界,有利于推进与中国的海上交通和贸易,有助于东亚地区贸易网的形成。

日本与朝鲜半岛早在它们建立国家之前就有了频繁的文化交流。③不仅如此,中国还与中亚、西亚、地中海区域建立了商业联系,"中国的商队通过……到达塔里木河盆地南部绿洲地区和乌浒河与药杀河(阿姆与锡尔河)之间的地区。中国人和费尔干建立了特别旺盛的贸易关系。……中国的商品还通过波斯和叙利亚进入罗马帝国"。④在东亚形成以中国为中心,以日本、朝鲜半岛和东南亚为外围的经济圈,结构层次非常明显。在东亚各国相互交流的基础上,形成了经济圈的雏形,各国商人担当了东亚内部贸易的主要角色。

两汉时期开辟的中国与东亚、中亚、西亚、地中海区域各国的海陆交通,有力地推动了商品流通与交换,使中国成为当时世界几个重要的文明中心之一,形成了重要的经济区域。"与中国历史上的其他时期相比,贸易自然也是汉代中外经济交往的主要形式。"⑤统一的汉帝国的建立,把中国历史推进到第一个发展高峰,在数百年时间里,经济发展水平与规模远远超过秦代,农业、工业、商业以及人口方面均有

---

① 关裕二:《古代日本人与朝鲜半岛》,PHP研究所2018年版,第124页。
② 沈仁安:《日本起源考》,昆仑出版社2004年版,第39页。
③ 佐伯有清:《古代的东亚与日本》,教育社1977年版,第23页。
④ 阿甫基耶夫著,王以铸译:《古代东方史》,上海书店出版社2007年版,第593页。
⑤ 余英时:《汉代贸易与扩张》,上海古籍出版社2005年版,第82页。

长足发展。据统计，汉代人口已达到6000万人，是当时世界上人口最多的国家，构成东亚经济圈最基本的条件已经形成。

进入文明社会以来，东亚一直就是世界几个重要的文明区域，它的影响是不断向外扩散的，影响着周边国家和地区。在农业方面，社会经济发展突出地表现为耕地面积扩大和社会财富增多，国内形成了几个重要的经济区域，以至出现了"民则人给家足，都鄙廪庾皆满，而府库余货财。京师之钱累巨万，贯朽而不可校。太仓之粟陈陈相因，充溢露积于外，至腐败不可食。众庶街巷有马，阡陌之间成群"的情况。① 工业方面的突出成就是众多部门的涌现，包括土木建筑、纺织、陶瓷、冶铁、采矿、造纸、制盐、兵器等，出现了许多工业中心。农业发展带动了工业的发展，也把半农业区域和游牧区域带入帝国的版图，社会文明程度提高了，中国社会进入一个新的发展阶段；商业发展得益于农业和工业的进步，在发展农业和工业的基础上，国内出现了许多大城市，如长安、洛阳、邯郸、临淄、成都等，至于中小城市更是星罗棋布。城市发展是国家文明与富强的重要标志。自汉代以来，在东亚逐渐形成的以中国为中心的西太平洋贸易网，通过区域内部贸易交流构成了古代东亚经济圈。

汉帝国崩溃后，中国北方地区陷入了近400年的分裂与动荡，经济发展受到影响，但是中国作为东亚经济中心的地位并没有改变。在黄河流域经济受到重创时，长江流域的经济得到迅猛发展，南方得到开发，开拓了后来成为中国经济中心的江南。② 中国东南沿海与南方对外交流扩大，与东南亚、朝鲜半岛和日本列岛的贸易与人员往来增多。根据韩国学者统计，自东晋至隋唐300年间高句丽来中国朝贡173次，百济朝贡45次，新罗朝贡19次。③ 在整个东亚经济结构当中，中心与

---

① 《史记》卷30《平准书》，中华书局2008年版。
② 堀敏一：《中国与古代东亚世界——中华世界与诸民族》，岩波书店1993年版，第104页。
③ 全海宗：《中韩关系史论集》，中国社会科学出版社1997年版，第142—143页。

外围的层次关系非常明显，日本、朝鲜以至东南亚各国并不拒绝加入这个经济体系。就古代东亚历史来看，各国经济联系的力量远远大于政治联系的力量，也正是这种力量使各国走到一起。对于东亚地区存在的以生活资料贸易为纽带的国家关系，只有深入到东亚特殊的历史文化传统与地理环境当中才能理解。这是理解东亚历史的关键，也是理解东方历史的关键。

作为东亚经济圈重要环节的东南亚地区，在社会发展程度上到底是怎样的呢？长期以来有一种观点认为，东南亚地区长期处于落后状态，只是欧洲人来到之后才促进了东南亚社会发展，使其接受了欧洲文化与文明，走向了近代。这是欧洲中心主义历史观的典型表现。根据近年考古研究资料可知，古代东南亚有着灿烂的古典文明，公元前2000年前后有些国家已经能够以金属制造出青铜工具，公元前500年前后普遍出现了铁器，公元前后东南亚人已同非洲东部海岸有了商业联系。该地区的富庶情况屡屡为欧洲殖民者、商人和旅行家所道及，以至于为近代欧洲人所觊觎掠夺。东南亚人民是一个取得了很高成就的群体，在东半球南部海域的文化发展中占据了重要的位置。[1]不同于欧洲殖民者对北美和澳洲这些尚未开发的新大陆作用，也有别于英国、法国对非洲的影响，欧美殖民者在东南亚的作用不能过多地用"建设性"作用来解释，不能把欧洲殖民主义在东南亚的历史影响提高到不恰当的程度。

东亚经济圈的形成，表现在活跃的区域贸易上。人类生存的重要条件之一就是相互交流与交往，通过对外交流满足最基本的物质文化生活需要，具有历史的必然性。一经交流，一切缺少甚至不能生产的东西即可在短时间内获得，缩短了文明间的距离，大大丰富了人类的物质文化生活。中国成为东亚世界的中心不仅表现在文化上，更为重

---

[1] 尼古拉斯·塔林主编，贺圣达、陈明华等译：《剑桥东南亚史》Ⅰ，云南人民出版社2003年版，第150页。

要的是表现在对外贸易上,强大的对外输出成为东亚经济发展的源泉。东亚构成独立的经济区域,实际上是由不同国家组成的。由于地理条件所限,在空间上只能是相邻国家的交流交往,利用自然提供的有限条件进行文明的构建。

在很长的时间里,中国与日本、朝鲜半岛和广大的东南亚国家进行经贸交流,周边国家也以自愿互利的形式同中国互通有无。相对于中国西面的高山峻岭与北方的寒冷大漠,东亚海洋间的交流就方便得多,日本学者堀敏一指出:"从异民族方面而言,朝贡是将丰饶先进的中国物资弄到手的手段。"[1] 只有如此,才能促进社会进步变迁。贡德·弗兰克写道:

> 在世界经济中最"核心"的两个地区是印度和中国、这种核心地位主要依赖于它们在制造业方面所拥有的绝对与相对的无与伦比的生产力。……中国的这种更大的、实际上是世界经济中最大的生产力、竞争力及中心地位表现为,它的贸易保存着最大的顺差。这种贸易顺差主要基于它的丝绸和瓷器出口在世界经济中的主导地位,另外它还出口黄金、铜钱以及后来的茶叶。[2]

从上面的材料分析中可以看到,一个经济圈的形成一般具有如下几个特征:第一,经济圈内经济发展的规模与质量明显地高于其他地区,形成自己的比较优势,社会财富积累较多。第二,公路网和海外航运网的建立,技术、贸易对外交流以及商业发展,形成了其他地区难以匹敌的优势条件,并呈放射状对外产生巨大的影响作用。第三,社会政治、经济具有开放型的特点,对周边地区产生强大的凝聚力与

---

[1] 堀敏一:《律令制与东亚世界》,汲古书院1994年版,第138页。
[2] 贡德·弗兰克著,刘北成译:《白银资本——重视经济全球化中的东方》,中央编译局出版社2001年版,第182页。

辐射力；向外输出文化，推动外围地区社会发展。第四，具有充足的劳动力资源，在很大程度上可以说农业发展依赖于劳动力的数量。在农业文明时代，社会发展较为缓慢，经过长期发展才能在世界各地区当中脱颖而出，形成自己的发展优势。这是古代农业社会发展的特点。以此标准来看，近代以前的中国、印度是名副其实的世界经济中心。

二、交流区域的扩大与东亚经济圈的发展

隋唐帝国的建立，结束了近400年的分裂与动荡，把中国历史带到一个新的历史阶段。它在经济、科技、文化和对外关系方面的建树，对中国社会发展的影响是多方面的，代表着中国封建社会发展的顶峰，当时世界任何其他文明区域都无法与其匹敌。一般研究者都从政治史的层面看待这段历史，而忽视它给唐代社会带来的革命性进步。我认为，仅仅从政治史层面看问题是远远不够的，还必须深入到东亚区域意识和经济圈的发展与扩大当中。由于长期的社会稳定以及成熟的地主官僚机构，隋唐时代中国社会出现了发达的景象，国内出现多个重要的经济区域，中国作为东亚经济中心的国际地位得到加强。唐代农业、手工业和商品经济发展使中国保持了在东亚乃至世界的先进地位，保持了自秦汉以来对周边国家影响的巨大优势。人口的大量增加是社会经济发展的重要表现。

唐代天宝年间，中国已拥有900余万户，5000万至6000万人口，垦田800万至850万顷[1]，疆域空前扩大，国力影响远及东南亚、南亚、西亚乃至欧洲。随着货币经济的发展进行了远距离交易，唐代中期以后货币经济已超越国界有了广泛的发展。[2] 西京长安是全国最大的城市，也是国际化的城市，城内有来自各国的使者、商人、学者、艺术家和

---

[1] 马克垚主编：《世界文明史》上册，北京大学出版社2004年版，第305页。
[2] 堀敏一：《东亚中的古代日本》，研文出版（山本书店出版部）1998年版，第269页。

旅行者。当时长安的城市规模、建筑艺术、城市布局及人口数量，都一直走在世界的前面。日本学者堀敏一把隋唐帝国看作是具有东亚特殊形态的世界帝国，不同于通过征服完成的罗马世界帝国。① 著名经济史家亨利·皮朗指出，14世纪初欧洲最大城市的人口可能为5万至10万左右，一个拥有2万人口的城市就算得上是大城市了，而且在大多数城市里居民人数一般介于5000至10000之间。② 相比之下，中国城市蔚为大观，气象不凡。

隋唐至宋元，对外贸易完全走向世界，一个世界性海上贸易圈已经形成。陆路交通和海路交通把中国和日本列岛、朝鲜半岛、南洋各国、印度、伊斯兰世界以至欧洲联系在一起。从中国河北、山东及东南沿海到朝鲜、日本的航路早已开辟了。中国商人通过海路直接到达朝鲜，商队人数最多时达到百人，也有朝鲜商人乘船跨过鸭绿江经由山海关进入中国关内，最远到达唐都长安。

7世纪新罗统一朝鲜后，中朝贸易与文化交流进一步发展。国内许多城市都有朝鲜商人，带来的商品有人参、马匹、药材、金、银、毛皮、水果和饰物，从中国购回的商品有书籍、瓷器、铜镜、绢、谷物、食品、染料和药材等。③ 朝鲜半岛与日本列岛的贸易关系也在很早之前就已开辟。日朝物质文化交流具有地理毗邻上的优势，人员往来与商业活动频繁。海上风浪与航海技术条件上的限制并没有阻止东亚国家间的交往。这些物品在东亚国家间源源不断地交流着，使各国在短时间内共同受益，促进了社会的整体发展。朝鲜、日本以至南洋各国正

---

① 堀敏一：《律令制与东亚世界》，汲古书院1994年版，第167页。
② 亨利·皮朗著，乐文译：《中世纪欧洲经济社会史》，上海人民出版社2001年版，第165页。
③ 关于中朝两国贸易结构与贸易种类的记载，详见张存武《清韩宗藩关系（1637—1894）》，"中央研究院"近代史研究所1978年版，第2章第3节。巴兹尔·霍尔在《朝鲜·琉球航海记》中对中国与朝鲜关系有深刻的观察，看到朝鲜信奉孔子圣教，崇拜佛教，定期地向中国派遣使节团朝贡，行臣下之礼；贡献给中国的贡物有人参、黑貂皮、以棉做成的纸张。他认为，贡物与其说是岁入的一部分，不如说是臣服的象征。巴兹尔·霍尔著，春名彻译：《朝鲜·琉球航海记》，岩波书店2016年版，第300—301页。

是通过这种贸易与中国保持政治经济联系，成为东亚经济圈的有机组成部分。

东亚经济圈走向鼎盛与成熟，主要表现为对外贸易区域的扩大，经贸活动向域外传播和扩展，形成新的经济增长点和国际贸易中心。它的显著特征是构成有机体的各个部分对外相互联系与互动，形成内外循环机制。国际贸易港的出现是对外交往发展扩大的表现。广州、交州、泉州、扬州、明州等都是著名的国际贸易港口，每年在这里进出的商船就有数千艘。广州是唐代对外贸易最繁盛的城市，扬州则以国内商业称雄。[1]唐朝对海外贸易采取了积极的开放政策，率先在广州设立市舶使，专事南海贸易。虽说其规模与运作方式不同于近代，但无疑说明唐代以来中国社会已经有了发达的商品经济。近些年的经济史研究也证明了这一点。

阿拉伯帝国兴起后对东方的贸易颇感兴趣，商人大举东来，足迹遍及中国与南洋各地，有力地衔接远东、南洋、印度洋以至红海和波斯湾的贸易，推动了以中国为中心的西太平洋贸易圈的形成。阿拉伯商人来到南海、东海和日本各地，对外贸易规模扩大。他们的活动范围很广，西起摩洛哥、东至日本和朝鲜的广阔海域都是他们的活动范围，独占了中世时期东亚的海上贸易。[2]中国与南洋、印度以及阿拉伯世界的交流主要以经贸为主，同时伴有文化传播与移民迁徙。虽然有些国际贸易港口并不是新兴的，但其在对外交往中发挥着新的作用。众多国际化港口城市发挥出新的功能与作用，大大巩固了中国作为东亚经济中心的地位。长期以来中国始终是以东亚经济中心的地位存在的，不论在分裂时期还是在统一时期都没有改变。

进入宋代以后，中国政治经济中心南移，对外贸易向海洋方向发展，规模扩大，出现贸易兴盛的局面，"市舶之利"已成为当时国家经

---

[1] 方豪：《中西交通史》上册，中国文化大学出版社1983年版，第266页。
[2] 《桑原骘藏全集》第5卷，岩波书店1988年版，第30页。

济的主要来源,有时候宋朝还利用使臣出使国外之机招徕外国商人来华贸易。对外输出多以金、银、铜钱、绢、瓷器为主,输入以象牙、犀角、药材与珠宝为多。由于对外国商客采取了宽大的政策,故许多港口成为外国商客的栖息之所,即"蕃坊"。《蒲寿庚考》指出:"宋代奖励互市,故侨蕃甚蒙优遇,纵有非法行为每置不问。……蕃汉之间有犯罪事,苟非重大之件,亦听以彼等法律处分。"[1] 由此可以窥出宋代对外国商人来华政策之宽松。

桑原骘藏根据中国史籍《宋史》《建炎以来朝野杂记》等材料综合考察,看到宋朝与外国贸易之后财政收入迅速增加了,政府收入从最初的千万缗,在60年后达到6500万缗。[2] 这些都是东西交通带来的可喜变化,对于促进中国社会向前迈进是十分重要的。新的港口城市的兴起,大大带动了国内市场的发展,无论在规模上还是在影响上,宋代的城市都代表了一个新的时代。当时人口达到一亿之数。宋代虽然有北方辽、西夏政权的侵扰,但国内经济还是有了长足的发展,粮食产量增加,耕地面积扩大,南方许多地区成为中国对外出口的生产基地。总体来说,宋代的城市发展与社会文明程度走在世界各国的前面。

科技进步是社会文明程度的重要表现。宋代的造船技术与航运是世界一流的,船只可容纳六七百人。造船技术"降至宋元,益臻其极"。[3] 有材料表明,10世纪航行于波斯湾的中国船舶可载四五百人,配备武器,以防海盗之不测。由于长时间在海上航行,远离陆地,也是不得不防海盗劫掠的。造船技术与航运的发展,得益于指南针的应用。正是应用了这个新技术,中国商船远航于南洋、印度洋、波斯湾和非洲东部海岸,同国外进行着有无相通的贸易交换。科技进步直接促成对外交往的扩大与便利,从广州至阇婆国(今印尼爪哇),"顺风

---

[1] 桑原骘藏著,陈裕菁译:《蒲寿庚考》,中华书局1954年版,第47页。
[2] 《桑原骘藏全集》第5卷,岩波书店1988年版,第212页。
[3] 桑原骘藏著,陈裕菁译:《蒲寿庚考》,中华书局1954年版,第99页。

连昏旦，一月可到"。①阿拉伯商人到东南亚贸易者络绎于途，将本国所产带到东南亚的三佛齐，然后再贩卖到中国②，以图厚利。著名科技史学家李约瑟详细分析了宋代航运事业和港口城市繁荣的情况，指出：

> 南方航运事业的发展是由于北方连年遭受战争、外族入侵和政治动乱乃至气候变化所导致的社会后果。大量人口被迫向遍布河湾港汊的沿海省份福建和广东迁徙。由于当地的农业殊难供应一时膨胀的人口，于是受到国家积极支持的商业城市开始繁荣，人们为了进行贸易和保卫国土而泛舟入海，促进了造船、航海以及其他相关事业的发展。③

中国作为经济中心之一，在农业、工业、商业以及科技方面保持了领先地位，向世界贡献物质文明和精神文明成果。李约瑟认为，宋代实是中国本土的科学繁荣昌盛的时期。④在东亚大陆上孕育出来的中国古典农业文明是不同于印度文明、伊斯兰文明和地中海文明的，它有自己独特的运行规律，如果认为中国古典文明是封闭的或停止的，那是形而上学的观点。两宋时期中国对外交往通商的国家与地区达

---

① 周去非著，杨武泉校注：《岭外代答校注》，中华书局1999年版，第88页。
② 赵汝适：《诸番志·大食国》，载《酉阳杂俎·岛夷志略·诸番志·海槎余录》，台湾学生书局1979年版，第209页。
③ 李约瑟著，柯林·罗南改编，上海交通大学科学史系译：《中华科学文明史》第3册，上海人民出版社2002年版，第133页。
④ 李约瑟著，柯林·罗南改编，上海交通大学科学史系译：《中华科学文明史》第1册，上海人民出版社2002年版，第250页。对于此一问题，巴里·K.吉尔斯和安德烈·冈德·弗兰克也有进一步的研究，他们指出："中国是经济发展最引人注目的地区。这一时期，宋朝建立了其帝国的地位，人口剧增，经济大发展。中国人口增至1亿5000万，杭州城人口达600万，开封人口达400万（而比较起来，欧洲最大的、最商业化的城市威尼斯才有16万人）。宋朝中国的科学技术处于比较发达的阶段，农业生产率增长，工业生产规模大，修筑庞大的陆路运输和内河航道网，普遍商业化，巨额融资，节制消费，内贸和外贸均十分活跃。"这一评述同我国史书记载大体是一致的。参见安德烈·冈德·弗兰克、巴里·K.吉尔斯主编，郝名玮译：《世界体系：500年还是5000年？》，社会科学文献出版社2004年版，第212页。

五十余个。中国为什么能与如此众多的国家有政治经济往来呢？除了中央政府支持外，技术进步的因素是不容忽视的。宋代不仅在造船技术、数学、地理学、医学方面，而且在哲学、诗词方面也有卓越的成就，影响着周围的国家，周边国家如日本、朝鲜、越南也愿意充当虔诚的学习者角色，接受中国文明。

元代对外贸易与交通持续发展，规模超过前代。中央政府采取了开放的政策，不仅有中国商船抵达亚非数十个国家，而且允许大量的外国人进入中国，从事商业贸易活动。当时的京城大都是世界著名的经济文化中心，吸引着世界各国商人、学者、旅行家、传教士纷纷东来，把域外的文明带到中国，同时也把中国文明带到世界。意大利威尼斯商人马可波罗在游记中详细地记述了元大都——汗八里的情况："应知汗八里城内外人户繁多，有若干城门即有若干附郭。此十二大郭之中，人户较之城内更众。郭中所居者，有各地来往之外国人，或来入贡方物，或来售货宫中。所以城内外皆有华屋巨室，而数众之显贵邸舍，尚未计焉。"[①] 从中可以看到当时元大都城市发展与经济繁荣的情况。元朝采取了较为宽容的对内对外政策，都城内各民族与教派和睦相处，城内居民语言文雅、见面行礼甚恭，王公贵族喜欢舶来品和奢华生活等。这些都是国际大都市生活的具体反映。

在对外贸易方面，元代被认为是中国对外交通发展的新阶段，交通范围东起日本、朝鲜经南洋，西至非洲东海岸的广大地区。西太平洋地区形成的巨大的贸易网络不仅使东亚各国联成一体，而且有力地衔接了东亚与印度以及伊斯兰世界，从而形成从东亚到东南亚以至印度洋的范围广阔的交流圈。为了便于管理贸易，增加政府的财政收入，元政府承袭了前代的市舶司制度，对来华贸易税额大体十分取一或十五分取一。此时的欧洲还没有走出大西洋，有的国家尚处在分裂与动荡之中。

---

① 冯承钧译：《马可波罗行记》，上海世纪出版集团2002年版，第237页。

一个经济圈的形成与发展不仅表现为区域内各国经济相互联系与互动，也表现为文化上的相互吸收与借鉴，与经济相互促进。中国文化、科技、律令以及佛教对东亚各国的影响几乎是全方位的，涉及文学、史学、哲学、建筑、书法、文字、绘画等方面。可以说，东亚世界表现为文化东亚的特征。日本学者井上秀雄指出："中国文化给予古代朝鲜文化以更大影响的是隋唐时代。……隋唐文化为适应朝鲜内在发展趋势而受到了欢迎。"[1]日本的情况也是如此。随着国家的建立与发展，吸收外来文明已成为当务之急，佛教、典章制度、治国思想甚至灾异祥瑞观念也成为它们的一时之需，日本学者田中健夫指出："特别是作为国家统治理念的儒教给了日本以极大影响。"[2]堀敏一认为，日本对中国律令法典几乎是逐条移植的[3]，以至建立律令制国家。文明交流带来的是东亚社会的整体发展，使文明的成果在短期内为各国共享，缩短了与中国的差距。长期以来中国文明对东亚文明的影响是巨大的，但是也不能因此而忽视东亚各国的首创精神，各国同中国一道参与缔造了区域的辉煌。

在研究东亚经济圈时，有必要关注东亚历史上的朝贡贸易，视朝贡贸易圈为经济圈并不为过，有时候朝贡贸易担当着国家间贸易的主要角色。周边国家与民族也愿意与中国进行有无相通的贸易交流。滨下武志指出："特别是15、16世纪以来，随着对中国的朝贡贸易及互市贸易等官方贸易的经营发展，民间贸易也在扩大。以华侨、印侨为中心的帆船贸易和官营贸易一起，形成了亚洲区域内的多边贸易网。"[4]朝贡贸易带来的是多元受益，以和平互利为纽带推动不同发展层次的国家交流与共生，满足了各自心理的与物质的需求，各取所需，使物

---

[1] 日本唐代史研究会编：《隋唐帝国与东亚世界》，汲古书院1979年版，第329—330页。
[2] 田中健夫：《东亚通交圈与国际认识》，吉川弘文馆1997年版，第25页。
[3] 堀敏一：《中国与古代东亚世界——中华世界与诸民族》，岩波书店1993年版，第168页。
[4] 滨下武志著，朱荫贵等译：《近代中国的国际契机——朝贡贸易体系与近代亚洲经济圈》，中国社会科学出版社1999年版，第10页。

质文化生活与精神生活增添了多样性。朝贡贸易是周边国家与中国王朝贸易的一般说法，虽然并不是所有的来华贸易都是朝贡贸易，但以朝贡名义进行贸易会获得许多的便利与好处。

按照近代国际法原则，国家间的关系是平等的，贸易也在自愿的基础上进行。但是，在古代的东亚，以中国为核心的等级政治秩序已经覆盖了整个东亚、东南亚和部分中亚地区，因此进入这个交往圈的贸易自然也就成了朝贡贸易。1437年3月23日，琉球中山国王尚巴志在给中国明朝礼部的一份上书中有"朝贡之事，今差遣长史梁求保、达福期、明泰、通事陈康等，共携带一封表文，乘坐三艘永字号海船，硫磺四万斤，马五十匹，赴京朝贡"的记载。[1] 琉球在中国的朝贡国当中非常典型，与中国的关系十分密切。琉球中山国王尚巴志在1438年的一份给中国礼部的上书中也有"朝贡之事，……恭字号海船装载马二十匹、硫磺一万斤，赴京朝贡"的表示。[2] 在东亚世界古老关系结构当中，并不是所有国家都可以成为朝贡国的，它是有一定的前提条件的，即"想与中国进行贸易的诸外国成为朝贡国，首先承认明朝的主权，在朝贡的同时可以进行若干附带贸易。因此，成为明朝的朝贡国可以说是得到了中国的莫大恩典，对朝贡国来说也是贵重的特权"。[3]

东南亚在东亚经济圈中的重要地位不容置疑。据16世纪初葡萄牙派往中国的第一位使者多默·皮列士《东方志》记载，从中国驶往马六甲港的商船载有大量的生丝、明矾、硝石、硫黄、铜、铁、大黄、瓷器和盐等物品，仅盐船就有1500艘。[4] 马六甲是联系印度贸易圈与

---

[1] 《历代宝案》译注本第1册，文进印刷1994年版，第521页。
[2] 《历代宝案》译注本第1册，文进印刷1994年版，第521页。在明朝成化五年至成化二十一年间，琉球以朝贡、谢恩、庆贺与请封的名义赴明朝贩运来的苏木就有137000斤，胡椒30000斤，锡9500斤。边土名朝有：《琉球的朝贡贸易》，校仓书房1998年版，第69—70页。
[3] 《宫崎市定全集》第19卷，岩波书店1992年版，第358页。
[4] 多默·皮列士著，何高济译：《东方志——从红海到中国》，江苏教育出版社2005年版，第100—101页。

东亚贸易圈的中心,阿拉伯人、印度人和华商充当了主要角色。广泛存在于东亚国家间的朝贡贸易关系经久不衰,成为东亚历史上的独特景象。朝贡贸易关系其实质就是官方主导下的国家贸易关系,在于满足宫廷贵族消费,既是政治活动又是经济贸易活动。据史籍记载,占城国"曾贡方物","又进贡,有诏赐钱二千六百缗,其慕化抑可嘉也"。[①] 它们来华从事朝贡贸易并非一定认同中国的天朝上国地位,从中国得到更多回赠与交流上的好处才是其真正的需求,或者说是促进朝贡贸易最为持久的动力,也是双方皆大欢喜、各取所需的事情。

根据成书于明代的《西洋朝贡典录》可知,郑和下西洋后中西商道大开,20余个国家与中国进行贸易交流,在爪哇国(今印度尼西亚爪哇岛)、三佛齐国"其交易用中国铜钱","其交易用中国历代钱及布帛"。[②] 明代中外交易的商品种类大体涉及金银、器皿、犀角、象牙、宝石、胡椒、白绢、薰衣香、沉香、速香、木香、黑线香、纸扇等,例如琉球与明朝的朝贡贸易就有象牙、檀香、速香、胡椒、丁香、乳香等南方物产。弘治十七年,琉球与明朝朝贡贸易仅苏木就有15000斤,锡1500斤,胡椒3000斤。[③] 琉球是中国周边国家中的关系密切者,贡期为两年一贡,贡船可随员100—150人。[④]

清代中期以后由于人口急剧增加,对粮食需求日益增长,雍正、乾隆时期对来自泰国等南洋各国的粮食贸易实施了奖励政策,广东、福建各省还根据商人购入米量的多少授予职衔和顶戴。[⑤] 东南亚国家同中国、日本有频繁的经贸关系。17世纪,华商在东起日本、经朝鲜半岛到东南亚的广阔区域从事多角贸易,输出的商品有红毡、白丝、白纱、陶器、鼎釜,输入商品有苏木、白锡、胡椒、象牙、大米、海米、

[①] 周去非著,杨武泉校注:《岭外代答校注》,中华书局1999年版,第77页。
[②] 参见黄省曾著,谢方校注:《西洋朝贡典录》,中华书局1982年版,第25、34页。
[③] 边土名朝有:《琉球的朝贡贸易》,校仓书房1998年版,第43页。
[④] 边土名朝有:《琉球的朝贡贸易》,校仓书房1998年版,第67页。
[⑤] 山本达郎编:《越南中国关系史》,山川出版社1975年版,第436页。

纹银等。赴长崎的船只装载的生丝和织物购自苏州、杭州、广州，染料来自安南，砂糖来自福建。①《历代宝案》是古代琉球王国对外交往的珍贵文献，详细记载了琉球与中国明清两代的政治经济关系。从明至清代前期，中国作为东亚经济中心的国际地位是无与匹敌的，但社会发展已经明显缓慢。相比之下，欧洲在生产和科学技术上处于逐渐上升的趋势。这是因为欧洲在走出漫长的中世纪后已经逐渐产生活力，中西方关系开始处于变化之中。

许多学者都认真地探讨过中国在世界史上的国际地位问题，也试图从多方面寻找造就中国国际地位的诸多原因。在贡德·弗兰克看来，当时全球经济有若干中心，但在整个体系中处于支配地位的是中国。②明代的中国地域辽阔，人口众多，在世界经济中处于主导地位。当时的欧洲支离破碎，"比起这个时期最强盛、最先进的明帝国和勃然兴起的中东奥斯曼帝国和萨菲帝国，西欧黯然失色。中国当时的财富和人口都遥遥领先"。③清代前期，1750年中国在世界工业生产所占的份额为32.8%，印度为24.5%，整个欧洲为23.2%；到1800年情况发生一些变化，中国为33.3%，印度为19.7%，整个欧洲上升到28.1%。④中国社会发展远远领先于世界其他地区，有的科技领先于欧洲数百甚至上千年。近代以前中国一直是世界文明的重要中心之一，也有着数千年来绵延不绝、不曾中断的文明，故使得中国文明成为有优点、有缺

---

① 廖赤阳：《长崎华商与东亚交易网的形成》，汲古书院2000年版，第159页。
② 贡德·弗兰克著，刘北成译：《白银资本——重视经济全球化中的东方》，中央编译局出版社2001年版，第168页。
③ 杰弗里·巴勒克拉夫主编，《泰晤士世界历史地图集》中文版翻译组译：《世界史便览》，生活·读书·新知三联书店1983年版，第295页。
④ 保罗·肯尼迪著，蒋葆英等译：《大国的兴衰》，中国经济出版社1989年版，第186页。我国学者李伯重先生指出，如果以西欧经验作为近代化的标准，至少自明末以后我国江南地区在商业化、城市化、农村工业、交通条件以及人民受教育程度等方面，均已走在18世纪中叶英国的前面，若以18世纪中叶的西欧标准，江南地区可以说已经十分"近代化"了。参见李伯重：《发展与制约——明清江南生产力研究》，联经出版事业股份有限公司2002年版，第402页。

点同时又有特点的伟大文明。

在清代前期中国经济发展时，日本经济也有了相当的发展。日本国内陆路、海路交通密布，商品经济发展，江户、京都和大阪成为全国最为发达的城市。18世纪江户的人口为110万，大阪、京都也有40多万，同时遍布全国各地的城下町（最大的城下町是名古屋、金泽，人口有10万左右）也有了很大的发展。[1] 东亚城市与农村人口高度发展是传统社会内部生产力长期积累的结果，也是经济发展连续性的产物。在对外贸易方面，江户时代有对东南亚国家的朱印船贸易。所谓朱印船贸易，就是持有幕府颁发的朱印状（即官方许可证）的贸易。商人从幕府那里得到经商许可，从事海外贸易。幕府为了增加收入，鼓励海外贸易，对海外贸易具有特殊的兴趣。从1604—1635年，幕府共颁发300多张朱印状，朱印船达350—360只，航行的港口多达30多个，遍布赤道以北南洋各岛，尤以越南、柬埔寨、泰国、菲律宾为多[2]，盛极一时。东南亚是中国和日本商船最为活跃的地方。得到朱印状的不仅是日本人，日本的华商、英国人和荷兰人也得到了朱印状，参加东亚区域贸易。[3] 贸易兴盛是经济发展的基本特征之一，也反映了一个地区的发展程度。

暹罗、爪哇、旧港各地船只也北上日本交易。长崎和对马是著名的贸易港，这里因出口铜而繁荣。中国商船和荷兰商船担任了对外贸易的主要角色，到达朝鲜半岛、东南亚、印度和欧洲等地，1700年前后仅从长崎输出的日本铜就有800万斤左右。[4] 虽说日本在近世时期"锁国"，但并没有中断与中国、荷兰、朝鲜半岛、琉球等国的对外关系。明朝初期执行了只许外国船只来华朝贡贸易而不许国内船只出海

---

[1] 中村哲主编，王玉茹监译：《东亚近代经济的历史结构》，人民出版社2007年版，第14—15页。
[2] 沈仁安：《德川时代史论》，河北人民出版社2003年版，第99页。
[3] 滨下武志、川胜平太编：《亚洲交易圈与日本工业化（1500—1900）》，藤原书店2001年版，第105页。
[4] 川胜平太编：《亚洲太平洋经济圈史（1500—2000）》，藤原书店2003年版，第29页。

的海禁政策，但这一政策并没能从根本上限制住东南沿海各地和琉球商人同倭寇接触的走私贸易，甚至出现日本与朝鲜通商的新情况。[①]

朱印船贸易的出现说明日本封建社会经济发展对商品与市场的需求增加，靠固定的地租收入已经不能满足社会上层的消费和维持日益庞大的财政支出了，也说明日本封建关系在松弛，传统的封建关系难以维持。这符合16世纪以来世界各大区域逐渐被整合到近代资本主义市场与体系发展的总规律。根据《长崎荷兰商馆日记》统计，1803年5月9日至10月15日中国商船输出到日本的商品就有铜器、樟脑、沙丁鱼、海带、鲍鱼、屏风、木材、茯苓、漆器、雨伞、纺织品、酒类、陶瓷制品、纸张和药材等，动辄数万斤，几乎涉及社会日常生活和生产的所有方面。[②]该商馆日记对中国商船每天输入的商品也有详细的统计，基本上也都是上述这些商品。从经济角度看，江户时代日本经济达到了一定的发展程度，可视为日本封建社会经济发展的成熟阶段。

三、西方世界的兴起与东亚经济圈的衰落

葡萄牙人1510年占领了印度果阿，1511年占领东南亚马六甲王国，1537年来到中国澳门。以16世纪初葡萄牙人东来为嚆矢，西班牙、荷兰、英国、法国又联翩来到中华帝国的外围，东亚传统的政治经济秩序受到欧洲殖民主义的最初冲击。在很长一段时间里欧洲殖民者力量弱小，无力与东方国家进行竞争，故不得不进入东亚经济圈当中与东方国家进行有限的贸易。他们被限制在几个海岛及其沿岸地区。这一情况只有到了19世纪才发生根本性改变，南洋、印度洋航线上的贸易为欧洲人所垄断。

1602年荷兰东印度公司成立，从事自好望角至麦哲伦海峡的海上

---

① 田中健夫：《东亚通交圈与国际认识》，吉川弘文馆1997年版，第20页。
② 日荷学会编：《长崎荷兰商馆日记》第1卷，雄松堂出版1989年版，第389—392页。

贸易。当时的荷兰是欧洲一流的海上强国，是全欧洲的商业中心。在东南亚站稳脚跟后继续北上占领中国台湾，独占与日本的贸易。[①] 后来受到英国、法国的有力竞争。到19世纪，英国已经占领了马来亚、新加坡、文莱、缅甸等国，法国占领了越南、老挝和柬埔寨，荷兰控制印度尼西亚群岛，葡萄牙占领了东帝汶，西班牙占领了菲律宾，整个东南亚地区被欧洲列强瓜分完毕。欧洲列强通过各种途径使东南亚政治、经济、文化与外交从属于西方。

东南亚的沦失成为古代东亚经济圈的破坏力量，导致东亚经济圈急剧萎缩。原来由东方人开辟的古代海上香料丝绸贸易航路为近代欧洲人垄断了，东方商人也沦于欧洲商人的从属。欧洲人开辟的近代大西洋、地中海、印度洋及西太平洋的贸易把东亚与世界紧密地联系起来，构成世界性统一市场的条件已经形成。欧美国家的冲击限制了中华帝国对外交往，后者被局限在朝鲜、日本等少数几个亚洲国家，对外贸易处于锐减之中。

西方殖民者东来造成与中国近三百年的贸易冲突，例如从顺治元年（1644）到康熙二十二年（1683）的四十年间，前往日本长崎的中国商船共有1584艘，其中最少的年份为9艘，最多的年份为76艘，平均每年不到40艘。[②] 中日之间的贸易额在迅速减少，日本学者松浦章这样写道：

> 经历了两个多世纪的日中长崎贸易，在时代潮流的大趋势下发生剧变：首先是作为长崎贸易基地的乍浦和它的大后方苏州受到了太平天国的强烈冲击，贸易组织、贸易体系均遭到了彻底的摧毁；其二是打开国门的日本迎来了以欧美列强新型蒸汽船只为代表的先进技术的登陆，导致前往日本长崎的"唐船"

---

① 《宫崎市定全集》第18卷，岩波书店1993年版，第288页。
② 陈高华、陈尚胜：《中国海外交通史》，台北文津出版社1997年版，第279页。

丧失了竞争力，在国际贸易舞台上迅速消失。①

从《长崎荷兰商馆日记》统计来看，1801年12月9日—16日，由中国商船输入的商品有沉香180斤、犀角115斤、豆蔻264斤、大黄5077斤，除了甘草31131斤、苏木100492斤、白砂糖117000斤比较多外，其他很多商品是没有交易的。②这说明国际环境对市场的不利影响，对中国的国际贸易不利，也说明日本锁国政策给国际贸易带来了诸多限制。

殖民主义在东亚进行一个多世纪的掠夺性开发，无止境的财富外流使东亚各国付出了沉重代价，以至于造成人口锐减，特别是爪哇岛的情况更为严重，1815年人口减少7%，1890年减少3%③，与欧美国家城市化现象相反而出现了城市衰败与人口减少的情况；在经济方面，仅英国统治下的缅甸每年被掠走的柚木就有27万吨，约占世界总产量的70%；英资公司在缅甸垄断的石油占比达75%。④

面对欧洲殖民主义力量在东南亚的日益发展，中国封建王朝已不能发挥大国作用了。东南亚传统的国际秩序被打破后，中国也在第一次鸦片战争后进入了世界体系之中，在痛苦与挣扎中与世界"接轨"，与周边国家的关系疏远与松弛，从而造成传统的东亚古老的国际关系结构逐渐瓦解。"从商品结构方面来看，明清时期形成的远东市场也很不完备。""尤其是在海外市场方面，江南产品出口的大量贸易余盈，并未换回江南工农业发展最急要的物资。其所挽回的，主要是白银以及鸦片。……后者则严重地危害了江南经济的发展。"⑤在物资的交流与

---

① 松浦章著，张新艺译：《清代帆船与中日文化交流》，上海科学技术文献出版社2012年版，第7—8页。
② 日荷学会编：《长崎荷兰商馆日记》第1卷，雄松堂出版1989年版，第283—295页。
③ 安索尼·里得著，平野秀秋、田中优子译：《大航海时代的东南亚1450—1680》Ⅱ，法政大学出版局2002年版，第89页。
④ 梁英明、梁志明等：《东南亚近现代史》上册，昆仑出版社2005年版，第262页。
⑤ 李伯重：《发展与制约——明清江南生产力研究》，联经出版事业股份有限公司2002年版，第400页。

交往中，欧洲人逐渐走强，置东亚国家于弱者与失败者的地位，区域性的贸易遂为全球性的贸易所取代。

到十九世纪八九十年代，越南、朝鲜半岛相继脱离与中国的传统的政治经济关系，古老的东亚国际关系体系彻底解体。东亚传统的政治、经济秩序被打破，从根本上改变了东西方国家正常的关系，因而造成东方被西方资本主义势力抛向世界边缘的被动局面。据统计，1830年中国工业生产占世界总额的29.8%，尚可称为世界上最大的经济实体，80年代下降到世界总额的12.5%。这与蒸蒸日上的欧洲形成鲜明对照，一降一升，判然有别。相对于欧洲和北美，东亚任何一个国家都优势丧尽。从东亚输出的商品来看，一般以茶叶、瓷器、陶器、古董、药材、香料、书籍等生活消费品为主，西方国家对中国输出的商品一般是工业革命后的商品，或经过工业革命后的思想、文化与科技。商品的不同反映出国力的不同，或许由于这个差距导致后来东西方发展形成了天然分野。以中国在近代的命运而言，决定一个国家强弱的不是经济的规模而是质量，武器的优拙固然重要，但与武器同等重要的还有国民精神与国民的重大关切。

亚洲诸国，除了日本在明治维新后对外扩张、实现了国家崛起外，其他国家都处在停滞甚至倒退当中，作为原料产地和销售市场而成为宗主国的附庸，其经济日益畸形化。总体上看，东亚国家经济增长极为缓慢，科技增长率也处于极低的发展水平；农业、畜牧业和人力技术为社会提供非常有限的剩余产品，许多方面出现了某些停滞的趋势。这里所说的停滞并非一般意义上的停滞和不变状态，而是指社会政治、经济、科技以及文化领域缺少新因素，很难突破原有的社会结构，社会发展在很低的水平上运行，但是完全认为中国明清社会是大停滞也非科学认识。以海上运输的帆船为例来说明东西方的发展差距也许更能说明问题。这时期东方各国海上运输基本上都是利用自然风力和人力作为动力的帆船，而欧美国家已经进入以蒸汽机作为动力的蒸汽船时代。以自然力和人力作为运输的动力与蒸汽作为动力是性质完全不同的两种概念，彼此没有多少可比性。19世纪美国航行在大西洋上的商船每天可航行436英里，帆船昼夜兼行平均时速为18.5海里。[1]两者相较，高低自现。

长期以来，东方社会发展领先于西方，16世纪以后东西方关系悄然发生变化。著名历史学家巴勒克拉夫指出："1500年以前，是世界冲击欧洲；1500年以后，是欧洲冲击世界。"[2]在以后的几个世纪中欧洲人开始走向世界，依靠其强烈的创业动机和从东方传入的航海技术参与并完成了地理大发现，到处伸张力量，把世界变成了它的市场。威廉·麦克尼尔说："简而言之，欧洲找到了一种自我强化的机制，使得其军事扩张可以持续下来，而这一机制所依赖的经济和政治扩张却是以地球上其他国家和人民为代价的。"[3]进入19世纪以后，长期落后的西方率先在经济、技术、军事、文化等方面实现了快速发展，并获得对非西方世界的统治优势。工业文明具有东方农业文明与游牧文明无法比拟的巨大力量。科技进步直接推动社会生产力的提高，使生产力质量发生变化，提高国家的竞争力。经过两次工业革命浪潮，欧美大国创造了现代生产力新形态，完成了从传统的农业社会向工业社会的转变。

相比之下，东方国家大都处于农业文明的阶段，缺乏抗拒西方冲击的力量，在东西方较量中普遍落伍。工业革命带给欧洲高速增长的生产方式和社会财富形式的转变，使生产力的质量与结构空前优化，因此在物质力量和社会财富方面形成巨大优势，形成工业—西方、农业—东方的天然分野，拉大了东西方的发展差距。斯塔夫里阿诺斯写道："欧洲不仅成了世界的银行家，而且已成为世界的大工场。1870

---

[1] 杉浦昭典监修，松田常美译：《帆船6000年的历程》，成山堂书店1999年版，第143页。
[2] 杰弗里·巴勒克拉夫主编，《泰晤士世界历史地图集》中文版翻译组译：《世界史便览》，生活·读书·新知三联书店1983年版，第295页。
[3] 乔万尼·阿里吉等主编，马援译：《东亚的复兴——以500年、150年和50年为视角》，社会科学文献出版社2006年版，第362页。

年，欧洲的工业产量占世界工业总产量的 64.7%，而唯一的对手美国仅占 23.3%。到 1913 年时，虽然美国已向前发展，达到了 35.8%，但这一年欧洲工厂的产量仍占世界总产量的 47.7%。"[1] 这是西方国家通向近代崛起的物质技术条件。在崛起过程中，科技的力量处于核心地位，决定国家的发展状态。

长期以来欧洲经济每年的增长极为缓慢，人均收入每年增长率只有 0.11% 左右，只是到 18 世纪下半期第一次工业革命之后才出现引人注目的发展速度。自 18 世纪下半期以来，欧洲国家的发展是加速的，尤其是进入第二次现代化浪潮的 19 世纪下半期，科技已成为提高生产率的关键因素。1850—1870 年的 20 年间，世界工业生产增加了 1 倍多，而 1870—1900 年的 30 年间世界工业生产增加了近 2 倍，工业生产速度大大加快，社会财富急剧增多。以钢铁和电力工业为主的重工业已成为国家实力与强盛的主要标志。铁路和公路网的建立，技术、投资与贸易的扩大以及商业的发达，使欧美成为新兴工业化的中心。从生产技术来看，技术（知识）密集型生产逐渐成为创造财富的主要形式。这是世界其他地区难以匹敌的力量。

东方的中国、印度、奥斯曼帝国都处在急剧衰落之中。吏治腐败，思想文化上的钳制与高压，整个社会处于"将萎之花，惨于槁木"的没落状态；欧洲之所以能在世界各地区脱颖而出，从根本上说是科技革命、制度创新与思想变革相互作用的结果，三者缺一不可，实现了从传统的农业社会向近代工业社会转变，带动了社会的整体发展。贡德·弗兰克在分析这一问题时指出：

> 为什么在同一个世界经济和体系里，到 1800 年前后原来一直落后的欧洲、接着是美国"突然"在经济和政治上都赶上

---

[1] 斯塔夫里阿诺斯著，吴象婴、梁赤民译：《全球通史——1500 年以后的世界》，上海社会科学院出版社 2002 年版，第 562 页。

和超过了亚洲。重要的是，我们应该看到，这种努力和胜利乃是统一的全球经济竞争的一个组成部分，而且正是这个全球经济的结构和运转产生出这种变化。也就是说，欧洲（西欧）和美国先后出现了一系列众所周知的技术进展和其他方面的进展，而且把它们应用于新的生产过程中。[①]

离开了政治发展与科技进步，就很难理解欧洲的历史。这也是我们不难理解欧洲为什么强盛、东方为什么衰弱的原因了。为什么近代以来西方国家实现崛起、走向世界强国之列，东方国家会普遍衰落甚至沦为欧美强国奴役掠夺的对象呢？这是一个极为复杂的问题，绝不是靠单一因素可以解释的，必须根据多方面条件加以具体分析。其中有一条最为重要，那就是工业文明已成为社会文明的主宰力量，新的生产方式带动的社会变革全面加速，提高了国家的整体竞争水平。东方文明主要来自农耕经济，这种自给自足的经济完全依靠自身的力量是很难突破的，无法产生强大的物质力量。在人类诞生后数百万年的农业文明时代，世界各地、各国虽然存在发展差别，但从本质上说这种差别不大，基本上都是农业、家庭手工业和实物交换，创造财富的过程十分缓慢，只是到工业革命之后才有了发展上的巨大差距，社会财富有了惊人的发展与积累，实现了生产率的持续快速增长。

自从工业革命以来，欧美国家出现了物质生产加速增长的趋势，重大科技发明与创新在社会发展中的作用愈来愈重要，转化为生产力的周期大大缩短。从现代化的角度看，一个国家崛起不仅是实现了从传统的农业社会转向工业社会，经济实现持续的高速增长，而且实现了社会制度创新和思想观念的进步。国家崛起是一个政治、经济、科技、文化、社会整体演进的过程，并非单项发展的经济指标。美国学

[①] 贡德·弗兰克著，刘北成译：《白银资本——重视经济全球化中的东方》，中央编译局出版社 2001 年版，第 382 页。

者布莱克指出：

> 它是近世以来知识爆炸性增长带来的结果。其特殊意义，来自于它的动力特征和对人类事物影响的普遍性。……在这一过程中，历史上形成的制度发生着急速的功能变迁——它伴随着科学革命而到来，反映了人类知识的空前增长，从而使人类控制环境成为可能。①

他以"知识爆炸""制度变迁"和"科学革命"来形容现代化的威力，是非常形象而准确的。从宏观历史的角度看，世界经济发展是个动态的过程，存在一个长波周期，几十年上百年不等。一般来说，在农业文明时代，一个国家的兴起和另一个国家的衰落时间相对较长，往往需要几十年甚至上百年时间。进入工业文明后，国家间、地区间的竞争与兴衰比以前剧烈得多，发展极不平衡也不稳定。一个经济中心可能很快衰落或另一个经济中心可能很快崛起，相互交替地演变发展。苏联经济学家尼古拉·D.康德拉捷夫认为，在现代资本主义经济体系里存在一个经济发展周期，大约50—60年左右，即"康德拉捷夫周期"。一个国家可以用超常规的方式超越其他强国，这样的例子在世界史上屡见不鲜。因为工业文明是科学—技术—生产的有机结合，完成了科学社会化和社会化科学，直接创造财富，提高国力，推动社会进步。例如1870年英国工业总产值占世界工业总产值第一位，美国占第二位，德国第三位，法国占第四位，但是到19世纪80年代美国已超过英国占第一位，英国占第二位；到20世纪初，德国又超过了英国，居第二位。使欧洲和北美成为人类近代两个重要的文明区域。

需要指出的是，进入近代工业文明以后此消彼长的力量对比带有

---

① C. E. 布莱克著，景跃进、张静译：《现代化的动力——一个比较史的研究》，浙江人民出版社1989年版，第6页。

很大的相对性，即便是衰落也仍保持先进国、强国的地位，发展规模与质量远远高于世界其他国家。日本在明治维新后用几十年时间也进入了世界强国之列；战后又在废墟上重新崛起，用几十年时间成为资本主义世界第二经济大国。在以科技和经济质量为主要内容的竞争时代，竞争成功的周期相对缩短，不像农业社会时代那样漫长。这是最重要的历史经验。

通过上述东西方发展差距的比较，可以明显地看到东亚进入近代以来社会经济落后的重要特征：第一，低下的农业、手工业只能为社会提供极其有限的剩余产品，生产力长期在低水平上徘徊，无法带动社会政治、经济、科技和文化的变化；第二，科技贡献率极低，发展速度与质量明显低于世界其他地区，传统的科技优势丧失；第三，政治上处于依附地位，自身发展在很大程度上受到外来因素影响，丧失了原有的凝聚力、对外辐射功能；第四，思想文化上丧失了国际先进者与输出者的地位，浓重深厚的历史文化传统与惰性对外来文明产生强烈的抗拒作用。东亚封建社会晚期在许多方面出现衰败的征兆，上下与民争利，社会价值、秩序混乱，以至出现上无道揆、下无法守的情况，"中国封建政权以清王朝为代表尽管到19世纪中叶已经十分腐败，但这腐败的庞然大物却可以从全国广大地区的闭塞和落后状态中吸收取之不尽的力量，来遏制局部先进地区资本主义新因素的发展。对于反映这种新因素要求的呼声，它完全可以依赖和动用全国广大落后地区的压倒优势，将其窒息！"[①] 以上四点归纳得不一定很准确，但基本上能反映一个国家或地区衰落的情况。

四、东亚经济圈的复兴及其在当代的发展

东亚社会发展从古代的领先地位到近代的衰落，从近代的衰落再到

[①] 何芳川：《中外文明的交汇》，香港城市大学出版社2003年版，第184页。

今天的重新崛起,其间经历了漫长的历史发展过程,反映了人类社会发展的不平衡性、不稳定性和内部的矛盾运动规律。东亚崛起使长期在世界政治经济生活中占主导地位的西方发展模式受到挑战,"东西方力量结构的变化,使两者间原具有依附性的不平等关系开始转变为相互依存的平等关系。东亚对西方亦步亦趋或受遏制时代正在成为历史。西方对东亚经济优势的丧失,具有对东亚居高临下的道德优越感和文化优越感的丧失的连带性后果"。[1] 按照美国学者查尔斯·P.金德尔伯格《世界经济霸权(1500—1990)》的观点,国家也同人一样具有幼年、青年、老年和暮年等不同的历史时期。他对意大利城邦、葡萄牙、西班牙、英国、法国、德国、美国以及日本等国考察后提出"国家生命周期"的观点,这个观点虽有不完备之处,但仍有一定的参考价值。

过去农业社会的历史条件与社会基础已经完全不同于今天。科技进步和经济全球化的推动,使东亚在普遍的竞争中脱颖而出。东亚今天面临的时代中心内容是在现代生产力的指导下走向市场经济,从农业社会走向工业社会和信息社会。从这个意义上说,东亚经济圈的复兴及其在当代的发展在真正意义上对世界产生了全球性影响。

战后东亚国家实现了跨世纪变革与重新崛起,以较强的经济活力和增长率使东亚形成新的文明区域和新的经济增长点,在当今世界经济格局中占据相当重要的位置。这是东亚历史发展的重大突破。吉尔伯特·罗兹曼指出:"东亚地区在历史上就了不起,直到十六七世纪甚至十八世纪,至少在过去的两千年时间里,东亚的发展一直处于世界领先地位。……现在只要看看该地区的诸多国家以及那些举家移居海外的东亚人所取得的最新成就,大多数研究者都会同意,东亚将拥有一个辉煌的将来。"[2] 东亚重新崛起是20世纪世界史上最重要的事情之一,在理论上和实践上丰富了人类社会的经验,证明了人类社会的发

---

[1] 李文:《东亚社会变革》,世界知识出版社2003年版,第220页。
[2] 乔万尼·阿里吉等主编,马援译:《东亚的复兴——以500年、150年和50年为视角》,社会科学文献出版社2006年版,第3页。

展模式是多样的，丰富的，并非只有西方现代化道路之一端。现代化是人类社会最终的目标，只不过达到这一目标的道路、模式、方法不同而已。现代化并非西化或欧化，因为后者无法涵盖今天社会发展的广泛而深刻的内容。只有从人类社会历史整体演进的意义上才能看清目前东亚社会这场空前伟大变革的实质。

当今世界三大经济圈即北美经济圈、欧洲经济圈和东亚经济圈遥相辉映，竞相发展。西太平洋地区崛起并不意味着其他经济圈的衰落，而是昭示着人类社会已经进入了多强并存竞争与联动发展的新时代。在这三大经济圈中尤以东亚经济圈发展最引人注目。它不仅拥有1620万平方公里的广阔面积，而且有接近世界人口1/3即超过20亿的人口，更为重要的是它拥有悠久的历史以及隐藏在悠久历史背后的强大的发展潜力，经济总额在全球市场中的份额迅速提高。根据世界银行的统计，1960年东亚在世界所占GNP为13%，1970年升为19.5%，1980年达到21.8%，1999年达到25.9%。[1] 整个20世纪80年代，世界经济平均增长率为3.3%，90年代下降至1.1%，而同时期东亚地区经济增长率达到8%左右。这一发展速度远远超过世界任何其他地区。

20世纪70年代日本率先取得经济成功，接着是韩国、新加坡和中国香港、中国台湾等新兴工业化国家和地区。进入80年代以来中国大陆经济实现了历史性跨越，成功地处理了传统性与现代性、政府与市场、国内因素与国际因素的关系，创造出有别于西方现代化的新经验与新模式。中国走向市场经济以及取得的巨大成就，使中国积极参与世界秩序的治理与建设，负有大国担当与使命，成为世界瞩目的焦点，在世界政治经济格局中的作用加大。"新兴世界秩序主要是由西方规划和构建的，但中国对此做出的贡献比我们通常了解的要大得多，不将中国考虑进去，世界现代史图画就会缺失一角。"[2]

---

[1] 乔万尼·阿里吉等主编，马援译：《东亚的复兴——以500年、150年和50年为视角》，社会科学文献出版社2006年版，第388页。

[2] S. A. M. 艾兹赫德著，姜智芹译：《世界历史中的中国》，"导言"，上海人民出版社2009年版，第9页。

东亚经济圈的复兴并非简单的历史轮回，而是显示了世界经济的运行规律与世界发展的多样性，以及人类历史不断向前发展升进的总趋势。历史发展过程就是旧的经济中心衰落和新的经济中心不断兴起发展的过程，新旧两种经济中心相互推动地演变着。由于历史传统、社会制度和发展水平不同，因此发展道路也是不同的，世界不可能存在一个统一的发展模式。正是不同模式的相互借鉴补充，共存共荣，才形成人类社会发展的多样性世界。

我们不赞成孟子所言"五百年必有王者兴"，即把历史看成五百年一循环的历史循环观点，也不赞成美国亨利·基辛格在《世界秩序》中"21世纪中国的'崛起'并非新生事物，而是历史的重现"的观点。[1] 我们认为像中国这样历史悠久的文明大国的崛起，可以认为是东方历史的深刻变革，只有从人类历史整体演进的高度看待，才能看清它的真正意义。在21世纪东亚是可以大有作为的，还会产生新的发展动力，带动世界经济增长。科技的进步以及经济全球化的大潮迅猛发展，已经把面积广阔、人口众多的东亚地区卷入发展的大潮，形成多个新的现代化国家。20世纪60年代以来，东亚地区出现了谋求经济一体化的呼声，也出现许多一体化的构想，表现出东亚历史合与升的趋势。许多发展迹象表明，在未来的东亚地区形成一个新的知识、财富与文化中心是完全可能的。

第四节　从东亚区域意识到东方国家的整体崛起

战后以来，东方国家整体崛起已经引起国内外越来越多的研究与关注，成为当前东方问题研究景象热之一角。自近代以来东方国家长

---

[1] 亨利·基辛格著，胡利平、林华、曹爱菊译：《世界秩序》，中信出版社2015年版，第286页。

期被认为是停滞与落后的,各项指标乏善可陈,成为世界的边缘。但是经过战后几十年的快速发展,东方国家在世界各地区中脱颖而出,犹如烈火中的凤凰在涅槃中获得了新生,中国、东盟、印度等新兴经济体成为推动世界历史进步与社会变革的巨大力量,为世界贡献新的发展模式与发展观。东方国家复兴表明世界历史进入了一个新的历史发展时期。从区域史的长远视角探讨东方国家整体崛起的历史文化基础、进程、趋势与影响,重新评估过去的历史,把握向未来发展延伸的时代方向,是一个具有重要意义的艰巨课题,也是东方历史研究中极具价值的内容。

一、东亚区域意识在时间和空间上的形成与发展

由于独特的地理环境和历史文化传统,近代以前的东亚地区存在鲜明的区域意识,成为联系各国、塑造各国传统国家关系的精神纽带。它在长期的历史发展过程中产生,在联系、交流与互动中逐步发展加强,随着交流范围的扩大而突破地域的界限走向世界。

从历史上重要的经济和文明中心来看,各主要文明区域都有自己的区域意识。东亚区域意识自周代就已经存在,其思想理论渊源一般都可追溯到《尚书·禹贡》中的"五服"制度(即甸服、侯服、绥服或宾服、要服和荒服)和九州的划分。儒家经典《礼记》中有天下"方三千里"、《周礼》中有天下"方万里"之说。无论天下"方三千里""方五千里"还是"方万里",反映的都是中国人的天下观念和对区域的基本看法,突出的是东亚大陆地理空间的形势特征,对后来区域意识的发展、形成与扩大产生了重要影响。"东渐于海,西被于流沙,朔南暨,声教讫于四海"[1],是当时中国人的活动范围和视野所及。后来的《史记·五帝本纪》里有舜划天下为十二州之说,至迟到周代

---

[1] 《尚书·禹贡》。

已经形成天下、中国、四海、九州等概念。

东亚区域意识伴随着人类活动范围的扩大而不断发展,反映人类认识逐渐深化和历史的升进趋势。秦汉帝国的建立,在东亚出现了区域性的统一帝国,使中国的疆域范围进一步扩大,"地东至海暨朝鲜,西至临洮、羌中,南至北向户,北据河为塞,并阴山至辽东"。[1] 远远突破了九州的界限,开始对周边国家产生影响,可视为东亚社会发展的第一个高峰,把东亚历史带到一个崭新的阶段。海上交通把中国、朝鲜半岛、日本列岛、东南亚甚至南亚诸国联系起来,便利了经济、文化交流,使东亚各国从分裂、分散向相互联系与交往迈出了重要一步。

中国与印度、欧洲很早就有了海陆交流。据说汉安帝永宁元年(120)有从南方云南来汉朝长安的杂技表演师,能表演吐火、割下自己的头颅换上牛马的头颅,他可能来自印度或大秦(罗马)。[2] 我们必须看到中国在推动东亚区域意识形成过程中的重大作用,有学者指出:"中国的文明史是作为过去四千年东亚文明的中心独自展开的,周边的东亚诸民族以此文明为母胎发展了自己的文明。"[3] 这反映出中国对周边国家发展的影响实态。汉帝国崩溃后,中国北方陷入了近四百年的分裂与动荡,对外交往受到限制。

隋唐时期东亚区域意识臻于成熟与稳定,构成东亚区域意识的主客观条件已经具备。无论从何种意义上说,隋唐时期的东亚是世界古典文明发展的典范,传统的国际关系体系——"天朝礼制体系"将朝鲜、日本等国吸收到以中国为主导的东亚国际秩序中来。他们如饥似渴地引进中国的官制、学制、礼制、儒学、田制以及税制、法律、文学、史学、艺术、科技、佛教、建筑与书法,以及天命观念与灾异祥瑞思想,促进了社会的变迁。日本学者认为:"在一般文化摄取方面,

---

[1] 《史记》卷6《秦始皇本纪》,中华书局2008年版。
[2] 《宫崎市定全集》第19卷,岩波书店1992年版,第206页。
[3] 西嶋定生:《中国古代帝国的形成与构造》,东京大学出版会1961年版,第1页。

日本、朝鲜最为积极。"[1]

在遣唐使赴唐最盛时期，许多日本人冒着航海危险最终到达唐都长安，以积极摄取佛教文化与典章制度为使命，通过使节、留学生、留学僧在唐的国际交流，致力于加入东亚国际社会。[2] 更为重要的是以儒学为主体的汉字文化与儒学成为联系域内各国的思想纽带。中国唐朝对东亚世界的影响几乎是全方位的，有学者指出："唐朝是中国诸王朝在东亚世界具有极强世界帝国性格的王朝。"[3] 从当时隋唐帝国对周边国家的影响来看，日本和朝鲜两国自觉地吸收外来文化以充实自己，表现出博采异域、勇学先进的进取精神，同时他们的自主性也在增强。"唐代的天下观念，是唐王朝实际支配所及的领域。"[4] 取古今中外有益之物而用之，兼收并蓄，是促进社会进步的有效途径。

探讨东亚区域意识在时间与空间上的形成和发展，仅仅从文化的角度来探讨是远远不够的，还必须深入到东亚地区独特的地理环境与区域经济联系当中去理解和把握。西部的高山峻岭，北部的寒冷大漠，东部的浩瀚海洋把东亚地区阻隔成相对独立、隔绝的地理单元，因而在空间上只能与邻近国家发生交往，文化交流活动最初在近距离国家间进行。东亚古典农业文明是世界文明的重要区域，数千年来发展绵延，未曾中断。公元 6000 年以前，黄河流域已经培育出粟、黍、小麦、高粱、大豆、水稻等农业作物，对人类社会生活产生全面影响。[5] 不仅中国与各国进行经济、文化交流，其他国家之间也进行有无相通的贸易活动，推动区域间的联系与互动，共同促进古代意义上的区域共同体的形成。从更长的时段来看，东亚国家间的联系是紧密而频繁的，因为中国长期主导的国际和平环境对各国交往有利，各国愿意以

---

[1] 堀敏一：《中国与古代东亚世界》，岩波书店1993年版，第255页。
[2] 铃木靖民：《日本古代国家形成与东亚》，吉川弘文馆2011年版，第356页。
[3] 唐代史研究会编：《隋唐帝国与东亚世界》，汲古书院1979年版，第140页。
[4] 渡边信一郎：《中国古代的王权与天下秩序》，校仓书房2003年版，第39页。
[5] 村川行弘编：《5000年前的东亚》，大阪经济法科大学出版部1997年版，第9页。

东亚一员的身份加入这个秩序当中,寻找自己利益的最佳位置与利益交汇点。

隋唐时期形成的东亚区域贸易网络,可谓是古代经济共同体,或称经济的东亚。任何时代,经济、文化与制度都是推进社会进步的三大基本力量。在东方,中国已经成为世界交往的中心之一,社会经济发展的连续与持久、对外影响的深远与广阔以及它在多方面的建树,为东亚区域意识提供了比较充分的物质文化条件和社会功能条件。经济的巨大力量将东亚各国紧密地联系起来。当时唐朝对外经济、文化与外交联系异常频繁,江苏楚州(淮安)是新罗人的居住地,设有"新罗坊",实行自治。新罗商船也从扬州、苏州、越州(绍兴)、明州(宁波)等港口航行达日本。[①] 尽管为交流需要而克服诸多困难,付出了巨大的代价,但毕竟满足了各自的实际需求,为各自的物质文化生活增添了多样性。在东方农业文明形态下出现的区域交流行为与思想,是不同于欧洲或其他地区的。理由很简单,这里存在长期的由中国主导的国际关系结构——"天朝礼制体系"。它的本质是和平、联系与互惠,与欧洲单方面攫取利益的国际关系不同。西嶋定生指出,律令、儒学、佛教、汉字是构成东亚文化圈的重要因素。[②] 东亚地区存在持续已久的区域秩序与意识,存在一个范围广阔的经济圈,中心与边缘的关系十分明显。在相对封闭的区域产生联合的思想、情感与意愿,这种情况在东亚表现得异常明显。它不同于欧洲,也有别于南亚。这或许是东亚不同于其他地区之处。

在东亚整体发展过程中,日本总是自觉加入区域的联系与互动中寻求发展,始终与东亚形势保持一致,"大陆文化传入日本列岛绝不是

---

① 堀敏一:《东亚世界的形成》,汲古书院2006年版,第274—275页。西嶋定生在《东亚世界与册封体制》中对东亚世界的理论、形成与展开等问题进行了充分的研究,东亚世界理论仍有生命力,受到重视,引起研究。

② 唐代史研究会编:《隋唐帝国与东亚世界》,汲古书院1979年版,第142页。

偶然的，一定与大陆诸民族的动向密切相关"。① 朝鲜半岛的情况也大体如此，以期跟上东亚社会的发展步伐。"对于古代朝鲜来说，不仅接受中国文明，也有机会接受经由北方游牧骑马民族文化，……与日本一样，吸收汉字，摄取中国佛教，在接受中国统治术的过程中形成了国家。"② 对于这一点，国内外有比较一致的看法，例如著名汉学家费正清曾经指出："这个地区深受中国文明的影响，例如汉语表意系统、儒家关于家庭和社会秩序的经典教义、科举制度，以及中国皇朝的君主制度和官僚制度等等。"③ 我们强调中国对其他国家的影响，并非忽视或否定其他国家对中国的影响作用，影响历来都是双向的，只不过是有大有小罢了。

人类活动范围的扩大和科技进步直接推动各国之间及其与域外世界的多层次、多渠道交流，扩大整体意识。这个条件之所以重要，说到底就是人类活动不可能永远停留在一个狭小的范围内，无论如何，各国、各地区和各民族都要交流，各自在相互交流中获得最基本的生活资料。要突破这个狭小的活动范围，必须有技术上、组织上和经济上的支持与配合。隋唐时期是中国对外认识与交往空前扩大的时期，我国学者指出："中国自古以来就是东亚外交圈的中心。东亚外交圈的中心始终是在中国，而西方外交圈则是多中心的，而且其中心不断地转移。"④ 我国学者还指出："在这个地理范围内，以中华文明为核心，逐步向四周扩散，形成独具特色的中华文化圈。"⑤ 中国商船可由北路登州赴朝鲜半岛、日本，由南路扬州、明州、温州和福建抵达日本，往来的商船大者长达二十丈，可载六七百人。⑥ 不仅如此，中国商船还通

---

① 佐伯有清：《古代东亚与日本》，教育社1977年版，第205页。
② 唐代史研究会编：《隋唐帝国与东亚世界》，汲古书院1979年版，第360页。
③ 费正清编，杜继东译：《中国的世界秩序——传统中国的对外关系》，中国社会科学出版社2010年版，第1页。
④ 黎虎：《汉唐外交制度史》，"前言"，兰州大学出版社1998年版，第7页。
⑤ 黎虎：《汉唐外交制度史》，"前言"，兰州大学出版社1998年版，第11页。
⑥ 刘希为：《隋唐交通》，新文丰出版公司1992年版，第136页。

过广州"通海夷道"远至印度东西海岸和波斯湾沿岸各国。[1]

阿拉伯人、波斯人也通过海路来到东南亚、中国沿海各地从事商业活动。东亚与南亚、西亚以至欧洲的交往空前扩大，极大地推动了古代西太平洋贸易网的形成。《唐大和上东征传》详细记载了唐朝天宝年间广州国外商船云集的情况："江中有婆罗门、波斯、昆仑等船，不知其数。并载香药珍宝，积载如山，其船深六七丈。狮子国（即今锡兰），大石国（即大食，今阿拉伯半岛），骨唐国，白蛮，赤蛮等来往居住，种类极多。"这是当时广州对外交流情况的真实写照。

东亚区域意识在空间上进一步发展，是同各国交往范围的扩大加深分不开的。对外交往的动力基本来自经济的和政治的力量，各国商人，特别是华商充当了重要角色。由于地理之便，各国的交往首先在相邻国家间进行，然后突破自然的与技术上的障碍向外扩展，形成国家间的经济文化联系，打上区域文明的烙印。唐宋以来，中国积极参与和扩大包括东南亚在内的世界的交流，贸易的巨爪将中国与东南亚各国紧紧联系在一起，区域意识较以前具有了新的因素。东亚区域意识与欧洲精神不同，所依托的不仅仅是东亚辽阔的腹地，同时也有悠久的历史文化与国家力量作为有力的支撑。

东亚的中国、日本列岛、朝鲜半岛之间进行经济与文化往来，同时与东南亚、南亚通过贸易网发生联系，虽然各国交往深度不一，但多样性的交流使东亚与南亚的交流超过南亚与地中海区域的交往。随着阿拉伯人从海上东来，中国南部诸港互市贸易更加兴盛，中国与印度的海上贸易也增多了。[2] 造船技术进步与国家力量参与到对外交往中，带来的是区域联系加深与拓展，无论从何种意义上说，这一时期的区域意识明显从东北亚一隅扩展到东南亚，视野从东亚一隅扩至整个东方，封闭狭窄的视野被普遍的、经常性的联系取代了，真正形成具有

---

[1] 刘希为：《隋唐交通》，新文丰出版公司1992年版，第138—141页。
[2] 堀敏一：《律令制与东亚世界》，汲古书院1994年版，第146页。

明确内涵和联系纽带的东亚意识。

把东亚区域意识作为一个特定的历史范畴进行研究，是开展东方历史研究的有益尝试，也适应了今天东方国家整体崛起的现实需要与世界形势发展的大趋势，它可以为区域合作的开发开展提供有益的思想和理论上的借鉴。东亚区域意识的产生和发展，东亚特殊的历史文化与地理环境起了至关重要的作用，在今天看来这种意识正在加强，形成历史的自觉与自醒，在不远的将来东亚意识会逐渐上升为亚洲意识。应该指出的是，东亚历史上区域意识的形成与发展以各国相互联系互动为标志，强调国际性，超越民族的和国家的狭隘界限，突出国家间的互利、合作、共赢与人类命运共同体意识，共担风险。正是由于这些多元型社会经济结构具有的诸多有利条件，从而实现了东方国家在近代以前保持世界领先地位，为人类社会提供了优秀的物质文明、精神文明与制度文明的成果。

二、东方社会内部诸种进步条件的孕育

在东方，尤其东亚，历史发展的连续性与稳定性始终高于欧洲和世界其他地区，人类文明易于继承和保存下来。在近代世界形成以前各文明中心几乎都是以区域为单位展开活动的，形成了不同的各具特色的区域文明，如儒家文明、印度文明、伊斯兰文明等。我们这样认为并非否定各大区域与各大文明间的联系以及区际交流对社会生活带来的巨大变化。研究东方历史，首先必须研究形成东方历史的过程，看到各国走向这一历史的相互影响与制约，看到由分裂分散走向联系与联合的发展过程，以及中国社会本身所具有的内聚性。对于中国社会内聚性问题，西方已经有人注意到了，美国历史学家、全球史观的倡导者斯塔夫里阿诺斯写道：

中国的这种内聚性，并非当时才有的一种新现象；从数千

年前中国文明的早期阶段起就有了,并一直存在到今天。实际上,中国文明是世界上最古老的、连续不断的文明。这一事实具有相当大的意义;它有助于说明中国和日本对西方入侵的反应何以会极不相同。①

汉帝国崩溃后,中国陷于近四百年的分裂与动荡,到隋唐时期复归统一;七世纪新罗统一朝鲜,结束了朝鲜三国时代;七世纪末到八世纪初,日本沿用了六七个世纪的"倭"的名称终于被"日本"取代了。②这些条件构成以中国为中心的东亚世界的基本格局已经形成。有人将七世纪的东亚看作是战争和为国家成立而变革的世纪。③隋唐的统一把东亚国家关系带到一个新的发展阶段。它强调包容、开放与秩序,在开放与包容中建立秩序,也就是通过册封高句丽、百济和新罗建立唐朝主导的、由周边国家共同参加的国际体系。国际体系与秩序的建立是人类社会演进的产物,有序总比无序好,和平总比战争与动乱好。值得注意的是,这时期日本王权的外交政策也由亲近百济转向了亲近唐朝和新罗,双方开始了使节、僧侣与人员的直接交流。④

从宏观历史进程来看,这是东亚历史发展具有里程碑意义的事情,显示出东亚历史发展过程的联系与互动趋势的加强。有一种观点认为,在中国唐朝的对外关系中,占重要地位的是与北亚与中亚的关系,与日本等东亚国家的关系没有受到重视。⑤事实上并非如此。许多研究表

---

① 斯塔夫里阿诺斯著,吴象婴、梁赤民译:《全球通史——1500年以后的世界》,上海社会科学院出版社2002年版,第66页。
② 根据日本学者的研究,从7世纪后半叶,日本在与新罗的外交中就改倭国为日本国号,701年的大宝律令中规定"明神御宇日本天皇",据此使节对外国正式称为"日本国使"。参见铃木靖民:《日本古代国家形成与东亚》,吉川弘文馆2011年版,第263页。《元史》卷208《日本传》记载,日本"古称倭奴国,或云恶其旧名,故改名日本,以其国近日所出也"。中华书局2005年版。
③ 铃木靖民:《日本古代国家形成与东亚》,吉川弘文馆2011年版,第25页。
④ 铃木靖民:《日本古代国家形成与东亚》,吉川弘文馆2011年版,第114页。
⑤ 铃木靖民:《日本古代国家形成与东亚》,吉川弘文馆2011年版,第370页。

明，唐代与东亚国家的关系是相当密切的，也相当重视，与东亚各国联成一气，形成文化的东亚或经济的东亚。隋唐帝国崩溃后，东亚地区的形势就复杂了，给各国关系带来冲击。从一定意义上说，各国的经济、文化联系受到影响，但没有中断。在隋唐帝国崩溃后可以看到一个十分有趣的现象，那就是在唐朝以前不曾有过的十分活跃的通商交易在东亚诸国之间真正出现了。[①] 在东亚内部，既有矛盾与冲突，也有联系与交流，在多种力量的互动中走向共同发展与繁荣。应该指出，东亚地区的回旋舞台比世界任何地区都广阔得多。

在东方社会孕育出的各种进步条件当中有几项具有重要意义，这或许是东方社会较之其他地区所具有的特殊功能。其一是东方社会较早形成了比较稳定的国家及其国家关系形态。在大部分时间里各国之间处于和平状态，和平与和睦是国家关系的主流。尽管中日之间、中朝之间和中越之间发生过战争，但战争的时间相对较短，战后很快恢复了国家间的交往与交流，没有像欧洲那样持续百年的战争。这一点为区域发展提供了有力保障。其二是各国有一个基本的文化认同，那就是汉字文化、佛教、科技与典章制度。我们强调东亚的共性，也不忽视各国的特殊性与差异性，相互尊重与包容共同缔造了区域的辉煌。其三是区域交流成为联系各国的有力纽带。

正是这些条件带来东亚区域的整体发展，形成世界文明的重要区域。10世纪初，有一位阿拉伯作家在游历印度、东南亚和中国之后曾这样写道："在真主创造的人类中，中国人在绘画、工艺以及其他一切手工艺方面都是最娴熟的，没有任何民族在这些领域里超过他们。中国人用他们的手，创造出别人认为不可能做出的作品。"[②] 国内外学者几乎都已经注意到东方历史的横向发展问题。中国宋代由于政治经济中心南移，得到发展，与国外市场发生诸多联系，把日本、朝鲜、南

---

① 唐代史研究会编：《隋唐帝国与东亚世界》，汲古书院1979年版，第13—14页。
② 穆根来、汶江、黄倬汉译：《中国印度见闻录》，中华书局1983年版，第101页。

洋各国纳入西太平洋贸易网当中,出现"贸易既盛,钱货遂涌涌外溢。当时宋之铜钱,东自日本西至伊士兰教国,散布至广"①的情况,视西太平洋贸易网为世界经济的一个中心并不为过。

　　直到18世纪初,以中国为代表的东方社会仍在持续发展,"中国似乎又一次站在新技术和经济新变动的起点。宋朝及其后朝代在科技等方面所取得的成就与18世纪欧洲的相关成就极其相似。直到17世纪末18世纪初,中国在绝大多数方面依然领先于欧洲"。②显然,亚洲的发展足以让世界其他区域相形见绌。看一看同时期世界其他地区的社会发展指标即可一目了然。杰克·戈德斯通在《为什么是欧洲?》中说,1500年时世界十大城市的绝大部分都在亚洲,到1800年时亚洲的大城市仍然占据着压倒性多数。③从当时欧洲大多数国家的情况看,它们大部分国家仍处于四分五裂状态,国内缺少统一的市场,各国间战乱不已,支离破碎与分裂动荡长期困扰了欧洲中世纪的历史进程,已有学者指出:"欧洲在中世纪是最杂乱无章的,社会在每一个方面似乎都表现出混乱,……与其他地区相比,欧洲在许多方面落在后面,它的农业发展技术水平落后,生产力相对低下,城市和商业相对不发达,政治机构显然很不完善,社会发展水平很难用'繁荣'二字来形容。"④

　　东方社会具有很强的社会稳定系统,社会出现重大动荡之后又具有快速修复功能,这一点中国尤为突出,有人把它称为"超稳定系统"。有人提出"为什么稳定能够成为东亚国际关系中的常态?"这是一个重大课题。要回答这个问题首先必须了解长期以来中国在东亚国际关系中所处的政治、军事、文化与经济主导地位,建立在合法性权威和强大物质力量相结合基础上的"朝贡制度",为东亚提供了一套社

---

① 桑原骘藏著,陈裕菁译:《蒲寿庚考》,中华书局1954年版,第31页。
② 罗兹·墨菲著,林震译:《东亚史》,世界图书出版社公司2012年版,第213页。
③ 杰克·戈德斯通著,关永强译:《为什么是欧洲?世界史视角下的西方崛起(1500—1850)》,浙江大学出版社2010年版,第101页。
④ 钱乘旦主编:《现代文明的起源与演进》,南京大学出版社1991年版,第17页。

会秩序与规范，塑造了长达数个世纪的稳定与和平。① 社会具有的这种稳定系统既是东方社会的长处，也是造成东方社会发展相对迟缓的一个原因所在，利弊兼而有之。社会稳定并非坏事，但这种稳定必须有利于文明的进步和个人积极性与创造性的发挥，激发国民的才智。按照西方学者亚当·斯密、黑格尔、罗兹·墨菲等人的看法，东方社会，尤其中国社会是王朝循环往复的历史，大约两三百年一个生命周期，"中国的历史可以很容易地分成不同朝代，因此一部中国历史也被称作朝代循环史。大多数朝代延续的时间为三个世纪左右……第三个世纪，活力和效能开始消失，腐败横行，匪盗和起义剧增，最终导致了王朝的崩溃"。② 这是西方学者观察东方社会的典型的王朝循环史观。另一位西方学者斯塔夫里阿诺斯写道：

中国的文明是世界上最古老的文明。古罗马文明因日耳曼人和匈奴人的入侵而告终，印度笈多王朝古典文明因穆斯林土耳其人的侵略而中断，对比之下，中国由于一个朝代接着一个朝代延绵不断，才使古中国的文明得以持续到 20 世纪。……中国的文明具有更大的连续性和特色。③

斯塔夫里阿诺斯在另一部著作中同样写道：

每个新皇朝开始时，通常都能有效地统治国家，开创一个比较和平、繁荣的时期。新皇朝促进了思想和文化生活，并通过派遣远征军对付游牧民和扩展帝国疆域，保护了国家。但渐

---

① 康灿雄著，陈昌熙译：《西方之前的东亚：朝贡贸易五百年》，社会科学文献出版社 2016 年版，第 2—3 页。
② 罗兹·墨菲著，林震译：《东亚史》，世界图书出版社公司 2012 年版，第 155 页。
③ 斯塔夫里阿诺斯著，迟越、王红生等译：《全球分裂：第三世界的历史进程》，商务印书馆 1993 年版，第 314 页。

渐地，皇朝由于个别统治者本人的腐化堕落和贵族集团与宫廷宦官之间的宫廷斗争而遭到削弱。这种腐化堕落和派别活动，暗暗破坏了中央权力，助长了官僚机构的腐败。腐败加之宫廷生活愈来愈奢侈，意味着终究靠生产劳动供养整个帝国组织的农民所负担的赋税更繁重了。赋税趋于增长，还因为对外战争耗资巨大，而皇帝又采取了准许许多贵族、佛寺和庙宇免税的做法。于是，随着政治不清明，农业所必需的灌溉系统和其他公共工程往往被忽视。

……普遍的暴动，尤其是帝国军队本身到这一阶段已沦于勉强维持的境地，转而又招致游牧民入侵。内部造反和外来侵略相结合，通常预示着新循环的开始——旧皇朝濒临灭亡，新皇朝日渐来临。①

以王朝循环论来解释中国社会的历史是西方社会流行的一个观点，反映的是西方史学研究的方法论与历史观，模糊了不同历史阶段王朝发生的一些变化，没有看清历史在生生不已的演进中发生的变迁，他们的观点已经受到国际学者的质疑与批判。形而上学研究方法本身就存在重大缺陷。黄仁宇干脆指出："斯密所说的停滞状态也值得批评。没有一个国家可能先后停滞到好几百年。实际上在这段长时间内，中国经过好几次政策的改变与反复。"② 历代中央王朝都追求大一统，一体化的政治经济结构对社会的控制起了很大作用。在传统的农业经济形态下，保持社会稳定是十分重要的。这样，东方社会就有了保持连续性发展的具体条件。

从文明连续性的角度看，东方社会几乎没有发生像近代欧洲那样的制度上的重大变化，也没有在经济上发生结构性变迁，在技术上也

---

① 斯塔夫里阿诺斯著，吴象婴、梁赤民译：《全球通史——1500年以后的世界》，上海社会科学院出版社2002年版，第72页。
② 黄仁宇：《中国大历史》，生活·读书·新知三联书店2002年版，第233页。

没有实现重大突破，但它并非没有发展。它在农业经济形态下实现了慢性增长，积累起较多的财富，形成人类文明的几个重要中心，长期成为世界重大事件的驱动者和文明的创造者与传播者。把中国、印度等社会看成是停滞的观点不仅在理论上有害，在实践上也是违背历史实际情况的。

  进入近代社会以后，东西方社会是以两种不同的速度发展，以近代西方科技革命后的速度来评判东方传统社会显然是不恰当的。东方社会停滞与落后的观点在西方政治家、社会学家和经济学家中广泛流行。他们或多或少地受到西方近代东方学的影响，除了渲染和夸大东方社会野蛮与封闭外，也为殖民主义对外侵略寻找理论根据。在东方也存在这样的情况。1937年日本学者秋泽修二抛出的《东洋哲学史》就是为日本帝国主义侵略扩张服务的，因此不断受到进步历史学家的批判，但遗憾的是，他的荼毒在日本史学界远没有肃清。

  与唐宋以来中国社会经济发展相呼应，10世纪以后东南亚大部分地区发展成为封建国家，形成相对完整的政治中心和经济区域，与中国、印度以及西亚地区发生密切的经济文化联系，称得上是世界为数不多的富庶地区。但是国际上对东南亚历史研究始终不足，因此长期以来把东南亚作为欠发达地区来对待。这恐怕也是世界历史研究中占主导地位的欧洲中心主义史观的表现。从历史上看，东南亚地区一直受中国文化和印度两大文化的影响，由于地理条件与天赋自然资源之利，很早就出现了发达文明。公元前2000年东南亚出现了青铜器，公元前500年使用了铁器，农业和对外贸易在经济中占有重要地位。东南亚作为一个独立的历史区域，社会发展水平比当时的欧洲高得多，以至于从16世纪起成为欧洲人觊觎和掠夺的对象，木材、香料成为流向世界市场的大宗商品，加速了世界市场的形成。有资料表明，17世纪70年代从东南亚输往西方的香料每年高达6000吨之巨。[①] 东南亚以

[①] 安东尼·瑞德著，孙来臣、李塔娜、吴小安译：《东南亚的贸易时代：1450—1680年》第2卷，商务印书馆2010年版，第23页。

巨大而丰富多样的商品输出吸引着新大陆和日本的白银,这些西班牙银圆充当了东南亚通行的国际货币,推动了城镇发展,促进了社会商业化。①

在东方产生的中华文明、印度文明、伊斯兰文明以及基督教文明,对世界近代科技的产生影响深远,即便是现代的西方科技也是人类文明整体演进的产物,并非单纯地由西方文化自行产生。必须指出:"印度和中国远早于欧洲就有了高度发达的文化和技术,它们在经济、政治、文化和技术上都曾领先世界达2000多年。在罗马帝国消亡后的几个世纪内,朝鲜、日本和东南亚发展了各自的高度文明,而这时欧洲仍在忍受异族的入侵,随后是漫长的中世纪。"②从英国著名科技史家李约瑟、经济学家安格斯·麦迪森到当代美国历史学家罗兹·墨菲,他们都注意到了中国、印度在近代以前的技术与经济发展处于世界领先地位,安格斯·麦迪森写道:"直到15世纪,欧洲在很多领域中的进步都依赖于来自亚洲和阿拉伯世界的技术。"③罗兹·墨菲写道:"清代商人获得的机会多于明代。……整个对外贸易额看来显然超过了欧洲,规模更大的国内商业和城市化达到了新水平,而且始终比海外贸易重要得多。商业同业公会在所有发展中城市大批成立,并发挥了巨大的社会和政治影响。……普遍的繁荣保证了国内水平。外国白银不断流入以支付中国进口货,包括现在运往西方的茶和丝绸,使中国赢得巨额贸易顺差。"④安格斯·麦迪森还指出,19世纪以前中国比欧洲或亚洲任何一个国家都强大,1820年的GDP比西欧和其衍生国的总和还要高出将近30%。⑤在农业文明时代,这是财富的象征,它可以作为评判

---

① 安东尼·瑞德著,孙来臣、李塔娜、吴小安译:《东南亚的贸易时代:1450—1680年》第2卷,商务印书馆2010年版,第28页。
② 罗兹·墨菲著,黄磷译:《亚洲史》,"导言",世界图书出版公司2011年版,第2页。
③ 安格斯·麦迪森著,伍晓鹰、许宪春等译:《世界经济千年史》,北京大学出版社2006年版,第10页。
④ 罗兹·墨菲著,黄磷译:《亚洲史》,世界图书出版公司2011年版,第301页。
⑤ 安格斯·麦迪森著,伍晓鹰、许宪春等译:《世界经济千年史》,北京大学出版社2006年版,第109页。

社会进步的一个尺度,但不是唯一的尺度。

　　将东西方社会同时期的历史进程进行对比极有意义,可以帮助我们正确认识两种不同的社会发展阶段、阶段特征、转型时间以及造成后来发展差距的根源所在,也有助于从根本上重新审视与思考"1500年是世界历史重要转折"的观点。我们不否认1500年以后世界历史进程加速的客观事实,但人类历史绝不是1500年以前东西方缺少联系的。萨米尔·阿明曾经指出:"16世纪前的社会实际上根本不是彼此隔绝的,至少在地区性的体系(也许甚至是世界性的体系)内相互竞争的伙伴。人们若忽视其相互间的影响,就难以认识其发展的动态。"① 本来东西方历史就是按照不同的社会基础与规律发展起来的,不可能按同一种模式与速度向前运行。20世纪80年代以来,我国史学界曾经开展过对欧洲中心论的批判与清算,近年这一活动又有进一步发展,自觉地把这场讨论作为东方崛起文化积淀与建设的组成部分,也是东方崛起理论在文化建设战线上的具体展开,为整体崛起凝聚强大的精神力量。

　　古代印度产生的佛教、哲学、政治思想、文学、数学、医学、建筑与艺术,至今仍是一份珍贵的遗产。印度文化不仅影响了南亚、东南亚和中国,也影响了欧洲乃至世界,突出的例子是产生于印度、后来被阿拉伯人传到欧洲的阿拉伯数字,取代计算烦琐的罗马数字,有利于近代科学的产生,罗兹·墨菲这样认为:"没有印度的数学,后来欧洲的科学是不可能发展起来的。"② 杰克·戈德斯通同样指出:"希腊思想中很大一部分都是建立在埃及、巴比伦和印度的思想基础上的,……他们发明了无穷数级的求和算法,并领先欧洲人大约300年把圆周率π计算到了小数点以后10位。"③ 这些西方学者的中肯评论都

---

① 安德烈·冈德·弗兰克、巴里·K.吉尔斯主编,郝名玮译:《世界体系:500年还是5000年?》,社会科学文献出版社2004年版,第295页。
② 罗兹·墨菲著,黄磷译:《亚洲史》,世界图书出版公司2011年版,第98页。
③ 杰克·戈德斯通著,关永强译:《为什么是欧洲?世界史视角下的西方崛起(1500—1850)》,浙江大学出版社2010年版,第161—162页。

是针对人们的种种疑问而发的,回答了人们关心的问题。人类创造的文化-文明与经济发展的关系,是人类社会活动的一项重要内容,具有很深的逻辑关系。

在阿拉伯地区,各国在与东西方交流过程中按不同顺序和时间向前发展,社会发生着变动,形成人类文明的重要区域和对外影响的策源地。在中世纪阿拉伯的文化与文明当中,对世界影响巨大者有数学、天文学、化学、医学、地理学、建筑、文学、哲学、历史学、宗教和艺术;此外,在阿拉伯的文化中还有一个极为重要的贡献,就是对外来文化进行了大量的考证、勘误、增补、注释和全面总结工作,这些阿拉伯文译本在12—13世纪译成西方文字和拉丁文,西方大学以这些译本为教材达500余年,为西方文化的发展立下了汗马功劳。[①] 在今天看来,怎样评价阿拉伯人的杰出贡献都不过高。由于特殊的地理位置以及造船技术上的优异成就,阿拉伯商人的足迹遍及世界各地,在沟通与促进东西方交流中起了重大作用。桑原骘藏在《蒲寿庚考》中指出:"自八世纪初至十五世纪末欧人来东洋之前,凡八百年间,执世界通商之牛耳者,厥为阿拉伯人。"[②] 在东方各大文明区域,各地间的整体关联在增强,贸易和文化联系在增多,共同推动了东方区域的发展。

在古代,人类的活动基本上是以民族、国家以及区域为中心发展起来的,同时与外部发生经济与文化的联系,形成文明的中心世界,在东方主要以中国、印度和阿拉伯帝国为代表。她们影响整个人类社会的总体进程。进入唐宋以来,东西方商道大开,中国、东南亚与印度、阿拉伯国家商贸交流空前增多,形成东方国家的整体联系与互动,

---

[①] 参见纳忠:《阿拉伯通史》下卷,商务印书馆2006年版,第228页。对于阿拉伯文化与文明之于世界的影响,国内外有比较一致的看法,杰克·戈德斯通说:"1500以前全世界最伟大的数学家、天文学家、化学家和物理学家很可能都是阿拉伯人和其他的穆斯林","在约从1000—1500年,伊斯兰文明的科学知识和实践都远远超过了欧洲的水平"。参见杰克·戈德斯通著,关永强译:《为什么是欧洲?世界史视角下的西方崛起(1500—1850)》,浙江大学出版社2010年版,第162、165页。
[②] 桑原骘藏著,陈裕菁译:《蒲寿庚考》,中华书局1954年版,第2页。

推动社会不断奋力向前迈进。从整体而言,东方社会,特别是东亚社会经济发展与文明程度高于西方已成为不争的事实,著名历史学家黄仁宇的看法如下:

> 公元960年宋代兴起,中国好像进入了现代,一种物质文化由此展开。货币之流通,较前普及。火药之发明,火焰器之使用,航海用之指南针,天文时钟,鼓风炉,水力织布机,船只使用不漏水舱壁等,都于宋代出现。在11、12世纪内,中国大城市里的生活程度可以与世界上任何其他城市比较而无逊色。①

在中外史书里这样的评论是很多的。宋元时期,中国的造船技术高超,处于世界领先地位。宋代的大船可载五六百人,元代大船有船室五六十甚至一百间以上,乘员超过一千人,航海更为方便舒适。②造船、火药发明和火焰器使用以及日常用品的生产基本反映出一个国家的生产力水平与社会发展程度。中国社会发展到明代,文明发展程度之高是世界其他地区无法相比的,甚至影响到印度洋和西亚地区。③

长期以来,国际学术界强调更多的是西学对东方的影响,而从长远的观点考察东学对西方影响的成果并不多。近年人们已经注意到这个问题,东方史研究被纳入全球史观的视野,正确对待东方的历史和文化,例如罗兹·墨菲在《亚洲史》中写道:"西方人力量的上升利用了亚洲人的发明:大炮和火药、远洋舰船和罗盘,连记载他们所获利润的纸也是中国发明的。"④以上材料足以说明,影响是相互的,并不是单方给予,东方社会并非西方学者所说的停滞与封闭,而是相对于西

---

① 黄仁宇:《中国大历史》,生活·读书·新知三联书店2002年版,第128页。
② 《宫崎市定全集》第19卷,岩波书店1992年版,第224页。
③ 《宫崎市定全集》第19卷,岩波书店1992年版,第184页。
④ 罗兹·墨菲著,黄磷译:《亚洲史》,世界图书出版公司2011年版,第567页。

方来说是在以另一种形式与速度发展,是一个渐进的螺旋式升进的复杂过程。

西方学者大都没有看到东方日本、中国和南洋一些城市活跃的商品经营并不亚于文艺复兴时期地中海一些城市所达到的水平。彭慕兰已经指出,欧洲的核心区域和世界其他一些地方(主要是东亚,或许还有其他地方)的核心区域之间经济命运的大分流发生在18世纪相当晚的时候。① 由于以西方近代社会发展指标作为评判东方的参照系,对东方社会实地考察太少、否定过多,看不到东方文化的可持续发展性,同时也有长期西学东渐下形成的高傲心态,因此在看待东方社会时陷入了东方社会停滞与落后的误区。要恢复东方社会的本来面目,廓清世界历史研究中的若干迷雾,确实需要东方学者长期而艰辛的努力。

三、战后以来东方国家整体崛起的历史行程

从二十世纪六七十年代以来,国际学术界与公私机构对东方的关注已不再仅仅是两大阵营、两大体系的影响问题,同时也关注东方诸国的发展道路、影响及其面临的诸多问题,对东方各国的研究空前地丰富起来。在世界各大区域竞相发展当中,东亚、东南亚、南亚无可争辩地成为世界经济的重要增长点,在投资、贸易与创新方面创造着新的东方历史。东方诸国先后进入工业社会乃至信息社会,证明了人类社会的发展道路并非只有西方道路这一条,极大地丰富了人类社会的发展经验,东方因素也随着国力增强向外扩展传播,对国际影响是空前的。我们这样评断并非盲目地自我尊大,而是基于对当前东方诸国发展趋势的总体把握。无论从何种意义上说,东方国家相继崛起已经引人注目,构成了二十世纪后半期世界的重大事情。

---

① 彭慕兰著,史建云译:《大分流:欧洲、中国及现代世界经济的发展》,"中文版序言",江苏人民出版社2006年版,第1页。

东方再次崛起是日本、韩国、中国、东南亚和印度先后逐渐发展扩大的,如果可能的话还要加上海湾地区的一些石油国家。在战后半个多世纪的发展中,它们的经济实现了持续增长,国民生活与国家政治经济面貌发生了不同于以往的历史性巨变,改变着世界传统的政治经济力量的对比关系,成为当前国际关系中的重要力量。

与世界其他地区相比,东方诸国的经济增长指数始终是最高的。如前面已经指出,1954—1958年间日本国民实际生产总值平均增长率达到7%,1959—1963年达到10.8%,1964—1968年达到10.9%,1969—1973年虽然略有降低,但仍达到9.6%。这一数字远远高于世界其他地区,一度成为东亚国家社会经济发展的佼佼者。在跨国公司、汽车、钢铁、机器人、新材料等几个重要的领域日本成就突出。在发展过程中日本也认识到亚洲的重要性,在经过"脱亚入欧"与"脱欧入美"之后又重新回到了亚洲,重新找到了自己的位置。

中国香港和台湾早于大陆实现了高速而平稳的经济增长,1970—1980年台湾每年经济增长平均达到9.7%,香港为9.1%;1980—1985年台湾为6%,香港为5.6%;1985—1987年台湾为11.3%,香港为12.4%。[1]1978年中国实行改革开放后经济增长率每年平均达到7%—8%甚至更高,经济高速增长带来的不仅是经济面貌的巨变,在现代生产力和市场经济的推动下完成由传统的农业社会到工业社会、由工业社会到信息社会的转变,生产、贸易、金融以及政治权力成为当今世界现代文明的重要区域,社会变革进程加快,更为重要的是带来东方各国地位整体提高,以崭新的面貌进入世界舞台,发挥大国作用,使人类的未来充满多元和希望。中国和平崛起对世界的影响几乎是全方位的,以和平的方式向外传播自己的文明成果,形成不同于西方大国崛起时期殖民掠夺与不平等的交往方式,给世界体系注入了某些中国

---

[1] 渡边利夫监修:《亚洲产业革命的时代——西太平洋改变世界》,日本贸易振兴会1989年版,第86页。

元素。东亚跨世纪的历史巨变与重新崛起,是世界历史、也是现代化发展史的重要篇章。①战后东亚地区重新崛起已经使他们深深嵌入到整个世界体系当中,在很大程度上改变了传统的以欧美为中心的发展格局与权力结构。

韩国经济在战后的几十年内实现了快速发展,到20世纪70年代进入新兴工业化国家行列。韩国现代化的成功是国内外综合条件起作用的结果,并非单一的因素使然。从天赋自然资源方面来说,韩国与日本有许多相似之处,都没有什么优势可言,都是在克服了石油、铁矿石、金、银、铜等自然资源严重缺乏的困难之后取得成功的典型。从战后20世纪50年代朝鲜战争结束时韩国被称为世界上最贫穷的国家之一,到80年代末成为高收入国家,产业升级和结构多样化,其间不过是三十几年的事情。1950—1973年韩国人均GDP增长为5.8%,1973—1990年达到6.8%②,创造出举世瞩目的"汉江奇迹"。韩国现代化的成功既得益于战后特殊的国际环境,也受益于深厚的历史文化传统,儒家对教育和劳动纪律的强调、对家庭伦理观念的重视,政府对社会贪腐行为的严厉整治,对科技创新的重视等。韩国人对自己的经济成功与社会进步感到十分自豪,他们说:"她一改过去前途暗淡、贫困不堪和遭受战争创伤的国家的形象,而以一个大有希望的、处于最后发展阶段门槛上的新兴工业国家的形象出现于世人面前。……本世纪60年代初以来韩国经济的高速增长和变革,几乎完全改变了韩国人民的福利水平和生活方式,也改变了韩国在国际社会中的形象和地位。"③

在东南亚,20世纪下半期出现了工业化和现代化的浪潮,突出地

---

① 梁志明主编:《东亚的历史巨变与重新崛起——东亚现代化进程研究》,"前言",香港社会科学出版社2004年版,第1页。
② 安格斯·麦迪森著,伍晓鹰、许宪春等译:《世界经济千年史》,北京大学出版社2006年版,第134页。
③ 宋丙洛著,张胜纪、吴壮译:《韩国经济的崛起》,商务印书馆1994年版,第2页。

表现为东南亚各国开始了对经济、政治模式的探索,开辟出一条符合本国形势与特点的发展之路。东南亚地理位置优越,天赋自然资源丰富,东西交通便利,为传统农业文明和贸易交流提供了比较充分的、优越的物质条件。但是长期以来,这个区域一直被认为是资本主义世界的边缘,没有受到应有的重视。进入近代以后,东南亚遭到欧美国家的入侵,沦为西方国家殖民地长达四个世纪之久。第二次世界大战以后东南亚各国获得独立,开始了对本国现代化道路的探索。1967年8月东南亚国家联盟成立,开始了区域互助合作,现在已经发展成为囊括域内所有国家的集体联合组织,各国的区域合作卓有成效。东盟国家经济发展迅速,20世纪70年代平均增长率达到7.4%,1988—1990年平均增长达到8.6%[1],成为当前世界充满生机与活力的地区。东盟各国经济发展,共同推动了东盟国际地位的整体提高。

南亚次大陆是当今东方崛起的重要区域,历史上以深厚的文化与思想沃土著称于世,它的文明所达到的高度世所罕见,即使今天仍有强大的生命力。印度既传统又现代,具有悠久的历史文化传统。尼赫鲁在1947年印度取得独立后不久就提出了"印度中心论"的想法,谋求在亚太和印度洋地区发挥作用。经过几代领导人的努力,到20世纪90年代印度实现了经济上的快速发展,建立起与经济发展相适应的政治体制,实现了自由化、市场化与国际化的目标,在计算机技术、空间技术以及核能技术方面树立起了大国形象,成为当今具有发展潜力的发展中大国之一,进入"金砖"国家行列。这个速度对印度来说意义重大,它同其他"金砖国家"一起构成国际关系中的新兴力量,可能为国际社会提供一种新经验与新的发展观。

在研究日本、中国、韩国、东盟、印度社会发生的空前变革时,完全可以把它们作为一个区域整体与同时期的世界其他地区进行比较,

---

[1] 梁英明、梁志明等:《近现代东南亚(1511—1992)》,北京大学出版社1994年版,第17页。

因为只有比较才有鉴别，才能看到东方国家在横向发展中的位置。中国、东盟与印度等国家，相对较好地处理了传统与现代、国内因素与国外因素、国家与市场的关系，适应了二十世纪七八十年代世界科技革命的崭新形势，发生了有史以来的重大变迁，崛起的成功经验已经引起西方国家的重视。从东方社会发展的总进程来看，具有重要的里程碑意义。正因为如此，它们在当今世界的普遍竞争中脱颖而出，成为当今世界经济的最大亮点。东方国家崛起的道路与经验完全不同于西方，也有别于世界其他地区的现代化模式，经济、思想、文化与政治方面发生的急剧变革将以特有的方式影响整个世界。

在20世纪60年代以后东方各国相继发生的历史巨变已经表明，在欧洲、北美之外形成了一个新的文明区域，世界已经进入多中心并存与竞争的时代，出现了多中心、多极化的竞相发展新格局，也使当前的全球化进程获得了新的动力；不论在农业文明时代还是工业文明时代，都不可能只有一个文明中心，也不可能只有一种发展模式，发展道路有多种选择，极大地丰富了人类社会发展道路的经验。有人估计，在2020年中国经济总量将达到占世界经济比重的15%，印度、东盟和其他国家经济总量持续向上攀升。量变是质变的基础，最终会引起质变。东方国家发生的巨变对国际经济与政治的影响是长期的、深刻的，带来的不仅是文化的自尊，找回了失去已久的"自性"，更为重要的是东方各国在国际关系中的地位整体提高，所扮演的角色发生根本性的改变。

四、从历史的长远角度观察东方社会的变迁

战后以来日本、中国、东盟和印度为代表的东方国家整体崛起，无疑是20世纪世界最有影响的重大事情。它向世界提供的不仅是商品和服务，更重要的是在政治、经济、军事、科技、文化以及思想方面发生的深刻变化，形成本地区发展的巨大优势，证明现代化道路的多

样性、复杂性与特殊性，在不远的将来必将重塑大国关系并影响世界大势的基本走向。到目前为止，国际上对东方国家崛起的研究已经不再停留在对东方模式的初步认识阶段，而是开始展开对东方国家发展的战略、影响以及与西方国家关系的具体研究。长期以来，西方对东方社会变革的长期趋势始终认识不足，甚至把东方国家的市场经济成就看作是西方现代化的附属物，认为东方国家自身的那点条件不可能有成功的现代化，甚至一度认为中国的汉字与文化也是现代化的阻力。显然，这样的亚洲观已经过时。

从世界历史的长远视角观察东方社会的整体变迁具有重要意义。以中国、印度为代表的东方文明古国从古代的先进到近代的衰落，从近代的衰落再到今天的重新崛起，反映了人类历史发展的长期趋势与规律，其影响远远超出发生变革国家的本身而具有世界意义。C. E. 布莱克在谈到现代化时曾经指出：

> 我们正经历着一场人类伟大的革命性转变。……目前这场社会变迁所具有的广度和强度人类只经历过两次，只有在整个世界历史进程的脉络中，才能正确地判定它的意义。……现代社会变迁同史前生存在人类生活、原始社会到文明社会一样，具有同等的重要性，在指导人类事务方面，这场伟大的革命性转变是最富动力性的。[①]

东方国家社会变化之所以称得上是一场空前变革，其原因在于实现了市场经济与现代文明诸条件的有机结合，也就是说借助了市场经济和现代技术的两大力量，以相对集中的国家权力作为推动社会经济发展的巨大杠杆，还有深藏在高速增长背后的伟大历史传统。这些条

---

① C. E. 布莱克著，景跃进、张静译：《现代化的动力——一个比较史的研究》，浙江人民出版社 1989 年版，第 1、4 页。

件是欧美国家不曾有的。这个变革一旦启动,将深刻触及社会的所有方面,是不停顿的、永无终止的前进运动。各国的竞争发展说到底就是文明的竞争,也是制度、力量与国民意志综合起作用的竞赛。在国家崛起的过程中,集中而统一的国家权力至关重要,政出多门、久议不决是国家发展之大忌。在东方各国整体崛起过程中,各国的政治结构、经济结构以及国民的思想观念都发生了相应的变化,长期被西方认为"停滞"与"专制"的地区发生了历史性变迁,尤其像中国、印度这两个世界上古老而文明的国家实行了市场经济,跻身世界大国行列,创造出举世公认的成就,使世界进入了由各国共同创造文明的崭新历史时期,彻底打破和解构了东方历史的循环论与直线发展论的分析模式。

我们强调东方整体崛起对于世界历史意义,强调对未来国际关系格局与基本走向的影响,是为了把人类社会发展的历史、现实与未来联成一个整体来思考其变迁,从根本上清算长期流行于西方的东方社会"停滞""落后"与"专制"这样一个陈旧命题。我们认为,社会的发展是永恒的,变化是绝对的,只不过是有快有慢罢了,没有任何东西永远是固定不变的。西方政治家、哲学家、社会学家和经济学家对东方社会的看法存在重大缺陷,突出地表现为以机械和形而上学的观点看待历史,历史的视野极为有限,说到底还是以欧洲为中心向外观察的,很难看清欧洲路灯光影以外的东西,因此不能得出对东方社会观察的正确结论,正如杰克·戈德斯通所批评的那样:"19世纪的学者们试图通过有限的记载来理解亚洲数千年的历史,这样做他们非但不能了解亚洲的本质特征,反而会产生'亚洲总是一成不变地处于停滞状态'这样的错误观点。"[①]

人类历史是一个永恒运动的过程,从古代到现代始终存在多个文

[①] 杰克·戈德斯通著,关永强译:《为什么是欧洲?世界史视角下的西方崛起(1500—1850)》,浙江大学出版社2010年版,第57页。

明中心,不可能只有一个文明中心存在。进入近代工业文明之后,国家间、地区间的竞争与兴衰比以前剧烈得多,强弱相互转化已经成为一条不变的铁律。20世纪是东方世界发生变化与进步最快的一个世纪,也是问题最多、竞争最为剧烈的世纪,不仅以伊曼纽尔·沃勒斯坦为代表的传统的世界体系"中心-边缘"理论受到质疑与挑战,就是西方经典的现代化理论、经济学理论和国际关系学理论也无法解释东方国家整体崛起的现实。像东方中国、印度这样拥有深厚历史文化底蕴的国家正处在大变革的时代,在克服了传统的一些惰性之后,深藏在伟大传统背后的能量得到充分释放,市场经济的机制得到充分发挥,这一切标志着她们将要进入一个崭新文明的时代。总之,在东方文明复兴的过程中,需要的是对东西方两种先进文明的鉴取,解决好文化与体制中的诸多遗留问题,而非期待西方的衰落。

第五节 和谐世界理念对东亚合作的启示

在当前新形势下,世界经济一体化与区域经济集团化趋势在同时发展,深刻影响着国家关系、合作方式和区域秩序,建立一种新的价值观和发展观已成为当务之急。相对于欧盟,东盟-中、日、韩(10+3)的合作尚处于落后状态,许多问题没有得到解决,还有很长的一段路要走。我们看到,东亚区域合作是一个复杂的大系统,要真正走上康庄大道,首先必须建立一个全新的先进的理念,建立一个凝聚各国、维系人心以及上有道揆、下有法守的精神纽带。已有学者指出:"在东北亚,最大的问题是这一地区国家之间心灵的距离。但是这些国家具备了缩短距离、形成文化共同体的绝佳因素。那就是在悠久岁月里积累下来的共同的文化遗产。"[1]

---

[1] 罗钟一著,朴键一等译:《东北亚共同体的文化视角》,延边大学出版社2004年版,第10页。

和谐世界思想可以成为凝聚东亚各国的精神纽带。人类不同于自然界其他动物之处，在于我们有一颗其官在思的"心"，有主动选择自身行为的鉴别力，所以我们才谋求跨民族、跨国家、跨文化的交流合作，解决利害攸关的重大问题。不从根本上解决指导思想问题，就不会有合作的成功。我们不应该忘记近代以来单方面攫取利益的发展模式给各国带来的代价与失望，如果不建立一个持久的合乎人类正义与社会发展方向的国际秩序，其后果同样是不堪设想的。

一、问题的提出

冷战结束后，东亚地区同世界其他地区一样面临的首要问题就是发展问题。今天发展问题的内容与面临的环境远比过去复杂得多，面临域内域外的诸多挑战。就国际关系而言，首先是地区外的大国不断向东亚伸手，施加政治、军事影响，加强军事同盟关系，以及大规模的联合军事演习，严重地影响了本地区的合作进程，日本也想利用美国的力量加快走向军事大国、政治大国的步伐。中国、日本和韩国的地位不断上升，由此产生的主导东亚政治、科技优势以及市场、资源的斗争更为激烈。其次，朝核问题的凸显，使东亚地区的形势与国际关系更为复杂。朝核问题对东亚合作是个严重考验，如果处理不好，原有的矛盾可能激化，产生新的问题，甚至发生局部战争，影响东亚地区的和平、稳定与发展。日本和韩国对朝核问题十分担心，出于不同的考虑，出现新一轮的军备竞赛也不是不可能的。再次，中国台湾问题也是很大的不确定因素。尽管中国台湾问题完全是中国的内政，但是中国台湾问题有着复杂的国际背景，一些大国染指中国台湾问题的企图十分明显。总之，冷战结束后许多问题不仅没有得到解决，反而有更为突出的趋势。这些问题的出现使整个东亚形势呈现出复杂多样的特点。这些问题并不是以单个问题的形式存在的，而是构成一个复杂的矛盾体，一个新的问题群。它们虽然称不上是全球问题，但是重大的区域性问题，必须在谋求东亚合作的进程中给予足够的重视。

在自然、社会方面，东亚也存在区域性问题。这些问题包括能源合作、环境保护、东海划界、南海之争、独（竹）岛之争、非传统安全、日本的历史认识以及日本军事、外交以及修宪活动引发的对亚洲各国的巨大冲击等。由于东亚地区存在历史的、现实的诸多复杂因素，要解决好这些问题既非一日之功，也非一国之力，非做长期的不懈努力不可。从整个发展趋势来看，上述问题在不断扩大，并向社会的政治、经济、文化以及国际关系方面扩展，单凭一国的力量是难以解决的；它需要本地区所有国家的参与，只有依靠集体的力量方可摆脱发展困境。

从当前科技和生产力发展规模来看，重大区域问题是超越国家、民族与意识形态界限的，它的解决要靠所有成员的努力。当今社会不同于以往，已由军事、信仰的对立转向以经济、科技、人才以及稀有资源为中心的综合国力的竞争，相互依存关系进一步加深。东亚地区在社会制度、生产力发展水平、经济结构、思想观念等方面存在巨大差异。这种差异决定了合作的必要性与紧迫性。在这种形势下，强调平等合作、互利双赢、和睦相处与权责共担是非常必要的。在当今时代任何一个国家想包打天下已经做不到了，更多的是寻求合作与联合，在联合与合作中寻求发展。

在封建时代的自然经济条件下，各国各地区相对孤立地存在，联系较少，基本上能够维持国家的正常生活，不依赖于其他国家而独立生存。进入近代社会以后，这种孤立、封闭的状态已经被打破，越来越走向相互依存，整体关联程度在提高。东亚不再是与外部隔绝的封闭的世界，而是与外部有着普遍性、经常性联系的世界。全球性的世界体系将所有国家、民族和地区整合成一个复杂万千、矛盾异常的统一体。但是人类社会从彼此孤立、缺乏联系的状态下走出后，国与国之间的依存关系随之发生了扭曲，是少数国家对多数国家的压迫。这种不合理的发展关系必须彻底打破。战后东亚各国都已成为独立国家，实现了自主发展,在国际社会中所处的政治、经济地位越来越重要,现代生产力和科学技术的飞速发展造成人类生存方式新的相互依存,越来越重视世界经济的不可分割性。东亚地区出现的许多问题关系所有国家的切身利益,必须采取一致的行动。从这个意义上说,探索新的合作方式、建立和谐的东亚国际新秩序已是一个崭新的研究课题。

1999年东亚国家领导人发表了《东亚合作联合声明》,倡导东亚国家合作与对话,促进彼此理解、信任与睦邻友好,推进经济、金融、科教、资源开发与利用、政治安全等方面的合作。应该说近年东亚合作有些进展,取得了一些成就,但与日新月异的形势相比,步伐似乎还很缓慢。韩国学者指出:"我们面临的真正困难不在于该地区的客观条件,而在于我们的政治意愿、主动性和领导者。我们可以跨越边界,精诚合作,将人民从无谓的冲突中解脱出来,共同致力于于人于己有利的事业。……从目前来看,不解决我们所面临的、必须克服的主要难题,就不要期待在新世纪会出现美好的发展希望。"[1] 可谓抓住了要害。

要进行合作与发展,首先必须树立一种新的观念,需要一种新的分析视野。东亚国家从对抗对峙走向对话,从对立封闭与排斥走向政治、经济、文化、科技以至跨国问题合作,这是东亚历史发展的重要成就,符合人类社会发展的总规律。我们必须明确,推进合作最基本的准则就是建立信任,建立一种公正、合理而有序的国际秩序。英国著名历史学家汤因比指出:

> 我所预见的和平统一,一定是以地理和文化主轴为中心,不断结晶扩大起来的。我预感到这个主轴不在美国、欧洲和苏联,而是在东亚。……这些民族的活力、勤奋、勇气、聪

---

[1] 罗钟一著,朴键一等译:《东北亚共同体的文化视角》,延边大学出版社2004年版,第208页。

明，比世界上任何民族都毫无逊色。无论从地理上看，从具有中国文化和佛教这一共同遗产来看，或者从对外来近代西欧文明不得不妥协这一共同课题来看，他们都是联结在一条纽带上的。……这样的统一正是今天世界的绝对要求。中国人和东亚各民族合作，在被人们认为是不可缺少和不可避免的人类统一的过程中，可能要发挥主导作用，其理由就在这里。[①]

作为外国人，汤因比对东亚未来发展的估计是值得重视的，现在的关键是我们要做到心中有数，吃准火候，如何把这些有益的东西转化到现代化的进程当中。当前人类社会进入了大文化时代。从大文化的角度看，只有全人类的共性、全人类的发展才是每个文化的最终归宿。自从人类产生以来，人类社会经历了漫长的分裂分散时代，这是人类生存的需要越走越散、越走越远造成的。东亚国家在经过近代和冷战时代的痛苦之后，认识到现在已经到了需要重新建立秩序与合作方式的时候了。从战后60年代开始，东亚出现了新的寻求合作的大趋势，出现了许多构想，为区域合作发展提供了有益启示。中国传统思想中的"世界大同"思想、今天中国政府提出的构建人类命运共同体思想，可以成为凝聚各国民心的强大精神力量。

世界历史发展的总趋势是全球经济一体化在迅猛发展，一切国家、民族都在朝合作与融合的方向发展，大规模的商品贸易、人员与资本流动，生产活动国际化，已经突破国家与民族的界限，大大拓展了国际交往与合作，生产和消费都变成世界性的了，封闭已不再可能。进入二十世纪七八十年代以来，随着全球化进程的加快，东亚地区和平与发展成为主流，商品交换与人员往来不断，贸易规模扩大，是东亚各国联系空前紧密时期，各国合作交往开始进入世界舞台。可以说，

[①] A. J. 汤因比、池田大作著，荀春生等译：《展望二十一世纪——汤因比与池田大作对话录》，国际文化出版公司1985年版，第294页。

没有哪一个国家游离于世界体系之外。这些条件为东亚合作的开发与开展提供了比较充分的条件。

二、东亚传统文化中的和谐世界思想

在探讨和谐世界时，有必要对东亚传统文化中的和谐思想进行一番了解。"和谐"之意是"配合得适当"，可以引申为人与人、人与自然、人与社会和睦相处的稳定而有序的状态。如果将此标准应用到国际关系领域，也就是世界各国不论大小、贫富、强弱都和睦相处，平等、友好与合作，不把自己的社会制度、价值观念、意识形态、生活方式、多党制、私有制以及议会选举制度等强加于人，尊重国际社会的多样性选择，实行国际人道主义，不以强凌弱、以大压小、以富压贫，共同维护世界和平、稳定与发展，满足人类社会自身需要的全部过程与结果。

东亚传统文化中的和谐思想是一大亮点，对今天的社会发展有着重要意义。东亚国家长期接受中国文化影响，其社会生活具有儒家思想的深刻烙印。孔子主张"和为贵"[①]，"君子和而不同"。[②] 它的意义在于主张多样性的统一，承认事物差别的存在，在追求"和"的过程中达到彼此相安的稳定状态。孟子对"和"又有进一步的认识，强调"天时不如地利，地利不如人和"。[③] 在传统的农业文明时代，由于生产力水平低，人类利用自然、改造自然的能力有限，因此人与人、人与社会团体间的和谐、合作与互助是极其重要的。早在2000年前，墨子就提出了"兼相爱，交相利"和"非攻"思想；中国儒家经典《礼记·中庸》倡导："万物并育而不相害，道并行而不相悖。"从更为广阔的意义上看，这也是"和"的思想的最高表现。从中可以看到，

---

① 《论语·学而》。
② 《论语·子路》。
③ 《孟子·公孙丑下》。

"和"一直是中国人基本的价值取向,梁漱溟先生甚至认为"中国人性好调和"。①

为什么古代先贤们强调"和"呢?这与当时的社会形势发展有关,与人在自然中所处的地位有关,不合作就不能抵御来自大自然和社会的诸多挑战。千百年来正是由于这种包容的宽广胸怀,中国才得以对外来文化引进、吸收和消化,甚至吸收与自己对立数百年的西方文化,大大丰富了中国的社会文化生活,促进了社会变迁。

中国传统文化的最高境界是"天人合一"与"天人互益",把人与天纳入一个统一的不可分割的大系统中去思考,摆正人在自然中的位置,以赢得一个安定的、有尊严的地位。只有这样,人类才能在社会中生生不息,做到可持续发展。孟子主张人对自然取之有度,用之有节:"不违农时,谷不可胜食也;数罟不入污池,鱼鳖不可胜食也;斧斤以时入山林,材木不可胜用也。"②这些思想都是古代人爱护自然、保护自然,与自然和谐相处的反映,目的在于保持天人关系动态平衡,在今天看来仍具有积极意义和不朽价值。先哲们以其睿智探究人类与自然相融相汇的复杂过程,考察天人的矛盾所在以及彼此融汇的结合点,给后人留下了宝贵的遗产。

荀子的思想与孟子的思想有异曲同工之处,同样强调天人和谐统一,只有在和谐统一的基础上,社会才能保持稳定,持续向前发展;反之,逆天行事,就会遭到"天谴"。这些思想集中地反映在《荀子》当中。《荀子·王制》说:"草木荣华滋硕之时,则斧斤不入山林,不夭其生,不绝其长也;……春耕、夏耘、秋收、冬藏,四者不失时,故五谷不绝,而百姓有余食也。"荀子强调农业生产要遵守季节与农时,遵循生物的生长发育规律,从而进入既索之于自然又回馈于自然的良性循环,也就是今天所说的天人互益。它与近代西方殖民主义、

---

① 梁漱溟:《东西文化及其哲学》,商务印书馆2003年版,第127页。
② 《孟子·梁惠王上》。

帝国主义时代的杀鸡取卵、只取不予的政策形成天壤之别。

天地生人，化育万物。人与自然之间本来并没有不可克服的矛盾，只是人类向自然界索取无度，才引起天人关系紧张。不搞现代化人类社会就没有希望，但现代化带来的环境污染、社会矛盾、生活方式以及国际关系的急剧变化，也引起国内外思想家对这一发展模式的重新思考。对西方现代工业文明忧心忡忡者大有人在，德国社会学家马克斯·韦伯、文化哲学家施本格勒是典型的代表。我国学者季羡林先生在《东方文化集成》总序中说："东方文化主张人与大自然是朋友，不是敌人，不能讲什么'征服'。只有在了解大自然，热爱大自然的条件下，才能向大自然索取人类衣、食、住、行所需要的一切。也只有这样，人类的前途才有保障。"[1]

"和谐"观念在东亚传统文化中占有重要位置。它强调人与人、人与自然、人与社会关系的总体协调，同时也强调个人自身的和谐。因为只有个人自身的和谐，才有家庭和社会的和谐。在今天看来，它与我们正在建立的"生态文化""生态文明"在本质上是一致的。按照我国学者黄枝连先生的说法，人是由"五理系统"——生理、心理、群理、物理、天理组成的，如果五理系统能演化成一种全新的文明模式、一种合理的国际关系形态，缓解人类在生存发展过程中出现的矛盾，将是一个伟大贡献。《礼记·中庸》说："喜怒哀乐之未发谓之中，发而皆中节谓之和。中也者，天下之大本也；和也者，天下之达道也。致中和，天下位焉，万物育焉。"古代把喜怒哀乐尚未表现出来的时候叫作"中"，表现出来并符合一定的节度叫作"和"，只有达到了"中和"的境界，才能摆正天地间一切事物的位置，万事万物才能繁育成长。

"中和"的含义颇丰，代表了中国儒家思想的精髓。梁漱溟先生认为："'仁'与'中'异名同实，都是指那心理的平衡状态。中即平衡、归寂，即以求平衡，惟其平衡则有不合此平衡者就不安，而求其安，于

---

[1] 《东方文化集成》编委会编：《集成十年》，北京图书馆出版社2006年版，第7页。

是又得一平衡。"[①]中国传统文化特别强调个人自身的调节，使之符合自然规律。对于这种"和"的强调与重视，《礼记》中尚有许多的昭示。我们的前人把"人道"与"天道"统一起来，作为人与自然关系的准则，以求在社会中形成合理的格局与秩序。我国学者指出："儒家'和而不同'的理念，作为东亚文化传统的珍贵遗产之一，应当成为全人类价值观念系统中共同的一个基本信条，使人类在这个日益狭小的星球上得以和睦共存。"[②]尽管"和而不同"思想一时还不能完全为世界所接受，但仅就其对世界所起的酵母作用这一点来说，是具有相当重要意义的。

由特殊的地理环境与历史文化传统衍生出来的东亚国家的价值观念、思维方式、信仰、风俗、精神风貌等，与世界其他地区有明显不同，其中最能表现东亚国家特质的是其价值观念。忠孝一致、整体至上观念在东亚国家道德科目中有许多方面的表现。7世纪初，日本推古朝圣德太子制定的《十七条宪法》中的第一条就是："以和为贵，无忤为宗"，第十二条是："国非二君，民无二主，率土兆民，以王为主"，强调以天皇为中心的国家整体意识。虽说《十七条宪法》不是法律，但却构建了日本未来封建国家中央集权的政治原则，其基本原则为日后的大化改新所继承。这个官僚道德训诫的实质就是朝野合一的表现，又向统一的中央集权方向发展。

1868年日本进行了具有历史里程碑意义的明治维新。明治政府在颁布的改革总纲领——《五条誓文》中要求全国"上下一心，大展经纶"，强调的是国家的整体意识。稍后不久颁布的《政体书》规定："天下权力皆归太政官，使政令无出二途之患"，意在使日本成为一个名副其实的中央集权国家。对于整体、合作与和谐的强调，在东亚传统文化中并不是个别的现象，而是带有相当的普遍性。战后担任驻日大使的赖肖尔在他的得意之作《当代日本人》中说："日本人认为最重

[①] 梁漱溟：《东西文化及其哲学》，商务印书馆2003年版，第134—135页。
[②] 关世杰主编：《世界文化的东亚视角》，北京大学出版社2004年版，第430页。

要的美德是和谐。他们不是通过精辟分析对立观点、做出明确的决定（不管是个人做出的，还是大多数赞同的）达到一致，而是想方设法通过微妙的、近乎直觉的相互了解过程来取得和谐。"[1] 在历史上，朝鲜半岛长期处于中国文化的影响之下，农本思想和以家庭为中心的伦理关系中和谐是主要特征。它一直鼓励个人利益服从群体利益，群体利益服从国家利益，鼓励为家庭、为团体、为国家而勇于献身。韩国学者尹丝淳指出："作为农本国家，我国的过去是通过彻底地运用儒学理念而展开历史的。"[2]

19世纪下半期以后由于受到西方资本主义冲击，韩国占统治地位的意识形态——儒学发生变化，但国家追求家庭和睦、社会平等安定的目标没有变。最具代表性的是赵素昂（1887—1958）的"三均主义"。它以个人间的均等、民族间的均等和国家间的均等为内容，是以实现四海一家的理想社会为终极目标的平等主义思想。[3] 现代韩国著名企业家李承律有感于当代国际社会人文精神的大失落与大危机提出了"共生"思想。他把国际社会比作是一个"生态系统"，"在生态系统中，应抛弃只有强者才能生存的传统观念"，"创造万物的上帝所设置的生命的秘密——'共生的法则'和'思想的转换'伦理，保证了我们未来梦想的实现"。[4] 我国学者提出的"五理系统"和国际关系必须是"理""义""利"与"力"的有机结合的观点，对于我们思考东亚合作富有教益。[5] 这些思想只有东方人才有可能提出来，西方人是绝对

---

[1] 赖肖尔著，陈文寿译：《当代日本人——传统与变革》，商务印书馆1992年版，第114页。
[2] 尹丝淳：《韩国儒学研究》，新华出版社1998年版，第9页。
[3] 罗钟一著，朴键一等译：《东北亚共同体的文化视角》，延边大学出版社2004年版，第32页。
[4] 李承律著，李文等译：《共生时代——东北亚区域发展新路线图》，世界知识出版社2005年版，第11页。
[5] 黄枝连：《探索第三个千年的"天朝礼制体系"——关于国际关系形态对"社会情境—五理系统"的促进作用》，载陈奉林、魏楚雄主编：《东方外交史之发展》，澳门大学出版中心2009年版。

不会提出来的。

东方文化的分析模式是综合。综合分析模式的最大好处是重视整体协调与把握，把一切相生相克的关系转化为共存共容的协调关系，反对军事征服与黩武，反对对自然的无休止的索取，避免造成人类与自然关系的紧张。这就要求我们必须转换思路，寻求新的解救之道。东方传统文化中包含的社会和谐思想值得借鉴思考，尤其是宏观把握、总体协调的合理内核对于化解日益严重的环境与生态危机，对于调节不同国家、不同民族、不同文化间的矛盾具有广泛的参考价值。和谐思想的价值在于为人类社会持续发展提供指导思想与路径。我们不主张复兴传统儒学或走自然经济和小生产方式的道路，但认为吸收东方传统思想中的积极成分无疑会对东亚合作有好处。站在时代的高处重新审视人类社会的演进历程，我们不得不承认东方文明的确是一个有优点、有缺点同时又有特点的伟大文明。正因为如此，它才能在数千年的发展中绵延不绝，成为世界少数几个不曾中断、湮灭的文化。

三、来自和谐世界思想的几点启示

当今世界不同于近代以前的世界之处在于，各国之间的相互依存关系的性质发生了变化，许多问题具有区域性和全球性，一系列的复杂问题如前面提到的美日军事同盟问题、朝核问题以及日俄、日韩领土争端等，都对本地区造成巨大影响。全球性的重大问题几乎都与东亚有直接关系，任何方面的问题都影响东亚形势，可以说所有国家都不可能孤立地生存。这就要求东亚各国在谋求发展时建立一个新的分析视野，建立一种新的哲学理念，从全球大文化的角度思考现实问题。在这个高度技术化与大国强权政治盛行的国际社会里，东亚文化中的和平、合作与和谐思想更能适应全球化时代多元文化竞争共存的需要，符合全球化时代的发展方向。

合作是当今时代谋求发展的最好途径。科学技术的飞速发展，全球性经济竞争与合作的扩展,已超越社会制度和意识形态的差异,将东亚各国联成一体。殖民主义时代、帝国主义时代的损人利己、单方面攫取利益的行为已不得人心,冷战思维也已过时,相比之下还是互利合作、竞争共处为好。早在20世纪70年代,世界著名未来学研究团体罗马俱乐部曾就日益严重的发展危机告诫人们:

> 我们不能期望单靠技术上的解决办法使我们摆脱这种恶性循环。……人类面临的首要任务是迅速地从根本上调整目前不平衡的和危险的、恶化的世界形势。……如果人类要开始新的进程,就必须有空前规模的国际上大力协同的办法和长远规划。①

正因为如此,东亚国家有了合作构想,建立了领导人不定期会晤、部长会议机制,非官方的第二轨道活动等。这说明东亚合作已经起步。然而严峻的现实又对东亚合作有所制约。因此,多强调一些共性、求同存异是非常必要的。"和谐世界"思想的提出,是同我国当前的国力水平和在国际关系中的地位相适应的。就国际关系理论而言,把东方传统文化中的积极成分结合起来,作为处理不同国家、不同制度关系的准则,以求形成东亚新的格局与秩序,如果各国各自找到恰当的位置与最佳利益交汇点,那将是对世界新的理论贡献。此其一。

其二,东亚现在比任何时候都更加需要和平。不仅发达国家需要和平,东亚国家也同样需要和平,只有和平才有发展。中国儒学经典《大学》中说:"格物而后知至;知至而后意诚;意诚而后心正;心正而后身修;身修而后家齐;家齐而后国治;国治而后天下平。"非常清楚,它所倡导的"天下平",指的就是和平、和睦的社会状态。它可以

---

① 李宝恒译:《增长的极限——罗马俱乐部关于人类困境的报告》,四川人民出版社1984年版,第225、226—227页。

指导我们更为理性地借鉴过去的经验,思考现实,筹划未来,树立共同的精神支柱,彻底摒弃殖民主义时代、帝国主义和冷战时代你死我活的较量,在和平、合作中走向互利双赢,共同富裕。要达到此目的,除了走和平、合作的道路外,别无其他道路可走。东亚长期不能走上一体化道路,除了历史上的原因外还有不可忽视的观念落后的因素。《大学》还说:"物有本末,事有终始。知所先后,几近道矣。"其实东亚合作之路就在脚下,转换思路,解决东亚合作中的许多障碍,东亚思想中的合理成分是可以大有作为的。

其三,和谐观念不仅应该成为东亚国家共同的精神纽带,也应成为全世界共同的精神财富。它符合人类社会的发展方向。现代科技给人类带来的好处不言而喻,同时也带来了各种弊端,"正因为如此,战后西方科学文化开始向东方文化靠拢,以求从东方文化中寻求社会稳定,实现人的自身价值的文化基因"。[①] 可以肯定,它必将随着东亚国家政治、经济实力对外影响的不断扩大而在世界文化中占据重要的地位,产生巨大的影响力和穿透力。我们所追求、缔造的和谐是东亚现代生产力和生产方式下的大和谐,而不是过去小生产和自然经济时代的清宁安己、寡欲不争、调和持中的一潭死水。通过历史借鉴,我们的目的在于以古筹今,推进东亚合作的整体发展。

我们不赞成21世纪是中国人的世纪或东亚世纪的观点,但我们坚信以中国文化为主体的东亚文化在推进东亚合作中可以大有作为,起到理论指导作用。东西方两种文化都在竞相发展当中,未来的出路只能是相互引进吸收。我们的紧迫任务是,大胆借鉴东方传统文化中的积极因素,吸收历史上人类合作的成功经验,综合东西方两种文明之长,缔造一个和谐有序、共同富裕的东亚世界。

[①] 姚申主编:《东亚:经济、政治与文化阐释》,学林出版社2000年版,第63页。

第八章　在历史的发展与延续中创造新的东方外交史

在当前世界发生急剧变革，社会需要变革的深层次力量时，东方社会存在的深厚的历史传统和与时俱进的创新精神，可以为社会提供持续发展的强大精神力量。中国、印度、日本以及东盟不同于西方，在处理好文化因素与政治因素、经济因素，历史传统与现代生产方式，国内民生与对外开放的关系后，已经创造出一种完全不同于西方的崭新模式，在历史的继承与发展中继续前行。这是东方国家的优势所在。现在已经流行一个新的印太概念。它是同整个西太平洋—印度洋经济带的生成同步进行的，反映出世界秩序和权力中心形成的现实。

第一节　东方外交史视野下的海上丝绸之路

丝绸之路作为中国人开辟的重要的交流交往活动，不仅在中国历史上，而且在整个东方历史上都留下创造性的记录，带来社会的整体发展。人类的历史是在不断地突破自然的、社会的和技术的诸多限制之后向前发展的。人类活动舞台从陆地转向海洋，向占地球表面70%的海洋取得舟楫之利与衣食之源，是人类历史发展过程中的大事，也是值得大书特书的大事，对其意义怎样估计都不会过高。美国学者彼德·奥顿在《改变世界的航海》中说："中国在公元前的几百年里是世界上最强大、最发达的国家，……'丝绸之路'是条重要的贸易通道，它连接亚洲各国，最终延伸到地中海沿岸地区。……贸易在城镇和贸易点不断进行交换，东西方之间的贸易也就这样开始了。""几乎就在同一时期,另一条'香料之路'也出现了。这是一条通往'香料群岛'的海上通道,经过中国、日本、阿拉伯、印度、东南亚和马来群岛等地。随后的几百年,丝绸之路稳固下来后,来自东方异国的货物、丝绸和香料又驱使欧洲各国资助大的航海活动。"[1] 这个航海活动显示出东方社会早期全球化的趋势,为以后真正意义上的全球性贸易网络形成起了前期铺垫作用。

一、从丝绸贸易扩大到海上交通贸易网络

公元前2世纪,中国即已开辟到达日本、东南亚和印度洋的海上航线,与世界各国建立了海上初步联系,也是中国走向世界的第一步。公元前1世纪,日本列岛出现了许多部落小国,与汉朝有密切交往的国家30余个,这说明日本与中国大陆的海上交通开展较早[2],中国到日本的海上航线已经开辟。中国正史《汉书·地理志》记载了中国商船往返东南亚、南亚的情况。这条自中国至东南亚和印度洋的航路,是东方人开辟的当时世界上最长的远洋航线。一般认为,这是海上丝绸之路的开始,说明汉代,甚至更早已有中国的丝绸被运往国外了。

丝绸之路的发展过程就是海上交通开辟开发过程,只要有市场需求,海上交通就随之发展到那里。无论陆上丝绸之路还是海上丝绸之路的一个突出特点,就是始终与国家社会生活密切联系在一起,有了这个推动力,才有可能不断地向海洋进军,取得海洋实绩。每个近海国家都有取得海洋实绩的记录,但是真正形成大规模、长时间海上活动的有影响力的国家并不多,而中国无疑是这些国家中比较有代表性的。长期以来,人们认为中国是一个传统的农业国家,重农轻商,重陆轻海,没有取得认识海洋、利用海洋的实绩。其实这是很大的误解。

---

[1] 彼德·奥顿著,付广军译:《改变世界的航海》,"前言",湖南科学技术出版社2011年版,第2页。
[2] 孙光圻:《中国古代航海史》,海洋出版社2005年版,第125页。

研究东方国家特别是中国向海洋发展史是个很复杂的问题，必须通过多方面的材料进行综合考察。

近一个世纪以来，无论国内还是国外研究海上丝绸之路的成果甚多，最初人们虽然还没有使用"海上丝绸之路"这个概念，但人们从事的文化交流、物种引进、使者往还、技术传播等几乎都与海上丝绸之路有关，使其成为一个跨学科、跨时空和跨区域的重大国际性问题，越来越受到研究者的重视。丝绸之路并非单一的路向，而是双向的和多向的路向。以往的研究多以实证研究为主，分门别类的研究涉及政治、经济、交通、移民、传统安全、海关制度、造船技术等许多方面，构成了一个相对完整独立的海洋知识体系。东方各国通过海上丝绸之路与外部世界进行广泛的联系，通过吸收、借鉴与汇通，推动了社会向前迈进。把海上丝绸之路这个重大的航海活动与整个东方历史联系起来思考它所处的时空地位、作用、功能及其社会变迁，是一个极有价值的时代问题。从这点来看，海上丝绸之路研究远远超过学术研究的范畴，而向现实的社会和国家生活方面发展延伸，形成跨学科、跨国际的综合研究。历史研究就应该关注和提取这些对当今人类社会有重大意义与影响的问题。

丝绸之路上的对外交往是伴随着造船技术的不断进步和国家力量的增强而扩大起来的，从最初偶尔的、单方面的交往走向经常的多方面的交往，各国间的联系与互动加深。进入唐代以来，中国的造船技术空前提高，不仅载重量大，而且性能好，能够远距离长时间航行。通过广州"通海夷道"中国船只可以到达印度洋、波斯湾沿岸各国和非洲东部，中国与大食的海上贸易在唐宋时期相继不绝。[1]唐代是中国海上交流大发展的时代，商品经济发展，与国外市场联系密切，具有开放性。据说，那时外国商人愿意同中国官方贸易，当他们的船舶入港之后，中国皇帝就派遣专人以高于民间市场两倍的价格从他们手

---

[1] 彭德清主编：《中国航海史（古代航海史）》，人民交通出版社1988年版，第132页。

中购买宫廷所需之物,大食商人希望宫廷购买。[①] 从发展的视角看待唐代以来国家间的海上交流,可以看到它是东方历史发展的重要里程碑,有人把隋唐帝国看作是中国历史发展的第二个高峰,东亚世界形成的关键时期。[②] 自唐而宋,阿拉伯人从海路大举东来,遍及中国东南沿海及南洋各主要城市,把中国的丝绸、瓷器和其他技术带到国外。航行于印度洋及南海的商人大部分是阿拉伯人与华商。

从大量的中外古籍材料可知,唐宋以后海上丝绸之路发展出现了新趋势,具有了很强的力度,贸易的触角已经伸向世界。这种趋势的出现首先是国家力量的推动,以及对海外交往的认识进一步加深,已经看到"夷物"对国家致富致强的作用。一些经济史家把它仅仅看作是经济活动,这是远远不够的,还要看到这种国家间大规模的海上交往给东方社会带来的重大变化。这种变化只有从长时段、大范围来观察才能看得更为清楚,短时段的、微观的研究是不易看到社会变迁的。海上大规模的物种、技术、思想的交流、交融与碰撞是推动社会发展的动力。从海上向外输出的东西十分广泛,涉及国家社会与大众生活的许多方面,包括衣、食、住、行、用、体育、音乐、舞蹈、建筑与艺术等。

自7世纪开始,中国的瓷器已经走出国门。9世纪中叶,中国瓷器经由海路被运往埃及,分布世界各地。[③] 这些瓷器给当地的社会生活带来了极大的便利。生产技术在各国之间流动,有些生产虽然有限,但它在生产中不断突破各种限制,发挥了团体协作的作用,为未来大规模生产准备了条件。阿拉伯帝国兴起后,在亚洲的东西两端出现了两个庞大的帝国,双方从海上进行着广泛的政治、经济、文化交流。由于有利可图,9—16世纪阿拉伯商人几乎垄断了东方市场的瓷器贸易。阿拉伯商船技术先进,载重量大,贸易利润的巨大力量推动了他们对

[①] 桑原骘藏著,杨錬译:《唐宋贸易港研究》,山西人民出版社2015年版,第124页。
[②] 谷川道雄著,马云超译:《隋唐世界帝国的形成》,九州出版社2020年版,第7页。
[③] 三杉隆敏:《陶瓷文化史:从景德镇到海上丝绸之路》,岩波新书1989年版,第65页。

东方的商业活动。唐宋时代奖励对外贸易，对外输出主要是丝绸和瓷器，源源不断地流向西方。

中国的瓷器几乎都是从海上向外输出的，传播的范围从东亚的日本、朝鲜，到东南亚、南亚、西亚、中东、北非及欧洲，真正促进了瓷器技术交流。有些瓷器是经过伊斯坦布尔和开罗，再由地中海运往意大利的。①9世纪到唐末，是以输出越州青瓷为主的第一时期，以景德镇和福建的白瓷以及宋瓷为主要输出品是第二时期，从宋末到13世纪是青瓷和青花瓷为主要输出的第三时期，数量极其庞大。②欧洲人热衷于这些精美的瓷器，掀起收藏中国瓷器的"中国风"。欧洲人也试图仿制中国瓷器，但未能烧制成功。③烧制瓷器是一个很复杂的技术工种，涉及分工合作、技术掌握程度、土质等许多方面，并不是任何人都可以掌握的，也不是随便就可以制造出来的。中国是一个大一统的国家，农耕文明与家庭手工业相结合，手工艺技术有相当长时间的积累，社会文明发展的连续性与稳定性始终高于欧洲，产生的手工业技术相对成熟。这是中国瓷器技术在世界长期领先的有利条件。中国当时是世界上最先进的国家之一，在社会组织与动员、生产技术、国内市场方面走在世界前面，对世界的贡献巨大。日本学者三上次男是在广义上使用丝绸之路这个概念的，指出：

> 连接东西方的道路并非只有通往西域各国的陆路。比其更为重要的道路，是从中国东南沿海出发，经中国南海、印度洋、波斯湾或红海，到达中东各国的海路。这条海路比人们想象的更早，从古代开辟，商船往来频繁。古代以丝绸为中心的商品被运往南亚和西亚，玻璃、珠香、玳瑁等珍贵商品从西方运到

---

① 三杉隆敏：《陶瓷文化史：从景德镇到海上丝绸之路》，岩波新书1989年版，第38页。
② 三杉隆敏：《走向梅森的道路：东西陶瓷交流史》，东京书籍1992年版，第139页。
③ 三杉隆敏：《陶瓷文化史：从景德镇到海上丝绸之路》，岩波新书1989年版，第40页。

东方。①

由此可见，丝绸之路在本质上就是东西方交流问题。通过这个航路，不管什么国家和民族都被卷入这个巨大的网络中来，各国家、各地区的社会生活显示出五彩斑斓的风貌。世界本来就是多元的，也是在多元中发展起来的。东方海洋上的交通运输具有很强的力度，以极大的力量把各国联系在一起，形成一个巨大的网络，给各国带来巨大的推动力，虽然也带来一定的矛盾与冲突，但经常性的普遍的经贸联系与文化交流是主流，正如长泽和俊所说的"丝绸之路作为贯通亚非大陆的动脉，是世界史发展的中心"。②他强调丝绸之路是"世界史发展的中心"，更多的是看到了它的作用、意义与价值功能，国家关系在生生不已的交流中发生着改变。海上交通是促进国家关系发展的重要载体，没有这个载体就不可能有国家间远距离的大规模的交往活动。长泽和俊说得好："把这些地区连接起来，并使之相互依存地发展起来，丝绸之路起到了犹如人体动脉那样的作用。"③

海上交通发展促进了国家间联系加深，起到了传播文化、促进文明进步的作用，也缩短了各地之间的发展差距。海港城市首先在交通便利的地方兴起，外来文明走进沿海地区的通都大邑，成为新的文明中心。"丝绸之路是东西文明的桥梁。出现在丝绸之路各地的文化，依靠商队传播至东西各地，同时又接受着各种不同的文化，促进了各地的文明。"④文明是在地域空间上不断流动的，与水流由高而趋低一样，总是流向那些欠发展的地区，在那里发挥作用。落后只是一种现象而不是本质，通过引进与吸收，由点及面，由沿海向内地扩展，进而形成新的文明区域。红海、波斯湾以及印度洋地区和平交往，海上进行

---

① 三杉隆敏：《探寻海上丝绸之路》，"序"，创元社1968年版。
② 长泽和俊著，钟美珠译：《丝绸之路史研究》，天津古籍出版社1990年版，第3页。
③ 长泽和俊著，钟美珠译：《丝绸之路史研究》，天津古籍出版社1990年版，第3页。
④ 长泽和俊著，钟美珠译：《丝绸之路史研究》，天津古籍出版社1990年版，第3页。

的更多的是贸易而非战争。[①] 凡是海路交通比较发达的地区一般都是文明富庶的地区，社会财富有较多的积累，文学、艺术、哲学和技术出现繁荣，向外输出文化，靠近世界文明中心。无论古代、近代和现代，社会发展都不是平衡的，整齐划一的，有先进和落后之分，只有不断地从外部获得新的资源，才能与世界发展保持同步，跟上时代发展的步伐。

从人类活动的角度看，各国间重大的交往交流活动主要是通过海洋进行的，国家间的关系也主要是以经贸交流的形式来维系，文化的作用虽然也很重要，但与经贸关系相比，国家间的经济交流显得更加重要而持久。进入唐代以后，海上交通更受重视，成为东西方交通主干线，承担的任务更加繁重。海上运输的商品并非只有丝绸，也有瓷器和香料，因此也有人称其为"陶瓷之路"和"香料之路"。印度的胡椒、东南亚摩鹿加岛的丁香等通过海路运往西方世界，也输出到日本。[②] 商品随着商船与商人在世界各地流转，各国关系也跟随着经济贸易关系从一开始就是一个跨区域、跨国家的发展现象，成为搅动世界的强大力量。交往是国家间最基本的活动，既有国家层面的，也有民间层面的，是一个多层次、多渠道的发展过程。

国家间关系进一步加深的动力来自哪里呢？除了国家政治力量的参与、经济上的保障外，海上交通的作用是不可忽视的，当然还有造船技术与社会思想观念的进步。我们强调国家间有目的的交流交往对于国家关系的重视性。中国"瓷器等货物的大量生产满足了出口的需要，其市场覆盖了整个印度洋。中国的海上贸易在扩大，同时朝鲜半岛的海上贸易则在衰落，为中国商人开辟的道路主导了东北亚的交通网络。中国对贸易的接纳能力对东南亚诸国产生了深远的影响，……

[①] 布赖恩·莱弗里著，邓峰译：《征服海洋：探险、战争、贸易的4000年航海史》，中信出版社2017年版，第38页。
[②] 藤本胜次、山田宪太郎、三杉隆敏：《海上丝绸之路——丝绸·香料·陶瓷器》，大阪书籍1982年版，第9页。

在接下来的几个世纪中,其繁荣不仅引起了中国和印度洋的传统贸易伙伴的关注,也得到了西方地中海世界的关注"。[1]世界体系论代表贡德·弗兰克这样说过:"中国在瓷器生产方面是无与伦比的,在丝绸生产方面也几乎没有对手。这些是中国最大的出口产品。"[2]这个判断,并非过誉。

二、东方各国对海上丝绸之路的积极参与

海上丝绸之路为中国人所开辟,吸引各国商人参与到这个巨大的交通贸易网络中来,为文明的交流交往做出了贡献。东方的航海活动早在新航路开辟之前就已经发展成熟,其规模、作用远远超过同时期欧洲航海家的活动。长期以来,欧洲人的航海活动基本上是在地中海、大西洋和波罗的海地区,无论造船技术、规模、远航距离和载重量远不及阿拉伯帝国和中国商船。东方国家航海活动的扩大与加强,推动着交往区域扩大,形成从西太平洋到印度洋乃至波斯湾的海上交往,其意义重大。印度洋、波斯湾航路开辟后,推动了东西方交流,来华外国人数目大大增加,他们带来的异域奇货越来越多。[3]海上交通干线的建立与发展,不仅使中国大受其益,也直接影响了印度洋及波斯湾沿岸各国的社会生活,为未来发展奠定了必要的基础。在历史发展当中,海上交流通常是以通商、移民、使者往还、技术与文化传播甚至战争等形式表现出来的,使各国之间产生互动,形成一种共生关系。如果没有海陆交往,形成世界文明的重要区域是不可能的。各个文明区域都与外部文明有密切的联系。中东波斯的文化、政治和经济在整

---

[1] 林肯·佩恩著,陈建军、罗燚英译:《海洋与文明》,四川人民出版社2019年版,第320页。
[2] 贡德·弗兰克著,刘北成译:《白银资本——重视经济全球化中的东方》,中央编译出版社2001年版,第162页。
[3] 刘迎胜:《海路与陆路:中古时代东西交流研究》,北京大学出版社2011年版,第178页。

个古代占有极高的地位，联结东西方的海路与陆路把许多商品运到波斯地区，使这个地区富裕，产生了丰富多彩的波斯文化。[1] 中国文化也有外来佛教的成分，进入近代以后影响中国社会的外来因素就更多了。

自 7 世纪起，在亚洲的东西两端分别建立唐帝国和阿拉伯帝国，它们进行着频繁的经济文化交流，把东方历史向前大大地推进了一步，在相互交流中创造了新的东方历史。当时广东已有很多阿拉伯人，且拥有巨大势力。[2] 从这个规模与发展势头来看，东方海上贸易网络已经达到空前的程度，有理由将其视为早期的全球化贸易网络。唐朝与阿拉伯两大帝国交流互动，为不同国家提供了广阔的舞台与机遇。东方社会长期稳定与发展，有利于各国进行交流。正是因为有了这样的舞台与环境，日本与波斯的交流远比人们的想象早得多。波斯的工艺品在 5—6 世纪就已经输入到日本了，甚至在朝鲜、日本京都发现了萨珊王朝时期波斯的雕花玻璃。[3]

唐宋时期，东南亚集中了来自亚欧各地的商船，从这里采购货物，然后以船只运往世界各地出售，以获得更多的商业利润。东南亚自然资源丰富，交通发达，在近代以前一直是世界重要的商品输出之源。16 世纪，仅马六甲城聚集的商人来自阿比西尼亚、忽鲁谟斯、波斯、土耳其、古吉拉特、果阿、锡兰、孟加拉、暹罗、中国、琉球、吕宋等世界各国。[4] 他们按照东方市场原则进行有无相通的交易，或以物易物，或以铜钱结算，童叟不欺，在平等互利的贸易中各取所需。东南亚是世界香料产地，每年有大量的丁香、豆蔻、肉豆蔻、檀香、珍珠、瓷器、麝香、沉香、金子、锡、丝绸等被运往国际市场，这些要在马

---

[1] 三上次男：《陶瓷之路：探访东西文明的结合点》，岩波书店 1969 年版，第 125 页。
[2] 藤田丰八著，何健民译：《中国南海古代交通丛考》（上），山西人民出版社 2015 年版，第 65 页。
[3] 三上次男：《陶瓷之路：探访东西文明的结合点》，岩波书店 1969 年版，第 127 页。
[4] 多默·皮列士著，何高济译：《东方志——从红海到中国》，江苏教育出版社 2005 年版，第 209 页。

六甲支付6%的交易税。[1]

来到东南亚和中国的外国商人一般都搭乘中国船只。因为自唐代以来，中国的造船技术取得了进步，出现了远洋航海繁荣，海上航线通过"广州通海夷道"向西已经到达印度半岛东西两岸和波斯湾沿岸各国，溯底格里斯河到达巴格达，最远到达东非海岸。[2]这样大规模、远距离的航海活动，世界其他地区和国家是无法匹敌的，非强大的王权支持与雄厚的财力支持不可，国力弱小或财力有限是无法完成这样远距离航行的。唐宋时代，来中国和东南亚贸易的商人多乘中国船只，桑原骘藏写道："唐宋时代外国商人，便乘往来波斯印度南洋方面之中国贸易船者，为数不少。"[3]

为什么外国商人来中国多乘中国船呢？按照桑原骘藏的解释，中国船舶形体重大，不便航行波斯湾，故须转乘小型的波斯船；波斯商人来中国的时候，需要在印度的故临换成大船。[4]在一个意义上说明，唐宋时代中国的船舶已经有大型的了，载客五六百人者已不在少数。从世界造船史的角度看，在新航路开辟之前，东方国家在造船技术、载重量以及对天文导航技术的掌握方面明显地高于欧洲国家，有力地推动了国家间政治、经济与文化交流。在造船技术进步，指南针应用远洋航海之后，自广州至蓝里（今印度尼西亚苏门答腊岛西北）用时40天，在那里过冬后一个月即可到达印度的古里。[5]

丝绸之路是一个多方面、多层次的交流过程，以极大的力量把世界各国吸收到这个巨大的海上网络中来，进行着文明的交流与构建。参加东南亚国际市场贸易的商船来自不同的国家，主要有婆罗门船

---

[1] 多默·皮列士著，何高济译：《东方志——从红海到中国》，江苏教育出版社2005年版，第210—211页。
[2] 孙光圻：《中国古代航海史》，海洋出版社2005年版，第243—244页。
[3] 桑原骘藏著，冯攸译：《中国阿剌伯海上交通史》，台湾商务印书馆1975年版，第111页。
[4] 桑原骘藏著，冯攸译：《中国阿剌伯海上交通史》，台湾商务印书馆1975年版，第112页。
[5] 藤本胜次、山田宪太郎、三杉隆敏：《海上丝绸之路——丝绸·香料·陶瓷器》，大阪书籍1982年版，第54页。

（南亚船）、昆仑船（东南亚船）和波斯船（西亚船）等。在各国船舶当中尤以狮子国船体最大，可载六七百人，在当时这已经是世界上最先进的船舶了。在南海贸易当中，瓷器、香料、丝绸是大宗商品，通过海上航路中国的货物被运往日本、朝鲜、东南亚、南亚、西亚北非与欧洲，对当地的生产和社会生活产生影响。此外，还有木棉、没药、玳瑁、珍珠、货币、木材、茶叶、宝石和酒类。日本输出中国的舶货有珍珠、琉黄、莞席、松木、杉木、桧木、紫砂和金子。[1] 在东方航线上往来的不仅是种类繁多的商品，还有技术、人员、思想的流动，构成东方历史上最为亮丽的景象。东南亚的苏门答腊是东西方货物的集散地，这里集中了阿拉伯商人运来的玳瑁、龟甲、香料、珍珠、栀子、没药、芦荟、象牙、珊瑚、玛瑙和蕃布等多种商品。[2] 阿拉伯人也北上来到朝鲜的礼成港进行贸易，双方的贸易活动贯穿于整个高丽前期。此外，在此港贸易的还有宋朝和日本商人。[3] 在东方历史上，国家间的重大活动基本上都是通过海路完成的，也就是说国家间的活动在很大程度上依赖于海上交通。因此海洋交通既是促进国家关系的一个有利条件，也是逾越大海大洋实现联系的桥梁与纽带。

海上丝绸之路推动了不同国家、地区间的经济文化交流，其影响已经深入到社会生产、生活、交通、移民等诸多方面，是一个全面演进的过程。在航路沿岸，许多城市因从事东西方贸易而繁荣。广州、

---

[1] 藤田丰八著，何健民译：《中国南海古代交通丛考》（下），山西人民出版社2015年版，第423页。
[2] 藤本胜次、山田宪太郎、三杉隆敏：《海上丝绸之路——丝绸·香料·陶瓷器》，大阪书籍1982年版，第52页。
[3] 李镇汉著，李廷青、戴琳剑译：《高丽时代宋商往来研究》，江苏人民出版社2020年版，第34页。朝鲜历史学家安在鸿对礼成港的贸易情况有如下介绍："新罗之领域，倚重东南，故庆州之京城，近东海岸；东有日本各港口，西有渤海、黄海、支那海等唐朝诸港湾，商船进出之状繁盛；惠超巡历五天竺，直指巅峰，往来于印度之学僧，会同长安留学生，更替频繁。……高丽时代亦如是，与宋通商，不仅变松京为国际化都市，礼成江口更有远迎撒拉森之商船，携西方文物横渡印度洋，影响非凡。"转引自《高丽时代宋商往来研究》，第32页。

第八章 在历史的发展与延续中创造新的东方外交史

泉州是世界著名的贸易港,设有提举市舶司管理对外贸易。人类不同于其他动物之处,在于发明创造了贸易交换,通过相互分工协作与交换,获得各自所必需的物质生活资料,增加了人类自身生活的多样性与丰富性。由于政府重视,看到对外贸易对于国家致富致强的作用,宋代海外贸易带来的收入成为政府的重要财源,已经占到国库总收入的1/5。宋人对外贸易的商品种类繁多,对外输出以金、银、铜钱、瓷器、丝绸制品为主,输入品一般都是香料、珠玉、象牙和犀角等。[①] 在普遍的、经常的交流交往中,商品、技术、文化与物种在各国间穿梭流动,交易也表现出一定的民族性和文化特征,可以说是有着浓厚的东方特色。把丝绸之路作为一个巨大的交通干线与商业网络来看待,可以深化对它的作用、意义与功能的认识,打破自然经济此疆彼界的限制,推动不同文明与发展层次的交流与共生,共同走向时代的高处。

海上丝绸之路之所以重要,吸引各国积极参与,关键在于发挥了联结东西与古今的纽带作用,以极大的力量把世界各国联系在一起,带来了世界的整体发展。世界重要的商品、物种、文化与人员往来几乎都是通过海路完成的,因此它的作用比陆上丝绸之路作用大得多。海路相对于陆路具有更大的优势,海船不仅载重量大,行稳致远,而且运费也比陆路低廉得多,不受过境、战争和其他人为因素影响,特别是一些大型货物几乎非海路运输不可。马可波罗是13世纪伟大的旅行家,在元世祖忽必烈时期到过中国,在中国生活长达17年之久,足迹遍及中国北方、南方许多地方,亲眼见过商品经济繁荣与市场活跃的情况,他写道:

从襄阳城发足,向东南骑行十五哩,抵一城,名曰新州城。城不甚大,然商业繁盛,舟船往来不绝。……所以此城商业甚

---

① 寺田隆信:《郑和:联结中国与伊斯兰世界的航海者》,清水书院1981年版,第19—20页。

盛，盖世界各州之商货皆由此江往来，故甚富庶，而大汗赖之获有收入甚丰。……每年溯江而上之船舶，至少有二十万艘，其循江而下者尚未计焉，可见其重要矣。①

元代的对外贸易主要依靠海路进行，活动范围东起日本、朝鲜、东南亚西到印度洋沿岸的各个国家。②在对外交通上，元代对外交往的规模远迈前代，可以说是中外交通大发展的时代，把中国对外交往大大向前推进一步。

明代郑和七下西洋，是东方航海史上的大事，也是中国古代对外交流空前发展的时代，人类航海史上的伟大创举。说郑和七下西洋是古代世界航海史的创举并非夸张。当时郑和船队出海的大船62艘，27800余名船员，每船平均载客450人，这样庞大数目的船员只有载重8000吨的大船才能完成。1498年达·伽马到达印度西海岸卡利卡特时仅有3只船，载重量不过120吨。③两者相较，东西方造船技术差距判然有别。在15世纪世界航海史的总坐标中，东方的航海确实是人类航海活动的代表性事情，在郑和第五次和第六次航海前后，明朝拥有船舶的数量已经达到3800艘，比当时欧洲各国船舶的总和还要多④，称得上是唐宋以来中国船舶在印度洋航海活动的顶点。

日本学者重视中国郑和下西洋活动对印度洋世界影响，看到东南亚国家来华朝贡贸易兴盛一时的情况：不仅交换丝绸、瓷器、茶叶、铁器、金银、铜钱，还交换象牙、香料、药剂、染料、鸵鸟、长颈鹿等。近年国内也有学者对郑和下西洋活动做出深入的研究，认为郑和下西洋推动的朝贡——贸易关系表现了从东亚向整个印度洋地区发

---

① 冯承钧译：《马可波罗行纪》，上海世纪出版集团2002年版，第343页。
② 寺田隆信：《郑和：联结中国与伊斯兰世界的航海者》，清水书院1981年版，第33页。
③ 寺田隆信：《郑和：联结中国与伊斯兰世界的航海者》，清水书院1981年版，第73—74页。
④ 寺田隆信：《郑和：联结中国与伊斯兰世界的航海者》，清水书院1981年版，第186页。

展的跨区域联系的趋势,或者说是亚洲和非洲旧大陆的早期全球化趋势。①日本学者对海上丝绸之路研究有挚热的感情,每个时代都写下影响一时的著作。他们之所以如此,根本原因在于海上丝绸之路从古到今带给日本社会的文明成果太多了,也太久了,正是有了这些文明的成果,才能使日本跟上了东亚世界发展的步伐,成为东亚世界的一员。

自从海上丝绸之路开辟后,即有了中国与外部世界大规模的交流互动,外来文明由小到大、由浅及深地融入了社会生活的所有方面,在社会发展中起到了特殊的酵母作用,社会获得了不断进步的动力。一个社会之所以持续不断地向前迈进,除了自身的生产力发展条件外,从外部获得文明力量的推动也是不容忽视的,这个观点符合马克思主义的基本原理。在马克思和恩格斯的著作中,他们十分重视世界交流的重要性,甚至把资本主义世界市场的形成看作是世界性、普遍性交往的产物。人类社会是一个极为复杂的大系统,本身的发展需要多方面的条件与之配合,不是哪一个单一的条件决定的。已有学者指出:

> 中华帝国早期阶段的商业活动仍然十分活跃,并且在很大程度上促进了帝国经济的繁荣。诚然,商业活动常常为人所忽视,但它却保证了东亚地区的活力,并使得东亚发展为世界上经济最为繁荣的地区。这些跨越政治、文化障碍且不见于史料记载的民间商人,往往像一股颠覆性的文化力量,对于突破东亚封闭而停滞的世界秩序而言至关重要。②

社会越发展,对外交往力的作用就越大,作用于社会的因素就更加广泛。以海上交通为主体的各国间的交流与发展,是人类历史横向

---

① 陈忠平主编:《走向多元文化的全球史:郑和下西洋(1405—1433)及中国与印度洋世界的关系》,生活·读书·新知三联书店2017年版,第62页。
② 何肯著,魏美强译:《东亚的诞生:从秦汉到隋唐》,民主与建设出版社2021年版,第144页。

发展的重大突破，在相互交流中实现了多方受益。日本学者深刻地指出："丝绸之路问题在本质上就是东西交流。"[1] 只有从更为广阔的视角看待海上交流，才能把握它的真正意义，看清它的实质，我国学者这样评论道："中国丝绸通过海路外传，最初只是在经济上互通有无，作为商品交换；后来突破了经济范畴，发展为与政治、外交、宗教、文化、艺术乃至与人民生活都发生了密切的关系，并且带来了深远的影响。如果说中国丝绸和其他发明创造的向外传播都是对人类进步和世界文明的伟大贡献，那么，所有这些贡献，除陆路外，都是通过海上丝绸之路的传播来完成的。"[2]

古代社会的交往不同于近代社会和现代社会的交往是一定的，但是如果仅仅把古代国家间海上交往看作是偶尔的、暂时的交往是不正确的，还要看到它所带来的重大意义，许多国家在交往中缩短了与先进国家间的距离，也把自己融入了国际秩序当中。日本历史学家三上次男是这样介绍海上丝绸之路的："古代经印度洋联结东西方世界的海上航路更加重要。……这个海上贸易航路随着时代的发展而重要性在增加，从10世纪前后开始，交流的主体除了中国的丝绸之外，又增加了瓷器。"[3] 宋代是中国瓷器对外出口大发展的时代。宋代的农业、手工业、矿业和其他所有部门都得到了飞越发展，以煤炭为燃料烧制的瓷器在数量和质量上都得到了发展，瓷器对外输出急剧增加。[4] 确实，各国商人参与到了东方的跨区域、跨国家的贸易交流当中，不断地创造新的东方历史。

从海路交流的东西甚多，除了传统的丝绸、瓷器与香料之外，还有人员往来与文化的传播。日本早在汉代就通过海上与中国交往，到

---

[1] 铃木治：《欧亚大陆东西交涉史论考》，国书刊行会1974年版，第292页。
[2] 陈炎：《海上丝绸之路与中外文化交流》，北京大学出版社2002年版，第52页。
[3] 三杉隆敏：《海上丝绸之路：中国瓷器的海上运输与青花瓷编年研究》，"序"，恒文社1976年版，第1—2页。
[4] 寺田隆信：《郑和：联结中国与伊斯兰世界的航海者》，清水书院1981年版，第21页。

隋唐时期向中国派遣了大批的遣隋使和遣唐使,把域外的先进文明带回国内。这样的例子在日本历史上比比皆是。如推古朝圣德太子制定的日本最早的成文法《十七条宪法》,文中典故所参考涉及的中国经书就有《书经》《诗经》《周礼》《礼记》《左传》《论语》《韩诗外传》,史书有《史记》《汉书》《后汉书》,诸子类有《老子》《管子》《韩非子》《孙子》《荀子》《淮南子》《墨子》等,说明中国古籍对日本影响之深之巨,为日本人所熟读。[1] 美国历史学家罗兹·墨菲是这样记述中日人员交流的:"到 8 世纪,派到中国来的使团越来越大,大约五六百人分乘四艘海船,浩浩荡荡开向中国。……这段航程长达 800 公里,要穿越海难不断的宽阔洋面才能抵达目的地。尽管要经历这么多的风险,日本人还是下定决心来到中国文明的发源地,将他们所能学到的或移植到日本的中国先进文化悉数带回日本。"[2] 从历史的宏观视角来观察东方国家的航海活动,可以看到亚洲各个国家间的联系,在普遍的、连续的交流交往中走向文明的高处。

三、文明交流交汇下的东方社会变迁

在丝绸之路史研究中,日本学者较多地关注了东西方交流条件下的社会变迁这样一个重大问题。虽然他们没有专门探讨这个问题,但从他们推出的大部分著作中可以明显地看到对这个问题的关注,提出了许多有益解释,有他们的史观与评判事物的标准。他们几乎不约而同地看到海陆交流的重要性,京都大学东洋史学家宫崎市定一再强调:"交通在历史发展过程中所起到的重要作用,过去往往被忽视。"[3] 他以

---

[1] 内藤湖南著,刘克申译:《日本历史与日本文化》,商务印书馆 2015 年版,第 164—165 页。
[2] 罗兹·墨菲著,林震译:《东亚史》,世界图书出版公司 2012 年版,第 273 页。
[3] 宫崎市定著,张学锋、陆帅、张紫毫译:《东洋的近世:中国的文艺复兴》,中信出版社 2018 年版,第 19 页。

历史的和发展的观点看待各国间的交通问题,指出:"人类的文化因为交通而得以发达。……人类的文化,说到底是人类全体合作的产物。某个地方的发明,因为交通,成为全人类的共同财富。受到刺激的其他地方,往往又能创造出更新的文明。"① 宫崎市定在其他著作中也有同样的观点,他说:"对于历史的发展来说,最重要的是不同民族、不同地域之间的交通往来。"② "我们须知,当一个民族或国家打破沉默而开始有所行动时,常常是以与外界的接触为前提的,而世界史的发展契机也正在于此。"③ 这是他思想的深刻之处。

中国的瓷器自 7 世纪开始出售到世界各地,范围大体东起日本、朝鲜、东南亚,西至南亚、西亚、北非和欧洲地区,据说当时的欧洲烧制瓷器的价格就像黄金一样贵重,可见欧洲国家对烧制瓷器的重视。欧洲人掌握了烧制瓷器的技术后,梅森的瓷器工匠被引进到了维也纳、威尼斯、佛罗伦萨、哥本哈根和圣彼得堡等地,开始了瓷器生产。④ 这种技术传播无疑由海陆交流而来,给各国的生产和生活带来了极大的便利,增添了物质文化生活的多样性。不研究东方历史上的商品交流交换的历史,够不上是真正的人类历史。近代以前的东南亚地区一直是世界最重要的商品输出之源,不是任何其他地区能够与其比拟的。12—14 世纪的宋代和元代,是中国历史上以输出瓷器、香料和药品为主体的时代。为了管理对外贸易,增加收入,引导外商来华,宋代在广州、泉州、明州、温州、杭州、江阴等地设立了市舶司,规定茶、盐等为政府专卖,对南方海上贸易实行了统制与奖励政策。⑤

---

① 宫崎市定著,张学峰、陆帅、张紫毫译:《东洋的近世:中国的文艺复兴》,中信出版社 2018 年版,第 20—21 页。
② 宫崎市定著,谢辰译:《亚洲史概说》,"绪论",民主与建设出版社 2017 年版,第 6 页。
③ 宫崎市定著,谢辰译:《亚洲史概说》,"绪论",民主与建设出版社 2017 年版,第 8 页。
④ 三杉隆敏:《陶瓷文化史:从景德镇到海上丝绸之路》,岩波新书 1989 年版,第 39—40 页。
⑤ 山田宪太郎:《东亚香料史研究》,中央公论美术出版 1976 年版,第 100 页。

第八章　在历史的发展与延续中创造新的东方外交史　　467

　　即便是在前资本主义时代，区域性的贸易交流、人员往来、文化与物种传播也会打破国家间封闭的状态，把各国带入相互联系与互动之中。各国之所以能够发展，一个重要原因在于不断地吸收外来文明的成果，在交流交往中实现从野蛮向文明升华。在丝绸之路上，不仅有阿倍仲麻吕、圆仁、小野妹子、吉备真备、空海、井真成等人来中国学习，把中国一切有益的东西尽可能多地带回日本，中国人张骞、甘英、义净、法显、玄奘、鉴真、郑和、郑成功等人勇敢地走出国门，求知识于世界，也有马可波罗、伊本·白图泰、利玛窦、鸠摩罗什等人的东来，他们开辟了东西方交流的先河，向西方介绍了一个更为清晰、全面的东方世界。

　　法显（334—420年）是中国晋代赴海外取经求法的大师，在中国佛教史上占有重要地位，他在《法显传》中对取法途中的艰险有这样的记述："沙河中多有恶鬼、热风，遇到皆死，无一全者。上无飞鸟，下无走兽。遍望极目，欲求度处，则莫知所拟，唯以死人枯骨为标识耳。"[①]这是求知于域外路途艰辛的真实写照。圆仁（793—864）在《入唐求法巡视行记》这部著作当中，记载了赴唐求法的曲折与艰辛。837年，4艘载有651人的日本遣唐使船从博多港出发，在海上遇到了台风，第3船所载140人仅有20余人生还；838年，修复后的3艘船只再次出发，又遇到了台风。日本遣唐使团人数众多，成员包括大使、副使、判官、录事、留学僧、请益僧、翻译、船师、船匠、射手、阴阳师、医师、画师、杂使等。[②]日本大规模地学习中国语言、文化、历史、哲学、田制、官制、法制以及灾异祥瑞观念，掀起全面学习的热潮，将域外文明融入其社会与民族生活的许多方面，使它跟上了东亚发展的步伐。

　　日本的丝路研究者们已经明确形成这样的观点，丝绸之路是东西

---

① 章巽：《〈法显传〉校注》，复旦大学出版社2015年版，第37—38页。
② 圆仁：《入唐求法巡视行记》，广西师范大学出版社2007年版，第3—4页。

方文明交流的桥梁与交通干线,正是有了这样一条交通大动脉,才有了各种不同文明与发展层次间的交流,即使今天许多国家仍在做着艰辛复杂的摄取工作,不论精神文明成果还是物质文明成果都是如此,故而有学者也把丝绸之路称为"求道之道"。① 这样的观点形象生动,含义深刻,引人思考。日本东洋史家内藤湖南强调中国文化对日本文化生成的作用,指出:"中国的周围有很多民族,那些形形色色的民族几乎都比中国发展滞后,在中国文化的影响下,它们各自创造了属于自己的文化。"② 中国社会内部的发展变动必然涉及周边其他国家,周边各国也会对中国社会产生历史性的影响。③ 这些议论显然都是从国家间交流互动的角度出发的,也是对文明交流交往与交错本质的根本性认识。长期以来,在西方人的观念中,东方社会是神秘的、静态的与不变的,是一个自我封闭的循环系统,这样的观点在近代以来西方政治学家、经济学家和哲学家中广泛流行,也可以说这是他们落后的亚洲观与东方观。对于东方社会的长期稳定与慢性发展,必须以大范围、长时段的视野来观察,过于短暂或过于微观的观察是不能窥其全貌的。东方社会长期处于渐变的过程当中,不同于近代时期欧洲工业社会的巨变与灾变。④

东西方海陆交通无论对经济生活、社会生活还是人们的精神生活都发生重大影响,也是日本学者关注最多的。从战前白鸟库吉的《粟特国考》,藤田丰八的《中国南海古代交通丛考》《宋代之市舶司与市舶条例》,桑原骘藏的《唐宋贸易港研究》《蒲寿庚考》《中国阿剌伯海上交通史》,到战后铃木治的《欧亚东西交涉史论考》,长泽和俊的《丝绸之路史研究》《张骞与丝绸之路》,以及三杉隆敏推出的一系列海

---

① 长泽和俊著,钟美珠译:《丝绸之路史研究》,天津古籍出版社1990年版,第3页。
② 内藤湖南著,刘克申译:《日本历史与日本文化》,商务印书馆2015年版,第172页。
③ 谷川道雄著,马云超译:《隋唐世界帝国的形成》,九州出版社2020年版,第6页。
④ 陈奉林:《区域性的国际交往与东方外交圈的形成》,《海交史研究》2021年第1期,第67页。

上丝绸之路著作①，都在探讨丝绸之路的内容、影响与作用，展现他们对人类征服陆地与海洋活动的热情讴歌。日本学者探讨东西交流中的社会变迁，已经成为他们的共同关注与兴趣。这些都是极有价值的探讨，超越了纯粹的学术研究而直接关注了社会生活。明代以来中国人口数量增加，与外来物种的大量引进无疑有重大关系。上田信的《海与帝国》舍性理空谈而转向经世实证，更多地关注了社会实际问题，突出强调了海上道路带给人类社会的巨变，突显人类探索海洋的大无畏精神与盛大气象。

东方国家近代以前的对外交往，虽然不像近代欧洲资本主义国家那样以地球为舞台的全球性的交往，没有老殖民主义、帝国主义时代的坚船利炮的推动，也没有你死我活的生死较量，但是它的作用却是极为重要的。通过海陆交流，域外文明源源不断地走进各国的城市与村庄，甚至是穷乡僻壤，成为当地社会生活的一部分。东洋史家宫崎市定指出：

> 交往所带来的利益，并不一定是在交换知识才产生的。人们对外来的稀奇的东西所产生的惊异和热爱，便足以成为推动历史发展的巨大原动力。……说一个地区的文化发展水平与交通的流量成正比，这或许有些言过其实。但不容置疑的是，一个脱离了对外交通而自我封闭的社会，文化的发展必然出现停

---

① 三杉隆敏：《探寻海上丝绸之路》，创元社1968年版；《海上丝绸之路：中国瓷器的海上运输与青花瓷编年研究》，恒文社1976年版；《中国瓷器之旅：走向海上丝绸之路》，学艺书林1977年版；《我的伊斯坦布尔》，六兴出版1981年版；《世界的青花瓷》（1—6），同朋舍出版1981—1987年版；《海上丝绸之路：探寻中国青花瓷》，新潮选书1984年版；《海上丝绸之路：大航海时代的陶瓷冒险》，晓星出版1989年版；《陶瓷文化史：从景德镇到海上丝绸之路》，岩波新书1989年版；《陶瓷器青花瓷文样事典》（合编），柏书房1989年版；《走向梅森的道路：东西陶瓷交流史》，东京书籍1992年版；《世界青花瓷之旅》，新潮选书1998年版；《元代的青花瓷：漂洋过海向世界传播的陶瓷文化》，农山渔村文化协会2004年版。除了这些著作之外，三杉隆敏还编写了多部丝绸之路辞典，这里不拟一一列出。

滞,难免成为世界的落伍者。①

国家间的交流活动是基本的活动,随着人类活动的扩大而日益重要,可以把它看作是社会发展的一个基本条件。人类的交往都有一定的目的性,通过交往实现从野蛮到文明的演进,向时代的高处升华。在社会发展的各种动力条件中必须重视国际交往力在国家和社会变革中的作用。从古代到近代以至今天,无论欧亚大陆北方交流还是南方的海上交流,都在深深地影响着各国的生活与面貌,冲击着东方文化生成的土壤,各国文化中多了一些民主的、科学的和商业性质的文化,注重直觉的经验方法在西方注重理性思维的科学方法的影响下发生一些变化,也在改变着人们的精神面貌。

丝绸之路上的交流给东西方社会带来了巨大变迁。这既不是什么新问题,也不是今天人们才开始关注的,但时至今日人们对它的认识还很不够,一些重大问题没有得到深入系统的阐释。日本社会学家富永健一在谈到社会变迁时,写道:"社会变迁这个概念,指的是较长期地看,短期内较稳定的东西发生变化的过程。……所谓社会变迁,就是通常难变的东西发生变化。这就意味着:被称为社会变迁的,是特别根本性的变迁。"②在现代生产力出现之前,东方社会一般都是在农业经济形态的生产力水平上向前发展的,各地间的发展差距不大。一旦技术上与组织上有了一定发展之后,必然要进行对外交流,包括物质交流、精神交流和制度交流,在交流中获得先进的力量,缩短与先进地区的差距。这样的例子在历史上屡见不鲜。在东西方交流史上,丝绸之路的影响力极大,不仅表现在地区、国家与民族之间,也表现于集团与个人之间,是一个整体关联互动的过程,有时候各种因素相互交织呈现出异常复杂的情况。以前虽然也有过一些探讨,但总的来说

---

① 宫崎市定著,张学峰、陆帅、张紫毫译:《东洋的近世:中国的文艺复兴》,中信出版社 2018 年版,第 21 页。
② 富永健一著,董兴华译:《社会结构与社会变迁》,云南人民出版社 1988 年版,第 87 页。

还不够,更没有从社会变迁的高度做出系统的分析。只有以宏观的历史视角看待历史上的丝绸之路,才能看清它的重大意义。

从瓷器传播而言,中国瓷器已经对周边各国的瓷器生产与技术产生重大影响。日本不仅在瓷器方面,其他方面也都受到中华思想影响,中华文化博大精深。① 伊本·胡尔达兹比赫是9世纪阿拉伯地理学家,记载了当时各国商人经陆路和海路从西方贩来奴隶、婢女、娈童、绸缎、毛皮、黑貂和宝剑到印度和中国,也记载了从中国携带麝香、沉香、樟脑、肉桂及其他地区商货返回红海情况。② 中国的社会组织、技术与文明是社会长期稳定与连续发展的产物,在组织航海与对外交流方面较之西方其他国家拥有更多更大的优势,有条件参与世界交流、分工与竞争。造船技术在一定程度上反映一个国家的经济实力和技术水平,也是国家综合力量的体现。日本学者对宋元以来中国造船技术的观察是细致的,准确的,桑原骘藏说:"南洋贸易船自法显时代以来,一代发达一代。载量渐次增大,设备渐次整顿,航术亦渐次进步矣。就中宋元之际,尤为中国船最长足发达之时代。"③ 这个材料说明,宋元时期中国造船水平已经远远领先国外,来中国和东南亚从事贸易的外国商人大都搭乘中国船舶,中国已经垄断了自东南亚至印度洋的海上航线。

四、从历史遗产中寻找东方国家崛起的根源

日本对海上丝绸之路研究时间长、跨度大,涉及的内容领域众多,形式多样,成果丰硕,已经构成相对完整的海上丝绸之路研究的知识体系,无论从总结人类活动经验的角度还是从当前学科建设的角度,

---

① 三杉隆敏:《陶瓷文化史:从景德镇到海上丝绸之路》,岩波新书1989年版,第117页。
② 伊本·胡尔达兹比赫著,宋岘译:《道里邦国志》,中华书局2001年版,第164页。
③ 桑原骘藏著,冯攸译:《中国阿剌伯海上交通史》,台湾商务印书馆1975年版,第126页。

都应该加以详细地总结与梳理，从中引出值得我们学习、借鉴与超越的东西。长期以来，国内对日本的海陆丝绸之路研究关注不多。近年国内提出了"一带一路"倡议，出现了丝绸之路研究热，新的研究应该在认清旧的研究基础上开始，继承什么，摒弃什么，应有明确的取舍。他们所做的并非简单的材料加工、整理与收集工作，而是在既有的材料中重新发现价值，在考史、证史中完成修史工作，做到了人类精神遗产的总结与传承，从多方面反映了日本学术史发展的基本行程。海上丝绸之路研究涉及海上贸易、交通、港口城市、市舶制度、造船技术、外商管理、移民、文化传播与物种交流等许多方面，完成了从欧亚大陆到东亚海域研究的历史性跨越，把更多的力量投入了海上丝绸之路研究。他们总结了丝绸之路上交流的经验与方法，作为一个大规模的学术活动，积累和凝聚了现实的需要，可以成为反观我们自己研究的一面镜子。近一百年来的一系列重大研究成果，在日本的学术发展史上有着特殊的意义。

在对东方史籍把握上，日本学者明显高于欧美国家学者。这与他们的历史传统有关，也与他们长期受中国文化文字影响有关，因此他们有条件博通经史，取得卓荦的学术成就。日本学者不仅提出"海上丝绸之路"概念，而且更为重要的是对这一概念做出了科学的解释，赋予丰富的内涵，学术史论中寓有许多可贵的观点，诸如前面提到的"丝绸之路问题在本质上就是东西方交流"的观点，"丝绸之路是世界主要文化的母胎"的观点，"人类的文化因交通而得以发达"的观点等，都异常的珍贵和值得进一步发掘。在学术探索上，日本学者强调实地考察的重要性，不做空疏文章，更不做咬文嚼字、寻章摘句的文章，但这并不意味着他们不坐书房里的冷板凳，更不意味着他们的研究没有意义。看到日本学者当时探讨的那些问题，看到那些在今天应该剖垢磨光的思想得到珍视和发掘，以及他们达到的深度与广度，温故知新，不亦乐乎？

日本学者对丝绸之路研究，是把它作为人类交往的宝贵经验加以总结和介绍的，对海洋属性认识不断深化，在日本这显然已不是一个单纯的学术问题，而是与整个国家和社会生活紧密联系在一起的，是从东西方交往中吸收人类文明的精华，从历史经验中寻求社会进步的力量，从而不断把社会引向进步。日本学者的丝绸之路研究极为复杂，既有纯粹的学问学术，也有为现实政策服务的种种努力，战前战后两个时期有明显不同，不宜猝然定性，亦不能不加分析地一概而论。因此，要甄别在今天看来哪些是科学合理的，值得继承和发扬，哪些是为侵略扩张和冷战服务的。在日本丝绸之路研究的一百年时间里，取得的成就有目共睹，反映了日本学界思想发展的基本历程，尽管不是很全面，但是其成就是值得肯定的，值得我们认真总结和梳理。他们不仅使用东方本土材料，把研究建立在坚实的材料基础之上，而且更为重要的是他们有东方史观，对横亘东方历史若干世纪的丝绸之路做出了许多有益的解释，完全不同于欧美学者的历史观和亚洲观。

第二节 建设 21 世纪海上丝绸之路的初步构想

在中国逐步走向海洋、实现和平崛起的现实条件下，充分开发海洋、利用海洋形成自己的比较优势已经成为中国发展的战略选择。伴随着新海洋观的确立，国家已经明确提出建设 21 世纪海上丝绸之路的宏伟构想。近些年国内学术界对历史上的海上丝绸之路进行了充分的、卓有成效的研究，取得了不亚于国外同行的精湛成果，各种会议也层出不穷。但是对于建设 21 世纪海上丝绸之路的研究才刚刚开始。21 世纪的海上丝绸之路是一个全新的概念，其意义远远超过纯粹的经济、贸易层面本身而具体深入到关系中国未来几十年发展以及全面走向世界的重大战略。因此无论从何种意义上说，总结东方历史上丝绸之路的成功经验，探讨向未来发展延伸的基本走向，赋予其具有时代感的崭新内涵，直接关系到中国 21 世纪发展的大方向与大格局。

一、海上丝绸之路上的东西方经济与文化交流交汇

海上丝绸之路作为一个特定的历史概念，是指存在于东方历史上自中国汉代至近代的以丝绸和陶瓷为主要贸易的商路，范围东起中国，经东南亚、南亚、西亚而达于非洲与欧洲，涉及的国家和地区众多，地域广阔。在人类掌握了航海与造船技术的条件下，浩瀚的海洋已经不再是关山迢递的阻隔，而变成了无远不至的通途。从汉代起，由中国开辟的海上航线已经穿过马六甲海峡，到达印度和斯里兰卡，把南海和印度洋连接起来了。[1] 如果从更为广阔的视角来看，它既是中国商品走向世界的商路，也是中国与世界发生联系的桥梁与纽带，重要的海上交通线，在中国历史乃至世界史上有着极为重要的作用。近代以前，这条商路以中国商人和阿拉伯商人为主体，以亚洲其他国家商人为主要参与者，共同缔造了古代东方国家的辉煌并推动了社会整体进步。法国著名历史学家谢和耐在谈到汉代的贸易时曾经指出："虽则中国丝绸大部分运往近东和地中海盆地，但切勿忘记，丝绸贸易事实上扩展至整个亚洲。"[2] 谢和耐谈到的仅仅是汉代丝绸对外贸易的情况，后来的发展远远超过亚洲的地域。

唐宋以来，中西航道大开，华商积极参与世界贸易；国家重视外贸，宋代的外贸收入已经占到国家税收的五分之一以上。这是中国历史上不曾有过的崭新现象。"对外贸易给中国带来了象牙、檀香木等热带地区出产的奢侈品，中国人有时使用铜钱购买这些东西。……大部分贸易平衡是通过向外输出丝绸、茶叶和瓷器等中国商品来维持的。""在某种程度上，因为贸易给国库带来了如此丰厚的收入，所以，国家有史以来第一次积极鼓励外贸，维护（或改善）港口和运河的正常运转，修建客栈和导航设施，甚至直接出面兴建供外国商人和来自

---

[1] 彭德清主编：《中国航海史（古代航海史）》，人民交通出版社1988年版，第51页。
[2] 谢和耐著，黄建华、黄迅余译：《中国社会史》，江苏人民出版社2010年版，第110—111页。

遥远省份的客商居住的旅舍。贸易也是利益之源。"①

海洋对于一个国家的发展意义重大。从单纯的农本国力观到认识到商贸同样提高国力的发展，反映了中国国力观螺旋式升进的历史过程。对于贸易致富致强、提高国家实力的重要作用，国内外有比较一致的看法，美国海军战略理论家 A. T. 马汉曾经写道："海上贸易对各国的财富和实力的深远影响，早在指导海上贸易的发展和兴旺的正确原理被发现之前，就已经被人们清楚地认识到了。"他极力强调海权对于国家崛起和发展的重要性，进一步写道：海权"涉及了有益于使一个民族依靠海洋或利用海洋强大起来的所有事情"。②

在近代蒸汽动力船出现以前，从事东西方经济文化交流主要是靠丝绸航路上的大型船只来完成的，虽然陆路交通也发挥着作用，但与海上交通相比，陆上交通的规模、载重与作用远不及海上交通作用那么大。唐人贾耽在《广州通海夷道》中把自广州经南海至波斯湾巴士拉的航线称为东线，途经的国家有越南、马来西亚、印尼、斯里兰卡、印度、巴基斯坦、伊朗、伊拉克等国；把自波斯湾向西经阿拉伯半岛沿岸、亚丁湾至红海口南下东非沿岸的航线称为西线。③那时期丝绸之路已经把东亚、东南亚、南亚、西亚与非洲联系起来了。贾耽所记载的航线正是中国商船、东西方使者、僧侣往来之所。随着造船和航海技术进步，宋代中国商船的载重量超过 600 吨，商船已经结束了循岸航行状态，实现了远距离、长时间航行，贸易的触角已经伸向南亚、西亚、波斯湾沿岸各国、非洲与欧洲，外国商人与使节也多乘中国商船来到中国沿海与内地。中国对外交往的国家和地区东起日本、南洋各国、南亚印度的东西海岸，西到西亚、东部非洲与地中海沿岸，对外交往的扩大就意味着对外经济文化交流的扩展增多，这种互利互惠、

---

① 罗兹·墨菲著，林震译：《东亚史》，世界图书出版公司 2012 年版，第 144、145 页。
② A. T. 马汉著，安常容、成忠勤译：《海权对历史的影响》，"绪论"，解放军出版社 2008 年版，第 1—2 页。
③ 陈炎：《海上丝绸之路与中外文化交流》，北京大学出版社 2002 年版，第 82 页。

互通有无的交往对任何一方都是需要的。正因为如此，东西方社会在普遍的生生不已的交流中获得了不断地向前迈进的动力。

唐宋时期，中国的丝绸和瓷器销售到东南亚、南亚、阿拉伯国家和东非。[①] 正是在这条航路上，东方市场上的商品被输入沿岸各国，同样沿岸各国的商品也被输入中国、印度、日本等国市场。宋代以后，中国政治经济重心南移，生产力发展，国内对奢侈品需求增大，仅进口的香料种类就达数百种之多。[②] 国际交流交往带来的不仅是参与国个体受益，更为重要的是带来社会的整体发展，引起社会面貌的整体变迁。在农业文明时代，各民族、各国家基本上是以区域为单位生活的，跨国家、跨区域的交流可迅速使人类文明的成果在短时间内实现资源共享，共同受益。宋人周去非在《岭外代答》"航海外夷"条记载的"诸蕃国之富盛多宝货"来华贸易情况，是当时中国与世界交流交汇的真实写照。《诸蕃志》对中外经贸文化交流的记载较《岭外代答》详细得多，来自家的和民间的力量在推动区域间的大宗贸易，商品贸易的力量深入到沿岸各港口城市与附近村庄，出现新的文明区域与新的经济增长点，促成古代西太平洋贸易网、印度洋贸易网与地中海贸易网的衔接与互动，极大地丰富了各国的物质文化生活。

有资料统计，1050—1150年间中国从国外市场输入的商品进口量增长了10倍，亚丁（海岸）从印度和中国所获得的商品有铁、刀剑、麝香、瓷器、马鞍、生丝织品、棉纺织品、芦荟、胡椒与香料。[③] 东西方贸易航路基本上是沿着自唐代以来所谓的"通海夷道"展开的，构建了东方式的和平交往方式与外交方式。在东西方贸易交流中，东方国家的对外贸易长期处于出超地位。15世纪末葡萄牙航海家达·伽马绕过非洲南部的好望角航行到印度西海岸卡利卡特海港时，看见从中

[①] 彭德清主编：《中国航海史（古代航海史）》，人民交通出版社1988年版，第189—192页。
[②] 彭德清主编：《中国航海史（古代航海史）》，人民交通出版社1988年版，第193页。
[③] 李约瑟著，柯林·罗南改编，上海交通大学科学史系译：《中华科学文明史》第3册，上海人民出版社2002年版，第147页。

国到埃及尼罗河的海上贸易非常惊异。[①] 东方国家的对外交往理念与行为是不同于近代西方国家的损人利己、单方面攫取利益模式的，它强调的是互利与共赢，发展到今天这种交往方式仍然有着强大的生命力。

宋元时期对外贸易与交通出现了鼎盛与繁荣。16世纪以后东方海上丝绸之路逐渐受到来自欧洲殖民势力的冲击与挑战，造成传统的贸易关系格局向近代由欧洲人主导的贸易关系格局转变。这个过程经历了两三个世纪之久。几乎东南亚、南亚所有国家都沦为西方国家的殖民地，在痛苦中被迫与西方"接轨"，接受西方国家的贸易体制与规则。由西方人主导的贸易在结构、性质、数量方面是不同于以前的。从东方输出的商品来看，仍然以传统的农业和手工业产品为主，西方国家对东方市场的输出已经变成工业革命后的商品。同样一条航路，往来不同性质的商品，反映出东西方社会发展上的差距，历史的天平向西方一侧倾斜。这就是东方几乎所有国家都遭受西方侵略与掠夺的原因所在。认真研究这些鲜活的历史，对我们今天仍富有教益。

二、从哪些方面着手构建21世纪海上丝绸之路？

21世纪海上丝绸之路的提出、规划与建设是中国外交发展方向的重大选择，体现了中国与时俱进的开放精神，具体涉及我国对外发展战略、战略重点及其走向等问题，必须从战略的高度予以全面规划与布局，把现实利益与长远利益、国内发展与国外利益、和平崛起与长久安全结合起来。因此，建设21世纪海上丝绸之路是我国利益攸关的大事。我们认为，在目前形势下必须解决好以下几个带有全局性的问题。

（一）加强和深化与东盟国家的关系。东盟现在拥有近6亿人口，

[①] 罗伯特·D.卡普兰著，奥山真司、关根光宏译：《印度洋圈推动世界》，合同出版株式会社2012年版，第55页。

总面积近 460 万平方公里，与中国毗邻，是一个巨大的潜在市场和新兴经济体。在经济领域，中国与东盟相互依存度在加深。2007 年，中国对东盟出口额为 941.39 亿美元，从东盟进口额为 1083.69 亿美元，东盟成为中国第四大贸易伙伴和第三大进口来源地。[1] 在历史上，这里是古代西太平洋贸易网，内部经济文化联系紧密，天赋自然资源丰富，交通贸易网络发达，商业城市众多，与东亚一道构成人类文明的重要区域，地缘优势十分突出。自战后以来，东盟国家的整体作用在上升，目前尽管有少数几个国家与中国存在领海争端，但从长远来说这种争端不可能改变中国与东南亚乃至整个东亚的合作趋势。随着中国日益强大，领海争端会迎刃而解。

中国要走向世界，向南、向西发展，必须在东盟国家找到支撑点。从近代历史来看，东南亚一直是大国力量的交汇地区，冷战时期又是东西方大国力量对峙的前沿地带。在今天看来，这里仍然是大国重点影响的地区。因此，发展与东盟国家关系，中国具有地缘上的优势，东盟国家出于自身发展的考虑也希望借助中国经济的高速增长，改善自己的基础设施，分享中国经济改革成果的红利，提高在国际上的竞争力。

历史的经验值得注意。历来中国与东南亚经济贸易联系密切，华侨和华商发挥了重要作用。最近几十年这里政治稳定，投资环境改善，成为世界经济增长最快的地区之一。20 世纪 80 年代，东盟经济增长率每年达到 4.9%，高于北美和世界其他发展中国家地区。[2] 应该指出，由于西方冲击带给东南亚国家诸多问题与矛盾，特别是冷战时期中国与东南亚国家关系处于极不正常状态，限制了中国在东南亚的发展。在区域经济集团化加速发展的大趋势下，从地缘政治与经济上考虑，中国应该进一步加速推动东盟自由贸易区建设，在中国－东南亚间产生

---

[1] 陆伟：《当代亚洲地区国家政治与经济》，中国社会科学出版社 2012 年版，第 250 页。
[2] 伊东弘文、德永正二郎编：《亚洲太平洋经济的成长与变动》，九州大学出版会 1992 年版，第 1 页。

良好互动。中国积极推动东盟经济一体化，有利于中国在周边地区发挥大国作用，形成有利于中国的地缘优势。相对于其他大国，中国发展与东盟的关系更具有地缘优势，"亚洲西南大陆桥"的建设使中国南海地区的发展同孟加拉湾地区的发展联系起来，使太平洋和印度洋发展浪潮互相呼应。[1]

（二）让东盟市场与印度洋市场联结贯通起来。自古以来，古代西太平洋贸易网与印度洋贸易网相互贯通联结，发挥出各自的作用。大约从公元前2000年起，印度与美索不达米亚地区建立了商业联系；从早期伊斯兰时代起，中国的瓷器已经大量通过尸拉夫、卡伊斯和霍尔木兹海峡输入到中东各城市；印度与东非的商业联系也早已建立。[2] 15世纪，明代郑和曾率领庞大的船队多次访问印度，为扩大两国贸易做出了贡献[3]，开创了中国大规模海上西行的先例，成为东方航海时代的先声。

在经济全球化以及竞争加剧的形势下，中国对外发展的取向就是向南和向西发展，从东南亚到南亚、西亚和非洲的广阔地区找到战略支撑点。按照英国学者麦金德的说法，由欧亚大陆和非洲大陆的广阔地带构成所谓的"世界岛"，是"世界政治的枢纽"；美国布热津斯基把从西欧里斯本到东亚符拉迪沃斯托克的广阔区域视为战略大棋局，是决定世界稳定与繁荣的关键。在今天看来他们的论断有一定的合理性，但不同的是欧亚大陆地缘文明的重心在向东亚和南亚地区转移。世界文明发展是一个动态的过程，有一定的发展规律，文明的重心不可能永远停留在一个地区。在现代信息文明与生产力发展水平的条件下，文明区域的发展与崛起不同于农业文明时代。

---

[1] 黄枝连：《东亚发展的典范转移》，澳门大学出版中心2011年版，第315页。
[2] A. J. 科特雷尔、R. M. 伯勒尔编：《印度洋：在政治、经济、军事上的重要性》，上海人民出版社1976年版，第132页。
[3] 若山俊弘监译：《中国、印度的战略意义——全球化企业战略的再构建》，同文馆出版株式会社2010年版，第43页。

贯通东盟市场与印度洋市场的另一层含义，在于保持中国与印度、西亚、非洲和欧洲航路永久畅通，形成海上航路优势与安全。今天航路的意义已经不同于古代，被注入了时代内涵，更多地着眼于国家的安全与发展。无论东盟还是印度都是中国的近邻，"走向21世纪的中国外交，重点应放在对周边国家和地区的关系发展上，改变传统的远交近攻为远交近通"。① 这是一个意味深长的转变，标志着战略重点已从以大国为重转向与周边国家并重了。南亚及西亚地区的区域优势历来为各国政治家、军事家、经济学家和历史学家所重视，为此历史上发生的战争与冲突不计其数。德国地缘政治学代表人物卡尔·豪斯浩弗曾引用拉采尔的话说："只有海洋才能造就真正的世界强国。跨过海洋这一步在任何民族的历史上都是一个重大事件。"②

今天的海洋对于人类完全是一种新领域，对它的认识远没有到位。丰富的天赋资源无疑成为国家崛起的重要条件，英国学者杰里弗·帕克指出："一个有生机的国家不单需求扩张，而且能够按照这个国家的需要灵巧地介入理想的地域。重要的是应在地理上结盟，而不是树敌。"③ 他所说的"扩张"历来为人们所诟病，我们可以根据时代要求理解为扩大交往的范围与交往的对象，以和平、发展与共赢作为交往的准则。

经过战后几十年经济发展，中国、印度都已成为地区性大国，形成与欧洲、俄国和美国竞相发展态势，东亚和南亚两大区域有条件成为决定世界命运的关键。1947年，印度尼赫鲁就提出了"印度中心论"的目标，他在《印度的发现》一书中设想要在太平洋和印度洋地区发挥作用。经过几代领导人的努力，到20世纪90年代印度实现了经济

---

① 黄枝连：《东亚发展的典范转移》，澳门大学出版中心2011年版，第312页。
② 杰弗里·帕克著，李亦鸣、徐小杰等译：《二十世纪的西方地理政治思想》，解放军出版社1992年版，第63页。
③ 杰弗里·帕克著，李亦鸣、徐小杰等译：《二十世纪的西方地理政治思想》，解放军出版社1992年版，第63页。

上的快速发展,建立起与经济发展相适应的政治体制,实现了自由化、市场化与国际化的目标,在计算机技术、空间技术以及核能技术方面树起了大国形象,成为当今具有发展潜力的发展中大国,进入"金砖"国家行列。若干迹象表明,地缘重心的天平已经向欧亚大陆南部的中国—印度一侧倾斜。从长远观点来看,欧亚大陆南部,也就是经东南亚到中国、印度一侧将决定世界的未来,深刻影响世界格局的走向。尼赫鲁曾经说过:

> 我认为很显然印度和中国在将来很有必要互相靠拢。当然这也是必然地会继续古代的友好情结,但却超越了它的。我们客观地分析世界局势的发展,印度、中国和一些东南亚国家似乎不可避免地会团结起来、共同发展,不但发展文化交往,而且通过商业、贸易共同发展经济。否则,它们就无法有效地抵制所谓的西方强国的侵略……一个统一的强大的中国和一个统一的强大的印度应该相互靠拢。它们之间的和睦与友谊不但对它们本身有利而且会有利于广大的世界。[①]

南亚次大陆和中国尽管发展程度不同,但都是在占世界人口最多的国家里启动了社会全面变革,引进了市场经济与机制。市场经济不一定是最好的创造财富和技术的方法,但肯定是最有效的。它最大限度地调动了人的最原始的利己心,使人对财富的追求永远处于不满足的状态。"将来或许会看到这两个地区的势力代表两个不同的单元,而这两个单元的势力,只能越过中南半岛的南部从陆地和空中连接起来,以及绕过新加坡从海上连接起来。如果这是确实的话,则亚洲地中海对独立的亚洲在政治战略上将继续具有重大意义。"[②] 中国要保障来自非

[①] 张敏秋主编:《跨越喜马拉雅障碍——中国寻求了解印度》,重庆出版社2006年版,第137页。
[②] 斯皮克曼著,刘愈之译:《和平地理学》,商务印书馆1965年版,第75—76页。

洲、中亚地区的石油供应，必须维护印度洋上的交通线绝对畅通。中国从非洲、中东地区进口的石油、天然气和其他矿物性原材料大约有85%左右是经由印度洋和马六甲海峡输入的，保障海上航线安全与畅通至为重要。

（三）推动陆上和海上丝绸之路建设，形成南北两路相互支撑。推动陆上丝绸之路和海上丝绸之路建设都是极为重要的，是落实国家"丝绸之路经济带"战略构想的实际步骤。中亚和西亚地区幅员辽阔，自古以来与中国关系密切，地理位置优越，交通便利，自然资源丰富，与欧洲、非洲、印度洋联系密切，是东西方文明的交汇处，历来为各大国所重视。如此重要而突出的地理位置对于任何一个大国都是至关重要的，在现实中可以形成一种强大的地缘政治优势。冷战时期这里是美苏两个大国激烈争夺的地区，造成的冷战后遗症至今未能消除。对于西亚与中东地区的重要性，布热津斯基认为它是"一个政治上混乱但能源丰富的地区，它对于欧亚大陆西部和东部的国家，以及最南部地区那个人口众多、有意谋求地区霸权的国家来说，都有潜在的重大意义"。[1]

唐宋以来，几条商路联系着中国与西亚和南亚。大体说来，从天山北路经帕米尔到达印度西北，从西域南路经克什米尔到达印度，由吐鲁番经西藏、尼泊尔到达印度，从中国西南的云南昆明抵达印度东北部，还有海上到达印度的航路。[2] 自从这里发现石油和天然气后，更增加了西亚在国际政治中的重要性，因而频繁引发各种矛盾、冲突和战争。以中国老子所说的"祸兮福之所倚，福兮祸之所伏"来观察这个地区就会发现，优越的地理位置和丰饶的物产使其受惠颇多，但也成为他们屡遭外敌入侵的根源，亚历山大的东侵、十字军的东征以及第二次世界大战后的多次战争，都使这个地区付出了沉重的代价。今

---

[1] 兹比格纽·布热津斯基著，中国国际问题研究所译：《大棋局——美国的首要地位及其地缘战略》，上海人民出版社1998年版，第47页。
[2] 近藤治：《东洋人的印度观》，汲古书院2006年版，第239页。

天中东、西亚地区的许多问题都可以找到历史根源。复杂的历史因缘屡屡昭示于前。

饱尝战火与大国争夺之苦的中东、西亚地区比以往任何时候都更加渴望持久的和平、稳定与繁荣,历史与现实的特殊性决定了他们需要既符合本地区民族特点,又符合世界经济发展大趋势的合作共赢模式。我们可考虑按照循序渐进的方式构建中国与西亚地区的合作,彻底摒弃殖民主义时代、帝国主义时代损人利己、单方面攫取利益的旧模式,推进与各国合作,把在国内倡导的生态文明理念纳入当地资源的开发与合作的开展上,走绿色、低碳的可持续发展道路。在对当地资源开发与合作中,要建设好"欧亚大陆桥",发挥大陆桥的辐射与带动作用。

在很大程度上可以说,陆上丝绸之路经济带是对海上丝绸之路的有力支撑,只有南北互为犄角、桴鼓相应,才能形成合力,推进中国走向世界的步伐。无论是从中国的发展取向还是战略空间需求方面来看,亚洲西部地区都与中国利益攸关,是中国努力拓展的国际区域。从能源而论,中国在西亚、中东地区具有巨大的能源利益。国家利益需要去维护,更需要去争取。2008年中国从中东地区进口的石油占进口总量的56%,由此看出中东石油是中国海外石油利益的重中之重。[①]要推进中国与西亚、中东国家的关系,除了坚持良好的政治关系外,还要以互利共赢的原则参与当地的经济开发与发展,帮助当地居民改善生活,实现共同发展的目标。

(四)推动中国与非洲关系纵深发展,尽快在非洲东西海岸建立商港。非洲战略资源和能源储备为各大国所看中,竞争在加剧。有资料统计,非洲拥有全球黄金储备的40%,石油储备的10%,铬和铂金储量的80%—90%。[②]从目前中国与非洲关系来看,基本上以经济关系为

---

① 汪段泳、苏长和主编:《中国海外利益研究年度报告(2008—2009)》,上海人民出版社2011年版,第130页。

② 浙江师范大学非洲研究院:《非洲研究》,中国社会科学出版社2013年版,第9页。

主,更多的是参与当地资源的开发与基础设施建设,这对我国来说是远远不够的,还应该进一步考虑在非洲东西海岸找到立脚点,建立适应中国发展的商港。以建立商港为依托,把自东南亚经印度洋到非洲的航路联结贯通起来,实现海上航路安全畅通。

在对待海外利益上,我们长期以来一直有着一种模糊的认识,即把合理的海外利益与殖民主义、帝国主义时代的巧取豪夺混同起来,不敢理直气壮地谈海外利益,更不要说去主动争取。在痛定思痛中反思历史,总结教训,进一步解放思想,建立一种新的视野,是当前应该做的一项工作。在走向世界的过程中,中国在海外利益的领域、规模、影响越来越大,牵涉的国家也越来越多,再不大胆地去取得、保护和调整就被动了。最近十几年中国的企业已经大规模地走进非洲,参与当地的资源开发。据统计,目前中国在非洲的企业超过2000家,遍布50多个国家。我们奉行的是平等、正义与共赢的原则,"发展为本,和平为贵,是人类的文明交往的原则。文明交往的任务是消灭暴力交往的根源,把和平与发展结合起来,把历史交往引向法制秩序和道德规范的轨道上来"。[①]

三、在历史的延续中创造新的东方历史

中国是陆上大国又是海洋大国,海岸线长达18000公里,兼具陆上与海上两种地缘优势,这样的海陆兼具优势在世界上并不多。经过长期探索实践之后,中国获得了对海洋属性的深层认识,国家的发展、民族的兴旺,以及重大政治、经济、文化活动向更高层次跃进都有赖于对外交流,海上交通交流无疑起了决定性作用。中国开创的海上丝绸之路穿越时空联结了古代与现代、东方与西方,给世界各国物质文化生活带来了极大便利,在利己、利人的交流中实现了公平与正义,

---

[①] 彭树智:《文明交往论》,"总论",陕西人民出版社2002年版,第19—20页。

顾及了国家间的互利与共赢,而不是单纯地为一己之利。中国把自己与世界紧紧联系在一起,显示出中国文化的强大生命力。

> 海上丝绸之路虽以丝绸贸易为开端,但其意义却远远超过丝绸贸易的范围。它把世界各地的文明古国如:希腊、罗马、埃及、波斯、印度和中国;又把世界文化的发源地如:埃及文明、两河流域文明、印度文明、美洲印加文明和中国文明等连接在一起,形成了一条连接亚、非、欧、美的海上大动脉,使这些古代文明经过海上大动脉的互相交流而放出了异彩,给世界各民族人民的文化带来了巨大的影响。①

自宋代以来,中国出现了向海洋方向发展的新趋向,这种发展趋势到明代郑和七下西洋而达到顶峰。中国空前的海上西行走在世界各国的前面,完全有条件在南洋和印度洋地区拥有海权,发挥中国的大国作用,为世界做出更大贡献。遗憾的是,宋明以来中国强大的海军并没有永久维持基地建设和经营印度洋众多港口的意图。② 要继承和发展中国历史上重视海洋贸易和海洋战略的传统,就必须了解中国独特的海洋观念,以及在海洋实践方面积累起来的正反两个方面的经验。中国要重新崛起,就必须从重新认识过去、建立新的海洋观念开始。

自汉代海上丝绸之路开创以来,每个时代对海外贸易重视不同,对外开放只存在历史上少数几个时期,而不是贯穿中国历史的所有时代。明清时期张弛交替的"海禁"政策严重地阻碍了中国人走向海洋、参与世界商品流通与资本原始积累,可引为沉痛教训。因此,必须重新审视中国历史上传统的海洋观,继承成功的历史经验,以发展的、整体的和连续的观点对其予以新的总结,在历史的延续中创造新的东

---

① 陈炎:《海上丝绸之路与中外文化交流》,北京大学出版社 2002 年版,第 52 页。
② 罗伯特·D.卡普兰著,奥山真司、关根光宏译:《印度洋圈推动世界》,合同出版株式会社 2012 年版,第 439 页。

方历史。

　　海上丝路直接给世界各国带来好处,实现多元受益,古今各国都是受惠者。在这条大动脉上,丝路成为中外文化交流交汇的载体,正如我国学者指出的:"丝绸古道上的文明交汇,中华民族既是惠予者,也是受惠者。……丝绸之路也令中华民族受益良多。"[1] 社会发展、大众生活水平提高来自多方面的推动,其中文化文明交流无疑是人类社会进步的重要动力之一。我们强调人类交往的作用,与马克思主义所强调的社会进步的动力来自社会内部的矛盾运动的观点并不冲突。东西航路这条大动脉上的交往绝不仅仅是物质层面的交往,也包括精神层面、制度层面以至生态层面的交往,是文明从低级向高级的演进,从愚昧、野蛮向文明的升华,只有从这个高度才能理解海上丝绸之路的真正含义,把握了历史的本质。对于像中国这样历史悠久的文明古国来说,自觉地、有选择地吸收外来文明的精华,综合东西方两种文明之长是十分重要的。

　　长期以来,国内外学术界偏重于陆上丝绸之路的研究,推出的成果较多,而对于海上丝绸之路的研究是远远不够的,特别是对东西方通过海上交通所带来的社会重大变迁的研究更是不够。"海上丝路要比陆上丝路延续的时间更长,通往的地区更广,与世界各族人民交往和影响更深,对世界文明的贡献更大。"[2] 海上丝路是一个巨大而开放的交通网络,像一只巨爪把沿线各国紧紧联系和聚拢在一起,涉及东西方经贸关系、物种交流、造船与航海技术、外交政策、海外移民与僧俗往来等许多方面,是一个多层次、多维度的发展过程。

　　海上丝路之所以有强大的生命力,就在于这条航路上日益增长着东西方各国对于异域商品的不断需求,日益丰富着各国的物质文化生活。仅从中国出口的瓷器来说,就有碗、碟、盆、盘、瓶、缸、盂、

---

[1] 何芳川:《中外文明的交汇》,香港城市大学出版社2003年版,第12页。
[2] 陈炎:《海上丝绸之路与中外文化交流》,"自序",北京大学出版社2002年版,第7页。

盂、杯、罐、壶等，极大地方便了日常生活，给各国各地区社会生活增添了多样性。中国的瓷器色泽鲜艳，形制别样，不拘一格，给人以轻巧活泼之感，配以滋润的青釉，引人喜爱。[1]根据近些年的研究，近代以前从东方市场输入到西方市场的商品种类繁多，东南亚出产的香料和中国传统的瓷器、丝绸、茶叶、药材成为大宗，东方市场一直保持对西方市场的出超地位，这一优势一直持续到19世纪。从地中海市场输入到印度洋地区的商品主要是银、铜、铁、铅以及各种金属、武器、工艺品及奴隶。[2]17世纪，来自日本、西属美洲的金银进入中国、印度和东南亚，推动世界经济运转，加快了东方社会的发展进程。

研究存在东方历史上若干世纪的海上丝绸之路对于理解东方历史乃至东西方关系史都具有重要意义。因为它事关东西方社会的历史进程、发展阶段、转型时间以及历史定位等一系列问题，也有助于从根本上重新审视与反思"1500年是世界历史重要转折"的传统观点。长期以来西方一些经济学家、政治家和社会学家把东方社会看成是一个封闭的系统，与外部世界殊少联系，在东方历史研究中弥漫着西方进步、东方落后的沉闷思想气氛，始终没有把握中国、印度社会的本质。大量的研究表明，"在西方殖民者东来前后相当长的时期中，华商与亚洲各地商人就已活跃并组织着东亚和东南亚贸易，海外的华商贸易中心已经形成。民间华商担当了东亚贸易的主导角色。……中国、印度及东南亚等地的商品制造能力，构成贸易全球化所赖以运转的商品流动基础，亚洲成为商品贸易的全球中心之一"。[3]正确认识海上丝绸之路上的东西方多种交流及其作用，是理解东方历史的关键。

丝绸之路发展到今天已经成为一个内涵广泛的概念，同时又有历史的继承性和时代性特征，将海洋与市场、技术、经济有效地结合起

---

[1] 中国硅酸盐学会编：《中国陶瓷史》，文物出版社1982年版，第194页。
[2] 生田滋：《大航海时代与摩鹿加诸岛》，中央公论社刊1998年版，第16—17页。
[3] 龙登高：《郑和之后：中西比较视野下的海洋贸易与制度选择》，载陈奉林、魏楚雄主编：《东方外交史之发展》，澳门大学出版中心2009年版，第430页。

来,大大拓展了对原有海洋经济属性的认识。面对世界各国不断调整的海洋战略,我国应该更快地以海上丝绸之路为载体,向海洋进军,大力发展海洋经济。在历史上,我国既有重农抑商、重陆轻海的传统,又有向海洋发展、取舟楫之利的传统,不同的时代有不同的表现。长期自然经济所导致的历史惰性使我们的视野趋于狭窄,视海洋为畏途,最终造成由西方主宰东方海权的悲惨结局。海权的丧失对东方各国发展产生了深刻影响:各国不仅受制于西方主导的整个世界发展格局,海洋经济受到重创,国家无法再从国外获得发展的资源,本来正当的民间海外商贸活动也不得不以非法的海上走私的扭曲形式表现出来,更为重要的是脱离近代以来世界文明发展的轨道,丧失历史发展机遇。在历史接续当中探讨海上丝绸之路的时代意义,就应该突破思想上旧有的禁锢和经济上单一的发展模式,摒弃旧的轻视海洋的传统思维,赋予丝绸之路以崭新的内涵。

四、深入总结丝绸之路的历史经验

对丝路发展的崎岖历程做出认真的梳理,有助于今天认识和开发海洋,挖掘"丝绸之路"的基本理念与精神,开展广泛的海上国际合作。无论中国历史上出现的"重农抑商"和重陆轻海,还是在民间形成的"以海为田"思想,都应该作为珍贵的遗产加以研究,经过除垢磨光之后再应用于今天的治世实践,历史上中国没有取得海洋实绩的说法是不准确的。历史发展不能随意割断,也不能杜撰,更不能随意抹杀,尤其在像中国这样具有悠悠 5000 年文明历史的东方大国,历史的积淀极为深厚,思想的发展又极为复杂,因此鉴别、梳理与继承已是一项艰巨的工作。传统思想中的一些惰性如何被克服,如何建立新的海洋观,完全取决于我们的理性成长与发展的程度。现在的工作是克服历史中的一些惰性,去腐生新,把握发展的契机,不失时机地推进 21 世纪海上丝绸之路建设。海上丝绸之路在时间和空间上经历了漫长的历史发展过程，在内部因素与外部因素的多重作用下，形成东方历史上奇特景象，至今仍承载着东方文明的传统。今天与以往不同的是，它所承载的任务较以前更为繁重，发挥的作用也将比以前更为重大。建设21世纪海上丝绸之路，可以大胆地借鉴和吸收历史上成功的经验，扬长避短，发挥优势。

为了进一步思考未来的发展方向，现在有必要对横亘东方历史若干世纪的丝路予以新的总结。它昭示给我们的一个基本经验，即积极参与世界经贸与文化交流，从国外获得发展的资源，国家就兴旺发达，财富就有较多的积累，社会发展与文明程度就会处于世界领先地位；对外闭关自守，游离于世界市场之外，国家发展就缓慢萎缩，社会各项指标在低水平上徘徊。这是很重要的一条经验与教训。在1500—1800年，中国和印度商人控制着亚洲的大部分贸易活动，欧洲人只有用从美洲攫取来的白银购买亚洲的商品，才能以此为契机参与到全球贸易当中。[①]可惜的是，中国这样强大的海上优势并未成为促进航海贸易、开拓国外市场的有力工具，给中国带来长久发展。自16世纪大航海时代开始，东西方历史面临重大转折，历史已经赋予了一次重大机遇，传统的自然经济开始发生一些变化，东西方都有条件进入近代社会。

为什么中国在世界上有如此强大的国力而在进入近代以后却不能实现再次崛起呢？这是一个极为复杂的问题，不是单一的原因可以解释的，必须从多方面加以具体分析，借以提高整个民族的历史自觉。中国长期形成的自给自足的自然经济使重陆轻海、重农轻商观念不断强化，把农业看成是国力的唯一来源，轻视工业和海外商业的作用，特别是在西方大力拓海时，东方国家却日益内敛，内部矛盾增多，逐渐从海洋上退缩，与西方外争海权的政策形成鲜明对照。要知道，葡

[①] 杰克·戈德斯通著，关永强译：《为什么是欧洲？世界史视角下的西方崛起（1500—1850）》，浙江大学出版社2010年版，第63页。

萄牙、西班牙、荷兰、英国、法国加入并最终控制东方贸易体系，是一个长期的、逐步的过程，并不是一蹴而就的。贸易与武力相伴，巧取与豪夺同行，在这个过程中欧洲逐渐变强变大成为海权的主导者。由此可引出一条重要的历史经验，即国家的发展是多方面条件促成的，其中对外交流与交通无疑是很重要的条件，它不仅使文明的成果在短期内实现共享，更为重要的是使社会的文明程度在新陈代谢中由低级向高级演进，直接提高国家对外竞争力，尤其在海路大通之后，文明交流交汇的成果甚至可直接深入到穷乡僻壤。

海上丝绸之路兴衰涉及多方面因素，除了欧洲殖民者挟火与剑对东方既有的政治、经济秩序进行长期的冲击外，东方国家内部的经济运行规律也在发生作用，内部缺乏政治的、经济的和科技的持久动力支持，国家政治权力不能持续发挥有效作用，思想观念陈旧落后，国力衰败也是导致东方丝绸之路让位于西方近代殖民贸易的主要原因。英国一位历史学者赫德逊深刻地指出：

> 亚洲在海上成就的记录并不差。因此，亚洲国家那么轻易地就把海上霸权让给了欧洲人，就尤其值得瞩目了。虽然亚洲人在印度洋和太平洋的水域发展了规模很大的海上贸易，却不能与新来的人争夺海上霸权；这是因为在他们企业的背后没有政治上强而有力的商业主义的推动力，没有对于海外扩张的不懈的国家支持，没有积极的海上雄心来促进造船和战术方面的革新。[①]

---

① 赫德逊著，李申、王遵仲等译：《欧洲与中国》，"前言"，中华书局 2004 年版，第 13 页。我国学者指出，重商主义的西欧各国"在殖民主义政权的统一组织领导下，进行有计划、有组织、有系统的航海贸易活动，显示出强大的竞争威力。……葡萄牙、西班牙、荷兰的航海贸易势力，正是在本国海军与殖民政权的支持下，才压倒了中国航海贸易势力，称霸西太平洋的"。东西方对海洋两种态度相较，判然有别。杨翰球：《十五至十七世纪西太平洋中西航海贸易势力的兴衰》，载吴于廑主编：《十五十六世纪东西方历史初学集》，武汉大学出版社 2005 年版，第 308 页。

反思过去并不是责备历史，也不是苛求古人，而是汲取过去的历史教训，通过深入探讨彻底看清千百年来中国所走过的道路，为当前建设海洋战略提供新的理论借鉴，贡献研究者的一己之力。经过千百年曲折发展之后，我们已经形成对海洋意义的清醒认识，进而将其上升为国家明确的发展战略。因此，以海为田，经略海洋，建设21世纪海上丝绸之路已经成为中国当前的重大课题。

第三节　从海上和陆上丝绸之路两栖建设中寻求中国的发展

进入21世纪以来，世界各国在陆地、海洋和太空领域进行的竞争进一步加剧，世界形势处于不断的变化当中，不确定因素逐渐增多，各种力量也在不断地分化、调整和组合。无论从中国企业走出去的角度，还是从保障海上石油安全的角度来看，都应该争取时间建设海陆丝绸之路，找到中国可持续发展的力量支撑点。鉴于这样的形势，我国应该尽早从海上和陆上两个方面确立自己的发展战略，形成以国家为主导，产、学、研、商、科、贸共同参与的国家工程，形成海上和陆上丝绸之路两大建设的联动态势，把海外交通与能源安全、资本与市场、国内资源与国外资源有效地结合起来，谋求未来发展的主动权。建设21世纪海陆丝绸之路的重大决策，所包含的丰富内容是对千百年来所走过的曲折道路正反两方面经验的总结，蕴含着中华民族复兴的艰巨任务与伟大历史责任。

一、丝绸之路在东方历史上的独特贡献

丝绸之路作为联结中国与世界的海陆两栖交通线，在中国历史乃至东方历史上都具有极其重要的意义。它向外传播的不仅仅是中国的

丝绸与瓷器等物质文明成果，也向外传播精神文明与制度文明的成果，同样把域外文明的成果带到中国与东方。随着时间的推移，丝绸之路的内涵更加丰富多彩，远远超过了经济贸易层面而形成巨大的交通网络，把中国与世界、东方与西方紧密地联结起来，推动了人类社会的整体进步。英国学者赫德逊在《欧洲与中国》一书中写道："古典时代的丝绸贸易，无论是从埃及经海路或是经塔里木盆地翻越帕米尔高原的陆路，都给欧洲带来了关于中国的新知识。"① 的确，西方通过丝绸之路这条交通大动脉来认识东方，与东方进行有无相通的交流，满足日益增长的物质文化需求；然而交流从来都是双向的，绝不是单方面的给予。正因为如此，横亘东方历史若干世纪的丝绸之路才有强大而持久的生命力，不断创造新的历史，发挥着连接古今、塑造未来的特殊作用。

在人类诞生后的很长一段时间里，人类基本上是以区域为单位进行生存活动的，由于生存的需要，也在不断地克服来自自然的、社会的和技术上的诸多限制谋求与外部世界发生联系，以获得更多的物质与精神生活资料。这样才会产生对外交流交往的愿望与动机。在北方，从中国通向西方的横跨欧亚大陆的陆上丝绸之路，是中国与西亚、欧洲联系的桥梁，对中国及周边各国意义重大。沿着这条交通路线，向西突破性地发展给中国带来的是域外的全新文明，看到了一个新的世界，使中国知道了世界上还有许多的国家，它们的历史与中国一样的悠久漫长，不再是只有一个中央王国——中国的世界。"商品的交换、人员的流动，以及与之相随的异质精神文化的彼此激荡，是破除封闭状态、使人们摆脱地理环境限制带来的局限性的强大动力。"② 丝绸之路开辟与发展的过程，就是中国走向并融入世界的过程，无论从何种意义上说其影响都是巨大的，对中国社会进步的作用怎么估计都不会

---

① 赫德逊著，李申、王遵仲、张毅译：《欧洲与中国》，中华书局2004年版，第24页。
② 冯天瑜、何晓明、周积明：《中华文化史》，上海人民出版社1991年版，第93页。

过高。

人类社会发展的历史在很大程度上可以说是人类文明相互交流交汇的历史,在相互交流中不断向前迈进,无论东方还是西方都是如此。早在汉代中国商船就已经到达越南、泰国、马来西亚、缅甸、印度诸国从事商贸活动了。6—8世纪,中南半岛和东南亚岛屿地区成为沉香和檀香的最大集散地,这些商品不仅在东亚销售,还被远销到印度、西亚和地中海沿岸各国。[1] 根据西方学者的研究,9世纪中国人已经有了比阿拉伯人或泰米尔人所建造的船只更为灵巧的远程帆船,13世纪人们已经感觉到了中国人在孟加拉湾的海上优势[2],这一优势直到明代郑和七下西洋时达到高潮。可以说,没有交流就没有发展,就没有人类物质文化生活的进步。之所以这样说,是基于物种文化交流对于促进东西方社会进步的根本性认识。中国是东方农业文明大国,除了粟(小米)、黍、小麦、高粱、大豆、水稻是中国培育外,其他农作物诸如玉米、烟草、甘薯、棉花、核桃、石榴、西瓜、葡萄和苜蓿等都是从国外输入的,生活中的奢侈品如香料、象牙、宝石、珍珠等大部分也都是从国外输入,它们潜移默化地融入了我们日常生活的许多方面,极大地丰富了我们的物质文化生活。无论古今,没有交流是不可想象的。

丝绸之路对于东西方文明交流交汇的历史贡献,国内外史籍都有相应的记载,从来没有离开过研究者的视野。英国历史学家赫德逊这样写道:"这种丝绸贸易是古代遥远而规模最大的商业。……上流社会存在着对它的需求,这种贸易从这种精美物品所引出的线索,就成为从太平洋横跨整个旧世界的经济统一体的一条纽带。"[3] 从更为广阔的视角来看,丝绸之路是一个巨大的开放网络,发挥出多方面的功能与作

---

[1] 家岛彦一:《从海域看历史》,名古屋大学出版会2006年版,第509页。

[2] A. J. 科特雷尔、R. M. 伯勒尔编:《印度洋:在政治、经济、军事上的重要性》,上海人民出版社1976年版,第19页。

[3] 赫德逊著,李申、王遵仲、张毅译:《欧洲与中国》,中华书局2004年版,第39页。

用，把沿线各国、各地区紧密地联系起来了，大大拓展了交往的空间。

据16世纪葡萄牙第一位来到中国、印度、东南亚等国游历的多默·皮列士在《东方志》中记载，他看到从中国输出的主要商品是大量的生丝和有色散丝，各色缎子、带格的卷缎、线缎和一种叫"纱"的细绸料，还有樟脑、明矾、硝石、硫黄、铜、铁和大黄。[1]中国输入和输出的商品种类极其繁多，物畅其流，应有尽有，据说"你可以花钱买到你想要的任何这类商品"。[2]阿拉伯史料中也记载，波斯湾东岸的尸罗夫在8—10世纪的两百年间是印度洋海域最大的最繁荣的国际贸易港，南面与阿拉伯、红海、非洲东岸，东面与印度、东南亚、中国、伊拉克、伊朗市场网络相联结。[3]我们强调丝绸之路对丰富世界各国社会物质文化生活的巨大作用，同时也不否认其他国家商人的作用，阿曼人、中国人，甚至还有许多我们无法考证的民族，都积极地参与了南海沿岸各国间重大的交易活动。[4]这样看待历史准确、客观，符合东方社会的实际情况。

与陆上丝路遥相呼应，海上丝路也几乎在同一时期开辟了。一般认为，这条航路以广州为起点，向南经马来半岛、锡兰（斯里兰卡）、印度东西海岸，最终到达波斯湾、红海和非洲东部各港口。它是一条连接东西、跨越古今的海上交通大动脉，其作用与功能远远超过陆上丝绸之路。宋代周去非所著《岭外代答》对当时各国情况的记载，基本上反映了中国从海上对外交往的情况。该书记述的国家北起安南，东起女人国（今印尼），南至阇婆（今爪哇），西到印度洋、红海和地中海，至今仍是研究中西交通的珍贵史料。该书"外国门"在记述故

---

[1] 多默·皮列士著，何高济译：《东方志——从红海到中国》，江苏教育出版社2005年版，第100页。
[2] 多默·皮列士著，何高济译：《东方志——从红海到中国》，江苏教育出版社2005年版，第100页。
[3] 家岛彦一：《从海域看历史》，名古屋大学出版会2006年版，第215页。
[4] 穆根来、汶江、黄倬汉译：《中国印度见闻录》，"法译本序言"，中华书局2001年版，第25页。

临国（今印度西南部）时，称："故临国与大食相迩，广舶四十日到蓝里住冬，次年再发舶，约一月始达。"[1]

在造船技术进步与国家力量支持的条件下，中国商船大踏步地走出国门参与世界经济文化交流，推动着不同发展层次的文明共进与提高。在海上贸易当中，不仅有中国、东南亚的商品大宗地销往南亚、西亚与欧洲，其他国家的商品也通过海上航路输往中国和东南亚市场，真正实现了经贸与文化上的交流互动。"航海外夷"条反映出外国商船来华贸易的情况，记载称："大抵蕃舶风便而行，一日千里。"[2] 这些都是当时东西方商船往来的具体反映，映现出技术进步的条件下海上交通的繁忙景象。无论海上还是陆上丝绸之路，突出的都是中外与东西方的交流互动，正是这种来自经济的、文化的以及技术上的交流，才使文明成果在短期内为各国所共享，缩短了地区间的发展差距。直到18世纪欧洲工业革命以前，东方国家长期保持着对西方贸易的出超地位，西方对东方可供出口的商品并不多。在近代蒸汽动力船出现后，中国与欧洲、美洲的交流扩大，东方市场上的商品直接输入到欧美市场。

有材料表明，1798年一艘回到波士顿的美国商船载回了700箱茶叶，814袋砂糖，70捆南京木棉，400套瓷器。[3] 贡德·弗兰克已经指出，中国的生产和出口在世界经济中具有领先地位。海上和陆上交通所发挥出的政治、经济、文化与外交等多方面功能，为人类生产和社会生活提供了极大的便利，也为人类提供了一种全新的交往方式和外交理念，在利己利人与互利中实现了经济行为的多元受益，摆脱了此消彼长的利益争夺模式，开辟了新的交往途径，"文明交往是人类历史发展的动力，是人类历史变革和社会进步的标尺，是人类文明发展的

---

[1] 周去非著，杨武泉校注：《岭外代答校注》，中华书局2006年版，第91页。
[2] 周去非著，杨武泉校注：《岭外代答校注》，中华书局2006年版，第127页。
[3] 木村和男：《毛皮交易创造的世界——从哈德逊湾到欧亚大陆》，岩波书店2004年版，第123页。

里程碑"。①

从文明交流的角度观察东西方社会的发展进程与历史阶段,放开历史的眼界,可以大大拓展历史研究的视野。长期以来由于种种原因,学术界对海陆东西交通史的研究是不够的,特别是关于文明交流对东西方社会产生的深远影响的研究更是关注不够。在很大程度上可以说,海陆交通把各国联系在一起,各国交往的经济联系的力量远远大于政治与文化联系的力量,正是这种持久的根本的动力在推动着社会不断向前迈进。不能忽视这样的事实,即中国历史上人口的快速增长和城市的增加都与东西方相互联系加深加快有关,贡德·弗兰克指出:"这种增长首先得益于引进早熟水稻并因此而有一年两季的收成,其次得益于引进美洲的玉米和红薯,从而使可耕地面积与粮食收成都有增长。"②这种评价并非夸大其词,而是对将西方文明引进东方市场实际情况的全面把握与深刻理解。以区域物质文化交往的视野看待社会进步,无论在东方还是在西方都有许多具体而鲜活的例子。通过海陆进行物质文化交流,东西方史籍多有记载,有助于深化对人类社会文明发展进程的认识。

二、探索推进中国可持续发展的丝绸之路战略

"丝绸之路经济带"和"21世纪海上丝绸之路"(即"一带一路")倡议是在当前国际竞争形势加剧以及中国国力提高的条件下,对海陆交通重要性的新认识,也是寻求更大的可持续发展空间的努力,其意义已经远远超过经济层面,单纯的经济学观点或政治学观点已经无法解释它的时代意义了。可以说,未来的丝绸之路建设是一项巨大的系统工程,内容涉及政治、经济、外交、文化、资源、交通、科技与安

---

① 彭树智:《文明交往论》,"总论",陕西人民出版社2002年版,第7页。
② 贡德·弗兰克著,刘北成译:《白银资本——重视经济全球化中的东方》,中央编译出版社2001年版,第160页。

全等许多方面。最早提出"丝绸之路"概念的是德国地质学家李希霍芬,后来的一些探险家、旅行家、考古学家和历史学家也加入对丝绸之路的考察研究,逐渐使丝绸之路形成一个内涵广泛、影响深远的特定历史概念。

丝绸之路最早可以追溯到公元前2世纪,但是把它作为一个特定的历史概念来使用却是在19世纪70年代。2000多年来,中外交流以及东西方交流都是通过这个交通大动脉来完成的。据说在古希腊和罗马,描写丝绸织品精美的文献有很多,丝绸的价格等同于相同重量的黄金。[①] 丝绸之路在本质上说,就是东西方文化与文明的交流交汇与交错问题。今天我们援用这个形象而生动的概念,辅之以和平与发展的时代内容,借以完成中国和平发展的使命,其意义是十分重大和现实的。

法国年鉴派历史学家费尔南·布罗代尔在他著名的皇皇巨著《菲利普二世时代的地中海和地中海世界》里,专门讨论了16世纪西班牙国王菲利普在位时期的地中海世界的历史问题。他把地中海作为一个整体进行研究,看到海洋的作用,各国为了各种目的通过海洋进行交流,彼此交流互动与共生。这部著作给我们的一个最大启发是,海洋在现代文明条件下已经不再是天然的屏障,而是无远不至的天然通途,特别是在现代技术条件下走向海洋已经成为一个大国崛起的必由之路。在西太平洋地区不仅汇集了香港、深圳、上海、北京、东京等现代文明的中心城市,对本地区乃至世界产生巨大的辐射作用,更为重要的是这个地区在克服了一些传统的惰性之后实现了传统文明与现代文明的有机结合,实现了经济高速增长,成为继欧洲、北美之后又一个现代文明中心,深藏在经济高速增长背后的伟大历史传统已经得到充分释放。

这些都是西太平洋地区的优势所在,是世界其他地区无法相比的。

[①] 铃木治:《欧亚东西交涉史论考》,国书刊行会1974年版,第262页。

以此观之，东方各国完全有条件将海洋开辟成新的文明区域，形成新的经济增长点和现代文明的策源地。最近二三十年，国内外学者与公私机构对东盟自由贸易区进行了认真的探讨；中国外交也将东盟地区作为重点，反映了我国对日益成长的东盟的重视。中国是东盟的近邻，在推动东盟自由贸易区建设上是可以大有作为的。就目前形势看，这不仅是有利契机，更是中国作为大国的历史责任。

与陆上丝绸之路相呼应，国内外学者相继开展了海上丝绸之路研究，取得了重大的研究成果，至今仍是经久不衰的研究热点。国家在提出建设"21世纪海上丝绸之路"和"丝绸之路经济带"后，又使产、官、学、研、商各界对丝绸之路的研究热情高涨起来，初步形成对丝绸之路内涵的清晰认识。其内涵归纳起来大体可以概括为以下几个方面：（1）丝绸之路是一个巨大的开放网络，所具有的辐射功能把沿线各国紧密地联系起来；（2）最初以输出丝绸为开端，在发展中逐渐突破经济的范畴，向政治、文化、宗教、科技、移民、交通、环保、安全等领域拓展延伸，成为名副其实的交通大动脉；（3）具有浓厚的东方文化色彩，突出了东方和平文化的特征；（4）丝路的本质是开放、交流和发展，互联互通，在互利合作中实现资源共享，促进共同进步与繁荣。只有丝路的含义明确了，才会在行动上把握正确的方向。今天的丝路不同于古代，所承载的任务比以往任何时候都更加艰巨繁重，面临的形势也比以往任何时候都更加复杂多变。

根据历史上的经验与时代发展需要，我国已经初步探索出一条既符合目前中国社会的重大需求，又适应国际形势发展的战略，这就是建设"21世纪海上丝绸之路"和"丝绸之路经济带"。从海上丝路而言，应该继续把战略重点放在东亚（包括东南亚）地区，积极推进东盟自由贸易区建设，发挥中国的参与和推动作用。因为东亚是一个巨大的市场，天赋自然资源丰富，交通便利，历史积淀深厚，经济文化发达，历史上与我国关系密切，拥有超过20亿的人口，经济总量在世界的地位不断攀升，成为当今世界文明的重要区域。

亚太地区经过半个多世纪的发展，已经取得超过世界平均的经济增长率，成为世界经济的成长中心。[①] 这些条件已经成为深刻影响世界历史进程的重大因素。"亚洲其他国家欢迎中国加入包括建立自由贸易区在内的区域合作，……它们不愿意被迫在北京和华盛顿的对立中选边，参与所谓的'遏制'中国的行动，而更愿意通过亚洲融合在一起的倡议以及各种商业外交努力，和中国一起进入相互依赖的体系之中。"[②] 虽然这个区域存在许多问题，如领土领海争端、非传统安全以及历史遗留问题等，但都不可能从根本上扭转各国合作的大方向，合作与发展的空间很大。中国国力提高后对地区参与扩大，有利于中国发挥建设性和主导性作用，从根本上解决南海问题。

研究丝路战略必须放宽历史的视角，将西太平洋地区和印度洋地区联系起来加以综合考察。在历史上，西太平洋地区存在亚洲古代贸易网，与印度洋贸易网衔接贯通，与地中海贸易网遥相呼应，对东西方社会进步的影响是巨大的，各国至今享受着它的恩惠。在近代交通出现以前，东西方各国交往大多通过海路进行，近代交通出现以后这种交往更加快捷和便利，中国同东南亚地区和印度洋地区的贸易更加受到重视。如今西太平洋区域与印度洋区域合作已经展开，合作领域也不断地拓展，物流、人流与信息流加深了相互依存的关系。丝绸之路被赋予崭新的时代内涵提出来后，建设的范围、意义、影响以及各种制约条件等已经受到各国的关注，说明各国对这个问题是重视的，现在的问题是应该实事求是地加以研究和检讨。在地理空间上，它涵盖了陆上和海上两大方面。但是迄今为止，国内对它的研究基本上还是就事论事者多，而具体上升到国家大战略宏观层面的研究者少。现在的当务之急是以战略的宏观视野去构建、筹划与布局，努力完成这个艰巨而紧迫的时代课题。

[①] 青木健：《亚洲太平洋经济圈的生成》，中央经济社 1994 年版，第 164 页。
[②] 李文等：《亚洲：发展、稳定与和平》，中国社会科学出版社 2014 年版，第 42 页。

陆上丝绸之路和海上丝绸之路是实现中国腾飞的双翼，相互倚重，缺一不可。陆路把中国与西亚、非洲和欧洲联结起来，尤其与欧盟市场的关系更为重要，在历史上是中国早期对外联系的窗口，东西方多种文明在这里交流交汇。西亚、中东地区由于地理位置优越特殊，与亚欧非互动性强，不论过去还是现在都是引人注目的区域。从范围上说，它不仅包括从中国经中亚、西亚到伊斯坦布尔和罗马的贸易路线，还包括通过欧亚大陆北方草原地区（欧亚通道）的"草原道路"和南方的"海洋道路"。[1]

在近代资本主义兴起以前，东方各国保持了对欧洲市场的强大输出优势，这种情况一直持续到19世纪才发生彻底改变。冷战时期，整个中东西亚地区是美国和苏联两大国激烈争夺的地区。由于地缘上的优势，苏联加强了对这一地区的影响，以经济合作与援助形式对埃及、伊拉克、叙利亚、也门民主人民共和国和阿拉伯也门共和国提供了大量援助，进而南下印度洋。苏联外交部长莫洛托夫曾经说过："在巴统和巴库以南朝着波斯湾方向的整个地区（是）……苏联想望的中心。"[2]

确实，为了与美国争夺地缘战略优势的需要，苏联在这里下了很大功夫。美国前总统尼克松也同样看到中东地区的重要性，写道："谁在波斯湾和中东控制着什么的问题，比以往任何时候更加是谁在世界上控制着什么这一问题的关键。"[3] 冷战结束后，俄罗斯继承了苏联时期在西亚、中东的影响，但由于力量所限，对西亚、中东的影响远不如苏联。长期以来，这里多种文化汇合，多种力量交织，多种民族杂处，是一个异常复杂的地区。我们在这里引进丝绸之路这一新概念，以文明、文化的力量凝聚和塑造新时期国家关系，探索合作、和谐与合乎国际法原则的交往方式，可以在西方现实主义外交模式之外找到一个新的合作途径。

---

[1] 王钺、李兰军、张稳刚：《亚欧大陆交流史》，兰州大学出版社2000年版，第7页。
[2] 理查德·尼克松著，常铮译：《真正的战争》，新华出版社1980年版，第88页。
[3] 理查德·尼克松著，常铮译：《真正的战争》，新华出版社1980年版，第92页。

第八章 在历史的发展与延续中创造新的东方外交史

要在海陆两翼筹划并推进丝路建设，必须有战略高度和广阔的视野，具有凌越前人的胆识与气魄。从历史上看，从东亚海域到印度洋、波斯湾与红海，陆上从中国内地到中亚、西亚以至地中海沿岸各国，都是中国人、阿拉伯人等东方各国商人活动的范围，在国家力量和造船技术进步的推动下，不断以各种方式突破来自社会的、自然的诸多限制，构建东方式的交往方式和交往原则，使东西方文明不断地相互接触吸收，融入社会生活的许多方面。近代哲学大师黑格尔说过："人类在大海的无限里感到他自己的无限的时候，他们就被激起了勇气，要去超越那有限的一切。大海邀请人类从事征服，从事掠夺，但是同时也激起人类追求利润，从事商业，……挟着人类超越了那些思想和行动的有限的圈子。"[1]

整个亚洲西部历来为各国所重视。中国汉唐时期对西域的惨淡经营，近代以来大国力量的角逐，西方思想家的经典论述，以及当前欧洲、美国、日本及澳洲对当地矿山与石油资源的开发，都说明西亚、中东地区的重要性。按照英国著名地理学家与地缘政治家麦金德的说法，欧亚大陆是世界的心脏地带，"亚洲人的大锤不断地向外击打着大海的边缘地区。……围绕着欧亚的南部和西部边缘，是一个巨大的新月形地区，这儿的天然条件更宜于人类的发展，这是海上人的领域，包括彼此分离的四大人口定居地带——中国、印度和中东"。[2] 让新的丝绸之路把中国与印度洋、西亚、欧洲和非洲联结起来，这块广阔的陆地在很大程度上影响着中国的发展进程，决定着世界的基本走向，无可争辩地成为 21 世纪新的文明区域。

---

[1] 黑格尔著，王造时译：《历史哲学》，生活·读书·新知三联书店 1956 年版，第 134 页。
[2] 杰弗里·帕克著，李亦鸣、徐小杰等译：《二十世纪的西方地理政治思想》，解放军出版社 1992 年版，第 17 页。

三、建设 21 世纪海陆丝绸之路的重大现实意义

"一带一路"作为一个全新的发展倡议提出来，内涵与外延被赋予了不同于以往的崭新内容。它所涉及的绝不仅仅是经济与贸易的纯经济层面，更为重要的是涉及政治、外交、科技、交通、环保、安全、劳务输出以及文化发展等诸多方面，是一个全面演进和整体提高的过程，单一的或纯粹的经济观点是不能够解释其重大现实意义的。在近代以前，"印度洋和南中国海及西太平洋是一个自由往来的海洋：阿拉伯人和印度人把宗教（印度教、佛教、伊斯兰教……）带到南亚和东南亚；这可见之于'海上丝绸—丝瓷之路'的忙碌景象"。[①] 从目前大多数研究成果与发表的评论来看，人们对丝绸之路建设重大意义的认识远未到位，基本上还是处于"用"的层面上，没有形成比较深入和成熟的看法。各部门、各单位对"一带一路"的研究基本上还是各取所需，为我所用，从单一的经济学或政治学的角度出发的。

现在的任务是打破各学科的界限，统合我国的各种资源，开展对"一带一路"的综合研究，上升到国家的总体战略。在现代生产力扩张和国际关系急剧变化的形势下，我国制定的对外政策、理念与具体措施必须跟上时代步伐，甚至需要一定的超前性。最近二三十年中国企业空前地走出国门，但基本上还是以经济活动为主要目的，真正展现中国崛起和中国文化、制度与政策力量的企业并不多。既然我国已经明确地提出建设 21 世纪海上和陆上丝绸之路经济带，首先就应该对它有清晰的认识，明确内涵、范围、发展出路、作用与意义等问题。只有这些问题弄清楚了，才能形成力量与合力，推动中国政治、经济、文化、科技与海外交通发展。

国家根据现实需求提出新的发展战略，把我们长期关注的重点从

[①] 《海洋秩序必须是天下人的共同事业——从阿弗列特·马汉的"美国海权"论著分析郑和七下西洋的历史意义及第三千年南中国海的海洋秩序》，载黄枝连：《东亚发展的典范转移》，澳门大学出版中心 2011 年版，第 85 页。

单纯的经济与贸易扩大到几乎关系中国未来发展的所有重大方面,以综合的力量化解和反制某些国家对我国的制衡与封锁,寻找广阔的发展空间,无疑是具有重大现实意义的。长期以来我国对世界的参与主要表现在经济领域,现在的任务是进一步维护和争取海外合理利益,参与对世界的治理与建设,尤其是与具有重要能源意义的中东和非洲的合作更为迫切。无论从海上向南发展,还是从陆上向西发展,都是中国与邻近国家在利益上的互联与共生,绝不是单方面攫取利益的利己行为。推动21世纪丝绸之路建设,在很大程度上反映中国综合实力。我们联通西太平洋与印度洋,加快东盟自由贸易区建设,是当前中国与东盟、印度关系中的大事。在目前形势下,印度洋海上运输的重要性已经超过世界任何其他地区。

从全球化的角度看,它是中国对外寻求发展的一种外交努力,把中印、中国与东盟的竞争看成是有害的观点是错误的,不仅会招致政治、经济上的重大损失,而且会使双方丧失重大历史机遇。依靠中国与相关国家既有的双边与多边合作框架机制,可以先易后难地开展经济、能源、环境、交通与安全合作,利用和平国际环境加速发展,在发展中进一步维护和平环境,仍是中国外交关注的课题。有学者认为,东方现代外交史和东方未来外交史都是从南中国海开始的。[1] 在当前国际以经济和科技为中心的普遍竞争中,推进21世纪丝绸之路建设是刻不容缓的紧迫任务,容不得半点迟疑和拖延。

在当前和今后时期,从海上向南和向西发展,从陆上向西发展都是关乎中国崛起方向的战略性大问题,关乎东西方关系的平衡与失衡。这一点异常清楚。重大战略实施没有理论指导是不行的。我们不止一次地强调指出,海陆丝绸之路战略实施不仅在地理与交通上实现沿路各国的互联与交往,而且在地缘经济已经取代地缘政治成为国际

---

[1] 参见黄枝连:《十六世纪以来中国的三个"一国两制"的理论与实践——论"东方现代外交史"和"东方未来外交史"都是从南中国海开始的》,载魏楚雄、陈奉林主编:《东西方文化与外交方略比较·理论篇》,澳门大学出版社2013年版。

关系中主导因素的条件下，建立海陆丝绸之路的意义更加突出。长期以来，美国对中东地区的政策始终是明确的，即防止在欧亚大陆出现欧盟、俄罗斯和中国联合的局面，否则将被认为是对美国构成严重的威胁。兹比格纽·布热津斯基的《大棋局——美国的首要地位及其地缘战略》明确写道："短期内，在欧亚大陆的地图上加强和永久保持地缘政治普遍的多元化符合美国的利益。这促使人们重视纵横捭阖，以防止出现一个最终可能向美国的首要地位提出挑战的敌对联盟，……当务之急是确保没有任何国家或国家的联合具有把美国赶出欧亚大陆，或大大地削弱美国关键性仲裁作用的能力。"[1]

他把欧亚大陆看作是地缘政治的中枢，为大国提供政治活动的舞台。由于历史的和现实的多种原因，在欧亚大陆南部始终没有形成一个现代文明的核心区域，布热津斯基强调："对于美国来说，幸运的是欧亚大陆太大，无法在政治上成为一个整体。"[2] 他的话值得注意。中国属于欧亚大陆的一部分，在推动欧亚大陆南部成为新的世界文明中心的问题上，是有许多事情要做的。让广阔的东盟市场与印度洋市场衔接，中国陆路与整个中东、西亚、欧洲衔接，会大大改变当前国际地缘政治与地缘经济格局，形成新的区域与力量中心，减轻某些国家推行的政策对我国的压力。

从更为广阔的国际视野来看，海陆丝绸之路将成为现代国际政治、经济、文化、科技与外交交往的巨大推动力，推动区域交流向更高的层次迈进，可能会形成亚洲太平洋—印度洋—欧亚非世界体系。历史上存在亚洲太平洋—印度洋贸易体系。在谈到陆上丝绸之路时，人们通常认为其源头是长安（今西安），向西延伸到西亚及地中海区域。从东方人活动的区域来看，欧亚大陆北方草原地区也是东西方文明交流

---

[1] 兹比格纽·布热津斯基著，中国国际问题研究所译：《大棋局——美国的首要地位及其地缘战略》，上海人民出版社 1988 年版，第 259—260 页。

[2] 兹比格纽·布热津斯基著，中国国际问题研究所译：《大棋局——美国的首要地位及其地缘战略》，上海人民出版社 1988 年版，第 43 页。

的场地，同样给交流双方政治、经济和社会发展带来深刻影响，显然今天远东地区也应成为"新丝绸之路"的重要内容。无论海上还是陆上丝绸之路，在主要的干线之外还有许多支线，联结着城镇与村庄，形成网状化的交通贸易网络。最近20年以来，美、俄、中、印等国加强了在中东地区的地缘争夺，附近的国家伊朗、巴基斯坦和土耳其也被不同程度地卷入各种力量的角逐与争斗之中。

对美国来说，地缘争夺的核心已经转移到欧亚大陆的中部和南部地区，包括阿拉伯—波斯湾、里海盆地以及中亚各国，并与哈萨克斯坦、乌兹别克斯坦、格鲁吉亚和阿塞拜疆建立了军事联系。[①]美国与中亚国家建立军事联系构成对中国的战略挤压。俄罗斯出于地缘政治的考虑，对中国在政治上推进协作关系，同时也在战略和战术上对中国实行抑制战略，并不认为日本和韩国会对它构成威胁。[②]中国适时提出的丝绸之路战略虽然在沿路各国有不同的反应，各国学术界、政界和商界也有不同的声音，但他们已经认识到这会给他们带来发展机遇，分享中国改革开放的红利。发展问题是所有国家面临的共同问题。

从阿拉伯半岛向东经波斯湾、伊朗高原、南亚次大陆直到东南亚缅甸和中南半岛的广阔区域构成一条巨大的弧形地带，是具有极大发展潜力的地区，在很大程度上影响并决定着世界的走向，从长远观点来看，有条件成为新的力量的枢纽，传统的欧亚地缘重心正向欧亚大陆南侧倾斜。这是当前世界政治经济力量发展的新趋势，反映了人类社会历史发展的运行规律。人类文明中心的发展是有一定规律的，不可能永远停留在一个地区。在空间上它把欧亚大陆和非洲联系在一起了，联结的不仅有东盟市场、日益成长的中国市场，还有印度洋市场和欧洲市场，真正实现了跨区域和跨文明的联系与自强，推动了不同文明与发展层次的升

[①] 菲利普·赛比耶-洛佩兹著，潘革平译：《石油地缘政治》，社会科学文献出版社2008年版，第155页。

[②] 德米托利托雷宁著，河东哲夫、汤浅刚、小泉悠译：《俄罗斯新战略——解读欧亚大变动》，作品社2012年版，第144页。

级与共进。中国、东盟、印度在整体崛起，发展速度远远高于世界其他地区，显示出本地区经济合作与交往能力的增强，在克服了历史上的一些惰性与障碍之后，合作的巨大优势已经充分显现出来。这一切都必将使现代丝绸之路的作用增大，产生新的动力与影响力。

四、充分估计海陆丝绸之路上的多种风险

由中国倡导和推动的"一带一路"倡议，是对当前世界经济力量不断变化导致国际格局变动的主动反应，是中国外交战略的重大安排和自我发展的重大步骤。从战略重要性以及发展潜力来说，与海上丝绸之路相关联的东盟对中国的重要性已经充分发挥出来，与陆路丝绸之路相关联的中东、西亚地区的重要性正在显露出来。必须指出，推动"一带一路"会有许多复杂的变数，也会因为地缘经济与安全上的竞争带来某些大国的阻力，因此我们必须充分估计推进"一带一路"的紧迫性、复杂性与艰巨性。在最近 20 余年时间里，世界几乎是伴随着重大事件的冲击向前发展的，也存在许多的不确定性，大国之间的较量与角逐仍是有增无减。美国、日本、欧盟与澳大利亚纷纷加强与东南亚、南亚和中东国家的关系，印度出于多种考虑也在谋求与东盟国家的关系，这无疑会给推进丝路建设带来诸多困难。面对新一轮的政治、经济、科技、能源与安全上的竞争，加强中国海陆丝绸之路建设是何等的迫切和重要。

从相关的几个大国来看，美国、俄罗斯、印度以及相关国家的态度如何，对中国影响很大。从现在的情况看，美国力图在中东西亚地区保持影响，维护它的军事存在，同时加大对亚太地区的军事部署；俄罗斯也在努力发挥它的影响作用，有 85% 的人确信俄罗斯是一个大国，期待自己的国家终将成为世界的一个主导国家。[①] 印度关注的重点

---

① 德米托利托雷宁著，河东哲夫、汤浅刚、小泉悠译：《俄罗斯新战略——解读欧亚大变动》，作品社 2012 年版，第 150 页。

在南亚，有人认为"印度是南亚的枢纽"，"在维护亚洲权力的有效均衡上，具有巨大的地缘政治意义"。① 确实，中国要时刻研究和关注印度。对于刚刚起步着手建设的一项伟大工程来说，这是一个全新的探索过程，机会与挑战并存，风险与收益同在。中国的"一带一路"是推进政治、经济、科技、文化、能源与交通的整体发展，一旦启动也将是一个永不停顿的过程。中国的外交方向已经明确了，但如何发展，如何去科学合理地规划和布局是一个值得深入探讨的问题。

第四节 对近百年来日本丝绸之路研究的总结与思考

在世界研究东方丝绸之路有成就的几个国家中，日本无疑是其中比较重要的一个，不仅推出了许多有影响的著作，更为重要的是它开展丝绸之路研究的历史比较早，到现在为止大体上也有近百年的历史了。日本早期的丝绸之路研究属于东方学的范畴，考证之精详，研究之深入，在国际东方学领域极为罕见。可以说，日本学界对丝绸之路的研究在国际学术界无疑处于顶端地位。这不仅与日本史学的严谨传统有关，也与日本长期以来对东方学的重视有关，更与日本长期接受中国历史文化影响有关，每个时代都出现了影响一时的卓然大家，为后世留下宝贵的精神财富。日本的丝路研究涉及的内容繁多，领域广泛，除了少数研究者为国内所熟悉外，还有许多的学者不为国内所知，他们同样写出了既有深度又有广度的著作。对日本近百年丝绸之路研究的曲折历程做一个系统性总结，不仅是东亚史学科建设的需要，也是通过日本反观我们自己如何研究海陆丝绸之路的需要，可以获得许多温故知新的启示。

---

① 杰弗里・帕克著，刘从德译：《地缘政治学：过去、现在和未来》，新华出版社2003年版，第169页。

一、日本丝绸之路研究的几个重要时期

　　日本是世界上几个对丝绸之路研究有重要成就的国家之一，无论是对陆上丝绸之路还是海上丝绸之路研究都留下了可圈可点的成果。日本对丝绸之路研究至少从 20 世纪第一个十年就已经开始，如果从这个时期算起至今已经有百年历史了。这是一个漫长而又充满曲折的发展过程。在这一百年当中，日本学界对丝绸之路所有重要方面几乎都有专题研究，已经进入全面总结与成熟阶段。对于这一百年的学术史，我国学者至今还没有做过系统的总结和梳理，推出的一些研究成果只是阶段性的初步总结。[①] 丝绸之路有其具体的特定的历史内涵，是指存在于东方历史上的以丝绸、瓷器等商品为主要贸易内容的商路与交通线，后来不断向文化、外交、交通等领域拓展延伸，形成东方历史上的独特景象。现在有必要对包括日本在内的世界几个大国的丝绸之路研究做一次深入的总结。

　　从明治到大正时期，西方的历史学、社会学以及其他社会科学传入日本，推动了日本的学术研究，掀起了研究周边国家历史与文化的热潮，丝绸之路研究也经历了从小到大、由点及面、由浅及深的演变过程，深深地影响了日本的学术界。迄今为止，日本出版了相当多的相关著作，根据目前所接触到的日文材料可以大体估量出这些成就已经构成较为庞大而完备的知识体系，可视为其东方学的深厚基础。根据发展的过程，可以将日本的丝绸之路研究划分几个不同的历史时期。

[①] 我国学者对日本学界丝绸之路研究带有总结性的研究成果，主要有冀振武：《日本对"丝绸之路"研究的概况》，《河北大学学报》1986 年第 2 期；《日本刊行的"丝绸之路"出版物》，《出版史料》2008 年第 1 期。冯先哲：《长泽和俊谈日本学术界关于丝绸之路的研究》，《社会科学战线》1979 年第 1 期；童斌：《日本的"丝绸之路热"》，《世界历史》1979 年第 6 期。周长山：《日本学界的南方海上丝绸之路研究》，《海交史研究》2012 年第 2 期。陈奉林：《日本的海上丝绸之路研究：成就、趋势及其启示》，《上海师范大学学报（哲学社会科学版）》2020 年第 6 期；《〈中国阿剌伯海上交通史〉所见中外交流与东方外交》，《北方论丛》2020 年第 6 期。

（一）第二次世界大战以前

从大正到第二次世界大战结束的几十年中，日本在东西方交通史研究上取得了巨大成就。日本的学术界是把东方学纳入东洋学范畴来研究的，或者说是把二者视为同一个概念。[①] 从大的范畴来说，丝绸之路研究属于东西方交通史的范畴，而东西方交通史又属于东方学的范畴。长期以来日本处于东亚的角落，对外交往的国家相对有限，本身的发展在很大程度上取决于对外交往、吸收的程度，因此对外关系中的交往、交流特别受到重视，不断引起不同时期探索者的浓厚兴趣。对于日本来说，研究东西方交通不仅仅是学术问题，同时也是为国家现实需要寻找生存发展的出路，从学术的角度关注社会生活，从历史遗产中寻找社会进步的力量。丝绸之路的历史经验给日本重新思考东亚文化的社会功能提供了启示。

在第二次世界大战以前的丝绸之路研究者队伍中，涌现出几位成就卓著者，以白鸟库吉、藤田丰八、桑原骘藏、大谷光瑞、羽田亨等人为代表。从他们研究的内容来看，有些著作与海陆丝绸之路上的东西方物质文明与精神文明交流有直接关系，有的间接有关，涉及经济、文化、海陆贸易、国家关系、使者往还、敦煌考古以及早期民族与移民等。白鸟库吉（1865—1942）主要关注陆上的朝鲜史、北方民族史、西域史以及东西方交流互动研究，掌握英、法、俄、匈牙利、土耳其、朝鲜、满、蒙古等多种语言，对西方东方学著作无不寓目。[②] 他在著名的《康居粟特考》中考察粟特人与中国曹魏通使朝贡情况，从435年至497年曾9次遣使魏廷。[③] 粟特人的东来就是通过丝绸之路来到中国从事商业贸易活动的。丝绸之路是一条国际交通大动脉与开放的贸易网络，贸易的力量把中国与世界紧紧联系在一起。

藤田丰八（1869—1929）的主要史学贡献，在于古代西域史与南

[①] 《东方学回忆》Ⅰ，"序言"，刀水书房2000年版。
[②] 莫东寅：《东方研究史》，知识产权出版社2014年版，第178页。
[③] 白鸟库吉著，傅勤家译：《康居粟特考》，山西人民出版社2015年版，第83页。

海史研究，确立了他在日本史坛独树一帜的学术地位。在他的著作当中，以《西域研究》《中国南海古代交通丛考》《宋代之市舶司与市舶条例》写得最有声色。他详细考察红蓝、石榴、葡萄、胡桃传入中国的情况，认为这些物种传入中国在晋代以前殆无疑义。[1] 中国的许多物种、音乐、舞蹈、体育、文化来自西域诸国，它们已经融入了中国的社会生活；在南方通商口岸的贸易管理方面，藤田的著作中也有许多的介绍，可以看到当时的情况："凡海舶自海外至（广府）者，政府之代理官命其呈交舶货，将所得之舶货封藏于特定之仓库中。其存放期限至最终之海舶到达为止，约有六个月之久，至六个月之后，政府抽取其各货十分之三，其余仍返还原主。"[2]

唐宋以来，中国对外交流的国家东起日本列岛、朝鲜半岛、南洋各国，西至印度洋沿岸各国、波斯湾、欧洲以及非洲东部的广大地区，对外贸易的触角已经伸向世界，具有开放的特征与宏大气魄。在这个广阔的区域内，从事商贸活动的尤以阿拉伯人居多，他们通商广州，久居其地，自唐代已如此。[3] 唐代的广州已有很多阿拉伯人，且拥有巨大势力。[4] 除了专著之外，藤田还有许多涉及东西交通与丝绸之路的论文，构成他丰富多彩的研究系列，如《前汉西南海上交通记录》《作为宋元时代海港的杭州》《琉球人南洋通商的最古记录》《葡萄牙人占据澳门前的诸问题》《关于宋代输入的日本货物》等。[5]

桑原骘藏（1870—1931）是藤田丰八同一时代的人，他们的成就在伯仲之间。桑原骘藏是东洋史京都学派的大师，被称为日本史学

---

[1] 藤田丰八著，杨錬译：《西域研究》，山西人民出版社2015年版，第106页。
[2] 藤田丰八著，魏重庆译：《宋代之市舶司与市舶条例》，山西人民出版社2015年版，第15页。
[3] 藤田丰八著，魏重庆译：《宋代之市舶司与市舶条例》，山西人民出版社2015年版，第16页。
[4] 藤田丰八著，何健民译：《中国南海古代交通丛考》（上），山西人民出版社2015年版，第65页。
[5] 参见《藤田博士著作目录》，载《东方学回忆》I，刀水书房2000年版。

第八章 在历史的发展与延续中创造新的东方外交史 511

界的另类,一生著述甚丰,举其荦荦大端者即有:《唐宋贸易港研究》《蒲寿庚考》《唐宋元时代中西通商史》《隋唐时代西域人华化考》等。这些著作都是日本有关丝绸之路上的东西方交通史研究的开创性之作,不仅考证精详缜密,而且书中表现出的考证学风与近代欧洲学术传统的紧密结合,至今成为学术的经典。桑原骘藏对中国唐宋以来中外海上贸易交流做了细致的研究,这种研究无论对中国史、东亚史还是东方史的构建都是十分重要的。他看到阿拉伯人大举东来与中国交通贸易的情况:"阿拉伯人之与中国通商,虽屡经盛衰,而自唐经五代以至于宋,连绵继续,未曾中辍。有宋一代,其盛遂极。"① 唐宋以来,由于国家重视海外贸易,经济发展,中国东南沿海出现了广州、泉州、杭州、明州等商业化城市,它们在中外交流中发挥了重要作用。"南宋一代,政府因欲增库入,屡奖劝外番通商,泉州贸易遂年盛一年,与广州颉颃不相上下。"② 在桑原骘藏的视野下,这些城市富有朝气和活力,气象不凡,不论从东方到西方还是从西方来到东方的船客都从这里歇脚,休整交易,采购商品后踏上回程的航路。

桑原是较早研究中西交通史的开拓者,也是一位富有创造力的多产学者,有关中西交通史研究的几部著作至今仍成为后世研究者的必读书。他在著作中向人展示的中国对外交往几乎是全方位的、立体的,文化和贸易蓬勃发展,商业和城市欣欣向荣,城市商人参与并推动精神文化发展,以至出现"贸易既盛,钱货遂涌涌外溢"③ 的情况。宋代输出海外之物多以金、银、铜钱、丝绸、瓷器等为主,输入之物则是香料、药材、珠宝、象牙、犀牛角之类,外国贸易日趋盛大,则铜钱流出海外就越多。④ 货币的使用规模代表一个国家的经济发展水平与经济力量的影响程度和开放程度。

---

① 桑原骘藏著,陈裕菁译:《蒲寿庚考》,中华书局1954年版,第4页。
② 桑原骘藏著,陈裕菁译:《蒲寿庚考》,中华书局1954年版,第5页。
③ 桑原骘藏著,陈裕菁译:《蒲寿庚考》,中华书局1954年版,第31页。
④ 桑原骘藏著,冯攸译:《中国阿剌伯海上交通史》,台湾商务印书馆1971年版,第41页。

应该指出，长期以来无论东方还是西方，都对中国的经济史研究不够，因此造成许多对东方历史认识的误解甚或曲解。桑原关注的几乎都是与东西方交流交汇相关的内容，以实证精神面对社会和人类生活。桑原观察细致，他的著作为我们提供了一些鲜为人知的资料。唐宋时代，阿拉伯商人大举东来，因有利可图，积极从事对华贸易。据说，阿拉伯商船入港后中国朝廷就派宦官以高于市场的价格购买其商品，阿拉伯商人希望与朝廷进行贸易活动。[1]

在近代以前，从事东西方贸易和运输的是大型帆船，运输能力的提高得益于造船和导航技术进步。唐代中国南方地区已经造出可载六七百人的大船，从事着南海到印度洋、波斯湾及红海沿岸各国的远洋贸易。船体过小无法抗击海上的狂风巨浪，更无法进行远距离长时间航行。唐代出现远洋运输繁荣，与唐朝经济发展、国力强盛有直接关系。进入唐代以后，东西交通海路比陆路更受到重视，成为东西交通干线。[2] 宋代是中国造船技术取得重大进步的时代，"南洋贸易船自法显后，代有进步，载量日增，设备日周，航术日精。降至宋元，益臻其极"。[3] 当时已经具备建造大型船只的能力，中国造船史的一些材料也有这方面的记载。经济的发展，对外交往的活跃，国家的重视，对于促进造船业发展极为有利。日本战前丝绸之路研究属于东方学的范畴，他们试图借鉴中国认识海洋、管理海洋和开发海洋的历史为日本提供有益的经验。宋代重视对外贸易，这些材料在日本学者的著作中有充分的映现。海上丝绸之路连接了东方与西方、日本与世界，涉及海上贸易、港口城市、市舶制度、造船技术、僧俗往还、宗教传播、海外移民、物种引进，甚至是战争与和平等诸多方面，称得上是一门大学问，从而构成庞大的知识体系。[4] 从学术而言，这些可以构成其丝

---

[1] 桑原骘藏著，杨鍊译：《唐宋贸易港研究》，山西人民出版社2015年版，第124页。
[2] 三杉隆敏：《海上丝绸之路：丝绸·香料·陶瓷》，大阪书籍1982年版，第8页。
[3] 桑原骘藏著，陈裕菁译：《蒲寿庚考》，中华书局1954年版，第99页。
[4] 陈奉林：《日本的海上丝绸之路研究：成就、趋势及其启示》，《上海师范大学学报（哲学社会科学版）》2020年第6期，第115页。

绸之路研究有建树的领域。

（二）第二次世界大战后到 70 年代

战后初期由于国内经济状况所限及特殊的国际政治环境，日本学界对丝绸之路的研究出现了停顿状态，50 年代中期以后情况出现了好转。长期以来，日本以中国为主要的学习和研究对象，具有悠久的汉学传统与良好的学术积累，加之战后对西方理论与方法的采用，因此东亚史、东西方交流史研究又有新的进展。日本学者认为："东方学可以说是代表日本的一个学问。"[①] 这也是他们最为骄傲的地方。战后以来日本学界对丝绸之路的研究在持续发展，既有继承前人研究的方面，也有扩大和深入的方面，不仅产生了一批有影响、有建树的著作，而且研究的问题不断增多，许多新问题被提上新的探索的轨道，学院习气比以前少得多，生动活泼、老妪能解或者说是大家写小书是它的一个特点，研究的视野也从书斋扩大到复杂万千的现实世界，更多地关注了现实的需要，研究队伍也比以前发展壮大。日本学界对丝路研究的继续和扩大，已经从东西方交通的广泛概念逐渐发展成为"陶瓷之路"和"海上丝绸之路"等更为具体的概念。"海上丝绸之路"这一概念最早是由三杉隆敏在《探寻海上丝绸之路》中提出的。[②] 这个概念形象生动，内涵丰富，后来很快在国际上广泛使用。三杉隆敏对海上丝绸之路进行了创造性的探索，取得了令国际学界叹服的学术成就。

二十世纪六七十年代，在日本众多的丝路研究者队伍中应该提到的有铃木治、平山郁夫、松田寿男、井上靖等人。1974 年，铃木治著成《欧亚东西交涉史论考》。这部著作的最大特色，是从东西方交流的角度看待陆上丝绸之路的，开宗明义地指出："丝绸之路问题在本质上就是东西交流。"[③] 此语可谓见道之论。该书对古希腊的丝绸、野蚕与

[①] 《东方学回忆》Ⅰ，"序言"，刀水书房 2000 年版。
[②] 三杉隆敏：《探寻海上丝绸之路》，创元社 1968 年版，第 317 页。
[③] 铃木治：《欧亚东西交涉史论考》，国书刊行会 1974 年版，第 292 页。

家蚕、丝绸与亚历山大东侵以及中国丝绸外销的四个通道都有详细的考察，极大地丰富了人们对东西方交通与贸易的认识，让我们真实地看到开辟这一通道异常的曲折与艰辛，在极端困难的条件下进行着文明的交流交汇，为东西方物质与精神生活增添了多样性。作者是这样记述丝绸之路起源的："希腊丝绸的使用可以追溯到公元前5世纪，东西丝绸之路的开发与一般的说法相反，远在公元前2世纪张骞通使西域之前。丝路问题与地理的、历史的、技术的关联极为广泛。"[1] 确实，丝绸之路涉及面广，远远超越单一的经济活动或文化活动，向多渠道、多层次发展延伸，是名副其实的国际交通大动脉，东西方交流的载体。长泽和俊把自上古以来，联结亚洲、欧洲及北非的交通路线总称为丝绸之路。[2] 今天它之所以仍富有强大的生命力，就在于它是一个巨大的开放网络，以其强大的力量把沿线各国紧密地联系起来，突出互利共赢的基本理念，具有浓厚的东方文化色彩。平山郁夫是著名艺术家，一生大部分时间以丝绸之路和佛教为题材从事创作研究，著书数十种，为国际同行叹服。

（三）20世纪80年代以后，丝绸之路研究出现了繁荣

经过长期的学术积累，到20世纪80年代日本国内出现了丝绸之路研究的繁荣局面，无论从推出的成果数量，还是关注的重点方面都较以前有新的发展，尤其在古代东亚海域交流研究上的成就更为突出。如果从更为广阔的视野来看，古代的亚洲市场也应属于丝路的范围。

80年代的研究更加具体细化，凡是有关丝绸、瓷器制品的生产、材质、花纹、染织、交易、技术与管理等都在他们的研究之内，丝绸上的图案有蟒、飞鱼、斗牛、凤凰、仙鹤、孔雀、麒麟、狮豸、鸟雀

---

[1] 铃木治：《欧亚东西交涉史论考》，国书刊行会1974年版，第292页。
[2] 长泽和俊、横张和子：《丝绸之路：丝绸之路染织史》，"序言"，讲谈社2001年版，第3页。

等。① 这些中国染织品在世界具有极高的水准，作为交易品输出到国外的历史悠久，形成明确的东西方交流史。② 不仅如此，他们还详细考察中国瓷器上印制的精美图案，包括梅、菊、兰、莲、牡丹、仙桃、牵牛、灵芝、山石、玉兔、如意等。③ 在对外学习与引进方面，日本博采异域，当时生活在唐都长安的外国人多达数千，其中包括乘遣唐使船来中国学习先进文化的日本留学生和留学僧，最引人注目的是由粟特人和波斯人带来的西域文化被遣唐使带到了日本。④

　　80年代以后之所以出现丝绸之路研究的繁荣，与中日建交以来两国关系不断扩展加深有直接关系，也与日本国内媒体的大力宣传介绍有直接关系。1972年9月中日两国正式建立外交关系，实现两国关系正常化，便利了经济、文化、科技、体育交流；中国巨大的市场吸引日本对华投资、合作、留学与旅游观光。中国改革开放对中日关系是一个有力促进，有许多学者来到中国内地和西北地区进行实地考察，重走丝绸之路，寻找过去一度辉煌的历史。从日本国内来说，80年代初日本国内电视台把历史上的丝绸之路拍成电视片在全国播映。电视片以优美的语言，简洁的文字，情景的再现，引起了轰动效应，"旧时王谢堂前燕，飞入寻常百姓家"，真正地走进了千家万户。丝绸之路的伟大生命力孕育在悠久深厚的东方文化沃土之中，越来越凸显出其强大的文化影响力与穿透力。

二、日本丝绸之路研究的主要成就

　　日本在海陆丝绸之路（包括草原丝绸之路）研究上的成就颇多，

---

① 吉田雅子：《海上丝绸之路染织史》，中央公论美术出版2017年版，第353页。
② 吉田雅子：《海上丝绸之路染织史》，中央公论美术出版2017年版，第9页。
③ 上田秀夫、气贺泽保规、杉木宪司等监修：《东亚海域与海上丝绸之路的福建据点：沉船、贸易都市与陶瓷》，东方书店2010年版，第198页。
④ 儿岛建次郎、山田胜久、森谷公俊：《欧亚文明与丝绸之路：波斯帝国与亚历山大大帝之谜》，雄山阁2016年版，第211页。

每个时期都有影响一时的学者，以其深厚的学养、朴实的学风和独特的分析视角为国际同行所称道，硕果累累，有目共睹。这些成就有一个长期的积累和艰辛的探索过程，既与探索者本身的努力有关，也与国家的支持和宽松的学术环境有关。从总体上看，日本学者所从事的绝不是一般性的收集、整理、加工排比材料工作，而是以学术为媒介、以社会重大需求为导向对海陆丝绸之路功能、作用的阐释与思考，对重大历史问题的分析与把握，分析的眼光已经超越东亚而扩展到了异彩纷呈的外部世界，从而把治史提高到一个新的层次。他们对丝绸之路怀有挚热的感情，甚至响亮地提出奈良东大寺的正仓院是海上丝绸之路东部终点的观点。① 这个观点是有生命力的。具体说来，它有几个重大成就：

第一，构建了严谨、缜密的丝路研究的知识体系。日本丝绸之路研究涉及的内容极其广泛，举凡历史、文化、哲学、思想、宗教、考古、绘画、艺术等都在研究之列，基本上属于实证东方学和理论东方学的范畴。在东方学的大背景下，他们分门别类地开展了研究，有的长于海上东西交通研究，有的热衷于贸易港研究，有的在北方欧亚大陆互动或沙海洞窟、竹简帛书中发现了学问，做出了成就，千姿百态，各有千秋。从出版的大量著作来看，他们已经建立起完整的知识谱系，范围之广阔，体系之完整，实为国际学术所罕见。藤田丰八的研究领域涉及中国历史、哲学、文学、教育、儒学、佛教、道教、外交、地理以及东西方关系等，像他这样古今结合、东西兼治的学者在日本并不在少数。桑原骘藏对中国南海古代交通有自己的认识与把握，他说："由唐而宋，中国南部与波斯之间，大开通商，波斯湾各港皆依东洋贸易而繁昌。"② 关于航行至南海贸易的商船，他说："唐代南洋贸易之船

---

① 长泽和俊监修，吉村贵著：《佛教源流：从正仓院到丝绸之路》，青春出版社 2002 年版，第 65 页。
② 桑原骘藏著，杨鍊译：《唐宋贸易港研究》，山西人民出版社 2015 年版，第 17 页。

体，较之法显时代，已次第增大。"[1] 从推出的既有成果来看，丝绸之路研究确系一个多学科的学问，单一的学科是根本无法从事这一艰巨课题研究的。日本学者深入中亚和中国西北收集实物和藏书资料，加以整理、考订与出版，从而在学术上建立起相对完整的知识体系。

　　日本的丝路研究有明显的区域史研究的色彩。在他们看来，区域史研究应该知行结合，成为致用之学，为日本社会发展以及文化建设提供有用的力量支持，出现许多的应和者势所必然。桑原骘藏在唐宋贸易港研究上的成就卓荦，明显地带有总结历史经验的味道。这些研究中的南海交通史、东西交通史、海洋文明史可以构建成一个较为完整的经济文化交流谱系，给我们提供了由一系列问题组成的、涉及诸多领域的问题群。[2] 日本学界之所以重视东西交通史，重视中国问题研究，是因为中国文化对日本古代的历史进程发生了深刻影响。海陆丝绸之路研究的重点是中国与世界的关系，是对中国与世界互动历史经验的总结。它对日本起了什么作用呢？一个明显的作用是扩大了日本的活动空间，提供了可资借鉴的海洋管理经验。到了唐代，由于国家统一，社会稳定，中国与阿拉伯国家的交往更加直接频繁。"唐代中世以后，大食人（即回教徒）盛向中国南部诸港通商。"[3] "中国唐代与摩诃末教国（大食）间之海上通商，曾盛极一时。"[4] 进入宋代，中国经济重心南移，南方各地与国外市场联系更为方便直接，据说宋代出口的海上交易品被称为"海洋的赐物"。[5] 不仅如此，中国陶瓷商品还给予了这些接受陶瓷国家的生产工艺技术以刺激和影响。[6]

---

[1] 桑原骘藏著，冯攸译：《中国阿剌伯海上交通史》，台湾商务印书馆1971年版，第117页。
[2] 陈奉林：《〈中国阿剌伯海上交通史〉所见中外交流与东方外交》，《北方论丛》2020年第6期，第108页。
[3] 桑原骘藏著，杨鍊译：《唐宋贸易港研究》，山西人民出版社2015年版，第47页。
[4] 桑原骘藏著，杨鍊译：《唐宋贸易港研究》，山西人民出版社2015年版，第64页。
[5] 三杉隆敏：《海上丝绸之路：大航海时代的陶瓷冒险》，晓星出版1989年版，第106页。
[6] 三上次男：《陶瓷之路——探访东西文明的结合点》，岩波书店1969年版，第219页。

第二，把丝绸之路研究纳入东西交通史范畴，大大丰富了东西方交通史内容。日本学界关于东西交通史的一些观点值得重视和参考。长泽和俊主张丝绸之路研究与东西交通史、中亚史相结合，其核心是丝绸之路研究。① 藤田丰八的《西域研究》对西域诸国的介绍，白鸟库吉的《康居粟特考》对西亚历史的介绍，羽田亨的《漠北之地与康居国人》等，让我们看到欧亚大陆上各国间的互动与共进，丝绸、瓷器、漆器、马匹、物种贸易的强大力量带来的横向联系与发展。丝绸、瓷器和香料已经成为倍受西域和欧洲国家青睐的物品。根据欧亚大陆的历史经验完全可以说，跨区域的丝绸贸易与文化交流创造了东方历史，也给世界各国带来了生活上的极大便利。三上次男把陶瓷贸易看作是古代中西贸易的象征，指出："这些从国外发现的中国陶瓷，无疑是通过贸易得来的，是中国政府赠给外国国王和贵人的礼物，尽管数量有限，但却是贸易的一种形态。"② 英国学者赫德逊在《欧洲与中国》一书中这样写道：

> 罗马上流社会对东方奢侈品，特别是对香料、芳香品、珠宝、丝绸的需求大大超过非罗马的亚洲对罗马产品的相应需求；按照亚洲各君主国传统的贮藏财物的习惯，东方的大量需求却只是贵金属本身，即黄金和白银，这正是罗马世界整个货币化了的经济体系的基础。③

较早研究东西交通史的藤田丰八在《中国南海古代交通丛考》中详细考察了中国与印度洋地区交通贸易的情况，中国与印度洋、波斯湾以及非洲东部地区的交通交往基本上是按照海上丝绸之路航线进

---

① 冯佐哲：《长泽和俊谈日本学术界关于丝绸之路的研究》，《社会科学战线》1979 年第 1 期，第 162 页。
② 三上次男：《陶瓷之路——探访东西文明的结合点》，岩波书店 1969 年版，第 219 页。
③ 赫德逊著，李申、王遵仲、张毅译：《欧洲与中国》，中华书局 2004 年版，第 66 页。

行的。他在《宋代之市舶司与市舶条例》中明确记载广州、泉州与各国的贸易活动，泉州贸易繁荣兴盛，到福建的船只来自世界各国，交易的商品种类繁多，包括珍珠、象牙、犀角、玛瑙、乳香、珊瑚、琉璃、玳瑁等。① 中国人对来自海外的"夷物"已不再是惊异与好奇，而是看到贸易的力量在国家社会生活中的作用，可以弥补国家财政不足，助力国用，国际交往已经成为国家正常发展不可或缺的巨大力量。

日本学界虽然没有最早提出"丝绸之路"这一概念，但他们所进行的东西交通史研究基本上都与海陆丝绸之路有关，这也是他们最为擅长的领域，取得的成就最大。"丝绸之路"这个概念对日本来说是个舶来品，是译自西方的词汇。如果把丝绸之路加以细分的话，它基本上涵盖了陆路丝绸之路（包括绿洲之路和横贯中亚的草原之路）以及经由东南亚到印度和西亚的海上丝绸之路两大部分。② 日本学者认为，作为丝绸之路的草原之路的发现是日本东洋史学的伟大贡献。这两部分内容极为丰富，涉及广泛，历史、地理、经济、哲学、交通、贸易、航海、考古、民族、宗教等无所不包，称得上是真正的大学问。从时间上说，从古代到近代和现代，从空间上说从西方到东方，都在他们的视野之内。正因为日本在这方面取得了成就，所以他们自诩为"资料在中国，研究在日本"。其意是说，中国有资料却无人研究，要研究还得靠日本人。③ 我们并不认同这种说法，但我们承认他们为此做出的学术成就。丝绸之路研究不同于一般的学问，不仅涉及的内容特别广泛，而且更为重要的是涉及的内容都与国家的社会大众生活息息相关。

第三，确立了海陆丝绸之路的时间与空间范围。学术研究首先是

---

① 藤田丰八著，魏重庆译：《宋代之市舶司与市舶条例》，山西人民出版社2015年版，第60—61页。
② 森安孝夫：《丝绸之路与唐帝国》，讲谈社2007年版，第63页。
③ 陈炎：《海上丝绸之路与中外文化交流》，"自序"，北京大学出版社2002年版，第9页。

明确概念与内涵，确立研究对象的时间与空间，笼而统之或大而化之历来是学术研究之大忌，不是什么好的研究方法。日本学界秉持了这一治史原则。他们严格地使用中国古籍材料，把海上和陆上丝绸之路开辟的时间确定为公元前2世纪，下限结束于近代欧洲人东来后对东方传统贸易航路的破坏与垄断，从时间上说大体结束于19世纪中期以后。以16世纪初葡萄牙人来到东南亚为嚆矢，此后西班牙、荷兰、英国、法国又联翩而至，与中国、印度和南洋各国展开竞争。东方的近代外交史是从海洋开始的，国家发展被卷入西方殖民主义的急剧扩张当中。葡萄牙人从东方商人手中夺取了贸易权，欧洲各国在东亚各地建立商馆，从事商业贸易。① 海上丝绸之路的衰落是一个长期的过程，既有亚洲国家力量衰败的因素，也有欧洲殖民主义力量冲击的因素。近代以降，欧洲人侵略亚洲，独占了海上贸易的舞台。② 在此后的二三百年时间里，它们逐渐变强，垄断了东方贸易，彻底扭转了东西方贸易格局，使东方贸易彻底从属于西方。

　　日本学界的视野相当开阔。他们的眼光已经不再局限于东亚一隅而真正地转向了世界，具有了世界史眼光，在使用"丝绸之路"一词时更多地指向亚洲和欧洲交通的总称，仅仅使用狭义的概念是远远不够的。③ 以欧亚大陆上的多民族、多国家间的互动为主线来撰写历史无疑是世界史观的进步，对于构建新的东亚史和东方外交史具有积极意义。他们提出了"世界史中的东西交流"问题。这个问题可能不是日本学界首先提出的，但是这个问题意识却始终在他们的研究中得到

---

① 三杉隆敏：《海上丝绸之路：大航海时代的陶瓷冒险》，晓星出版1989年版，第59页。
② 平山郁夫监修：《海上丝绸之路——神秘的南海航路》，讲谈社2005年版，第13页。欧洲人来到东方时，他们并不能立即改变东方传统的贸易格局，不得不加入到东方的贸易体系当中，按照滨下武志的说法，"当荷兰人和英国人进入亚洲的时候，这些情况也并没有太多改变。他们不得不熟悉、适应、利用已有的亚洲朝贡贸易体系。简而言之，即使进入了近代，西方对亚洲的'扩张'、'冲击'的内涵也要受到建立在朝贡贸易体系基础上的、活跃的亚洲贸易圈的制约"。参见滨下武志著，王玉茹等译：《中国、东亚与全球经济——区域和历史的视角》，社会科学文献出版社2009年版，第18页。
③ 三杉隆敏：《海上丝绸之路：大航海时代的陶瓷冒险》，晓星出版1989年版，第98页。

了认真而彻底的贯彻，日本学者指出："确实，从公元前后欧亚规模的东西交流明显地出现在世界的舞台上。"[1] 从广义而言，在亚洲和欧洲的交通上，有陆上通道和海上通道，陆上通道又分草原通道和绿洲通道。[2] 正是在这条交通线上，丝绸、漆器、瓷器被运往西域地区，从西域输入葡萄、马匹、西瓜、酒、玻璃器皿和宝石。[3]

中近东地区在东西方交流中发挥了桥梁与沟通的作用，特别是阿拔斯王朝巴格达成为伊斯兰世界的经济文化中心，贸易范围从波斯湾到印度洋的广大地区，它们生产的衣料、绒毡、金属器物、玻璃器皿、货币等被输往印度洋沿岸各地，从印度输入香料、金、铅、锡、宝石、木材、米、皮革、象牙、棉花和染料。[4] 在远东的东亚海域，中国的瓷器通过海上交通输往琉球，从福州运往那霸的瓷器多达数千件到数万件，从厦门输往新加坡的达到66万余件。[5] 奈良正仓院珍藏的佛具、服饰、饮食器具、乐器、兵器、药物、书籍、绘画等有9000种之多，可以说是汇集了当时世界文化、丝绸之路文化的精粹。[6] 日本研究者不仅看到东西方商品交流给各国带来经济上的互惠互利，也看到由此带来各国关系的进一步加深。明代郑和下西洋后，以各国皇太子为首的朝贡使团接连访问中国，永乐二十一年（1423）有超过1200人的各国使团和商人访问了南京，受到永乐帝的盛大欢迎。[7] 在丝绸之路的东端终点确认上，日本学界提出的日本奈良是丝绸之路从长安到东方的支线的观点很有启发意义，向东扩展了丝绸之路的海上范围。

---

[1] 本村凌二、菰勇造等著：《海洋与陆上丝绸之路》，日本放送出版协会2003年版，第142页。
[2] 三杉隆敏：《海上丝绸之路：大航海时代的陶瓷冒险》，晓星出版1989年版，第98页。
[3] 三杉隆敏：《海上丝绸之路：大航海时代的陶瓷冒险》，晓星出版1989年版，第101页。
[4] 长泽和俊：《海上丝绸之路史：四千年的东西交易》，中央公论社1989年版，第95—96页。
[5] 松浦章：《清代中国琉球交涉史研究》，关西大学出版部2011年版，第318页。
[6] 长泽和俊监修，吉村贵著：《佛教源流：从正仓院到丝绸之路》，青春出版社2002年版，第66页。
[7] 三杉隆敏：《海上丝绸之路：大航海时代的陶瓷冒险》，晓星出版1989年版，第111页。

日本学者研究征引广泛，最大限度地使用东西方古史材料。在讲到秦汉至明清时代中国对外交往时，一般都使用《史记》《汉书》《后汉书》《新唐书》《旧唐书》《大唐西域记》《唐大和上东征传》《宋史》《宋会要》《岭外代答》《诸蕃志》《萍洲可谈》《岛夷志略》《佛国记》《郑和航海图》《天工开物》《陶说》《瀛涯胜览》《星槎胜览》《西洋番国志》《东西洋考》等；至于外国史料的使用就更多了，我们经常看到的有《历史》《厄立特里亚海航行记》《亚历山大远征记》《中国印度见闻录》《一千零一夜》《道里邦国志》《马可波罗行记》《中亚蒙古旅行记》《黄金草原》《伊本·白图泰游记》等，同时也利用最新的考古材料。他们强调占有材料的重要性，不满足于既有的古籍材料的记载，把注意力转向不断开掘的新材料。在他们看来，进入宋代以后海上交通更为重要，阿拉伯人利用这条海上航路从事贸易活动，海上贸易占据了对外贸易的主流。从研究的动向上看，他们已经展现出来一个新的特征，即由厚古转向了究今，由从考史、证史转向了修史，体现出社会变革与发展时代史学研究的真正意义。

第四，在各个分支领域都有某种程度的进展，反映整体研究的水平与动向。在长达一百年的历史研究当中，丝绸之路作为学术研究的一项重要内容每个时期都有相应的成果出现，关注的领域几乎涉及经济、文化、科技、交通、外交、外贸、移民等诸多方面，确实显示出研究的兴盛与繁荣。如果把这些内容连缀起来，就可以看到海上和陆上交通贸易的总体画面，看到当时社会的总体特征。在欧亚大陆的陆上丝绸之路和连接中国、朝鲜、日本、南洋各国、印度洋以及波斯湾地区的海上丝绸之路上，东方传统的丝绸、陶瓷、香料、苏木等大量输出，也有域外商品的大量输入，它们由浅及深、由小到大融入人们生活的所有方面，大大丰富了东方人的物质生活和精神生活，也给东方社会带来了巨变。9世纪中期，到达尸罗夫的中国商船是很多的，阿拉伯商船也参加了中国特产的运输，通过中国商船可以看到当时的运输情况。①

在中国引进美洲物种方面,上田信在《海与帝国:明清时代》一书中有详细的考证,认为玉米被引进中国有个三个路径:一是明朝嘉靖年间通过海路由广西或福建的贸易港口带来;二是由波斯经中亚进入中国;三是经西南地区由印度进入缅甸,最后传到中国的云南。②此外,作者还对马铃薯、红薯、辣椒传入中国的情况多有介绍。对于域外文明的引进,作者始终是以欢迎的态度予以热情介绍的,中国社会对域外物种大量引进,促进了社会的进步与人口增长,加速了社会变迁,作者这样写道:"中国与日本之间的贸易体系完善后,大量的海产品被运往中国。随着厨艺精进,产自日本的鱼翅、鲍鱼、海参都是宴席上不可缺少的食材。顺着这条通道,社会上也出现变化。"③这些都是深入考察所得,而非一般的泛泛而论。

日本学者关注东西方交流下的社会变迁问题。与区域间贸易和人员往来相伴随的是各民族、各国家间孤立封闭的状态被初步打破。尽管这种交往不同于殖民主义时代和帝国主义时代以地球为舞台的商业竞争,但它所带来的社会重大变化同样是不可忽视的。在近代以前,他们的丝绸之路研究以欧亚大陆上的东西方文明交往交错为主,进入近代以后则以海上东西方交流为重点,实现了从西域到东亚海域研究的跨越。在海上丝绸之路的东端,中国的茶叶、纸张、瓷器输入到朝鲜、琉球和日本。在中国与周边国家的朝贡贸易当中,朝贡国的来华贸易是享受免税特权的,琉球国利用这个特权从清朝购入了多种物品,其中就有瓷器。④平安前期和中期,日本输入的瓷器主要有浙江越州窑

---

① 三杉隆敏:《探寻海上丝绸之路》,创元社1968年版,第43页。
② 上田信著,高莹莹译:《海与帝国:明清时代》,广西师范大学出版社2014年版,第336页。
③ 上田信著,高莹莹译:《海与帝国:明清时代》,广西师范大学出版社2014年版,第357页。
④ 松浦章:《清代中国琉球交涉史研究》,关西大学出版部2011年版,第313页。

的青瓷，湖南长沙（铜官）窑的青瓷和河北邢州窑的白瓷。① 遣唐使与留学生从中国带回日本国内没有的知识、情报与技术，建立了国家安定的体制与文化。② 从宏观方面来说，他们关注中国、日本、东南亚以及欧亚大陆上各国社会发生的一系列重大变化，三上次男在给三杉隆敏的著作《探寻海上丝绸之路》一书写的序言中说："这条陆路，实际上是贯穿古代、中世和近世连接东西方的纽带，在世界发展历史上的作用是重大的。"③

　　日本学者与欧美学者不同，除了少数人带有明显的政治目的把古代东方社会看作是停滞的和封闭的之外，大部分学者还是实事求是的，看到东西方海陆交流给东方各国带来重大变化，这种变化从沿海向内地扩展推进。仅从物种交流而言，由于美洲、西域、南亚物种的大量引进，不仅丰富了中国、日本、东南亚各国的物质生活，而且对于人口的增长有着直接的促进作用。在宋朝国都开封，社会经济发展，大众生活富足从容，城内各处经销珍珠、香料、丝绸织品，商铺林立，昼夜兼营，剧场有戏剧、曲艺等各种演出，呈现出商品经济高度发展的景象。④ 他们热情讴歌郑和七下西洋的壮举，认为它是宋元以来中国船队在印度洋活动的顶点，欧洲势力来到东方以前以印度洋为舞台，中国与伊斯兰国家和平友好贸易关系存在的证明。⑤

　　中国社会对来华贸易的各国商人表现出了相当程度的宽容，给他们划定的居住区称为"蕃坊"，设有专人管理。在广州、泉州、扬州等贸易港居住的来自阿拉伯和波斯湾沿岸国家的外国商人就有数千人以

---

① 荒野泰典、石井正敏、村井章介编：《亚洲中的日本史Ⅲ·海上之路》，东京大学出版会1992年版，第120页。
② 长泽和俊监修，吉村贵著：《佛教源流：从正仓院到丝绸之路》，青春出版社2002年版，第98页。
③ 三杉隆敏：《探寻海上丝绸之路》，"序"，创元社1968年版。
④ 平山郁夫监修：《海上丝绸之路——神秘的南海航路》，讲谈社2005年版，第30页。
⑤ 寺田隆信：《郑和：联结中国与伊斯兰世界的航海者》，清水书院1981年版，第200—201页。

上。① 根据桑原骘藏的研究,"宋代奖励互市,故侨蕃甚蒙优遇。纵有非法行为,每置不问。其同类相犯者,唐代多听以本国法律处置,华官不加干涉"。宋代看到商业贸易对于国家致富致强的巨大作用,因此对来华的外国商人表现出了更多的包容与宽大:"蕃汉之间有犯罪事,苟非重大之件,亦听以彼等法律处分。"② 这些都是作者详细观察所得,为我们提供了一个清晰的历史图景,让我们看到一个真切的中国古代社会的历史。以此观之,中国历史并非有的西方学者所说的是封闭的、充满惰性的封闭系统,而是在与西方接触与交流的过程中保持了相当的活力。日本学者的研究具体而微,利用成书于一世纪的希腊古史材料《厄立特里亚海航行记》详细统计出非洲东岸诸港、阿拉伯诸港、印度东西海岸各港口进出口的商品种类,这些来自国际市场上的商品主要有亚麻布、手斧、短刀、铜制饮器、锡、铁、蔗糖、稻米、棉布、珊瑚、乳香、檀木、鸡冠石、染料等③,几乎涉及东西方社会生活的所有方面。在朝鲜半岛,有清一代,朝鲜一度向中国派遣了规模超过三百人的庞大朝贡使团,除了朝贡外交外,使团还有商务、文化、情报收集和观光等多种任务。④ 历史的内容是具体的,从既有的研究中可以看到这些内容与其他研究明显不同。

总之,根据这些研究成果可以看到历史上的海陆丝绸之路在东方历史上的独特贡献与作用,成为东方历史上的一道风景,无疑在推动着东方社会不断向前迈进。历史发展的动力来自政治的、经济的和科技的各个方面,对外交往与交流无疑是一个重要的因素。这符合马克思主义经典作家的基本观点。如果把社会进步的动力仅仅理解为技术的进步是远远不够的,也不符合历史的实际情况,因为社会发展是一

---

① 平山郁夫监修:《海上丝绸之路——神秘的南海航路》,讲谈社 2005 年版,第 25 页。
② 桑原骘藏著,陈裕菁译:《蒲寿庚考》,中华书局 1954 年版,第 47 页。
③ 本村凌二、蔀勇造等著:《海洋与陆上丝绸之路》,日本放送出版协会 2003 年版,第 159—161 页。
④ 松浦章:《近世中国朝鲜交涉史研究》,思文阁出版 2013 年版,第 6 页。

个多种力量参与其中综合起作用的过程，单一方面的力量是无法发挥重大作用的，同时也无法解释为什么较早开放地区的发展程度始终高于那些较晚开放且相对封闭的地区的问题。

三、对日本丝绸之路研究经验的基本总结

对近百年来日本丝绸之路研究经验的基本总结，有助于我们从总体上把握日本学术思想的发展行程、规律与特征。日本的学术研究对我国影响很大，特别是研究中国的一些著作成为我们反观自己研究的参考书。我们学者在谈到日本学术时写道："一方面，它们大都充分利用了丰富的中国古代历史文献进行精深的文本分析，体现出作者的汉学水平和深厚的古文献根基；但另一方面，从总体的研究方法上却与传统的中国学术大相径庭，作者已经不再像二十四史的史家那样仍旧站在中原王朝正统史观的立场来观察所谓'四夷'，进行粗线条的描述，而是以西方考古学、人类学、社会学等全新的研究方法和理论对研究对象从历史语言、地理环境、社会组织结构、人群迁移流动、对外文化交流等不同的层面和角度加以剖析，从而展示出前所未有的学术新格局。"[1] 这个评价无疑是准确的。在近一百年时间里，日本的丝路研究已经取得了重大成就与突破，不仅出版了一批有影响的著作，翻译了国外的著作和原始文献，更为重要的是培养了众多的有建树者。

今天的日本仍然关注中国历史上的丝绸之路和现实中的丝绸之路建设问题，其关注的趋势、动向值得我们去认真研究和思考。丝绸之路研究绝不是简单的学术问题，它所反映的是世界各文明板块间的联系与影响，是一个经济、政治、科技、文化、军事、宗教、移民、安全与交通整体演进发展的过程，单纯的经济学观点或政治学观点是不能对其解释清楚的。历史上有些问题极为复杂，尤其像丝绸之路这样

---

[1] 藤田丰八著，杨鍊译：《西域研究》，"前言"，山西人民出版社2015年版，第3页。

的庞大问题只有上下探索、左右考察,方能洞悉其功能与意义。三上次男指出:"从东到西,从西到东的两者间贸易,打破了中世纪各地区间的孤立状态,带来各地的时代共同性已是不争的事实。可以说,瓷器是它的一个象征。"[1] 从近百年的治史经验来看,日本的研究经验是多方面的,有必要予以新的概括和总结。

第一,重视对相关材料的收集、整理、提炼和利用。日本学者的田野调查功夫和收集材料的本事是值得学习的,我国学者周一良先生曾经说过,日本学者"注重穷尽资料,有'上穷碧落下黄泉'的精神。……日本学者不仅注意存于本国和中国的史料,即使散在世界各地的,无不想方设法去搜集。敦煌卷子发现后,我国学者在北京坐待伯希和几次带来的少数写本,而日本学者闻讯后立即奔赴欧洲搜访,移写回国刊布"。[2] 在这方面,大谷光瑞探险队是其典型,也是对中国敦煌文化的无情掠夺。正是有了搜罗宏富的第一手资料,才有他们在研究上的卓荦成就,受到国际同行的重视。

三杉隆敏为了收集散落在世界各地的中国美术品材料,他自1963年起近百次出国,访问50多个国家的博物馆、伊斯兰清真寺和历史古迹,足迹遍布马尼拉、胡志明市、曼谷、新加坡、卡拉奇、苏伊士运河、亚历山大港以及阿富汗、伊朗、土耳其、埃及、俄罗斯等国家与地区,了解中国瓷器。[3] 为研究海上丝绸之路提供充足的史料支撑,写下多部材料充实且有新理、观点材料纵横贯通的著作。有学者指出:"日本对于汉籍搜集甚勤,如宫内省图书寮多宋元旧椠,且鉴别甚精。"[4] 进行田野调查收集相关的第一手材料,是历史学者的基本功课。

除了重视文献资料外,日本学者还特别重视对地下出土的考古材

---

[1] 三上次男:《陶瓷之路——探访东西文明的结合点》,岩波书店1969年版,第230页。
[2] 刘俊文主编:《日本学者研究中国史论著选译》第1卷,"序言",中华书局1992年版,第4—5页。
[3] 三杉隆敏:《海上丝绸之路》,恒文社1976年版,第115—116页。
[4] 莫东寅:《东方研究史》,知识产权出版社2014年版,第184页。

料的发现和利用，以弥补文字材料的不足。在这方面，三杉隆敏、铃木治、三上次男等人是突出的代表。具体地说，他们对陆上和海上瓷器运输、生产的介绍可谓淋漓尽致，全面周详，甚至不厌其烦地使用大量的考古材料，来说明中国瓷器传入世界其他各国的情况，以及对当地瓷器生产与生活的影响。三杉隆敏是通过大量的考古实物来研究中国瓷器在西亚、中东、欧洲以及印度洋沿岸国家传播与影响的，在某种程度上可以说，这些新发掘的考古材料大大拓展了学术空间，开阔了研究者的视野。他的《陶瓷文化史：从景德镇到海上丝绸之路》一书表明，中国瓷器在唐代就出口到世界各地了，伊斯坦布尔的托普卡帕宫收藏了12000多件中国瓷器，伊朗的阿德比尔神庙收藏中国的瓷器也有近千件。当他读完《厄立特里亚海航行记》《一千零一夜》《马可波罗行记》和《伊本·白图泰游记》之后，看到海上贸易在那个时候就已经相当繁荣了。近年南海与世界一些国家都有新的考古材料发现，有的直接为研究古代东西交通、造船技术、古气候、陶瓷技术、物种交流提供了充分的条件。他们研究古希腊、罗马时代中国丝绸在欧洲传播时，基本上是依靠考古材料进行的。在罗马帝国时代，社会上层特别喜爱东方社会的贵重商品，对香料、丝绸有强烈的需求，丝绸制品具有与黄金一样的价格。[①]

　　日本图书馆、博物馆极富收集和典藏资料的传统，举凡图书、杂志、地图、手稿、图片、信函都在搜罗之内，应有尽有。例如，1924年成立的东洋文库不仅收藏了大量的图书资料，也曾派羽田亨摄取斯坦因（Mark Aurel Stein）、伯希和（Paul Pilliot）在中国敦煌发现的古代文书全部，搜集中国全国方志家谱等。[②]许多人游学英、法、德、俄、荷兰、意大利及美国，带回了大量的图书资料。对于收集来的材料，他们必然做加工、整理和去伪存真的工作，从材料中探索未知的世界。

[①] 小林高四郎：《增补东西文化交流史——以丝绸之路为中心》，西田书店1984年版，第98页。

[②] 莫东寅：《东方研究史》，知识产权出版社2014年版，第185页。

明治以来日本图书事业有了大发展，公立和私立图书馆藏书、刻书、抄书蔚然成风，积极传播知识，服务社会，推动着社会文明进步。在这样的环境中走出来的知识分子大都博学专深，学术造诣精湛，以实证研究面对自己所从事的科学研究。一个国家的文化发展需要多种条件，图书资料的极大丰富无疑是很重要的方面。从这些收集材料的不懈努力中不难理解他们为什么能够取得如此成就的原因。

第二，注重不断开辟新的研究领域。学术研究是在不断地开辟新的领域中向前发展的，学科建设是如此，学术研究也是如此。1904年东京大学首开中国史学科，1910年改为东洋史学，其研究范围从中国扩大到朝鲜、北亚和中亚地区。[1] 与以前相比，他们关注的重点发生一些变化，从过去对史料收集考证和政治史的关注走向对具体的东西方交流交汇研究，因此欧亚大陆上的蒙古、匈奴、回纥、契丹、女真、奴隶贸易、墓葬、壁画等问题，东亚海域上的大帆船贸易、沿海港口城市、市舶司制度，以及佛教的东传、印度科学的引进、西汉的胡风，造纸、印刷术、火药、罗盘针、绘画等都进入他们的视野。据他们考证，汉代丝绸的种类繁多，有锦、绣、缦、绮、绫、绨、绉、缣、练、素、帛、絓、紬、丝、絮、绵等多种。[2] 至迟到唐代后半期，东西方商船已经到达对方的海域，唐朝商船已航行到波斯湾。[3]

从传统的较为单一的文化史、政治史研究转向具体的经济、法律、制度、社会、移民、贸易、交通、投资、丝绸染织技术等分门别类的研究，从简单的叙事定性转向对规律的阐释与把握，无疑是研究上的深化与进步。在他们的笔下，欧亚大陆史已经不再是干巴巴的记载记述、对人物的臧否褒贬，而是有血有肉、有筋有骨和多姿多彩的人类

---

[1] 永原庆二著，王新生等译：《20世纪日本历史学》，北京大学出版社2014年版，第36页。
[2] 长泽和俊、横张和子：《丝绸之路：丝绸之路染织史》，讲谈社2001年版，第25页。
[3] 荒野泰典、石井正敏、村井章介编：《亚洲中的日本史Ⅲ·海上之路》，东京大学出版会1992年版，第124页。

文明交流交错的画卷。草原丝绸之路是一个卓有成就的领域，产生的大家也最多。有学者指出："草原之路，还有草原地带，在欧亚大陆的历史上扮演了重要的作用。它首先是民族大迁徙和兴亡之路。……它是伴随着游牧骑马民族与定居的农耕民族的抗争或共存与融合，充满波乱的民族兴亡史。"① 寥寥数语，反映出日本学界对草原丝绸之路的重视与理解。

在第二次世界大战以前，日本有一批从国别史开始进而扩大到区域史研究的学者，各自在自己研有专深的领域做出了成就，成为一代有建树的学者。例如，东洋史学家白鸟库吉就是从朝鲜史研究入手，扩大到"满洲"、蒙古、西域等地区研究的。② 他的《东西交涉史论》成为陆上丝绸之路研究有影响的著作，探讨草原民族的历史是从东西方交流、互动的视角出发的，思想深刻，观点敏锐独特，从而奠定他在日本东洋史上的地位。白鸟库吉是日本战前有影响的东洋史学家，他以东洋史学泰斗、东京文献学派创始人的特殊身份取得巨大成就，成为独步一时的卓然大家。他的注意力主要集中在欧亚大陆上，朝鲜、日本与中国东北研究是其整个研究的一个重要部分。他在《从东洋史上观察日本》中从区域史的角度探讨日本与大陆文明的关系，西部筑紫与中国山东半岛的海上接触可以追溯到相当久远的古代。③ 但是必须指出，白鸟库吉对日本占领时期的朝鲜、蒙古和"满洲国"的研究是缺乏批判精神的，因此在史观上存在一定的问题。他关注"满洲国"的发展，甚至把它作为日本的生命线。④ 表现出他的历史观的局限。已经有学者指出，白鸟库吉丝毫没有涉及殖民统治问题，向欧美学习的

---

① 石黑宽：《又一个丝绸之路：草原民族的兴亡与遗产》，东海大学出版社1981年版，第8页。
② 永原庆二著，王新生等译：《20世纪日本历史学》，北京大学出版社2014年版，第44页。
③ 白鸟库吉：《从东洋史上观察日本》，岩波书店1934年版，第14页。
④ 白鸟库吉：《从东洋史上观察日本》，岩波书店1934年版，第44页。

第八章 在历史的发展与延续中创造新的东方外交史　531

是东洋史研究,而没有形成超越它的批判性思考。[1]任何一项历史研究都有时代的烙印,白鸟库吉、内藤湖南、大谷光瑞等人的研究也不例外。这是日本丝绸之路研究中的主要错误观点所在。

开辟新的研究领域必须有坚实的材料作为支撑,使用多方面的材料。在日本学者的笔下,我们看到了新罗人眼中的南海贸易。对于阿拉伯人、印度人和波斯人在南海贸易的情况,727年新罗僧人惠超有如下的记载:"波斯国人喜爱交易,常自西海远航至南海,在狮子国换取宝物。那是因为他们国家出产宝物,向昆仑国换取金子,再泛舶到中国。到达广州,换取绫罗绸缎之类。"[2]据说,八世纪南海市场上狮子国的宝石、昆仑国的金子和广州的绫罗绸缎,从广州港运往西方。[3]汉代中国开辟了海上丝绸之路,印度、东南亚的物产进入中国市场;唐代以来伊斯兰商人由海路来到中国,海上交易兴盛,迄至宋代海上贸易更加活跃。[4]根据成书于宋代的赵汝适的《岭外代答》可知,中国对外交往的国家有东南亚的交趾、占城、真腊、三佛齐（今印度尼西亚苏门答腊）,阿拉伯半岛的大食（阿拉伯）,南亚的故临（印度奎隆）,欧洲的大秦等国家,贸易的触角已经伸向世界。郑和下西洋时期,船队在印度卡利卡特与当地中介商平等交换,议定商品交换价格,各执双方订立的契约文书,事后不再反悔。[5]可见当时国家间经济活动之活跃与广泛。

第三,学术研究服务于国家社会的重大需求。日本明治维新以后实施"大陆政策",向朝鲜半岛、中国和南洋扩张,深深地影响了学术界,学术研究在很大程度上转向了为国家对外政策服务。日本历来对学术的社会功能有清晰的认识,主张学术研究要为社会提供有力支持,

---

[1] 永原庆二著,王新生等译:《20世纪日本历史学》,北京大学出版社2014年版,第44页。
[2] 长泽和俊:《海上丝绸之路史:四千年的东西交易》,中央公论社1989年版,第89页。
[3] 长泽和俊:《海上丝绸之路史:四千年的东西交易》,中央公论社1989年版,第90页。
[4] 三杉隆敏:《海上丝绸之路:大航海时代的陶瓷冒险》,晓星出版1989年版,第98页。
[5] 寺田隆信:《郑和:联结中国与伊斯兰世界的航海者》,清水书院1981年版,第79—80页。

既做纯粹的学术，也要为社会提供充分支撑的实用学术，特别是在社会重大变革时期更要有相应的代表性著作支持。这不仅与社会发展的需求有关，也与长期以来日本学术成长的程度与环境有关。中国在鸦片战争中遭受的城下之辱也给日本一些思想家以沉痛的教训，他们看到必须在思想、文化上改弦更张，跟上欧美国家发展的步伐。

19 世纪末和 20 世纪初，日本在相继取得甲午、日俄两次战争胜利后深刻思考历史、文化的社会功能，"他们深切感到尽管两次战争的胜利使民族主义和国粹主义情绪高涨，但资本主义已进入工业革命阶段的现状，有必要从历史的角度分析包括经济、社会、法律在内的日本的未来"。① 在这样的大背景下，学术关注的重点已经转向国家对外侵略扩张需要的研究上去了。有资料表明，自 1868—1912 年日本研究朝鲜地志、旅游的著作达 207 部，历史 137 部，政治、行政、法律 135 部，经济 108 部，语言文学 81 部，产业 152 部。② 进入大正时代，随着日本国内南进的呼声，有关东南亚的金融、贸易、投资、历史、语言、地理、军事、宗教以及文化方面的报告和著作如雨后春笋破土而出。据统计，从 1910 年代到 1920 年代，日本国内出版的这方面著作达 238 册之多。③ 在当时已经走向战争体制的形势之下，任何人都不可能游离于时代之外。

二十世纪五六十年代，随着国内经济的快速发展和回归亚洲进程的加快，日本学界不失时机地提出了"东亚世界"的概念，推动了东亚史研究，与此相应的著作大量出版。他们看到区域史的重要性，单纯的国别史研究已经不能满足当下形势的发展需要了，力图从整个区域的视角探索本地区的发展出路。这个重大动向的出现，已经明显地反映出日本的学术服务于国家的发展大局，学术与国家发展的密切结合，从纯粹的书斋研究走向了致用之学。书斋里的虚理之学，或训诂

---

① 永原庆二著，王新生等译：《20 世纪日本历史学》，北京大学出版社 2014 年版，第 38 页。
② 宫嶋博史、金容德编：《近代交流与相互认识》，庆应义塾大学出版会 2001 年版，第 355 页。
③ 清水元：《两次大战期间日本•东南亚关系诸相》，亚洲经济研究所 1986 年版，第 6 页。

章句、搜罗遗逸已不再是唯一的学问，现实的当务之急就是学术研究与时代的发展保持同步。中村哲有感于日本的学术研究落后于社会形势发展的实际情况发出这样的评论："东亚经济在急速发展。研究工作要付出很大努力来追赶其变化。因此，要加强对现实变化的研究。"[1] 学术活动的重大动向可以看作是观察一个国家社会发展的一条线索，国家发展需要文化建设的支持，文化建设支持国家向更高的层次发展。它反映社会政治、经济与文化间的互动关系，在现代社会中文化与经济、政治永远处于互动之中，在什么条件下文化支持社会经济、政治向前推进，在什么条件下文化要与社会保持一定的距离，这是应该好好研究的重要课题。

第四，坚持长期的积累，追求完美，确立精品意识。日本学界有着长期的学术积累与基础，具有一以贯之的学术传统，即使在战争时期其学术研究也不曾中断。优良的学术传统不是一朝一夕完成的，必然经过几代人的艰辛努力，在新陈代谢中完成传承工作。自从近代西方科学、思想与文化传入以来，在国内已经形成几个有影响的学术传统：一个是深受中国乾嘉学派影响的重视考据的传统。他们有严格的史学训练与信手拈来的史学功夫，对史料掌握的要求极为严格，对于每一个文字、每一段史料都要解析清楚，崇尚朴实的文风，确凿的证据，不发无材料根据的议论，代表传统的治史方法；二是战前形成的东西结合的治史传统。他们既受中国乾嘉学派的影响，也接受近代西方自然科学与社会科学的研究方法，可以说是在走着一条东西合璧的道路，综合了东西方两种优势，更具影响力；三是战后受美国、英国、德国等西方思想影响成长起来的知识分子。他们现在是当今日本学术的主流。这几种传统同时在日本史学界发挥出了作用，呈现出异见纷呈、新意迭出的局面。不论哪一种类型的知识分子，他们一般都具有

---

[1] 中村哲著，陈应年等译：《东亚近代史理论的再探讨》，"序"，商务印书馆2002年版，第3页。

深厚的国学功底，良好的学术素养与敬业精神，追求学术独立、思想自由与完美。在精神文化方面追求的是"一种无形的东西。这种无形的东西是很难形容的，……这就是所谓文明的精神"。[①] 在服务方面，他们追求自身的知识与社会的结合，为社会提供服务。传统方法的坚持，东西方法的结合，精品意识的建立，主体作用的加强，学术环境的宽松，使他们有条件做出一流的成就。古语说得好："泰山不让土壤，故能成其大；河海不择细流，故能就其深。"

四、东方历史向未来发展延伸

对日本近百年丝绸之路研究的简要回顾，可以认为是对丝绸之路历史作用与经验的一次梳理与总结，有助于深化对海洋属性和人类历史经验的认识。海陆丝绸之路的开辟、发展与衰落是东方历史进程中的大事，给东方社会带来多方面的影响，只有从人类历史变迁的宏观视角来看待这一问题，才能看清它的实质。丝绸之路为中国人所开辟，但它的影响却是世界性的。从一个意义上说，中国文化既有大陆农耕文化的成分，也有某些海洋文化的成分，只把中国文化看成是大陆文化是不完整的，也是不全面的。横亘于东方历史数千年的丝绸之路是一个特定的历史范畴，具有特定的内涵，不宜把它无限地向近代延伸。

把丝绸之路与世界联系起来研究，虽然不是日本人的独创，但他们对丝路之于世界历史进步的重要贡献做出了许多有益的解释，在今天看来仍然符合世界发展的大势与基本需求；他们强调世界史的视角，看到黄河文明、印度文明、美索不达米亚文明、埃及文明以及地中海文明间的联系与互动，大大拓展了日本世界史的研究范围，对我国世界史和东方外交史学科体系建设有诸多有益的启示。中亚扩大并发展了与东亚农耕文明圈、南亚农耕文明圈、西亚半农半牧文明圈，以及比其较晚出现

---

① 福泽谕吉：《文明论概略》，商务印书馆1992年版，第13页。

的欧洲半农半牧文明圈的联系。① 陆上丝绸之路是欧亚大陆交通的主干线,绝非仅仅运送丝绸,同时也是联结欧亚大陆东西南北细密的网络,从上古时代开始的东西文化交流之路;② 从海路而言,中国、南洋各国的商品从这条航线上走向世界,对当地生活产生深远影响;同时,南亚、西亚和美洲的植物被引进中国,加速了中国社会的人口增长与发展进程。丝绸之路的重要性在于:它是欧亚大陆的交通大动脉,丝绸之路区域是世界主要文化的母胎,这条道路是欧亚文化交流的桥梁。③

必须指出,日本学界对中国商船在古代西太平洋贸易网的活动范围估计偏低。他们认为,从8世纪初到15世纪末欧洲人来到东亚之前,执世界通商贸易之牛耳的是阿拉伯人。④ 参加7—8世纪南海贸易的是昆仑船、印度婆罗门船和波斯湾的波斯船,不见中国船的进出。⑤ 甚至认为,在葡萄牙人为东亚贸易竞争者之前,自摩洛哥到日本、朝鲜的广阔区域为阿拉伯人的势力范围。⑥ 另一位学者上田信甚至认为,唐代基本上没有留下什么有关当时在东亚造船的线索,中国人没有可在东海、南湾等海洋安全航行的船只,对远洋航行并不积极。⑦ 法国年鉴派历史学家布罗代尔也有类似的看法。另外,他们对华侨华人在西太平洋—印度洋上东西方贸易中的作用也是估计不足的。在今天看来,这些看法是不正确的。既有的大量历史材料和研究已经表明,海外华商和日本人、东南亚人、印度人、波斯人都是西太平洋贸易网的主要参与者和建设者。中国唐朝实行较前代更为开放的对外政策,鼓励各国

---

① 森安孝夫:《丝绸之路与唐帝国》,讲谈社2007年版,第53—54页。
② 儿岛建次郎、山田胜久、森谷公俊:《欧亚文明与丝绸之路:波斯帝国与亚历山大大帝之谜》,雄山阁2016年版,第175页。
③ 儿岛建次郎、山田胜久、森谷公俊:《欧亚文明与丝绸之路:波斯帝国与亚历山大大帝之谜》,雄山阁2016年版,第190—191页。
④ 桑原骘藏著,陈裕菁译:《蒲寿庚考》,中华书局1954年版,第2页。
⑤ 平山郁夫监修:《海上丝绸之路——神秘的南海航路》,讲谈社2005年版,第24—25页。
⑥ 桑原骘藏著,陈裕菁译:《蒲寿庚考》,中华书局1954年版,第12页。
⑦ 参见上田信著,高莹莹译:《海与帝国:明清时代》,广西师范大学出版社2014年版,第35—36页。

商人来华贸易是无疑的，但如果仅仅认为唐代从事南海贸易的主体都是外国人是不正确的，不符合历史的事实。

随着中国造船技术进步，国家对海外贸易予以支持，许多中国商人积极参与到西太平洋贸易网的交易之中，成为南海贸易的重要参加者，从来没有从海洋退却过。自从汉代开辟南海到印度洋地区的航线后，中国商人始终活跃在南海到印度洋、波斯湾和红海地区的各个港口、城市与村庄。西太平洋贸易网的参与者是多个国家，如果把它仅仅看作是阿拉伯人之功是不正确的，即使是15世纪郑和下西洋这种大规模的海上活动结束后民间的海外华商仍在活动，也没有完全退缩到马六甲以东的地区。

造成这种看法的原因其实并不难理解。日本学者研究丝绸之路使用的材料多以中国正史材料为主，而商人在海外的活动又远离正史，甚至成为"没有帝国的商人"或帝国的弃儿，因此造成对华商作用估计不足的情况。现在大量的研究成果已经表明，包括中国华商在内的亚洲各国商人都参与了西太平洋贸易网的建设与发展，共同缔造了区域辉煌，非一国之功。把日本近百年的丝绸之路研究作为一份珍贵的材料进行再研究，既要看到他们取得的成就，也要看到他们研究上的一些不足，只有认真总结、吸收与借鉴，我们才能完成丝绸之路研究的历史性的跨越，把中国的研究引向深入。

日本的丝绸之路研究中的这些问题，需要做认真的、细致的甄别与扬弃工作，不可一概地加以肯定，也不可一概地加以否定。对海陆丝路兴衰的探讨一直是日本学界饶有兴味的问题，许多观点值得我们认真思考。例如，认为现代文明之源是西欧的观点是近视的观点，构建世界史不能把游牧民族排除在中亚历史之外的观点，中亚地区的历史与西亚史、地中海世界史、欧洲史、印度史和东亚史相关联，也与日本人以及日本史相关联的观点等[1]，都是我们构建新的东亚史或东方

---

[1] 森安孝夫：《丝绸之路与唐帝国》，讲谈社2007年版，第358页。

历史时应该加以思考和借鉴的。

　　日本学者的观点与长期以来流行于西方的观点不同，认为中国明代的海上贸易比陆上贸易兴盛，看到了民间力量在逐渐变大的情况。[①]这是东亚史研究的新进展。近一个世纪以来，丝绸之路一直是日本学界关注的课题，从来没有远离过他们的视野。既有的研究已经形成比较完整的体系，所做的工作绝不是简单的收集、考证、出版与介绍，而是把它作为一个有价值的文化建设，在构建中显现出新鲜活力，构成了日本东方学研究的具体而庞大内容。可贵的是，他们从多方面探讨丝绸之路衰落的社会历史根源，具体深入到西方殖民力量的冲击、东方社会内部政治、经济、科技、文化等因素。他们研究历史有自己明确的史观。

　　从对东西方两大因素的探讨来看，他们较多地关注了东方内部因素的作用，而没有过多地强调外来因素的影响，认为国力衰败是导致东方市场让位于西方近代殖民贸易的主要原因。滨下武志在《中国、东亚与全球经济——区域和历史的视角》中响亮地提出近代中国和亚洲的衰落不是由于西方的"冲击"所造成的，而是由于东亚的"内部原因"的著名观点。这个观点对于解释丝绸之路的衰落也有一定的说服力。只有认真地总结和反思过去的教训，我们才能不断地发现新的历史，推进社会进步。日本是东方丝绸之路的受惠者，对丝绸之路研究投入了极大热情，而且已经得到回报。我们回顾过去的历史是为了进一步获得社会发展的力量，通过这一具体的回顾来重新认识千百年来我们所走过的历程，为建设"一带一路"提供有益的经验教训。

[①] 三杉隆敏：《海上丝绸之路：大航海时代的陶瓷冒险》，晓星出版1989年版，第120页。

第九章 东方国家崛起长期趋势下东亚史的新构建

在当前东亚国家发生历史性巨变的形势下,思考和构建一部新的东亚史显然是一个极为重要的任务。这里所说的东亚是一个广义的概念,我们主张把它的历史与现实联结贯通起来进行整体性观察,既包括东北亚、东亚也包括东南亚地区。这个地区不仅是人类文明的重要区域,也在克服了传统的一些惰性之后,找到了适合本国发展的道路,在今天的重要性与日俱增,使世界的前途充满了光明与希望。东亚的重新崛起,大大拓展了我们对本地区历史的认识,现在有必要对长期盘踞世界史坛的西方现代化理论、"依附理论"和"世界体系论"进行新的思考,特别是对东亚历史解释上的一些偏颇应予以纠正。只有如此,才能完成对东方国家崛起长期趋势下东亚史的重新构建。

第一节 日本的东亚史研究及其对我国东亚史学科建设的启示

东亚史是整个人类历史的重要组成部分,经过长期演变逐渐发展成具有丰富内容与多样性的区域史,构成人类文明史不可分割的组成部分。长期以来,日本对历史的研究基本上是以国别史为主,中国史是最有成就的方面。国别史研究可以说是在中国史研究的基础上逐渐发展扩大起来的,研究东亚史不能绕开中国史,尤其不能绕开对周边产生重大影响的中国思想与文化。因此,日本的东洋史就意味着亚洲史，实际上长期还是以中国史为主要的内容。[①] 在国别史研究上，最初主要集中在中国、朝鲜、蒙古、东南亚等少数几个国家和地区，研究无疑是精深而有力度的。这不仅与日本明治以来的对外政策有直接关系，也与日本的学术研究直接服务于国家政策的重大需求有关，反映出日本学术与国家发展需要的密切结合，从纯粹的学术研究走向了致用之学，促成了学风的转变。

战后日本的东亚史研究有了长足发展，出现了一批有建树的学者。系统提出"东亚世界"理论的是西嶋定生。1962年他发表《六—八世纪的东亚》一文，后来在1983年出版的《中国古代国家与东亚世界》中对东亚世界理论有了进一步的论述。这个理论的最大贡献是，系统地提出了东亚世界的基本要素与框架，以汉字文化、儒学、律令和佛教作为东亚世界的基本要素。它强调中国在古代东亚世界的主导作用，范围包括中国、日本、朝鲜与越南等受中国文化显著影响的国家与地区。迄今为止，这个理论已经被中国学者所接受，也是富有学术生命力的观点，对于我们思考和研究东亚历史很有帮助。近年我们已经提出建设中国东亚史、东方史以及东方外交史的想法，也已经得到国内同行的积极回应。把东亚历史作为一个整体进行研究，可能比分散性、断裂性研究更有意义，也更符合世界发展的总趋势与总要求。

一、日本东亚史研究的历史分期

在日本史学界，有一批对东亚史（包括中国史、朝鲜史、蒙古史以及东南亚史）研有专深的历史学者，在东亚史研究的每个分支领域都有某些不同程度的贡献，构筑了自成一体、体系完备的史学知识谱系，为国际史坛贡献了卓越的研究成果。任何一种史学研究范式的兴起与发展，都是与整个社会形势的变化与需要分不开的，反映的是社

[①] 杉山正明：《欧亚大陆的东西》，日本经济新闻出版社2010年版，第161页。

会急剧发展对理论的迫切需求。日本的史学研究也是如此。根据其发展的逻辑过程，可以将日本的东亚史发展分成几个历史时期。

（一）战前时期 日本具有研究东亚史的传统，出现了许多优秀的史学家，各自在自己研有专深的领域做出了卓越的贡献。日本之所以能够出现众多的史学家，首先应该说是由于长期以来中国悠久的历史与文化对日本影响至深至大，他们从对中国历史与文化的学习当中培养了兴趣和研究方向，奠定了扎实的理论基础，在明治维新以前没有任何一个国家对日本的影响比中国更大。正是由于中国历史文化的长期浸润与熏陶，才有日本战前老一辈史学家在汉语训练、史料解读与把握、研究方法以及治史观念上取得的非凡成就，研究的领域涉及政治、经济、科技、文化、宗教、考古、文学、哲学、艺术等诸多领域，留下的著作至今成为中国学者反观日本研究中国的必读书。根据当前形势发展需要，不仅要研究日本史和东方史，也要看看日本学者是怎样研究中国史的，考虑把那些研究成果剖光磨垢之后运用于中国世界史研究的具体治史实践当中。

在战前东亚史研究队伍当中首先应该提到的是白鸟库吉。白鸟库吉研究的领域包括中国史、蒙古史、西域史以及中西交通史，是一位颇有成就的卓然大家，成为日本东亚史研究的早期探索者。他在《从东西交涉史观察游牧民族》一文中把欧亚大陆的游牧民族放置于整个东亚历史的发展中去考察，提出了许多有益的观点，做出了有益的解释。他强调，如果从一个方面来观察的话，亚洲史是南北对抗史，但同时不能忽视南北抗争引起东西交往这一重大事实。[1] 他探讨草原民族历史都是从东西方交流、互动的角度出发的，探讨历史发展的规律与特点，从而奠定了他在日本东亚史研究的先驱者地位。对于博通经史的白鸟库吉来说，这样的评价并非虚饰。

内藤湖南是日本战前东亚史研究、京都东洋史学派的代表人物，

---

[1] 白鸟库吉等：《东西交涉史论》上卷，大空社1997年版，第5页。

一生大部分时间从事与东亚史有关的史学研究,推出多部有影响的著作。他不仅最早提出了"唐宋变革"这一著名观点,引起中日学者的积极回应,更为重要的是为构建东亚史进行了创造性的探索,开启了一代学风。内藤湖南在《概括的唐宋时代观》中说:"唐代是中世的结束,而宋代则是近世的开始。"① 他从多方面考察唐宋时期中国社会发生的变化,认为这种变化是社会内部政治、经济、文化、艺术力量长期积累的结果,并不是一朝一夕骤然形成的,指出:"唐代和宋代,在各方面的文化生活上都有变化。除此之外,如果从一些细微的个人生活去观察,还可以发现更多反映这个时代的变化。总而言之,中国中世和近世的大转变出现在唐宋之际。"②

"唐宋变革"论的提出意义重大,无疑是对流行于近代以来西方政治家、哲学家、文学家、经济学家、社会学家中的东方社会"停滞论"的有力回击,在国际学术界引起强烈反响。从东西方社会发展比较的角度看,中国的唐宋时代确实发生了诸多新变化,是西方社会无法相比的。唐宋时期已经有发达的商品经济了,特别是宋代社会发生深刻的变革,出现了许多思想家、文学家、哲学家和科学家,对外贸易已经占到国家总收入的20%以上,因此说唐宋时期已经有相当发达的商品经济并不为过。伴随中国经济重心南移,宋钱不仅被输入到日本,也输入到朝鲜、东南亚各地以及非洲东海岸的广大地区。③ 就此而言,"唐宋变革"论与近年人们的普遍看法是比较一致的。

在20世纪上半期,日本东亚史研究有很大发展,许多人加入对日本史、中国史以及周边国家史的探讨,共同推动着历史研究的进步。除了白鸟库吉、内藤湖南外,鸟居龙藏、桑原骘藏、宫崎市定等人也

---

① 刘俊文主编,黄约瑟译:《日本学者研究中国史论著选译》第1卷,中华书局1992年版,第10页。
② 刘俊文主编,黄约瑟译:《日本学者研究中国史论著选译》第1卷,中华书局1992年版,第17—18页。
③ 堀敏一:《律令制与东亚世界》,汲古书院1994年版,第130页。

是成就卓著者。他们的一个共同特点就是，崇尚实证，反对空谈。他们对东亚史的开创性探索无疑代表了当时日本东亚史研究的最高水平，在日本和中国影响很大。他们研究的最大特色是，运用东方人的史观对日本史、中国史、朝鲜史以及蒙古史进行构建，综合东西方两种研究方法之长对历史上的重大问题予以新的解释与探索，从纷繁复杂的历史材料当中理出头绪，一扫长期以来东亚史研究中的沉闷气氛而成为有影响力的学派。

鸟居龙藏的东亚民族史研究是其学术的最大亮点，通过长期田野考察构建了日本的东亚民族史学，确立起他在日本东亚史坛独树一帜的地位。1895年他25岁时被派往中国辽东半岛调查，足迹遍及中国东北、华北、西南和中国台湾，以及琉球、北部千岛群岛、朝鲜与日本各地，被称为是学问研究领域广泛的人。① 东洋史学派桑原骘藏视野广阔，长于中国史研究，尤其以中西交通史贡献最大，成就卓然，凌越前人。宫崎市定对"唐宋变革"的论证十分有力："宋代实现了社会经济的跃进、都市的发达、知识的普及，与欧洲文艺复兴现象比较，应该理解为并行和等值的发展。"② 这些材料从一个方面反映了中国宋代社会发展成熟的情况，也是对"唐宋变革"论的有力支持。

（二）战后初期（20世纪50—60年代） 相对于战前，战后的东亚史研究出现许多新动向，既有对战前的史观有所批判和反思，也有对历史发展的积极构建。这一变化昭示日本的东亚史研究将进入一个新的里程。在日本出现这种情况并非偶然，可以说是战后整个世界民主化与科技革命浪潮的大背景在思想学术领域的反映。

从他们本身来讲，有的目睹了日本政府发动侵略战争给亚洲各国带来巨大的灾难与无边的痛苦，作为历史学家应该首先反思这场战争，为后人树立正确的历史观与导向。被称为日本马克思主义历史学家的

---

① 伊藤信哉、萩原稔编著：《近代日本的对外认识》Ⅰ，彩流社2015年版，第176页。
② 刘俊文主编，黄约瑟译：《日本学者研究中国史论著选译》第1卷，中华书局1992年版，第217页。

井上清在《日本军国主义》《昭和天皇的战争责任》《战后日本史》等著作中对于流行于日本国内的"大东亚战争肯定论"以及国家主义史观有深入的揭露和批判,给日本史带来了活力与方向,写道:"以缔造'大东亚共荣圈'为名而进行的战争是非正义的侵略战争,对于这个问题,在投降后的几年中,公然表示异议的人是没有了。""太平洋战争,在日本方面是非正义的侵略战争,不用说对被侵略的亚洲民族,就是对日本人民,也只是带来了各种无法形容的痛苦、不幸和灾难,并没有带来任何好处。清楚地认识到这一点,不仅对于我们目前如何生活,具有实践的决定性的重大意义,就是对于如何用正确的观点解释、评价战后的历史事件来说,也是不可少的。"①

战后首先在欧洲出现的区域合作给日本历史学家以启示,从历史学的角度探讨人类区域历史发展可能比单纯地研究国别史更有意义。战后在美国等西方出现的区域史研究也给日本历史学家以有力推动,只有带着对现实的强烈关心去研究历史,方能不断为史学发展开辟新的出路。在经历了战争的痛苦磨难以及战后的民主化改革之后,日本史学研究被注入活力,开始以更为广阔的视野研究历史,自20世纪50年代起出现了一批以"东亚"命名的历史著作。大致在这个时期国内也出现了多种地区主义合作思想,从地区合作的层面寻求日本丧失殖民地后的发展出路,重新思考与亚洲各国的关系。以明确的区域意识与理性来把握史学发展方向的人已不再是少数。

在战后民主化与科技革命浪潮的推动下,他们的思想已经进入日本沉睡已久的史坛,发出了理性之光,并成为建设历史学科的自觉学术行为。二十世纪五六十年代以后,日本陆续出版了一批有影响的著作,如西嶋定生的《六—八世纪的东亚》②(1962年)、坂本太郎的《日本古代史基础研究》(1964年)、三上次男的《古代东北亚史研究》

---

① 井上清著,天津市历史研究所、南开大学历史系译校:《战后日本史》上册,天津人民出版社1972年版,第4、20页。
② 《岩波讲座日本历史》第2卷,古代第2册,岩波书店1962年版。

（1966年）、曾我部静雄的《以律令为中心的日中关系史研究》（1968年）、金锡亨的《古代朝日关系史：大和政权与任那》（1969年）等。应该强调指出，二十世纪五六十年代日本学者为构建全新的东亚史在做不懈的努力，奠定的大体框架对后来的历史发展有很大影响。但是由于历史条件以及国际冷战对峙格局的影响，研究中还有许多有待深化和重新思考的地方。

（三）20世纪70年代以后是东亚史研究的成熟阶段 20世纪70年代以后日本出现了东亚史研究的成熟与繁荣。主要背景是经过战前、战后的长期学术积累，日本加快了重回亚洲的步伐，重新认识到亚洲国家的重要性，东亚史无论在立意、取材范围、材料的收集与使用还是在分析与叙述关系方面都较以前有明显的进步，出现了一批有代表性的作品，构成日本历史研究的一个崭新领域。从学术研究的角度，继承东亚历史研究中有益的成分，提取历史上那些对社会有重大意义的选题成为当时先进历史学家的主导思想。治史范围的扩大，传统方法的坚持，学派意识的确立，已经在内容与形式上充分地表现出来。

从这时期学者们推出的成果来看，大部分著作有破有立，立在其中，较好地处理了材料与观点的关系、内容与形式的关系。与战前相比，这时期的理论模式与分析框架判然有别，突出强调区域史的作用与功能，把战后东亚国家发生的历史性巨变归结为世界性与区域性层面共同的作用，而不仅仅看作是单一国家层面的封闭性发展的结果。[1]不仅如此，他们还多方面寻找东方社会发展的原因所在与落后的根源，不同意西方学者的谬惑，"在颠覆'长期停滞的亚洲'的理论时，多数战后的学者采用了传统的主流分析框架来研究诸如乡村工业、土地所有权和土地关系、民众叛乱、税收和制度改革、社会阶层（特别是绅士）等问题。他们的研究证明，明清时期中国的经济和社会远非处于

---

[1] 乔万尼·阿里吉等主编，马援译：《东亚的复兴：以500年、150年和50年为视角》，社会科学出版社2006年版，第2页。

停滞状态"。[①] 他们的影响是广泛的,深深影响了国际史坛。

把分散的国别史整合成区域史进行整体性与连续性研究无疑是历史观的进步,显示出人类认识水平螺旋式升进的历史趋势。今天的历史是从过去发展而来的,形成一个从过去到现在的环环相扣的发展链条,把古代、近代和现代连接成一个序列进行考察,符合人类社会发展的总趋势与总要求。这些珍贵的成果是众多学者共同努力的结晶,避免了很多重复性和低水平的劳动,对历史学科建设极有意义。历史学科的任何一点进步都是在继承前人成就与修正弥补前人之不足的基础上开始的,或者开辟出一个新的研究领域。从过去出版的一些著作来看,特别是战前和战后初期著作的内容、分析的视野与方法有些陈旧,带有明显的时代烙印,但是它们毕竟都是开创之作,在学术史上有不可或缺的地位,后来的研究者从它们那里学到了许多东西。

二、日本东亚史研究的主要成就

日本学者在东亚史研究上取得的成就有目共睹,建树颇多,以其深厚的学养、严谨的学风为国际学界所称道,正是由于有了这样的学风与学识,才能达到影响国际史坛的一流水平。日本社会的学术环境是宽松的,思想也是多元的。当一个国家所有国民都被钳制在一种思想下的时候,也正是这个国家民族思想凝固僵化的时候,不可能立于世界民族之巅,无法诞生出具有新鲜活力与巨大感召力的思想;思想不能创新,国民思想不够强大,国家是不可能实现真正崛起的。日本学者非常重视史学基本功的训练与培养,我国学者周一良先生曾经指出:

[①] 滨下武志著,王玉茹、赵劲松、张玮译:《中国、东亚与全球经济:区域和历史的视角》,社会科学文献出版社 2009 年版,第 1—2 页。

> 日本学者非常注重古汉语的训练，例如大学的史料演习班上，必须弄清史料每个字的含义。治少数民族史者，必须了解其语言文字。研究佛教史者，多通晓藏文梵文。……日本学者不仅注意存在于本国和中国的史料，即使散在世界各地的，无不想方设法搜集。①

由此不难理解日本学者为什么能够在东亚史研究方面取得如此卓荦成就，成为至今有影响的学派。基本功的严格训练，对问题的长期关注，以及宽松的学术环境都是日本学者取得成就的前提条件。只有这样，才能做出一流的学术成就。史学研究是一个潜心探索的过程，远离喧嚣与功利的过程，除了史德、史才与史观外，对学术的巨大热情与执着也是重要的。

（一）东亚史的主要观点　在战前，皇国史观主宰日本史学界。皇国史观的基本理论是宣扬"万世一系"的天皇法统，日本先进、亚洲落后，为近代日本对外侵略扩张寻找理论根据。在这种思想的支配下，战前日本的哲学、历史学、经济学以及社会学研究中充满了"皇国史观"思想，甚至支配了国民意识。长期以来，日本历史研究（包括东洋史、西洋史）受传统的思想影响较深，正如冈田英弘在《世界史的诞生》一书中指出的："国史学系研究的日本史从西元八世纪的《日本书纪》开始，一直至西元十七世纪至二十世纪初持续编纂的水户藩《大日本史》为止。正史的框架在日本根深蒂固，要想跳脱出来十分困难，几乎是不可能的事。古文书的研究等仅是用来辅助正史，而不是从正史中完全独立出来的研究领域。"②东亚史观的出现，对于批判和清算"皇国史观"具有积极的意义。到目前为止，东亚史观仍然是有

---

① 刘俊文主编，黄约瑟译：《日本学者研究中国史论著选译》第1卷，"序言"，中华书局1992年版，第4—5页。
② 冈田英弘著，陈心慧译：《世界史的诞生——蒙古的发展与传统》，广场出版2013年版，第206页。

生命力的观点,为思考日本史、中国史乃至亚洲史学科建设提供了一个新的参照系。它在几个大的方面做出了开创性的工作,之所以具有影响、受到关注,就在于它提出并确立了研究东亚史的一套基本理论框架。

东亚史提出的主要观点是:其一,强调东亚是一个整体,也就是作为一个世界区域的东亚。①在地理空间上东亚具体指亚洲东部地区,这个地区在历史上深受中国文化影响,具有大体相同的文化基础,无论从空间上还是从文化联系上这里都具备构成独立世界的诸多条件,形成一个独立的区域。这个地区具有明确的区域意识和独特的历史文化传统,存在范围广阔的经济圈与外交圈,中心与边缘的关系十分明显,不同于欧洲,也有别于伊斯兰世界,这是东亚不同于其他世界的地方。美国学者费正清对东亚有明确的说法,他说:

> 当欧洲人向东长途跋涉到达中国、日本和印度的时候,他们很自然地将这一遥远的地区称作"远东"。美国人是横渡太平洋才到达日本、中国和东南亚的,按照同样的逻辑,他们应该将这一地区称为"远西"。但对于生活在那里的人们来说,那里既不是东方,也不是西方,且肯定也谈不上遥远。"东亚"是对该地区的恰如其分的称呼。②

为什么要把历史上的东亚作为一个整体进行研究呢?它反映了人类认识的螺旋式升进的规律。人类的区域史并不是从来就有的,它与人类活动和对外交往的扩大有关,与人类不断突破来自自然的、科技的与社会的各种限制有关,也与人类自身的文明构建、追求理想目标有关。把具有共同文化基础的文明区域进行综合性的整合研究,探索

---

① 乔万尼·阿里吉等主编,马援译:《东亚的复兴:以500年、150年和50年为视角》,社会科学文献出版社2006年版,第5页。
② 费正清、赖肖尔等:《东亚文明:传统与变革》,天津人民出版社1992年版,第1页。

其发展的规律与特点，对人类活动的历史予以总结，关系到历史学能否适应时代发展的要求和历史学本身的发展。现在的问题不是讨论区域史有无必要的问题，而是如何组织力量研究人类历史活动中出现的种种问题，把中国的世界史研究提高到世界先进水平。把东亚作为一个区域与世界其他地区进行比较，只有比较才有鉴别，才能看到东亚在世界纵向与横向发展总坐标中的准确位置。战后日本学者率先对东亚历史与现实问题展开热烈讨论，提出了有价值的"东亚史"概念，反映出日本史学发展的若干轨迹。

其二，强调东亚世界内部的结构、特征与相互影响。在近代以前的东亚地区，中国长期处于主导地位，各国的关系基本上是以此为中心来展开的，各自寻找在东亚世界秩序中的位置，寻找自己利益的最佳交汇点，彼此形成文化共同体与利益共同体。在看待东亚国家形成问题上，东亚史观着眼于地区内国家形成过程中社会内部的变化，把握域内各国间的互动关联。[①] 相对于世界其他地区，东亚社会发展的连续性与稳定性是相当高的，和平与稳定始终是东亚社会的主流，没有出现像欧洲那样的持续百年的战争与动荡。这是东亚地区不同于世界其他地区的地方。东南亚地区也属于东亚，历史上与中国、日本有密切的政治、经济与文化往来，作为一个重要的文明区域不仅内部有活跃的经贸联系，也同印度洋贸易网、地中海贸易网有经贸联系，遥相呼应。

从东亚国家关系结构而言，中心与边缘的结构层次十分明显，日本列岛、朝鲜半岛和东南亚显然处于外围，接受中心国家的影响与制约。日本学者已经指出："大陆文明输入到日本绝不是偶然的，一定与大陆诸民族有密切的关系"，"中国民族一举手一投足都给周边民族以影响，……日本列岛构成新世界的一个环节"。[②] 客观地看待中国文明

---

① 《岩波讲座日本通史》第 3 卷，古代部分第 2 册，岩波书店 1994 年版，第 55 页。
② 佐伯有清：《古代东亚与日本》，教育社 1977 年版，第 205 页。

对周边国家的影响作用，几乎是所有历史学家的共同看法。堀敏一认为，在唐代和唐代以前，日本文明与国家的形成确实都是在中国文明的影响下展开的。[1] 内藤湖南把中国文化作为一棵大树，有主干和枝叶，构成一部世界史。他们这样认为，并非否认其他国家的作用，而是在强调以中国为主导的长期国际和平环境，各国都参与东亚国际秩序当中共同缔造了区域的辉煌，看到了各国间的互动作用。

东亚国家内部的板块状结构与特征不容忽视。"这种板块状的国际体系以政治、经济、军事强大的实力为基础，以文化礼教、华夷观念为区分标准，辅以王道意识、四海一家胸怀、任由自主和怀柔远方的灵活态度等软实力，通过中原王权对周边国家或民族君长的册封，以及后两者对前者的朝贺进贡为纽带，组成中原王朝君临其上，周边国家或民族藩屏四方的区域国际社会，并自然形成中国中原王朝的中心部位，以及周边国家或民族的半边缘、边缘部位等板块式结构。"[2] 东亚史观的一个突出之处，是把影响各国的政治的、经济的、文化的和外交的历史作为一个互动的整体进行研究，注意到了中心与外围的互动关系，把东亚区域看作是"地球的某个部分"[3]，而不是仅仅强调某个国家的作用，从而形成一个有影响力的观点，建立起自己的一套理论分析模式。这是其理论价值所在。西方的政治学、历史学和国际关系学理论是无法正确解释古代东方国家关系秩序的，解释东方历史问题还必须回到东方历史与文化本身。东亚史学科建设需要自己的史学理论。

其三，承认各国间的发展差别。任何时候，国家、地区与民族间的发展总是有先有后，有快有慢，不可能整齐划一，齐头并进。自从数百万年以前人类诞生以来，人类大部分时间是在相对孤立的状态下生存发展的，后来由于生存的需要，与外部世界进行政治、经济与文

---

[1] 堀敏一：《律令制与东亚世界》，汲古书院1994年版，第123页。
[2] 宋成有：《东北亚史研究导论》，世界知识出版社2011年版，第29页。
[3] 乔万尼·阿里吉等主编，马援译：《东亚的复兴：以500年、150年和50年为视角》，社会科学文献出版社2006年版，第7页。

化联系，从事文明的交流与构建。日本东亚史学者看到在农业经济状态下各国有着经济的慢性增长、财富的较多积累，以至成为世界重大事件的驱动者与文明的创造者和传播者。由于各种条件不同，各国表现出不同的发展道路与经济类型，有时候几种经济类型兼而有之。前田直典在《古代东亚的终结》中指出：

> 总的来说，在东亚历史上，中国很早开始发达，其他地区的古代、中世、近世……时间差距逐渐缩短。日本在近代化速度方面比中国和朝鲜都要快，但也经历这个过程。……同是古代，日本和朝鲜与中国比较，在形态上颇为相异。……中国和日本在古代完结、中世来到时，在政治构造上的形态亦不同，比欧洲中世纪的东欧和西欧差异可能更大。①

东亚地区是一个多样性统一的地区。只有看到各国的个性与特殊性以及发展的不平衡性，才能把握东亚史的总体特征，避免机械的和形而上学的观点。

其四，日本是东亚世界的一部分。这个观点是合理的，符合东亚世界的实际情况。日本处于东亚的角落，属于孤岛型地理环境的国家，其本身发展始终与大陆密切相连，不能否认大陆文明对日本文明成长的作用。为此，日本学者做出过许多有益的解释。宫崎市定强调日本是亚洲中的日本，"正如日本在地理上是亚洲的一部分，在历史上，日本史也应该被包含在亚洲史之中。甚至可以说，只有将日本史视为亚洲史的一部分，日本史的意义才能更好地得到理解"。②辻善之助指出，日本文明的发达在于与国外交通的刺激，在于与国外的交往，日本储

---

① 刘俊文主编，黄约瑟译：《日本学者研究中国史论著选译》第1卷，中华书局1992年版，第15页。
② 宫崎市定著，谢辰译：《亚洲史概说》，民主与建设出版社2017年版，第291页。

藏了大陆的文明。① 自明治维新以来日本"以西洋文明为目标",主张"脱亚入欧",国家的现代化模式和发展道路完全追求欧美国家,耻于与东方国家为伍,甚至主张告别整个亚洲,思想界也曾出现过极大的狂热,支持政府的对外侵略扩张政策,因此走上了一条不归之路。

他们从历史、语言、文学、文字、宗教以及地理等方面为政府宣传,甚至编造东亚文明中心由中国转移到了日本的"东亚文明转移论",赤裸裸地为日本建立"大东亚共荣圈"服务。战后日本思想界对近代以来的发展道路是有反思的,进步的历史学家出版了许多著作,主张回归亚洲,不能再做亚洲的孤儿,其中包括倡导东亚史研究的一些学者。把日本置于古代东亚世界再构成的历史是在第二次世界大战后开展起来的。② 战后的日本虽然属于西方阵营,但需要与周边国家和睦合作,修复与亚洲各国关系,让各国恢复对日本的信心。宫崎市定说过:"思考历史是人类的本能,什么人也不能不思考历史而存在。"③寥寥数语,足以表现出探索者对历史经验的重视。

以上四点是东亚史的核心观点,反映了日本学者思维的活跃与思考的深度。④ 总体上看,这些观点是极有价值的,历史研究中所蕴含的能量得到充分释放,对中国的世界史学科建设富有教益。这样,东亚史作为一种新的研究领域被开拓出来,也给传统的史学研究带来挑战。任何一种新的东亚史研究理论与方法,都是建立在对传统东亚史观点的扬弃和对现实观照的基础上的,实现了历史与现实的结合,体现了历史学者的社会责任。"东亚史观点的提出,不仅涉及日本古代历史研究的基本理论,而且也与方法论有关,即,为了贯彻东亚史观点,应

---

① 田中健夫:《东亚交通圈与国际认识》,吉川弘文馆1997年版,第81页。
② 佐伯有清:《古代东亚与日本》,教育社1977年版,第205页。
③ 刘俊文主编,黄约瑟译:《日本学者研究中国史论著选译》第1卷,中华书局1992年版,第241页。
④ 参见沈仁安:《日本起源考》,"导言——关于东亚史观点",昆仑出版社2004年版,第36—37页。

用哪些研究方法和手段。"[1] 思路的转换与研究视野的扩大，重视自己的学术特色与气派，以及新的概念、理论与分析模式的使用，无疑极大地推进了东亚国家的历史研究，跟上了世界历史研究的步伐。

（二）日本学者对东亚史的构建 日本明治初期在东京大学设国史、中国史和西洋史。甲午战争以后，随着对外关注的扩大，开始设置东洋史学科。日本的东洋史是以中国为中心，兼及东方各国的亚洲史。[2] 东亚史是一个不同于东洋史的崭新的概念。自从东亚史提出来以后，日本学界进行了深入的讨论，由于东亚史涉及的内容较多、也较为复杂，很难把它彻底说清楚，但是从大的方面来说，可以概括成以下几个方面。

第一，确立了研究的框架、视角与方法。他们把东亚国家作为一个有机联系的整体进行综合研究，关注历史发展的各个环节，注意到了历史与文化的特殊性问题。堀敏一指出："我的看法是，近代以前东亚构成一个世界，正如欧洲是一个世界一样，东亚可以称为一个世界。"[3] 确实，东亚作为世界文明的重要区域，它不同于伊斯兰世界，也有别于地中海世界，历史传统、文化、地理以及国民生活习俗方面都有它的独特性。这是研究问题的意识与出发点。东亚史不是每个国家历史的简单叠加，也不同于按民族和国家序列写出的亚洲史，而是有着明确的研究对象、研究方法和特定的体系，反映东亚国家从低级社会向高级社会阶段发展、演进的规律与图景。所以说，东亚世界史理论是战后日本史界提出的重大课题，也是给中国世界史学科建设提出的重大课题。

---

[1] 沈仁安：《日本起源考》，"导言——关于东亚史观点"，昆仑出版社2004年版，第37页。
[2] 莫东寅：《东方研究史》，知识产权出版社2014年版，第176—177页。日本东亚史属于东方学的范畴，涉及东方学的杂志众多，主要有《东洋学报》《东方学报》《满鲜地理历史研究报告》《史学杂志》《历史学研究》《史林》《艺文》《青丘学报》《东洋史研究》《国华》等，足见日本历史学研究之盛。参见莫东寅：《东方研究史》，知识产权出版社2014年版，第186—188页。
[3] 堀敏一：《东亚中的古代日本》，研文出版1998年版，第3—4页。

近年一直在以新的视角、框架与方法研究东亚史、亚洲史的代表人物是滨下武志。他写出多部有影响的著作，在《中国、东亚与全球经济：区域和历史的视角》中说："区域的方法使得重建亚洲的整体历史进程——包括近代亚洲——成为可能。近代亚洲的历史不是根据西方现代化理论的'发展阶段'，而是根据亚洲区域内部的复杂关系、亚洲自我意识、亚洲历史的社会体系的本质来定义。我们可以把亚洲的历史理解为一个整体系统的历史，这个系统的特征是以中国为中心的地域圈的朝贡贸易关系。"[①] 以亚洲的视角解释东方历史已经越来越受到人们关注，给亚洲史研究注入了活力。

在东亚，自古代至近代以前国际关系是以中国为中心，以朝鲜、日本等国为主要参与者来展开的，不同的国家处于不同的地位，发挥不同的作用。在这个大背景下，东亚国家相对稳定，政治、经济、文化以及社会层面发展得以有效推进。东亚史学者也注意到如果过分地强调区域关系特点，就有可能不恰当地夸大某个地区国家的重要性，忽略同外部世界的关系。这就要探讨以中国为中心构成的朝贡贸易关系、东亚内部形成的各种关系，同时也要探讨外来的影响。这就提出了研究视角的转换问题。不论古代、近代和现代，每个国家都面临如何处理与外部关系问题。从发展的角度看，内部因素与外部因素的相互作用是推动社会进步的一种力量。"东亚"概念的提出，有助于把历史从古到今贯通起来进行考察，把人类社会发展的历史、现实与未来联成一个整体来思考其变迁，从根本上清算长期流行于西方的东方社会"停滞""落后""专制"这些个陈旧命题。从这个视角看问题，可以廓清东方历史研究中的若干历史迷雾，找到正确解决问题的途径。

第二，在时间和空间上确立了东亚史的研究范围。东亚地区面积广阔，历史上构成了一个相对独立的历史、地理与文化单元，有充分

[①] 滨下武志著，王玉茹、赵劲松、张玮译：《中国、东亚与全球经济：区域和历史的视角》，社会科学文献出版社2009年版，第16—17页。

的条件构成独立的经济文化世界。给区域史以综合的整体的考察，可使我们获得历史通识与通变之效，有利于从长远观点观察社会的变迁。西嶋定生在《中国古代国家与东亚世界》中把自中国、日本、朝鲜、越南以至从蒙古草原到西藏高原北部的广大地区都视为东亚，以新的视角看待东亚问题；堀敏一在《中国与古代东亚世界》中把中国、日本、朝鲜作为东亚世界，同时注意到东亚与北亚、中亚民族的密切关系，"中国北方游牧民族、狩猎民族众多，联结了西面的中亚草原和沙漠绿洲地带，可以把它们一并称为内陆亚洲世界"。[1] 美国历史学家费正清认为，东亚既是地理概念，也是人种和文化概念，文化概念的重要性更为突出，"我们把研究集中于中国、日本、朝鲜和越南的历史，这个地区高度发达的文明及基本的文字体系都渊源于古代中国，从这个意义上，可以说东亚就是'中华文化区'"。[2] 总之，他们的分析视野启发了我们的思维，值得深思、消化与借鉴。

中国文明长期处于东亚文明中心，向外发展扩散，直接影响了东亚其他国家文明发展进程。中国的市场很早以前就很发达，随着货币经济的发展，开展了远距离贸易，唐代中叶以后货币经济已经越过国境。[3] 按照滨下武志的观点，19世纪以前东亚地区的"纳贡"体系是以中国为中心展开的，"它的基础是商品交换。纳贡体系实际上是与商业贸易网络并行存在的，或者说它们是一种共生关系。……整个纳贡和地区间贸易区是以中国纳贡体系为中心，而且它具有自身的结构规则，通过白银的流通而实行着有条不紊的控制。这个涵盖东亚和东南亚的体系联结着毗邻的贸易区，如印度、伊斯兰地区和欧洲"。[4]

东亚世界自秦汉帝国时期出现雏形，经隋、唐、宋、元、明、清，

---

[1] 堀敏一：《中国与古代东亚世界：中华帝国与诸民族》，"序言"，岩波书店1993年版。
[2] 费正清、赖肖尔等：《东亚文明：传统与变革》，天津人民出版社1992年版，第1页。
[3] 堀敏一：《东亚中的古代日本》，研文出版1998年版，第269页。
[4] 贡德·弗兰克著，刘北成译：《白银资本——重视经济全球化中的东方》，中央编译出版社2001年版，第164—165页。

一直到 19 世纪末宗藩体系遭到彻底破坏，前后达两千年之久，可以把这个时期称为"历史的东亚"或"经济—文化的东亚"。难能可贵的是，东亚史学者在探讨东亚社会在近代的解体时把目光投向了东亚社会内部因素，上下探索，左右考察，较多地从社会内部寻找促使解体的多种原因，而不是过多地强调来自外部因素的主导作用。基于这样的考虑，就应该把亚洲作为一个整体来探讨，通过把握东亚、东南亚、南亚和西亚各国的历史，才能对亚洲形成一个真正的认识。①

在近代以前的若干世纪，东亚地区具有相对稳定的国家关系形态与结构，有以汉字文化、佛教、科技与典章制度为共同基础的文化，还有域内普遍的经常的经贸交流，形成东方国家特有的交往方式和国际关系准则，在利己、利人和互利中实现了国家行为的多元受益，共同推动了区域的整体进步。把历史上的东亚与今天的东亚联系起来进行考察，对于东亚史学科来说是一个不断深化与进步的过程，本身存在这样或那样的问题甚至与我们的观点大相径庭也不奇怪，中村哲有感于日本经济史研究中存在的问题曾有如下的评论，写道：

> 东亚经济在急剧发展，变化又激烈。……但是，对东亚经济的历史研究非常不够。……历史学是按照国别进行研究的，把东亚的历史作为一个整体来探讨的研究较少，研究人员对自己专门研究国家以外的国家不大关心，一般也缺乏知识。由于历史研究人员对现状不关心，所以现状的研究和历史研究的联系较弱。②

可见历史学要不断根据时代发展开辟新的研究领域，拓展研究的

---

① 滨下武志著，朱荫贵、欧阳非译：《近代中国的国际契机：朝贡贸易体系与近代亚洲经济圈》，中国社会科学出版社 1999 年版，第 2 页。
② 中村哲著，陈应年、王炎、多田正子译：《东亚近代史理论的再探讨》，"序"，商务印书馆 2002 年版，第 3—4 页。

视野。由于东亚史包含的内容过于庞大,每个学者关注的重点又有不同,所以在总结其成就的时候必须以发展的、综合的观点来看待。

第三,探讨了东亚内部的联系纽带与动力源泉。东亚地区国家内部之间不仅有文化上的联系,也有持久的经济联系纽带,形成亚洲内部的经济贸易网络。既然形成了一个重要的文明区域,它必然有自己内部的联系纽带与动力源泉,否则就无法形成一个历史文化世界。在众多的东亚史学者当中,尤以滨下武志的探索最为典型和深入。他指出,亚洲历史上存在以中国为中心的朝贡贸易关系,"朝贡体系是一个联结中心的边缘的有机的关系网络,包括各省和附属国、土司和藩部、朝贡国和贸易伙伴。更广泛地说,朝贡体系构成了一个经济圈——东亚国家和亚洲东南、东北、中部、西北的其他实体都参与其中,而且界定他们和中国以及亚洲其他地区的多样关系"。①

东亚地区各国的经济联系远远大于文化政治联系,正是这种力量才使各国走到一起。由于地理之便,各国间的交流首先在相邻的国家间进行,在不断突破各种限制后建立了更多更广泛的联系,打上区域文明交往的烙印。东方国家间有密切的经济文化往来,早期来到中国的有粟特人,唐朝中期以后有阿拉伯人、伊朗人、土耳其人等伊斯兰教徒,但新罗人占压倒性的多数。②确实,经济贸易是联系中外以及东西方国家关系的重要纽带,在双方关系中具有特殊的意义。在清代,朝鲜向中国派出了大规模的使节团,使团除了进行朝贡贸易外,还兼有商务、文化、情报与观光等任务,是一个综合的外交活动。③由于有利可图,大批商人随行到使节团当中,商人的货车络绎数十里。④东亚各国所依托的不仅是辽阔的腹地,同时也有经济文化交往的动力以及

---

① 滨下武志著,王玉茹、赵劲松、张玮译:《中国、东亚与全球经济:区域和历史的视角》,社会科学文献出版社2009年版,第17—18页。
② 堀敏一:《东亚中的古代日本》,研文出版1998年版,第270页。
③ 松浦章:《近世中国朝鲜交涉史研究》,思文阁出版2013年版,第6页。
④ 松浦章:《近世中国朝鲜交涉史研究》,思文阁出版2013年版,第8页。

国家力量的支撑,加速了国家整体发展进程。

找到东亚国家内部联系的纽带与发展的动力源泉,基本上就解决了长期以来困扰东亚国家关系的根本性问题,滨下武志把以中国为核心的与亚洲国家密切联系的朝贡贸易关系视为亚洲史的内存联系。[①]长期以来,茶叶、纸张、瓷器以及来自欧洲的高级织品是东亚国家对外联系的重要内容,以至于出现外国哔叽、哆啰呢等输入造成中国传统的绸缎销路受阻的严重情况。[②]东亚国家内部交流的商品种类繁多,可谓应有尽有,仅琉球商船从福州带回的各种纸张就有毛边纸、甲纸、大油纸、小油纸、川连纸、连史纸、米纸、面袋纸、竹伞纸、粗纸等多种。[③]这些日益丰富的东西方经贸交流情况充分说明古代东方社会并不是封闭的,东西方贸易也不是只在16世纪欧洲人来到东方后才出现的。

19世纪中叶以后,随着东方国家先后沦为殖民地,传统的贸易格局被打破,东方国家的对外贸易为西方国家所垄断,加速了东方国家与世界"接轨"的过程,促使传统的国际关系向近代国际关系急剧转变。可以说,朝贡贸易与亚洲经济圈理论的提出是开展东方历史研究的有益尝试,适应了今天东方国家整体崛起的现实需要与世界形势发展对历史重构的大趋势,可以为区域合作与发展提供有益的理论借鉴,同时也符合东方哲学思想与思维特点。

第四,突破政治史与文化史的狭窄范围,强调了经贸活动与物种交流对于促进东亚社会历史发展的作用。关注经济因素在推动国家关系与历史进步中的作用虽非自日本开始,但日本学者对地理因素和区域贸易网络给予了足够的重视,把重大的经济活动引入历史发展过程,有助于推动历史研究不断向前迈进。日本学者推出的许多以经济视角

[①] 滨下武志著,朱荫贵、欧阳菲译:《近代中国的国际契机:朝贡贸易体系与近代亚洲经济圈》,中国社会科学出版社1999年版,第30页。
[②] 松浦章:《清代中国琉球交涉史研究》,关西大学出版社部2011年,第329页。
[③] 松浦章:《清代中国琉球交涉史研究》,关西大学出版社部2011年,第299页。

研究东方历史的著作，扩大了研究的领域，对于思考存在于古代西太平洋贸易网的形成、发展及衰落十分有益。日本重视经济史研究，与它处于孤岛型地理环境有关，本身的发展离不开外面的影响。东亚国家间的经济联系普遍存在，今天的经济联系尤甚，没有任何一种力量比经济的力量更加持久有力。他们的一个共同特点是，致力于以经济力解释社会发展的原因，有时与制度和技术分析方法交互使用。东亚各国交往中经济的力量远远大于政治与文化的力量。正是有了这种持久的动力，才使东亚成为一个经济文化共同体。与单纯地以文化视角研究历史相比，以经济视角解释历史更为有力，更能反映历史的本质，当然我们也不否认文化、社会制度以及人们的思想观念对于社会进步的作用。东亚海域交流促进了知识、技术、物种与价值观念的传播，推动了古代亚洲市场的形成与发展。

长期以来，我们对东亚区域史的研究是远远不够的，视野的狭窄、理论的贫乏、范式的单一以及思想的僵化无疑都是制约条件。当务之急是适当借鉴一些日本治史既有的成功经验，结合中国的实际情况创造性地开辟中国世界史研究的新领域，以史学方法论作为治史的有力工具与手段，使用新材料，尝试新方法，全面提升我国世界研究的整体水平。由于东亚历史、文化与崛起的社会现实联系异常密切，历史上许多成功的经验需要加以认真总结，故而东亚史建设已经成为一项大规模的系统工程。我们在《东方外交史中的日本》一书中说："把日本与东方外交联系起来研究是大家多年的共同努力。我们力求立足于东亚区域史和全球史的背景，来看待日本从古代到近代、从近代到现代再向未来发展延伸的行程，以构成一个线索分明、自成一体的研究体系，构成整个东方外交史研究的重要组成部分。我们的这种努力不仅适应了当前全球化发展的大趋势，也符合中国传统哲学的宇宙观。"[1] 所以，我们要书写真正意义的东亚史与东方史，那就不能不学习与创新。

---

[1] 魏楚雄、陈奉林主编：《东方外交史中的日本》，"序言"，澳门大学出版中心2013年版。

三、日本东亚史研究对我国东亚史学科建设的启示

　　日本学者的东亚史研究适应了世界形势发展的趋势，研究的视野与关注的领域不断扩大，形成了比较严密成熟的研究体系，在世界史研究领域树起了一面旗帜。在治史的每个分支领域向前推进的过程中，他们既借鉴西方史学理论与方法，也结合本国的治史传统，构筑了自成一体、内容丰富的研究体系，给中国的世界史学科建设提供了许多有益的参考；他们强调区域史研究的社会功能，使用历史学、经济学、社会学和民族学等多学科知识，实现了多领域的融合与贯通，关注了东亚国家独立后的出路，因此把与现实有直接关联的历史问题纳入了探索的轨道。中村哲的《东亚近代史理论的再探讨》《近代东亚经济的发展和世界市场》等著作，都是从经济史的角度来解释东亚历史发展的。这表明日本历史学、经济学、社会学等都已经参与到东亚历史的研究当中，跨学科的综合研究是未来历史学发展的方向，更能推进历史学研究向更高层次发展延伸。

　　日本东亚史研究的迅速发展使美国、欧洲传统的东方学研究失去优势，打破了西方垄断东方研究的一统局面，无论从何种意义上说其意义都是重大的，可以视为东方国家整体崛起形势下文化建设的重要方面。在近年国内东亚史研究有了初步积累的情况下，适当借鉴吸收日本学者的东亚史成果来推进我国的东亚史与世界史研究，是完全可以办得到的。

　　以东亚史观来看待历史上发生的诸多问题可以为我们提供一个新的参照系，有助于我们折取前人既有成果中有生命力的枝条扦插在中国本土史学沃土之上。东亚史观点是从历史发展的连续性研究中建立自己的理论体系的，提出了许多有益的概念，其中比较典型的有安部健夫的"四方天下说"、西嶋定生的"册封关系体制说"、堀敏一的"中华世界帝国说"、谷川道雄的"古代东亚世界说"、栗原朋信的"内臣外臣礼法说"、藤间生大的"东亚世界说"、信夫清三郎的"华夷秩

序说"、滨下武志的"中华帝国朝贡贸易体系说"以及古厩忠夫的"东北亚册封关系体系说"等[①]，千姿百态，争奇斗艳。所有这些，反映出日本学者思维的活跃和凌越前人的探索精神。这些关于东亚史的概念、理论与分析视角都是从区域的角度出发的，关注区域内部国家的政治、经济与文化联系，强调重视东亚世界诸民族、诸国家各自的发展阶段与固有的内在条件。[②]

确实，东亚内部发展不一，层次结构复杂，这些应该注意的东西都已在他们的著作中一一表现出来；他们对历史上许多重大问题进行了创造性的新探索，尤其滨下武志提出的近代中国和亚洲的衰落不是由于西方冲击造成的，而在于亚洲内部原因的观点最为响亮，对于我们分析看待亚洲历史上的问题极有帮助。应该指出，著名依附论学者贡德·弗兰克在《白银资本——重视经济全球化中的东方》中提出的"东方的衰落先于西方的兴起"的观点[③]，大概也是受到了滨下武志理论的显著影响。

日本学者不仅提出了许多有价值的概念，同时也对东亚史进行了多方位的探索，把东亚史与海洋史、东西交通史结合起来，从而建立起缜密开阔的东亚史认知体系。在海洋史构建方面，把历史上的东亚海域交流与西太平洋贸易网贯通起来，建立了亚洲史研究的基本框架，极大地拓展了东亚史研究。从战前较多地关注国别史、战后逐渐突破国别史的局限，到 20 世纪 70 年代以后将注意力从单个国家转向跨国家与全球化城市，更多地关注历史与现实的结合，对我国世界史学科建设富有教益。不论是国外还是国内，学术要进步除了本学科努力外，还必须对国外同行的学术成果进行总结与评估，找到本国努力的方向。日本学者通过自身的努力，推动了东亚史研究，是值得我们好好借鉴

---

① 宋成有：《东北亚史研究导论》，世界知识出版社 2011 年版，第 20 页。
② 唐代史研究会编：《隋唐帝国与东亚》，"序"，汲古书院 1979 年版，第 2 页。
③ 贡德·弗兰克著，刘北成译：《白银资本——重视经济全球化中的东方》，中央编译出版社 2001 年版，第 356 页。

的。日本学者关于东亚海域交流的研究有助于我们深化对海洋属性和 21 世纪海上丝绸之路的认识。

长期以来，中国一直被认为是传统的陆上农业文明大国，其实我国兼具海上和陆上两大地缘优势。随着中国崛起，我们必须对海洋文明史给予足够的重视。在东亚史研究中可以看到一幅壮丽的图景，即中国人早已克服重重困难与东南亚、南亚以至欧洲进行海上商贸联系，唐朝中期以后中国与印度洋贸易航道大开，阿拉伯人大举东来，中国人、东南亚人和印度人、波斯人都参与到东西方海路贸易当中，开辟了东亚的"大航海时代"。加藤祐三指出，在 13—14 世纪，东亚和东南亚已经形成了一个范围广阔的交流圈，构成了一个开放的体制。①16 世纪初，暹罗的阿瑜陀耶城已经有外国人居住区，在那里葡萄牙人约有 300 人，日本人 1000—1500 人，华人达到 4000 人。②美国加州学派代表人物彭慕兰在《贸易打造的世界》中说，早在古希腊时代亚洲产品输入欧洲，甚至更早。③从以前的情况看，人们总是习惯于强调欧美国家在近代的作用，而忽视东方国家在近代以前的作用，世界贸易的前提早在近代以前就已经由中国人和阿拉伯商人建立起来了，世界范围的生产和流通已经出现，以局部市场圈为前提的相隔遥远的地区间贸易交流也已经在进行。④显然，这些都是东亚史研究中引人注目的观点，也是东方经济史研究中的薄弱环节。

"历史是文化，根据创造出历史的文明区域，决定了历史通用的范围。"⑤东亚史观的一个优势就是以区域的视角发现和看待历史问题，审

---

① 加藤祐三著，蒋丰译：《东亚近代史》，东方出版社 2015 年版，第 12 页。
② 李伯重：《火枪与账簿：早期经济全球化时代的中国与东亚世界》，生活·读书·新知三联书店 2017 年版，第 78 页。
③ 彭慕兰、史蒂文·托皮克著，黄中宪、吴莉苇译：《贸易打造的世界——1400 年至今的社会、文化与世界经济》，上海人民出版社 2018 年版，第 46 页。
④ 加藤祐三著，蒋丰译：《东亚近代史》，东方出版社 2015 年版，第 18 页。
⑤ 冈田英弘著，陈心慧译：《世界史的诞生——蒙古的发展与传统》，广场出版 2013 年版，第 213 页。

视复杂的历史过程,把分散的国别史逐渐扩大为跨国家、跨民族与跨时空的研究,具有与宏观历史学研究同样重要的意义,真正体现了大变革时代人类历史的书写特征。东亚史学者特别重视东西方交流中的经济作用,这也是他们做得最为扎实而富有成就的领域,在这一点上没有哪一个国家的研究能够胜过他们。从一系列大部头的著作中显现出来的精致与缜密,折射出来的正是他们贵实证、轻虚谈的朴实学风。正因为如此,他们每个人都在自己的领域做出了卓荦成就,蔚然形成一支有影响力的学术队伍,开启了一代学风。诚然,他们学以致用的理念是有一定现实价值的。

在历史上,西太平洋地区存在历史悠久、范围广阔的经济圈,或称为古代亚洲市场。这个经济圈联结了印度洋经济圈,称得上是世界最大的贸易区域。根据史书记载,早在罗马帝国时期中国的商品就已经输往地中海沿岸各国,中国的丝绸也经中亚、印度输往埃及。[①] 东西方贸易是古代东亚史研究中的亮点。公元一世纪前后,中国南海与印度洋、阿拉伯海、红海以及波斯湾地区有广泛的商业贸易往来,非洲的象牙、龟甲,阿拉伯的乳香,印度的胡椒、宝石、珍珠、棉布织品以及通过印度而来自中国的生丝、丝绸制品等成为南海贸易的大宗商品。[②] 二世纪,西方人贸易的活动范围进一步向东推进,与东方的贸易更加发展。[③] 所有这些,无不显现东方历史的具体而充实。

海上和陆上丝绸之路使东西方有了更多的直接接触与认识,经贸与文化交流使各自与世界保持了联系,加速了社会的发展过程。东亚海域是海上丝绸之路的东端,贸易的触角伸向各国沿海、内地与村庄。法国学者弗朗索瓦·吉普鲁在《亚洲的地中海》中说:

---

① 白鸟库吉等:《东西交涉史论》上卷,大空社1997年版,第12页。
② 白鸟库吉等:《东西交涉史论》上卷,大空社1997年版,第133页。
③ 岩波讲座世界历史第6卷《南亚世界·东南亚世界的形成与展开》,岩波书店1999年版,第148—149页。

第九章　东方国家崛起长期趋势下东亚史的新构建　　563

　　一个新的经济区域在亚洲诞生。它不以中国、日本或韩国等的国界线为边界，也不以东南亚等地区组织来划分。相反，这是一条海上走廊。它北起海参崴，南达新加坡，包括多个国家的一部分。在法律体系与商业实践趋同的基础上，这些国家纷纷受到这条海上走廊活力的影响。……几个世纪以来，环地中海、波罗的海和中国南海的经济结构一直保持稳定，既促进了贸易，又催生了独创的政治形式，并为大都市文化奠定了基础。[①]

　　现在有必要重新认识和书写东亚历史。长期以来有一种观点认为，东方社会与世界殊少联系，内部缺乏进步的动力系统，只有在外部的冲击与刺激下，东方社会才有缓慢的进步。这种典型的"冲击－反应"的观点，已经日益受到东方学者的批判，东亚史观的建立以及方法的应用有力地回应了"欧洲中心论"的陈旧观点。

　　传统的东亚史研究基本上是以国别史为主，国别研究纵深有余而横向联系关照不足，简单定性者多而宏观把握考察者少，这可能是以往东亚史研究的弱点。近几十年流行于国际史坛的美国学者斯塔夫里阿诺斯的"全球史观"和伊曼纽尔·沃勒斯坦的"世界体系"论以及日本学者的东亚史观，大大拓展了我们的视野，对于我们建立区域史的分析模式很有帮助。人类本身就是命运共同体的利害攸关者。构建我国的东亚史，可能要重新考虑以往历史研究中的一些问题，其中包括东亚史体系、理论、材料与分析方法等，这些问题不解决就不可能从根本上推进我国的东亚史研究。东亚史体系问题是困扰研究者的一个大问题。迄今为止，我们仍然没有解决好东亚史研究的体系问题。要确立气魄宏大、体系严密的东亚史编写体系确非易事，尽管如此，

[①] 弗朗索瓦·吉普鲁著，龚华燕、龙雪飞译：《亚洲的地中海：13—21世纪中国、日本、东南亚商埠与贸易圈》，新世纪出版社2014年版，第1页。

我们也要在此方面有所突破，克服困难，跟上时代的发展要求。

如何借鉴国外的研究成果来推进我国的东亚史研究，这是每个研究者都应该好好思考的问题，因为相比之下我国的东亚史研究还存在巨大差距。如果说日本战前的东亚史有成就也有观点上的重大错误的话，那么战后70年代以来的日本东亚史已经开辟出一片新的天地，直接面向东亚社会发展中的一些重大问题，关注了现实的重大需求，正如中村哲所指出的："对现代东亚的这种变化、发展的历史条件进行探讨是经济史研究的重要课题。"他还指出："现在有必要依据现代东亚的变化重新探讨东亚近代史的框架，……有必要建立新的东亚的近代史结构。这对从历史上把握现代世界是非常重要的。"[①]

关注现实的需要，提取和发现历史上那些对人类社会有重大意义的主题，显然是历史学的生命力之所在，也是历史学者在社会大变革时代肩负的社会责任。任何一部优秀的史学著作都是为现实社会提供有益理论支持的。当前历史学面临的最大挑战是来自现实的挑战，因为东方国家整体崛起的现实不断对历史研究提出新问题，历史学必须在社会重大需求中寻找发展的出路。不论战前的东亚史还是战后初期的东亚史，都试图对东亚国家的整体历史进程做出令人满意的解释，但是唯有20世纪70年代以后的东亚史研究较多地关注了社会整体发展问题。

一代之治必有一代之史。东亚史观作为一个方法论，对我们有什么作用呢？一个最基本的作用就是拓展了我们的思维空间，扩大了我们的视野，坚持了历史研究必须以社会发展作为深层次原动力的大方向，获得了对历史的本质、规律、通识与通变的把握。我们对于日本学者的东亚史成果，应该采取借鉴、吸收与包容的开放态度，以学习者的态度从容处之，而不是盲目模仿与崇拜，更不是削我们之足适国

[①] 中村哲著，吕永和、陈成译：《近代东亚经济的发展和世界市场》，商务印书馆1994年版，第20、21页。

外模式之履；我们反对炒作和贩卖西方学术概念的做法，但主张吸收其合理的有益内核。但是应该指出，日本的东亚史研究中存在许多在今天看来值得商榷和错误的观点，至今没有受到彻底的批判和清算。在古代中日关系方面，日本学者不恰当地提高了日本在中国隋朝对外关系中的地位，认为它在改变着自五世纪以来对中国的从属外交，希望谋求与隋朝对等的国家关系。[1] 这显然是过分夸大了日本在古代中国对外关系中的作用。长期以来，日本一直是东亚角落的小国，政治尚未统一，当时还在使用"倭国"这个名称，并没有对外关系影响力。[2]

自近代以来日本社会曲折性与非正常性发展，特别是日本在甲午战争、日俄战争中获得胜利成为亚洲资本主义强国之后，日本知识界一些人受到鼓舞，萌发日本领导和奴役亚洲的念头，甚至认为日本的一切都是优秀的。这种观念不时地通过具体的思想、行动与形式表现出来，日本的历史学、社会学、哲学和政治学无疑是一个值得注意的重要方面。例如战前东亚史代表内藤湖南就是这样一位思想代表，他在《新支那论》中为日本侵略中国开脱罪责，把由于日本侵略造成的中国人民的反抗看作是"排日"，甚至提出"东洋文化中心转移"问题。[3] 内藤湖南发表《支那论》之时正值中日战争全面展开，他宣称日本的政治、军事正处于全盛时期，对中国的政治、军事、艺术已经失去兴趣。[4] 老一代东亚史开拓者白鸟库吉认为，由日本扶植建立的"满洲国"是"德政国家"，"最早固有的历史存在"，对其寄予厚望。[5] 作为历史学家，他并没有反思日本近代以来的战争政策，进而肯定当时日本的发展取向，没有形成批判性思考。[6]

不仅是历史学家内藤湖南、白鸟库吉，哲学家秋泽修二在《东洋

---

[1] 堀敏一：《东亚中的古代日本》，研文出版1998年版，第206页。
[2] 堀敏一：《东亚中的古代日本》，研文出版1998年版，第157页。
[3] 内藤湖南：《支那论》，东京创元社1938年版，第263页。
[4] 内藤湖南：《支那论》，东京创元社1938年版，第303页。
[5] 白鸟库吉：《东洋史上的日本》，岩波书店1934年版，第47页。
[6] 永原庆二著，王新生等译：《20世纪日本历史学》，北京大学出版社2014年版，第44页。

哲学史》中从哲学的角度论证了中国社会停滞与退步,认为引人注目的是自汉代起中国就表现出发展的停滞,特别是在六朝时代表现出全盘的退步。① 为了证明日本先进、中国落后,他甚至把中国传统的小农业与家庭手工业相结合形成的自然经济作为中国社会发展停滞的物质基础。② 因此,甄别、借鉴日本的东亚史成果需要付出一定的努力。日本的东亚史研究取得的成就和重视社会调查是其优势所在和值得称道的,但是它又自觉或不自觉地走上为国家对外侵略服务的道路,成为致用之学。1905年鸟居龙藏到蒙古实地调查后得出结论,认为蒙古不是中国语的领土,也不是俄国语的领土,早晚应该是日本语的领土,日本语应该和俄语在蒙古展开生存竞争,日本语进入蒙古是日本国家非常重要的事情。反之,俄语进入的话就非常危险。③ 从这里可以看出日本学术发展的基本倾向,有学者指出:"鸟居博士的东北亚调查,很多的时候与日本的大陆进出有密切的关系。……博士在各地调查取得不小成果,当地日本军官强有力的后援与协作是很大的。"④ 自明治时代以来,日本学人、宗教团体、浪人和其他各界人士纷纷来到中国、朝鲜和东南亚实地调查,后来都程度不同地服务了日本国家的对外扩张政策。

社会存在决定社会意识。战后特殊的国际国内政治环境无法使日本东亚史研究中的一些错误观点得到根本性清除,社会政治生活与意识形态领域存在许多右翼思想,自觉或不自觉地发生作用,影响到历史学的研究与发展。我国学者已经指出:

> 在日本古代史研究中,东亚史观点似乎还没有得到彻底的贯彻。……这不能不说是日本本位或日本中心意识尚未肃清的反映。皇国史观以日本为本位的"独善"(意为自以为是)的研

---

① 秋泽修二:《东洋哲学史》,东京白扬社1937年版,第399页。
② 秋泽修二:《东洋哲学史》,东京白扬社1937年版,第401页。
③ 伊藤信哉、萩原稔编著:《近代日本的对外认识》Ⅰ,彩流社2015年版,第178页。
④ 伊藤信哉、萩原稔编著:《近代日本的对外认识》Ⅰ,彩流社2015年版,第176页。

究歪曲了东亚国家的历史，而以日本为中心的东亚史观也会有意无意地导致对东亚历史的曲解。我以为这是东亚史观点的日本古代史研究中必须克服的偏向之一。①

日本的东亚史发展是一个充满矛盾的不平衡发展的过程，反映其学术发展的演进规律，呈现出复杂多样的特征，作为前人的学术研究成果需要认真地总结研究，进而根据时代要求对其进行扬弃与发展。不管战前还是战后，东亚史的存在都是引人注目的，做出的理论贡献给人们带来了多方面的启示。

四、对东亚史学科构建的几点想法

通过对日本东亚史研究的回顾与梳理，我们看到日本东亚史的基本轮廓，感受到区域史研究的重要性，对我国世界史学科建设具有重要的参考价值。近些年我国也开展了东亚史研究，取得了一些成就，出版了一些学术专著、论文以及东亚史资料汇编，也有对国外著作的翻译与引进等②，这些著作对于推进中国的东亚史研究极有学理与学科

---

① 沈仁安：《日本起源考》，"导言——关于东亚史观点"，昆仑出版社2004年版，第39页。
② 近些年引进国内的东亚史，主要有罗兹·墨菲：《东亚史》（林震译），世界图书出版公司2012年版；宫崎正胜：《图解东亚史》（叶婉奇译），易博士文化出版2007年版；加藤祐三：《东亚近代史》（蒋丰译），东方出版社2015年版；滨下武志：《中国、东亚与全球经济：区域和历史的视角》（王玉茹、赵劲松、张玮译），社会科学文献出版社2009年版；滨下武志：《近代中国的国际契机：朝贡贸易体系与近代亚洲经济圈》（朱荫贵、欧阳菲译），中国社会科学出版社1999年版；乔万尼·阿里吉等主编：《东亚的复兴：以500年、150年和50年为视角》（马援译），社会科学文献出版社2006年版；松浦章编：《近代东亚海域交流史续编》，博扬文化事业有限公司2011年版；松浦章编：《近代东亚海域交流史：晚清至战前时期》，博扬文化事业有限公司2013年版。应该指出，美国罗兹·墨菲著的《亚洲史》（黄磷译，世界图书出版公司2011年版），也应该视为东亚史，书中的内容除了南亚的印度、巴基斯坦、孟加拉、斯里兰卡、尼泊尔，西亚的阿富汗外，大部分是分析中国、日本、朝鲜、东南亚国家历史的，南亚国家内容所占比重极小，与其说该书是亚洲史，不如说是真正的东亚史。

建设的意义。必须看到我们的著作在深度与广度上与日本相比还有一定的距离，与我国的大国地位极不相称，更无法回答东方国家整体崛起后对社会科学理论工作者提出的诸多问题。

当务之急是，适当借鉴和吸收国际史学成功的理论、经验与方法，突破原有的东亚史研究政治史框架的狭窄范围，在体系、结构、立意与材料上有所创新，整体推进我国的东亚史学科建设。要推进我国的东亚史研究，必须在借鉴和创新上有所突破。中国具有重视历史研究的悠久传统。传统中的一些不足如何去克服，如何借鉴国外的治史经验，完全取决于我们的理性成长与发展的程度，只有把我们的治史水平提高到世界先进者的地位，才能真正推进中国的世界史学科发展。

根据我国社会历史发展需要，可以在两个大的方面做一些探索性的工作。其一是打通东亚史与亚洲史的界限，将东亚地区史与印度洋地区史连接起来研究。欧亚大陆南端有中国、印度两个世界最大的文明国家，在市场经济的带动下已经重新焕发出新的活力，将深刻影响人类社会的未来，对于其历史研究将成为新的学术生长点。在历史上，东亚地区存在持续若干世纪的西太平洋贸易网。日本学者对东亚海路交流史的研究与我们今天所从事的海上丝绸之路研究有许多相通之处。自汉代起，西太平洋地区就与印度洋地区有广泛的海上贸易联系。16世纪以后，中国商人对东南亚地区的参与更加显著，荷兰人统治的巴达维亚也有中国街发展起来。[①]自二十世纪七八十年代以来，中国、东盟以及印度经济崛起已经成为深刻影响世界历史进程的重大因素，影响着世界格局的发展。日本学者的先期研究，有助于我们看待或重构亚洲历史，改变历史研究内容相对狭窄的局面，根据东方社会发展实际的需要撰写一部新的东亚史。

其二是开辟陆路和草原丝绸之路与欧亚大陆互动研究。用东亚史观研究欧亚大陆互动互通的历史，是在尝试着寻找一个解释历史的分

[①] 岩波讲座世界历史第14卷《伊斯兰·环印度洋世界》，岩波书店2000年版，第160页。

析方法，去说明研究历史的视角是多样的，历史是变化的，并非只有近年西方流行的研究方法。东亚史观不仅对于东亚历史做出了有益的解释，而且对于思考欧亚大陆草原民族沟通东西方关系也有启发意义。冈田英弘在《世界史的诞生》中这样写道：

> 蒙古大远征的结果，欧亚大陆各个角落的交通都变得很方便，相同的文明与系统得以普及，连接各地的经济活动十分发达。在金帝国的华北地区建立起的信用交易与资本主义经济，趁势扩展到蒙古世界各地，也带给了与蒙古相邻的西欧莫大的影响。蒙古帝国强盛的西元十三世纪，在地中海世界，掌握黑海与东地中海贸易权的威尼斯出现了欧洲最早的银行。从威尼斯越过阿尔卑斯山，资本主义的经营形态扩展到了西欧地区。这也是因为蒙古帝国的建立才有可能发生的事。等到西元十六世纪中，西班牙人沿着太平洋航路到达菲律宾，墨西哥产的银大量流往中国，白银成了主要的货币，之后明朝中国的经济才逐渐好转。光从通货制度也可以看出蒙古帝国对现代世界的影响有多么深远。①

这个观点显然是对传统的"欧洲中心论"的有力挑战与大胆修正，给我们以深刻的启迪，促使我们去不断地思考历史，探索历史的本真。在东方国家整体崛起的形势下，中国的史学应该以更为开放、包容的态度吸收国外东亚史研究中不可忽视的既有成果，通过对世界形势与史学发展方向的总体把握，来推动我国世界史研究水平的整体提高。日本东亚史研究的经验已经告诉我们，历史研究的视野应该是广阔的，内容是丰富的，模式是多样的，理论是多元的，并不存在单一的理论

---

① 冈田英弘著，陈心慧译：《世界史的诞生——蒙古的发展与传统》，广场出版 2013 年版，第 195、198 页。

分析模式。视野的狭窄、理论的僵化、方法的单一已经束缚我们多年。东亚史观为我们提供了一个研究历史的基本方法，就是让我们更加理性地看待过去、把握现在、思考未来。只有这样，才能把中国的世界史学科建设上升为自觉的学术行为。

第二节　对东方国家崛起趋势下东亚史学科建设的总体构想

　　东亚史作为历史学的一个重要分支学科，已经日益受到国内外学界的关注，引起探索者的浓厚兴趣。从学科建设而言，把它提取出来作为历史学的一个独立分支学科加以建设，不仅是因为这个学科本身与现实有直接的联系，更为重要的是整个东方国家崛起已经向社会科学理论工作者提出了艰巨课题，迫切需要历史文化建设，从深度与广度上重新思考构建以往的历史。东亚史研究（包括中国史、朝鲜史、日本史、蒙古史和东南亚史等）在每个历史时期都有不同程度的进展，涉及政治、经济、科技、文化、宗教、哲学、考古与艺术等诸多方面，可以说现在正处于需要全面总结与深化的关键阶段。

　　从战前第一批东亚史问世到现在已经有四分之三世纪了，这期间东亚的形势发生了根本性的变化，理论思维，治史方法，材料的发掘、整理与利用以及语言工具等都今非昔比。战后的美国和日本都出版过多种东亚史著作，有的被翻译引进过来；近年我国也有这方面的研究，取得了不小的成就。因此，在东方国家整体崛起的趋势下撰写一部以本土资源为材料支撑，以全球眼光为视野的东亚史著作十分迫切。

一、东方历史中具有丰富的东亚史构建材料

　　开展任何一个区域史研究，都必须从本区域的历史中寻找构建的

素材，找到历史发展的联系，东亚史的研究也是如此。美国和日本是比较早的开展东亚史研究的国家，编写了直接以东亚命名的历史学著作，取得了一定的成就。[①] 如果从战前的东亚史研究算起，至今已经走过了半个多世纪的历程，积累的成果相当丰富。我国近二三十年也有相关的著作出版，但是至今还不能说国内的东亚史研究成果已经很丰富了，更不能说已经成熟了。我说的东亚史是指专门的以"东亚"冠名的著作，不包括国别史和专门史。虽然国别史、专门史也是东亚史，但是我们还是主张以区域史的视角来分析和看待问题更有意义。

以今天的观点来看，不仅数量少，取材范围、材料运用与体系上存在问题，而且更为重要的是不能反映东亚历史的整体结构与面貌，更不能反映东方国家整体崛起趋势下对东亚史学科建设的重大需求。因此，无论从何种意义上说，编写新的东亚历史，推进中国的文化建设都是中国社会科学理论工作者的艰巨任务。对于大变革时代的历史书写，我们已经看到由西方人长期主导的亚洲历史观已经过时，亚洲社会的停滞性与落后性的历史定论应予以彻底肃清。

东方历史中具有丰富的东亚史构建材料，需要进一步探索和发掘。这里所说的东亚，是指亚洲的东部地区，既包括东北亚也包括东南亚。

---

① 这些开创性的著作有：美国学者费正清、赖肖尔：《东亚：伟大的传统》（1958年）、《东亚：现代变迁》（1965年）、《东亚：传统与变革》（1989年）等。日本学者前田直典：《古代东亚的终结》，载《元朝史研究》，东京大学出版会1973年版。藤间生大：《近代东亚世界的形成》，春秋社1977年版；《对东亚世界研究的摸索》，校仓书房1982年版。佐伯有清：《古代东亚与日本》，教育社1977年版。唐代史研究会编：《隋唐帝国与东亚》，汲古书院1979年版。鬼头清明：《日本古代国家的形成与东亚》，校仓书房1976年版。坂元义种：《古代东亚的日本与朝鲜》，吉川弘文馆1978年版。西嶋定生：《中国古代国家与东亚世界》，东京大学出版社会1983年版；《古代东亚世界与日本》，岩波书店2000年版；《东亚世界与册封体制》，岩波书店2007年版。荒野泰典：《近世日本与东亚》，东京大学出版会1989年版。中村哲：《东亚专制国家与社会、经济》，青木书店1993年版。堀敏一：《中国与古代东亚世界：中华帝国与诸民族》，岩波书店1993年版；《律令制与东亚世界》，汲古书院1994年版；《东亚世界的形成：中国与周边国家》，汲古书院2006年版。滨下武志：《朝贡体系与近代亚洲》，岩波书店1997年版。田中健夫：《前近代的日本与东亚》，吉川弘文馆1995年版。

把东南亚纳入东亚史研究的视野与范畴，符合长期以来东南亚与东亚存在密切的政治、经济、文化联系的历史传统。东亚地区是世界古典文明的重要区域，较早地建立了相对稳定的国家关系形态以及经济、文化上的联系。秦汉帝国的建立，使中国对外联系进一步扩大，对整个东亚的发展具有重要意义。从对外交通而言，它开辟了自中国至朝鲜半岛、日本列岛、南洋各国、印度、中亚以及西亚的贸易交流。秦汉帝国的建立影响巨大，作为区域性大国已经对周边国家文明发展发挥了巨大影响力，美国学者罗兹·墨菲在《东亚史》中写道："中国人创造了世界上最高产的农业体系。这个体系的生产力是中国繁荣的重要基础。直到19世纪，中国人所享有的物质福利和相应的文化技术的水平，远远超过世界其他地区。"[①]

海上和陆上丝绸之路把东亚与世界紧密地联系起来。在这条古道上，不仅有中国的张骞、法显、玄奘等人的西去，也有域外文明的滚滚流入，仅食用物质方面就有西瓜、哈密瓜、胡瓜、胡麻、石榴等；此外，还有西域的天文、历学、杂技、文字、刀具、音乐、体育、乐器等。[②]实际上，从域外引入到中国来的远不止这些。它们融入并极大地丰富了中国人的社会物质文化生活，使社会生活增添了丰富性和多样性。"由于古代中华文明的博大包容的特征，对外来精神层面的文化、文明，一般都能勇于吸取、善于消化。遂使中华文明能不断充实和丰富自己。"[③]

中国社会并非西方政治家、社会学家和哲学家所说的是一个充满了惰性的封闭系统，而是有着自己独特的运行与发展机制，在吸收域外文明后显现出相当的活力。东亚很早就与印度、中地中海地区有了丝绸贸易往来，英国学者赫德逊在《欧洲与中国》一书中说得很清楚："公元头几个世纪，在罗马的土斯古斯区（Vicus Tuscus）有一个中国丝

---

① 罗兹·墨菲著，林震译：《东亚史》，世界图书出版公司2012年版，第4页。
② 长泽和俊：《丝绸之路文化史》I，白水社1983年版，第201页。
③ 何芳川：《中外文明的交汇》，香港城市大学出版社2003年版，第17页。

绸市场。……早在汉武帝的帝国把中国带入这一经济交流圈之前，地中海、伊朗和印度之间的贸易就已存在若干世纪了。"① 有学者提出，在考察和认识吸收外国文化问题时，一定要以商路的开通和商业行为的存在为前提。② 如果把东亚史纳入全球整体史的宏观视野，就会看到东方人的对外交往不会晚于西方对东方的交往，强调各地区、各文明和各国家间的横向互动联系，对于构建东亚史的意义重大，撰写具有全球视野的东亚史不能没有这样的内容。

自汉帝国崩溃，到隋唐帝国建立中国再度实现政治统一，中国的历史在动荡与分裂中向前发展，进入了黄仁宇所说的"第二帝国"时期。隋唐是中国对外交往最为活跃、最有生气的时代，与世界交往的国家达到七十余个，发生多方面的联系与交流，政治、经济、科技、文化、外交等交往构成东亚史丰富多彩的内容。隋唐时期的对外交往已经完全走向了世界，海陆交通把中国与世界密切联系起来，形成中国对外交流的第二个高峰。在东亚，朝鲜、日本和东南亚各国来唐都长安的使者、商贾、学者、僧人和旅行家络绎于途，真正实现了国家间的联系与互动。隋唐帝国实现了由中国主导的东亚世界长期的和平与稳定，创造出古代国家外交关系新形态。从其在东方乃至世界历史的地位而言，它已经具有了世界帝国的性质，带有世界主义的色彩。③

许多研究表明，隋唐时代构成东亚世界的主客观条件已经成熟，这一显著特征是与这一时代政治、经济的成熟同步的。《撒马尔罕的金桃》这样说，几乎亚洲的每个国家都有人曾经进入唐朝这片神奇的土地，在政治、经济与商业方面表现出对唐朝的浓厚兴趣。④ 他们是以求知者的渴望心情来中国学习的，表现出相当的热情与虔诚。内藤湖

---

① 赫德逊著，李申、王遵仲、张毅译，何兆武校：《欧洲与中国》，中华书局2004年版，第39页。
② 刘俊文主编：《日本学者研究中国史论著选译》第9卷，中华书局1993年版，第423页。
③ 黄仁宇：《中国大历史》，生活·读书·新知三联书店2002年版，第208页。
④ 薛爱华著，吴玉贵译：《撒马尔罕的金桃：唐代舶来品研究》，社会科学文献出版社2016年版，第49页。

南看到唐宋社会政治、经济发生的变化，进而提出"唐宋社会变革论"的著名观点。①

从海洋向西发展，与印度、阿拉伯国家交往是东亚对外交往中极为重要的内容，中外史书留下了十分详细的记载，对于了解那段历史非常重要。中国史书《旧唐书·大食传》记载了大食王奥斯曼遣使中国的情况；《广州通海夷道》记载了中国与阿拉伯海上交通线，成为研究中国对外关系的珍贵史料；成书于十世纪、由阿拉伯作家所撰的《中国印度见闻录》，对唐代东西方海上交通与贸易状况、中国政府对海外来华商人的开放态度多有介绍。唐朝对各国来华贸易持相当宽容与开放的态度，鼓励各国来华从事商贸活动，在商人云集的广州，中国官员委任一位穆斯林，授权他解决这个地区穆斯林之间的纠纷。②根据日本学者的研究，唐末居住在广州的西亚人数量就有数十万之多。③

关于运送货物的商船，《中国印度见闻录》提到这些商船把货物从巴士拉、阿曼以及其他地方运到尸罗夫（波斯湾沿岸港口），它们大部分是中国商船。④也有大批阿拉伯和波斯商船来到东南亚和中国南方各个港口，许多城市因从事贸易而出现繁荣。各国商船从中国南部港口经由东南亚到印度、再到西方，运载货物与商人的商船十分活跃。⑤各国看到海外贸易对于国家致富致强的作用，对海外贸易采取积极的支持政策，促使数量庞大的国际商人沿着联结亚洲东部和西部的航线，参与到东西方贸易中来。⑥许多研究表明，近代以前的西太平洋地区已经形成比较完整的亚洲市场，内部交易网络成熟，联系紧密，构成

---

① 内藤湖南：《概括的唐宋时代观》，载刘俊文主编：《日本学者研究中国史论著选译》第1卷，中华书局1993年版。
② 穆根来、汶江、黄倬汉译：《中国印度见闻录》，中华书局2001年版，第7页。
③ 宫崎市定著，谢辰译：《亚洲史概说》，民主与建设出版社2017年版，第127页。
④ 穆根来、汶江、黄倬汉译：《中国印度见闻录》，中华书局2001年版，第7页。
⑤ 岩波讲座世界历史第6卷《南亚世界·东南亚世界的形成与展开》，岩波书店1999年版，第85页。
⑥ 珍妮特·L.阿布-卢格霍德著，杜宪兵等译：《欧洲霸权之前：1250—1350年前的世纪体系》，商务印书馆2015年版，第260页。

东亚史、东方史的重要环节。宋元时期东亚的对外交往已经有了重大发展，中国商人大规模地走出国门参与到西太平洋贸易网络当中，东南亚城市出现大量的外国商人。当时中国对外交往的国家达五十多个，对外贸易种类繁多，应有尽有。宋代已经掌握了使用罗盘指示航海方向的航海技术，实现了远距离和长时间航行。沈括在《梦溪笔谈》中说："国初，两浙献龙船，长二十余丈，上为宫室层楼，设御榻，以备游幸。"① "长二十余丈"并非夸张，当时已经具备这种技术。

宋代收入的五分之一来自海上贸易。长江三角洲和东南沿海出现了众多发达的商业城市，农业生产、制造业以及交通运输都有新式工具出现，交子、汇票以及纸币的发行，促进了工商业发展；中国、日本、琉球与东南亚间出现的密切的商贸交流对于促进区域整体发展意义重大，贸易范围覆盖从吕宋到苏门答腊、从安南到暹罗的广大区域。② 贸易交流的种类繁多，主要包括硫黄、丝绸、瓷器、明矾、谷物、宝剑、长矛、盔甲、马具、漆器、丁香、豆蔻、象牙、樟脑、檀香、水银、犀角、木材等。③ 大量的交易商品为我们了解古代活跃的西太平洋贸易网提供了清晰的历史图景。

必须指出，中国正史记载的多是王朝兴替的历史，而对于被视为"帝国弃民"的海外侨民的商贸活动记载不多，因此造成华侨华人研究上的一些缺陷。正统意识长期支配史书的记载，对于华人在海外的贸易活动几乎没有什么反映。华人在古代西太平洋贸易网中发挥的作用十分重要，取得的成就卓著。自明代以来，中国人为谋生下南洋者不断增多，在当地从事各种职业，成为东亚历史上的一道独特风景。他们每到一处，既要面对荒蛮的自然环境，也要为改变这种荒蛮的自然

---

① 沈括著，张富祥译注：《梦溪笔谈》，中华书局 2009 年版，第 316 页。
② 弗朗索瓦·吉普鲁著，龚华燕、龙雪飞译：《亚洲的地中海：13—21 世纪中国、日本、东南亚商埠与贸易圈》，新世纪出版社 2014 年版，第 71 页。
③ 弗朗索瓦·吉普鲁著，龚华燕、龙雪飞译：《亚洲的地中海：13—21 世纪中国、日本、东南亚商埠与贸易圈》，新世纪出版社 2014 年版，第 74 页。

环境而进行原始开发,促进了当地社会发展与文明进步。

有充分的材料表明,17世纪以后亚洲的贸易网络从东部的日本延伸到了西部的波斯,中国人、东南亚人和欧洲人参与其中,从事着瓷器、盐、茶叶、贵金属(银和铜)、丁香和胡椒等项贸易。[①]19世纪80年代,仅菲律宾宿务一地就有华侨983人,宿务与东南亚其他地区的城市一样,是贸易和移民共同促进发展起来的。[②]强调华侨在东南亚社会发展中的作用,并非轻视或贬低其他国家的作用,而是强调华人与其他国家一起缔造了东南亚的区域文明。美国著名历史学家孔飞力对此有深刻的评论,他说:"在1400年后的两个世纪内,中华帝国的政策和商业经营改变了东南亚的历史进程。"[③]西太平洋贸易网与印度洋贸易网相互联系贯通,构成具有极大国际影响力的东亚-印度洋体系。印度洋、爪哇海、南中国海的地区自古以来通过海洋结成密切关系,形成印度洋世界或称"印度洋贸易圈"。[④]把这两个体系联系起来进行考察,有助于从更为广阔的视角看待东方国家的历史发展进程,也有助于从根本上思考"世界各地区的隔绝状态是地理大发现后打破的"这一陈旧命题。"西方中心"论的观点已经受到越来越多人的质疑与批判。

东亚国家关系相对成熟、稳定,形成了一套完整的规制。相互派遣使节是双方关系中的重要内容,有时候使节团的规模庞大,少则几十人,多则几百人。他们的目的明确,除了进行外交活动外,也从事商贸、文化、旅游与情报收集工作。商人有较多的商业机会,中国与日本、朝鲜、琉球、东南亚、欧洲的外交与贸易增多,并保持了对外贸易的顺差,罗兹·墨菲耐人寻味地指出:"整个对外贸易额看来显然

---

① 司徒琳主编,赵世瑜等译:《世界时间与东亚时间中的明清变迁》下卷,生活·读书·新知三联书店2009年版,第261页。
② 袁丁主编:《近代以来亚洲移民与海洋社会》,广东人民出版社2014年版,第23—24页。
③ 孔飞力著,李明欢译:《他者中的华人:中国近现代移民史》,江苏人民出版社2016年版,第2页。
④ 岩波讲座世界历史第14卷《伊斯兰·环印度洋世界》,岩波书店2000年版,第141页。

超过了欧洲，规模更大的国内商业和城市化达到了新水平……外国白银不断流入以支付中国进口货，包括现在运往西方的茶和丝绸，使中国赢得巨额贸易顺差。"①

这是东方社会的实际情况。虽然有个别时期禁止海外贸易，实行锁国，但政府的力量是无法从根本上遏制民间海外私人贸易的。来自民间多层次、多渠道的经济活动是推倒一切壁垒的强大力量。由萨摩到琉球、中国台湾、东南亚的贸易航线，由对马到朝鲜、中国航线，以及长崎出岛贸易都得到相当活跃的发展交流。②从技术方面而言，明清时代中国是亚洲的先进国，向葡萄牙、西班牙、荷兰等欧洲市场输出生丝、陶瓷、铁制品和糖等商品，欧洲人为弥补贸易逆差不得不用走私来填补贸易的不足。③必须注意的是，中国、日本某个特定时期的海禁政策对国家间的交往是有一定影响的，但不可不加分析地将其作为历史的定论去看待整个东亚历史。

将东亚海路交通作为纽带，把各国间的多边经济、文化交流作为各国联系的动力，可以在传统的历史图像之外看到一幅全新的东亚历史图景。各国间经济联系的动力真正能把国家对外交往带到一个新的发展阶段。东亚国家之所以能够做到这一点，强大的经济力是至关重要的。它对周边各国发生影响，朝鲜、日本、越南、印尼、缅甸、印度等东亚与东南亚、南亚各国被带到中国对外交往的国家关系当中。到18世纪后半期，有大量的白银从墨西哥流向了中国，通过新大陆及东南亚的通商口岸，将中国与欧洲市场联结在一起。④新大陆的大量物种与白银流向东方市场，加速了中国、东南亚和印度市场化进程。显然，传统的东亚史是无法提供清晰的历史图像的。

---

① 罗兹·墨菲著，黄磷译：《亚洲史》，世界图书出版公司2011年版，第301页。
② 川胜平太编：《亚洲太平洋经济圈史（1500—2000）》，藤原书店2003年版，第340页。
③ 森正夫、野口铁郎等编，周绍泉等译：《明清时代史的基本问题》，商务印书馆2013年版，第123页。
④ 孔飞力著，李明欢译：《他者中的华人：中国近现代移民史》，江苏人民出版社2016年版，第5页。

二、东方国家崛起趋势下东亚史研究需要有突破性的进展

东亚的历史与文化传统不同于欧洲,也有别于世界其他文明区域,有着自己独特的发展逻辑。中国的历史在很大程度上决定了东亚史的展开,影响其整个进程。作为日本战前东亚史开拓者之一的内藤湖南是这样评论中国文化影响的,他说:"从东亚整体考虑,存在中国这样一个巨大的文化中心,其文化向四周传播,催生了周围各国的文化,形成新的文化。"① 堀敏一的看法是:"在东亚,最初使高度文明发生的是中国。在中国发生的文明促进了中国周边地区和民族的勃兴,它包括诸民族和形成东亚世界。因此,东亚世界是以中国为中心发挥作用的。"② 美国学者费正清指出:"我们把研究集中于中国、日本、朝鲜和越南的历史,这些地区高度发达的文明及基本的文字体系都渊源于古代中国,从这种意义上,可以说东亚就是'中华文化区'。"③

早在20世纪初期,日本历史学家辻善之助就已经提出日本文明的发达是由于与外国交往的刺激、交际并行和储藏大陆文明结果的著名观点。④ 我们强调中国在东亚历史上的作用,只是想探讨古典文明的意义和在当今变革时代面临的一些问题。要使中国的东亚史研究有突破性的进展,就必须重新思考几个重大历史理论问题,回归历史理性,从根本上建立新的史观。

第一,东亚社会(特别是中国古代社会)长期以来是否停滞。这是涉及认识东亚历史的根本性的史观问题,也是必须说清楚的问题。认为东亚社会特别是中国古代社会长期停滞的观点无论在国内还是在国外都有很大市场,不破除这样的观点东亚史研究就不会有长足的发

---

① 内藤湖南著,刘克申译:《日本历史与日本文化》,商务印书馆2015年版,第170页。
② 堀敏一:《中国与古代东亚世界》,岩波书店1993年版,"前言"。
③ 费正清、赖肖尔、克雷格:《东亚文明:传统与变革》,天津人民出版社1992年版,第1页。
④ 田中健夫:《东亚通交圈与国际认识》,吉川弘文馆1997年版,第81页。

展。20 世纪 30 年代,国内开展过关于"中国社会长期停滞"的讨论,讨论本身就是从承认"中国社会长期停滞"出发的,试图从多方面去寻找和解释造成这个结果的原因;50 年代开展的中国封建社会为什么长期延续的讨论在许多方面与 30 年代的讨论在实质上有某些相投之处。

从新中国成立后的国内史学界的情况看,普遍认为明清 500 年是中国封建社会的晚期,是腐朽没落的时代,基本上处于停滞状态,低下的农业、手工业为社会提供有限的剩余产品,生产力在很低的水平上徘徊,无法带动社会政治、经济、科技与文化发展;思想、文化、科技都表现出衰败之势,甚至文化也是落后的;新中国成立后的大中小学所用教科书也基本上持这一观点。中国社会长期停滞的观念影响了几代人。近代以前中国社会长期停滞与封闭的观点只是在改革开放后才逐渐得到修正,但远没有被廓清,要想彻底扭转这种认识还须做长期的艰辛努力。

在国外方面,认为中国社会长期停滞的学者一般都追溯到 18 世纪手工工场时期的英国经济学家亚当·斯密。经常被提到的亚当·斯密的观点主要集中在《国民财富的性质和原因的研究》一书当中,他这样写道:"中国一向是世界上最富的国家,就是说,土地最肥沃,耕地最精细,人民最多而且最勤勉的国家。然而,许久以来,它似乎就停滞于静止状态了。今日旅行家关于中国耕作、勤劳及人口稠密状况的报告,与五百年前视察该国的马哥孛罗的记述比较,几乎没有什么区别。"他还写道:"中国虽可能处于静止状态,但似乎还未曾退步。"[1] 平心而论,世界上不会有任何一个国家五百年间不曾发生变化的。显然,亚当·斯密所说的"几乎没有什么区别"并不符合中国社会的实际情况。德国近代哲学大师黑格尔是这样看待东方古典文明的:

---

[1] 亚当·斯密著,郭大力、王亚南译:《国民财富的性质和原因的研究》上卷,商务印书馆 1972 年版,第 65—66 页。

历史必须从中国华帝国说起，因为根据史书的记载，中国实在是最古老的国家……但是因为它客观的存在和主观运动之间仍然缺少一个对峙，所以无从发生任何变化，一种终古如此的固定的东西代替了一种真正的历史的东西。中国和印度可以说还在世界历史的局外，而只是预期着、等待着若干因素的结合，然后才能够得到活泼生动的进步。①

　　这是流行于西方经济学家、哲学家和社会学家中典型的东方社会"停滞论"的观点，也是外因决定论的典型表现。20世纪50年代美国学者费正清等人提出的东方社会特别是中国社会"冲击-反应"论大体沿袭了亚当·斯密和黑格尔等人的观点，他们的形而上学观点日益受到国内外学者的质疑与批判。日本学者上田信批判西方学者的"停滞论"观点，阐明中国明清500年历史较多地与海外交流联系在一起，绝不是停滞不前的。② 他的著作与传统的东亚史不同，以实证精神面对海洋和东方社会随之而来发生的重大变化，通过大量的材料对"停滞论"予以彻底否定。

　　苏联和日本学界也有中国社会"停滞"的理论。苏联学者沙发诺夫的《中国社会发展史》有一定的代表性。这部著作于20世纪30年代被译成中文后在中国出版，代表了一部分苏联学者的看法，反映的是苏联学界对东方历史的认识水平，作为学术探讨恐怕没有什么明显的政治目的。他的基本分析框架是在"五种社会形态"论内兜圈子，没有触及经济力、交往力这些历史发展的动力问题。

　　相比之下，日本哲学家秋泽修二于1937年出版的《东洋哲学史》提出的"中国社会长期停滞"的理论就完全不同了，深深打上为日本

---

① 黑格尔著，王造时译：《历史哲学》，生活·读书·新知三联书店1956年版，第160—161页。
② 上田信著，高莹莹译：《海与帝国：明清时代》，广西师范大学出版社2014年版，第464页。

军国主义对外侵略扩张张目的烙印。他把中国社会某一时期的落后现象上升到哲学的高度,试图从根本上否定中国社会的进步性。他认为,中国社会即使发生了运动、王朝交替,但由于具有亚洲的停滞性格,社会构造也不会发生根本性的改变。[1]20 世纪 30 年代日本国内关于东亚社会"停滞"的理论是 19 世纪末以来欧美殖民主义扩张加剧、西方对东方冲击加深在思想界的反映,因此近代以来的东方学具有为资本主义列强侵略服务的显明特征。每到历史转折的关头,日本的东亚史研究总是与国内紧迫的形势联系在一起,关注现实的重大需求。

第二,东亚社会是否是自我循环的封闭系统。长期以来,中国的历史研究关注的是王朝兴替,为国家提供资治的经验,很少探讨历史发展规律和社会变迁的重大问题,因此容易把历史看作是王朝兴替的历史,把社会的发展规律与王朝兴替混为一谈。国外的研究也存在这一情况。罗兹·墨菲认为:"中国的历史很容易按照王朝和王朝更迭周期来断代。大多数王朝持续约 300 年,有些王朝之前有一个昙花一现的帝国创建时期,如秦和隋。新王朝的第一个百年往往在政治上、经济上和文化上都呈现出活力、发展、高效和自信;第二个百年则是维持或巩固第一个百年取得的成果;而在第三个百年,活力和效能开始衰退,腐败增多,盗匪活动和反叛频起,王朝亦终于崩溃。"[2]罗兹·墨菲的观点在西方学术界具有一定的代表性,反映西方人的历史观。他进而认为:"两千多年来,东亚社会很少发生大变化。东亚人不喜欢变化,因为他们倾向于认为变化是破坏性的(很显然,的确如此),是某种并不一定能够改善事情的东西。……人们往往容易重视过去,确认过去的价值,而不是往前展望未来。"[3]历史是在多种力量的作用下按照某种规律向前发展的,现象容易看到,而隐藏在现象背后的规律则不易把握。历史的表象背后总有某些不易被认识之处,需要探索者不断

---

[1] 秋泽修二:《东洋哲学史》,白扬社 1937 年版,第 229 页。
[2] 罗兹·墨菲著,黄磷译:《亚洲史》,世界图书出版公司 2011 年版,第 181 页。
[3] 罗兹·墨菲著,林震译:《东亚史》,世界图书出版公司 2012 年版,第 13 页。

地去观察和思考。

任何区域的发展一般都依托于自身所处的自然地理环境和对外交往，无视自然地理环境对社会发展的影响是不现实的，但是过分强调地理环境的因素而忽视制度、生产力水平以及对外交往的作用也是非科学的态度。在西方的研究中，长期以来把东南亚作为亚洲的边缘地区来看待，因此他们对东南亚在东西交流中的作用的研究上几乎没有留下多少有价值的东西，即便留下一些历史记载，也是把东南亚的历史看作是西方文明传播的历史，是在西方文明的影响下走向近代的历史。不仅如此，西方学者对中国与东南亚经济、文化交流的研究也不多。

根据近年的研究，东南亚印度尼西亚人很早就到达非洲东岸的马达加斯加，与非洲东岸和印度洋地区建立了海上商业贸易联系，往来非洲、印度与东南亚各岛之间[①]，许多城市因从事贸易出现了繁荣。马六甲自15世纪以来就是一个重要的贸易港，在1511年以前，已经有1000名古吉拉特商人，还有经常往来的水手4000—5000人之多。[②] 不仅如此，东南亚还有发达的古典文明。在近代以前，东南亚是世界市场的重要输出源，对外输出一直处于出超地位。显然，以循环与封闭的观点看待东南亚的历史是不可取的，或者说是相当有害的，因为任何一个国家或地区都不可能在封闭的状态下求得生存和发展，总是要与外部世界发生千丝万缕的联系。

第三，东亚社会发展的程度问题。从社会发展的连续性与文明发展程度来说，古代东亚地区是高于世界其他地区的，社会组织、生产

---

① 岩波讲座世界历史第6卷《南亚世界·东南亚世界的形成与展开》，岩波书店1999年版，第71页。
② 岩波讲座世界历史第14卷《伊斯兰·环印度洋世界》，岩波书店2000年版，第155页。仅从中国与东南亚诸国的海陆联系而言，就有3条路线。东线以泉州为起点，联结琉球、中国台湾和苏禄；中线以广州为起点，通过沿线航路联结东南亚各地；西南航路以云南和昆明为起点，联结老挝、越南和缅甸。中国与世界的联系由此可见一斑。石井米雄编：《讲座东南亚学第四卷：东南亚历史》，弘文堂1991年版，第121—123页。

技术、语言、文字、哲学、文化以及国际地位等方面均已构成世界古典文明的重要区域。关于古代东亚社会的发展程度问题,可见之于不同时期的历史著作。从 13 世纪,意大利旅行家马可波罗写的旅行记足以看到中国、东南亚地区的整体发展状况,特别是中国南方南京、苏州、杭州、泉州富庶情况。当时元大都的贸易情况是:"外国巨价异物及百物之输入此城者,世界诸城无能与比。……百物输入之众,有如川流之不息。仅丝一项,每日入城者计有千车。"[1] 人口与贸易繁盛是一个国家文明发展程度的反映。

16 世纪,西班牙人门多萨在《中华大帝国史》中对中国的火炮技术表现出相当的赞誉:没有比中国发明火炮更令葡萄牙人惊讶,也令我们西班牙人觉得惊讶,他们使用的火炮远早于欧洲。[2] 美国学者杰克·戈德斯通在《为什么是欧洲》一书中有一个著名的观点,认为在 1500 年以前的许多世纪里世界的财富主要集中在东方,由于发达的农业和更为先进的技术,大部分亚洲国家都要比欧洲国家富有,甚至到 1750 年欧洲人也惊奇于东方的财富、技术与手工业方面的成就。[3]

在近代以前,东亚地区是世界经济的重要区域,一般称为古代西太平洋贸易网或前近代亚洲市场,与印度洋贸易网和地中海贸易网遥相呼应,对外输出长期占压倒性的优势,这一态势一直到 18 世纪相当晚的时候才发生彻底改变。在技术领域,直到 15 世纪欧洲在很多领域中的进步都依赖于来自亚洲和阿拉伯世界的技术,特别是在建造大型远洋航行的商船方面中国人保持了领先地位。[4] 从持续的时间来看,自公元前 1500 年前至 19 世纪 50 年代东亚始终是作为世界文明的一个重要中心存在的,不像世界其他地区的文明中心那样不断地转移。

---

[1] 冯承钧译:《马可波罗行纪》,上海世纪出版集团 2002 年版,第 238 页。
[2] 门多萨著,何高济译:《中华大帝国史》,中华书局 2004 年版,第 118 页。
[3] 杰克·戈德斯通著,关永强译:《为什么是欧洲?世界史视角下的西方崛起(1500—1850)》,浙江大学出版社 2010 年版,第 17 页。
[4] 安格斯·麦迪森著,伍晓鹰、许宪春等译:《世界经济千年史》,北京大学出版社 2006 年版,第 10 页。

按照英国著名经济史家安格斯·麦迪森的统计,在公元 1000 年时,亚洲(除日本外)收入占世界 GDP 的三分之二以上,西欧不到 9%;1820 年时,它们的相对比重分别是 56% 和 24%。① 安格斯·麦迪森还指出,19 世纪之前,中国比欧洲或亚洲任何一个国家都要强大,较早发展起来的技术和以精英为基础的统治所创造的收入都要高于欧洲的水平,1820 年中国的 GDP 比西欧和衍生国的总和还要高出将近 30%。② 在农业文明时代这个数字是异常重要的。可见,在 19 世纪以前东亚社会的文明发展程度高于世界任何其他地区是无疑的。国内外历史学家在探讨东亚历史时,也注意到了两个重大理论问题:一个是东亚为什么没有发展到更高的梯级——资本主义;另一个是为什么东亚能够在战后世界各地区当中脱颖而出,实现快速崛起。东亚历史与现实必须在区域关系内加以理解。滨下武志强调亚洲的历史不是根据西方现代化理论的发展阶段,而是根据亚洲内部的复杂条件、自我意识以及亚洲历史的社会体系的本质来定义。③ 脱离亚洲具体的条件,是无法认清东亚历史的。

第四,东亚社会发展的评价标准问题。社会发展的评价标准问题是一个比较复杂的问题,选择的标准不同自然也就得出不同的结论,尤其是近代以来西方对东方社会的评价。人类社会进入近代以后,生物学、文化人类学、社会学、地质学各个学科都不同程度地提出了进化论的概念,以生物进化的观点看待人类社会进步,把物质经济的进步作为衡量一个社会的先进与落后的唯一标准,甚至以西方近代社会发展的标准去评判东方社会的发展已成为一种新的时尚。不可否认,进化论作为一种全新的理论确实开拓了东亚人的思维空间,超越了传

---

① 安格斯·麦迪森著,伍晓鹰、许宪春等译:《世界经济千年史》,北京大学出版社 2006 年版,第 15 页。
② 安格斯·麦迪森著,伍晓鹰、许宪春等译:《世界经济千年史》,北京大学出版社 2006 年版,第 109 页。
③ 滨下武志著,王玉茹、赵劲松、张玮译:《中国、东亚与全球经济:区域和历史的视角》,社会科学文献出版社 2009 年版,第 17 页。

统的思维,看到了自然界的残酷竞争,带来了危机感与紧迫感。

把人类社会看成是一个从低级到高级、从简单到复杂的发展过程无疑是历史观的进步,符合人类社会发展的一般规律。但是如果以单纯的社会进化论的观点看待社会进步,就容易把人类历史发展简单地理解为直线发展,看不到制约历史发展进程中的若干复杂因素,尤其像中国、印度这样既有悠久历史文化传统又有现代性的国家,单纯的经济学观点是很难解释清楚的。由于世界各地区、各民族历史传统与文化背景不同,也不可能有一个统一的社会评价标准,否则就容易忽视各国的差异性。人类历史的大部分时间是在以区域为单位的分散状态下发展的,发展有早有晚,也不是按照一个模式向前发展,每个文明都有自己区域文明的鲜明烙印。在这个分散状态中也有与域外世界普遍的经常的交流交汇,从事着文明的构建。

应该指出,西方学者对东方社会发展的探讨基本上是以近代欧美发展理论作为参照系,以进化论的发展模式作为分析框架的,形成了一套单线的社会变迁理论,忽视了对东方社会发展机制、动力源泉、联系纽带和历史文化传统的探讨,也就是说他们是以形而上学的分析方法看待东方社会发展进程的。这是近代西方进化论分析模式的最大弱点。研究历史必须尽可能地、最大限度地接近历史的真实,反映历史的本质与规律,把一些后人强加给历史的东西去掉,回到历史本身。相对于欧洲社会,东亚社会稳定的时间较长,出现大动荡之后社会本身具有强大的社会修复功能,又很快恢复稳定。我国学者已经明确地指出西方学者对东亚研究的两大缺陷:"一是单纯经济观点,忽视了后进现代化的启动是非经济因素重于经济因素;一是历史观点很薄弱,忽视地区性的悠久历史联系与文化资源。"[①]确实,东亚史研究作为大规模的文化总结与建设,它的基本理论、精品意识与本土观念仍应加以

---

① 罗荣渠:《现代化新论——世界与中国的现代化进程》,商务印书馆2004年版,第453页。

继承和发展，应用于今天的治史实践。

三、我国东亚史编纂需要解决的几个重大问题

日本的东亚史研究对我们的启发很大，有许多可借鉴之处，有必要集中力量深入探讨我国的东亚史学科建设问题。当务之急是通过引进、借鉴、吸收外来成果与本土资源来创立我国的东亚史学科，把中国的东亚史研究提高到世界的先进水平，跟上日新月异的形势发展。为了推进这一研究，构建一个科学严谨的东亚史框架，必须对几个重大问题予以关注，加以妥善解决。如果说，以前的东亚史研究存在一些不足的话，其中的最大不足可能就是对主线、体系、编纂原则以及域内与域外关系方面的探讨不足。以前的既有成果是一面反观主体本身的镜子，为我们提供了某些新视角、新方法和新的思维方式，对于前人的成果需要认真总结研究。学术总是在不断地探索、创新与批评中向前发展的，要认识以前的不足就必须再回到问题的本身。

第一，关于东亚史的主线。构建任何一个历史学科体系都必须明确贯穿其中的主线，笼而统之或大而化之是学术研究之大忌。以具体的东亚史学科建设而言，贯穿其中的主线应该是国家、民族间的交往、交流与互动，着重突出文明交往交汇这一主题。自秦汉帝国以来，东亚地区就形成了比较稳定的国际关系体系，出现了区域性的大国，形成了明显的区域性国家关系体系和国际关系的核心力量。无论秦汉帝国还是隋唐帝国，都是国际关系的主导力量，可以肯定地说，不论古代、近代和现代，这里发生的任何重大事件都具有国际性影响，这样的国际性特征在世界其他地区是绝无仅有的。

我们之所以提出以国家间重大的交往作为主线，是考虑到区域史不同于国别史，不能以处理国别史的方式处理区域史的主线问题。推动社会发展的动力来自科技的、制度的和社会的许多方面，对外交流交往活动无疑是重要的因素。这个观点符合马克思主义经典作家的基

本观点。对于区域交往之于历史发展的重要意义，我国已有学者指出："文明交往的意义，不但表现于交往的内容和形式在新陈代谢中由低级向高级演进、由野蛮状态向文明化上升；而且也使历史交往由地域的、民族的交往，走向世界性的普遍交往，使历史逐步转变为整体性的全世界历史。……文明交往是人类历史发展的动力，是人类历史变革和社会进步的标尺，是人类文明发展的里程碑。"[1]

关于如何确立历史编纂的主线问题，国内学术界曾开展过热烈讨论，有的主张以生产方式的变革为主线，也有的主张以现代化为主线构建世界近现代史学科体系，在特殊的年代又以阶级斗争作为历史发展的主线，写出的文学作品、历史学著作几乎都是围绕阶级斗争这一中心展开的。在最近500年东西方联系空前大发展的时代，历史的主线是什么？至今还没有一个比较一致的看法。过去学术界对历史主线的理解非常狭窄，把它看作是西方对东方国家侵略，东方国家在西方武力压迫下进行反抗和斗争。这种历史主线观的弊端也是显而易见的，无法说明生产力提高、经济发展与政治进步的作用。至于如何确定东亚史的主线，似乎没有人认真地提出过，更没有人认真地探讨过。

区域史不同于国别史，强调的是国家间的联系、影响与互动。只有如此，才能成为真正意义上的区域史。从宏观历史来看，正是跨国家、跨民族和跨区域的交往带来各国的整体发展，实现了资源共享，使落后国家在短时间内跟上时代发展的步伐。在人类历史上，和平交往和暴力交往不时交替出现，这两种交往都给世界带来重大影响，但和平的交往总是处于常态。有学者对东西方历史经验做了对比，得出的结论是：欧洲的威斯特伐利亚体系强调国家间的主权、平等与均势，却充满持续不断的冲突与战争；东亚的国际体系虽然形式上不平等却塑造了长期的稳定与和平。[2] 通过有趣对比，可以看到东西方历史进程

---

[1] 彭树智：《文明交往论》，陕西人民出版社2002年版，第7页。
[2] 康灿雄著，陈昌煦译：《西方之前的东亚》，社会科学文献出版社2016年版，第3页。

的判然之别。

我们强调历史的主线，并非忽视政治、经济、科技、文化的作用，只是想把社会发展的多元因素与主线联系起来进行上下探索、左右考察，把它们作为一个整体进行研究，注意中心与外围的关系，而不是单纯地强调某一个因素的作用。东亚史之所以有生命力，不同于其他区域史，原因在于它不仅具有对现实的深切关怀，把战后的发展作为关注的一个重点，而且也涉及对历史理论、方法与体系的构建，实现理论与现实的密切结合，突出了历史的横向发展对于社会进步的作用，无论在内容还是在形式上都比其他历史深刻得多。思路的转换与研究视野的扩大，无疑会给历史研究带来活力。今天的历史研究就应该从对欧美发达国家历史经验的过度关注，转向对提高东方国家区域史的关注，体现大变革时代史学研究的社会功能。在一定意义上说，东亚史在改变着思维方式和思考的重点，促使我们立足本土，依靠本土资源，研究本区域的理论与现实问题。

第二，关于东亚史的体系。如何建立严谨、科学的东亚史体系，是首先应该加以认真探讨的问题，如果这个问题说不清楚，东亚史学科就无从建立和发展。体系问题对于今天的东亚史学科建设与发展来说异常重要，也曾使许多历史学家受到困扰。

在以往推出的世界史中，真正建立起体系严谨而宏阔的著作并不多，都或多或少地存在一些问题。这个问题之所以不能得到很好解决，一个重要原因是治史者本人由于治史基础、兴趣、爱好、师承关系以及关注点不同，对素材的选择与解读也往往因人而异：有的学者能写出包罗万象、体系宏阔的巨著，却不能很好地解决体系问题；有的学者或许有能力去构建一个体系严谨、立论正大的体系，但是由于多种原因可能使他不能完成这个任务。因此，体系存在缺陷的著作并不少见。

20世纪50年代我国引进的苏联学者阿甫基耶夫的《古代东方史》在体系上就存在明显的缺陷，这个著作的最大缺陷就是关注了各国历史的纵向发展而忽视了东方历史的横向发展与联系。新中国成立后很长一段时间里的历史著作一般都受苏联史学体系与框架的影响,当时也很少有人认为这是一个问题。如果从历史纵向发展的角度来看的话这是不成问题的,但是如果深入到历史整体发展中的话,就必须解决好这个体系问题。再如,罗兹·墨菲的《亚洲史》也存在体系上的问题,即没有把在世界历史与现实中有重大影响的西亚地区纳入研究的视野。西亚地区自古以来都是人类文明的重要区域,书写真正意义上的世界历史不能没有这些内容。

体系问题涉及具体的历史内容。这些内容必须是相互联系、相互渗透与相互制约,否则就是杂乱无章的集合。我们主张把东亚国家间的重大政治、经济、文化、移民活动以及战争等作为历史体系的内容,纳入研究的视野。在历史上,西太平洋地区存在面积广阔的经济圈,这个经济圈是以中国为中心、以其他国家为外围来展开的。东亚国家保留下来的丰富的本土材料中有丰富的经贸交流的内容。在过去,东亚国家间的关系以纵向的垂直依附为主要特征,而战后变为横向的主权国家间的平等关系。中、日、朝以及东南亚各国间的互惠交流应该成为东亚史体系的主要内容。东亚史体系的内容并非包罗万象。从内容上说,它是各国家行为体间的相互联系,既有双边的,也有多边的,还有区域性的,存在于国家对外交往当中。从根本上说,真正构成历史体系内容的只有国家间重大的政治、经济、文化、移民和战争等活动。根据这些条件可以设计出东亚史新的编写框架,突出它的系统性与体系的完整性,以及它的本土特色,体现东方国家整体崛起趋势下东亚史编写的鲜明时代特征。这样的编写体系必然带来新的学术活力与新的学术增长点。中国东亚史研究的真正动力,来自东亚国家崛起后对文化建设的重大需求,以及对以往历史进行重新审视的需要。

第三,关于东亚史的编纂原则。确立什么样的编写原则,是关系到东亚史学科建立与发展的根本性问题,也是长期以来困扰历史学家的问题。二十世纪五十年代以来,美国、日本学者推出的东亚史著作有的较好地提取了历史上那些对人类社会有重大意义的问题,关注了各国的相互联系与互动,既把握了历史的纵向发展,也对东亚史的横向发展予以较多的关注,特别是在历史发展的重要关头参与对社会重大问题的讨论,发挥出历史学的社会功能,写出有筋有骨、有血有肉的著作,突破长期以来僵化的编写体系,在史学园地树起了一面旗帜。东亚史始终是与区域的整体发展相伴随的,如果离开了战后以来的整体发展,东亚史不可能在国内外产生重大的影响。

二十世纪七八十年代以来,在美国和日本出现了许多东亚史著作,既有成熟之处,也有不成熟之处,但它们作为前人的研究成果应该加以认真地总结研究。这些既有成果在这几个方面至关重要:一是东亚史研究的视角与方法。把东亚史作为一个整体进行研究,关注历史上的各个环节,注意历史文化的特殊性问题。二是在时间和空间上,确立东亚史的时空范围,以历史唯物主义和辩证唯物主义作为指导思想,以本土资源为构建素材,合理地吸收西方学者的有益成果,以东方人的史观构建东亚史。三是关注东亚内部的联系纽带与动力源泉。由于东亚相对特殊的地理环境,各国间开展了多种多样的经济文化交流。相对于分裂、动荡和战争频仍的欧洲,东亚国家关系比较稳定,中国长期处于主导东亚国际关系的中心位置,以中国为中心的东亚世界在公元一世纪就已开始,四五世纪大体完成。[1]中心与边缘的关系明显,其他国家也愿意加入到以中国为主导的东亚国际秩序中来,找到各自的恰当位置,形成一个范围广阔的交流圈。从更为广阔的视野来看,这是一个面积广阔的经济体,足以与世界任何一个经济体相媲美。四是打破政治史的框架,突出经济与文化交流对于促进东亚社会发展的作用。

研究区域史必须从本区域的立场出发,寻找各国间联系的纽带与动力源泉,国别史的简单叠加算不上区域史,缺乏一个整体的、全球

---

[1] 佐伯有清:《古代的东亚与日本》,教育社1977年版,第23页。

性的眼光也写不出区域史。区域史构建与推进对研究者本人要求很高。全球史的出现对于思考和构建东亚史极有帮助，至少可以帮助我们用比较宽阔的视角来看待东亚问题，为我们提供一个研究问题的方法论，给我们思考东亚史提供一个参照系。东方社会变迁始终与世界市场发生联系，从世界市场获得自己所需要的东西。视野狭窄和方法单一，是无法观察东方社会的整体变迁的。随着唐朝中后期阿拉伯人大举东来，中国南部诸港船舶贸易更加兴盛，往返于中国和印度之间的商船众多，南海贸易东起中国、朝鲜半岛、日本，西至印度、阿拉伯与非洲东部地区。[①]确立什么样的编纂原则，实际上是给历史学家提出了一个根本性任务，促使他们去不断关注变化中的研究对象。历史学家生活在一个不断变化的世界，关注的对象也是不断变化的，需要根据时代做出新的解释。历史学的意义归根结底取决于社会需要的程度和为社会所提供服务的程度。

第四，关于区域内部与外部的关系。按说这不应该成为一个问题，但是人们往往总是在这个问题上产生疑惑和不同的看法。东亚地区独特的地理环境对于各国是有一定影响的，广阔的腹地，频繁的交流，与外部普遍的、经常的联系，形成本地区有特色的东亚文明。

自汉代开辟与东南亚、南亚的海上交通以来，到隋唐时期东亚与外部世界的交流又获得了新的动力。研究东亚史必须从本土材料中发现问题，任何偏离本土材料的研究都不能反映历史的真实情况。我们承认地理环境对于对外交往的影响，尤其在生产力技术水平不甚发达的时代是如此；在技术进步以后，人类受自然环境的影响大大减少，更有条件去开展对外贸易交流。有材料表明，15世纪东南亚出现许多载重量达到200—500吨的巨型船只，从事日本、中国和东南亚间的贸易活动。[②]持有朱印状的日本商船遍及南洋交趾、占婆、柬埔寨、暹罗、

[①] 堀敏一：《律令制与东亚世界》，汲古书院1994年版，第146页。
[②] 康灿雄著，陈昌煦译：《西方之前的东亚》，社会科学文献出版社2016年版，第166页。

菲律宾、北大年等地。据说得到朱印状贸易权的不仅是日本人,侨居日本的华商、在平户开设商馆的英国人、荷兰人等都得到了朱印状,参加东亚区域的贸易。① 在货币支付与决算方面,中国的铜钱被广泛使用,桑原骘藏在《蒲寿庚考》中记载了宋代铜钱在日本、东南亚和伊斯兰国家地区流通的情况。18世纪20年代,中国铜钱也流行于东亚朝贡贸易圈内,促进了商品流通和发展。

对外交往是伴随着人类活动空间的不断拓展和生产力水平的提高而逐渐扩大的,因此以获得最基本的生产和生活资料为目的的商品交换带来了越来越频繁的交融交汇,这样东亚就与印度洋贸易网、地中海贸易网发生了千丝万缕的联系。海陆交流带来的是东西方社会的整体发展,融入世界进步的大潮。从陆路贸易而言,中国的丝绸早在公元前2世纪张骞出使西域前就已经输出到地中海沿岸国家,希腊雕刻家塑造的作品在衣服上就反映出公元前5世纪希腊已经穿戴丝绸了。② 据说,多为后世历史学家所粉饰的马其顿国王亚历山大东侵,真正的目的是探寻丝绸。③ 中国既是对欧贸易的输出者,也是受惠者。以貂皮贸易为例,1672年大约有13000张、1673年有16000张貂皮从西伯利亚运入北京。④ 中国与欧洲市场的贸易远不只是貂皮,还有许多大宗的其他商品。

从海路而言,在造船技术提高、建造出远洋航船之后,东西方的贸易更为直接有力。相对于陆路交通,海上交通的成本较低,大体为陆路成本的二十分之一。有材料统计,17世纪70年代被运往西方的香料每年高达6000吨,运往中国的香料达2000吨左右。⑤ 18世纪,东

---

① 滨下武志、川胜平太编:《亚洲交易圈与日本工业化(1500—1900)》,藤原书房2001年版,第105页。
② 铃木治:《欧亚东西交涉史论考》,国书刊行会1974年版,第259页。
③ 铃木治:《欧亚东西交涉史论考》,国书刊行会1974年版,第270页。
④ 上田信著,高莹莹译:《海与帝国:明清时代》,广西师范大学出版社2014年版,第292页。
⑤ 安东尼·瑞德著,孙来臣、李塔娜、吴小安译:《东南亚的贸易时代:1450—1680》第2卷,商务印书馆2010年版,第23—24页。

亚海域上的主角是华人海商和欧洲商人，最为活跃的是驾驶着戎克船穿梭在大海上的清商。[1] 正如日本学者所说，在中日贸易方面，清商积极远航海外，担负着对日贸易的重任。[2] 安东尼·瑞德在《东南亚的贸易时代》一书中开宗明义地写道："贸易对东南亚地区一向都是生死攸关"[3]，可见贸易在东南亚国家生活中的地位。长期以来，国际上对东亚参与世界市场的估计多有不足，美国学者在谈到中国与世界市场的关系时写道：

> 一般来说，19世纪以前对外贸易对清代国家和经济的重要性可能被大大低估了。海运贸易在17世纪的萎缩之后得以复苏，在18世纪和19世纪前期发展到从未有过的程度，中国和欧洲的商人以更为严密的组织方式来应对国内经济的发展和世界范围贸易网的形成。尽管清代国家没有积极地促进这一贸易，但也在总是有利于中国的贸易顺差中受益匪浅。结果，中国逐渐被纳入世界市场；沿海的商人越来越多地与外国人打交道，中国的生产者使他们的商品适宜于外销。[4]

从上面的几点讨论中我们可以得出这样一些共识：在东方国家整体崛起的崭新形势下，多层面、多角度地开展东亚史研究并把中国的东亚史研究提高到世界先进者的水平，对既有材料的时间与空间的关联做出探索，是摆在我们社会科学理论工作者面前的紧迫任务。当前东亚国家的崛起更多的还是经济的崛起，文明的崛起还有一段很长的

---

[1] 复旦大学文史研究院编：《世界史中的东亚海域》，中华书局2011年版，第133页。
[2] 松浦章著，张新艺译：《清代帆船与中日文化交流》，上海科学技术文献出版社2012年版，第96页。
[3] 安东尼·瑞德著，孙来臣、李塔娜、吴小安译：《东南亚的贸易时代：1450—1680》第2卷，商务印书馆2010年版，第1页。
[4] 韩书瑞、罗友枝著，陈仲丹译：《十八世纪中国社会》，江苏人民出版社2009年版，第29页。

路要走。国家崛起需要新的理论构建与支持,而历史的重构与书写正是理论建设的具体展开。历史学是一切人文社会科学的基础,在建设上容不得半点疏忽和麻痹。就目前的学术建设而言,训诂章句、搜罗逸遗的纯学术要做,自觉地与如火如荼的社会变革相结合的大学问更要做,东亚史学科是在不断的社会需求中寻找自己的发展出路的。在当前形势下,强调文明的多元性的同时也要强调文明的互补性和发展的整体性,只有如此,才能推进本区域向更高的层次发展。

四、东方社会变革中的东亚史新构建

东亚史学科是我国世界史学科整体建设中的一个极为重要的方面,可以说具有强烈的现实感和巨大的社会服务功能。它涉及面广,直接与现实联系,问题也极为复杂,比任何其他学科都更具有现实的关怀。说它复杂,是因为涉及对具体历史问题的阐释与评价,如新航路开辟以前东亚国家就已经实现了跨国家、跨地区的交流,与印度洋地区、地中海地区建立了商业联系,有了前近代时期的东西方互动。当我们需要正确把握东方社会发展进程的时候,必须清除欧洲中心主义观点,强调东方历史伟大而深沉的历史感。东亚史学科建设要想做大、做强,除了吸收、借鉴本学科的既有成果外,也要适当吸收其他学科的研究成果与方法,扩大视野,敞开胸怀,充分采用跨学科的研究方法,关注历史和现实中那些对东亚历史进程有重大影响的问题,从对重大问题的参与和关注中寻找自己的学术生长点。我们强调把东亚作为一个整体来把握,不仅符合东方哲学的思维特点,更为重要的是适应了当前国际社会发展的大趋势与总体要求,符合本地区的长远利益。

战后东亚国家重新崛起,发生了有史以来最为深刻、最为广泛的社会变革,对世界的影响也是全方位的,传统的西方主流经济学理论、政治学理论、现代化理论以及世界体系论等都不能科学地解释当前东亚社会发生的社会变迁,西方解释东方历史的历史观已经过时,正如一位日本学者所指出的:"迄今为止,亚洲的近代史都是作为近代西方列强对亚洲的冲击来进行说明的,对这种分析视角在方法上的反思,应当是现在需要寻求的课题。"[①]战后以来东亚国家发生的历史巨变不仅使西方研究者始料未及,也给我国社会科学工作者提出了艰巨课题。我们所做的工作,就是在反思西方主流理论基础上进行新的理论构建。因此,重新认识、书写与构建东亚历史显得比任何时候都更为迫切和重要。在今天这个东西关系的转折点上,经济经过快速发展与崛起之后必然要求文化建设除旧布新,回归历史的本真,着眼于现实的人事,摒弃过时的史观与思维。编写体系完整、主线鲜明的东亚区域史,完全取决于我们的努力以及理性觉悟、成熟和发展的程度。

根据东亚国家的历史进程,以及东亚国家丰富的本土资源,可以从南北两个方面做些探索性的工作。从北方而言,把东亚与欧亚大陆互动作为研究的一个课题。根据我们掌握的一些材料可知,在东亚与欧亚大陆互动研究方面有许多空白需要填补。国别史方面有一定的成果,专门史也有成果出现,形成了东亚史的研究系列。现在的问题是在这些前期研究成果的基础上再扩大研究的视野,草原丝绸之路、俄国东方意识的形成与发展、中俄关系的演变以及草原民族推动的欧亚大陆交流等,都应该成为新形势下重点关注的内容。在这方面俄罗斯学者已经走在了前面,取得了显著的成就。[②]这些重大问题在我国的东亚史著作中至今未能得到充分的展现与解释,加之我国的研究成果相对较少,没有形成一套完整的构建与梳理,特别是在理论与方法、体系、物质文明、制度模式、国际体系、域内与域外关系的分析与论述

---

① 滨下武志著,朱荫贵、欧阳菲译:《近代中国的国际契机——朝贡贸易体系与近代亚洲经济圈》,中国社会科学出版社1999年版,第1页。
② 主要的代表性著作有:米·约·斯拉德科夫斯基著,宿丰林译:《俄国各民族与中国贸易经济关系史》,社会科学文献出版社2008年版;阿·科尔萨克著,米镇波译:《俄中商贸关系史述》,社会科学文献出版社2010年版;娜·费·杰米多娃、弗·斯·米亚斯尼科夫著,黄玫译:《在华俄国外交使者(1618—1658)》,社会科学文献出版社2010年版。

上还有进一步提升的空间,写出的东亚史还不能算真正意义上的东亚史,只能说是准东亚史。

从南方而言,关注西太平洋贸易网的兴衰以及历史经验研究。把欧亚大陆南端的西太平洋贸易网与印度洋贸易网联系起来研究,可以形成新的学术生长点。历史上存在东亚-印度洋体系,今天西太平洋地区的发展趋势更加强劲有力。西太平洋地区自17世纪后半期开始的大体经过两个世纪的毛皮交易也应该得到研究。它与西太平洋市场密切联系。通过向欧洲、加拿大、阿拉斯加、夏威夷、中国延伸的"毛皮创造的世界",英国、法国、美国和俄国事实上完成了北美大陆、西伯利亚、夏威夷的领土分割。[1] 若干迹象表明,地缘政治重心的天平已经向中国-印度一侧倾斜。东亚史之所以富有生命力,是因为它不仅从整个区域出发寻找历史发展的逻辑,同时也强调整体与局部、域内与域外的互动关系,历史与现实的结合。无论从过去还是从现在的发展势头来看,西太平洋地区都是人类文明发展的中心之一,区域史研究应该参与到国际重大问题的讨论当中,不断在历史的探索中开辟自己的发展道路。

第三节 东亚经济协作与西太平洋经济圈的构建

西太平洋地区是当前世界发展最快、最有发展潜力的地区,已经引起越来越多国家的重视与研究,各种研究机构纷纷建立,各种会议与合作方案层出不穷,越来越多的人关注西太平洋经济崛起对其他地区经济可能带来的影响,以及世界经济结构与东西方关系的重新调整等。西太平洋经济圈事关域内所有国家,离不开所有国家的共同努力,更离不开拥有14亿人口的中国人的参与和支持。这里既有发达国家,也有正在崛起中的新兴国家,无论从历史上看还是从现实的角度看,

---

[1] 木村和男:《毛皮交易创造的世界:从哈得逊湾到欧亚》,岩波书店2004年版,第219页。

这里都有条件成为一个世界体系。

把西太平洋地区作为一个世界体系进行思考，已经有人做过这样的努力。例如澳大利亚学者安东尼·瑞德在《东南亚的贸易时代》里就是把"交易时代的东南亚"作为一个世界体系看待的。[①] 日本学者滨下武志提出"从海洋史看东方学"问题，努力构筑他的东方海洋学理论。[②] 目前的发展态势已经表明，西太平洋地区构成现代人类社会经济、科技、信息、文化、财富与创造中心的条件已经形成。无论人们对此有怎样的看法，但是都必须看到西太平洋地区从来没有如此接近世界文明中心，从来没有通过构建人类命运的共同体而有如此强大的感召力和动员力。与世界其他地区相比，西太平洋地区具有天时、地利与人和的有利条件，因此构建西太平洋经济圈已成为我们不得不认真思考的大问题。

一、从经济学的角度看历史上的西太平洋经济圈

西太平洋经济圈建设问题，是近年历史学、经济学、国际关系学以及外交学学科的热门话题，学者们对本地区经济圈的成因、建设的路径等进行了新的整合研究，提出了许多建设性的意见，使我们看到西太平洋经济圈与历史上以华商为主体的东亚商贸网络有着很深的渊源关系。在历史上，西太平洋地区存在横亘几个世纪的经济圈（或称国际贸易网络），区域特点鲜明，内部联系紧密，塑造了各国政治、经济、文化与国家关系新形态，形成了与印度洋贸易圈、地中海贸易圈遥相呼应的区域经济圈，是名副其实的世界最大经济体。贡德·弗兰克已经指出："直到 19 世纪为止，亚洲经济和亚洲内部贸易一直具有

---

① 安东尼·瑞德著，孙来臣、吴小安等译：《东南亚的贸易时代：1450—1680 年》，商务印书馆 2010 年版。
② 滨下武志：《从海洋史看东方学》，载京都大学人文科学研究所编：《廿一世纪的东方学》，共同印刷工业株式会社 2002 年版。

比欧洲贸易及其对亚洲的侵入大得多的规模。"① 他又指出："世界经济主要是以亚洲为基础的。"② 这样评论是有事实根据的。

从大历史的角度看，西太平洋历史上形成的以中国为中心、以其他国家为外围的交通贸易圈作为一种既定的经济形态，为今天本地区的重新崛起与变革提供了理论启示与借鉴经验，有学者指出："在区域一体化的趋势中，传统的东亚商贸圈再现活力。东盟'10+3'（东南亚和中国、韩国、日本）建构的提出和实施，或可看作是东亚商贸圈的复兴。"③ 显然，新的西太平洋经济圈兴起是当前世界政治与经济发展的大趋势，其所蕴涵的影响力将促使这个地区迅速成为一个统一的、具有内在联系的经济体。

长期以来，西太平洋地区存在广阔市场及其与各国间的密切联系，尤其华商网络的作用更为重要。自汉代开辟了南海、印度洋航线后，已经初步形成中国与东南亚、印度洋的活跃商业联系，这个航路大大推进了东亚、东南亚各国政治、经济与文化交流，有助于西太平洋经济圈的形成与发展。不仅如此，汉代中国还与欧洲有了早期商贸交往。到宋元时期，中国对外贸易完全走向世界，与日本列岛、朝鲜半岛以及东南亚诸国商业联系更加密切频繁。据宋代周去非的《岭外代答》记载，当时中西交通北起安南（今越南）、南至阇婆（今爪哇），东起女人国（今印尼东部），西至印度洋、红海与地中海沿岸各国，东方各国贸易已经由东亚一隅扩展到了亚洲以外的非洲与欧洲。经济贸易交流是联系东方各国的有力纽带与动力，离开了人类所需求的物质文化交流就不能理解东方的历史，无法解释横亘西太平洋若干世纪的交通贸易圈与文化圈。

---

① 贡德·弗兰克著，刘北成译：《白银资本——重视经济全球化中的东方》，中央编译出版社 2001 年版，第 255 页。
② 贡德·弗兰克著，刘北成译：《白银资本——重视经济全球化中的东方》，中央编译出版社 2001 年版，第 373 页。
③ 庄国土、刘文正：《东亚华人社会形成和发展：华商网络、移民与一体化趋势》，厦门大学出版社 2009 年版，第 3 页。

进入宋代，中国经济重心南移，通过长江以及东南沿海各港口与东南亚形成庞大的贸易网络，中国国内市场与世界发生较多的联系，"从阿拔斯帝国出发、连接着波斯与印度、东南亚和中国沿海地区的海路，在需要海洋的情势下无疑有着一定的影响。……中国当时是世界上最大的海上强国。"[1] 外国市场对中国丰富的商品有着浓厚兴趣。明宪宗时期，中国丝绸输入到日本后可获得四至五倍的利润[2]，说明中国商品在国际市场热销的情况。在近代以前，西太平洋地区存在完整的区域经济和区域秩序，各国商人，特别是华商充当了主要角色。

许多材料表明，这个地区是世界最大的经济体，经济规模与质量明显高于世界其他地区，社会财富有较多的积累，出现了许多人口众多的城市，并在技术、财富、商业、交通运输以及文化上形成比较优势，形成东方世界经济-文化的重要区域。在这个广阔的市场内，东南亚从印度进口棉布，从美洲和日本进口白银，从中国进口铜钱、丝绸和瓷器，从东南亚向外输出胡椒、香料、树脂、虫胶、玳瑁、珍珠、鹿皮与蔗糖[3]，形成内部循环机制，推动着亚洲各国发展。15世纪，日本通过对马海峡与朝鲜交流贸易，琉球则与明朝、朝鲜、日本和东南亚开展中继贸易；日本又通过东海与中国进行外交和文化交流。16世纪由江南沿海地方海商和葡萄牙人进出九州带来的走私贸易已成为这个时期的主流。[4] 西太平洋经济圈的形成与发展是其经济与社会持续发展的结果，也是东西方交流的产物。

进入近代以后，西太平洋传统的经济贸易格局被打破，使东方贸易处于依附西方市场的被动地位。尽管如此，它仍是作为世界最大经

---

[1] 安德烈·冈德·弗兰克、巴里·K.吉尔斯主编，郝名玮译：《世界体系：500年还是5000年？》，社会科学文献出版社2004年版，第212—213页。
[2] 《宫崎市定全集》第19卷，岩波书店1992年版，第362页。
[3] 安东尼·瑞德著，孙来臣、李塔娜等译：《东南亚的贸易时代：1450—1680年》第2卷，商务印书馆2010年版，第25页。
[4] 中京大学社会科学研究所运营委员会编：《太平洋地区的过去·现在·未来》，2008年，第85页。

济体存在的。亚洲特别是中国在世界贸易格局中始终占重要地位。这说明东亚地区仍然是世界最大的经济体，尽管输出的商品仍然是传统的农业和手工业产品。纵观东方历史，西太平洋贸易圈经历了由兴盛到衰落的演变过程，今天又面临新的崛起，发生有史以来的伟大变革，即将成长为一个新的引人注目的经济圈。在当前历史发展的转折点上，发挥中国、日本、韩国与东盟经济协作的作用，显然是构建西太平洋经济圈的保障条件。

二、东亚经济协作的启动与发展

打造两岸共同市场是当前国际国内经济发展和经济变革的趋势，不管愿意不愿意和喜欢不喜欢，两岸经济都必将走合作发展与互利共赢的道路。中国、日本、韩国与东盟构成东亚经济协作，借助区域的资金、技术、市场与劳动力优势，整体提升东亚经济与社会运行质量，进而推动西太平洋经济圈复兴。1997年7月中国政府收回香港、1999年12月收回澳门，使得整个中国在东亚以至世界经济格局中的作用加大，也为中国经济发展提供了新的动力。台湾问题虽然没有解决，但是通过两岸经济合作找到了新的发展途径。

2010年6月29日，海协会与台湾海基会于重庆签署了《海峡两岸经济合作框架协议》（ECFA），标志着两岸在经济合作上进入了一个更高级的阶段。在全球化浪潮的推动下，经济力的利爪将海峡两岸暨港澳整合成一个新的共同体，抗击着外部的挑战与冲击，进一步加速了两岸共同市场建设进程。无论从人口还是土地面积来看，大中华地区具有得天独厚的多种优势。据统计，1990年海峡两岸暨港澳人口总数相当于欧共体的3.3倍，相当于美加自由贸易区的4倍。由于在资源上共享，从而提升了中华经济在西太平洋地区的整体地位，加大了抗拒外来风险的能力。进入2010年以来，海峡两岸暨港澳经济总量仍在持续增长，以大中华为经济引擎的经济增长为西太平洋地区的总体发展提供了动力源。

第二次世界大战后以来，西太平洋地区成为世界经济的重要生长点，由它们推动着西太平洋经济圈的生成与发展。这一地区曾创造出"东亚奇迹"，证明发展道路并非只有西方道路之一条，极大地丰富了人类社会的发展经验。回顾过去的几十年，东亚在整个世界经济体系中的年经济增长始终是最高的。中国大陆经济每年增长率大致在6%—9%左右，而同时期发达国家只有3.7%，这个速度将世界其他地区远远抛在后面。非常明显，亚洲各国的经济增长高于世界其他地区，形成自己的比较优势，有人将其看成是世界经济的新增长极。两岸共同市场建设将对亚洲太平洋地区乃至整个世界产生影响，改变东西方政治经济力量对比关系，为世界提供一个崭新模式。东亚发展使依附理论和世界体系论受到挑战，因为他们的理论已经无法解释曾经处于"边缘"与"半边缘"地位的亚洲国家发生的重大变化。

自20世纪60年代以来，北起日本经韩国、中国东南沿海、中国台湾以至印尼、新加坡、马来西亚的广阔地带从点到面地出现了若干新经济区域，形成了新兴经济体。香港作为国际著名的金融、贸易中心为中国大陆引进外资与技术一直发挥着重要作用。以邻近香港的深圳为例，在深圳利用的外资中，香港资本占64.1%，日本为21.7%，美国为5.1%，法国为2.5%。[①] 这说明香港对中国经济发展的支持作用是巨大的，它不仅支持内地的经济发展，也给自身发展注入了活力，形成内地与香港联动发展、梯级升进的发展态势。日本学者小岛清认为，香港与深圳的一体化使亚洲-太平洋形成经济中心将不是梦想，香港、深圳超越东京成为亚太据点的日子也为期不远。[②] 20世纪70年代以后，东亚成为国际投资与贸易的重点地区，今天投资与贸易势头依然未减。

应该指出，两岸共同市场是在同一国家内的经济合作，注重内部

[①] 娄学萃、陈秀容等：《西太平洋经济性特区透视》，北京大学出版社1995年版，第31页。
[②] 小岛清编著：《太平洋经济圈的生成》第3集，文真堂2001年版，第195—196页。

的经济与政治整合，增强内部抗击外部冲击与挑战的能力，是走向共同富裕与稳定的有效手段。由于香港、台湾、澳门岛屿型经济局限，受国际市场影响较大，以大陆为依托是其未来发展的出路。海峡两岸暨港澳具有很强的互补性，正是由于这个先天的互补性，才有今天海峡两岸暨港澳的经济合作，这有利于引领西太平洋地区的经济发展。

三、东亚经济协作对西太平洋经济圈的构建

自20世纪60年代以来，东亚地区先是日本经济的崛起，接着是中国香港、中国台湾、韩国与新加坡新兴工业化国家与地区的出现，到80年代中国大陆经济与社会实现快速发展，形成有别于西方国家的现代化发展道路，成为西太平洋地区经济发展的最大亮点。在半个世纪发展中，"东亚国家在发展范式上将取得其史无前例的主动权；它们可以更多地从本地－本国的情况和需要及构想出发，做差异性因素的多元化组合；从各种－多种境内外－国内外的发展范式（包括同基督教文明和伊斯兰文明有关的种种新旧的发展范式……）吸取外因，以促进它们对'典范转移－体制创新'的开发开展"。[①] 尽管这个地区还没有走上经济一体化道路，但事实上多种途径的合作已经开始了，推动着本地区整体发展，丰富的天赋资源、发达的技术以及拥有主导产业的城市群构成区域经济增长极。在这场空前的普遍的区际竞争当中可以看到，"当代东亚的工业化、现代化是一场人类历史上空前规模的巨变，起步的条件、所处国际环境均不同于当年的西方，激烈的全球竞争也不允许其自发地、慢条斯理地发展"。[②] 正因为如此，西太平洋经济遂在当今世界的普遍竞争中脱颖而出，成为当前世界经济的最大亮点。

西太平洋经济圈是近年国内外学术研究关注的一个热点，这一关

[①] 黄枝连：《走向"第三个500年"的东亚，有更多的发展典范可转移》，载《东亚发展的典范转移》，澳门大学出版中心2011年版。

[②] 梁志明主编：《东亚的历史巨变与重新崛起》，香港社会科学出版社2004年版，第56页。

注在很大程度上是对中国的关注。因为中国不仅拥有占亚洲1/3的人口,更为重要的是它的经济在世界经济总量中的比重持续上升,以空前的规模与速度走向世界,参与世界经济循环、竞争与治理,到2020年中国经济达到占世界经济比重的17%。几十年来中国多项指标上升反映了世界经济的运行规律,表明世界已经进入了多中心并存与竞争的时代,出现多中心、多极化的发展新格局。在今天看来,当今世界存在三大经济区,即欧洲、北美和西太平洋地区。我们认为,西太平洋地区重新崛起并不意味着其他经济圈衰落,而是表明世界经济发展的不平衡性与竞争加剧。欧美学者和日本学者都不约而同地认为人类地缘政治与经济重心在向西太平洋地区转移,因为这个地区汇集了香港、深圳、上海、北京、东京等现代文明的中心城市,对本地区乃至世界产生巨大的辐射作用。这个地区已经实现了市场经济、拥有现代文明的诸种条件以及相对集中的国家权力作为推动社会经济发展与变革的巨大杠杆,还有深藏在高速成长背后的伟大历史传统。这是西太平洋地区的优势所在。文化因素是经济持久增长与发展的一个基本要素,这已经成为人们的一个共识。

在西太平洋地区经济整体崛起过程中,各国的国家政治结构、发展模式都发生了相应的变化,长期被认为"停滞"与"专制"的地区发生了有史以来最伟大的社会变革,世界最大发展中国家中国在市场经济的带动下,政治改革也在有序启动,民主化程度在提高,法制化进程在加快,大众的社会政治参与在扩大,经济与政治处在一个相互促进的过程中,这一切形成了本地区发展的巨大优势。但是,也应该看到这一地区形成世界重要文明中心的不利的一面,如政治制度的不同,价值观念的对立,由过去旧有的国家间的敌对关系以及由这样的敌对关系带来的伤痕,对新出现问题的不同立场,是这一地区紧密合作与整合波动的主要原因。[①] 虽然也存在域外大国的干预,然而更为重

[①] 武者小路公秀编:《走向东亚共生的道路》,大阪经济法科大学出版部1997年版,第173—174页。

要的是本地区内部情况复杂在影响着整个西太平洋历史性崛起的进程。

中国与西太平洋各国存在经济、技术、资金以及文化往来方面的多种关系，互补性强，合作前景广阔，中华经济协作对推进西太平洋经济的构建作用巨大。大体而言，构建西太平洋经济圈的基本目标是推进本地区现代世界经济、金融、贸易与运输中心形成，发挥中心区域的辐射功能，向外传播先进的科技、文化与管理经验，引领世界经济发展。为了实现这个目标，应该处理好几个带有方向性的问题。具体说来，这些问题包括：

第一，继续推动中、日、韩合作。要实现区域整体崛起必须从处理好与邻国关系开始，防止邻国关系出现倒退与滑坡，没有持久的稳定的邻国关系是很难有地区和平的。西太平洋地区大市场的形成既离不开中国的努力，也离不开日本、韩国的参与。无论是中国与东盟合作还是中、日、韩合作都对中国有利，建立开放的地区主义已经成为本地区发展的大趋势。中、日、韩三国经济总量大体占世界25%，人口接近世界1/4。在金融、技术、贸易上，中、日、韩三国已经建立多种合作机制，为走向共同体提供了动力。中、日、韩三国无论政府还是民间都对东亚合作表现出极大兴趣，投资、贸易、环保、信息与能源使各国紧密地联系在一起，呈现出地区合作的崭新景象，仅在苏州投资的世界500强跨国公司中有1/3来自日本。推动中、日、韩合作可能受到来自美国的干扰，但是随着中、日、韩合作的加深，他们的自主倾向也会增强。与过去相比，美国已经处于相对衰落状态，不再能够单独地解决众多的全球问题了，世界多极力量的出现对大国强权政治形成一定的冲击与制约，东亚的自主合作将进一步增强，从而提升本地区在世界上的竞争力，加快新经济圈的形成。

第二，推进中国与东盟的合作。推进与东盟的合作是中国的大战略，也是我国维护在南海利益的关键所在。无论是历史上还是现实的国家关系中，东南亚地区都是中国利益攸关区，直接关系中国南海的安全与稳定，虽然东南亚地区还不是世界金融和科技中心，但其发展潜力巨大，交通网络发达，自然资源丰富，已初步成为当今西太平洋经济发展的新的增长极。自20世纪90年代以来，中国与东盟经贸关系迅速发展，从1990年到2005年，双方贸易从70.5亿美元增长到1303.7亿美元，东盟成为继欧盟、美国、日本及香港地区之后的中国第五大贸易伙伴。[1] 现在东盟所有国家都与中国建立并恢复了外交关系，多种合作机制、长短期合作计划以及国家领导人不定期磋商等，都程度不同地推动本地区的发展，对防范外来的遏制与压力产生缓解的作用。这个区域不仅拥有世界众多的人口，还有优良的港口与航运中心，海洋的巨大优势通过现代交通工具充分发挥出来。早在19世纪末，美国总统罗斯福就曾断言：" 20世纪是太平洋的时代。"[2]

第三，推动亚太地区双边与多边合作，拓展经济与外交的活动空间。太平洋地区是一个广阔的区域，周围汇集着美国、加拿大、日本、中国、印度、印度尼西亚、澳大利亚等众多有影响的国家，这里在许多方面集中了其他地区难以匹敌的天然优势，长期是人类文明的重心之一。在未来的发展格局中，这个地区将成为新的经济、文化与权力中心。因此亚太地区为中国崛起提供了广阔的活动空间。从目前来看，这个地区几乎所有国家都与我国有着经贸关系，国家关系正常，有双边或多边的经贸协议与合作。2008年6月，澳大利亚总理陆克文曾提议建立"亚太共同体"设想，几乎囊括了亚太所有国家。中国对于环太平洋设想始终持积极的参与态度，不搞排他主义。只有如此，方能在地区经济圈建立上发挥大国作用。推动亚太地区合作与发展，也是中国对外大战略的重要内容。

第四，立足亚太，发展与欧洲、非洲和拉美的传统经贸关系。当前国际关系中的一个重要内容是经济合作与竞争，商贸往来取代了过去的军事、意识形态的对立。竞争与合作将是一个永恒的主题。可以

---

[1] 周方冶主编：《亚洲的发展与变革》，世界知识出版社2007年版，第27页。
[2] 渡边利夫监修：《亚洲产业革命的时代——西太平洋改变世界》，日本贸易振兴会1989年版，第326页。

说，发展与欧洲、非洲和拉美的经贸关系是我国基本的外交政策，尤其对欧洲关系应放在战略伙伴关系层次来考虑，因为欧洲是当今世界三大经济体之一，是国际力量的重要一极，对于平衡大国关系起着重要作用。近年中国与非洲关系也在急剧升温，对非洲投资、采矿、贸易快速发展，双方合作越来越重要。非洲具有丰富的能源、矿产资源和稀有金属，也是未来的一个新兴市场。西太平洋地区国家与欧洲、非洲和拉美有着长期的历史、文化与经贸关系，尤其欧盟大市场的建成对东亚区域合作有若干启示作用。

以上四方面不是孤立存在的，其间相互影响与制约，形成中国对外政策的有机整体。在处理对外关系上，大国仍是关键，周边是重点。在大国关系基本定型与稳定的情况下，加强与周边国家关系势所必然。因为这一地区是中国的基础与立身所在。西太平洋地区能否稳定、发展与繁荣，取决于中国、日本、韩国与东南亚各国的共同努力与合作，取决于联合抗击外来风险的能力。当前西太平洋地区政治经济形势是稳定的，天赋资源、技术与资金优势凸显，内部消费水平与购买力迅速提高，对外依赖减轻，发展的空间与潜力巨大。根据国际货币基金组织的一项估计，2010年中国经济增长率达到10.5%，日本为2.8%，到2050年全球将有一半以上产品为亚洲制造。显然，西太平洋地区是当今世界经济发展的巨大引擎，推动着全球经济不断向前发展，亚洲意识在迅速觉醒。

四、西太平洋地区的发展前景

我国是太平洋地区最大的发展中国家，也是未来世界文明的主要建设者与贡献者。世界经济的牵引力在亚洲，这是当今世界经济发展的大趋势，因为这里已经成为世界投资与贸易的重点，有中国、日本、韩国与东盟构成的世界最大贸易区。在科技、贸易、投资、产业分工竞争的作用下，西太平洋地区的经济增长速度将继续领先于世界，合作将向更为广阔的领域拓展，相互依赖进一步加深。1998 年，中国（包括台湾）、日本和韩国的 GDP 总量已经占到世界总量的 21.9%。[①]有研究者预测，西太平洋地区经济有持续高速增长的可能，它将主导今后世界经济的发展。这种预测并非盲目的乐观，而是建立在对西太平洋地区各国长期发展的总体把握之上，反映的是世界历史发展的崭新趋势。我国学者指出："今后的国际关系和区域协作，不一定是人类大同时代的到来，但我看到的历史是呈上升的趋势发展的，……总之，东亚国家透过各层面的交流协作，共同探讨可持续发展、优质化发展的新范式——这就是所谓'东方历史在创造中'之真谛！"[②]

在战后几十年时间里，西太平洋地区发生了有史以来最深刻的变化，生产、贸易、金融以及政治权力方面已经成为当今人类社会的三大文明中心之一，为人类社会提供了新经验与新模式。这个评断是从战后西太平洋地区发生的重大社会变化得出的，其中包括政治民主化、产业结构升级、高科技发展、创造财富的形式向现代的转变以及自觉地参与国际分工和竞争等。西太平洋地区重新崛起，与欧洲、北美经济圈遥相呼应，使人类未来充满光明与希望。在人类历史发展的过程中，世界各地曾存在过多个文明中心。"由于西太平洋发展中国家经济高速发展，使它们和美国、日本一样，已成为太平洋地区经济发展的核心。"[③]我们所理解的西太平洋地区经济发展中心是相对而言的，是与其他文明中心竞相发展，竞争共存，并不意味着其他文明中心一定衰落。

[①] 安格斯·麦迪森著，伍晓鹰、叶晓斐等译：《世界经济千年史》，北京大学出版社 2003 年版，第 121 页。

[②] 陈奉林整理：《东方历史在创造中》，载林华生：《东亚政治经济论》，世界知识出版社 2011 年版，第 18 页。

[③] 日本经济企划厅综合计划局编，钱皓等编译：《九十年代的太平洋经济——太平洋地区经济中期展望研究会报告》，中国经济出版社 1991 年版，第 16 页。

后　记

　　本书是我在北京师范大学历史学院和外交学院外交学系从事教学与研究的心得，不论成熟与否，都是我十余年读书、教书和写书的所思所想，代表我学习与成长的历程，现在把它作为一个阶段性的习作出版，请读者朋友批评指正。

　　2002年9月我开始在外交学院工作，开设的第一门课程就是东方外交史。由于小班上课，有更多的时间与同学们讨论，相互切磋争论，他们的一些看法也给我以启示。在教学中，我发现中外学者已经出版了不少双边外交史和国别外交史著作，但是仍然没有一部真正意义上的东方外交史。我深感以东方国家本土资源为构建材料、以中国史观为指导撰写一部外交史著作的必要，决定写一本东方外交史著作。至于能写到什么程度，何时完成这个艰巨任务，我没有预期，也没有时间表，只想发扬愚公移山精神，每天"挖山"不止，倾己所能，不断地朝着这个既定的目标努力。

　　从2005年春天起，我开始动笔写作这本书。在写作过程中我感到这个课题异常的庞大，写作过程又异常的艰辛：材料的限制，问题的复杂，框架、体系的确立，对我都是一个不小的挑战。既然已经选择了这个课题，就应该攻坚克难把这个课题完成，不能辜负领导、朋友与同事们的期望。2015年底完成40万字的初稿。从动笔写作到最后完成初稿、定稿前后历时十余年时间。在这段时间里，为了听取各方面的意见，吸收百家之长，把相关的问题讨论清楚，我决定先将书稿中的一部分内容以论文的形式发表，看看大家的反应。让我没有想到的是，几篇论文发表后得到许多朋友的积极肯定与热情支持，希望我竿头更进，做深做细，把国内的东方外交史继续向前推进。2017年10月—2018年1月我应邀在日本京都大学人文科学研究所访学，让我有充足的时间潜下心来思考、充实和修订《东方外交史研究》。1月5日在京都大学人文科学研究所完成书稿最后的充实与修订，但是我并没有丝毫的释重之感。

《东方外交史研究》之所以能够完成，得益于今天国家好的形势和单位领导与师友们的支持。我要特别致谢的是：北京师范大学历史学院杨共乐教授、郭家宏教授、李帆教授、张建华教授、张皓教授、姜海军教授、孙立新教授、安然教授、庞冠群教授、贾珺副教授、江天岳博士、王广坤博士，北京大学历史系梁志明教授、宋成有教授、徐勇教授、张清敏教授，外交学院秦亚青教授、周启朋教授、杨闯教授、马铭副教授，中国人民大学历史学院孟广林教授，山东师范大学历史学院孙立祥教授，南开大学历史学院李凡教授，复旦大学石源华教授，中山大学魏志江教授，吉林大学戴宇教授，台湾政治大学国际关系研究中心陈德昇教授，日本京都大学人文科学研究所石川祯浩教授、村上卫教授、森川裕贯副教授、望月直人博士，北九州市立大学王效平教授、堀地明教授，早稻田大学亚太研究院已故林华生教授，香港亚太二十一学会会长黄枝连教授，澳门大学历史系魏楚雄教授。我要感谢、感激与感恩的人实在太多了，无法一一列出他们的名字。在此，我衷心地感谢他们。

在这里，我还要感谢商务印书馆的支持，在组稿、编辑和审阅过程中表现出了高度负责与敬业精神，对本书稿提出了宝贵的修改意见，使书稿大为增色。尽管我已经尽了自己的最大努力甚至洪荒之力，但是书中还会存在许多不足或错误，恳请读者朋友提出宝贵的批评意见，以便在将来加以修订。

作者

2023年11月12日

沈仁安教授、宋成有教授率博士生拜访周一良先生，1999年9月13日

首届"东方外交史"学术研讨会，2006年10月21—22日于外交学院

第二届"东方外交史"国际学术研讨会，2009年9月26—27日于澳门大学

第三届"东方外交史"国际学术研讨会，2010年7月8—10日于辽东学院

第四届"东方外交史"国际学术研讨会，2011年10月22—23日于西南大学

第五届"东方外交史"国际学术研讨会，2012年9月18日于四川大学

芝加哥大学谭中教授发言

香港亚太二十一学会会长黄枝连教授发言

日本早稻田大学林华生教授发言

第六届"东方外交史"国际学术研讨会，2014年1月4—5日于澳门大学

"东方历史上的海洋意识与国家发展"国际学术研讨会，2015年6月25日于外交学院

第七届"东方外交史"国际学术研讨会，2015年6月28—30日于俄罗斯西伯利亚联邦大学

会后中国学者在贝加尔湖参观考察，2015年7月2日

第八届"东方外交史"国际学术研讨会，2016年6月22日于蒙古乌兰巴托

第九届"东方外交史"国际学术研讨会，2017年8月11日于大连

第十届"东方外交史"国际学术研讨会，2018年7月17—19日于长春师范大学

第十一届"东方外交史"学术研讨会，2019年9月20—23日于中山大学珠海校区

第十二届"东方外交史"学术研讨会，2020年10月16—18日于北京